季风帝国

Empires OF THE Monsoon

A HISTORY OF THE INDIAN OCEAN AND ITS INVADERS

印度洋及其入侵者的历史

后浪出版公司

著=[英]理查德·霍尔 译=陈乔一

Richard Hall

天津出版传媒集团
天津人民出版社

献给

宾夕法尼亚州沃伦县的哈里·A.洛根

目　录

前　言　1

拼写方面的注意事项　1

第一部分　隔离的世界

1	印度奇观与中国宝藏	3
2	非洲海岸的诱惑	14
3	佤克佤克人之谜	25
4	伊斯兰对辛吉的统治	32
5	去往中国的丝绸之路	42
6	嫁给国王阿鲁浑的公主	52
7	去往南方的流浪谢赫	60
8	在印度和中国的冒险	68
9	三宝太监的无敌舰队	82
10	马欢与天房	89
11	非洲城堡里的国王	99

第二部分　基督教世界的大炮

12	亨利王子的远见卓识	109
13	控制几内亚海岸	117
14	印度的形状	126
15	渴求胡椒，搜寻祭司王约翰	133

16	从未回家的间谍	145
17	胜利之城的国王与众神	155
18	达·伽马进入热带海域	161
19	对印度的最初一瞥	174
20	伊本·马吉德的致命骄傲	187
21	欧洲的暴怒之声	193
22	达·伽马的复仇	203
23	东非的总督	210
24	在第乌击败奥斯曼土耳其人	217
25	伟大的阿方索·德·阿尔布开克	224
26	深入非洲内陆的冒险	237
27	从马萨瓦到山地	244
28	与左撇子入侵者交战	254
29	将圣经与刀剑带到莫诺莫塔帕	261
30	土耳其冒险家与饥饿的食人族	273
31	变节的苏丹	280
32	卢济塔尼亚遗失的骄傲	290
33	加尔文信徒、殖民者和海盗	304
34	埃塞俄比亚与罗马的希望	316
35	围攻耶稣堡	326
36	西方的目标与东方的影响	335

第三部分　强制监管

37	南行去往印度之路上的定居者	345
38	拿破仑难以企及的海域	356
39	法国最后的阵地与奴隶岛	366
40	"真正的地理空白"	372
41	战利品的两种处理途径	383

42	苏丹与国王的海军	394
43	从东非暂时抽身	404
44	美国人发现桑给巴尔	414
45	从英国统治的印度向西眺望	424
46	"英国内湖"发生变化的征兆	436
47	一位传教士的足迹	445
48	战士、猎人和商人	455
49	被张贴在海关的一份声明	466
50	会见内陆的首领	474
51	一个博爱的苏格兰人的失败	487
52	帝国主义厌恶真空	495
53	俾斯麦与德国东非公司	502
54	非洲听见信仰与战争的箴言	510
55	从苏丹的岛屿到定居者的高地	520

后　记　527

致　谢　533

延伸阅读　535

出版后记　557

公元1500年以前的西印度洋

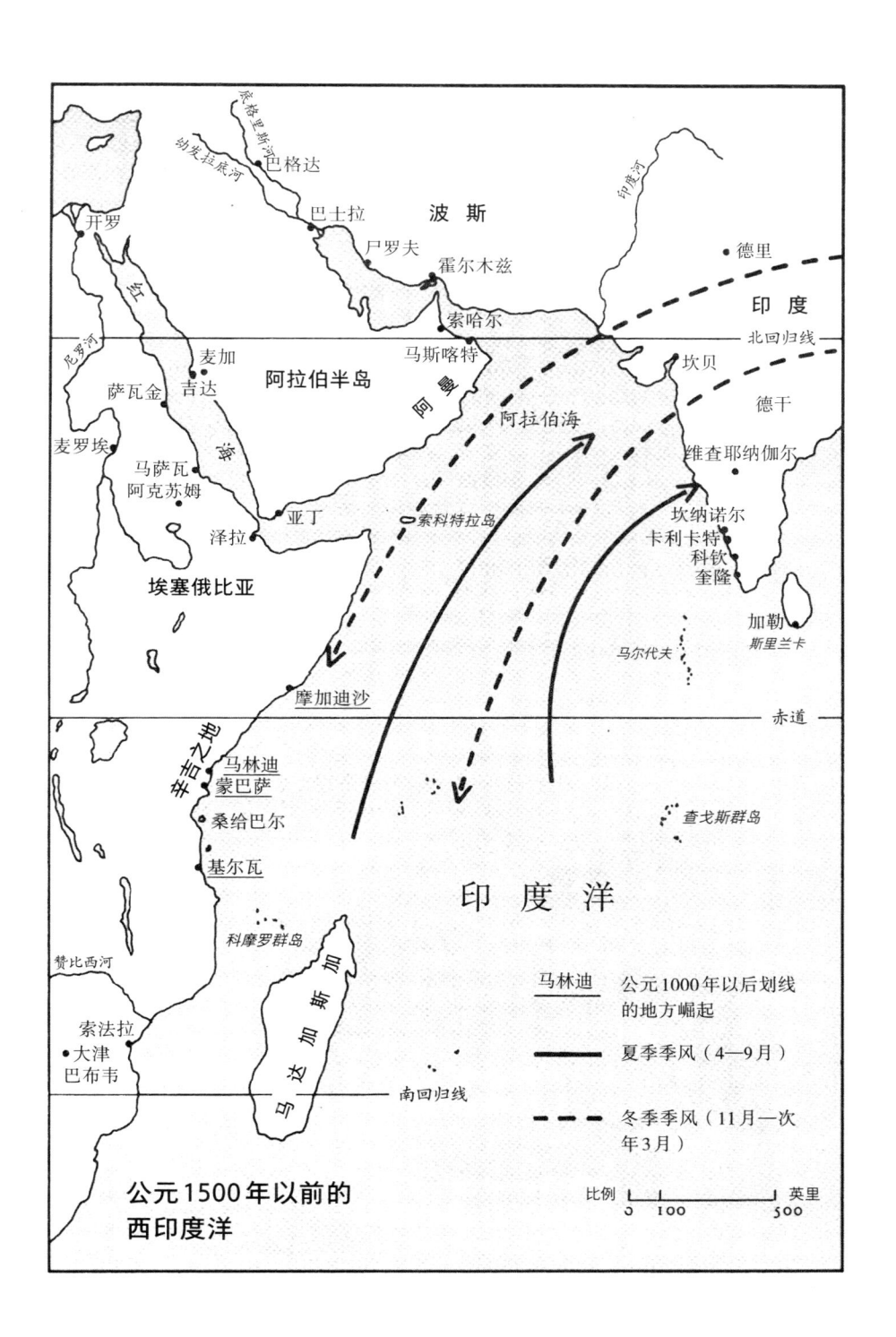

底格里斯河・巴格达
幼发拉底河
巴士拉
波斯
尸罗夫
霍尔木兹
印度河
德里
索哈尔
马斯喀特
印度
北回归线
尼罗河
开罗
红海
麦加
阿拉伯半岛
坎贝
萨瓦金 吉达
阿曼湾
德干
麦罗埃
马萨瓦
阿克苏姆
亚丁
阿拉伯海
维查耶纳伽尔
坎纳诺尔
卡利卡特
科钦
奎隆
泽拉
索科特拉岛
埃塞俄比亚
加勒
斯里兰卡
马尔代夫
摩加迪沙
赤道
辛吉之地
马林迪
蒙巴萨
桑给巴尔
查戈斯群岛
基尔瓦
印 度 洋
科摩罗群岛
赞比西河
马达加斯加
索法拉
大津巴布韦
南回归线

马林迪 公元1000年以后划线的地方崛起
—— 夏季季风（4—9月）
---- 冬季季风（11月—次年3月）

比例 0 100 500 英里

东方的航海模式

- 亚历山大里亚
- 伊拉克
- 巴士拉
- 胡泽斯坦
- 波斯
- 莫克兰
- 信德
- 孟加
- 埃及
- 阿拉伯半岛
- 汉志
- 也门
- 哈德拉毛
- 阿曼
- 阿拉伯海
- 坎贝
- 古吉拉特
- 科罗曼德尔
- 奥里萨
- 孟加拉湾
- 索科特拉岛
- 卡利卡特
- 马拉巴尔
- 拉克沙群岛
- 加勒
- 锡兰
- 埃塞俄比亚
- 索马里
- 马尔代夫
- 幸吉
- 桑给巴尔
- 塞舌尔群岛
- 查戈斯群岛
- 马达加斯加
- 印　度

北京

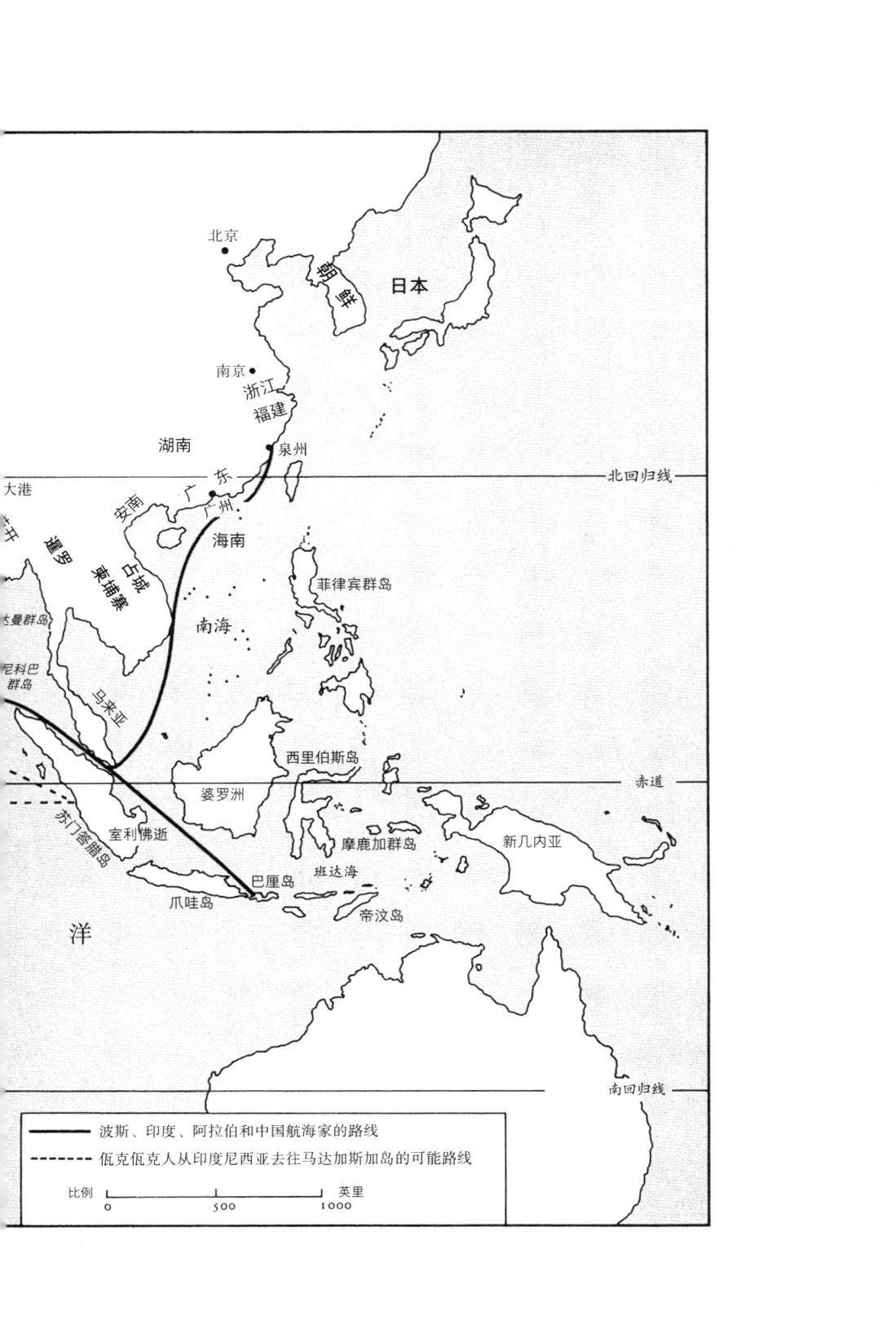

朝鲜

日本

南京

浙江
福建
湖南
泉州
北回归线
大港
广东
安南
广州
暹罗
占城 海南
柬埔寨
菲律宾群岛
安达曼群岛
南海
尼科巴群岛
马来亚
西里伯斯岛
赤道
苏门答腊岛
婆罗洲
室利佛逝
摩鹿加群岛
新几内亚
巴厘岛
班达海
爪哇岛
帝汶岛

洋

南回归线

—— 波斯、印度、阿拉伯和中国航海家的路线
---- 佤克佤克人从印度尼西亚去往马达加斯加岛的可能路线

比例　　　　　　　　　英里
0　　　500　　　1000

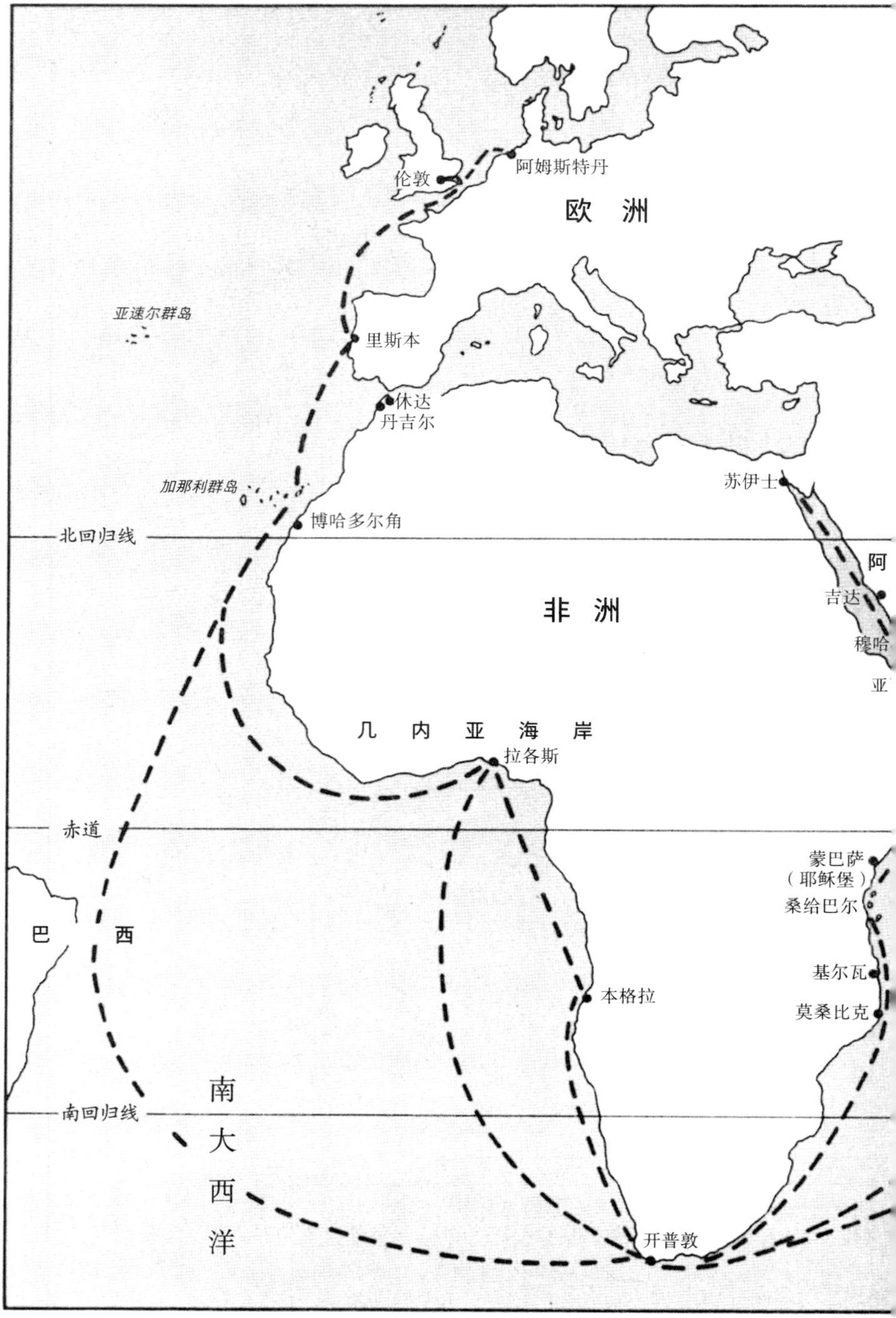

阿姆斯特丹
伦敦
欧 洲
亚速尔群岛
里斯本
休达
丹吉尔
加那利群岛
苏伊士
博哈多尔角
北回归线
阿
非 洲
吉达
穆哈
亚
几 内 亚 海 岸
拉各斯
赤道
蒙巴萨
（耶稣堡）
桑给巴尔
巴 西
基尔瓦
本格拉
莫桑比克
南回归线
南
大
西
洋
开普敦

欧洲霸权时代的海上航线

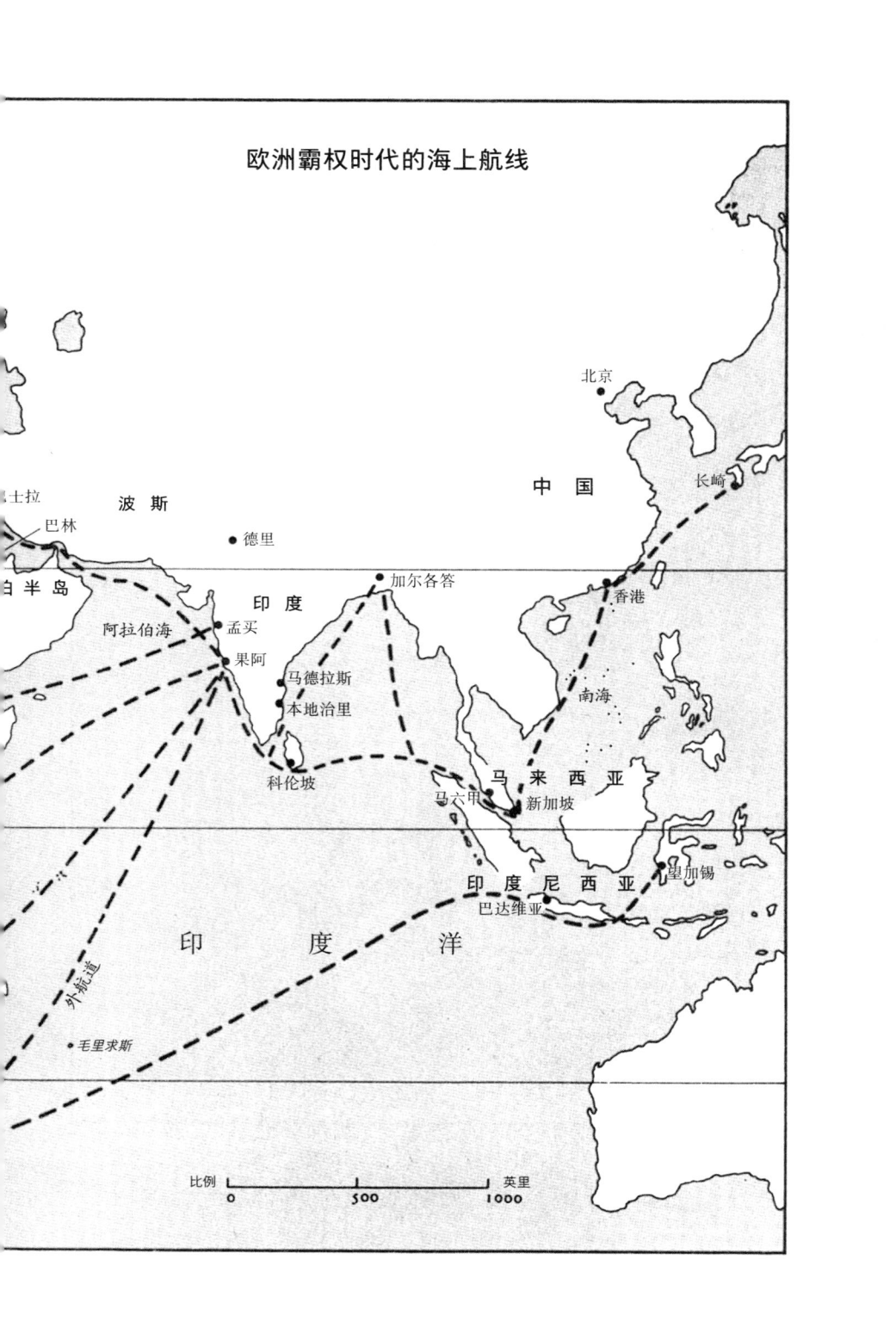

19世纪的东非

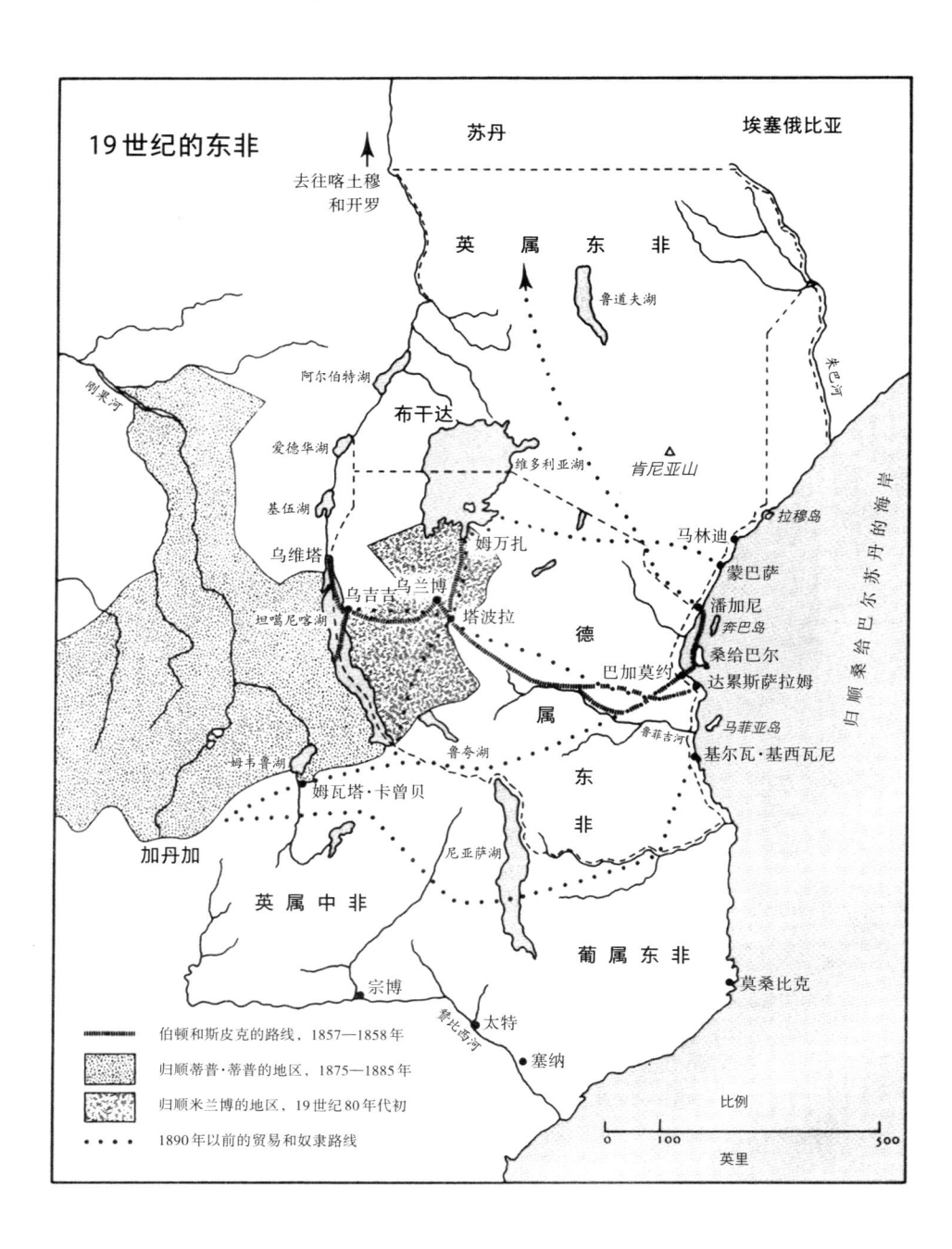

地图标注：

苏丹　埃塞俄比亚
英属东非
去往喀土穆和开罗
鲁道夫湖
朱巴河
阿尔伯特湖
布干达
刚果河
爱德华湖
维多利亚湖
肯尼亚山
基伍湖
姆万扎
拉穆岛
马林迪
乌维塔
蒙巴萨
乌吉吉 乌兰博
潘加尼
坦噶尼喀湖
塔波拉
奔巴岛
桑给巴尔
德
巴加莫约
达累斯萨拉姆
马菲亚岛
属
鲁夸湖
鲁菲吉河
姆韦鲁湖
东
基尔瓦·基西瓦尼
姆瓦塔·卡曾贝
归顺桑给巴尔苏丹的海岸
加丹加
非
尼亚萨湖
英属中非
葡属东非
莫桑比克
宗博
太特
赞比西河
塞纳

图例：
- 伯顿和斯皮克的路线，1857—1858年
- 归顺蒂普·蒂普的地区，1875—1885年
- 归顺米兰博的地区，19世纪80年代初
- 1890年以前的贸易和奴隶路线

比例　0　100　500 英里

前　言

将一张世界地图倒置过来，印度洋可以被视为一个由非洲和亚洲、印度尼西亚群岛，以及西澳大利亚州（澳大利亚的一个州）的海岸线围成的巨大的、形状不规则的碗。[1]与最终汇入极地海洋的大西洋和太平洋不同，印度洋完全是热带海洋。一提到印度洋，人们联想到的景象是被棕榈树环绕的岛屿，以及五彩斑斓的鱼在珊瑚间快速地游来游去的潟湖。这是旅游手册给人留下的印象，而在这背后是历史长河中的印度洋，它是人类发展的中心，是数千年来许多种族融合、交战、贸易的巨大竞技场。

埃及及底格里斯河和幼发拉底河流域最早的文明，都能通过红海和波斯湾直达印度洋。印度次大陆位于印度洋这个倒扣的碗底中心，并向赤道延伸，它本身则是印度河流域古代文明的发源地。早在亚历山大大帝时代之前，旅行者就曾带回关于富饶骄奢的东方的故事。图拉真皇帝在公元116年成功抵达波斯湾，看着水手们起航前往印度，他哀叹自己太过年迈以致无法远航，亲眼见证印度的奇观。[2]

在罗马帝国衰落将近1000年之后，印度洋的西部成为本书关注的焦

---

[1] 尽管在《印度洋》（The Indian Ocean）一书中，艾伦·维利耶（Alan Villiers）将从开普敦到澳大利亚珀斯的一条想象的线路扩展到南极洲，但是人们可能认为它是印度洋的南部界线。

[2] 对于欧洲与东方之间早期接触的探讨，可参见维马拉·贝格利（Vimala Begley）和理查德·D. 德·普马（Richard D. De Puma）编辑的《罗马与印度：古代海洋贸易》（Rome and India: the Ancient Sea Trade, Madison, Wisconsin, 1991）；也可以参见乔治·胡拉尼（George Hourani）的《印度洋上的阿拉伯航海业》（Arab Seafaring in the Indian Ocean）第一章。而关于图拉真渴望去印度的描述，可以参见欧内斯特·卡里（Earnest Cary）翻译的狄奥·卡修斯（Dio Cassius）的《罗马史》（Roman History, London, 1955）第 68 卷。

点，它的大小与整个地中海相当，但其财富和权势都超过了地中海。那里的艺术和学术十分繁荣，城里的商人来自已知世界的各个地方。在军队在亚洲推翻旧帝国、建立新王朝的时候，那里也发生了很多骚乱。

然而，普通人的生活更多的是受自然的统治，而非重大的历史事件；受永久的季风主宰，而非短暂的君主国。"季风"一词来自阿拉伯语中的"mawsim"，意为"季节"。自从水手敢于穿越外海，冒险远航，这些季节性的风就成为在印度和它遥远的邻国之间往来航行的船只的助力。在6个月的时间里，它朝着同一个方向吹拂，然后在一年中剩下的另一半时间里，它朝着相反的方向吹拂。从东非和南部海域吹来的夏季风穿过赤道之后，由于地球的自转效应，偏向东面，席卷印度并且向北贯穿孟加拉湾。从6月到8月，夏季风最为强烈。

对于古时的船长，他们可能不知道季风是如何产生的（在夏季，冷空气是如何向北推进，跨越海洋吹向亚洲的炎热陆地，而在冬季，又是如何从喜马拉雅山脉和印度的平原南下）。对他们而言，季风只要准时到达，在该来的时候来，在该走的时候走，让他们得以扬帆起航就足够了。对于印度的农民而言，他们也只要知道夏季风将会给他们带来雨水就行了。[1]但不管是在海洋上还是在陆地上，季风肆虐的时候总是十分可怕的：没有船只敢于出海；洪水和飓风席卷了村庄，留下一片废墟。

人们可能认为这种气候每年都如约而至、不可避免，这诱使印度洋地区不少民族产生了某种宿命论。而长期以来，季风也一直被认为是最吉利的自然现象之一，用17世纪英国科学家约翰·雷的话说，就是"值得最伟大的哲学家思考的主题"。[2]

在"地理大发现"之前约1000年的时间里，在欧洲，人们几乎不了

---

[1] 地理学家比鲁尼（Al-Biruni）在11世纪写下了自己的观察：在印度部分地区"连续下雨达4个月之久，老天就像倒满了水的水桶，不断地往外溢水一样"。史蒂夫·麦柯里（Steve McCurry）在《季风》（*Monsoon*, London, 1995）一书里描绘了每年雨季前后的印度生活。

[2] 约翰·雷写了《在造物中体现出来的上帝智慧》（*The Wisdom of God manifested in the Works of the Creation*, 1961）。查尔斯·雷文（Charles Raven）写了传记《约翰·雷》（*John Ray*, Cambridge, 1950）。

解印度洋和环绕它的陆地。在罗马帝国最鼎盛的时代，由希腊水手主导的与东方的贸易曾经十分繁荣，这些水手知道如何利用季风。[1]他们带回珠宝、肉桂、香水和熏香，以及罗马妇女所追求的丝绸和精致的印度布料。但是随着欧洲古典文明的崩溃，欧洲人遗失了希腊人获得的所有知识。[2]

当中世纪的欧洲开始寻找通往印度的新道路，想要穿越中东突破伊斯兰国家的屏障时，欧洲的航海者长久以来一直受到巨大的非洲大陆的阻碍，这个问题一直到葡萄牙人最后绕过好望角才得以解决。1497—1499年，瓦斯科·达·伽马往返印度的远航是当时欧洲人进行过的最远距离的航行。

本书展现的是从16世纪起欧洲人的出现如何不可逆转地改变了印度洋沿岸地区人们的生活。繁盛的王国被征服，以往的宗教与种族关系陷入混乱。并且，随着西方资本主义的出现，古代的贸易模式很快就像渡渡鸟一样灭绝了。然而，尽管欧洲的枪炮可以在东方创造出新的帝国，但是其庞大的人口使得西方人无法长久地压制东方。在美洲发生的事永远也无法在亚洲复现。欧洲干预和亚洲回击的历史由暴力、腐化和勇气构成。

在印度洋这个竞技场数千年的变迁中，非洲巨人构成了印度洋长长的西侧翼，除了扮演缄默的旁观者之外，几乎没有起到什么作用。非洲内陆还是未知地域，那里的民族与世界的其他地方几乎没有富有成果的交往。因为从8世纪开始，非洲与印度洋的接触就受到了大量阿拉伯人控制的贸易港口的影响，这些港口沿着2000英里的海岸线分布，从索马里一直到越过赞比西河河口三角洲的地区。这些定居点面向大海；阿拉伯人对内陆的兴趣仅仅是将它作为象牙、黄金、豹皮和奴隶的来源。在欧洲人到达那里之后的300年间，这种模式几乎没有改变。

但是19世纪中期之后，赤道以南的非洲两度被解放：首先是结束了地理上的孤立状态，其次是摆脱了殖民主义的束缚，尽管后者存在的时间较

---

[1] 公元前1世纪，希腊航海家希帕罗斯（Hippalus）发现了如何借西南季风直接从红海航行前往印度南部。
[2] 这种贸易的遗物包括一尊印度象牙小雕像，雕刻的是女神拉克希米（Lakshmi），该雕像出土于庞贝古城。还有一尊希腊小雕像在印度西部的戈尔哈布尔（Kolhapur）被发现，雕刻的是海神波塞冬。印度很多地方发现了成堆的罗马硬币。

为短暂，但是似乎已经使它与北方和欧洲形成了牢不可破的联系。现在，随着世界力量的天平逐渐往东倾斜，历史的季风重新吹了起来。21世纪的开端被视为一个崭新的"亚洲时代"，在这个新时代里，印度洋可能再次坚持它自身的天然统一。在这个竞技场中，撒哈拉以南非洲的各民族的潜能将充分经受考验。

拼写方面的注意事项

从非罗马拼音的原稿转译过来的名称，坚持使用已得到广泛认可的用法：例如，"麦加"一词的拼写使用"Mecca"，而非"Makkah"，尽管后一种拼写更加准确。同样地，19世纪后半期著名的桑给巴尔的苏丹应被严格冠以"al-Sayyid Sa'id"的名号，但是他的名字总是被"欧洲化"，因而被称为"Seyyid Said"。其他音译主要遵照阿拉伯语的《伊斯兰百科全书》（*Encyclopaedia of Islam*），但是没有加注变音符。汉语名字采用的是现代标准汉语拼音方案，所以郑和的名字原来在英语中是"Cheng Ho"，现在则被写为"Zheng He"。而非洲语言中根词的大部分前缀出于简化的缘故被省略了。

大部分被提及的葡萄牙君主和王子们的名字使用的是他们为人所熟知的英语化的名字。少部分采用的是原先葡萄牙语名字的拼写。

地理名词尽可能使用的是原先时代的写法，因此锡兰岛所用的词是"Ceylon"，而不是1972年改后的名字斯里兰卡（Sri Lanka）。欧洲人对印度地名的早期称谓和现今称呼存在巨大的差异，卡利卡特（Calicut）就是一个例子，它在过去是一个有名的港口，在现代地图中的名称则是科泽科德（Kozhikode）。

第一部分

隔离的世界

I

印度奇观与中国宝藏

> 不理会野心与世俗贪欲的危险,我决心再度启程,从巴士拉出发,与一群诚实的商人一起,满载货物,沿底格里斯河顺流而下。
> ——辛巴达,开始了他的第三次旅程,出自《一千零一夜》

1000年前,一位波斯船长退休之后,开始写回忆录。尽管这份回忆录现在只在伊斯坦布尔一座清真寺中还幸存一份孤本,但是在这位船长生活的时代,这些故事使他闻名于世。布祖格·伊本·沙赫里亚尔船长,将其著作称为《印度的奇观》(The Wonders of India),但是他在这本书中却不局限于描述印度文明。他呈现给读者的是在他自己的职业生涯中航行过的热带海洋沿岸丰富多彩的生活风貌。他对于那个时代人们生活的自发还原,远比任何学术复原所能达到的水平高超。他描述了在风暴中飘摇不定的船只上恐惧的乘客,因为被欺骗而愤怒的商人,沐浴在爱河中的年轻人,以及坐在以珠宝装饰的王座上、睥睨众生的傲慢帝王。

为了娱乐的缘故,他将许多没有太多依据的轶事收入书中,其中包括美人鱼、能够吞下大象的巨蛇、被咬一口就能让人"连眨眼的工夫都没有"而迅速丧命的双头蛇,以及拥有超凡性能力的女人。"布祖格"只是一个绰号,意思是"大的"。他被称作"布祖格"很可能是因为他爱好以夸大的方式讲荒诞的故事,而不是因为他本人身形高大。他说,写这本书的目的是带着读者前往许多国家,进行有趣并且有益的旅行。尽管《印度的奇观》与《一千零一夜》有许多相似之处,但是两者仍有很大区别,因为《一千零一夜》中的辛巴达是一个虚构的英雄,而布祖格笔下的大部分内容则经得起历史的审阅。

相关的历史人物和事件表明，布祖格写回忆录的时间大概是公元950年（伊斯兰教历341年）。他生活在波斯湾南端的尸罗夫，以那里的狭窄海峡为起点，印度洋像扇子一样展开。就如同罗马人曾经称地中海为"我们的海"，对于布祖格和他同时代的人而言，印度洋也一样，是伊斯兰世界的延伸。

尸罗夫拥有30万居民，整座城市被山环绕。这使得它在夏天的几个月中像一口大蒸锅，与布祖格同时代的一个人称它是波斯最热的地方。它也是波斯最富裕的地方之一。在富有的商人庭院中，喷泉总是不间断地喷出水来；天黑后香油在镀金的枝形吊灯里燃烧，驱走黑暗，光线投射下来，照亮了盖着丝绸与天鹅绒的长沙发；高大房屋的墙壁上，镶着来自印度的柚木护墙板；来自非洲的红树房梁，支撑着平坦的屋顶。尸罗夫最大的建筑是总督宅邸和大清真寺。停泊在港口中的大船带来了包括中国在内的许多国家的货物。而小一点的船只从波斯湾北上，将货物运到巴士拉，但由于底格里斯河带来大量泥沙，这使得远洋船只经常在那儿无法卸货。[1]

即使尸罗夫如此富足，也无法媲美巴士拉的奢华与壮美。而巴士拉与哈里发的首都巴格达相比，还要略逊一筹。巨大的宫殿群坐落在底格里斯河河边，光滑如镜的条纹大理石柱支撑起它们的穹顶，它们是阿拉伯世界的奇迹。与布祖格同时代的历史学家穆卡达西赞美它的壮丽："巴格达，伊斯兰世界的中心，它是幸福安康之城，城中充满谈吐不凡、举止高雅之人。那里的风是和煦的，科学是尖端的。那里的一切都是最好的、美丽的。人人心向往之，而所有的战争则与它永远绝缘。"

尽管哈里发是宗教领袖，但是由于王朝间的纷争，哈里发也曾几度丧失权力，而巴格达仍然控制着一个疆域从印度一直延伸至埃及的帝国。在帝国建立300年之后，也就是基督教创立即将满1000年的时候，伊斯兰教吸收了比基督教更多的信徒，囊括了比基督教更广阔的地域。正是在这时

---

[1] 现在在尸罗夫遗址，只有一个伊朗渔村。这座城市被公元977年的一场地震毁坏，在那之后迅速衰落下去。

候，布祖格的作品为我们打开了一扇窗，引领我们进入一个新的千年。在新千年里，这两种宗教之间的冲突几乎没有间断过。

如果当时伊拉克、波斯、印度的城市居民能觉察到西方人的存在，他们会对西方的贫穷感到震惊。而欧洲人的视野，仍然没有超出他们那几个半文盲军事领袖模糊的领地边界。西欧处在世界文明的外部边缘，而巴格达则可以夸口说自己处在世界文明的中心，它只有君士坦丁堡这一个竞争对手。"欧洲"与"基督教世界"统一的概念还没有生根。来自斯堪的纳维亚的半异教徒、半基督教徒的入侵者仍然能在几乎任何地方造成巨大破坏。

残留下来的一些古典文献在欧洲的修道院里得以幸存，但是它们完全无法与阿拉伯学者们的图书馆收藏相提并论。后者拥有到目前为止几乎所有古希腊的伟大作品，而且它们都有阿拉伯语译本供学者们使用。像布祖格这样一位波斯船长使用这些作品的便利程度，都远超过欧洲最博学的基督教主教。

伊斯兰世界的边界循着北非海岸延伸到西班牙，在这条边界之外，东西方很少有直接接触的机会。去过比意大利还要远的地方的欧洲基督教徒，几乎只有秘密前往亚历山大里亚的贸易商、努力赶往耶路撒冷的朝圣者，以及被卖作奴隶的年轻男孩儿和女孩儿。这些女孩儿注定要在女性奴隶的陪伴下，在闺房里侍候阿拉伯贵族。而陪伴她们的女性奴隶，有的来自埃塞俄比亚，有的来自红海以南的遥远非洲国家。男孩儿则在法国凡尔登一处臭名昭著的集合地集体被阉割，沦为宦官。之后，他们越过比利牛斯山进入西班牙，在那里登上由被称作"识路者"的犹太商人控制的船只前往印度洋沿岸诸国。

在9世纪初的一个短暂时期里，基督教欧洲与伊斯兰世界一度产生了相互谅解的可能。尽管距离遥远，但是哈里发哈伦·赖世德与查理曼多次互派大使，商讨一个从未实现的阿拉伯计划：共同发起战争，攻占拜占庭首都君士坦丁堡。（互派使者的事只在查理曼抄写员的记录中看到过；哈伦在巴格达接待多国大使，自己也将大使派往各国，所以伊斯兰的编年史家可能觉得与查理曼互派使臣的事不值得特别记载。）哈伦年轻的时候曾经包围君士坦丁堡。他派遣使者前往拜占庭，面见君士坦丁六世，在力劝君士坦丁六世改宗伊斯兰教无果之后，才转而采取了扩大西方教会与东方教会之间嫌隙的策略。

哈里发没有向查理曼提出这样的建议，只是送给他奢侈的礼物：珠宝、象牙棋、刺绣真丝长袍、滴漏，以及一头叫作阿布·阿拔斯的被驯服了的白象。这头以阿拔斯王朝第一代哈里发的名字命名的白象，曾经属于一位印度王公。而成功地将这头大象从幼发拉底河带到地中海的，是一位叫作以撒的犹太人。他是前往巴格达的三人使者团里唯一的幸存者。在一次危险的跨海航行后，他们抵达了意大利。之后，这头大象又被牵引着越过了阿尔卑斯山。在802年7月20日，它终于迈着沉重而缓慢的步伐，进入了查理曼位于亚琛的宫殿。皇帝很快就对这头大象十分用心。它经受住了欧洲的气候，在那里生活了整整八个年头。白象最后殒命是因为皇帝为了恐吓到处劫掠的丹麦人，而草率地将它带到了德意志北部阴冷的吕内堡石楠草原。[1]

巴格达的哈里发与法兰克人的"哲学王"之间的这些接触，被证明仅仅是一簇跨越宗教与文化分歧的短暂的火花。查理曼原先计划在耶路撒冷建立一处基督徒的暂居处，这一点也得到了哈伦的赞成，而这正是中世纪传奇的基础。查理曼是第一位十字军战士，他曾率领一支朝圣者的军队前往圣地。然而，真正的十字军东征要晚一些，在1095年由教皇乌尔班二世发起。到那个时候，阿拉伯人会震惊于他们宗教仇敌的粗野与残忍。

信奉基督教的欧洲是封闭的，并且与亚洲隔绝，而非基督徒的欧洲人——居住在西班牙和地中海岛屿上的阿拉伯人——则可以自由地在已知的世界中漫游，甚至可以前往遥远的中国。这意味着旅行者首先要穿过埃

---

[1] 关于"查理大帝的大象"的内容可参见 R. 霍奇斯（R. Hodges）和 D. 怀特豪斯（D. Whitehouse）的《穆罕默德、查理大帝与欧洲的起源》（*Mohammed, Charlemagne, and the Origins of Europe*）；还可以参见 H. R. 洛恩（H. R. Loyn）和 J. 珀西瓦尔（J. Percival）的《查理大帝的统治》（*The Reign of Charlemagne*, London, 1975）。

及和阿拉伯半岛,之后到达像尸罗夫一样的港口,也就是从那里,"中国船"起航,开始当时人类已知的最远距离的航行。布祖格曾在一个故事中提到一个来自加的斯的人,他极为大胆地偷乘了一艘开往中国的船。这个人亲眼见证了两种截然不同的航海船只的巨大差异:一种是开往中国的、发出嘎吱嘎吱声响的船;另一种完全不同,是笨重的、用巨大的钉子固定住木板的平底船,后者他可能在西班牙的海港中见过。

使用椰子纤维绳索捆绑印度洋船只木板的原因,通常可以用"磁山"的神话加以解释。用钉子固定船板的船只航行到磁山附近,船体表面的每一片金属物都会飞出去,所以这种船只注定沉没。在辛巴达的一个故事里,当一座磁山隐约出现在船头前时,船长就立刻"将包头巾甩在甲板上,撕扯自己的胡子",因为他知道自己死定了:"钉子从船体飞出,射向磁山。船只碎成片,我们都被丢入怒海。大多数人当即就淹死了。"[1]

然而,现实真相是阿拉伯半岛缺少铁矿,打造刀剑的铁匠们通常最先要求从锡兰和东非那样的地方进口金属。此外,如果"缝合的"船只需要搁浅维修,原材料就在手边总是令人安慰,因为印度洋岸边随处可见椰子树。海洋也提供了维护船体的材料——厚厚地涂抹于船体表面的油脂,这些油脂来自鲨鱼和鲸鱼的尸体。(作为一个造船港口,尸罗夫拥有一个处理鲸脂的工场。)在船体涂油的目的是使木材免遭腐蚀,并且保持韧性,以便在触礁时不容易被撞坏。

印度洋的这些"缝合船"拥有悠久的历史。大约在公元50年,一位希腊航海者在一本海员手册里最早提到它们。这本手册被称作《厄立特里亚海航海记》(*Periplus [Circuit] of the Erythrean Sea*)[2],它如实地描述了此次探险和印度洋的贸易条件,以及在岸边遇到的人们。它提到一个叫作拉普塔(Rhapta)的东非海港(遗址尚未被发现),在那里可以买到大量的

---

[1] 在暴风雨天气航行时,商人们习惯发誓将为圣地进献供物以祈求神灵保佑平安。如果他们安全抵达海港,船长将收集这些誓言。

[2] "the Erythrean Sea"现在多写为"Eritrean Sea",指"红海"。但是对于古代希腊人而言,所指范围更大,包括红海、波斯湾、印度洋。此处大致是指印度洋。——译者

象牙和龟甲,"缝合船"也是在那里被建造的。[1]

从阿拉伯半岛前往中国的船只,沿着印度到锡兰(意为红宝石之岛)的海岸线向南航行,向东到达苏门答腊岛,穿过亚洲最南端的马六甲海峡,然后向北进入中国海。整趟航行需花费一年半的时间。船长们通常选择在护航队的陪同下远航,以减少印度西部海域大量海盗的骚扰。海盗们有时间隔开来,驻守在固定的贸易航线上,以拦截落单的船只,他们在敲诈到钱物后才对这些船只予以放行。沿海地带的统治者因为给海盗提供了避难的港湾,甚至可以在这种生意中分一杯羹。

即使在航行的过程中人们要面临巨大的风险,但是中国的诱惑是无法抵抗的。它有精美的商品和非凡的技术。关于中国,人们相信没有什么是不可能的。[2] 布祖格从未表示他本人乘船到过中国,但是毫无疑问,他从朋友那里获得了关于中国的各种信息:一个身居高位的官员是如何在10万骑兵的护送下进入广州的;中国的一位统治者,在接见一个阿拉伯商人时身边环绕有500名各种肤色的女奴,这些女奴身披各种丝绸,佩戴各式珠宝。官员们的待遇可能被旅行者的故事夸大了,但是东方军队中数以万计的骑兵数量,以及专制君主们总是骄傲于拥有大量姬妾的情况则是真实的。

阿拉伯半岛着迷于从中国进口的华美货物(直到今天,瓷器在阿拉伯语中还被叫作"中国的")。甚至红海也一度被称作"中国的海",因为在最早的时代,就是从那里,满载象牙、香料和黄金的货船起航,前往中国交换奢侈品。继希腊人之后,罗马人开始称呼中国为"赛里斯"(Seres)——"*丝绸之国*"。

伊斯兰教创立之前的波斯——伟大的萨珊王朝,曾派遣代表团前往中国。尽管波斯的古老文明有很多了不起的技艺,如中国人乐于学习的波斯制作银器和吹制玻璃的技术,但是中国的统治者总是认为其他所有国家都

---

[1] 拥有大三角帆的西印度洋船只可以迎风航行,但是当它们在恶劣的天气里"改变方向"(改变航向)的时候,情况会很危险,人们必须将沉重的船帆垂直地升起来,移向桅杆的另一侧。在东非沿岸使用的小的近海"缝合船"在斯瓦希里语中叫作"mtepe",据说它们的船首代表穆罕默德最喜欢的骆驼。

[2] 穆斯林一直使用的名称"中国"(China),可能指的是秦朝至隋末的中国(公元前221—公元618年),实际上欧洲在数个世纪的时间里遗忘了这一点。

必须承认中国的优越地位，并且要归顺于它，这是理所当然的。其他任何一个国家都没有如此强硬地坚持这一点。尽管我们已知一个中国学者在10世纪曾拜访过巴格达，但是布祖格从未提到有任何一个中国商人去过印度洋以西的地方。当中国皇帝收到遥远国家的君主送来的礼物时，他傲慢地接受了它们，并将它们视作觐奉的贡礼。作为回礼，中国皇帝以赐予者的身份，授予对方封号。

尽管远洋航行充满风险，或者正是由于这些风险，航行到遥远国家的前景成为搅动年轻人激情的动力：与伙伴们一起出海的远洋船只的轮廓、在印度洋地区的古城出土的房屋石膏板上的斑驳印记，共同承载这样的精神与情感，但是毫无疑问，灾难总是频繁发生。9世纪的一份中国官方记录提到，从印度洋航行过来的船只携带"白鸽作为信号"："如果船只沉没，即使远达数千英里，白鸽也会飞回家乡。"对水手而言，陆地鸟类是个好兆头，因为经过数星期的外海航行，这些鸟类是他们看到的第一个证明不远处有陆地的标志。在没有航海图和精确的航海仪器的时代，船长们通常依靠这些标志：海水颜色与洋流的变化，海面上漂浮的船只残骸，甚至是夜晚海浪磷光的数量。

布祖格将一位七次成功航行到中国的船长称作英雄，但是这位英雄最终与他的船一起葬身大海了。印度洋的远洋船只最多能承重一百吨货物和五六十个人。这样的船总是畏惧风暴，但因为没有风而造成船只不能前进的状况与风暴一样危险。饮用水可能会耗尽，或者病菌也会从老鼠出没的地方在船上传播开来。有时高温和恶臭会把乘客逼疯。那些还留有理智的人花大量时间阅读宗教经典，以期从中找到可以安全抵达的预兆。人们站在船头密切观望，在陆地最终映入眼帘后发出第一声欢呼以提醒其他人。

《印度的奇观》通常在讲述发生在海上的故事时体现出一种反讽式的幽默，但是这些故事也可能是令人心酸的。当布祖格讲到人们遇到危机如何行事时，那种真实感使得其间的数个世纪好像突然消失了。他讲述了一次海难过后，几个乘坐小船死里逃生的幸存者在海上漂流了几天，远离了印度海岸。他们之中有一个男孩儿，他的父亲在船沉没的时候淹死了。饥饿逼迫幸存者想到同类相食，于是他们决定杀死并且吃掉那个男孩儿。"他猜到了我们的意图，我看到他望着天、眯着眼，默默祈祷。幸运的是，就在那一刻，我们望见了陆地。"

因而，许多到处漫游的商人选择最能吸引他们的港口定居，而非冒险返航，这并不令人吃惊。有生意可做，有清真寺可以祷告，有奴隶和姬妾可以满足他们的生理需求，除此之外，还希冀什么呢？特别是安全抵达中国的旅行者，通常都不情愿回去。在布祖格写书之前的两个世纪，东方的波斯人和阿拉伯商人已经多到可以对广州发起一次海上劫掠，而原因据推测是报复他们所受的虐待。

布祖格在手稿中提到一位从中国返回的旅行者，他是一个犹太人，名叫伊斯哈格·本·亚胡达。他出生于索哈尔的一个贫困家庭。索哈尔是阿曼的一个主要港口，而阿曼则正好位于波斯湾的入口。与一个犹太同事吵了一架之后，伊斯哈格决定出国碰碰运气。他带着自己的全部家当——200金第纳尔[1]，首先前往印度，之后又踏上前往中国的旅途。

在伊斯哈格到达中国之前几年，中国发生了几场动乱，在这些动乱中超过10万的外国商人及其家人被杀害，但是伊斯哈格留了下来，并且发了财。30年后，也就是公元912年，索哈尔的民众震惊地看到伊斯哈格回到了家乡。他不再是一个地位低微的乘客，而是一名自己拥有船只的富有商人，他的船满载着丝绸、瓷器、麝香和珍贵宝石。

布祖格殷勤地讲述了伊斯哈格是如何与阿曼的埃米尔[2]艾哈迈德·本·希拉勒达成谅解的。"为了逃避关税和什一税"，他们达成了价值100万迪拉姆的"约定"。伊斯哈格为了巩固他们之间的友谊，还额外送给埃米尔一个珍奇的礼物——一个带金色盖子的黑色瓷花瓶。

埃米尔问："花瓶里有什么？"

伊斯哈格答道："在中国我为你烹饪的鱼。"

---

[1] 公元693年，倭马亚王朝的哈里发在大马士革打造了伊斯兰世界最早的金币，这是第纳尔的起源，当时主要应用第纳尔的国家是伊拉克、利比亚、突尼斯等。——译者
[2] 埃米尔，"emir"，是对穆斯林酋长、王公贵族、地方统治者等的尊称。——译者

"在中国烹饪的鱼！两年前做的！它现在得成什么样了！"

埃米尔掀开华丽的瓶盖往里看，花瓶里装着一条被芬芳的麝香环绕的金鱼。鱼的眼睛是红宝石做的，花瓶里的东西估计价值超过5万金第纳尔。[1]

由于拥有巨大的财富，伊斯哈格很快就成为人们嫉妒的对象。一个曾经没能买到他货物的人，决心在距离索哈尔1000英里的巴格达向他报仇。最终，这个人获得了哈里发穆克塔迪尔的支持。他告诉哈里发，那个犹太人是如何与埃米尔达成秘密协议的，以逃避关税和什一税。他向哈里发描述了伊斯哈格从中国带回来的精美货物——丝绸、瓷器和珍贵宝石，以此激起哈里发的贪欲。而且，他还说伊斯哈格没有孩子，如果伊斯哈格死了，没有人继承他的财产。听到这些，哈里发将一个名叫"富尔富尔"（Fulful，意指黑胡椒）的黑人宦官叫到一旁，叫他带30人前往阿曼，立刻逮捕伊斯哈格，并将他带回巴格达。（这个宦官接下来的行为对于10世纪的穆斯林读者毫不陌生。宦官们被认为是恶毒并且狡猾的，他们服务于有权势的人，以此获得高升。）

索哈尔的埃米尔听说了哈里发的命令，他逮捕了伊斯哈格，但同时告诉伊斯哈格一笔可观的贿赂可以使他获得自由。之后，埃米尔采取了下一步措施，以使他富有的囚徒免于哈里发的控制，并且保卫他自己的地位。他散布所发生之事的消息，并且警告城中其他商人，如果伊斯哈格被带往巴格达，他们将来也难保不受到相似的对待。商人们的回应和他期待的一样，先是罢市，之后是集体请愿，再之后是在街上发动暴乱。这些商人提出警告：他们会集体撤离，并且告诉其他商人远离阿拉伯半岛的海岸，因为在那里个人财产不再安全。

埃米尔写信给哈里发，详述了商人们所讲的话："索哈尔是一座以海洋为生的城市，当船只不再来这里的时候，我们将被剥夺生计。如果我们之中的小人物被如此对待，对于大人物来说情况只会更糟。苏丹如火焰，将毁灭他所触碰的一切。因为我们无法抵抗这样的力量，所以我们最好现

---

[1] 读过布祖格关于伊斯哈格的故事的人应该早就知道，商人们通常贿赂当地统治者以逃避关税。

在就离开。"为了使他们的消息传回家乡，商人们将他们的船只在码头周围一字排开，做好起航的准备。事态超出了那个宦官的掌控，他带来的人决定逃回巴格达。作为一种离开的姿态，他们拿走了属于被关押的伊斯哈格的 2000 金第纳尔。

他们离开之后，伊斯哈格被释放了，但是他极为愤怒，决心永远离开阿拉伯半岛，永久定居中国。他准备好一艘船，将自己所有的财产都装上，然后启程了。但是，他再也没能抵达中国。当他的船抵达印度洋另一侧的苏门答腊岛时，那里港口的统治者向他索要一笔巨额通行费，否则不让他继续航行。伊斯哈格拒绝支付，结果有人深夜登船杀死了他。那里的统治者接管了他的船，以及船上的一切。

布祖格不做任何评判，他允许读者们自行演绎，但是因为他的书里出现了真实的历史人物，所以他清晰地表明他的作品不是小说。最重要的是，他在作品中详细说明了印度洋贸易的不成文法：无论是何种种族与信仰，商人在海上享有自由，在途经的每一个港口都应享有公平公正的对待。作为一个船长，布祖格完全理解商人们是如何避开这一原则可能会遭到破坏的港口。之后提到的波斯湾出口处的霍尔木兹港，欢迎来自世界各地的商人们："商人们将最稀有和贵重的货物带到霍尔木兹港。这座城市中的居民信仰各异，而且没有人被允许冒犯他们的宗教信仰。这就是为什么这座城市被叫作'安全的城堡'。"

《印度的奇观》的读者在这个故事里，还能认识到一层更个人的信息。哈里发和他的阿曼埃米尔是阿拉伯人，而布祖格和他当时的读者则是波斯人。尽管波斯被强制伊斯兰化已长达两个多世纪（布祖格以阿拉伯语写作，并且以所有正确的穆斯林观点作为故事的开端），但是他的同胞中仍有许多人怀念昔日波斯帝国的荣耀，甚至坚持信仰波斯帝国古老的琐罗亚斯德教。[1]他们回忆萨珊王朝的城市如何被夷为平地，以及一度是粗鄙的沙漠游牧民的阿拉伯征服者，是如何在波斯人的尸堆上建立起胜利祭坛的。萨

---

[1] 琐罗亚斯德教的信仰"在伊斯兰教的掩映之下继续在伊朗保留下来"，出自 A. S. 卡努瓦（A. S. Carnoy）的《宗教与伦理学百科全书》（*Encyclopaedia of Religion and Ethics*）第七卷。

珊王朝的末代君王曾派遣密使前往中国请求军事援助，但是一切都是徒劳。

　　然而，他们终究还是无法回到昔日的光荣岁月。在西方好战的基督教军队的压力之下，伊斯兰教注定会到来。它的影响遍及印度洋，并且不断扩展，越过印度，一直延伸至印度尼西亚。伊斯兰教那时已经掌控了非洲东海岸，那里能够满足它对人力的不断需求。

2

非洲海岸的诱惑

> 我毫不光彩,就像一个来自辛吉(Zanj)的奴隶,被带进大马士革。
> ——选自历史学家阿布·麦胡瓦夫的一首诗

希腊人曾经称东非为阿扎尼亚(Azania),而后来这个地方被称作辛吉——黑人的土地。辛吉(或者僧祇)的称呼源自波斯语,之后被其他语言吸收。这个词曾经仅仅指示肤色,后来被用来特指非洲人或者黑人奴隶。如果他们前往异域,会很不幸地发现这两者几乎是同义词。

繁荣的桑给巴尔岛得名于辛吉,它通常是阿拉伯和波斯船长乘着冬季季风前往非洲的终点。[1] 这种航行会穿过赤道,到达北半球的指向星不再可见的纬度,而有些船长会冒险进一步南下航行。他们前往季风所及的最南端,越过一条在非洲中部与尼罗河汇合的大河河口,经过数天的航行,到达辛吉海岸最后一个大港口——索法拉。[2]

这个遥远地区的诱惑之一是黄金。非洲人在内陆开矿,之后将金矿石运往索法拉,在那里用金矿石进行物物交换,换取布料和珠子。因为第纳尔在整个伊斯兰世界通用,而造币需要黄金的长期供应,所以黄金被带回阿拉伯半岛,能够很好地报偿长途航行的风险。(被征服地区的神庙的黄金被剥夺,古墓里的黄金也是同样的下场。)

辛吉不适合胆小的人。除了喜欢听耸人听闻的食人故事和以牛奶与血

---

[1] 椰枣通常作为从波斯湾出发开往东非海岸的船只的压舱物,一抵达东非它们就会被卖掉。

[2] 在赞比西河河口三角洲和索法拉之外的地方,季风逐渐减弱。任何冒险驶过南回归线的船只,都不得不拼命对抗向南流的厄加勒斯洋流。

液的混合物为生的部落故事，对于非洲战士来说，最大的乐趣是收集没有提防之心的旅行者的睾丸。而《古兰经》严禁饮血。还有谣传说，任何去辛吉生活的人，都可能会被剥皮。

然而，辛吉之所以不同于环印度洋的其他贸易中心，是因为它扮演出口异教徒奴隶的重要角色。商人们航行到印度，是为了购买印花细布和珠宝；前往中国，是为了购买丝绸和精美的餐具。但是前往辛吉的商人，总是想要购买几个年轻且健康的黑人。这些奴隶在印度洋北岸的海岸国家能被卖个好价钱：以几尺布购买到的男奴，能被卖到30金第纳尔。如果能将奴隶运到遥远的地中海地区，商人则可以获利更多。一个白人奴隶或者一匹马卖不到30金第纳尔，而由于黑人奴隶短缺，每个黑奴的售价可以超过160第纳尔。一些统治者以拥有个人的黑人护卫队为傲。[1]

另一个富有奴隶资源的地方是从红海西侧延伸出来的山地国家——阿比西尼亚。这个名字来源于阿拉伯语对这一地区的称呼。迟早，任何黑人都会被叫作"阿比西尼亚人"。对巴格达极尽赞美之词的穆卡达西，在列举从亚丁进口的货物时，用语则比较平实："皮质小圆盾、阿比西尼亚奴隶、宦官、老虎皮和其他物品。"[2]

亚丁湾位于红海出海口，因而是接收通过袭击阿比西尼亚人而俘获的奴隶的理想场所。《古兰经》强调穆斯林永远不可以被奴役（尽管奴隶可能成为伊斯兰教的信徒），但是阿比西尼亚人则没有关系，他们可以成为奴隶的人选，因为他们是基督教徒。回溯到公元4世纪，他们是拜占庭基督教的一个分支。传说来自黎凡特的一位基督教哲学家在红海遭遇海难而溺亡，但他的两个学生弗鲁孟提乌斯和埃德修斯被当地人发现，幸免于难。

---

[1] 关于地中海地区黑人奴隶的价值，参见 J. 里德（J. Read）的《西班牙与葡萄牙的摩尔人》（*The Moors in Spain and Portugal*, London, 1974）。

[2] 在《圣经·旧约》的"所罗门之歌"中，以"耶路撒冷的众女子啊，我虽然黑，却是秀美……"为开头的诗节，可能源自伊斯兰教创立之前的沙漠民族的诗歌，他们的骆驼由奴隶照料。阿拉伯的著名诗人安塔尔·伊本·沙达德（Antar ibn Shaddad）的母亲是埃塞俄比亚人。巴格达的大多数哈里发都是由姬妾所生，只有3位哈里发的母亲是"自由的女人"，具体请参见法蒂玛·梅尼西（Fatima Mernissi）的《伊斯兰国家被遗忘的皇后》（*The Forgotten Queens of Islam*, London, 1993）。

他们坐在树下研读圣经，在强大的国家阿克苏姆播下了基督教的种子。阿克苏姆在古典时代就与地中海世界保持联系，并且曾经为罗马帝国供应象牙。不管弗鲁孟提乌斯和埃德修斯的故事是不是真的，可以确定的是，到公元5世纪，叙利亚的传教士已经活跃于后来被叫作阿比西尼亚的这片土地上了。

阿比西尼亚人与亚丁人和内陆人也有紧密联系。在基督教之前的时代，他们的祖先越过红海，从阿拉伯半岛的南部地区带来一种他们称作吉兹语（意为"旅行者"）的古老的书面语言。（随着伊斯兰教的胜利，这种语言在其起源地被阿拉伯语取代，就如同他们旧有的宗教——对太阳、月亮及其神圣的儿子的崇拜，也被取而代之一样。）信仰基督教的阿比西尼亚人，为了给与他们信奉同一宗教的人复仇，甚至一度入侵阿拉伯半岛的南部地区。此时，他们则是防御的一方，为了不被抓走做奴隶，他们向更高海拔的大山深处撤退。

在阿拉伯人扩张的几个世纪里，他们需要大量的奴隶劳力建造城市、照料种植园、开矿和挖运河。这不是阿拉伯人自己发明出来的制度，因为希腊和罗马的经济也依靠奴隶制，并且它们使用强制非洲劳力的历史可以追溯到5000年前。首次用象形文字讲述埃及人与居住在尼罗河上游的黑人邻居努比亚人之间交往情况的碑文，被镌刻在埃及第一王朝（公元前3000年之前）哲尔王时期的一块石头上。它生动地叙述了一个被俘的努比亚领袖猛击一艘埃及舰船的船首，而他那些被打败的追随者的尸体漂浮在尼罗河上。5个世纪之后，第四王朝的法老斯尼夫鲁记录下他突袭努比亚，并带回7000个黑人和20万头牛的战况。奴隶们被用来帮助建造金字塔。

在先知穆罕默德的时代，他对占有异教徒奴隶的权力进行了严格的限制，但是《古兰经》并没有明确禁止奴隶制。辛吉和阿比西尼亚的俘虏的常见命运是穿过印度洋，被运输到波斯湾和巴士拉，在那里他们被带上岸，作为劳力出售。在漫长的海上航行期间，他们戴着手铐，承受鞭打，而在那之后，他们被带领着从高大的房屋之间的海滨，经过所有人都享有平等权利的清真寺，穿过驴子、驮马和骆驼拥塞的街道，最终到达露天的奴隶市场。

依据他们的来源地，奴隶们被分成不同的组，大多数的组名已无法确认：昆布拉（Kunbula）、兰杰维叶（Landjawiyya）、奈姆尔（Naml）、基拉布（Kilab）。那些成功存活下来并且活得久一些的奴隶学习阿拉伯语，取了阿拉伯名字，他们作为口译者，将阿拉伯人的命令传达给他们的同胞。更幸运的一些被买走，成为私人奴隶，因为他们可能有机会遇到一个善良的主人，有一天给予他们自由。肤色不再是问题，他们已经成为伊斯兰世界一个重要的组成部分。

所有黑人奴隶中生活最奢侈的是宦官，穆卡达西称他们是亚丁主要的进口商品。在他写作的时代，巴格达有1.1万个宦官，其中7000人来自非洲。在此之前一个世纪，哈里发阿明拥有一支庞大的宦官部队，他将其中的白人称作"蝗虫"，将黑人称作"乌鸦"。那些让哈里发特别满意的宦官得到升迁，获得了巨大的权力。出生于西班牙的旅行家伊本·朱巴尔在拜访巴格达时，厌恶地发现军队由一个叫作哈利斯的年轻的黑人宦官掌控："一天，我们看到他出门，他走在前边，后面跟着由突厥人、波斯人和其他人组成的军队长官行列，大概还有50个手中握剑的人围在他身边……他在底格里斯河河畔拥有豪宅和观景楼。"在其他方面观念开明的伊本·朱巴尔却鄙视黑人，他评论道："他们是无需给予尊重的人，肆意咒骂他们无需感到罪恶。"

波斯船长布祖格·伊本·沙赫里亚尔在回忆录中一再提到在辛吉的冒险故事（许多暗示表明，他写作的故事来源于他自己的经历），而奴隶制是他最常讲的主题。这些听上去不可能的故事背后存在真实性，并且它们生动地展现了他所生活的世界。他对故事中的主人翁充满了同情之心，那个人是一个非洲酋长。叙述者是一个叫作伊斯麦拉维的富有船主，他到过印度洋沿岸的多个地方，但是他对非洲更熟悉。公元922年，在航行前往奔巴岛（奔巴岛就在桑给巴尔岛的北面）上一个主要城镇的途中，暴风雨将他的船只朝着索法拉的方向吹往更南的地方。船被吹到了一片臭名昭著的狭长海岸，船员们害怕他们会在那里被抓住并且被杀死，更糟的是，他们会被吃掉。[1]

登岸之后，当地人对这些陌生人的接待，远远超过了伊斯麦拉维原先最大胆的期待。当地酋长是一个"英俊的年轻黑人"，他询问他们，并且坦率地表示，当听到这些远道而来的人声称一直想要来拜访他的国家时，他就知道他们在说谎。但是他承诺他们可以自由贸易，并且不会受到伤害。在做完生意之后，船主和船员回到他们的船上；友好的酋长甚至带着几个他的人登上甲板与他们道别。就在这个时候，伊斯麦拉维暴露了他的阴谋：他将绑架这些毫无提防之心的黑人，将他们带回阿曼，作为奴隶出售。

因而，当船开始启动的时候，迷惑不解的酋长及其下属徒劳地尝试回到他们在一旁安置的独木舟上，而那些阿拉伯贸易商告诉他们即将迎来的命运。酋长有尊严地答道："陌生人，当你们掉到我们的岸上时，我的子民想像对待其他人那样，吃掉你们并且掠夺你们的货物。是我保护了你们，并且没有索取什么。而且为了表达我的善意，我屈尊来到你们的船上与你们告别。请公正地对待我，让我回到我自己的土地。"

他的请求被无视了，他被推下去，与其他囚犯一起被关押在船舱里："之后，死寂的夜晚笼罩着我们，我们到达了外海。"在朝北航行的过程中，船穿过赤道进入阿拉伯海，被绑架的酋长一句话都不说，就好像他根本不认识那些绑架他的人。当船抵达港口，他与同伴一起，被带到奴隶市场卖掉了。

对伊斯麦拉维而言，他们似乎完成了一次有利可图的生意。但是几年之后，他带着同一批船员再次航行到辛吉海岸，又一场暴风雨使得他们在同一处搁浅。船只很快被围住，船员们想在当地酋长到来之前赶快撤离。让他们吓破胆的是，很久之前被他们卖作奴隶的那个人，再一次坐在酋长的座位上。

---

[1] 在一个典型的食人故事里，一位辛吉女王将一名囚犯带到她地下的住处："如果她发现他身体强壮并且擅长交媾，她会赦免他，照顾他并且给他吃一种鱼，这种鱼会增强他的性能力。她会让他一直为她服务，直到他变得虚弱和疲惫以致阳痿，她会杀死他并且吃掉他。"以上叙述出自米诺尔斯基（V. Minorsky）翻译并编辑的《中国、突厥人和印度》（China, the Turks and India, Sharaf al-Zaman Tahir Marvizi, London, 1942）。

"啊，"他说，"是我的老朋友。"

伊斯麦拉维和他的水手们吓瘫在地，不敢抬头。"但是酋长表现得十分温和亲切，直到他们都抬起头，但是因为悔恨和恐惧而不敢直视他。"酋长给他们讲了一个不同寻常的故事，关于他是如何作为一个奴隶被带到巴士拉，之后又到达巴格达。在巴格达，他逃离了他的阿拉伯主人，去了麦加，并且最终抵达开罗。看到尼罗河，酋长问当地人河流是从哪里发源的，被告知是辛吉。于是，他决定沿着河道走下去，希望能够回到自己的家乡。在经历了非洲内陆的许多惊险之后，他成功返回了故乡。他见到的第一个人是一位老妇，她没有认出他，但是她说，巫医预言这个国家之前失踪的那位酋长还活着，并且在阿拉伯人的土地上。听到这个预言，流浪的酋长快乐地回去了，并且重新登上王位。

酋长告诉之前绑架他的那群人，在他做奴隶的这些年，他皈依了伊斯兰教。这也是为什么他决定宽宏大量地对待他们；事实上，还得感谢他们使他皈依伊斯兰教。但是当他们准备启程返回阿拉伯半岛时，酋长告诉他们，他已无法再信任他们，即使这时他是一个穆斯林。

"至于陪你们上船，"他说，"我有自己的理由不那样做了。"

这个带有尖锐讽刺、关于黑人国王和白人俘虏的故事，一定使得伊斯兰读者觉得有趣。兄弟般和解的故事结尾是以当时流行的方式为奴隶制所做的辩护：非洲人如此尊重他们的主人，以至对他们毫无怀恨之心。然而事实上，奴隶们并不总是安静地被从他们的部落、村庄和避难的非洲雨林劫走。就像一句阿拉伯谚语所说的："如果你使一个辛吉人挨饿，他会偷窃；如果你给他饭吃，他会变得暴力。"这句话反映出对奴隶总是寻找机会复仇的恐惧。

历史表明他们经常这样做。早在公元689年，即穆罕默德去世不到60年，在底格里斯河与幼发拉底河河口、巴士拉附近的沼泽地，就发生了一次奴隶起义。这次起义持续时间不长，事后起义者的尸体被吊在绞刑架上作为一种警告。5年之后起义再次爆发，领导者是一个有"辛吉之狮"称号的非洲人，他的名字是里亚赫。这次起义组织得更有序，直到一支由4000个黑人组成的部队在一场战役中将起义军彻底消灭，起义才结束。

包括妇女、儿童在内的1万名奴隶被屠杀。

在9世纪中期发生了一场更残忍的事件——第三次"辛吉起义"。它发生时,正好四处都有骚乱,那是伊斯兰教面对大量军事和宗教挑战的时期。

持续的威胁来自激进的什叶派运动。什叶派是伊斯兰教两大教派之一。阿拔斯王朝选择了另一个教派——正统教派逊尼派,而帮助它掌权的什叶派感到受到了排挤。而且,他们不赞成哈里发奢侈的生活习惯。权力也被分解了:阿拉伯人掌控法律,波斯人控制政府,而军队则由容易叛变的突厥人掌控。

一个有远见的、叫作阿里·本·穆罕默德的什叶派狂热信徒,利用了第三次"辛吉起义"之前的混乱状况,而使得这次起义成为可能。[1]他是一个波斯人,还有部分印度血统。他在年轻的时候过着不稳定的生活:写诗,并且与游牧部落一起在沙漠中游荡。但是他有救世主的本能,这可能是来自于他狂热的父亲的激励。他父亲在阿里还是个孩子的时候,就坚信他的儿子长大之后会摧毁他们的家乡巴士拉。阿里在成年之后,因为声称自己能够看见无形之手书写的文字,以及能够阅读敌人的想法而使自己出名。这些说法与那个狂热时代各地创造"圣人"的手法类似。阿里身边聚集起一群忠诚于他的追随者,包括一些小商人,如磨坊主、卖柠檬水的小贩。

他有100多首诗流传下来,这些诗反映了他对放纵自我的伊斯兰统治者的蔑视:

> 凝望巴格达的宫殿和宫殿里公开饮酒、纵情声色的罪人们,
> 我是多么悲伤!

他毫不隐藏自己的思想活动:

> 顺从地接受温和的立场,对于真主的仆人来说是一种耻辱。

---

[1] 有关辛吉起义最为丰富的内容可参见亚历山大·波波维奇(Alexandre Popovic)的《伊拉克奴隶起义》(*La Révolte des Esclaves en Iraq*)。

零星的火花无法燃成大火，但我会从旁煽风点亮它；

在大战那天，有人丢下还藏在鞘中的利刃，其他人则会拔出他们的剑。

辛吉奴隶起义之前不久，阿里还在巴林。他回到家乡巴士拉的时候，毫不意外地被当局视为潜在的麻烦制造者。尽管他逃走了，在巴格达躲了起来，但是他的妻子和孩子被拘捕了。公元869年8月，阿里的机会来了。巴士拉几乎陷入无政府状态，总督逃跑了，囚犯也从监狱里逃了出来。

他回到巴士拉，前往工场。那座工场是泥瓦匠为修复和扩建运河，以及周边沼泽地的甘蔗种植园准备材料的地方。他的面前有一道横幅，上面绣着《古兰经》里的诗节，号召虔诚的穆斯林"在安拉指引的道路上抗争"。阿里宣称要进行"白刃战"。他第一次招募了1.5万名奴隶苦工，这些人在酷热与尘土中工作到死，还要承受他们的主人心血来潮的鞭打。这些人加入起义，他们几乎没有什么可以再失去的了。

他们的新领袖大胆地在营地间散布消息，命令黑人奴隶起义并且攻打他们的主人。这些奴隶听从命令，打了每个主人500下鞭子。生活在起义期间的阿拉伯历史学家塔巴里甚至给聚集在阿里身边的一些黑人副官起名字，他将他们称作"邪恶者"：布拉里亚、阿布·胡戴德、祖莱格、阿布·莱伊斯。最伟大的辛吉指挥官是穆哈拉比，他会一直战斗到最后。

在那些年，起义威胁到了伊斯兰权力的核心地带，成为历史上最大的奴隶起义之一，比得上斯巴达克斯领导的对抗罗马帝国的起义了。今天，关于这场事件我们只能通过模糊的阿拉伯年代记加以重建，但是它的部分内容却在1000多年后的今天激起了惊人的回响。与此同时，在底格里斯河河口附近的沼泽地爆发起义，库尔德人也发动了他们的战争。

很快，战争就变成由奴隶拼凑成的军队，与有刀剑、弓箭和长矛装备的政府军队之间的较量。双方都不能取得压倒性的胜利，所有的俘虏都被处死。奴隶们的领袖本身就是一个主要的刽子手，例如有一次，就在一个俘虏乞求饶命的时候，他砍下了这个俘虏的头。战败者的头颅驮在骡子背上，被胜利者作为战利品从战场带回来。有一次，一艘装满人头的船顺流而下，漂到巴士拉。

当奴隶们穿过沼泽，向大城市行进的时候，阿里仍在玩扮演圣人的把戏。他骑着一匹马，将棕榈叶作为马鞍，将一段绳子作为缰绳。在战斗之前，他做了激动人心的演讲，鼓舞他们取得胜利。奴隶们笃信他的神力。

他们的战斗也遭受挫折：在一场战役之后，阿里被迫逃进沼泽，发现男男女女加在一起，自己只剩下1000个追随者。尽管这看上去像是这次起义的终结，但是起义者仅仅用石头当武器，却赢得了下一场战役的胜利。阿里宣布是超自然力量拯救了他们，并且很快就招募到了更多的人马，起义得以继续。很快，奴隶大军战无不胜，扩展到了波斯湾入海口的所有地区。他们掠夺富人，将贵族出身的阿拉伯和波斯妇女拍卖，还切断了巴格达和印度洋之间的所有联系。

阿拔斯王朝的统治者当时将辛吉的黑人视为对伊斯兰世界的直接威胁，因为他们得到了包括波斯人、犹太人和基督教徒在内的持异议者的支持。对于哈里发来说，幸运的是起义者从未与库尔德人或者异端卡尔马特派[1]形成任何有效的军事联盟。但是公元871年，辛吉人已经强大到可以凭借自身的力量，直接对巴士拉发起攻击，他们遵照阿里的指令，分三路发起攻击。攻击由穆哈拉比将军领导。两年前，巴士拉的市民击退了辛吉人的进攻，但是此时这座城市被蹂躏，每一个逃不出城的人都被杀死。城中的一些市民领袖在大清真寺中祷告时，被刀剑刺死。

哈里发穆阿台迪德向南派遣了一支比以往装备都更精良的大军，他们的目的是对辛吉人施以残酷的报复。但是阿里又一次成为胜利者。他的追随者们在他面前行进，每个人都带着他们杀死的人的头颅。这时不管是在巴格达还是萨马拉，奴隶们都彻底与他们昔日主人的身份对调了过来，他们成为胜利者，而主人们沦为阶下囚。一个新的首都在底格里斯河的上游

---

[1] 卡尔马特派，Carmathians，也拼作"Qarmathians""Karmathians"，9世纪中叶，在巴士拉黑奴起义期间,伊斯兰教伊斯玛仪派的一些秘密传道会组织形成的一个新派别。创始人是哈姆丹·卡尔马特（Hamdan Qarmat）。公元899年，哈姆丹的助手在阿拉伯半岛的巴林地区建立了卡尔马特共和国，其宗教领袖伊玛目同时也是政府首脑和军事长官，该国于公元1077年灭亡。——译者

建立起来。

在这之后,被击败的阿拉伯人决定暂且不再与起义的奴隶交战。他们向北撤离,目的是将反叛者限制在环绕沼泽和运河的两个省的范围之内。有迹象表明阿里想要建立他自己的政府、首都——伊斯兰教叛国罪的终极表现,以及铸造他自己的货币。尽管已经因"辛吉之王"或者"黑人王子"的称号而声名显著,但是阿里想更进一步,声称自己是马赫迪[1],是安拉派遣来的新领袖。他之后被称作布尔库(al-Burku),意为"隐藏者"。10年来,他极度扩张他的王国,甚至将革命的信息越过阿拉伯传播到麦加。公元880年,辛吉人的一列分遣队一度占领了圣城麦加,而一年前,它离巴格达只有不到70英里的距离。

之后,革命的潮水开始退却。经过3年的准备,巴格达派出了一支极为强大的军队,由摄政王穆瓦法克率领。辛吉人遭遇多次战败,被粉碎,直到最后撤回阿里的首都穆赫塔拉——在巴士拉以北的"选举之城"。一座被起义者遗弃的城镇释放了5000名妇女,她们被遣返回家。

被政府军抓到的所有囚犯都被斩首了,就像起义者的俘虏被杀死一样。一天,一艘装满辛吉俘虏头颅的船,从一座被围困的堡垒前经过,阿里看到之后,坚持说那些头颅不是真的,而是用巫术变出来的。于是,政府军的将军命令军队在晚上将那些头颅投射进堡垒。而一个被当时的人称作"辛吉国王之子"的黑人领袖被阿里处死了,理由是有谣言称他计划投敌。

最后,到公元883年,尽管辛吉人坚决战斗到最后一刻,但是这次的奴隶大起义最终还是被粉碎了。可能是由于怀疑敌人很难兑现对他所做的承诺,阿里拒绝被彻底赦免。他的头颅被挂在旗杆上,由征服辛吉人的穆瓦法克的儿子带回巴格达。这成为庆祝活动中最引人瞩目的部分。两年后,奴隶试图再次发动起义,在他们被捕的领袖中有五人被即刻处死。

这场起义的结果之一是巴格达人对辛吉人的恐惧和愤怒达到高潮。在骚乱期间,军队中的阿拉伯骑兵在市民的帮助下,利用机会杀死了哈里发

---

[1] 马赫迪,意为"被真主引上正道的人"。伊斯兰教经典之一《圣训》曾预言:马赫迪是世界末日来临前一个有宗教领袖性质的人物,是穆斯林的领导者。在伊斯兰教历史上曾有很多人自称马赫迪降世。——编者

的黑人持矛护卫和弓箭手。然而，这不仅是对非洲人的敌意，还导致跨印度洋运输而来的黑人奴隶数量的减少。巴格达和其他伊拉克城市的衰落，也意味着不再需要大量劳力去建造宏伟的建筑工程。

大概在公元1000年之后，非洲的象牙和黄金成为人们继奴隶之后更为渴求的商品。与阿比西尼亚基督徒交战所获得的囚犯，满足了大部分奴隶贸易的需求。然而，非洲仍然处于从属地位。因为仍需要通过穆斯林中间人与外部世界打交道，非洲内陆还是处于相对封闭的状态。非洲人从内陆地区来到海岸边，在城镇居住，或者从事跨海贸易，但这些往往违背他们自己的意愿。他们没有返回内陆地区，因而也未能将有可能激发变革的理念带回去。

与之形成最鲜明对比的是印度。印度的海岸城市拥护与它具有共同文化和宗教的强大内陆国家。季风带来雨水，使得在印度肥沃的土地上种植的作物足够养活大量人口。它还盛产香料和棉花，香料被大量出口，棉花则被织成布料。就如同印度的文学作品被已知世界翻译和接受，它的商品也被销往印度洋流域以及印度洋之外的世界。

3
伍克伍克人之谜

> 就像中国海止于日本，辛吉海止于索法拉和伍克伍克岛（Waqwaq），那里盛产黄金与很多其他神奇之物，那里气候温暖、土地肥沃。
> ——马苏第（Al-Mas'udi，893—957年）《黄金草原》
> （*The Meadows of Gold*）

印度洋东部广阔区域间的交往，与阿拉伯半岛和东非之间的季风贸易一样古老，可以追溯到佛教在大部分亚洲地区处于主导地位的时代。2000年前，载着货物的船只从印度南部强大的百乘王国（Satavahana kingdom）出发，前往苏门答腊岛、爪哇岛和巴厘岛。这些船只从印度尼西亚返航时带着出口至印度的青铜器，因而这种贸易是双向的。位于世界一端的罗马人和另一端的中国人对此都不陌生。一个去过很多地方的历史学家、外交家康泰（Kang Tai）[1]，在1700年前记录了苏门答腊岛上一个王国的一种船只（Geying）[2]，它能航行8000里（大概2500英里），抵达一个繁忙的印度港口，那里有"来自世界各地的人"。

印度僧人将佛教传播到印度尼西亚群岛；而印度教则是由商人引入的。在之后的几个世纪，印度教超出了印度洋的范畴，向北扩展，穿过中国海域，到达今天被叫作柬埔寨的地方。这种扩张存留下来的历史遗迹，体现在如今已被热带丛林覆盖的伟大庙宇和宫殿之中，最著名的当属吴哥窟。

印度与跨过海洋到达的东南方贸易定居点之间的关系，并不总是友好

---

[1] 康泰是三国时期吴国的一名旅行家，曾到访东南亚。——译者
[2] Geying，作者使用的词语应该是汉语译音，但不知道是否是他音译有误，没有找到对应的船只类型。——译者

的。10世纪，印度军队在印度尼西亚十分活跃，之后不久，苏门答腊岛上一个好战的国家——室利佛逝（Sri Vijaya）——派遣舰队，向北攻击锡兰。这些事件是几千年来复杂交织的印度洋历史的一部分，并且也只有在将海洋视作一种文化和地理实体的背景之下，佤克佤克人从印度尼西亚向西移居迁徙的事件才是可信的。即便如此，法国历史学家于贝尔·德尚还是将它称为"人类最神秘的事件之一"，只能通过考古学、语言学和人类学，才能拼凑出这个故事的部分内容。

印度尼西亚的海员被叫作佤克佤克人的原因，就和关于他们的其他事情一样模糊不清。可能这个稀奇的名称仅仅是他们的敌人对于他们讲话声音的一种可笑模仿，但是可能性更大的一种说法是它来源于印度尼西亚部分地区对佤克佤克人使用的一种装有舷外支架的独木舟的称呼。无论如何，有一个事实是无可争辩的，那就是佤克佤克人从他们的家乡航行了3500英里，发现并定居于靠近非洲海岸的马达加斯加岛。

他们移居到后来被证明是世界上最大的岛屿之一、半大陆的马达加斯加岛，在他们到来之前，没有人居住在那里，这是航海史上令人震惊的一个篇章。第一批佤克佤克人抵达马达加斯加岛的时间还存在争论。他们带来的语言（现在仍然构成超过90%的马达加斯加语词汇，这是一种跨海的语言联系）中有一个线索：这种语言有很多梵语借词，而梵语的影响在公元400年前后的印度尼西亚达到最大。[1]

在佤克佤克人踏上的这片土地上，物种与世隔绝，已经独立发展了几乎1.5亿年。这里和往西300英里的非洲大陆上的情况差不多，没有大象、长颈鹿和狮子，而只有马达加斯加岛"脱离"非洲大陆之前的物种，这些物种原封不动地保存了下来，包括与猿猴、人类拥有共同祖先的、敏捷的大眼睛狐猴，还有几百种世界上其他地方没有的昆虫。在马达加斯加岛附近的深海里生活着另一种从远古进化而来的幸存物种——腔棘鱼，它们身体笨拙，有巨大的鳞片和像腿一样的鱼鳍。

---

[1] 为了逃避7世纪印度对苏门答腊岛的殖民统治，印度尼西亚的一些群体可能移民到马达加斯加岛。参见R. J. 哈里森·丘奇（R. J. Harrison Church）的《非洲与群岛》（*Africa and the Islands*）。

佤克佤克人到达之后，感到最为惊奇的一种动物可能是巨型象鸟，它们不能飞，高达10英尺，下的蛋长度超过1英尺。这可能导致持续不断的关于巨鹰神话的产生。对这些巨鹰的称呼各式各样，有鲁克（rukh）、鹏（peng）或格里芬（gryphon，希腊神话中半狮半鹫的怪兽）。据说它们住在印度洋，而且人们认为这种鸟能把大象捉到天上再扔到地上，然后吞掉它们。中国人特别热衷这个神话，并且将鹏描述为不吃饭就能一口气飞到1.9万里[1]高的神鸟。象鸟在佤克佤克人抵达马达加斯加岛前后灭绝应该不只是一种巧合，这种笨拙、不伤人的物种对于装备有弓箭的人而言应该很好捕获。在佤克佤克人中流传的故事——一只鸟下了一个巨大的蛋，通过几次复述，逐渐发展成这个蛋很可能会孵化出一个过于巨大的东西。

佤克佤克人最初的着陆点几乎可以肯定就是非洲大陆，而不是马达加斯加岛。但是他们最后被当地居民驱赶到海岸边，对印度尼西亚语和给独木舟加舷外支架之类的航海技术保留了一些记忆。这批勇敢的新移民再度起航，在看到马达加斯加岛之前又向南航行了1000英里。这一次没有人挑战他们，终于到达了这次漫长旅行的终点。在航行过程中，他们发现许多地方的海岸不适合登陆——有沙丘或者珊瑚的阻碍，并且有些岛屿上的土地过于干燥和贫瘠，但是，也有岛屿富有肥沃的火山土壤。

大部分印度尼西亚的船只可能都比较小巧、简单——比独木舟大一些，每艘能载五六个人——它们装有方帆和舷外支架，以保证它们能够在暴风雨中航行。然而，这些小船可以充当被中国人称为昆仑舶的大型船只的护航船。（毛利人的祖先迁往新西兰时乘坐的就是这种小船。）公元3世纪的一份中国文献表明，那些大船也曾被用来将佛教朝圣者从苏门答腊岛送往印度，它们能够搭载数百人和沉重的货物。它们有四张帆，因而可以熟练地控制船只的航向，使它们"无需避免强风劲浪，就能快速前进"。[2]

---

[1] 本书作者引用的说法有误。根据中国古代大鹏鸟的传说，1.9万里是指鹏的翼展，《庄子·逍遥游》中说"抟扶摇而上者九万里"，所以按照中国的说法，鹏不是飞到1.9万里的高度，而是9万里的高度。——译者

[2] 爪哇岛婆罗浮屠（Borobudur）的浅浮雕（大约公元800年）刻有一艘有3个桅杆和舷外支架的远洋航行大船。

毫无疑问，印度尼西亚船队的航行速度很快：从他们最有可能的出发地苏门答腊岛启程，在5—10月赤道信风吹向非洲的时候，花费一个多月的时间就可以到达马达加斯加岛。强有力的东西向马拉巴尔洋流也助旅行者一臂之力，首先将他们带往1100英里之外的马尔代夫群岛，或者沿着一条最直接的路线，将他们带到杳无人迹、由50个分散的珊瑚环礁构成的查戈斯群岛，它正好处于苏门答腊岛与马达加斯加岛之间的中间点。苏门答腊和马达加斯加这两个岛链自北向南延伸，超过1500英里。

印度尼西亚的航海者通过在岛上挖掘浅壕来补充饮用水。海岸边生长着成排的椰子树、塔卡玛卡树和其他亚洲植物，它们是洋流远道运送来的种子在这里生根发芽留下的后代。这些植物可以被用来修补船体和船帆。在海员们再次起航，穿过环绕这些岛屿的潟湖和礁石之后，航行就变得简单了：他们总是背靠旭日，目送夕阳。

在这场大胆的旅行途中，他们还需停留其他地方以获取食物，因为印度洋上的珊瑚环礁星罗棋布，像是深紫红色海洋中点缀着簇簇绿草。大多数岛屿从未有人居住，只有动物在其间活动。乌龟拖着笨重的龟壳爬到岸上繁殖，巨龟也缓慢地爬过大树底下的灌木丛。从未遭受猎杀、色彩明艳的鸟类也被人们捕食。

因为具备丰富的跨洋冒险经验，佤克佤克人拥有独特的优势。他们从孩童时期起就是岛民、海员，在海上航行时的需求也不多。类似的前往未知海域的长途航行，使得许多太平洋岛屿开始有人居住。船只装载着成筐的大米、用香蕉叶包裹的干果、盛装饮用水的动物皮、钓鱼用的矛和鱼线，以及预备在途中宰杀的活鸡。在这样的航行过程中，大米是重要的生存物资，因为它们不会腐烂。如果食物被吃完了，人们会咀嚼芬芳的叶子来抵挡饥饿的折磨。[1]有多少移民死于途中则难以估计。

第一批印度尼西亚人在出发进行跨越印度洋的航行时，缺少书面语言，因此没有关于他们为什么，以及具体是在什么时候开始他们伟大航行的记录。他们似乎讲一种现今在印度尼西亚已被遗忘许久的古爪哇语，这

---

[1] 在佤克佤克人引入更优良的亚洲水稻品种之前，非洲人种植光稃稻。

种语言与苏门答腊岛北部的巴塔克人的语言相似。[1]马达加斯加岛的一些宗教仪式还保有印度教的痕迹，这就说明在之后的几个世纪仍有一些从印度尼西亚敌对国家间的战争中逃亡出来的群落，迁徙到马达加斯加岛。

大概在公元1000年之后，一些印度尼西亚人（后来在马达加斯加岛定居），可能是因为发现和他们有相同起源的人在一个新的岛屿生存下来并且过着安宁的生活，而产生了前往那里的想法。这些信息可能来自有"知识大宝库"之称的中国。他们可能参考了唐代（公元618—907年）对印度洋西侧很多地方的相关记录：公元863年，学者段成式[2]就能够描述索马里人。他说，他们是长期争斗的牧民，以血液和牛奶为食，"从牛的血管里抽取新鲜血液"。这是对那时候定居在索马里内陆的盖拉人（Galla，或称奥罗莫人〔Oromo〕）习性的准确描述。段成式接着说道，"那儿的女性气色明亮、举止得体"；非洲人毫不犹豫地"将他们自己国家的乡下人抓起来，以高过他们家乡很多倍的价格卖给外国人"。出生于西班牙的历史学家伊本·赛义德知道马达加斯加岛，他在13世纪曾效力于蒙古王公旭烈兀汗[3]。他曾被人告知，被中国人驱逐出柬埔寨的一部分高棉人，成功找到了前往马达加斯加岛的航路。

但是远方的中国人所了解的信息，可能只是几个世纪以来印度尼西亚人航行去过的那些国家可知信息的一小部分。在印度，人们一定知道马达加斯加岛的存在（它被阿拉伯人称作"al-Qumr"）。印度商人直接与非洲内陆进行贸易，在津巴布韦村庄的遗址中还能找到他们用来交易的玻璃珠，有些村庄残迹的历史可以追溯至公元500年。大象可以被驯化，用于劳动和战争，只为取得象牙而杀死私人饲养的大象的代价太大。因而，大概就是在那个时期，象牙成批流入印度。非洲象牙更大、更柔和，更适于雕刻，

---

[1] 马达加斯加语起源于古爪哇语的结论是由莱顿大学奥斯特罗尼西亚语言学教授C. C. 贝尔赫（C. C. Berg）得出来的。早期的欧洲旅行者认识到了马达加斯加语与印度尼西亚语之间的联系：1603年，荷兰人编辑了一本马达加斯加语 – 马来语字典；1708年，阿德里安·雷兰（Adrien Reland）写了关于这个问题的论文。
[2] 段成式（803—863年），字柯古，晚唐东牟人，唐代著名志怪小说家。——译者
[3] 李儿只斤·旭烈兀（1217—1265年），蒙古族，成吉思汗之孙，拖雷之子，忽必烈、蒙哥和阿里不哥的兄弟。4人同为拖雷正妻唆鲁禾帖尼所生，旭烈兀是伊利汗国的建立者，西南亚的征服者，在1258年灭阿拉伯帝国。——译者

因此就这一点而言，非洲象牙比印度象牙更令人满意。象群如此庞大，以至于实际上它们在海岸边就可以被捕获。

马达加斯加岛的佤克佤克人在非洲内陆的象牙和黄金贸易做得很好，可与阿拉伯贸易商一争高下。人们通过深挖的壕沟和通道可以抵达金脉。通过在下面点火，地表岩石被加热，之后再往岩石上浇冷水，岩石表面就裂开了。由于孩子们在矿井的狭窄空间中更容易穿行，成筐的矿石就由他们带到地表。到达地面的岩石被清洗，便于提炼。

然而，非洲人自己对黄金不那么在意。细致的金粉被倒进豪猪毛的空心管中，以确保它们在到达海岸之前被妥善保管。随着与外部世界的接触越来越多，非洲的统治者们控制了与印度的贸易，他们把金粉和象牙交给等候的商人们，并将换来的回报——印度布料和玻璃珠——分发给他们的臣民。

东非地区的其他商人不喜欢佤克佤克人。阿拉伯人虽然憎恨他们的海盗行径，但是尊重他们的航海技术。这些来自印度尼西亚的竞争对手则因为有成员"长得像突厥人"而声誉良好。他们可能是从中国周边的国家雇佣来的，或者是被驱逐出柬埔寨的高棉人。

公元945年，一支佤克佤克人的船队出现在东非海岸，围攻了奔巴岛上的甘巴鲁城（the town of Qanbalu）。在新来者的战争目的明确之前，甘巴鲁城的居民们就问他们想要什么。他们的回答很坦白：他们是来索取"象牙、龟甲、豹皮和龙涎香"的，这些是他们的家乡和中国所需的贸易物。除此之外，他们还想抓捕辛吉人，"因为辛吉人强壮，可以充当奴隶"。为了达成目标，他们对非洲海岸边的城镇和村庄大肆劫掠。但是甘巴鲁城被重重加固，所以他们的征服不那么成功，最终他们被击退，乘船离开了。

从本质上讲，印度尼西亚人和阿拉伯人对待非洲内陆的态度是一致的，那就是掠夺。佤克佤克人购买奴隶，并将他们带回马达加斯加岛，以便照看他们驯养的动物和在他们的梯田（与远在东方的菲律宾的梯田模式类似）中充当劳力。

然而，一段时间之后，佤克佤克人的影响被证明在很多方面是有益的。他们从亚洲带来的农作物包括大米、香蕉、甘薯、甘蔗、面包果、柠果、小扁豆和香料。[1]当这些农作物从马达加斯加岛西侧佤克佤克人早期定居点的对岸赞比西河河口三角洲开始，从一个社群向另一个社群传播，直到深入非洲内陆，它们丰富了非洲人的生活。这些新的农作物可能通过一些重建的路线进入非洲：从靠近赞比西河河口的地方一路向北，抵达赤道的巨大带状线路，被戏称为"香蕉走廊"。香蕉最终成为乌干达的日常主食，那里的人们对印度洋或者这种新食物的起源一无所知。

佤克佤克人的影响在诸如木琴等非洲乐器[2]，以及钓鱼和耕作方法等方面都可以找到踪迹。一种在马达加斯加岛用来打开椰子的锉刀和一种双阀风箱都毫无疑问是源于印度尼西亚的。

尽管佤克佤克人带到非洲的大部分东西是新奇的，但是他们对于自身的过去则显得有点漠然。几代人过去了，关于他们来源的真相渐渐融合到神话里，而且他们越来越远离印度尼西亚的文化，只剩下语言和对于死亡与丧葬风俗的执着。其中一项风俗是在人死后7年，将尸体挖出来，由队伍抬着穿过社区，这种仪式被称作"死者归来"。随着马达加斯加岛海岸地带的人口中非洲人越来越多，佤克佤克人遂向这个大岛的山区内陆迁移。与其他地方的移民一样，他们放弃了一项他们已不再需要的技术，那便是穿越外海的能力。尽管他们仍保留将统治者安葬于银制独木舟的习俗，但是他们再也不能回到家乡了。

---

[1] 佤克佤克人将椰子树和各种园艺植物引入非洲。马达加斯加语使用斯瓦希里语中家养动物的词——狗、驴、鸡、猫、山羊、绵羊——暗示这些动物是被第一批在东非停驻的居民带过来的。

[2] A. M. 琼斯（A. M. Jones）在《非洲与印度尼西亚：木琴与其他音乐和文化要素的证据》（*Africa and Indonesia: the evidence of the xylophone and other musical and cultural factors*, Leiden, 1964）一书中提出的关于在西非广泛流传的木琴起源于印度尼西亚人在大西洋航海的理论很浪漫，但是不足以取信。

4
伊斯兰对辛吉的统治

> 辛吉有可以航行的海域，却没有用来航行的船只。从阿曼来的船只在辛吉登陆，其他前往印度尼西亚的船只也在辛吉靠岸……印度尼西亚的居民乘着大船、小船在辛吉上岸，他们用自己的商品和对方进行交易，因为他们理解彼此的语言。
>
> ——伊德里西（1100—1165年）《云游者的娱乐》
> (*A Book of Entertainment for One Desirous to Go Round the World*)

与移民到马达加斯加就忘掉故土的印度尼西亚人不同，在东非海岸定居的阿拉伯人和波斯人总是回想中东的伟大城市。他们确实是在回望那些城市，在清真寺里朝着麦加的方向膜拜，倾听诵读《古兰经》的伊玛目的布道，维持他们的信仰。借着冬季季风，单桅帆船向南航行到非洲，带来维系他们与伊斯兰世界文化联系的货物。

公元750年或者更早一些，最早的一批定居者基本上是按照非洲人的方式居住的：住在用木栅栏围成的区域里。这些地方太遥远，以致都请不到能按照阿拉伯方式用石头建造房屋的工匠。第一批清真寺遗址的地上有木制插杆孔洞的痕迹，并且它们呈现出一个奇怪的错误：这些排列整齐的孔洞并没有像先知规定的那样直指麦加方向。这个现象表明，这群新来者只是商人，他们无法正确"阅读"天象，而他们寻找精确方位的唯一方法就来源于星空。

这些新来的阿拉伯人采取的合理的第一步，仅仅是将他们自己安置在一个已经建立起来的非洲渔村里。这个渔村靠近海湾，船只能够在涨潮时安全爬升，以方便装货和卸货。在这种不受统治的无名之地，生活是残酷无情的。这种地方总是存在海上入侵者发动突然袭击的危险,而且这种情况下根本无处求援,当然也有来自营地内部的威胁。在遥远南方科摩罗群岛上的一个定居点建在悬崖峭壁上,这是出于对附近马达加斯加岛上佤克佤克人的恐惧。

不仅是为了保护他们自己免受想在这些岛上定居的其他竞争者的侵扰,也是为了与大陆的非洲人保持安全距离。早期的几个群体选择在距离大陆超出一天航程的岛屿定居,例如桑给巴尔岛、奔巴岛和马菲亚岛,它们都足够大,能够在战争时期使他们自给自足。用来在珊瑚礁之间钓鱼的非洲独木舟无法到达这样的岛屿以找回俘虏,这些岛屿也不存在新获得的奴隶试图游回海岸的可能。

在这些岛上很安全,阿拉伯人从未想过去非洲大陆冒险。他们只是等待来自非洲大陆的商品运过来。他们背后的非洲大陆仿佛是一位徘徊不去的富有敌意的"巨人",没有人愿意去挑战他。被纳作妻妾的当地妇女和在花园里工作的奴隶们皈依了伊斯兰教[1],但是阿拉伯人并没有在非洲大陆传播信仰的意图,那里的人还是卡菲尔(Kafir,意为异教徒)。

几代人之后,定居点变得更加繁荣安定。他们修建了更大的清真寺,尽管还是用木质材料,但是这时它们都真正朝向麦加的方向了。每当波斯湾和红海方向有船只驶入视野,就意味着定居者可以用物物交换的方式换取许多奢侈品。到公元9世纪,他们就能用中国花卉图案的盘子、东方粗陶器以及不透明的白瓷盛装食物。这些前哨站可以利用延伸至各地的贸易路线,穿过像尸罗夫这样的城市,到达中国唐朝的大海港。

定居者也拥有来自波斯的陶器和高脚玻璃杯、装着玫瑰油的小玻璃瓶、许多家用装饰品,以及黄铜油灯。他们用玳瑁壳做成梳子,将化妆品盛放在精雕细刻的铜碗里。他们将水存在高高的瓦罐里,这些瓦罐最初是用来盛装油和葡萄酒的,以便从波斯湾将它们运送过来。

用来交换这些远道而来的奢侈品的不仅有黄金、象牙和奴隶,还有用

---

[1] 1000年来,定居在东非的阿拉伯人通过协议或者武力娶当地妇女为妻。在战争中被俘虏的女人则被当作战利品。

在马鞍上的豹皮、制药用的犀牛角,以及具有浮力的浅蓝色龙涎香——它们贵重的程度可与黄金相提并论——它们是由风和洋流推送到沙滩上的。龙涎香被用来"调制"香水,也可以融入灯油散发香气,10世纪的一位诗人写道:"加了龙涎香的镀金灯盏,像珍珠一样闪耀光彩。"

中国人尤其把这种神秘的物质视若珍宝,除了其他功效之外,中国人还夸大了它作为春药的功效,他们将它命名为"龙的唾液",但是不确切了解龙涎香从何而来。(辛吉人称它为"海洋之宝"。)事实上,它是固化的液体排泄物,有时像鸵鸟蛋一般大,是当时在印度洋数量繁多的抹香鲸从胃里排出体外的物质。

当穆斯林的这些拓殖先锋变得更加富有时,他们开始用从波斯带过来作为压舱物的珊瑚石和砖块建造房屋。他们在房屋周边种植了柑橘、柠檬和蔬菜,饲养了绵羊、山羊,甚至骆驼。

海洋本身就是现成的食物供应者,然而沿着东非海岸一些物种逐渐被捕杀殆尽。早期受害者之一是儒艮,它们是一种大型的无害哺乳动物,以海生植物为食。人们经常能看到它们躺在珊瑚礁上晒太阳,从远处看,就像人一样,所以它成为阿拉伯许多有关美人鱼的传说的来源。到公元1000年,儒艮在印度洋西侧海域永远地销声匿迹了。

遭到这些新来者毒手的其他海洋生物有巨型陆龟和海龟,它们因为拥有珍贵的龟甲而被人捕杀。根据穆斯林的法律,吃乌龟是被禁止的,而且这不仅是被穆斯林遵守的教条,为他们工作的黑人奴隶同样也有不吃乌龟的说法。但是从古代废弃物堆里找到的证据表明,在一些早期定居点,人们还是很喜欢吃乌龟的。在更南边的科摩罗群岛,人们乐于品尝狐猴,而对于虔诚的穆斯林,吃狐猴是被严令禁止的,因为这些生活在树上的动物有像猴子一样的身体。

这可能表明东非海岸的一些早期定居者是阿拉伯世界的逃亡者或者放逐者。遥远的非洲海岸超出了他们敌人的控制范围,他们与世隔绝,也许因此可以无视一些不方便的宗教规定。但是这还是很难令人相信,因为关于这些移居到辛吉的阿拉伯人的身份的传说彼此矛盾。

有一个故事家喻户晓,讲的是早期有一位哈里发,名叫阿卜杜勒·麦利克（Abd al-Malik），他下令阿曼所有的独立酋长都应该被废黜。这种命令很严苛，因为早在公元630年，穆罕默德还活着的时候，阿曼就接受了伊斯兰教。正因为如此，苏莱曼和赛义德两兄弟组织了阿曼人的抵抗运动，以4万人击退了一次陆上进攻和一次海上进攻。但是最后，敌人派出了5000名骑兵，兄弟俩再也无法率军抵抗下去了。他们决定带着家人和追随者逃往非洲。据说逃亡的时间就是在公元700年前后。

伊斯兰教扩张的其他事件可能也激发了向东非的移民，其中最重要的，要数发生在公元750年被称作"屠夫"的哈里发阿布·阿拔斯推翻了倭马亚王朝的事件。阿拔斯击败并且处决了倭马亚王朝的最后一位哈里发，然后组织了一场抚慰宴会，以款待之前政权的显要人物。客人们到来后，坐下来准备开始用餐，但是在正式用餐前被杀死了。阿拔斯和他的追随者扔了一条地毯，盖在尸体上，然后坐在上面享用丰盛的食物。因此，后倭马亚王朝（在西班牙重新建立国家）的支持者渴望远离阿拔斯，这是可以理解的，而宽广的印度洋可能就是比较合适的距离。

一些新来者冒险进入更南边的未知海域。奇布恩（The Chibuene Settlement）是从索法拉朝好望角方向，经过几日航行可以到达的一个定居点。那里的商人沿着林波波河和萨比河，到非洲内陆进行贸易。在奇布恩，人们发现了一座公元8世纪的伊斯兰墓葬遗址，而这个遗址所在的城镇甚至可能在伊斯兰教传入之前就已存在。

当后来的群体到达辛吉的时候，他们的领导者很快就主张相互独立。每个领袖都骄傲地自称苏丹，有些领袖还称自己是他们各自社群的祖先，不管是真实还是象征意义上的。例如一位在公元930年离开巴士拉前往阿拉伯半岛的著名商人，他叫艾哈迈德·本·伊萨。更重要的是，这些新统治者都是圣族后裔，这意味着他们自称是先知的后人。11世纪末，他们到达东非，标志着一个崭新时代的开始[1]。拥有用珊瑚石建造的清真寺和宫殿的新城镇，在近海岛屿或者大陆要地建立起来。很快，这些城镇开始就清

---

[1] 在公元第一个千年末，东非与亚丁和红海建立了紧密的关系。那时候，埃及已经取代了伊拉克，成为伊斯兰世界的力量中心。

真寺和宫殿的规模，以及建筑的优雅程度相互竞争起来。

这些新统治者的自信通过大规模的铸币体现出来。尽管早先几个世纪辛吉生产了一些简单的铜币，但是此时也生产银币，甚至是一些金币。这些货币都是一面刻着《古兰经》中的经文，另一面刻着苏丹的名字。小铜币是在非洲内陆用熔炼的金属制成，用来在当地市场购买货物，它们试图取代从马尔代夫群岛传过来的传统的货币形式——货贝[1]。非洲人也使用黄金，但是白银一定是进口的，它们通常是以货币的形式进口，然后被熔化成金属。外国钱币也可以流通，主要是阿拉伯和埃及的第纳尔。贸易商将印度钱币和中国钱币带回家，仅仅是作为纪念品。在一个沿海城镇的一座矿井里发现了一个11世纪的印度小雕像，它可能反映了一个商人的地位。[2]

统治者的家族成员，至少就男性来讲，有很高的文化水平。这通过一种特定风格的阿拉伯文书法（kufic）体现出来，这种书法作品被雕刻在清真寺里的珊瑚石板以及墓碑上。尸罗夫对它做了进一步完善，用花卉图案装饰的书法作品在远至西班牙的地方都备受推崇。最富有家庭的平顶石屋，展示出对有秩序的舒适的尊崇，这在辛吉还是首次见到：他们有浴室、水管、玻璃窗和砖墙。一些建筑有三层楼高，前门雕刻图案、装饰着黄铜钉，后面即是门廊，直通会客室。铺在地上和挂在墙上的波斯地毯布满象征阿拉伯社会的图案：在图案中心描绘的是苏丹，围绕着他的是侍臣，在图案外围描绘的是村民、工匠和奴隶。

尽管新统治者和他们的法律制定者、侍臣一定懂阿拉伯语，但是当时却没有任何关于这些王朝是如何幸存下来的记录。一部至少是400年后写就的不完整的编年史，讲述了岛屿城邦基尔瓦的历史。基尔瓦是由一个叫

---

[1] 远至南方的马达加斯加岛在内的沿海商人使用的某些金币，是法蒂玛王朝（Fatimids，伊斯玛仪派）的流通货币，法蒂玛王朝在11世纪统治埃及、西西里岛和北非。尽管在沿海的定居点人们使用铜币，但是在内陆货贝仍然是主要的流通货币。
[2] 这尊出土于上加（Shanga）的青铜狮子小雕像，高61毫米，典型的印度神庙雕塑造型，应该是公元1100年的作品。它可能是在东非铸造的。参见 M. 霍顿（M. Horton）与 T. R. 布勒顿（T. R. Blurton）的论文《东非的印度金属制品》（Indian Metalwork in East Africa）。

阿里·本·哈桑的波斯人建立的。"基尔瓦"这个名称的意思是"钓鱼的地方",这部编年史说这个岛屿是他从一位非洲酋长手里,用足够多的布料换来的。布匹长度够环岛一周(大概为15英里)。而事实上,那位酋长可能只是获得了几捆布料而已。

基尔瓦有望成为整个海岸最富有的城市,能够控制附近的大陆地区——木里(Muli)。木里盛产大米和其他农作物。它拥有距离桑给巴尔南部地区只需几天路程的优越条件,这使得它处于向黄金港口索法拉的来往船只勒索通行费的战略位置。尽管基尔瓦路途遥远,但是一位经验丰富的船长仍然能够确切地知道何时可以在季风时节起航,从印度或者阿拉伯半岛出发前往那里。它是与非洲进行印度洋贸易的终点。

* * *

到达沿海地区的一些访客对大陆的非洲人很感兴趣,而且他们的观察十分敏锐。其中一位访客叫作阿布-哈桑·阿里·马苏第,他是一位阿拉伯作家,于公元916年第一次从尸罗夫坐船到达辛吉,那时他刚20岁出头。他是一个典型的旅行家,总喜欢问问题,热情从不衰退。他出生在巴格达,去过印度、波斯、亚美尼亚、里海、叙利亚和埃及。在东非的时候,他主要待在甘巴鲁,他说那里的人口是"穆斯林和讲辛吉语的辛吉异教徒的混合体"。辛吉语是一种优雅的语言,辛吉的布道者通常聚集一群人,并劝告他们"在日常生活中要取悦神、顺从神"。人群之后被要求铭记他们的祖先和古代的君王。马苏第接着写道:"这些人没有宗教法规……每个人都崇拜他自己喜欢的事物,比如一种植物、一种动物或者一种矿物。"这是关于东非斯瓦希里(海岸地区)人的最早描述,表明至少还有一些非洲人在坚持他们自己的非洲宗教。[1]很明显,这些城镇的人口由一群统治精英、非洲本土居民和阿拉伯移民共同构成。

根据马苏第的记载,辛吉的村庄沿海岸延伸长达2500英里;从红海

---

[1] 东非种族演化的内容可参见约翰·米德尔顿(John Middleton)的《斯瓦希里人的世界》(*The World of the Swahili*,Yale,1992)。

入口到达马达加斯加岛南部对面大陆的精确距离也是如此。尽管两次造访东非，但是马苏第从没提过他是否到过南至索法拉的地方，可以确定的是，非洲的一位国王统治着那片遥远的地域，而且还有许多酋长服从他。这与考古发现相吻合。考古发现表明，那个时期在莫桑比克和津巴布韦内陆，早期的非洲国家正在形成。因为商人们经常在海岸地带往来活动，甚至是在甘巴鲁，所以他们能够容易了解到遥远南部诸多养牛王国的情况。

马苏第写道，当地人不知道马和骆驼，但是他们拥有很多牛群，并将它们当作驮畜。考虑到他之前说这里的人不知道马，这里的国王拥有"30万骑士"的说法听起来就十分奇怪了，但想到南部非洲的勇士们是大牛群的守卫者，并且骑公牛，这样的说法就可以理解了。

马苏第在总结非洲的情况时说，辛吉的国王叫作瓦夫里米（Waflimi）。这是他对瓦夫尔姆（Wafulme）的音译，是一位至高无上的首领非洲名字的复数形式。这位国王是"伟大的神"穆尔肯德朱鲁（Mulkendjulu）的后代。马苏第强调一些非洲人是食人者，他们用锉刀磨尖自己的牙齿。非洲内陆的地形"分成山谷、山地和多石的沙漠"。

非洲大陆最常见的生物是长颈鹿，但是最常被捕获的动物则是大象。马苏第说，捕获大象的一种方法是放置一种树叶诱饵，诱饵里包含能让大象完全麻痹的一种毒药。他讽刺地评论道，大部分象牙被售往印度（他曾经去过）和中国，这就是象牙在阿拉伯半岛罕见的原因。辛吉人在海上也是好猎手，他生动地讲述了辛吉人如何追捕鲸鱼，又是如何用鱼叉捕获它们的。

但是，航行去非洲是危险的。"我在很多海上航行过，但是我没见过比辛吉更危险的海域。"他列出了那些和他一起出行的船长，他们都在冒险去往非洲的途中溺亡了，付出了他们最高的代价。[1] 每一次凭借脆弱的船只达成的印度洋（马苏第称之为阿比西尼亚海）之行都是真主馈赠的

---

[1] 马苏第将辛吉海岸附近的波浪描述为"高如山峦"（可能是考斯〔kaws〕季风的高度）。那里有"盲浪"和"疯浪"，它们表面没有泡沫和波峰。

礼物。

甘巴鲁是一个繁荣的地方,尽管阿拉伯的金第纳尔是印度洋多个港口的主要流通货币,但是它仍铸造了自己的货币。马苏第记录了他与许多阿曼船主从索哈尔出发,航行去甘巴鲁的事情。贸易商也从写故事的布祖格船长的家乡尸罗夫出发,前往甘巴鲁。马苏第知道布祖格的作品,他们是同时代人,并且都在巴士拉或者巴士拉附近长大成人。

然而,之后的岁月马苏第是在开罗度过的,开罗是一个宽容的城市,因为他的宗教观点不是很正统,所以在开罗他可能感觉更安全一些。他的三十部作品只有一部幸存于世,内容涉及地理、医药和自然历史。他的世界性百科全书《黄金草原》以手稿的形式流传,但是他的知识有时也稍显浅薄:当他描述大西洋时,他说"大不列颠"(Britanya)靠近它的北端,并且由十二个岛屿构成。此外,他是第一个确认巴黎(他称之为"巴里萨"〔Barisa〕)为"法兰克人"首都的穆斯林作家,并且他能准确地列举出法国国王的谱系。(那时候,大约是10世纪中期,西欧还没有人对阿拉伯半岛或者印度了解到这种程度。中世纪的基督教学者开始描述世界时,他们坚信世界是由三个大洲构成的一个整体的理念,圣城就位于世界的中心;他们对中国一无所知,但认为东方是人间天堂,四条大河从那里流出。)

虽然马苏第是唯一一个亲眼见证10世纪辛吉生活状态的人,但是他的同时代人中也有几个人尽力收集了一些关于辛吉的事实。[1]这些信息对于一位知名的地理学家伊本·豪盖勒而言是不够的。他所了解到的非洲人"并不喜欢艺术和科学"。但是生活在那块土地上的白人"从别处带来了食物和服装"(毫无疑问,这是指来自波斯湾的阿拉伯商人)。10世纪末,波斯一位不知名的地理学家写了一本名为《世界地域》(Regions of the World)的书,书里只是说辛吉之地在印度对面,有很多金矿。至于其他情况,作者只是道听途说,并且充满偏见:辛吉人"圆脸盘儿、

---

[1] 生活在西西里岛的地理学家伊德里西有时根据传闻写作,他宣称马林迪的巫师可以使最毒的蛇"只伤害他们想要毒死或者想要复仇的对象",而对其他人无害。

大骨架、卷发",肤色极黑;阿比西尼亚人性格懒惰,但是十分顺从他们的国王。

记录下这些内容的时候,阿拉伯半岛南部的商人在印度的西南海岸也建立了定居点,他们将这块地方称为马拉巴尔,意为多山之地,这是因为丘陵在沿海平原后面陡然隆起。他们也开始控制锡兰的肉桂出口。东非与马拉巴尔的穆斯林社群之间有许多共性,包括创造了独特的本土语言,书写还是用阿拉伯语。二者都在印度洋沿岸的人口稠密地带进行广泛的贸易,他们的船只都经常去往中国。

伊斯兰世界所有的地理学家里最让人感兴趣的是比鲁尼,他是波斯人,公元973年他在咸海附近出生。他还是数学家和天文学家,被誉为"百科式的学者"。他的成就之一是比以往任何人都更精确地计算出地球的周长,他的计算误差只有70英里。他曾作为一名俘虏被掳至阿富汗,他一生的大部分时间都在那里度过。在旁遮普,他编辑了一部《东方民族编年史》(Chronology of Ancient Nations)。他周游印度,写了一部名为《印度考察记》(An Inquiry into India)的书。不出所料,比鲁尼对非洲人没有什么好评价:"辛吉人如此不开化,以至他们没有自然死亡的概念。如果一个人自然死亡,他们就认为他是被毒死的。对于他们而言,如果一个人不是被武器杀死的,死因就是可疑的。"

在地理学方面,他大胆地批判了托勒密(托勒密的著作在他之前就已被翻译),并且提出了他对非洲大陆形状和范围的看法。从北方看非洲大陆,他认为非洲"延伸进海洋深处",跨越赤道和"西部黑人的平原"。这比月亮山脉和尼罗河源头的说法更进一步。"事实上,它延伸进我们不确切知道的地方",在北半球还是夏天的时候,那里正被冬季占据。"辛吉的索法拉"之外的海域无法航行,到那里冒险的船只还没有能顺利返航、宣扬船员所见的先例。对于其他地方,比鲁尼的记述似乎自相矛盾。"南方的海域可以航行,它并不是适于居住的世界的最南端。相反,后者可以延伸至更南的地方。"

比鲁尼感兴趣的一个终极地理学之谜是非洲在哪里终结。他不满足于托勒密的说法:非洲向东部延伸,与沿着印度洋南端的一小块狭长土地连接起来，最后一直通往中国。与此不同，他认为有一条海路环绕非洲，这条海路将大西洋与印度洋相连："尽管没有人能亲眼证实，但是这种连通一定存在确证。"

近5个世纪之后，他的猜想被证明是对的。

5

去往中国的丝绸之路

> 君主的君主名称忽必烈的大汗之体貌如下：不长不短，中等身材，筋肉四肢配置适宜，面上朱白分明，眼黑，鼻正。[1]
>
> ——《马可波罗行纪》

在基督教纪元的第二个千年到来之际，阿拉伯人和其他穆斯林仍然自由地从西地中海游历到中国海；西方基督徒的视野却变得比以往更加狭窄。在十字军东征引起的敌意与隔阂背后是欧洲人对更广阔世界地理的完全无知。

甚至对于周边的国家，他们对其形状和大小的概念也是模糊不清的。他们在制作地图时不考虑比例，以耗费的时间而不是行进的距离衡量旅程，而且整个地理学科完全受困于神学理论，它认为世界像盘子一样，是平坦的，而耶路撒冷就在其中央。

至于遥远土地上的居民，他们觉得任何想象都是可信的。中世纪许多作品摘录了罗马帝国晚期盖乌斯·尤利乌斯·索利努斯的著述，这使得欧洲人对于怪异事物的偏好保留了下来。而索利努斯抄袭了普林尼的《自然史》(Natural History)，将许多关于人和怪兽的古代神话组合在一起，又以他自己的想象为它们添枝加叶。另一个偏好奇异幻想的人是奥索里乌斯，他是5世纪西班牙的一位教士。他写作"世界百科全书"的主要目的在于贬低所有的非基督教徒。这些书将亚洲的大部分地区和所有非洲地区

---

[1] 马可·波罗著，《马可波罗行纪》，冯承钧译，上海书店出版社，2001年，第198页。——编者

描写成遍布"穴居者"的地方,那里的人住在地下,"像蝙蝠一样吵吵闹闹",发出无法辨识的声音。这些书还写道,那里也有长得像土狼的半人生物,长有四只眼睛的人,以及只有半个头、一只胳膊和一条腿,却能跳到令人吃惊的高度的奇怪生物。

所有这些看似不可能的事物在欧洲都没有遭到怀疑,因为实际上,欧洲没有对于埃及和巴勒斯坦之外的世界的见证资料。尽管像医学教科书之类的阿拉伯著作已经被翻译成希伯来文和拉丁文,但是阿拉伯地理学家似乎还是很不受重视。能够跨越两种主要宗教的界限、旅行不太受到阻碍的人无疑是某些犹太商人,他们的贸易网络从亚历山大里亚和黎凡特的城市延伸到东方。但是,他们对于去过哪里、见过什么都相当保密。

一个鲜有的例外是图德拉一个叫作本哈明的拉比[1]。在12世纪,他花费了12年的时间,从西班牙北部出发,游历了巴格达、巴士拉、波斯的城市,以及印度的部分地区。本哈明在书写基督教徒时笔触刻薄,但是在写穆斯林的时候则带着显著的温情:称赞巴格达的哈里发是"一个杰出的人,值得信任,以善良之心对待每个人",并且"对待犹太人也极其友好"。拉比本哈明的主要目的是编辑他所能接触到的、尽可能多的亚洲城市里的犹太人社群的名簿(结果是令他满意的,因为他发现在各地都有很多犹太人社群,而且都欣欣向荣)。

波斯的生活给他留下了生动的印象,之后他详细地解释了那些到达南印度大港口奎隆的商人们是如何由当地的统治者确保安全的。他还描述了奎隆附近乡村的胡椒和其他香料生长和加工的情况。尽管拉比没有到过锡兰那么远的地方,他将锡兰称为康提,以岛上的其中一个王国为名,但是他证实了甚至在那里,也有2.3万名犹太定居者。他补充道:"从那里通往中国需要40天。"这是已知的中世纪欧洲作家使用"中国(China)"这个名称来称呼东方最强大政权的最早记录。本哈明在写作时头脑是清醒的,他的书中除了无处不在的巨鹰之外,不存在其他奇怪的生物。根据他的记

---

[1] 1543年在君士坦丁堡,拉比本哈明的回忆录第一次被印刷。他对于伊斯兰教的热情说明了"先知的"宗教之间的关系从他的时代起发生了意义深远的变化。

述，巨鹰从天空俯冲下来，用爪子抓起前往中国、但遇到海难的船只上的水手，然后飞走，在停下来休息的时候再吃掉他们；然而，一些水手足够聪明，他们在被巨鹰丢到干燥的陆地上之后，会奋起反抗，用利刃刺死它。

在返乡的路上，本哈明搭乘了一艘跨越印度洋前往也门的船。在船上，他听说了一些关于尼罗河源头的信息，"尼罗河从黑人之地发源，向北流淌"。每年阿比西尼亚（即埃塞俄比亚）的洪水泄入，尼罗河的河水都要上涨：

> 这个国家由一个叫作哈巴什的苏丹统治。在这个国家，一些居民在各方面都表现得像野兽一样。他们吃生长在尼罗河岸边的草，在田野里赤身裸体，没有其他人都有的观念，例如他们和他们的姐妹以及任何他们能找到的人同居。这个国家极其炎热。当阿斯旺人入侵他们国家的时候，阿斯旺人会随身携带小麦、葡萄干和无花果，像丢诱饵一样沿路抛撒，从而诱惑当地人。他们成为俘虏，在埃及和毗邻国家被售卖，在那些国家，人们认为他们是黑人奴隶，是含（Ham）的后代。[1]

按照他那个时代的术语来说，拉比本哈明讲述的是从属于"中印度"的埃塞俄比亚，而"中印度"一直拓展到尼罗河东岸，非洲则从尼罗河西岸才开始。在那个时候人们对于印度这块突出于亚洲大陆的地域的形状和大小还不了解，但是"印度"这个词本身确实是指勾勒出以之为名的这片海洋边界的地域。"大印度"是指次大陆的南部和更东边的土地；"小印度"则位于北方；"中印度"包括阿拉伯半岛的南部和埃塞俄比亚（一个源自希腊的称呼）。"第三印度"（India Tertia）包括东非，一直延伸到知道印度存在的地方，有时也包括被当时的人们认为地处南半球的埃塞俄比亚。

---

[1] 本哈明关于用糖果诱惑并俘房非洲人的记录还有很多其他资料来源，例如可以参见谢拉夫·扎曼·塔希尔·马尔维兹（Sharaf al-Zaman Tahir Marvizi）的作品。

在拉比本哈明游历之后的那个世纪，欧洲的商人开始仔细思考不受阻碍、能够获取东方财富的路线。在十字军被出身库尔德人的领袖萨拉丁击败之后，所有通向红海的路线都严格禁止基督教商人通行。来自印度和中国的货物，可以从亚历山大里亚和东地中海的其他港口的阿拉伯商人那里购买到，但是价格很高，并且必须用黄金付款。而且，这类生意被威尼斯人控制，他们的共和国足够强大，可以无视教宗关于禁止与伊斯兰教徒进行贸易的命令。

因此，在1291年的春天，一支小舰队从威尼斯的头号对手热那亚驶离，向西航行，穿过地中海。这支舰队的船长是怀着大胆计划的乌戈利尼·维瓦尔第和瓦迪诺·维瓦尔第两兄弟。他们企图航行穿过直布罗陀海峡，沿着一条循非洲海岸南下的航道前行，直到最后在印度或者波斯的海岸登陆。在他们所处的时代欧洲人的地理知识贫乏，因此他们只能依靠直觉和不顾一切的勇气，才有可能实现这个计划。然而，他们的目的却足够实际：如果能够开辟这样一条路线，他们就能打破威尼斯人的控制。

少数热那亚人已经居住在波斯，而波斯早在70年前就已经被成吉思汗统治之下的蒙古人征服。尽管这些同胞与一位叫作阿鲁浑的国王相处得很融洽，这位国王统治着蒙古帝国的广大西部地区，但是他们仍然没有找到不受阻碍就能将货物送回家乡的方法。

维瓦尔第兄弟穿越直布罗陀海峡，有人曾见过他们向南沿着摩洛哥海岸航行，在那之后便音信全无。就算他们由桨手推进的脆弱船只能够扛过地中海的天气，却怎么也不可能是大西洋洋流和风暴的对手。这些行将遭遇灭顶之灾的热那亚人怎么也不会猜到在尝试环航非洲的过程中会遭遇如此漫长的海岸线和无数的风险。

维瓦尔第兄弟比他们所处的时代领先了200年。在他们失踪之后的许多年里，他们的家人徒劳地到处打听他们的消息。甚至一度有谣言说他们成功环行了非洲，但是在红海入口遭遇了海难，然而，没有任何证据可以证实这则谣言。

几年之后，一位成功的威尼斯商人带来了一些新的消息，于是热那亚人对于有关维瓦尔第兄弟失踪的诸多议论逐渐失去了兴趣。1296年，这位叫作马可·波罗的商人被关押进一座守护海港的城堡里。他在亚得里亚海的一次海战中被俘，在那之前，他在东方生活了20年。

威尼斯人有轻视他们的对手热那亚人的习惯，因此马可·波罗几乎是理所当然地对维瓦尔第兄弟企图通过海路到达波斯或者印度的主意嗤之以鼻，他认为这种想法极其荒谬。他和其他人一样，知道从欧洲到达那些地方的最直接的路线，即从特拉布宗的黑海港口经由陆路前往东方。他曾两次航行穿过印度洋的东半部海域（除了历史上那些无名的失败的航海事件之外，他可能是几个世纪以来第一个做到这一点的欧洲人），但是他从来不敢冒险进入非洲的"热带"。

在回忆录里他有些夸张地强调，船只不能航行到"比马达加斯加和桑给巴尔"更南方的地方，因为"流向南方的洋流势力十分强大，以致返航的机会微乎其微"。马可·波罗听说过有关印度洋南部海域危险的一些让人沮丧的故事，而人们对环非洲靠大西洋一侧的海域所知更少。为了探知那些神秘的海域，维瓦尔第兄弟付出了生命的代价。

马可·波罗关于遥远国家的趣闻多得数不清，幸运的是，他在热那亚两年的囚徒生涯中有一个倾听他讲述的同伴。这个幸运地成为马可·波罗的抄写员和文学助手的人就是那个"比萨的鲁斯蒂恰诺"，他通过将亚瑟王的冒险故事译成古法语，建立了一个作家的微薄名声。关于鲁斯蒂恰诺，我们所知甚少，他因为什么入狱或者他是否活着出狱了，我们都不知道，但是他可能早年去过巴勒斯坦，甚至去过英国，而且据说他在英国的保护人是后来成为爱德华一世的王子殿下。

多亏了这位无畏的小文人，他的威尼斯狱友的大名才得以流传。这两个人利用他们空闲的数月时间一起研究手稿，以意大利化了的法语写就了这部书，鲁斯蒂恰诺大胆地冠之以《对世界的描述》（*A Description of the World*）之名[1]。如果只靠马可·波罗一己之力，他可能永远也写不出这样一本书。他来自一个商人家庭，17岁开始和父亲一起做生意，他的兴趣决

---

[1] 被认可的马可·波罗的故事是几种不同语言相互矛盾的版本综合的结果。一种出版于1527年流行的英文版本由西班牙语版本翻译过来，而这个西班牙语版本又是从不精确的威尼斯译文转译而来，后者来自古法语手稿。

不是文学。可能是因为付了赎金,他被热那亚人释放了,离开鲁斯蒂恰诺之后,他又活了大概25年,但是他没有根据自己的旅程写出另一部游记。(必须要承认的是,他缺少创作动机;在印刷时代到来之前,作家几乎得不到直接的报酬。)

马可·波罗对他的书记员口述的关于中国的大部分内容,很自然地激起了其他欧洲商人的嫉妒,例如他这样描述泉州港:

> 我敢言亚历山大里亚或他港运载胡椒一船赴诸基督教国,乃至此刺桐港者,则有船舶百余,所以大汗在此港征收税课,为额极巨。凡输入之商货,包括宝石、珍珠及细货在内,大汗课税十分取一,胡椒值百取四十四,沉香、檀香及其他粗货值百取五十。[1]

> 我敢言如果一个陌生人来到这里借住,主人一定极其高兴。他命令妻子做任何这个陌生人渴望的事情……这里的女子都非常美丽,性情温和且开放。

当描述他年轻时在中亚待过的一个地方,那儿的丈夫把他们的妻子提供给陌生客人的故事时,他将实际的信息有技巧地与幽默的轶闻放在一起讲述。他和鲁斯蒂恰诺将这种有滋有味的小故事插入《对世界的描述》是可以被理解的,但是擅长讲故事的人本身毫无疑问仍是一个值得尊重的人物。

有充足的理由相信这一点,因为尽管有许多成功且出身名门的威尼斯商人,但是马可·波罗总是明显地拥有某种特权。1270年,他还是一个17岁的年轻人,他欢迎他的父亲尼科洛和叔叔马费奥回到家乡,他们刚刚完成了第一次中国之旅。他们带回来一块由蒙古统治者忽必烈汗授予的金牌。从那时候起,这块金牌对于波罗家族意义重大,它给他们带来了很多好处。

---

[1] 马可·波罗著,《马可波罗行纪》,冯承钧译,上海书店出版社,2001年,第376页。——编者

13世纪早期,欧洲一直害怕战无不胜的蒙古人(通常他们被叫作鞑靼人)[1]。欧洲人对于蒙古人的印象,到马可·波罗的父亲和叔叔带着忽必烈汗给予的金牌,从中国返回意大利的时候,已经彻底改变了。蒙古人已被视为他们潜在的盟友,有了这个盟友,他们之前对十字军东征丧失的热诚可以重新被点燃。教皇英诺森四世在位的时候(1243—1253年)就希望通过教育使得蒙古人改变信仰、皈依天主教,尽管他们是异教徒,但是有一些蒙古人已经呈现出一些基督教倾向。对于欧洲统治者来说,大汗几乎是一个具有神秘象征意义的人物,而波罗兄弟是他所尊重和选择的使者,为的是在东西方之间建立永久的联系,以对付他们共同的敌人——伊斯兰国家。

在波罗兄弟从中国返回之前15年,佛兰德斯卢布鲁克村的一个修士被法国的路易九世派往中国,他叫威廉。这个修士的使命是向蒙古皇帝呈交一份与基督教世界的协定,而且他返回时还带着蒙古人在退回亚洲时横扫欧洲人的非凡故事。

在蒙古人传统的聚居地——遥远的哈剌和林,威廉修士遇到了一个来自洛林梅茨的女人,她叫帕克特。这个女人之前在匈牙利被俘,但是此时非常开心地嫁给了乌克兰的一个木匠,并且生养了三个孩子:"她发现了我们,用她最好的食物款待了我们。"也是在哈剌和林,一个出生在匈牙利、英国人的后裔,一个希腊医生,还有一个来自巴黎、叫比希耶的金匠,他们为大汗建造了一棵银树,树顶上是一个吹喇叭的天使,树底下是四头狮子,狮子嘴里可以喷出马奶——蒙古人的一种日常食物。

尽管修士威廉没有完成他的主要使命,但是当波罗兄弟抵达欧洲的时候,东西方联盟的前景似乎更有希望了。此外,大汗让波罗兄弟带一百名博学的基督教徒陪同他返回。这似乎是一次不容错过的极好的机会,但就在这个重要时刻,教皇去世了,西方关于谁该继承教皇之位发生了一次争论。当教皇格里高利十世最终继位的时候,他也只是选了两位有学问的修士前往中国。甚至这两位修士也没有完成任务。修士与威尼斯商人一起出

---

[1] 1238年,弗里斯兰省(Friesland)的居民因为害怕遇到蒙古人而不敢前往英国购买鲱鱼,出自柔克义(W. Rockhill)翻译的卢布鲁克村(Rubrouck)威廉写的《旅行记》(*Itinerarium*, London, 1900)中的说法。

发，这回是在年轻的马可·波罗的陪同之下，但这两位修士仅仅行进到亚美尼亚就返回了，因为那时亚美尼亚正面临战争的威胁。

波罗家族的成员继续前行。他们仍想将教皇格里高利的良好意愿传递给忽必烈汗，但是就13世纪的局势而言，他们的情况并不乐观。他们决定穿越印度洋走水路，想着那样要比穿过中亚沙漠而令人精疲力竭的漫长旅程快得多。而且，尼科洛和马费奥对于穿越沙漠的危险性再清楚不过了。所以，他们首先前往巴格达（蒙古人几年前洗劫了那里，几乎屠杀了那里所有的穆斯林，但是宽恕了基督徒）。从那里他们进入波斯，然后骑马向南，到达波斯湾入海口的霍尔木兹大港。这是马可·波罗第一次看到印度洋，但是他对此印象不深。

霍尔木兹有一个非常好的海港，它接管了三个世纪以前尸罗夫控制的大部分贸易，尸罗夫是故事家布祖格·伊本·沙赫里亚尔的出生地。"来自世界各地"的商人在霍尔木兹交易来自马拉巴尔和锡兰的珍珠、布匹和干果，以及中国的陶器和非洲的象牙。阿拉伯马在此登船运往印度：战马按照强壮程度被挑选，它们必须足够强壮，以便负载全副武装的骑士。然而，正如马可·波罗多年之后的回忆一样，霍尔木兹的气候炎热，不利于健康。在夏天的某些时候，从沙漠吹来的风使任何地方都炎热不堪，那儿只有一种办法能让人生存下去：当地人在夏天一般都居住在城外的湖边和水渠旁，这样一来如有热风吹来，他们就能够"跳进齐脖深的水里，逃避热浪"。

出于对中世纪恐怖故事的偏爱，他还讲了一个故事，以阐明那个地方地狱般的高温：

> 由于霍尔木兹国王没有给克尔曼国王进献贡物，后者召集了1600名骑兵和5000名步兵，派遣他们穿越瑞奥巴（Reobar）地区，出其不意地攻击对方。他做这些事的时候，霍尔木兹人正在城外郊区躲避高温。某日，攻击者接受了错误的指令，没有到达指定地点过夜，他们在距离霍尔木兹不远的一片树林里驻扎了下来。第二天一早，当他们正要再度出发的时候，一阵热风袭来，所有人都被闷死了……当霍尔木兹人听到这个消息时，他们就着手埋葬他们，以免尸体污染空

气。但是尸体被高温烤熟了，以致当他们抓着手臂、想将尸体往坑里放的时候，手臂从尸体上松脱了下来。因此，他们必须紧邻尸体挖坑，以便将尸体扔进坑里。

波罗家族的成员在霍尔木兹待了一段时间。根据马可·波罗的记载，那里的人是"黑人"，他的意思是说，他们的肤色比北边的波斯人深，而且，他们"崇拜穆罕默德"（他总是使用这个短语，这会激怒任何一个穆斯林）。他说霍尔木兹人主要以椰枣、鲔鱼和洋葱为食。他们酿造出一种极好的椰枣酒，这种酒可以清洗肠道。

他们来霍尔木兹的目的显然是要在这里乘船去印度的坎贝，然后沿着马拉巴尔海岸南下，到达那里的其中一个港口，在护航船的陪同下再从那儿前往中国。然而，实际上，他们返回了，最终还是选择了陆路。马可·波罗没有完全解释清楚原因，但是他们撤退的理由再明显不过了。印度洋传统的船只是"缝合船"，这种船看上去太危险："他们的船太糟糕，很多已破损不堪，因为它们不是用铁钉固定的，而是用椰子皮做的绳子缝合起来的……这使得乘坐这类船充满了风险。你可以相信我，很多这种船都将会沉没，因为印度洋经常有很大的风暴。"[1]

即便一艘船能够漂浮于海面上，这种海上航行也决不是惬意的：因为"这种船有一根桅杆、一张帆和一个舵，但是没有甲板。人们将货装上船之后，就要给货物盖一层遮布，并在盖了一层布的货物顶端安置要运往印度出售的马匹"。马可·波罗怀着沮丧的心情，回想起船缝防水用的不是沥青，而是"鱼油"。

在海上航行有各种想象不到的危险，然而，他们在经历了两年的陆路之旅后抵达了中国。在遇到许多灾祸之后，他们最终觐见了大汗，由于他们是来自基督教世界的使者，他们得到了充分的尊重，受到了热情

---

[1] 尽管马可·波罗对于印度洋风格的造船工艺惊讶不已，但是早在6世纪，拜占庭历史学家普罗科匹厄斯（Procopius）就对此发表过评论，他说这些缝合船"是用一种绳索连接在一起的"。参见H. B.杜因（H. B. Dewing）翻译的《普罗科匹厄斯》（*Procopius*, Cambridge, Mass., 1914）。

的欢迎。至此，由于没有理由急于回到威尼斯，马可·波罗就开始收集材料，而这些信息在长达300年的时间里对欧洲人思考其他种族和大洲产生了巨大的影响。

6

嫁给国王阿鲁浑的公主

> 黄金和白银年复一年地填满我的仓库,
> 玉米和水稻在每个丰收季节堆满我的粮仓。
> 中国奴隶管理我的国库和仓房,
> 外国奴隶照管我的牛羊。
> 腿部强健有力的奴隶充当我的马镫,
> 壮硕的奴隶在田间地头耕作,
> 英俊的奴隶演奏竖琴,为我斟酒,
> 腰肢纤细的奴隶为我歌唱、跳舞……
> ——一个新郎的梦,《敦煌曲子词与变文选集》
> (*Ballads and Stories from Tun-Huang*,由阿瑟·韦利翻译)

在马可·波罗的书中,几乎没有多少线索能够确切地说明他在东方的20年间去过的地方,然而,可以确定的是,他到过中国的大部分地方,还为了执行大汗的外交任务而到过中国边界之外的地方。[1] 其中一个使命是乘船前往印度,但是他所搭乘的船似乎到达苏门答腊岛的时间太晚,以致错过了夏季季风。他不得不在岛上等了5个月,直到季风再次向北吹起。

马可·波罗用他所有的时间学习他能够了解到的、关于这个他不熟悉的世界的知识。他描述产于苏门答腊和马来群岛的木材和香料,因为他总是在思考贸易的可能性。(有一次他跳出记述者的立场,提到他带着各式

---

[1] 尽管偶尔有细微的迹象暗示马可·波罗从未去过中国,但是他的记录仍有极强的真实性。R. E. 莱瑟姆(R. E. Latham)评论说:"自1300年前的斯特拉博(Strabo)之后,西方没有一位作家像马可·波罗那样,能提供可与之相媲美的遥远国家的全景图,而在那之后,至少又有200多年的空白。"

各样的种子回到威尼斯,想在那里培育它们,但是当地的气候并不适宜种植它们,他的计划没有成功。)

此外,马可·波罗没有错失任何一次仔细回忆可怕经历的机会,毫无疑问他是受到了他的书记员鲁斯蒂恰诺的鼓舞。他多次公开谴责那些用小"侏儒"制成防腐标本的欺骗行为,这些标本从东方运到欧洲,引起了欧洲人极大的惊奇。马可·波罗身处这些标本的制作地,他深知这些标本只是一些面部与人脸十分相似的小猴子。苏门答腊人擅长给猴子"整容",以便使它们看起来更可信。

他接着讲了一个被称为淡洋(Dagroian)的王国,那里的人有一个"特别坏"的习俗。如果一个病人被认为无法康复,他就会被闷死并且被做成食物:"之后,他所有的亲属都会聚集起来,把他整个吃掉。我向你们保证,他们甚至会吸干他的骨髓。"马可·波罗从这种行为中解读出了宗教目的,因为如果剩下的肉没有被吃掉,它就会繁殖虫子,而如果虫子饿死,死去的人的灵魂就会因为"以他的肉体而产生"的生命的死亡而备受折磨。

当马可·波罗最终可以从苏门答腊岛起航的时候,他已经不像当初那样畏惧印度洋了,毫无疑问,这是因为他搭乘的是中国的大船,很明显这种船不同于霍尔木兹肮脏的运马船。正是从他的记述中,欧洲人才第一次得知对于这些东方船只的详细描述,它们是那个时代世界上最先进的航海船只。每艘船最多可以承载四百名船员,它们以帆驱动,帆是由劈成条的竹子制作而成,它们被悬挂在四根桅杆上。船壳装有防水隔层,如果礁石刺穿船侧,这些防水层可以有效阻止船舱漏水。不同于让乘客受罪的阿拉伯和波斯的船只,马可·波罗描述的中国大船考虑到了舒适性,这些船"有至少六十个小房间,每个房间都可以容纳一位商人,使他可以舒服地度过船上的时光"。

从一个港口到另一个港口,这位年轻的威尼斯人游历了印度的两岸,他详细地记述了那些地区繁荣的贸易景象。关于可恶怪兽和奇异人类的古老传说仍然让欧洲人着迷,因此如果马可·波罗的回忆录缺少这些故事,他的一些读者可能会感到失望,但是,首次对于印度这块富有的异域做出的清楚记述,必定会激起大多数君主和商人们的兴趣。

他的第一个停靠站是锡兰，让他印象深刻的是那里盛产红宝石、蓝宝石、黄水晶和其他宝石。一块有手掌那么长、胳膊那么粗的红宝石十分出名，以至大汗派遣使者团前去购买，但是锡兰的国王拒绝了使者团的要求。马可·波罗的记述非常详细，这暗示他可能也是使者团的一员。

当他沿着马拉巴尔海岸航行到印度西岸的时候，他对胡椒、肉桂、姜和其他香料的巨大产量感到震惊。一些地区生产棉花，几乎在任何地方都能买到像亚麻布那样精致的细麻布，以及用金线缝合、绣有鸟兽图案的皮革。印度商人被人称作巴尼安（Banians），这源于一个古老的梵语词语。这些商人在做贸易时一丝不苟，将货物交给他们很安全，因此各国的船只都来到马拉巴尔进行贸易，这毫不令人吃惊。马可·波罗的最后一站是古吉拉特的大海港坎贝——印度洋西侧大部分贸易的终点站。坎贝的商人们定期航行去做贸易，最远可到达埃及，他们运输的很多商品被售往地中海国家。[1]

在马可·波罗游历印度期间，一位叫作布瓦奈卡巴胡（Buvanekabahu）的锡兰统治者，在一次竞争中为了获得贸易份额，而派遣一位使者前往开罗。他告诉马穆鲁克的统治者："我拥有惊人数量的珍珠和各种宝石。我有船队、大象、棉布和其他布料、木材、肉桂和印度商人们能运到你们那里的所有商品。"[2] 尽管在非洲之角的摩加迪沙附近发现了锡兰硬币，这表明布瓦奈卡巴胡在拓展锡兰岛的贸易上取得了一定的成就，但是印度的垄断对他来说还是过于强大，他一时无法取得大的突破。

马可·波罗对印度的棉花出口和黄金进口印象深刻。有一条航线可以让商人们直接穿过大洋，用色彩鲜艳的布料交换南部非洲的黄金。从阿拉伯半岛和波斯运来马匹，这项贸易仍然吸引马可·波罗。"你可以把以下情

---

[1] 马可·波罗在亚洲商人中随处感到的信任得到了12世纪旅行家伊本·朱巴尔的证实，他描述了自己从红海到开罗的旅行："在沙漠中你能见到一种奇妙的景象……在路边堆放着大量的胡椒、肉桂等货物，且都无人看守。骆驼生病了，无法再驮载它们，因此它们就那样被搁置在路上……它们还在那里堆放着……尽管有各种人从它们旁边经过，但是那些香料毫无丢失的风险。"

[2] 引自R. A. L. H.古纳瓦德纳（R. A. L. H. Gunawardana）的论文《通往锡兰的海上航道》（Seaways to Sielediba）。

况作为一个事实接受：霍尔木兹、凯斯（Kais）、佐法尔（Dhofar）、希赫尔（Shihr）、亚丁这些省份产战马和其他种类的马匹，这些省份的商人们买下最好的马匹，把它们装船出口。"一些马匹售价高达2500克黄金，而科罗曼德尔海岸的一个王国一年就进口了大约6000匹马。印度人不知道如何照顾马匹，所以到年底活下来的马不足100匹。根据马可·波罗的说法，卖马的商人不允许任何兽医跟随这些马匹，因为他们"十分乐意看到许多马死亡"。

《对世界的描述》也提到了印度的社会习俗，例如妻子自焚殉夫：妇女会在她们丈夫的葬礼上跳到火葬用的柴堆上。马可·波罗还提到印度的迷信思想是如何控制其商业活动的：毒蜘蛛的样子或者影子的长度被视为一种预兆。他详细地讲述了瑜伽修行者的行为，然而，他们的信仰有时候似乎令人困惑，例如他们认为甚至绿叶也有灵魂，因此吃它们也是有罪的。马可·波罗在他的旅途中遇到了许多奇怪的事，他总是怀着开放的心态去面对，而不是去嘲笑它们。

印度人是"皈依者"，这个好问的威尼斯人很快就发现了印度节庆的真实情况。他对庙宇里的少女十分感兴趣，这些少女通过大量的舞蹈来安抚众神："而且，只要这些少女是处女，她们就有紧实的身体，任何人都不能触碰她们的身体。但是只需花很少的钱，这些少女就会让男人随心所欲地触碰她们。她们在婚后仍然拥有紧实的身体，只不过比少女时期要松弛一些。她们的胸部不会下垂，总是显得十分坚挺。"

在这些有趣而粗俗的话语之中，有足够多的证据表明东方富人的生活的确无比奢侈。而关于元大都，马可·波罗又讲了些什么呢？"每天都有1000多辆运送丝绸的货车进入这座城市，因为大部分的金线织物和丝绸都是在这里织成的。"几乎在东方的任何地方，用一些粮食就能换取价值昂贵的财宝，当然前提是如果它们能够被带回欧洲。

马可·波罗从未到过非洲，但是在旅行途中他收集了各种关于非洲的事实以及不实的传闻。他对于非洲的描述，始于对索科特拉岛的精确叙述，他说岛上居民是景教徒。然而，对于索科特拉岛的地理位置，他的记述极不准确，他将这个岛置于两个完全虚构的地方以南"500英里"，而那两个虚构的地方是男人岛和女人岛，岛上的居民一年见一次面，为的是进行性交。这个荒谬的记述流传了几百年。

他接下来讲的是在印度洋如何捕获鲸鱼，由于他的记述极其详细，因此读起来感觉更像是回想起来的真实经历而非道听途说。其中一部分讲的是在猎人们用拌入了金枪鱼的混合鱼饵钓到鲸鱼、拖拽着它们前行之后的事情：

> 紧接着，一些人爬上了鲸鱼的脊背。他们有一种铁叉，设计得很巧妙，一端有刺，一旦插入鲸鱼体内就无法再拔出来……一个猎人拿着这种铁叉对准鲸鱼的头部，另一个猎人带着一把木槌，用它击打铁叉，直接将铁叉敲入鲸鱼的头部。鲸鱼已经被灌醉了，所以它几乎注意不到有人爬上了它的背脊，而这些猎人就可以为所欲为了。在铁叉的末端绑着一根粗绳，大概有300步长，沿着这根绳子，每隔50步就捆着一个小木桶和一个支架。这个支架用捆绑桅杆的方式固定在木桶上……

马可·波罗接着评论了在印度洋部分地区发现的大量龙涎香，他准确地说明了这种物质来自鲸鱼的腹部。

他说马达加斯加是"世界上最大最好的岛屿之一"，它的周长大概是4000英里。这几乎是马达加斯加岛实际周长的两倍，反映了他所处时代的地理知识水平。他只可能从航行到过马达加斯加岛的印度或者阿拉伯商人那里获得这些具体信息。接下来，马可·波罗讲述了生活在马达加斯加岛的巨鹰的悠久传说。马可·波罗将它称作格里芬，他拒绝说它是半狮半鹰的怪兽，而强调他"亲眼所见"，并将它描述成一种"体形巨大的鹰"。然后，他补充了一个虽简短但却令人感兴趣的话题，他说蒙古皇帝曾经派遣使者前往马达加斯加和桑给巴尔，为的是"了解这些陌生岛屿上的奇异事物"。第一个使者被监禁了，所以第二个奉命来解救他。

马可·波罗最严重的错误之一是他混淆了马达加斯加和地处非洲之角

的摩加迪沙:"这里只吃骆驼肉。这里每天屠杀的骆驼数量是如此巨大,以至不是亲眼见过的人都无法相信报告的数量。"这对于摩加迪沙完全是对的,但是这对于在南方离它2000英里远的一个岛屿则完全不对。(马达加斯加这个由于混淆而产生的名字,直接来源于马可·波罗的著述,并且流传了下来,这本身就是马可·波罗影响力的一种证明。)

当他往下讲到桑给巴尔岛时,他似乎将它与整个辛吉地区混淆了,他说桑给巴尔岛的周长是2000英里。关于非洲人,他说:"他们属于一个体形魁梧的种族,虽然他们的身高与腰围并不协调,但是他们十分结实,手和脚都很大,因此他们显得异常强壮,他们一个人能背起四个身材正常的人。因此,当我说他们一个人能吃五个人的量时,你们也一定不会感到奇怪。"他们的头发"像胡椒一样黑",而且"除了私处以外,全身赤裸"。

他能对非洲人的身体特征描述得如此详尽具体,毫无疑问是因为他见过并且研究过那些在印度做奴隶,以及被雇佣从事其他劳动的非洲人。他在中国也可能见过非洲人,那儿到13世纪,富有的中国人拥有"黑人奴隶"并不稀奇。他说,他们是"在战斗中表现得非常有男子气概的"好战士。

他接下来的讲述转向了"中印度"的阿比西尼亚,那里的国王确定无疑是一个基督徒,他在帝国之内有六个封臣。穆斯林居住在"亚丁方向的那一边",马可·波罗还提到了亚丁的苏丹("世界上最富有的统治者之一")是如何触怒阿比西尼亚的国王的。1288年,亚丁的苏丹抓了阿比西尼亚国王的一名主教,并且强迫他"像萨拉森人那样"割包皮。由此引发的结果是,阿比西尼亚的基督徒向亚丁宣战,"因为基督徒比萨拉森人勇敢得多",所以最终阿比西尼亚人赢得了重大胜利。故事以阿比西尼亚花费大力为一个主教报仇,并且取得了战争的胜利为圆满结局,但是书记员鲁斯蒂恰诺却说:"这没什么好奇怪的,因为萨拉森人本来就不应该统治基督教徒。"

13世纪的最后几十年,当马可·波罗在东方的漫长旅行接近尾声的时候,他再一次与已经年迈的父亲和叔叔一起,穿越印度洋。他们航行的船队规模很大,也很舒适。十四艘大船在忽必烈汗的命令之下前往波斯阿鲁浑的王庭。

这些威尼斯人被授予的任务是面见阿鲁浑,向他呈献一份礼物。阿鲁浑的基督徒妻子早已去世,因而忽必烈汗选了一位新娘送给他。这位新娘名叫阔阔真,17岁,是一位"非常美丽和有魅力的"公主。然而,由于一些未知的原因,船队花费了近两年的时间才把公主送到波斯,而那时候阿鲁浑已在一场战役中战死了。他的兄弟海合都彼时统治着波斯,他告诉阔阔真的护送者应该把公主改嫁给阿鲁浑的儿子合赞,而合赞碰巧不在国内,正在外边率领6万名士兵作战。这个解决办法似乎让包括公主在内的每个人都感到满意。在完成了自己的使命后,波罗家族的成员再次启程,一路向西,回到他们的故乡欧洲。

他们的运气不太好,他们到达波斯的时间太晚了,以致没有见到阿鲁浑,因为没有哪个蒙古统治者像他那样热衷与欧洲基督教世界联合发起征服穆斯林的战争(而那正是穆斯林最虚弱和分裂的时候)。在阿鲁浑统治的7年里,他派遣了4个使团前往欧洲,徒劳地呼吁与欧洲同时从两侧夹击穆斯林。其中一个使团由一个叫布斯卡瑞尔的热那亚人领导,他在维瓦尔第兄弟启程环行非洲的前一年回到了故乡。他讲述的关于富庶东方的故事,很可能成为激励维瓦尔第兄弟开启他们不幸的航程的诱因。

阿鲁浑的使者中最杰出的一位是巴梭马,他是一名中国景教徒。[1]他令人惊叹的旅程表明,在13世纪末期蒙古人横扫大陆的短暂间隙中,亚洲和欧洲的接触是多么活跃。巴梭马出生在元大都(之后被称作北京),经过多年的宗教学习,之后旅行到波斯。他的同伴是一个叫作雅巴拉哈的蒙古人,他是一位杰出的基督教徒。他们到达了他们所属的景教的大本营巴格达,正赶上那儿的宗主教即将过世,雅巴拉哈被选为他的继任者。

新的宗主教热情地支持阿鲁浑与欧洲联合攻击伊斯兰的计划,所以他提出让他的朋友巴梭马前往欧洲,他是推进这项事业最合适的人选。巴梭

---

[1] 景教在巴梭马所处的时代到达了它势力的鼎盛阶段,其信徒遍布亚洲。尽管这个教派的人数一直在下降,但是到1914—1918年第一次世界大战期间,仍有其信徒存在。那时大约有4万名景教徒在伊拉克北部作为难民被追捕。幸存者在叙利亚融入了一个基督教社群,人们在那里发现了一个删节版的有关巴梭马的故事。

马从阿鲁浑处获得了旅途资助,阿鲁浑送给他黄金和30匹马,于是巴梭马骑马沿着一条常有人走的路线前往黑海边上的港市特拉布宗,然后去往君士坦丁堡、意大利和教皇国。无论走到哪里,他都会将有趣的事情记下来:他的船航行到西西里海岸的时候,埃特纳火山喷发了;那不勒斯发生了一场海战;热那亚周边乡村的美景("像天堂一样的花园,冬天不冷,夏天不热")。他的行程最北端是巴黎,在那里他见到了腓力四世,并且很吃惊地了解到巴黎大学有3万名学生。

他从巴黎骑马去了波尔多,将礼物呈献给了英王爱德华一世。他对于英王的称呼有些闹不明白,将他称作"科索尼亚的伊尔奈哥特王"("King Ilnagtor in Kersonia),而实际上他应该是加斯科尼的英格兰国王。但是爱德华对于他的中国拜访者带来的消息十分高兴,他写了一封信,承诺在拜访者提议的战斗中一同作战,以根除"穆罕默德的异教"。1288年2月,巴梭马返回罗马,见到了新任教皇尼古拉四世,当尼古拉给他圣餐的时候,巴梭马激动得"热泪盈眶"。

最后,和其他人一样,巴梭马的外交努力也没有产生什么结果。尽管蒙古人一度相信天神腾格里选择他们征服整个世界,但是当他们征服世界的热情衰退的时候,他们转而发生内部争斗,并且撤回了征服的脚步。他们对欧洲人关闭了丝绸之路,而过去商业活动繁忙的印度洋甚至变得还不如以前通畅。马可·波罗了解的神奇世界,对于西方的基督教徒来说,再度变成鲜少有人知晓的诱人传奇。

7

去往南方的流浪谢赫

🙞

> 大印度的人,肤色比我们略深,而埃塞俄比亚人的肤色比大印度的人还要深,如果你见到赤道带的黑人,你会发现他们比埃塞俄比亚人还要黑,这些黑人将那块区域称为热带。
> ——尼古拉·德·孔蒂,选自《佩罗·塔富尔的旅行冒险记》
> (*Travels and Adventures of Pero Tafur*, 1435–1439)

在马可·波罗去世后一年,一位年轻的柏柏尔学者与他在丹吉尔的家人和朋友告别,开始了他长达一生的旅行。那位威尼斯商人宣称只有他才"知道或者探索过世界上如此多的地方",我们也可以替伊本·白图泰说"对于任何聪明人而言,这个谢赫是那个时代的旅行家"。这两个人都去过中国和印度,都航行穿越过印度洋,但是伊本·白图泰到过更远的地方,他曾去过两次非洲。他的旅行距离可能长达7.5万英里,而马可·波罗则是6万英里,但是欧洲的文化统治者基督教会使马可·波罗得享盛名,而那位摩洛哥法官的名声相对来说要小一些。

他们的生命有重叠的部分,他们在世界各地的旅行线路也是如此。而且,他们作为讲述者有许多相似之处。两人都喜欢讲述奇异的趣闻,尽管马可·波罗的风格是典型的中世纪故事杂烩,兼有乔叟和薄伽丘作品的胡闹和粗俗,而伊本·白图泰作为一名法官和虔诚的穆斯林,则更加像一个故事讲述者,但是他也毫不隐晦自己对生活的热情。二者最明显的不同是伊本·白图泰使用第一人称单数进行叙述,而且他自己始终处于故事舞台的中央。他的著述是旅行见闻和自传的结合。

尽管这两个人有时候都对遥远城市的人口、战争中死亡的人数或者外国君主的富裕程度有夸大的嫌疑（这可能就是马可·波罗被戏称为"百万"的原因），但是当人们把他们的回忆录与独立的证据做比较时，人们会发现他们的记述大体上是准确的。考虑到他们两人对许多地方和习俗的描述非常相似，基本可以说明这不是巧合。

伊本·白图泰从来没有表明他是否听说过马可·波罗，或者他是否意识到他经常沿着马可·波罗的足迹前行。也许他确实听说过马可·波罗，因为伊本·白图泰与欧洲的联系十分紧密，在他计划自己的第一次旅行时，马可·波罗的手稿已经被翻译成了许多欧洲语言。这位摩洛哥学者出生于一个柏柏尔精英家庭，而柏柏尔人自公元711年起，在西班牙定居已达6个世纪之久，从非洲跨过狭窄的直布罗陀海峡到达西班牙之后，他们在战无不胜的阿拉伯军队中处于最前端的位置。他所在的世界的文化中心位于科尔多瓦，那里不仅是伊斯兰世界的文化中心，也是世界性的文化中心。那里有17座图书馆，共藏有40万本书，在西欧，没有可与它相匹敌的文化中心。（西班牙基督教教区的学院，致力于从科尔多瓦和其他的安达卢西亚城市获取阿拉伯手稿，这些手稿包含大量伟大的古希腊和古罗马著作，之后那些学院派人将它们翻译为拉丁文。）

尽管新一轮将"摩尔人"赶出西班牙的斗争，加深了地中海地区两种对立宗教之间的裂痕，但是它们之间的差异通常还只是程度上的，甚至在像奴隶制这样的人类基本问题上，情况也是一样。除了在1224年的遗嘱中提到要给一个叫作彼得的鞑靼人以自由之外，马可·波罗从来没说过他拥有奴隶，然而他那"平静的共和国"几个世纪以来的繁荣，一直都建立在奴隶贸易的基础之上。威尼斯人将欧洲的战俘用船运送到亚历山大里亚，在那里他们被用来交换东方的丝绸和香料。在威尼斯的殖民地克里特岛还有一个活跃的奴隶市场，塞浦路斯也有一个，售卖从北非用船运到西班牙的奴隶，之后再用单层甲板的大帆船将奴隶运到地中海各地。[1]

伊本·白图泰很随意地讲起他的随从里总是有奴隶，还包括一个或者

---

[1] 关于地中海东部岛屿的奴隶制问题，参见查尔斯·韦尔兰当（Charles Verlinden）的《现代殖民主义的起点》（*The Beginnings of Modern Colonialism*）。

更多的侍妾。在土耳其旅行的时候，他事后想起评论他所经过的一个城市："在这座城里，我买了一个叫玛格丽特的希腊女奴。"由于她只是一个奴隶，他在书中就没有再提及玛格丽特。但是伊本·白图泰很照顾他的奴隶，当他乘坐的一艘船开始沉没的时候，他首先想到的就是他的两个侍妾。

伊本·白图泰21岁离开丹吉尔时，只是想去麦加朝圣。他不急不慌地游荡，穿越埃及、黎凡特、叙利亚、伊拉克、伊朗和阿拉伯半岛。穿越地中海时，他搭乘的是热那亚人的船，他还说热那亚船长是位好心人。他去麦加的短期旅行变成了两年多的停留，在那段时间他作为伊斯兰教法官的声望日盛。这个身份通过仪式化的宽大外衣和高帽显示出来，使得他的旅途变得更加容易，无论他选择在哪里停留，当地的穆斯林统治者和商人都对他格外尊重，并且殷勤关照。如果他到达的地方法官去世，或者当地人不喜欢他们的现任法官，伊本·白图泰有权自命为当地的法官。[1]

在他决定去辛吉之前，他主要是进行陆路旅行，并且只是去那些对于一个受过教育的年轻穆斯林来说不太危险的地方。从伊本·白图泰的个人经历来看，他很善于交朋友，但是在政治权谋方面不太擅长；他慷慨大方且富有雄心，他外在的虔诚与内在的私欲相互平衡。最重要的是，他是一个有冲劲的人，总是能被突然的激情所驱动，而进行一次长途海上航行、横跨印度洋前往一个遥远之地的决定，揭露出他的冒险天性。尽管到达非洲完全依靠地理学识，但是他将自己熙熙攘攘的出生地丹吉尔描绘为一个远离辛吉的地方。关于辛吉，则有许多可怕的传言。有时它被叫作"Sawahil al-Sudan"或者"Barr al-'Ajam"，意为外国人的土地。[2]

他到达非洲的第一次经历无疑是让他失望的。他从亚丁这个繁荣的港口出发到达对面一个叫作泽拉的城镇，这个城镇位于红海靠非洲之角的一

---

[1] 根据一些学者的估计，伊本·白图泰在麦加待的时间很短。在印度南部，他将会遇到一个在麦加学习了14年的索马里法理学家，后者在麦地那待了差不多相同的时间，而且曾旅行到过中国。
[2] 当伊本·白图泰拜访辛吉的时候，沿岸至少有100个穆斯林定居点。只有少数几个像马林迪、蒙巴萨、桑给巴尔和基尔瓦这样的港口，才能够停靠远洋航船。其他港口只能停泊近海船只。

侧。"它是一个大城镇,有一个巨大的市场,但它也是世界上最脏、最荒凉、气味最难闻的城镇。这种恶心的味道来自大量的鱼和在窄巷里被杀死的骆驼的血液。当我们到达那里的时候,尽管很困难,但是我们仍然更希望在海上过夜。"伊本·白图泰不喜欢那里的另一个理由是泽拉人是他所谓的"抛弃者",他们属于什叶派分支的一个异端派别。而伊本·白图泰是虔诚的逊尼派穆斯林,在麦加停留期间,他的信仰又得到了加强。他将泽拉人轻蔑地形容为柏培拉的"黑人"。(他们当然不会与伊本·白图泰所属的柏柏尔人相混淆,因为后者肤色浅,部分人还有蓝眼睛。)关于泽拉,伊本·白图泰还有一点没说,那就是泽拉是囚徒的聚集地,在与西边的基督教王国埃塞俄比亚不断的战争中获得的俘虏被带到泽拉,之后,他们从泽拉上船,作为奴隶被运往亚丁。

伊本·白图泰乘坐的单桅三角帆船很快从泽拉再度起航,向东进入印度洋,然后南下,沿着沙漠地带的海岸到达摩加迪沙,这次航程需要花费15天。对于一个拥有像他那样背景的人,摩加迪沙似乎也是一个相当残忍的地方,在那里,杀死骆驼、将肉提供给阿拉伯半岛是一个主要职业。(正如马可·波罗所说,在摩加迪沙被屠杀的骆驼数量太多,以至于不是亲眼所见根本无法相信。)

然而,这一次这位年轻的摩洛哥人很高兴登岸。他船上的一个同伴向走来兜售货物的小贩喊道:"这个人不是商人,是个学者。"这个消息传到了当地法官那里,他匆忙赶到岸边欢迎他们。因而,当伊本·白图泰登上岸的时候,他的埃及法官同仁给了他一个热情的拥抱。当地法官向他施以额手礼,认可了他的身份:"以真主的名义,让我们去向苏丹致敬。"

来访者即刻陷入一系列复杂的仪式中,其中一项是由一位宦官向他们身上洒大马士革玫瑰水。之后,伊本·白图泰被殷勤地请入"学者房"(阿拉伯港口的商人们则住在旅店里)。直到星期五在主清真寺祷告之后,伊本·白图泰才面见了苏丹。苏丹以传统的宫廷礼节接待他:"我们诚挚地欢迎你。你的到来令我们的国家感到光荣,并且给我们带来喜悦。"伊本·白图泰加入到从清真寺出发的正式的行进队伍里,并且他被致以最高规格的敬意,因为他可以穿着便鞋,与苏丹以及法官走在一起。鼓、喇叭和管乐开道，将他们引向会客室。会见苏丹的正规礼仪和也门的礼仪相同，即将一根食指放在地上，然后举起并指向头部，宣称"愿安拉保佑您的权力"。

摩加迪沙的其他仪式，与伊本·白图泰之前在旅途中见到的所有仪式都不同。当身穿精美的丝绸长袍、头戴绣花长头巾的苏丹走过来时，他的侍从还在苏丹的头顶上方擎着一个五彩华盖，华盖各角装饰着黄金的小鸟小雕像。对于一个拜访者来说，还有一个让人惊讶的地方，那就是摩加迪沙的男人不穿裤子，而是围着一块纱笼般的布料。（伊本·白图泰提到的许多社会习俗表明，摩加迪沙受到很强的印度或者印度尼西亚的影响。）但是20多年之后，当伊本·白图泰根据自己的回忆写作的时候，他头脑中最深刻的印象是摩加迪沙人的惊人食量。他能够回忆起每天送到学者房里的标准的一日三餐："他们的食物是盛在一个大的木盘里、用油烹饪过的米饭。"米饭上面有鸡肉、鱼肉、其他肉类和蔬菜。还有其他一些食物，比如与牛奶一起煮的青香蕉，腌制的辣椒、柠檬、青姜、杧果，这些东西都配米饭食用。伊本·白图泰估计一大群摩洛哥人也吃不下任何一个摩加迪沙人一口气就能吃掉的饭菜："摩加迪沙人都极其肥胖，都有大肚子。"

在离开非洲之角的沙漠国家之后不久，船穿过赤道：那段时期一度出现了一个可怕的灵异现象，有一些人们不认得的星座出现在了夜空中。伊本·白图泰不认为这值得记述："之后，我从摩加迪沙城起航，朝斯瓦希里进发，打算前往辛吉的一座城市——基尔瓦。"大三角帆在东北季风的吹拂下像波浪般翻腾，船接连不断地经过阿拉伯半岛居民建立的港口。外部世界只听说过像蒙巴萨、马林迪这少数几个地名。关于这次航行，埃及甚至有谣言说蒙巴萨被猴子占领了，那些猴子像士兵一样来回踱步。斯瓦希里海岸不在通往任何其他地方的航线上，所以学者一行人的造访对于该地的确罕见。

伊本·白图泰的兴趣在于基尔瓦，除了因为那时候基尔瓦在海岸地区名声很大之外，对非洲黄金贸易的好奇是激起他兴趣的主要原因。1324年，就是伊本·白图泰经过开罗的前一年，一位非洲皇帝到麦加朝圣，他携带了大量黄金，数量之多让阿拉伯世界震惊。这位统治者是曼萨·穆萨，他带着8000名战士、背着各种黄金制品的500名奴隶，以及100头驮着总量达50万盎司黄金的骆驼。他肆意挥霍，使得埃及金价下跌达10年之久。众所周知，他控制着撒哈拉沙漠南部的金矿，但是当时非洲的范围仍是个谜，对世界范围错误的认识，使得人们容易认为从辛吉出口的黄金与前者出自同一个来源。（事实上，西非的金矿距离津巴布韦十分遥远，但是在几乎长达两个世纪的时间里，人们对于这一情况都是不清楚的。）

伊本·白图泰拜访东非，也是出于对当地一位领袖邀请的回应。基尔瓦的苏丹哈桑·伊本·苏莱曼去过麦加，并且在阿拉伯半岛花了两年的时间学习"精神科学"。从遥远如辛吉这样的地方前去朝圣，可以赢得巨大的声望；而如果能将旅途中遇到的博学的陌生人邀请到自己的国家，这对于苏丹而言更是一种额外的荣耀。

当然，伊本·白图泰自己似乎也十分想去基尔瓦，他的心情焦虑而迫切，以致对旅途中停下来过夜的港口的描述十分混乱。他说那个港口是蒙巴萨，但是从他的描述"从海岸到达那里需要航行两天"来看，它显然不可能是蒙巴萨。他显然是把它和其他地方混淆了，可能是奔巴岛、桑给巴尔岛或者马菲亚岛。他记得岛上的居民主要以香蕉和鱼为食，从海岸带来的谷物扩充了食物种类。那儿的人对于建造木制清真寺很熟悉，在清真寺的每个门廊前都有井，以便于想进入清真寺的人可以洗脚，然后他们可以在特意准备好的条形席子上将脚擦干。

伊本·白图泰接着向南行进，穿过红树林沼泽掩映下的海岸地带，最后到达基尔瓦。他将它描述为"最美丽的城市之一，它的建筑也很典雅"[1]。在1331年初，当船驶入岛屿与大陆之间的海峡时，他第一次见到了这座城市。这是一个天然良港，各类船只都可以在这里抛锚或者驶上海滩。向远一些的地方眺望，会看到许多小岛，其间有一个叫作松戈·姆纳拉（Songo Mnara）的大定居点，它也在苏丹的统治之下。

基尔瓦的主城有许多防御堡垒，矗立在海面之上，直面大陆。许多房子紧密地建在一起，但是另外一些房子被花园和果园环绕。花园里种植了

---

[1] 在伊本·白图泰到访之前几个世纪，基尔瓦就已经是一座繁荣的城市。他没能想起当地可能由印度工匠建造的大清真寺，这可能是因为他一生之中拜访了太多令人景仰的地方了。

各种蔬菜，也有香蕉、石榴和无花果。在周边的果园里种植了柑橘、杧果和面包果。而唯一从大陆带来的食物几乎只有蜂蜜。

伊本·白图泰在2月到达基尔瓦，这时节不缺各色蔬菜，但是恰逢雨季，瓢泼大雨的场景令他印象深刻。他回忆说："当时暴雨倾盆。"然而，他的回忆也有完全不对的时候，因为他说整座城市都是用木头建成的。他到达那里的时候，情况绝对不是那样，因为200多年前岛上就有了第一座石制清真寺。之后，那座清真寺被一幢更宏伟的建筑所取代，它有5条走廊，以及用石柱支撑的穹顶，邻近的港口对此都很嫉妒，因为它们没有可与之匹敌的建筑。

在主城北边还有一座巨大的宫殿，它有许多房间和开放的庭院。[1]这座宫殿的特征之一是有一个环状游泳池。这座建筑设计上等，沿着缓慢下坡的地势而建造，直到悬崖的边上，悬崖下面，船只可以抛锚。这里是苏丹的家，伊本·白图泰一定在这里受到过款待。他可能用绘有菊花、牡丹、荷花的青花瓷餐具用餐。这里东方的器具进口数量巨大，以至于基尔瓦富有一些的居民将它们嵌在墙上作为装饰品。

基尔瓦城需要大量的非洲劳动力建造并且维护它。许多居民是辛吉人，"肤色深黑"，脸上刻有部落的标记；大多数人是奴隶。在繁忙的街道上也能见到一些其他国家的人，包括来访的商人和他们的仆从。出租给商人的住所一般靠近清真寺。但是，不是所有的商人都是穆斯林：有些是印度教徒，他们借助东北向的冬季季风，直接从印度越过海洋来到这里。他们来自古吉拉特的大港口坎贝，还有的来自马拉巴尔海岸更南边的贸易中心。除了布料和其他商品，他们的船也运载大米，因为大米的利润很高。

根据伊本·白图泰的说法，基尔瓦的苏丹一直热衷与大陆上的木里人进行"圣战"："他派全副武装的军队横扫辛吉人的土地。他向他们发动突然袭击并且获得战利品。"更坦率地说，苏丹哈桑·伊本·苏莱曼忙于劫掠奴隶，但是在奴隶制普遍盛行的时代，他的行为一点儿都不令人震惊。在

---

[1] 萨顿的《东非一千年》(*A Thousand Years of East Africa*)对胡苏尼·库布瓦（Husuni Kubwa）大宫殿进行了轴侧复原；毗邻的建筑胡苏尼·恩多哥（Husuni Ndogo）大楼可能是奴隶的临时禁闭处。

伊本·白图泰看来，苏丹又名阿布·马瓦希卜，意为礼物之父，他是一个对信仰真诚的人，因为他总是将突袭辛吉所获战利品的五分之一拿出来，交给拜访基尔瓦的谢里夫——先知的后人。由于对苏丹的慷慨深信不疑，远至伊拉克的谢里夫都来拜访他。"这位苏丹是一个非常谦逊的人，"伊本·白图泰总结说，"他与穷人坐在一起，和他们一起吃饭，并且尊重那些有信仰的人和先知的后人。"

伊本·白图泰选择不再去远至索法拉的地方冒险，因为有个商人告诉他，那还要向南航行几个星期。索法拉和马达加斯加（异教徒佤克佤克人之地）之间海域的气候变化不定，意味着他要冒无法赶上西南向季风返回赤道以北的风险。还有大洋南部旋风的危险。所以当季风改变的时候，伊本·白图泰没有犹豫，因为在一年中间的几个月里有暴风的可能性，他登上了另一条越过外海前往阿拉伯半岛的船只，从那里他绕道而行，继续前往印度。

1331年，伊本·白图泰旅行到东非，这是他进入印度洋文明舞台的第一次冒险，在几个世纪的空白之后，他将这片亲眼见证过的海岸样貌记述了下来。对于他来讲，这是他事业的转折点。从这时候起，在这个穆斯林的眼中，他一生的强烈愿望是发现下一座山以外是什么，下一座城镇之后是什么，穿过下一片海洋之后又有什么。这些经历使他成为前现代冒险家的老前辈。

8

在印度和中国的冒险

> 待在家里、靠在火炉旁边,满足于得到关于他自己国家消息的人,是无论如何也体会不到将生命历程分散到不同国家、寻找珍贵的第一手知识的人所能体味的人生乐趣。
>
> ——马苏第的《黄金草原》

伊本·白图泰的回忆录不同于其他人乏味的游记,这不仅是因为他有记录奇怪、异域或者荒谬故事的天赋,还因为在记述中他大胆地展露了自己的个性:有时候他虚张声势并且爱好自夸,有时候则既脆弱又优柔寡断,并且在面对随之而来的不幸时能自我嘲讽。6个世纪之后,他的著述从阿拉伯语被翻译成其他文字,他的个性在书中仍然被保留了下来。他表露自我本性的能力与一种天赋密切相关,这种天赋就是他能够用一两句话捕捉到其他人的习惯和风格。

对于在中国的贸易大船上生活的描述鲜明地展现了他叙事的技艺,并且他在航行去往印度洋港口时越来越多地描述了这样的生活。伊本·白图泰赞同马可·波罗对船上商人们感到高兴的事的描述,他也记述了相似的内容:"通常来讲,一个人住在一个隔间里,同船的其他人都不知道里面住的是谁,直到船在某个城镇停靠,这些人才彼此相见。"这些隔间包括几个房间和一个浴室,住在里边的人可以锁上房门,这样"他们就可以带上女奴和妻子"。伊本·白图泰对下甲板的生活也有一些描述:"水手们让他们的孩子生活在船上,他们在木桶里种植莴苣、姜和其他蔬菜。"

按照中国的习俗,管理这些有12个船桅和4个甲板的"巨兽"的重要人物不是船长,而是代表船主的总管。而按照伊本·白图泰的叙述,总管就像是"一个伟大的埃米尔",他登岸的时候,有弓箭手和全副武装的阿比西尼亚人打着鼓、吹着号角和喇叭开路。

14世纪中国船上有阿比西尼亚人的记述揭示了,那时候经常能看到来自非洲东部的人在商船上。伊本·白图泰在另一个地方提到,在整个印度洋阿比西尼亚人全副武装,在商船上主要是担当护卫,只要船上有一个阿比西尼亚护卫,就能将海盗吓跑。他还提到一个叫作巴德尔的阿比西尼亚奴隶,因为他在战争中表现异常英勇而被任命为一个印度城镇的总督:"他高大肥胖,曾经一顿饭吃掉一整只绵羊,并且我还听说,他吃完饭之后还会按照他家乡的习俗,喝一磅半酥油(醍醐)。"

14世纪阿拉伯商人在印度港口定居下来,而许多非洲人作为他们的随行人员也来到印度。其他人被运送到印度,作为宫殿护卫。还有一类人朝着反方向行进:来自印度西北部大港口坎贝的印度商人跨过印度洋,前往基尔瓦、桑给巴尔、亚丁和红海诸港口。

当伊本·白图泰到达印度的时候,古印度的文化已经支离破碎。整个印度次大陆处于中亚好战的突厥人的威胁之下,他们通过北部的山口和阿富汗山谷侵入印度。他们一个接着一个,摧毁了在行进途中见到的古代印度王国。然而,由于这些征服者是穆斯林,伊本·白图泰就有机会对这些跟他有同样宗教信仰,但却在具有辉煌文化的印度北部施以暴政的统治者的行为进行特别的记述。又由于他的主人不是阿拉伯人,伊本·白图泰可以客观冷静地审视他们。

到1333年,伊本·白图泰到达德里,当时德里的统治者是自诩为"世界的主人"的苏丹穆罕默德·伊本·图格鲁克。[1]他杀害了自己的父亲,夺取了权力,并且以不忠之罪让自己同父异母的兄弟身首异处。伊本·白图泰在德里与苏丹相处的那几年,多次面临与食人的老虎关到一个笼子里的威胁。

---

[1] 伊本·白图泰从波斯湾经由陆路抵达德里,但是他在到达印度之前拜访过的很多地方现在已无法确认。

在伊本·白图泰抵达德里之前不久，德里的人口因为苏丹的惩罚而减少。这是因为首都的居民对苏丹的统治怀有敌意，每天夜里都会将写满对他仇恨话语的字条团好，扔进他的会客厅里。穆罕默德感到极为愤怒，下令德里的人即刻离开，撤离到一个偏远之地。之后他颁布法令，让人大肆搜捕不遵守撤离命令的人。按照伊本·白图泰的说法，苏丹的奴隶"在街上找到两个人，一个瘸子和一个瞎子"。这两个人被带到苏丹面前，苏丹让人将瘸子绑起来，用点火的军用弹弓向他射击，直到将他烧死；让人将瞎子绑在马上，从德里一路拖行到40日行程之外的道拉特·阿巴德（Dawlat Abad）。"他在路上碎成一块一块，到达道拉特·阿巴德的时候，只剩下一条腿了。"

伊本·白图泰列举了很多苏丹对陌生人十分大方的例子，但是他并不打算因此而原谅苏丹野蛮的行径。苏丹有时候对自己的慷慨十分自得，而有时候他又似乎被自负冲昏了头脑，因为连他自己都承认，他开始鲁莽行事。当苏丹决定去狩猎的时候，伊本·白图泰也跟着去了，他雇佣了一大批随从，其中包括马夫、搬运工、贴身男仆以及送信人。很快，这位年轻的摩洛哥法官不停挥霍成为朝堂上的谈资。伊本·白图泰还厚颜无耻地讲到，"世界的主人"最后给了他3个大袋子，里边装着5.5万金第纳尔，用来替他还债。这可能也是苏丹弥补他的一种方式，因为伊本·白图泰到德里之后不久就娶了一位叫作胡尔纳萨伯的贵族妇女，而苏丹因为反叛罪处死的一位朝廷大臣就是这位贵族妇女的哥哥。

伊本·白图泰与苏丹不稳定的友谊，因为他和一位在德里郊区苦修、被称作"穴居者"的苏菲派禁欲主义伊玛目交往甚深而急转直下。苏丹不信任这位"穴居者"，还虐待他，最终用剑将他杀死。在这样做之前，他召见了伊本·白图泰，并且宣布："我任命你为大使，代表我去拜访中国的皇帝，因为我知道你热爱旅行。"伊本·白图泰当时处境艰难，于是很快接受了这个提议，他和苏丹都很高兴：很快就再也不用见到对方了。

出发之前，伊本·白图泰与刚刚给他生了一个女儿的胡尔纳萨伯离婚了。很明显，与带领庄严的探险队跨越海洋和陆地的任务比起来，家庭生活对于伊本·白图泰不算什么。不久以前，15位使者从中国的大汗那里返回德里，带回了大量礼物，包括100个奴隶、大量的丝绸与天鹅绒布料、饰以珠宝的服装，以及各种各样的武器。苏丹不想输给中国的大汗，所以准备了大量回礼，包括100名白人奴隶、100个印度舞女、100匹马、15个宦官、金银大烛台、锦缎长袍，以及无数其他宝物。与伊本·白图泰同行的使者里有一个博学的人，叫作查希尔·阿丁，还有苏丹最喜欢的一位宦官——斟酒人卡富尔。有1000个骑兵护送他们前往印度西海岸登船的地方。

这支队伍包括15个中国使者和他们的仆从，他们刚走了几天，就到了一个正被"异教徒"袭击的城镇，这些"异教徒"是苏丹的敌人印度教徒。伊本·白图泰和他的同僚们决定用他们的护送部队发起突袭。尽管可能有自吹的成分，但是他们的确大胜了一场，异教徒的队伍被分成数段。然而，一个重要损失是主要负责照管送给中国皇帝礼物的宦官卡富尔身亡。一位信使被派往德里，告诉苏丹他们的遭遇。

与此同时，伊本·白图泰在与敌人的一系列小规模战斗中被俘，接着，灾难降临到他身上。他与他的骑兵部队分离开来，被印度人追击，他丢了马，藏在一个山谷下面，很快就被抓住了。他所有值钱的衣物和武器都被抢走了，包括一柄金鞘宝剑，他以为自己马上就会被杀死。

就在这个紧要时刻，一个年轻人帮助他逃跑，从那时起，伊本·白图泰对于他苦难的记述就带上了一层梦幻的色彩。他浑浑噩噩地穿过被毁坏的村庄，吃浆果、找水源。他在棉花地和废弃的房屋里藏身。在一个房子里，他找到一个用来储存谷物的大坛子，他从坛子底部的破洞爬进坛子藏身。坛子里有一些稻草和一块石头，他将那块石头当作枕头。"坛子顶端有一只小鸟，整个晚上都在振动翅膀。我猜它一定是吓坏了，我们是一对受惊了的可怜儿。"

经历了8天的游荡，伊本·白图泰找到一口井，有一根绳子搭在井边。为了缓解口渴，他把围在头上挡太阳的布解下来，系在井绳上，然后将井绳下到井里。之后，他用力拧从井里拽上来的布，以便喝到布里的水。然而，干渴还是折磨着他。他接着把一只鞋系在井绳上，用来盛装从井里提上来的水，在第二次尝试的时候，他丢了一只鞋，但是他很快又用另外一只鞋做同样的尝试。

在这个悲惨的时刻,一个"黑皮肤的人"出现在他身边,并且向他施以穆斯林之间的日常问候"愿安拉赐你平安"。他很快就得到了救助:这个陌生人不仅从随身背的包袱里取出食物给他吃,用水壶从井里打水给他喝,甚至还在伊本·白图泰崩溃的时候背着他。将他安置在一个穆斯林村庄附近之后,这个神秘人就消失了。

在重新加入同伴的行列之后,伊本·白图泰恢复了使者的身份,他获悉苏丹派遣了另一个他信任的宦官取代不幸的卡富尔。之后,队伍朝着海岸继续前进。这时候,一切相对平静,伊本·白图泰有时间研究印度瑜伽修行者的行为。他们令伊本·白图泰震惊的程度就像他们当年让马可·波罗震惊的程度一样:"这些人可以做不可思议的事情。他们当中有一个人能几个月不吃不喝,许多人能躺在地下长达几个月,只需要在地上挖几个小孔供他们呼吸,我听说他们当中有一个人能那样待一年。"

一个城市接着一个城市,他们一路前行,到达大港口坎贝附近的海岸,在那里登船。[1]船只一路向南,停靠过很多马可·波罗在半个世纪以前曾到访过的港口。其中之一叫作西里(Hili),伊本·白图泰说它是"从中国乘船所及的最远城镇"。他补充说,它位于大船能驶进的河流入口处;他的威尼斯前辈将这个港口描述为位于"一条拥有优良河口的大河"边上。

在这次航程的终点,苏丹前往中国的使命,以及所有的奴隶、宦官、马匹,都要被转移到大船上。这些船只将朝东南方向航行,前往苏门答腊岛,之后再向北前往泉州。泉州港位于中国的东南海岸,大多数外国船只都在那里卸货。一般而言,换乘去中国的船只的地点是卡利卡特,那是40年前建立的港口,在整个马拉巴尔海岸的胡椒出口贸易中占据主要地位。那里用于贸易的大多数胡椒和其他香料销往欧洲。

卡利卡特意为"公鸡堡垒",它注定要在印度洋的历史中扮演核心角色。这个特有的名字会成为一个有趣的挑战,因为它与印度的财富几乎是同义词。当伊本·白图泰的船队驶入卡利卡特港时,他发现港口里停泊着

---

[1] 从德里出发,距离印度洋最近的港口是西南方向距离它300英里的坎贝。

13艘大船。还有许多小一些的中国船只，因为每艘大船在海上航行时都需要小一些的船只提供补给和护卫。他需要在这里停留3个月，以等待适合他们航行方向的季风出现，他将利用这段时间学习关于这个地方他所能了解的一切。

卡利卡特的统治者是一位老者，他"按照希腊风俗"留着四方胡子，并拥有世袭皇家头衔"扎莫林"，意思是"海洋之王"。在商人和船长这两个群体中，卡利卡特变得越来越受欢迎，原因之一是当船只在扎莫林控制下的任何地方失事时，船上的货物会被认真保护并且储存起来，以便于到时候返还给货物所有者；而几乎在其他任何沿海地区，货物都会被当地统治者以征用之名洗劫一空。"海洋之王"是印度教徒，不是穆斯林，但是他给苏丹穆罕默德的所有使臣提供食宿。[1]当季风开始向南吹的时候，就是他们登上能将他们都容纳下的大船的时候。

然而，一场例示印度洋航程危险的灾难即将发生。伊本·白图泰坚持要求航行中的个人舒适，这使得他侥幸逃脱了一场灾难。他之前跟大船的指挥说："我想要一个独立的房间，因为我要和我的女奴在一起，这是我的习惯，我在旅程中不能没有她们。"但是中国商人已经将所有的好房间选走了，所以伊本·白图泰决定和他的随从们转去大船的补给船上居住。

当暴风雨变得猛烈的时候，停在海岸附近的大船正要起航。大船在黑暗中被抛向海岸，所有人都淹死了，其中也包括博学的查希尔·阿丁，以及第二个被派来照管送给中国皇帝礼物的宦官。

因为想要在出发之前最后去一下当地的清真寺，伊本·白图泰延迟了登上补给船的时间，所以他成为暴风雨之后出去的那些人之中的一个，而当他回来的时候，发现海滩上遍布尸体。补给船通过缩帆和驶离海岸的方法逃过了灾难，却将伊本·白图泰留在了岸上，并且把他所有的奴隶和货物都带走了（这是他在记述中第一次提到货物）。他只有一个刚刚被他释放的奴隶、一张可以睡觉的地毯和十第纳尔。至于这个刚被他释放的奴隶，"当他看到我的状况之后，他也遗弃了我"。

---

[1] 来自阿拉伯半岛和埃及的穆斯林商人已经成为扎莫林王权背后的力量。

这支前往中国的探险队伍开始于盛况,却结束于废墟。伊本·白图泰首先想到返回德里,之后他想到半疯的苏丹可能会将大灾难的怒气发泄到他身上,所以怀着对他的奴隶和货物的忧心,他向南行进,前往奎隆港,他估计补给船会在那里集合。他的行程大部分靠水路,他雇佣了一个当地穆斯林在路上帮助他。但是每天夜里他的新仆人都会上岸,"与异教徒一起喝酒",而且他的吵嚷声令伊本·白图泰极为愤怒。

尽管失去了大量财富,但是伊本·白图泰仍努力关注周边发生的事,例如一个山顶小镇完全被犹太人占据了。[1]但是当他10天后到达奎隆的时候,他并没有发现期待的船只的踪迹,所以他被迫靠施舍过活。和他一起从德里出发的中国使臣的状况和他如出一辙:他们也遇到了海难,穿着城里中国商人给他们的衣服。

伊本·白图泰没有同胞可以求助,对于如何摆脱乞讨的状态他不知所措。他弄丢了作为苏丹大使的国书,而给中国大汗的所有礼物要么沉入海底要么四散不见。作为一个伊斯兰教的教法官,他有权让伊斯兰国家的统治者殷勤招待他,但是没有常规的随行奴隶,没有得体的衣物及其他象征地位的标志,他很难赢得尊重。最后,他决定到海岸更北方的希瑙尔港(Hinawr)碰碰运气:"一到希瑙尔,我就去拜见苏丹,并向他致敬,他给我提供了住处,但是没有安排仆人。"

这真是残酷的羞辱,但是希瑙尔的统治者每次去清真寺的时候都会带上伊本·白图泰,并且要求他背诵《古兰经》。"大多数时候我都待在清真寺,每天都读一遍《古兰经》,之后一天读两遍。"看起来,他急需安拉的帮助。

当苏丹决定对桑达布尔(Sandabur,后来称为果阿)的印度统治者发起护教战争的时候,情况发生了好转。伊本·白图泰随机打开《古兰经》,寻找真主的预兆,发现他翻到的那一页最上边的一句话,以"真主会帮助那些帮助他的人"结尾。尽管不是一个天生的战士,但是这句话使他确信,他应该为讨伐异教徒的战争贡献自己的力量。经过一场短暂而激烈的海上突袭,他们向敌人投射着火的炮弹,占据了敌方的宫殿:"真主将胜利赐

---

[1] 图德拉的拉比本哈明说,马拉巴尔的犹太人数量少而且是黑人。

予穆斯林。"

伊本·白图泰展现了他的勇气。他的运气又好了起来。在返回卡利卡特的途中，他甚至能够冷静地回应由他的两个奴隶带来的消息，那些奴隶在暴风雨灾难中随补给船离开了，他们带来的消息是船只安全地抵达了苏门答腊岛，但是一个当地的统治者抢走了他的奴隶（除了上述两个奴隶），他的货物也被偷走了。所有活下来的、曾和伊本·白图泰一起远航的人都四散漂泊，有的在苏门答腊岛，有的在孟加拉，其余的在前往中国的路上。最糟糕的消息莫过于一个即将要生下他的孩子的女奴死了，而由另一个女奴生下来的孩子，死在了德里。

经历了这一系列灾难之后，伊本·白图泰很多年都不再有去中国的想法。他转而漫无目的地在印度南部和锡兰旅行，在各个穆斯林、印度教徒、佛教徒统治者那里寻找机会。他对陆地和海上各种不受法律约束的情况，以及男人、女人和孩子们所遭受的残酷待遇感到厌恶。但是这种生活方式给有他这样经历的人提供了很多机会，加上他又身负才华，他随时都有可能抓住机遇。

有时，他面对的几乎是上门邀请的机会，就像他在拜访从印度大陆出发，向西南方向航行几天的马尔代夫群岛时的状况。这里有数以百计露出海面的珊瑚礁岩石，到处是棕榈树和沙滩，这种景致可能让他想起非洲海岸的岛屿。马尔代夫是繁荣的，部分原因是这里有似乎取之不尽的货贝，它们就躺在距离沙滩不远的浅水里：许多世纪以来，这些贝类被出口到中国北部，被当作货币使用，也朝相反的方向运送到非洲，用作相同的目的。[1]

伊斯兰教在这里并没有很深的根基，它是由一位从波斯来的旅行者在1153年引入的，在此之前，当地人信仰印度教或者佛教。伊本·白图泰说他刚到这里时努力隐藏自己的身份，他担心当地的统治者会因为缺少有资

---

[1] 在伊本·白图泰所处的时代，马尔代夫大概有20万人，他们主要以苏丹控制的货贝业为生。14世纪，马尔代夫的货贝已经通过黎凡特到达西非。詹姆斯·海曼（James Heimann）曾经在《南亚》（*South Asia*, January 1980）这本书中充分讨论过它们"布罗代尔式的"意义。

格的伊斯兰教法官而将他留下，不再愿意放他离开。他很快发现，他担心的事情还是发生了："一些好管闲事的人写信告诉他们我的情况，说我曾是德里的伊斯兰教法官。"事实上，我们不得不怀疑，伊本·白图泰其实极其想要为当地统治者服务。

马尔代夫的主要大臣和其他贵族很快就给他送了礼物，它们包括两个年轻的女奴、丝绸长袍、一小箱珠宝、五只绵羊和十万货贝。很快，这位被视若珍宝的摩洛哥人发现自己经馈赠而得来的妻子，来自那些敌对的权贵家族。他接受了四个，这是一个好穆斯林在任何一个时期能娶的妻子的数目上限。他在马尔代夫的八个月里，一共拥有过六个妻子。这完全是依照当地岛民的习俗："当船到达的时候，船员们就娶当地人为妻，当他们要起航离开的时候，就和她们离婚。这真是极其短暂的婚姻。"

几乎没有别的选择，伊本·白图泰很快穿上长袍，成为马尔代夫群岛的大法官，开始做一个法官该做的事。他对于伊斯兰教法的解释比随和的岛民遵守过的任何法律都要严苛。当他宣判砍掉一个窃贼的一只手时，几个当地人在法庭上晕了过去。任何人如果被发现缺席星期五的祷告，都会被打，并且游街示众。丈夫如果仍与前妻同居直至她们再次嫁人，也要挨打。这位严苛的新法官制定的法令只有一条难以执行：他试图阻止妇女在街上行走时袒胸露乳，"但是我没有成功"。

如果伊本·白图泰故意让自己不得人心，并且挑起敌对者的内讧，他就可以成功地离开这里。当他以通奸罪判处苏丹的一名非洲奴隶挨打时，机会终于来了，苏丹的首席大臣恳请他撤回判决，而他公开拒绝了这一要求。即便这样，也没有去除所有使他无法离开的障碍，因为人们怀疑如果让他回到印度大陆，他会煽动那里的潜在敌人入侵这座岛屿。（这种担忧是合理的，因为伊本·白图泰承认或者不如说他吹嘘，他曾专意密谋过类似的进攻，而且后来几近成功。）最终，他在情绪冷静之后同意到各岛屿做一次旅行。然后，他与首席大臣告别："他拥抱了我，流了很多眼泪，都滴到了我的脚上。"

在马尔代夫群岛的悠闲旅行给了这位心烦意乱的法官足够多的时间，去收集幸存下来的最早描述这些岛屿情况的材料。最后，他到达了一个小岛，小岛上只有一座房子，房子的主人是一个织布匠：

> 他有一个妻子和几个子女、几棵椰子树和一艘经常用于捕鱼的船，他也用这艘船去往任何他想去的岛屿。他所在的这座岛上还有一些香蕉树，但是在这座岛上我们没有看到陆地鸟类，只有两只乌鸦在我们刚到的时候向我们飞过来，并且在我们船的上空盘旋。我有点羡慕那个人，希望这座岛屿属于我，这样就可以在不可避免的灾难降临到我身上时撤退到这里。

伊本·白图泰最终还是从马尔代夫逃走了，在此之前，他与四个妻子离婚了（其中一个当时还怀孕了）。但是，他离开时带上了他的奴隶。他的船偏离了航道，进入了锡兰的海港，而不是到达印度的海岸。所以他利用这个机会收集锡兰的信息，他发现最重要的信息是大城镇科伦坡最有权力的人是一个名叫亚拉斯蒂的海盗，他有一支由五百个阿比西尼亚雇佣兵组成的军队。

到处游历的伊本·白图泰对亚当峰很感兴趣，它是穆斯林、佛教徒和基督徒的朝圣之地。该山山顶有一个凹坑，据称是人类始祖的足迹。想要到达那里，朝圣者必须要借助固定在岩石上的铁链，攀上陡峭的阶梯。马可·波罗也描述过亚当峰，但是伊本·白图泰关于拼命登顶的描述则更具有戏剧性。当他从山顶透过云层俯视的时候，他看到锡兰郁郁葱葱的草木，遂想起自己离开家乡摩洛哥已有将近二十年了，但是他距离最终的目的地中国还十分遥远，只走了全部路程的一半多一点。对于那个远在德里、自封为"世界的主人"的疯狂苏丹，他还有挥之不去的使命感。

伊本·白图泰选择的去中国的路线十分曲折。首先，他到达印度的东海岸，在那里一度险些遭遇海难，之后他还冒险营救他的女奴。他甚至胆敢回到马尔代夫群岛，想把他与前妻所生的两岁儿子带走，但是他很快想到了比那更好的主意，他航行去了孟加拉——一个"阴郁的"国家，那儿的食物很便宜。接着，他去往阿萨姆面见一位圣人，然后到达苏门答腊，他和当地的穆斯林统治者相处得很愉快，远比马可·波罗在这个岛上与当地统治者相处得融洽。最终,他到达了泉州港,并且立即幸运地遇到了一位当初代表大汗、带着礼物出访德里的中国使者。

尽管伊本·白图泰努力表示他立刻就被升任为访问大使,以很高的礼仪规格被接待,前去觐见北京的大汗,但是伊本·白图泰这一部分的回忆录仍然要比其他部分缺少生气。他承认他没有见到蒙古的统治者,说那是由于一场遍及中国北方的大起义。虽然如此,但他还是能够令人信服地记述了一场被废黜的君主的葬礼:有100个亲朋好友参加了葬礼,并以一个可怕的场景作为葬礼的尾声——马被屠杀,并被吊在坟墓上方的木桩上。[1]

中国的奇观给伊本·白图泰持续不断地带来了惊奇,但是与马可·波罗不同,他并不喜欢中国的生活:"无论何时我走出自己的房间,总是能看到一大堆我不赞同的事情,这些事情让我十分困扰,以至于我总是待在屋里,只有不得不出门的时候才出去。当我在中国见到穆斯林的时候,我总是觉得终于见到了拥有相同信仰的同胞。"他感到不自在的最重要的原因,在于他当时完全处于伊斯兰世界之外,并且发现在这个显然是当时世界上最强大的国家,"异端力量竟如此强大"。

当他在福州见到一个从休达来的穆斯林医生的时候,他十分激动。休达是地中海沿岸的一个港口,距离他的出生地丹吉尔只有几英里。在遥远的世界另一端相逢,这两个人都落泪了。这个医生在中国获得了成功:"他告诉我,他有大概50个白人奴隶和相同数量的女奴,他送给我2个白人奴隶和2个女奴,还有很多其他礼物。"几年后,伊本·白图泰在西非遇见了这个医生的兄弟。

伊本·白图泰从中国乘船,安全地返回了卡利卡特,在那里他面临一个棘手的选择。他一度觉得自己有责任回到德里,向苏丹报告发生的一切,之后这个想法变得让他害怕:"我又仔细考虑了一下,觉得这样做十分危险,

---

[1] 伊本·白图泰对于中国的粗略记录已经使一些评论者暗示,像他们对马可·波罗的怀疑一样,他们也认为伊本·白图泰从未抵达过中国。但是他对一些个人事件的描述却又是真实的。他看完一场中国魔术之后,心跳不止,以至于他的朋友不得不鼓励他,告诉他不必害怕:"我以神的名义起誓,你看到的那些爬上爬下或者砍掉四肢的事情都不是真的。那只是戏法。"

所以我再次登船，经过了28天的航行，到达佐法尔。"这个地方位于他熟悉的阿拉伯半岛的地域。从佐法尔他取道霍尔木兹、巴格达和大马士革（他又绕道去麦加进行了第二次朝圣），开启了回乡的旅程。

在他抵达丹吉尔前不久，他守寡多年的母亲死于黑死病[1]。在他远行的25年间，摩洛哥发生了太多变化，而该地的大多数人也已经忘记了这个饱经风霜的伊斯兰教法官。直布罗陀海峡对岸发生的事让人内心焦灼，因为在主宰西班牙南部地区700年之后，伊斯兰势力正一步一步地失去它的控制力。

伊本·白图泰似乎对于接下来该做什么感到迷茫，他跨过地中海去了欧洲，暂时加入到讨伐不断前进的西班牙异教徒的战争中。他在那里过得并不开心：在一次意外中，他在一座叫作马贝拉的"漂亮小镇"差点儿被基督教恶棍俘获。他很快回到了安全的摩洛哥，决定最后再冒一次险。他穿过撒哈拉沙漠，沿着罗马时代柏柏尔人的先辈开辟的贸易线路南下。

他又旅行了两年（1352—1353年），骑着骆驼、驴子或者步行，行程达数千英里，到访了马里和其他强大的西非国家。25年前，传说中的曼萨·穆萨就是从这里出发，带着他的巨大财富震惊埃及。这里曾经是伊斯兰教的势力范围，但是它明显不同于20年前伊本·白图泰在非洲靠印度洋一侧所拜访过的城市。在那里，统治者是阿拉伯人，他们统治的是非洲人，但是坚守的文化却不是非洲本土的。而在西非，文化是土生土长的，统治者使伊斯兰教适应他们的传统。

他对西非的富有感到震惊，通过在尼日尔河拐弯处的廷巴克图获得的学识，他知道那个时候西非是世界上最大的黄金产地。[2] 他评论道："非洲人拥有一些可敬的品质。他们大多数时候都比较公正，并且比任何其他人都更加憎恨不公正……在他们的国家十分安全。无论是到这里的旅行者还

---

[1] 14世纪下半叶，黑死病（即流行性淋巴腺鼠疫）在欧洲杀死了超过三分之一的人口——4000多万人。来自黑海的热那亚船只在意大利南部卸货的时候，将黑死病带到了地中海。
[2] 许多阿拉伯人在西非定居。来自格拉纳达的著名诗人阿布·伊斯哈格·萨赫利（Abu Ishaq al-Sahili）死后被葬在了廷巴克图。伊本·白图泰在马拉喀什城去世，此城被城墙环绕，位于通往马里的商路上，但是它的建筑与西班牙南部相似。

是定居者，都不需要担心有抢匪和暴徒。"

不幸的是，他对于非洲的地理结论错得离谱，因为他认为尼日尔河向东流向廷巴克图，之后就变为他在埃及见到的向北流淌的尼罗河。（这个错误是依照了12世纪的作家伊德里西和许多其他阿拉伯地理学家的理论，他们认为存在一条发源于大西洋方向的"西尼罗河"。）伊本·白图泰甚至可能认为尼罗河还汇入了赞比西河。回忆他在东非的经历时，他说索法拉距离黄金产地尤菲（Yufi）有1个月的路程。在描述他所认为的尼罗河流经的线路时，他说："它从木里流向最大的黑人国家之一尤菲，尤菲的统治者是整个地区最大的国王。"

他接着说："任何白人都无法到访尤菲，因为他们会在到达那里之前被杀死。"既然伊本·白图泰认为他自己无论在肤色还是文化上都是"白的"，这就解释了他为什么没能到访金矿，这个话题引发诸多猜测。

当伊本·白图泰最终从西非返回摩洛哥的首都菲斯的时候，他可以宣称他到访过全世界所有穆斯林统治或者定居的地方。宫廷中有许多人坚持认为，一个人不可能到过那么远的地方旅行，并且在经历了那么多的危险之后还能幸存下来。这些争论因为苏丹首席大臣的证明而平息下来。这位大臣曾经派给伊本·白图泰几个书记员，他可以随自己的意愿向他们口述自己的经历。这位大臣还派给他一个叫作穆罕默德·伊本·朱扎伊的年轻宫廷书记员。对自己不多的海外旅行经历感到骄傲的伊本·朱扎伊，怀着钦佩的心情，写下了对他的年长主事的评价："任何一个聪明人都会承认，这位谢赫是一代旅行大家。"

这位年迈的冒险家住在宫殿附近，筛选他的回忆，并让书记员记录他的口述，他们花费了将近3年的时间才把回忆录整理完。有时候，伊本·白图泰支支吾吾，记不清有些人的名字和地名了，但是他仍能清楚地回忆起在印度的经历，他记得那里的女人尤其美丽，并且她们"以交际魅力而闻名"。伊本·白图泰最后被派往摩洛哥一个不知名的城镇做立法者。据说他在1377年死于古城马拉喀什，享年73岁，除此之外，就再没有关于他的记录了。

那时候，他和马可·波罗曾经游历过的那些遥远国度发生了一个天翻地覆的变化。大汗不再是大汗了，蒙古人在中国的统治结束之快，就如同它开始的时候那样迅疾。13世纪中叶，蒙古骑兵以无法抵御之势席卷亚洲和大部分的欧洲地区，而此时他们则从世界舞台上销声匿迹了。明朝取得了"中央之国"的政权，在接下来的300年里掌握了它的统治权。

9

三宝太监的无敌舰队

> 您的中国主人问候您,并且建议您恰当行事。
>
> ——中国使节向亚丁苏丹的致辞,1420年

  中国历史上最引人瞩目的一次海军力量的展示得益于一个非凡的人物,他就是明朝下西洋总兵正使郑和。他的同时代人说他英俊高大、身体健壮、眼神锐利、耳垂宽大、"声如洪钟",而且郑和还是一个太监,他们称他为三保太监(或者更正式地讲是三宝太监,这个称号来源于佛教,意为"佛教徒虔诚皈依的对象")。

  1371年,他出生在中国西南省份云南的昆阳州。昆阳距离海洋很遥远,但是据说他的家族原来居于更遥远的地方——长城之外的中亚地区,他们是随蒙古人来到了云南。而且,很重要的一点是他的父亲和祖父都是穆斯林,他们都去过麦加朝圣,在那个时代这是一个壮举。他的家族姓氏是马,这在中国的穆斯林中是一个很常见的姓氏,他有一个哥哥和四个姐妹。他出生的时候,蒙古人还控制着云南,但是在1382年,他们最终被明朝洪武皇帝的军队赶了出去。

  马氏家族这个11岁男孩的人生转折点也由此而来。一个拜访云南的将军因为他相貌堂堂又很聪明而选了他,将他带到之后成为中国首都的南京。一到南京,他就被派给燕王做男侍从,而燕王就是后来的永乐皇帝。他被赐姓郑,并且被阉割。

  中国的统治者将太监作为私人随从是一种传统,这可以追溯到最早期的帝国。起初,只有罪犯被阉割,然后他们被派到宫廷去当差,这叫作宫刑,是宫廷中的一种惩罚。渐渐地,这种惩罚的耻辱性质消失不见了。

人们发现宦官极其忠诚，从来没有密谋建立自己王朝的嫌疑，他们将所有的精力都用来完成安排给他们的任务。地位卑微的太监最平常的工作就是充当"闺房守卫者"。有时候，地位更高的朝臣和皇帝的亲信也要被阉割，以排除他们与后宫嫔妃有染的可能性。

在永乐皇帝的统治时期，宦官的权势最盛，在1403年帮助皇帝密谋夺取皇位的过程中，宦官起到了决定性的作用。他们要比传统的地下党派和儒家官员在宫廷里更能说上话。而在这些宦官中，没有人比郑和更有影响力。他在35岁左右的时候，由于成功镇压了家乡省份的一次反叛，而成为长江边南京卫戍部队的高级长官。

当永乐皇帝决定实施讨论了很长时间的、去印度洋进行一次海上冒险的计划时，他想到了郑和，郑和的宗教信仰使他成为一个天然人选，因为许多环印度洋的"野蛮人的"国家，普遍遵从"天房"（即麦加的克尔白）的仪式。起初，郑和只是假装被派去寻找被废黜的惠帝，但是很快他就不那么做了。中国人主要是为了给他们的大工场生产的剩余产品寻找市场。[1]

在郑和被指任为第一次远航的头领之前，对于他是否曾经做过海军指挥官，我们并不清楚。也许他见识过中国海军与重创中国商船的日本海盗的海战。沿海防御舰队的船只装载着受过训练的战士，他们登上海盗的船只，将海盗杀死。即便郑和不是航海家，他也必定了解海军的活动，因为南京离海很近。他们用了几十年的时间，付出了巨大的努力，建造起中国的舰队。

之前明太祖曾下令在南京靠内陆多山的一面种植几百万棵树，以供给造船所需。到了永乐皇帝统治的时候，帝国海军包括400艘停泊在南京的船只，2800艘沿海防御船，一支由3000艘船只构成的强大运输舰队，以及250艘"宝船"，它们是中国科技的展示品。尽管蒙古统治者能够集合4400艘船只，在一个世纪之前对日本进行了一次失败的进攻，也聚集了1000艘船只，对爪哇发动了一次惩罚性的远征，但是如果将这些船只放在此时排列整齐的三宝太监的船队旁边，它们中的大多数会显得微不足道。

---

[1] 除了瓷器，郑和的舰队运到印度洋用以压舱的主要贸易货物是丝绸。随后，大部分丝绸都被运往威尼斯和其他地中海城市。

带着皇帝的法令，郑和大胆尝试，开始为他的第一次远航（总共有7次远航）做准备，这将成为他整个职业生涯的一大特点。1405年，船队在长江入口附近的龙江关（之后在刘家港正式起航）集合，在接下来的25年里，这成为远航的固定模式。重达500多吨的雄伟"宝船"，每艘可载数百人，它们扬起12张船帆，在风的吹动下向前航行。这些船有"纯和""永安""安渡"之类的名字。[1] 它们满帆前行，如同"游龙"。这些船只是浮动的要塞，它们的船员配备有装满火药的"火箭"，他们还带着发射石头用的大口径短枪。1350年，中国人也已经发明了射石炮，即"一种不可思议的长程武器、令人畏惧的加农炮"，尽管海军并没有充分重视这些武器。

每一次远航的大船数量从40艘到100余艘不等，并且每艘大船都有好几艘补给船。这支下西洋的无敌舰队是那个时代的奇迹。这些船载有医生、会计、译员、学者、圣人、占星师、商人和各种工匠：在7次远航的大多数情况下，郑和统帅多达3万的人和300艘各式船只。他们使用旗帜、鼓、灯笼在船队中传递信息。为了弄清方位和路线，他们使用雕刻在黑檀木上的"星盘"研究星象，进行校准。

整支船队在护航船的保卫下航行，因而最慢的船只决定了航行速度，尽管在风速不足的情况下使用巨桨，但是整支船队的速度通常不超过1天50英里。[2] 由于担心"野蛮人"的国家缺少物资，船队携带的大米和其他食物数量充足，足以维持一年。船舱里的大坛子装满了洁净的饮用水。出于一种强烈的骄傲感，在国外，中国人从来不嫌麻烦，携带一切所需。

起初，三宝太监没有到比锡兰、马拉巴尔和印度南部的科罗曼德尔海岸更远的地方冒险，他派他的大舰队进入卡利卡特和奎隆这样的港口，对于这些地方中国商人经过一个世纪的时间已很熟悉。那个时候，印度南部的胡椒海港卡利卡特（中国人称之为古里）被认为是"西方海域"最重要

---

[1] 1962年，人们在南京附近发现了郑和船只的一个舵。这个舵高20英尺，舵柱高36英尺。参见李约瑟的《中国科学技术史》（*Science and Civilisation in China*）。
[2] 大舰队的平均速度是6节多一点。中国的距离度量单位是"里"，最初1里等于四分之一英里，到15世纪，"里"的度量被标准化，固定为近似五分之二英里。

的商业中心；当卡利卡特的大使在1405年去往南京的时候，它的统治者扎莫林被授予一个中国封号。郑和船队对这个繁荣城市的关注，证明了他远航背后的商业目的。

几乎没有什么世俗的理由去拜访当地的统治者。1409年，中国人入侵锡兰，直入它的首都山城康提，俘获了它的僧伽罗国王毗罗·阿罗吉湿婆罗、王后和宫廷里的其他一些人。这是对几年前锡兰国王拒绝向中国皇帝交出珍贵的佛陀佛牙舍利的惩罚。蒙古的忽必烈汗也曾试图取得那颗牙齿，但是没有成功。僧伽罗国王和其他俘虏被带回中国作为人质，他们在中国待了五年（尽管郑和从未找到过那颗神圣的牙齿）。提醒我们在这次航行中还存在这样一段暴力插曲的是一块遗留在加勒的石碑，上面刻着三种文字——中文、泰米尔文、波斯文，分别用于赞颂佛教、印度教和伊斯兰教。

劫持人质的消息必定很快就沿着印度洋的商路传开，以确保其他地方的统治者识时务地臣服并且上交贡物，而这么做本身就等于他们承认中国皇帝是这块地域的最高统治者。在与外国人打交道时，从北京来的使臣有时难以掩饰他们自身的优越感。一位在亚丁登陆的中国使臣，在一开始面见苏丹时没有按照当地的习俗亲吻土地。阿拉伯人认为这种行为是对他们的侮辱；而在中国人看来，亚丁人"骄横傲慢"。

然而，对于外国君主而言，中国的回礼比他们给中国皇帝的贡物和对其优越地位的承认所要付出的一切丰厚得多。他们可能会被邀请派遣使者前往中国，这些使者会登上其中一艘大宝船；在适当的时候，这些使者会搭船回来，带着比从他们这里带走的东西珍贵得多的礼物返回，以便向他们的祖国传达中国国力强盛的真实信息。一道帝国法令如此解释："他们出于对我们文明的敬意而来到这里。"他们带来的礼物被视作贡物，是归顺的一种证明。

但如果说这是帝国主义，它的非永久属性一定令人感到非常奇怪。尽管郑和有时候会派实施惩罚任务的队伍上岸，其中一次就是派人在索马里的摩加迪沙登岸，去教训它的野蛮苏丹，但是他从来没有在任何地方建立永久的驻防要塞。[1]每次远航结束，整支船队就会掉头向东，通过马六甲海峡返回，然后向北航行，穿过东亚的熟悉水域，最终在南京的母港抛锚。

载有印度洋国家使臣的宝船叫作"星槎"（Star Rafts），这个词语出自费信的一本记述远航的书——《星槎胜览》[2]（Triumphant Sights from the Star Raft）。而这种说法又来自一个可以追溯到12世纪的传统信仰，这种信仰认为如果一只船航行的距离足够远，最终它会离开大地，进入银河，到达银河城，城中住着一位织布的少女（这是对于天琴座织女星的传统说法）。为了纪念郑和远航的壮举而在龙江关修筑了一根圆形石柱，上面镌刻的字句反映了人们对天上世界的想象。

尽管郑和是一个虔诚的穆斯林，但是在他看来，这与在道教的一座天后宫里立纪念石柱并不矛盾。石柱上的题词夸赞"超越地平线与陆地末端的国家都向我们臣服"，并且感激天后娘娘的护佑。天后娘娘奇迹般的神力可以平息飓风，将船队从灾难中拯救出来，"人们以最崇敬的方式在祭祀崇拜的活动中记录下她的功绩"。在极其危险的时刻，她会伴随桅顶的闪电出现。

龙江关柱子上的铭文也反映出，授予宦官"贵族"的权力是多么彻底。呈给天后娘娘的贡物是以正使太监郑和、王景弘和副使太监朱良、周满[3]、洪保、杨真，以及地位略低的太监张达的名义献上的。很有可能，所有郑和的高级船长都是宦官。

---

[1] 作家费信曾描述过印度洋中的一次远航。为了给他父亲或者祖父赎罪，他应征入伍。他前往东非，看到了那里真实的情况，不再认为索马里是"荒凉"之地。

[2] 《星槎胜览》，作者费信，他曾随郑和四下西洋，在郑和使团中担任通事和教谕之职，到过占城国、宾童龙国、灵山、昆仑山、交栏山、暹罗国等22个国家和地区。每到一地，他就在公务之余"伏几濡毫，叙缀篇章，标其山川夷类物候风习，诸光怪奇诡事，以储采纳，题曰《星槎胜览》"。——译者

[3] 原文是"Zhou Fu"，但是查无此人，根据宣德六年（1431年）春天天妃宫修建完毕，郑和等所立《天妃灵应之记》碑，"……自永乐三年奉使西洋，迄今七次，所历番国，由占城国、爪哇国、三佛齐国、暹罗国，直逾南天竺、锡兰山国、古里国、柯枝国，抵于西域忽鲁谟斯国、阿丹国、木骨都束国，大小凡三十余国，涉沧溟十万余里。……宣德六年岁次辛亥仲冬吉日，正使太监郑和、王景弘，副使太监李兴、朱良、周满、洪保、杨真、张达、吴忠，都指挥朱真、王衡等立。正一住持杨一初稽首请立石"，这里据推测应该是周满。——译者

1412年12月，皇帝发布诏令，郑和开始第四次远航，航行范围扩展到印度以西，到达阿拉伯半岛和非洲。郑和本人只航行到霍尔木兹和波斯湾，但是船队的一部分在苏门答腊岛附近与主船队分开，直接穿越印度洋，到达东非（这是几个世纪之前佤克佤克人的航行路线）。

尽管存在一些误解和偏见，但是中国人对于非洲的了解还是要比同时代的欧洲人多得多，甚至在郑和远航之前亦是如此。最让人印象深刻的是现在还保存在中国典籍中的两张地图。这两张地图准确地绘制出了非洲大陆倒三角的形状。一张地图是1320年绘制的，另一张是1402年，那个时候中国仍然认为自己是唯一一块大陆中的"中央之国"，而非洲则是这块大陆延伸出去的部分。两张地图都描绘了河流向北穿过非洲，而且其中一张地图在非洲大陆的中央标明了一个大湖。在中国绘制这两张地图的时候，欧洲对于非洲的整体形状仍一无所知。[1]

郑和第一次前往远至红海和辛吉海岸的地方，主要目的是使中国商人能与这些遥远的市场进行首次直接的接触。早在11世纪，东非的第一批使臣就已出现在中国，中国商人通过中间人购买非洲的商品。东非使臣被描述为来自辛吉之地的人，因为他们来自如此遥远的地方，所以宋朝皇帝赐予他们尤为丰盛的礼物，作为对他们贡物的回礼。值得一提的是，这些"野蛮人"当时已铸造自己的货币，而辛吉的语言（早期的斯瓦希里语）被描述为"听起来像阿拉伯语"。在那样早的时期，从东非派来的使臣还不及之前从阿曼运到中国的商品让人吃惊，这些商品是象牙、龙涎香和犀牛角，而阿曼也向中国派出了一系列的贸易使团。

在12世纪晚期，周去非写过以东非近海岛屿为中心的奴隶贸易情况，他将这些岛屿称作"僧祇昆仑"（即黑人之地）。到13世纪早期，高级贸易官赵汝适非常详细地记述了东非的进口贸易情况，他说许多船只从印度和阿拉伯半岛去那里，装载着白色和红色的棉布，以及诸如炊具、灯具和装饰品形制的瓷器和铜器。

---

[1] 李约瑟暗示，一些中国船只可能奉命越过好望角，以便探索非洲另一侧的海域。

中国人接触最多的东非城镇是马林迪，阿拉伯编年史家称之为"辛吉之地的首都"，它以巫师而闻名。（伊本·白图泰从来没有提到过马林迪，这可能是因为它的宗教实践与波斯有莫大的渊源，而这是伊本·白图泰所不赞同的。）

这个港口在辛吉大陆上的地理位置，使它能够充分利用印度洋贸易机会的有利条件，因为它位于赤道以南几天行程的位置，从卡利卡特跨海而行也不到一个月的航程。在外海航行主要依靠星系估测纬度的时代，从卡利卡特出发前往非洲的船只可以在北纬10度停留，在非洲之角附近登陆，然后沿着西南海岸线到达第一个主要的辛吉贸易中心马林迪；或者，也可以向南航行到达赤道，然后掉头转向正西方向前往非洲海岸，到达南纬3度的马林迪。

马林迪的崛起反映了卡利卡特的发展。此时，它逐渐因拥有令人惊奇的预兆而闻名，而这些预兆会被乘坐宝船而来的三宝太监带回给中国皇帝。

10

马欢与天房

※

> 你必须了解，长颈鹿身体短小，因为后肢比较短，所以从后背向下成斜坡状……头很小，对人无害。它的身上布满红色和白色的斑点，非常漂亮。
>
> ——马可·波罗《对世界的描述》，1298年

1414年9月20日，第一头出现在中国的长颈鹿，迈着优美的步伐，走在北京通往皇宫的道路上。它是孟加拉苏丹赛义夫·丁送给中国皇帝的礼物，而他又是从马林迪的苏丹那里获得的。一开始当朝臣们争相祝贺皇帝，说这个期待已久的传说中的神兽出现是皇帝美德和智慧的证明时，永乐皇帝的回答很冷静："恭维话就省省吧。"皇帝说，好的统治在于和平，不在于一个被称为麒麟的神奇动物。他的大臣应该"为天下福祉更努力地工作"。无论如何，皇帝知道，即便他最善于阿谀奉承的大臣也知道，这只长颈鹿根本就不是传说中的麒麟。麒麟相当于中国的独角兽，它有一只角，并且"鹿身牛尾"。

长颈鹿只是这一时期从遥远的"野蛮人"的国家运送到中国的所有动物之中外形最特别的一个。在中国的官方记录中它被称为"祖拉夫"（zulafu），这十分接近于它在阿拉伯语中的说法"扎拉法"（zarafa），诸如这样的异域动物在很久以前就使中国着迷不已。在西汉时期，有一个巨大的皇家公园，周长达130英里，里面到处都是珍奇的动植物。一位汉朝皇帝的母亲很喜爱动物，她的陪葬品里有一头犀牛、一只大熊猫和其他动物。出访遥远国家的使臣总是喜欢把不为人常见的物种带回来，并且中国学者在许多古老的地理著作中，喜欢将真实和虚构的野兽混杂在

一起描述。[1]

尽管神兽麒麟的书写历史已有将近4000年，一些记录说它有蓝色的眼睛、红色的角，以及神奇的魔力，但是在赵汝适将他听说的情况记录下来之前，还没有真实的关于长颈鹿的描述。这种描述毫无疑问是从阿拉伯商人那里获得的："也是在这个国家（非洲之角），有一种叫作'祖拉'（zula）的野生动物。它长得像骆驼，体型有牛那样大，身体是黄色的。它的前腿长5英尺，后腿只有3英尺长。它的脖子特别长，头高高向上仰起。"[2] 赵汝适还提到长颈鹿的皮非常厚，这一点是对的，因而它经常被用于制作鞭子。

与皇帝并不认为长颈鹿是祥瑞之兆相比，中国民众第一次在国内看到非洲的长颈鹿，他们都感到十分高兴。尽管在明代早期中国就普遍关注自然科学，连皇帝的兄弟也写了一部严肃的植物学著作，但是长久以来人们一直渴望能够有幸一睹麒麟的真容，而长颈鹿似乎是自然界中所能找到的最像麒麟的动物了。翰林院修撰沈度在宫廷画师呈献给皇帝的《瑞应麒麟图》上题签，以抒发自己的心情："……臣度忝列侍从，躬睹嘉瑞，百拜稽首，谨献颂曰。"沈度以大量的修辞、夸张的想象手法描述了长颈鹿：

西南之陬，大海之浒，实生麒麟，形高丈五，麇身马蹄，肉角膴膴，文采烨煜，玄云紫雾，趾不践物。

长颈鹿从外形看来显然对人无害（尽管它的后腿能够踢出致命的一击），这个特点与传说中的独角兽极为相似[3]，因此前来观赏的人群看到这个来自异域、像骆驼那样好奇地迈着大步穿过北京城的最新礼物时，毫不害怕。它的头远高于前来观赏的人群，它一边晃着头，东看西看，一边用力嗅闻秋天的空气。用沈度的话说就是："臣民集观，欣喜倍万。"另一个

---

[1] 中国关于麒麟的传说可追溯到公元前2700年。
[2] 这里依照英文直译，详细内容可参见宋代赵汝适《诸蕃志》的"弼琶啰国"条载："状如骆驼，而大如牛，色黄，前脚高五尺，后低三尺，头高向上，皮厚一寸。"——译者
[3] 公元前400年，希腊历史学家克特西亚斯（Ctesias）提到独角兽，称它具有蓝色的眼睛和紫色的头颅。斯特拉博说"骆驼-猎豹"（camel-leopard）不是野兽，"而是一种家畜，因为它没有表现出任何野性"。

朝臣的说法如出一辙:"它的两眼不停地转来转去。所有人看到它都很欣喜。"这种动物在很多方面显得很奇特:尽管它的舌头几乎和人的手臂一样长,但它却不能发出任何声响。一幅流传下来的中国画作[1]显示:一位陪伴这头长颈鹿渡海的孟加拉饲养员正在用绳子牵着它,他仰着头,一心一意地望着这头由他照管的动物。[2]

就在第二年,准确的日期是1415年10月10日,这个日期可以通过中国的记录算出来,当另一头驯化的长颈鹿直接从马林迪运到中国时,皇帝也不得不顺从于民众的热情。他亲自去欢迎它。而在栗色的长颈鹿身后,另外两头寓意吉祥的动物也被牵了过来:一匹被称作"天马"的斑马和一头被称作"天鹿"的大羚羊。这回皇帝的致辞没有流露出轻视之意,而是表达了适度的谦逊。他把这些吉瑞之物的到来,归因于"先皇的至仁美德",以及列位臣公的鼎力相助。从这一刻起,他将一直坚守这样的美德,而他的臣公则有义务提醒他的任何过失。

从皇帝的话语中,我们能明显地感觉到他对从马林迪运来的长颈鹿所引发的兴奋的不满。毕竟,运来的礼物仅仅是极其宏伟的远洋航行大业的附属品。与郑和一起历经多次远航的马欢甚至没有提到过长颈鹿。马欢试图描述他到访过的那些国家,如果没有他的著作《瀛涯胜览》(*Triumphant Visions of the Ocean's Shores*),我们想要了解郑和的事迹,就只能依靠一些零散的记录了。

马欢也是穆斯林,尽管不知道他是否也是一名太监,但是他的姓氏和郑和原来的姓氏一样。郑和开始意识到,他航行得越远就越难理解那些随宝船一起回国的"野蛮人"国家大使的语言,在这个时候他招募了马欢。(有时候需要"双向翻译",因为在用中文向皇帝表述使者传递的信息之前,这些信息要经过两位译者转述。)郑和在南京已经建立了一所外语学校,马欢是远航翻译团队的一名成员,他的首要任务是参加与外国君王的会晤。译者对于郑和船队的随行商人也有帮助。

---

[1] 这幅画指的就是《瑞应麒麟图》。——译者
[2] 据说埃及马穆鲁克王朝真正的奠基者苏丹拜伯尔斯在1260年送给金帐汗国可汗1000多头长颈鹿。当时,长颈鹿是非洲数量最多的一种动物。

在他的书中，马欢以那个时代中国人典型的自谦风格提及自己。他自称"愚人"和"山野村夫"，对他而言，这场远航是"一次千年不遇的绝好机会"。然而，马欢受过很好的教育，他精通阿拉伯语，能够用阿拉伯语交流和写作。他的书以颂诗开头：

  皇华使者承天敕，宣布纶音往夷域。鲸舟吼浪泛沧溟，远涉洪涛渺无极。[1]

之后他列举了远航途中见到的20多个国家，并说外国人"赞赏我们的美德，向我们表达他们的忠心与诚意"。他自豪地说，来自"中央荣耀之国"的商人此时航行到远达埃及的地方了。

考量到他书中关于社会风俗、贸易和当时发生的事件的描述，就旅行家而言马欢与马可·波罗、伊本·白图泰的地位差不多。因为时间相距不到一个世纪，所以将马欢关于印度洋的描述与伊本·白图泰的相比较，就显得格外有价值。例如，他们两人在赞美卡利卡特及其民众时，都展现出了叙述的天赋。

马欢到达卡利卡特的时间是1414年，那时候这个港口已经发展成一个城邦，他夸张地称之为"西方海域的一个伟大国家"。他的书几乎有十分之一在写卡利卡特，引领远航船队的大宦官郑和将它作为他们行动的枢纽点。马欢赞美卡利卡特（除了渴望反映他上级的英明判断之外）的原因之一是这个地方有强烈的伊斯兰教倾向，它有20多座清真寺和3万名穆斯林定居者。街上到处都能听到阿拉伯语。对于一名年轻的中国穆斯林而言，人生的一个主要目标就是去麦加朝圣，而卡利卡特的氛围无疑是令人愉悦的。阿拉伯半岛就在海的另一边，如果风向合适，不到两周就能到达。

可能是为了取悦国内的读者，马欢说卡利卡特的"海洋之王"扎莫林是一名佛教徒。而事实上，他是一名印度教徒。但是那些给统治者出谋划策的"大头目"都是穆斯林，而且郑和还以皇帝的名义，给予其中两位地

---

[1] 参见《瀛涯胜览》中的"纪行诗"。——译者

位最高的头目丰厚的奖赏。卡利卡特的使臣前往中国觐奉贡物时，享有超出其他所有国家的优先权。马欢把一系列赞美的词语赋予这座城市的居民：诚实、值得信赖、聪明、优秀、杰出。他详细地描述了从一艘中国"宝船"下船登岸的商人代表，带着丝绸、瓷器和其他商品，与当地商人和中间人进行贸易的过程。这是一个漫长的过程，耗时超过3个月，因为商品的价格要一一商定，但是最后所有人相互握手，发誓决不违背达成的协议。"宦官阁下"郑和出席握手仪式，这显然表明远航活动中贸易的重要性，尽管郑和对于他们伟大的文明极尽赞美之词。

马欢对卡利卡特的商人不使用中国商人在计算时普遍使用的算盘感到好奇，他称之为"极其不可思议"的事："他们只是用手和脚，就是他们的20个指头，他们没犯一点儿错误。"

他接下来详细记述了卡利卡特种植的蔬菜，在那里人们用种植的各种大米和进口的小麦喂养动物。他说那里的富人投资椰子种植园，有些种植园里的椰子树多达3000棵，他还细心地列举了椰子和椰子树的广泛用途。胡椒种植在小山坡上的农场里，每到采摘和晾晒的季节，就会有人付钱购买胡椒，国王也会在这时候收取税收。所有这些事都被记录下来。马欢甚至记述了印度的音乐，坦言"那些旋律值得倾听"。

马欢在书中有关卡利卡特的最后信息，是生动地叙述了一种可怕的"滚油"测试方法，以决定一个歹徒有罪还是无辜。一锅油被加热到这样的程度：将树叶扔进油锅，它会伴随噼啪声响迅速枯萎。

> 遂令其人以右手二指煤于油内片时，待焦方起，用布包裹封记，监留在官。二三日后，聚众开封视之。若手烂溃，其事不枉，即加以刑；若手如旧不损，则释之。[1]

尽管马欢关于卡利卡特的章节是他全书最精彩的部分，但是他也关注一些古怪的事情。有时他会用马可·波罗那样粗俗的方式讲述社会风俗，

---

[1] 参见《瀛涯胜览》中的"古里国"。——编者

尤其是关于泰国人为了增加男子魅力的盛行做法的描述：

> 男子年二十余岁，则将茎物週迴之皮，如韭菜样细刀挑开，嵌入锡珠十数颗皮内，用药封护。待疮口好，纔出行走。其状累累如葡萄一般。自有一等人开铺，专与人嵌锃，以为艺业。如国王或大头目或富人，则以金为虚珠，内安砂子一粒嵌之，行走叮叮有声，乃以为美。不嵌珠之男子，为下等人。[1]

在结尾处，马欢温和地评论道："这是最稀奇的事情。"

有时，他记录的轶事和马可·波罗的很相像："如果一个已婚女人与我们中的一个男人关系亲密：准备好酒食，他们坐下喝酒，然后一起睡觉，对此，她的丈夫表现得十分冷静，事实上，他会说，'我的妻子非常美丽，那个来自中国的男人很喜欢她'。"

当马欢最终带领读者穿过阿拉伯半岛和麦加的时候，所有这样的粗俗暗示都消失不见了。这不仅是因为作为一个穆斯林，他对于自己信仰的圣地怀有敬意，还因为这距离他第一次随着印度洋上最宏伟的舰队之一穿越海洋，已经过去20年了。他此时已经50多岁了，与郑和一起，参加最后一次远航。马欢一定惊讶于时隔10年，三宝太监还能获许又一次发起规模宏大、耗资无数、前往遥远国度的冒险，因为1424年永乐皇帝驾崩，似乎标志了一个时代的终结。

过去在皇帝身边占主导地位的是穆斯林宦官小集团，此时这种情况发生了变化，一批儒家精英取而代之。郑和在南京做卫戍部队指挥官的6年里，看着他的宝船在长江的船坞里摇晃，被弃置一旁。有迹象表明，宣德皇帝的朝廷对与中国不相接的广阔而危险的海洋，缺少长久征服的野心。

然而，不知道什么原因，郑和成功地说服了朝廷，于1431年1月发起了他的最后一次远航。在受他指挥的约2.76万人中，许多是参加过之前多次远航的老兵，其他人是被强制服役的，根据明朝法律，这些人要为他们

---

[1] 参见《瀛涯胜览》中的"暹罗国"。——编者

的父亲或者祖父犯的过错赎罪。卡利卡特再次成为主船队的基地,船队分派出去许多支,前往不同的国家。马欢可能作为一群中国商人的翻译,前往阿拉伯半岛。那些商人以麝香、瓷器交换各式各样"不寻常的商品",以及鸵鸟、狮子,还有一头长颈鹿;从埃塞俄比亚将这些动物运过红海很容易。

我们可能很容易想到,马欢不会批评阿拉伯半岛的生活:"那里人们的生活平和,让人钦佩。没有遭受贫穷折磨的家庭。他们都遵守宗教戒律,很少有人会犯法。这的确是最幸福的国家。"他对天房的描述,与一个世纪以前伊本·白图泰的描述有很多相似之处。马欢甚至不嫌麻烦地列出天房周边墙上窗子的数量(466),以及每一面墙上准确的玉柱数量。尽管这些信息基本准确,但是他也犯了一些奇怪的错误,他说穆罕默德墓地所在的麦地那位于麦加西边,大致距离一天的路程,可是实际上它位于麦加北边,需要10天才能到达。他还说神圣的渗渗泉在穆罕默德的墓地旁边,而实际上它位于麦加的中心。这必定引起人们的怀疑,有人认为尽管马欢去了阿拉伯半岛,但是可能由于红海南端附近当时正有战争,他本人没有到过麦加。

那时,亚丁正对埃及马穆鲁克王朝的君主对包括麦加和麦地那在内的阿拉伯半岛西部的控制发起挑战。在1432年6月到达亚丁的两艘满载贸易货物的中国帆船遭遇的窘境,反映了当时局势的不稳定。这两艘船的船长写信给麦加的谢里夫和吉达港的掌权者,寻求在红海海域航行的许可。之后,这些人转而向开罗的统治者马利克·阿什拉夫·巴尔斯巴伊寻求许可,他说这些中国船只应该被"隆重欢迎"。马欢在书中没有记载这两艘船是否抵达吉达,也许正因为局势混乱,马欢最后对麦加和麦地那的消息是靠听说得来的。

1433年3月,当这支伟大的舰队重组准备返回中国的时候,三宝太监在卡利卡特去世。他的尸体被其中一艘宝船运回中国,后来安葬在南京。根据中国宦官的习俗,他的生殖器自阉割之后被密封在一个坛子里,此时人们将它与郑和埋在一起,以便在来生他可以是一个完整的人。

这支舰队再也没能进行跨越印度洋的伟大航行，只留下萦绕不断的回忆。根据一个于1441年出访印度的阿拉伯大使的说法，"卡利卡特敢于冒险的水手们"喜欢自称"中国人的后裔"。到15世纪末，只剩下一些关于留着奇怪胡子、带着武器、乘着大船登岸者的模糊传说。

尽管郑和被授予诸多帝国荣誉，但是他一生建立与印度洋国家之间联系的努力最终却付诸东流。中国撤守本土，再一次对马六甲海峡之外的世界不闻不问。郑和死后，儒家政权的柔软"纱幕"屏蔽了他的声名，"星槎"记录也被毁[1]。当另一位有影响力的宦官希望组织一场对安南的海上攻击时，他请求查看那些记录，却被告知它们已无法找到。只有在16世纪末，即郑和死后160年，一位名叫罗懋登的作家努力恢复他的名誉，写了一本1000页的小说，名字叫作《三宝太监西洋记通俗演义》（*The Western Sea Cruises of the Eunuch San Bao*）。书中有一张这位伟大舰队指挥官的画像，他坐在旗舰上，样貌令人生畏。但是这本书的影响很小，因为官员们能将政务处理好，而中国最伟大的航海指挥官则被弃置脑后，被人遗忘。至于马欢，他在1451年80来岁的时候，终于成功地出版了自己的书。尽管他将后半生都用于宣讲自己的旅行经历，但是他的名字还是很快就被人遗忘。

从历史的角度看，郑和的7次远航似乎令人费解，几乎是不理智的现象。15世纪的印度洋是巨大财富的贸易舞台（世界上没有其他地区在商品和原料的输出量上可与之相提并论）。中国人突然大规模地、强有力地闯入这个舞台，但是他们也突然终止这个行动，几乎没留下一丝痕迹。的确，只有一个已知的有形证据，能证明郑和与他庞大的无敌舰队和数万人曾穿越整个印度洋，这个证据就是1410年郑和在锡兰修筑的一块石碑。[2]

在中国尚存的其他有形证据，除了马欢书中的叙述和庙里的石柱之外，还有一张5米多长的航海图。这张图是在远航时期绘制的，列举了从马六

---

[1] "星槎"的记录在1480年前后被毁坏，但是在帝国的文献档案中得以保存下来。
[2] 1910年，在加勒附近出土了郑和用三种语言书写的石碑。

甲到莫桑比克这片印度洋海域中的250多个地名。这张图叫作"茅坤图"[1]，它不是一张常规意义上的地图，整张图从右到左标出了海港、地标、海湾、避难港口以及航线上的危险礁石。它没有比例尺，各个地方都是按照当时所能获得的数据资料绘制而成，因此中国的面积是阿拉伯半岛和东非面积总和的3倍。正确的路线被仔细确定，洋流、盛行风和水深也被仔细标注。通过罗盘方位图、在准确时间的太阳和指向星的位置，地图绘制者能够以令人吃惊的精确度标出15世纪的海上航线。

地图可能借鉴了郑和船队指挥官们的航海记录。[2]但是从图中没有办法知晓所有小型舰队确切的航行地点，或者它们之中有多少没有返航。一些线索表明，有些船只可能穿越南部海域，划过一个巨大的弧度，仍没能找到陆地，而另一些船只可能沿着非洲海岸线航行，越过了索法拉。"茅坤图"表明，暴风雨阻止船队到达哈布尔（Habuer，非洲南部的一个小岛）之外的地方。

顷刻之间，中国的力量席卷世界，几乎触及欧洲的边界。去往远至开罗的商人刺激了欧洲对东方丝绸和瓷器的需求。宝船载着远道而来的成群使臣，这使中国充满了国际氛围。讲着不同语言、穿着各式服装的人群在南京和北京街头随处可见。他们带来了宝石、珍珠、黄金、象牙，以及各种动物。皇家动植物园的饲养员则忙着照顾那些敬献给神圣的皇帝陛下的稀罕贡物。

---

[1] 《郑和航海图》，原称《自宝船厂开船从龙江关出水直抵外国诸番图》，被明代茅元仪辑入《武备志》第二百四十卷中，得以保存。它是珍贵的航海技术文献和航海地图，也是研究15世纪中西交通史的重要史料。原图是按一字展开的长卷图式绘制的，在被收入《武备志》时改为书本式，自右而左，有序1页，图面20页，后附《过洋牵星图》2页。图从南京开始，遍及今南海及印度洋沿岸诸地，一直画到非洲东岸。图以航线为主，画出山形、岛屿、暗礁、浅滩等地貌，还标明航程、导航的陆标、测水深浅、观测到的星辰高低、停泊处所等。由于茅元仪是茅坤的孙子，而茅坤曾从胡宗宪平倭寇，熟悉华南海岸形势，又喜藏书、藏图，西方学者认为这幅图很有可能来源于茅坤，多将《郑和航海图》称为"茅坤图"。——译者

[2] 1441年，奉命从埃及出发觐见中国皇帝的大使可能来自基尔瓦，他们可能是最后一批受到郑和远航影响而来中国朝觐的外国使臣。

还有一个地方能缅怀郑和被遗忘的成就，它是锡兰的栋德勒角，位于印度次大陆的最南端。靠近这片突入海中的陆地的是一片多石的海滩，椰子树林掩映着遇难船员岩块剥落的坟墓。栋德勒角曾经有一座大庙，里面供奉着一尊纯金卧佛，佛的眼睛是由两颗巨大的红宝石做成的。每天晚上都有500名少女在佛前载歌载舞。在其西边不远处，就是那块用3种语言记录郑和事迹的石碑。当中国的船队向西航行，看到栋德勒角镀金庙顶的时候，他们知道很快就该向北调转方向了，去往卡利卡特和阿拉伯海。

从这里开始，印度洋向南延伸，越过一望无际的地平线，直至世界的尽头。返回苏门答腊和中国的航线位于东南方，更西南的方向去往马达加斯加岛。在那之外则是厄加勒斯角，非洲在那里急转弯，进入一片更危险的海洋，那是无论东方船只还是西方船只，都长久未曾征服的地方。

II

非洲城堡里的国王

蒙巴萨、基尔瓦、马林迪、索法拉(被认为是俄斐,Ophir)到刚果的国境,到极南的安哥拉。

——约翰·弥尔顿《失乐园》(第十一卷)

如果非洲的其他地方要拿出能与埃及金字塔相媲美的纪念建筑,大津巴布韦肯定属于其中之一。灰色花岗岩勾勒出这座非洲首都的轮廓,它位于赤道以南1200英里的地方,在赞比西河与林波波河之间高原的边缘,700年前统治这里的人的名字早已被人所遗忘。(这个地方最初的名称也被人所遗忘。后来,这片地区的定居者给予它"津巴布韦"的名称,意思是石屋。)19世纪,当欧洲殖民者第一次看到它的时候,它已经被毁坏,但即便如此,他们还是被它的结构所震撼。它的修建被归功于腓尼基人、埃及人、印度人,但决不是非洲人。[1]这座城使人回想起一个古代传说:非洲南部的黄金出产区是俄斐——所罗门王船队的目的地。

黄金当然是创建津巴布韦的一个刺激因素。[2]下高原,向正东方向穿过海岸低地,花费20天,就能到达印度洋港口索法拉。商人们带着叙利亚的玻璃器皿,波斯和中国的碗、珠子、货贝、勺子和铃铛等在岸边。[3]阿拉伯的单桅三角帆船乘着季风前来,也装载了各式货物,包括从印度大

---

[1] 19世纪末,在欧洲人"发现"大津巴布韦遗址之后,勘探者挖掘并且带走了遗址里的许多人工制品。

[2] 据估计,在大津巴布韦控制的高原上有1250座金矿,储量最丰富的金矿已经持续开采了数个世纪。含金的岩石是花岗岩,它上面覆盖着更加坚硬的玄武岩。

[3] 考古学家发现那里进口的物品包括餐具、陶器、铜链、铜器,以及一个铁制灯台。

港坎贝运来的色彩鲜艳的布料。数个世纪以来，这些货物对于非洲内陆的人而言，是无法抵御的诱惑。

大津巴布韦连续不断地被占据，长达400年，在这段时期的大多数时间里，它控制着与索法拉的黄金贸易。统治者因此变得富有起来。他们穿着由进口的丝绸制成的衣服（一般而言是蓝色和黄色的），还戴着硬布长披肩。这些披肩是用赞比西河流域种植的棉花在当地织就的。当他们调解争论的时候，他们坐在刻有花纹的三足凳上，而且通常隐在帘子后边讲话。他们一到就会鸣钟，请愿人要匍匐在地，向前爬行，当他们讲话的时候要拍手，并且绝不可以注视国王。国王由于拥有神力，按照他的期望，他可以有一大群妻子，可能多达300个。他还是全国所有牲畜的监管人，普通人要向国王进献牲畜，作为对王室的资助。动物按照国王的命令被宰杀，以供给民众的需要。

从12到15世纪，大津巴布韦是非洲南部最强大的一个都城，但是在高原东部还有不下几十个用石头建造的定居点。牛群从这里的高原被带到低地放养。在林波波河附近，马蓬古布韦的早期石屋被梯田环绕，那里的统治者用中国的青花瓷餐具进食，在墓里发现的遗物包括一个6英寸高、完全包在金叶里的犀牛小雕像。只有在大津巴布韦的发展成熟期，它的统治者才开始发展出用金属制作装饰品的兴趣，而不是简单地出售金粉和金块。

使大津巴布韦从1200年开始变得卓著的是以稳定先进的技术，计划和完成大规模建筑工程的能力。无需使用灰泥，建筑用砖就可以固定在一起，并且随着技术的进步，墙壁开始被饰以各种图案，最流行的一种是V字形图案，那是繁殖力的象征。[1]

大津巴布韦最初是一座建于花岗岩卵石堆中的卫城，位于一座小山的山顶，在那里可以从各个方向俯瞰乡村。这座卫城建有塔楼和角楼，实际上就是一座宫殿，国王的臣民们知道国王可以从上面俯瞰他们。在晚上，他们能看见宫殿中火焰的光亮。通往王宫的山路十分陡峭，要想爬上去很

---

[1] 一些更加粗糙的墙壁将金矿围起来，以此作为物主的标记。

耗费精力。在王宫的入口处有持矛的武士把守，开在由天然岩石建成的宫殿围墙上的门非常小，以至于一个人只有弯下身子才能通过。

在宫殿下方的山谷有很多围场，很有可能是被国王的妻妾和有权势的侍臣圈占的。在这些围场中，墙的高度最高可达人身长的6倍，并且从围场内部的楼面有排水沟通往外面。为了建造这些围场，数百万块花岗岩被切割运送到这里。在围场里有按照典型的非洲风格建造的圆形茅草房，这些房子的墙是用一种像水泥的泥土建造的，这种土通常取自蚁穴。而用明亮的几何图案绘制墙面是一种习俗。聚集在围场周边的小屋是低等级的百姓、奴隶，以及突袭邻近国家所获得的战俘的居所。这座都城的人口最高增长至2万人。

津巴布韦的黄金贸易在整个非洲大陆引发连锁反应。象牙、干盐、铁制武器和其他工具沿着森林小路，从一个市场被运到下一个市场，直到在人口更为稠密的地区获得最大的交易价值。甚至在1000英里之外的赞比西河流域的北部，被忽视了300年之久的铜矿也再次紧锣密鼓地运作起来。

大津巴布韦的国王统治着一群好战的民众，他们被称作卡兰加人。国王与居住在高原周边不那么壮观的定居点的首领们一起，控制着几乎与法国一样大的领地。他们的领地范围一直扩展到今天的博茨瓦纳和莫桑比克，并且跨过林波波河，延伸到今天的南非境内。而花岗岩废墟则是他们留存下来的历史遗迹。

大津巴布韦的发展完全与同一时期在遥远的西非城市国家的形成分隔开来。尼日尔河河畔的加纳、马里和桑海等帝国崛起又衰落，就好像是发生在另一个大陆上的事情。这些帝国离北边赤道的距离，与大津巴布韦离南边赤道的距离差不多，而将近3000英里几乎无法穿越的热带雨林，将它们隔离开来。在非洲中部的内海边，尼罗河从鲁文佐里山（即"月亮山"）东侧发源，使其文化与大津巴布韦更为接近。几乎同等规模的定居点在那里同时发展起来，大规模的土木工程和灌溉系统也是一样，但是由于他们的建筑采用木材和茅草，在数个世纪之后几乎所有的证据都消失不见了。此外，在那里居住的人们似乎与印度洋的贸易没有一点儿联系。

然而，有一个联系是清晰可见的。在大湖地区以南1500多英里的地方，铁的开采和熔炼是当地经济的核心。大津巴布韦因为黄金而变得富有，在高原上有4000多座小金矿，但是铁统治着普通人的生活。尽管世界上的大多数地区首先冶炼铜，之后历经多个世纪才掌握了冶炼和硬化铁的技术，但是非洲却一跃直接跳出了石器时代。这种新的能力带来了力量，因为铁制武器改变了战争和狩猎的方式：使用铁斧，人们能砍伐树林；使用铁锄，人们能开垦更多土地，以便种植更多粮食。

铁器时代的技术在非洲内陆是如何发展的，它是独立发明出来的还是从外界获得的，还存在很多争议。那里的人们使用铁器的时间，至少和埃及或者欧洲的大部分地区一样早。在撒哈拉沙漠以南的非洲，已知的第一批冶铁者生活在赤道以南、维多利亚湖西边的地方。其他冶铁者定居在卢旺达和布隆迪的山区，在一个积雪覆盖的死火山群里有一个险固之地，那里有幽深的湖泊和森林密布的小山，山里富含赤铁矿。在那些遥远的地区，熔炼铁的痕迹最早可追溯到公元前1000年。[1]

熔炼工的身份仍然是一个谜团。但他们肯定不是以"狩猎和采集"为生的布须曼人或者俾格米人，因为他们养殖驼背的瘤牛（一种亚洲牛种），并且知道如何种植简单的作物。每个用于炼铁的黏土熔炉都小巧而复杂，其底部有一圈通风口，以便于手动风箱将炭火的热量鼓升进熔炉。原始森林里的树木被砍伐运送到那里，以不断供给熔炉对硬木柴火的需求，因为人们对铁制工具的需求是无止境的。在非洲的许多地区，这样的模式被不断重复。

熔炼技艺可能是从尼罗河流域向南传播的，正如公元前450年古希腊历史学家希罗多德所说，从努比亚人的城市麦罗埃向南传播。在麦罗埃的外围地区有多处巨大的铁渣堆，这座城市曾被称作"古代非洲的伯明翰"。

---

[1] 罗兰·奥利弗（Roland Oliver）在《非洲的经历》（*The African Experience*）中提到"公元前，在坦桑尼亚和卢旺达的西北方，一个小而顽固的少数民族尽管几经考验，但是却拒绝离开"。约翰·艾利夫（John Iliffe）在《非洲人，一个大陆的历史》（*Africans, the History of a Continent*, Cambridge, 1995）中说，关于卢旺达人熔炼技术来源的争论仍然"没有得出任何结论"。

但是，麦罗埃有铁存在的证据最早可以追溯到公元前500年左右。另一个可能性是那些熔炼工先驱从红海迁移到卢旺达和布隆迪，将牛群驱赶了2000英里，直到最终在大陆富饶的中心地区定居下来。在大约公元前2000年，硬化铁的方法在亚述被"发现"，这个秘密从那里向南传播到阿拉伯半岛。

这种技术一旦在赤道地区被确立，就稳步地沿着非洲岩石嶙峋的主干地区向南传播。到公元300年，冶铁技术几乎传播到非洲最南端的厄加勒斯角。在一些地方还保存下来上百个可被辨识的熔炉，它们是高度组织化的乡村手工业存在的证明。铁锄头和牲畜一样，可以被用来购买新娘。熔炼工自行组成同业公会，他们拥有一种与众不同的身份。在矿石被冶炼之前，熔炼工需要禁欲，这是一种惯例；而开炉的时候，则要以山羊作为牺牲进行祭祀。人们认为黏土熔炉是有灵魂的，而且总是女性，所以有些熔炉的外部会有一些突起，它们代表女性的乳房。

在大津巴布韦，冶炼工群体总是忙个不停。他们不是在忙着制作铁制工具和矛，就是在忙着为首都铸造独特的H型铜锭，它是一种货币。炼炉中的烟不断升到空中。像其他大多数的日常活动一样，熔炼总是被认为与魔力紧密相关。人们相信，如果金属不够纯净，那些不安宁的灵魂就会在熔炉里活跃起来。人们必须举行相关仪式，以使它们安定下来。

国王和他亲近的谋臣们，在卫城供奉皇家祖先的神殿里就此类事宜主持宗教仪式。[1]新月是最吉利的时候。国王的姐姐在仪式中扮演重要角色，因为和国王一样，她也被认为能与祖先直接交流。在大津巴布韦，神殿饰以雕刻着半鸟半兽神秘生物的绿皂石，并且整齐地点缀着珠子。因为每块皂石都不同，所以它们可能代表先王们的灵魂。这些神秘生物是雕刻在环绕神殿的高大的整块石料上的，比如在一只鸟的下面是一条栩栩如生的鳄鱼，它正在朝柱子上方爬行。这些鸟喙与鹰的类似：在卡兰加人的信仰中，

---

[1] 统治者的力量被宗教仪式、巫术和音乐强化。当通灵人进入某种恍惚状态的时候，人们相信他们的躯体已被死者的灵魂占据。任何拒绝与国王一起饮下麦芽啤酒的廷臣会被指控谋划毒杀国王，他将被处以死刑。

鹰是大地与天神之间的信使。

这些宗教仪式的其他艺术遗迹是扭曲的男人和女人雕像,它们是用100英里之外运来的皂石制作而成的。这些石头也被用来制成直径20英寸的圆碗,在这些碗的侧面装饰着象形文字式样的动物图案,比如斑马、狒狒和狗。

大津巴布韦的工匠制作石器的技术和他们以金和铜制作装饰品的能力,来自木雕传统和陶器模制工艺。木制工艺品由于年代久远和非洲炎热潮湿的气候而没有遗存,但是在南非德拉肯斯山脉边缘发现的陶器雕塑,却能够清楚地展现非洲南部艺术传统的深度。一组精巧浇铸的陶制面具,被称作"莱登伯格头"(Lydenberg Heads),其大小能将整个头遮住,大致制作于公元600年或者更早一些的时期。其中最大的一个有15英寸高,而且依然还留有绘制的装饰痕迹。这些面具可追溯到大津巴布韦文明成熟前至少7个世纪,它们展现出一种根植于更早期的艺术传统的美感。

大津巴布韦的石制建筑中最令人迷惑的一个是控制最大围场的锥形塔楼。它以花岗石块料建造而成,中央有一个碎石堆,既没有隐藏珍宝,也不守卫皇家墓葬。现今看来它毫无意义,但是这座被精心建造的塔楼,在这座都城最鼎盛的年代生活的人们看来,它一定承载着某种他们都明白的精确信息。也许,它代表一个非洲谷仓,意在向百姓们保证,国王在乎他们的幸福并且绝不会让他们挨饿。据传说,这个围场的周长超过800英尺,它是为王后建造的,锥形塔楼就坐落其间。所以它可能有另一个象征意义,即代表王室血统的生殖力。这个围场的两个入口处就标识有男性和女性的象征物:一只号角和一个凹槽。

在卫城下方的密集小屋里住着国王谦卑的奴仆,他们过着与高原上任何村庄别无二致的生活。女人们还是要从最近的溪流里打水,收集柴火,捣碎谷物,做饭,在有深红色土壤的园子里锄地;孩子们照看山羊和小鸡;男人们放牧,打猎,浇铸黏土炊具,准备好开战用的长矛和棍棒,就等卫城一声令下。他们畅饮啤酒,尤其是在像新年之类的节日里,当国王的火堆再次被点燃,其他人就从中取火来点亮自己的火堆。

生活被幻想和迷信所统治。当雨季没有按时来临的时候,人们就会在神殿供奉牺牲进行祭祀，以便使肉眼看不见的"大地之主"得到满足。如果供奉的牺牲不能引发足够的降雨，人们就会咨询女性通灵人。

毫无疑问，大津巴布韦统治者精神力量的一个特点是冷酷无情，几个世纪以来，这些君王紧密地将他们的臣民控制在城市国家中心的周围。但是一个致命的局限是他们没有掌握记录的能力，也没有因为黄金贸易与印度洋文明的接触，而从他们那里借鉴任何书写的形式。300多年来，无数商队被派往沿海地区，在那里首领们会看到用阿拉伯语写成的账目。同样地，外国使者们也一定会进入内陆旅行，带着要呈献给国王并为他阅读的书信。大津巴布韦比撒哈拉沙漠以南的任何其他社会，都更有机会和需求开始文字记录，但是它却没能迈出这决定性的一步。[1]

相反，坚守非洲农村生活中的口传文化使它变得愚笨。当统治者需要向边远农村传递消息或者命令的时候，他会选择一个值得信赖的送信者记住他的话。在漫长的旅途中，送信者会在一根绳子上打结，以此来记录他走了多少天，在回程时，他会保存好这根绳子，以便未来参考。他们使用各种计算方法，在做贸易记录时他们用绳索系住成捆的木棒或者用刻痕做标记。

宗教仪式仍然很简单：没有博学的神职人员致力于制定精确的仪式形式，以及他们必须要执行仪式的日期。每个太阴月都被分成3个星期，每个星期有9或10天。法律的制定不以文字章程为依据，而是依赖社会习俗和对各种迹象的解释。总之，祖先的魂灵渗透到生活的方方面面：精神世界与现实世界不可分割，生活如同季节一样周而复始。保有记录可能意味着时间上的某种线性进步、一种对过去的摒弃，但是魂灵的存在却严重阻碍了记录的保有。

文明无法只建立在不断变换的记忆沙丘之上，除了西非和辛吉海岸皈依的穆斯林之外，撒哈拉以南非洲唯一能够读写的人是埃塞俄比亚人，他

---

[1] 罗杰·萨默斯（Roger Summers）绘制了一张衡量大津巴布韦文化进步的表格（Was Great Zimbabwe Civilised?, history conference paper, Rhodes-Livingstone Institute, Lusaka, 1963）。他总结道，除了读写能力之外，到14世纪大津巴布韦已拥有文明的所有特质。

们位于遥远的东北地区，使用古老的吉兹语。黄金贸易的所有财富，最终都没能改变大津巴布韦社会的基本性质。[1]

在10世纪马苏第发现，在非洲南部畜群所代表的财富总是最重要的：在早期，公牛小雕像被人们敬畏；人们在掩埋牲畜时还要举行仪式。国王统治着畜群，就像他统治臣民一样。事实上，他就是最有权力的放牧者。所以在公元1400年之后不久，当国家遇到一些无法解决的问题的时候，大津巴布韦就被人们轻易地废弃了。国王带着他的畜群和臣民，迁移到别的地方去了。

是什么敲响了大津巴布韦的丧钟，我们只能猜测一下。也许是一场在统治者之间关于继承权的冲突，或者是长期干旱以及土壤的肥力耗尽。也有可能是从低地飞来的致命采采蝇突然袭击了畜群和人群。

将近4个世纪之后，人们说曾经下令放弃大津巴布韦的国王叫作恩雅兹姆巴·穆托塔。他向北迁移，来到赞比西河与高原金矿附近，建立了穆塔帕帝国，之后它被译为莫诺莫塔帕帝国。这个帝国在数个世纪的时间里，一直是非洲内陆的一个强大国家。但是莫诺莫塔帕从来没有像大津巴布韦那样强大，后者斑驳的灰色岩石留下了许多未解之谜。

卫城与围场也许是经济繁荣的一种偶然反映：由于大量的树被砍伐，用来做成木炭供给熔炉使用，石料反倒比木料更易获得。或者，大津巴布韦可以被视为一种独特的非洲文明未完成的序幕。在他们的新家，卡兰加人原本可能学会读写，并且在此基础上发展出一个成熟的国家。但是历史不会为有待解决的问题提供充足的时间，因为赤道以南的非洲即将进入一个崭新的时代。

---

[1] 杰克·古迪（Jack Goody）在《传统社会中的读写》（*Literacy in Traditional Societies*, Cambridge, 1968）中强调读写能力在"缓解大帝国的分裂倾向"过程中的重要性。

第二部分

基督教世界的大炮

12

亨利王子的远见卓识

当金子银子招手叫我上前的时候,
铃铎、圣经和蜡烛都不能把我赶退。

——莎士比亚《约翰王》,第三幕第三场

对于葡萄牙国王和英国国王来说,1415年是值得纪念的一年,因为他们各自都打赢了一场战争。8月,一支从里斯本出发、由小型船只构成的舰队,占领了北非海岸一座摩尔人的城市——休达;10月,英国的弓箭手在阿金库尔击溃了法军。对于亨利五世而言,胜利来之不易;而葡萄牙若昂一世赢得胜利的代价却出奇的轻微,他只损失了8个人。这是因为休达的总督召集了一支柏柏尔人的军队帮助他守卫城市,但却过早地将它遣散了。报告称朝他驶来的240艘葡萄牙船只既小又破,难以抵挡直布罗陀海峡的风暴和洋流,因此他认为葡萄牙人的攻击不可能成功。(各式各样的船只混杂在一起,形成了葡萄牙人的船队。其中有一些雇自英国,为了躲避缴纳承诺的寄售海盐的费用。)

大量穆斯林在此次事件中被杀害,他们的房屋和商店被洗劫一空,而教皇宣称此次行动是一场神圣的十字军东征。大清真寺被改成教堂。若昂一世骄傲地宣称,他已经用"异教徒的鲜血洗过手"了,以补偿他之前可能对上帝的冒犯。他开始着手庆祝自己执政30周年。[1]

占领并且驻守一座北非城市当然是一个壮举,尤其是这座城市还是一

---

[1] 占领休达(1415年8月21日)将葡萄牙"置于通往帝国的道路上,那是一条它自愿选择的不归路"(Bailey W. Diffie, *Prelude to Empire*, Lincoln, Canada, 1960)。

个与直布罗陀海峡隔海相望、相距只有15英里的战略要地。休达就在丹吉尔的东边，它的历史十分悠久，可以追溯到罗马时期，过去阿拉伯人用它控制地中海西部的海运。葡萄牙人很高兴胜过了他们的西班牙对手，因为后者在16年前突袭了得土安，那是一座距离休达不远的城市。得土安的一半居民被屠杀，其余人沦为奴隶，但是之后西班牙人撤退了。休达新主人的目标是他们的占领期要尽可能地长一些。

葡萄牙又小又穷，还有点无知，但是它的自尊心令人敬畏。葡萄牙的统治王朝在登上宝座之后不久就赢得了民众的忠诚，因为它在上个世纪末击败了企图征服葡萄牙的卡斯蒂利亚。葡萄牙国王与英国的联姻，也增强了它的自信：他的王后是兰开斯特家族的菲利帕，而且里斯本的朝臣们很喜欢阅读卡米洛特及其骑士的传奇故事[1]。年长一些的葡萄牙王子杜阿尔特、佩德罗和亨利参加了对休达的作战，并且在休达被占领之后，立即被他们的父亲授予骑士头衔。王后菲利帕鼓励他们取得战功（因为她是冈特的约翰的女儿），但是她却没能体会到欢迎他们从休达凯旋的快乐，因为在他们回程时她死于瘟疫。

在洗劫休达建造精良的房屋的时候，葡萄牙人对来自中国的丝绸、印度绣有银线的平纹细布，以及许多其他奢侈品感到震惊。一位葡萄牙的年代史编者承认，"我们居住的可怜房子相比之下像是猪圈"。王子们的好奇心，被他们从俘虏那里听到的故事唤醒了，那些故事有关里夫山脉之后的非洲内陆，而站在里夫山脉的顶峰可以俯瞰休达。他们了解到撒哈拉沙漠及其以南的地区，而跨过撒哈拉，骆驼商队可以旅行到"黄金之河"[2]。有一个说法是在河岸边有猫一般大的蚂蚁，它们挖掘黄金，然后将黄金堆在岸边等人来收集。这个挖金蚁的古代神话很容易被人们相信。和其他欧洲人一样，葡萄牙人实际上对非洲也一无所知，认为那里到处都是怪兽和食人者。

他们将过世已久的马里国王曼萨·穆萨坐在一个黄金宝座上的图像描

---

[1] 卡米洛特，英国传说中亚瑟王的宫殿所在地。这里是说葡萄牙官员对于有关亚瑟王和他的圆桌骑士的英国传说很熟悉，并且喜爱。——译者
[2] 在14世纪地图上显示的汇入大西洋的"黄金之河"，被人们认为会流入尼罗河。

▲ 哈里发哈伦·赖世德在他位于巴格达的宫廷里接待了查理大帝派来的使者团

▲ 哈里发哈伦·赖世德曾赠送给查理大帝一头名叫"阿布·阿拔斯"的白象。这幅壁画《大象和城堡》绘制于位于西班牙卡斯蒂利亚-莱昂自治大区索里亚省卡尔托哈尔的教堂圣波德利奥·德·贝兰加,它建于11世纪

▲ 一艘用椰子纤维捆绑的"缝合船"停泊在桑给巴尔岛的海滩上，请注意堆放在海滩上和船旁边的红树林杆子

◀ 一艘横渡波斯湾的船，来自巴士拉的哈里里（al-Hariri of Basra，1054—1122年）的《玛卡梅故事集》（Maqamat）在13世纪时由瓦西提（Yahya Ben Mahmoud al-Wasiti）制作的抄本。尽管高度程式化的船桅装置难以为据，这艘船显然有三层甲板，并在船首装有爪锚。这幅图最著名之处在于瓦西提对中舵的描绘，这是印度洋地区已知最早的中舵，与欧洲最早的船舵图像大约同时

▶ 这是《天方夜谭》中"辛巴达第二次航海旅行"中的插图,讲述的是巨鹰抓捕大象哺育幼鹰的故事

◀ 忽必烈汗(1260—1294年在位)

▲ 马可·波罗和他的父亲、叔叔一起从威尼斯出发前往中国

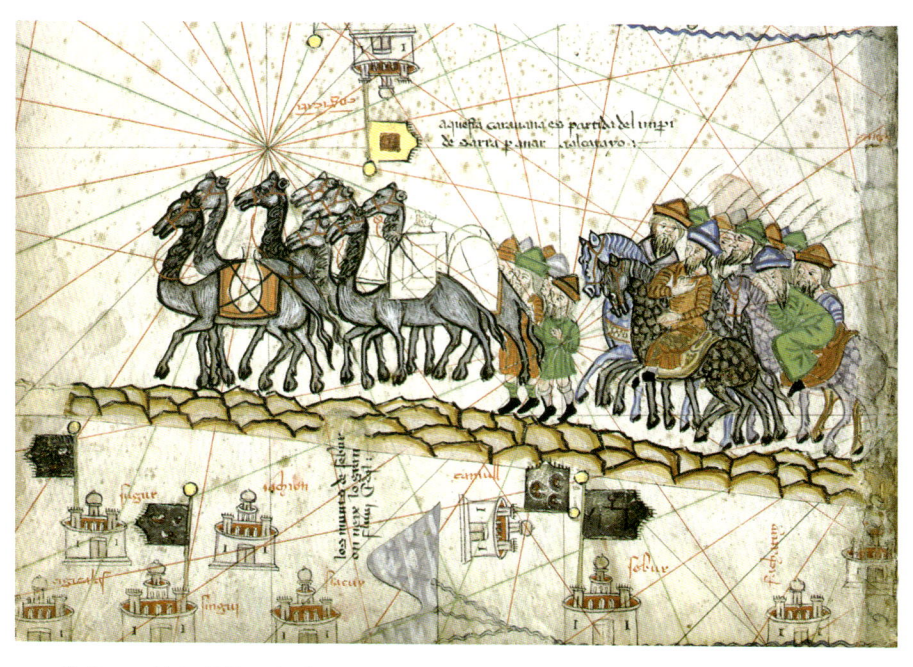

▲ 随马可·波罗前往印度的商队

▲ 郑和船队从马林迪运回一头长颈鹿，献给明朝皇帝。《瑞应麒麟图》画的就是这个场景

▲ 16世纪里斯本和塔霍河的景观：在大航海时代葡萄牙的轻快帆船和大帆船

▲ "胜利之城"维查耶纳伽尔维塔拉神庙建筑群的石战车

OLISIPO, SIVE VT PERVE
TVSTÆ LAPIDVM INSCRIP
TIONES HABENT, VLYSIPPO,
VVLGO LISBONA FLORENTIS
SIMVM PORTVGALLIÆ EMPORIV.

▲ 爪哇岛婆罗浮屠的浅浮雕刻有一艘有三个桅杆和舷外支架的远洋航行大船

▲ 这块纪念航海大发现的丰碑位于葡萄牙里斯本塔霍河河口。在地理大发现的时代，船只从那里出发前往不为人知的目的地

◀ "航海者亨利"好战的宗教精神感染了他的同胞，激励他们绕过好望角，最终成为印度洋的主人

▲ 收藏于葡萄牙里斯本国家古代艺术博物馆的阿尔梅达爵士的肖像画

▲ 1498年5月20日,瓦斯科·达·伽马到达卡利卡特

▲ 巴尔托洛梅乌·迪亚士率领两艘轻快帆船前往好望角

▲ 著名的"胡椒港口"卡利卡特位于印度南部的马拉巴尔海岸,它是达·伽马的目的地

▲ 1513年,葡萄牙人在阿尔布开克的指挥下试图使用云梯夺取亚丁

▲ 1515年4月，在霍尔木兹取得的胜利成为阿尔布开克对东方的葡萄牙帝国奠基的最后一个巨大贡献

▲ 阿方索·德·阿尔布开克（1453—1515年）是葡属印度殖民地总督、果阿和马六甲的征服者，他控制东方航路、建筑要塞、安置移民等措施为葡萄牙王国在东方的霸权奠定了基础

▲ 葡萄牙在1509年发生的第乌海战中击败了埃及马穆鲁克苏丹国、卡利卡特扎莫林和古吉拉特苏丹的联合舰队，之后又在1531—1533年的第乌围困战中夺取了第乌，并于1536年的第二次第乌战役中击败了苏莱曼大帝派出的土耳其援军，终于征服第乌，成为印度洋上的霸主

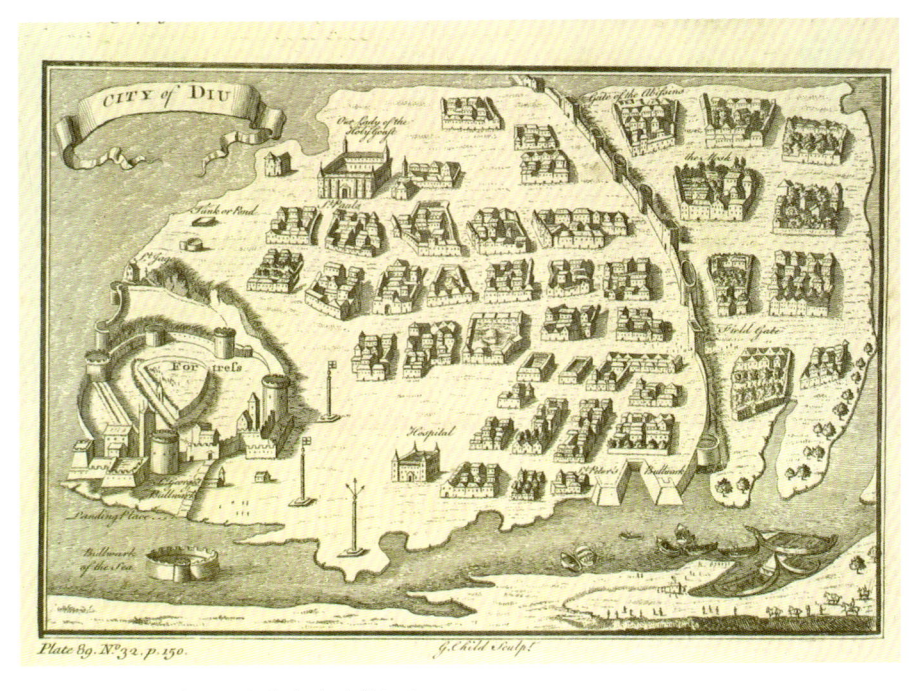

▲ 第乌城和葡萄牙人在第乌建造的堡垒

◀ 威尼斯郊外穆拉诺岛上圣米凯莱修道院的修士毛罗接受葡萄牙的委托,绘制了一张长达两米、详尽的世界地图。他的杰作在很大程度上归功于马可·波罗

▲ 1541年4月,方济各·沙勿略在去往印度之前向若昂三世告别。他跪在国王面前,伸出一只手向国王致敬

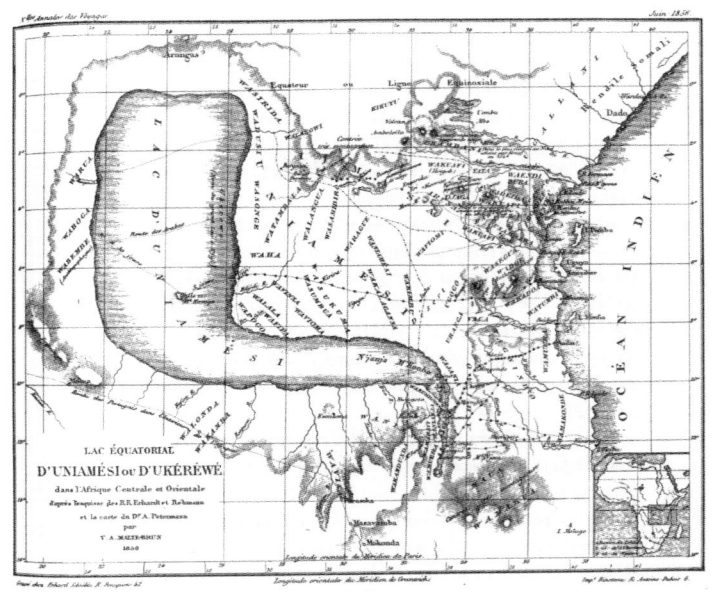

▲ 1855 年末，由克拉普夫在非洲的传教士同伴雅各布·埃哈特和雷布曼绘制的"蛞蝓地图"出版，这张地图显示非洲大陆中央存在一个巨大且怪异的湖泊

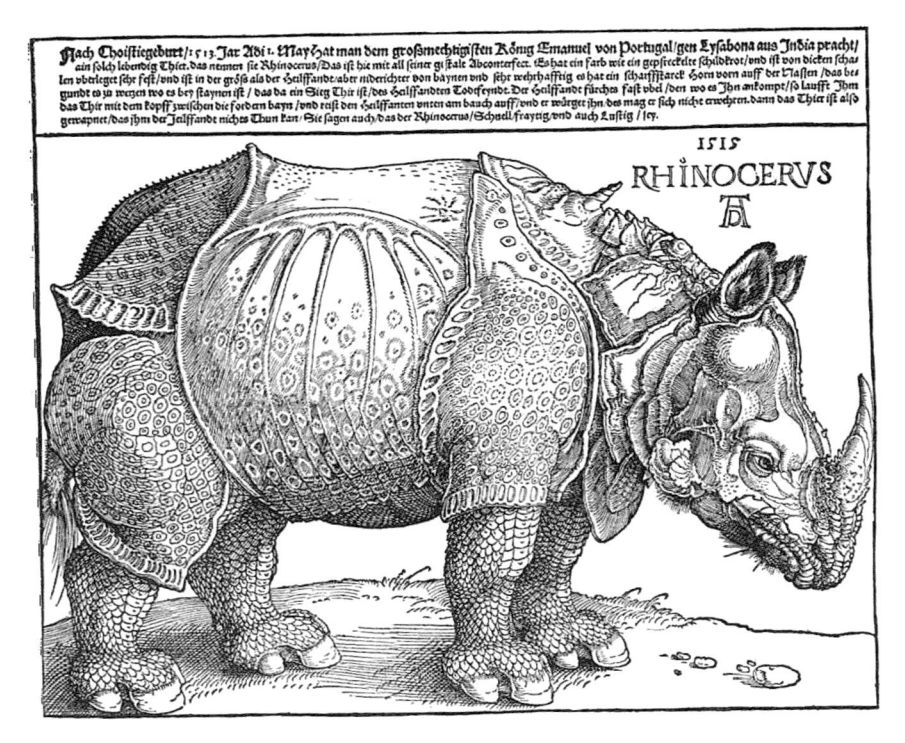

▲ 1516 年，葡萄牙国王曼努埃尔送给教皇利奥十世一头犀牛，但是载着犀牛的那条船在意大利附近沉没，为此船上所有的人员都罹难，货物都沉没了

▲ 弗朗西斯科·巴雷托（1520—1573年）曾远征非洲内陆，与蒙加斯人起过多次冲突

画下来,用这幅图像填满中世纪非洲地图的空缺,这只能反映制图者的无知。1410年,通过阿拉伯人保存的古典书籍,托勒密的《地理学》被"重新发现",但是这本书带来的更多是误导而非帮助。一些神秘的热那亚人、加泰隆人和犹太人控制着沙漠北端的黄金贸易。在那些沙漠城镇,商队将黄金运输到地中海,但是即使是他们也不知道这些黄金的来源。孤立于休达这块小飞地,葡萄牙人无法参与撒哈拉沙漠中的贸易。

在休达收集到的关于非洲黄金的每一个传言都会引起若昂一世的强烈兴趣,因为他的国家是如此缺少黄金。在几十年的时间里,里斯本的黄金价格就涨了几百倍。[1]铸造自己的金币,并使之成为进口货物的交付款,对任何一个国家来说都是一件值得自豪的大事,但是若昂一世的国库太过空虚以致无法实现这个目标,所以葡萄牙使用更富有的邻国的货币,其中包括"异教徒"摩洛哥人的货币。

占领休达而赢得的声望很快就被欧洲更大的事件所掩盖。"天主教会大分裂"、互相敌对的教皇争夺权力,以及不断涌现的反抗罗马教令的起义浪潮,使得天主教会受到剧烈震荡;在休达被占领之前几个星期,波希米亚一个叫作扬·胡斯的著名异端分子,被烧死在火刑柱上。能将人们的注意力从宗教论争中抽离出来的事件直指东方:曾经是亚洲草原游牧民的奥斯曼土耳其人,已经挺进欧洲,君士坦丁堡处于危险之中。土耳其人绕过拜占庭的宏伟城堡,选择穿过博斯普鲁斯海峡进入欧洲,并且他们已经攻克了巴尔干半岛的大部分地区,但是每个人都知道,他们迟早会掉转头围攻君士坦丁堡。尽管卡斯蒂利亚人重新征服了几乎整个安达卢西亚地区,但是基督教世界面临的危险似乎比任何时候都要严峻。13世纪与蒙古人组成战无不胜的联盟的梦想已经不复存在。伊斯兰教复兴了,奥斯曼土耳其人就是它的先锋。

这样的情形造成的结果是从中国到大西洋的已知世界,它们之间的隔离程度要比以往任何时候都更深。蒙古人曾保持畅通的亚洲陆路是马可·波

---

[1] 在罗马时代、中世纪的欧洲耗尽黄金从东方购买香料、丝绸和其他奢侈品。除了黄金,他们几乎没有其他可以被接受的东西用来交换。

罗和无数其他商人旅行的路线，从这时起却对基督徒旅行者关闭了整整一个世纪。少数几个传教士费尽千辛万苦抵达撒马尔罕，但是无法去往更远的地方。只有最大胆的欧洲旅行者，才试图通过黑海、叙利亚或埃及前往印度洋国家，但是很少有人返还。在几个世纪的时间里，通过海路到达东方的想法时不时地闪现，但是中世纪的地理学是如此不合乎理性，以致人们对于前往东方应该朝哪个方向航行没有清楚的认识。

在找到合适的线路之前，欧洲与东方的贸易是被垄断的，仍旧掌握在辉煌的"威尼斯共和国"手中。威尼斯商人在包括君士坦丁堡在内的地中海东部港口停驻，与他们的穆斯林同行，为越过伊斯兰世界的阻隔而买来的胡椒、肉桂、生姜、肉豆蔻、红宝石、珍珠和丝绸讨价还价。1413年，土耳其的统治者穆罕默德一世与威尼斯人签署了一份新条约，保证他们在他的贸易殖民地的安全。威尼斯人的竞争对手对此感到愤恨，但是他们没有实施什么实际行动。

欧洲人热衷烹饪香料，他们相信香料具有药用价值，并且可以净化腐朽的食物。对香料的这种执着自十字军东征之后继续增长，所以香料的价格很高。在所有香料中最有价值的是胡椒，它既被用于烹饪，也用作防腐剂。在初冬时节，农民会宰掉他们的大部分牲畜，然后将胡椒和盐一起擦在肉上。丁香的价值也很高，在烤肉的时候，人们会把辛辣、状如"钉子"的丁香子嵌进肉里。到15世纪，"香料"这个词包含很多来自亚洲的异域商品，包括香水、化妆品、染料、胶水、防止瘟疫的香丸，甚至是糖和细棉布。到达欧洲的中国丝绸和瓷器的数量也大幅增加，尽管欧洲人不知道为何会这样（这些奢侈品被郑和的船队成批地带到印度洋的港口）。

因此，威尼斯人的霸权让人恼怒，他们获得的财富是如此撩人，以至各式竞争对手都想打破他们对贸易的垄断。其中最努力的是热那亚人，然而，在15世纪初，他们在和威尼斯人的长期战争中最终失败，且付出了高昂的代价。那时候，与这些大的竞争对手相比，葡萄牙微不足道。它甚至没有地中海的海岸线，而是位于欧洲大陆的外部边缘，它的港口面对的是咆哮不息的大西洋。就政治影响力而言，它既没有财富也没有人力资源。此外，它的神职人员受到教会高层的轻视，因为他们受教育程度低又喜欢纳妾。

但是，跨越欧洲和非洲之间狭窄海峡的冒险，点燃了若昂一世和他的两个儿子佩德罗和亨利的骑士热情。尤其是亨利王子，他将摩洛哥视为实现自己野心的一个出口。作为国王的第三个儿子，他不可能继承王位，但是他暗暗相信自己的星象。宫廷占星师曾经宣称，他出生时火星和土星所处的位置，预示他注定会"发现伟大的秘密，完成宏伟的征服"。当葡萄牙的历史学家讲述亨利是如何在外海和遥远之地为他的国家撒下成功的种子时，他们应该记住这个预言。

瘦弱又喜怒无常的亨利在25岁时启程前往阿尔加维的圣文森特角。它是位于欧洲西南端的一个海岬，像一艘船的船头插入大西洋。后来渐渐成形的关于亨利的传奇，都与圣文森特角和萨格里什紧密相关。萨格里什是一个小渔村，因为有悬崖而免受海上强风的侵袭。据说亨利在萨格里什建造了一座城堡，在身边聚集起一个智谋团，其中包括制图者、天文学家和水手。在很大程度上，这种说法出于虚构。亨利的确在萨格里什建造了一个设防营地，为在那里等待平稳天气的水手提供食宿，但是亨利在南方的大多数时候，都待在萨格里什以东15英里的拉各斯。（至于王子的那个浪漫头衔"航海者亨利"是19世纪的一个德国历史学家授予他的，他不是一个航海实践家，一生之中从未统领过一条船。）

然而，圣文森特角的确是一个梦想建立骑士功勋和击败诸多"可恶的穆罕默德教徒"的地方。亨利王子对勇猛和虔诚的骑士价值观非常沉迷，以至于据说他甚至发誓要永葆贞洁。那里的一切都有时代的印记，仅在此之前一个世纪阿尔加维还接受穆斯林的统治。王后给了亨利一块据说是耶稣被钉死的十字架上的木头，这强化了亨利的骑士幻想；而国王将亨利置于基督骑士团团长的位置，那是1319年在教皇的祝福下，成立于葡萄牙的一个宗教和军事社团。基督骑士团取代了失去信誉的圣殿骑士团，它成立的目的是"保护基督徒，并且将战争带到穆斯林的土地上去"。葡萄牙人早就开始从事这项神圣的任务了，并将它作为他们所有血腥行为的理由。

与他的同时代人一样，亨利喜欢回顾查理大帝时的世界和亚瑟王的冒险故事，但是他足够现实，看到了火药——从中国传遍世界的一项发明——

将改变战争的艺术。火药的配方广泛流传至少已有一个世纪（英国哲学家兼科学家罗杰·培根早在1260年就获得了一个"神秘配方"），但是研发火药的技术却发展得很缓慢。1415年，在休达和阿金库尔火枪还一点儿都不重要，尽管在这一年的早些时候，当英国人围攻哈弗勒尔港时，他们就已经使用了早期的射石炮发射石弹，英国人在此次战役中获胜。在几乎还没有修建道路的时代，移动枪炮是极为困难的，而且它们的射程又短，所以在陆地上只有围攻的时候它们才是有效的，因为那时候进攻者有足够的时间将它们架设起来。

在海上使用枪炮的价值很快就体现出来了，要比陆地上来得更明显。一旦这些笨重的武器被固定在甲板上，并且准备好战斗，船只本身就可以给予它们机动性。英国作为一个海洋国家，在海上使用枪炮这件事上走在了前列，他们在1340年的斯鲁伊斯海战中使用了枪炮，尽管他们的枪炮太小以致起到的作用不大。二三十年后，海军炮火的威力大增：一位丹麦王子被一艘德意志船只发射的石弹击中，最终毙命。不久之后，威尼斯人开始在他们的战船上安装射石炮，炮弹越过船头，直射前方。

在15世纪早期，英国人开始设计能装备加农炮的大船。有些船只是在巴约讷建造的，它是法国西南部的一个港口，那时仍处于亨利六世的控制之下。跟亨利六世同名又有亲属关系的葡萄牙的亨利，毫无疑问意识到了火炮在海上的潜力，在1419年，葡萄牙人已经能够部署装备枪炮的船只，以阻止西班牙的一支穆斯林舰队重新占领休达。

我们不知道是什么原因最先激发亨利产生挑战大西洋和探秘非洲的想法，因为他是那个寡言家族里最神秘的一个成员。但是船只设计的优化与射击技术的进步，为葡萄牙带来了连亨利本人都无法想象的结果。历史将亨利刻画成一个有远见卓识的人，而实际上，他是一个冷酷无情且野心勃勃的人。怂恿基督骑士团在穆斯林的土地上发起反对穆斯林的圣战，只是为了给他自己增加神圣的光环。

起初，他的兴趣点还比较近，即从圣文森特角跨海仅需两天航程的丹吉尔。尽管他可能永远不会成为葡萄牙国王，但是他认为至少可以使自己成为富有的摩洛哥的总督。将异教徒驱逐出丹吉尔，可能是对穆斯林占据伊比利亚半岛长达八个世纪的甜美报复。由于风险极大和太过虚荣，若昂一世断然回绝了他的计划，于是亨利改变了他的想法，将眼光放到比摩洛哥更远的地方，他要穿过沙漠，前往"黄金之河"。

被葡萄牙人抓住的一个阿拉伯俘虏提供了一些关于穿越沙漠的贸易路线的信息，甚至还讲到了非洲心脏地区的湖泊。亨利知道穆斯林不会让基督徒通过陆路到达传说中的"黄金之河"，但是既然据推测这条河流流入大西洋，沿着非洲海岸向南航行，就可能到达那里。

在春天和夏天东北风吹来的时候，亨利将他身边的侍从派出去执行任务。王子控制的几艘船定期从萨格里什和拉各斯出发，去从事贸易和捕鱼活动。最重要的东西是他收集的其他国家曾经尝试南下探索非洲海岸的船只的档案。[1]

人们还记得热那亚的维瓦尔第兄弟的命运，还想知道他们于1291年穿过直布罗陀海峡探索绕过非洲前往印度的路线时，到底葬身何处。在半个世纪之后的一张加泰罗尼亚的地图上有一个题词，上面提到某个来自马略卡岛、叫作海梅·费雷尔的人在航行途中经过摩洛哥的一个地标。这个地标是博哈多尔角（位于北纬26度），那儿的海岸线地带是沙漠，"黑人之地"就从那里开始。此后，费雷尔也踪迹全无，水手们说任何跨过博哈多尔角（在阿拉伯语中意为"危险之父"）的人都无法返还。[2]在近些年，几艘来自迪耶普港的法国渔船也在那片水域失踪了。迷信的人断言，这些探险者以生命为代价驶入"热带地区"，那是中世纪的地理学家划分的世界5种气候地域中的一种。

亨利的自尊心受到其他国家的挑衅，它们也在非洲海岸进行各种活动，尤其是寻找新渔场的法国人，因为早在1401年，一群乘坐小船的法国水手就在博哈多尔角附近登岸，他们抓走了几个非洲村民，之后把他们带回

---

[1] 人们普遍认为，迦太基航海家汉诺（Hanno）曾在约公元前740年携60艘单层甲板大帆船和3万名移民沿大西洋海岸南下，几乎抵达赤道地带，他们在那里建造了7座城镇。这个传说的真实性很可疑。

[2] 制图师费雷尔在1346年8月10日出发寻找"黄金之河"，参见哈利和伍德沃德的《制图史》的第一卷（J. B. Harley and D. Woodward, *History of Cartography*, vol.1, Chicago, 1987）。

了加那利群岛。一年后，一个叫作让·德·贝当古的诺曼骑士占领了加那利群岛，并且自称国王。[1]卡斯蒂利亚人曾经鼓励他这样做，他们认为这个群岛最终是属于他们的。葡萄牙人试图夺取这个群岛，因为它处于海岸附近的战略要地，但是他们没能成功。亨利决定继续向南方推进。

年复一年，他将船只派往博哈多尔角。他派出去的船只是比划桨的帆船大不了多少的小货船，而那些船只一旦发现自己遭遇强劲的洋流，就会逃回葡萄牙。主要的奖赏是抢劫那些他们遇到的、沿着非洲海岸航行的摩洛哥船只。在长达15年的时间里，王子派遣他的侍从一次次进行这些远航，最后终于绕过了博哈多尔角。一个叫作吉尔·埃亚内斯的侍从为躲避沿岸洋流而航行进入了大西洋，之后在可怕的博哈多尔角的南边登陆。葡萄牙人最终触及了"黑人之地"的边缘。那一年是1434年，在占领休达之后大约20年，葡萄牙人第一次踏上了非洲的土地。

---

[1] 加那利群岛在古典时代被人们视为幸福岛。普林尼提过，在公元前40年曾有一次前往该群岛的远征。马略卡岛的传教士在1342年航行到达那里，并且开始转化当地原住民关契斯人（Guanches）的信仰，但是在1391年，他们彻底消灭了那里的原住民。

13

控制几内亚海岸

> 这座城市属于上帝。
>
> 当被问到为什么不用休达交换他被摩洛哥人俘虏的弟弟费尔南多时（大约在公元1440年），亨利王子这样回答。

亨利王子一度转移了他对探索非洲海岸的兴趣。在若昂一世去世后，亨利的哥哥杜阿尔特即位。杜阿尔特是一个温和的人，被称作"哲学家国王"，他最终对亨利通过占领丹吉尔来扩展葡萄牙在摩洛哥的势力的要求做出了让步。

1437年发动的进攻是一场灾难。亨利指挥的军队被截成数段，他最小的弟弟费尔南多被俘虏，作为人质被带到菲斯。这些事件使杜阿尔特大受打击，他的健康恶化，死于次年的瘟疫。摩洛哥人提出如果葡萄牙人撤出休达就释放费尔南多的建议，但是亨利对此嗤之以鼻。[1] 尽管被俘虏的王子向家里发出了求救信，但是他被丢给了上帝，5年后死于地牢。葡萄牙人宣布他是基督的殉道者。

葡萄牙的二王子佩德罗对达成协议营救费尔南多的建议比亨利热衷得多，但是他避开了丹吉尔的那场灾难。去欧洲旅行之前几年，他参与了针对入侵匈牙利的奥斯曼土耳其人的战斗。

土耳其人比安达卢西亚和摩洛哥的穆斯林更加凶残，所以当佩德罗离开匈牙利南下威尼斯旅行的时候，他确实松了一口气。新选出来的威尼斯

---

[1] 关于亨利回绝以休达交换他兄弟的条件，参见纽伊特的论文《亨利王子和葡萄牙的帝国主义》（M. D. D. Newitt, Prince Henry and Portuguese Imperialism）。

总督弗朗切斯科·福斯卡里以盛大的仪式欢迎这位葡萄牙王子，因为他意识到也许在某个时候，这位访客很可能成为下一任国王。不管怎么说，这位总督很喜爱盛大仪式。[1]

在一场宴会上，佩德罗看到250名来自这座城市最显贵家族的妇女，身着来自东方的精美丝绸，他为这样的景象而眼花缭乱。他乘坐一艘皇家大驳船，在一支由小型船只组成的船队的护卫下赴宴。在逗留威尼斯期间，佩德罗王子参加了很多舞会和宴会；他还视察了潟湖周边正在建造的船只，和他的兄弟亨利一样，佩德罗也是航海技术创新的热情追随者。他嫉妒威尼斯建立在与东方的长期贸易基础上的奢华与富有。

总督送给佩德罗的离别礼物是一份珍贵的威尼斯旅行家前辈马可·波罗回忆录的手稿。这一赠礼具有的意义比任何人所能预见的还要大，因为在马可·波罗对东方的描述的激励之下，葡萄牙人建立了伟大的功绩，而这却使得威尼斯的经济几近崩溃。

丹吉尔的惨败迫使亨利王子返回阿尔加维，重新开始制订前往"黄金之河"的计划。到1440年，这个计划还是他最大的野心，但是之后不久，他有了一个更宏伟的目标。一种新型船只被创造出来，即轻快帆船，这使亨利王子受到鼓舞。这种船通常不超过60英尺长，但却坚固而且快速，与笨重的叠搭式构造的"柯克船"和早期使用桨和帆的船只相比，船体光滑的轻快帆船在设计上有了质的飞跃。

早期的轻快帆船不是被设计用于运送货物的，它们的承载量只有50吨多一点，但它们是理想的海洋开路先锋。由于只有6英尺宽，它们一般在近海区域航行，而高高翘起的船头使得它们可以面对大西洋的风暴。它们满载时也只能装25个人，尽管水手们需要睡个好觉，但是他们最好的休息地方仍是露天甲板或者船舱，在船尾的"城堡"里，船只长官有简陋的小房间。这些船上的海员变得更加勇敢无畏。

---

[1] 关于佩德罗王子感受到的荣华和奢侈，可以参见约翰·朱利叶斯·诺威奇的《威尼斯的兴衰》（John Julius Norwich, *Venice, the Greatness and the Fall*, London, 1981）。

设计轻快帆船的目的是在驶近风暴时更好地利用它的斜挂大三角帆,这种船帆是由意大利水手改良典型的阿拉伯船只的帆装而来,也因为这个缘故,它们被叫作拉丁帆或者大三角帆。航海技术的进步和轻快帆船的发明,使得从博哈多尔角的南部返回葡萄牙变得更加容易。具体的航线是先向西,再向西北,进入远离陆地的大西洋风系,然后驶向马德拉群岛和亚速尔群岛(它们也是这样一步步被发现和被占领的)。自此之后,葡萄牙的海岸逐渐靠近并且跨过了盛行西风带。[1]

1415年,葡萄牙还几乎没有船只能够抵达休达,而此时它却逐渐成为海洋的征服者,拍击在葡萄牙海岸上的浪花,像是无休止地提醒人们向视野之外的地方发起挑战。地中海已没有什么可供探索的了,每一座岛屿、每一个海港从罗马时代起就已经被人们所知晓。而大西洋则成为葡萄牙人的狩猎场,那是一片有无限可能性的海洋。在那之外的某处,向西或者向南,没有人确切了解,是马可·波罗在一个半世纪之前到访过的诱人的印度和大汗的国家。

到15世纪40年代,大西洋上的远航已经能取得一定效益了,因为那时候的葡萄牙船只能够很顺利地越过非洲的沙漠海岸线航行,并且可以到达塞内加尔河和冈比亚河的河口附近。他们不仅能够到达鱼类资源丰富的渔场水域,还能到达一些沿岸村庄,在那里他们可以用自己的商品交换马里的黄金、象牙和异域香料。大多数外国船长是威尼斯人和热那亚人,他们在被亨利雇佣的时候就被告知,他们的首要任务是带回黄金。一部分黄金被用来购买英国和法国的货物,例如布料和锡碗,然后葡萄牙人再用那些货物与非洲人做贸易。

收益最大的是劫掠奴隶。葡萄牙只有100万人口(相比之下,西班牙有800万人,法国有1600万人),阿尔加维和亚速尔群岛繁荣的蔗糖种植园急需劳动力。各国的海盗们已经在加那利群岛从事这项活动,葡萄牙武装团伙则如暴风雨般登上非洲海岸,袭击那些没有防备的村庄,抓走年轻

---

[1] 亚速尔群岛(这个名字源于葡萄牙语中的"açores",意思是老鹰)的殖民地化是由贡萨洛·维利乌·卡布拉尔(Gonçalo Velho Cabral)在1445年开始的。

男女，把他们拖上船。这些沿岸村庄的社群很原始，它们远离内陆高度组织化的伊斯兰王国。当地居民起初怀着友好的敬畏欢迎这些白人访客，但是这种情感很快就变为对他们的恐惧。

第一批被带回去的黑人仅仅"是为了供亨利王子取乐"，那时是1441年。但是将非洲黑人大批掳来的想法很快就被确定下来；在将一些受过洗礼的黑人俘虏作为人质送回家乡之后，他们索取更多的非洲黑人。葡萄牙编年史学家戈梅斯·埃亚内斯·德·祖拉拉讲述了，1445年200多个黑人奴隶是如何在阿尔加维的拉各斯港被拍卖的。亨利王子也出席了拍卖，他骑马到那里，带走了46个非洲奴隶，那是他可以拥有的奴隶总数的五分之一。方济各会在圣文森特角附近有一座修道院，也被赠予了一些黑人奴隶。由于西非的马匹需求量很大，而摩洛哥盛产马匹，用马匹进行物物交换成为可能。起初，1匹马可以换14个奴隶，但是后来1匹马交换6个奴隶成为一项定规。[1]

轻快帆船的船长们进行奴隶贸易的行为在葡萄牙不受道德质疑，因为奴隶制在整个南欧建立已久。威尼斯人使用大量奴隶，在他们最大的殖民地克里特岛种植蔗糖。意大利商人会定期在西班牙出售希腊人、鞑靼人和罗斯人。而且，在穆斯林统治了8个世纪之后的伊利比亚半岛，人们对奴隶制已习以为常，就连战俘也为自己能够被出售而不是被屠杀感到庆幸。

然而，葡萄牙人对于让异教徒接受洗礼、皈依基督教尤为执着，以便拯救奴隶的灵魂，使他们免受被罚下地狱的痛苦。（后来奴隶在离开非洲海岸之前就要接受洗礼，因为葡萄牙人唯恐他们死于运输途中。）让全人类皈依真正的信仰是一种责任，所以强制奴隶皈依基督教符合上帝的意愿。亨利决定将他的宗教义务推及到更远的地方，他命令人们将所有从非洲带回的货物中的二十一分之一交给基督骑士团。他将奴隶列在第一位，排在它后面的是黄金和鱼。

在驾驶葡萄牙的轻快帆船航行的许多意大利人中，有一个叫作阿尔维

---

[1] 非洲人"天生是奴隶"的理论最早是由亚里士多德提出来的。

斯·达·卡达莫斯塔的年轻人。他在15世纪中叶曾两次成功航行到塞内加尔和佛得角,他成为第一个以目击者的身份写下撒哈拉以南非洲日常生活的欧洲人。卡达莫斯塔受过教育,好奇心强,并且仁慈,他拜访了沿海村庄,向当地首领询问他们的村庄治理情况,尝试吃了象排,还研究小鸟是如何在棕榈树上筑巢的。一天,他走进一个市场:"我通过他们带来出售的东西,能够很清楚地知道这些人极度贫穷。他们卖棉花,但是数量不大,还卖棉线和布料、蔬菜、油、粟、木碗、棕榈叶垫子,以及所有其他他们平时使用的东西。"

卡达莫斯塔出现在一个村庄中,引起了不小的轰动:

> 这些黑人,男人和女人,挤在一起来看我,好像我是一个非常奇特的人……我穿着西班牙样式的服装,那是一件黑色缎面紧身上衣,外面罩一件灰色羊毛短斗篷。他们仔细查看羊毛布料,因为这种布料对于他们来说很新奇。而紧身上衣更让他们感到惊讶。一些人还摸我的手和四肢,并且用唾沫擦拭我的皮肤,因为他们想知道我的白皮肤是染的还是真的。当发现我的白皮肤是天然生就时,他们极为震惊。

非洲人在很多方面使他感到高兴:"这个国家的女人非常友善、无忧无虑,她们随时准备唱歌跳舞,特别是年轻女孩子。但是她们只在晚上借着月光起舞。而且,他们的舞蹈与我们的非常不同。"

然而,卡达莫斯塔参与了战斗,并且对以马匹交换奴隶不感到内疚。一个受洗的奴隶作为翻译从葡萄牙被带往非洲,一旦轻快帆船在想要进行贸易的地点登陆,这个人就立即被当地人杀死了。卡达莫斯塔自己都没有意识到,他参与了大西洋奴隶贸易这个历史性冲突的最初阶段。

当他回到葡萄牙的时候,亨利亲自欢迎这个威尼斯人。卡达莫斯塔呈献给亨利一只象脚和一根"长达十二个跨距的"象牙。亨利将这些礼物转送给了他的妹妹——勃艮第公爵夫人。卡达莫斯塔赞美亨利的美德,说他是一个虔诚的人,他乐于"在与野蛮人的战斗中,为了信仰,为我主耶稣贡献全部力量"。

葡萄牙人急需招募像卡达莫斯塔一样有才干的外国人，但是当他们的轻快帆船前往更远的未知海域探索时，他们就更加需要对这样的探险保密。有一个事件体现了这样的需求。一位领航员和两个水手在完成了一次前往西非的航行之后，逃到了卡斯蒂利亚。他们被指控偷窃，但是让葡萄牙人真正感到恐惧的是泄露航海秘密会"危害国王"。于是，他们被跟踪，两个水手被砍头，那个领航员的"嘴里被安上钩子"，他被带回去处决。他的尸体被分成四块示众，以威慑任何潜在的背叛者。泄露航海图是死罪；而将轻快帆船卖给任何外国人也同样被禁止。

1455年，教皇尼古拉五世签署了警告西班牙人远离葡属非洲的诏书。这使葡萄牙在博哈多尔角之外的所有"阿拉伯人或者异教徒的土地"上独揽了征服和占有的权力。教皇诏书的签署是为了回应亨利王子的诉求，因为卡斯蒂利亚试探性地宣称对"几内亚海岸"（这个词是欧洲水手新创造出来的）的所有权。教皇宣称亨利相信自己最能履行好对上帝的义务，因为他打算探索海域，航行到"远至印度的地方。据说印度人崇拜上帝，这样他就可以建立与他们的关系，激励他们帮助基督徒对抗穆斯林和其他异教徒"。因此，梵蒂冈公开宣布亨利的最终目标：环行非洲，前往印度。

在奥斯曼土耳其人攻陷君士坦丁堡之后两年，教皇签署了这份诏书，在土耳其人攻陷君士坦丁堡之际，欧洲人只要一想到穆斯林接下来要攻打的地方就浑身发抖。西方基督教世界因为宗教教条和更实际的问题已与拜占庭争吵了几个世纪，但是此时再为君士坦丁堡的毁灭与殉难而感到悔恨为时已晚。教皇号召基督教国家团结起来收复君士坦丁堡，葡萄牙是唯一一个组织军事力量响应教皇号召的国家。尽管上帝已经启示人们，取得胜利的苏丹穆罕默德二世会被击败，他将作为俘虏被带回罗马，并且被"踩在教皇的脚下"接受强制洗礼，但是只有里斯本才有开启"新的对抗异教徒的十字军东征"的渴望。狂热的葡萄牙人宣称他们将会召集一支1.2万人的强大军队。他们还用西非的黄金铸造了一枚硬币，将它命名为十字军东征币。

对于意大利的商业城邦而言，君士坦丁堡的陷落过于突然，因为它就位于他们贸易的核心位置。地中海所有地区的基督徒船只都陷入恐惧，因为他们害怕被土耳其突袭者抓住或者击沉。由于土耳其人从不冒险越过直布罗陀海峡，葡萄牙人具有的地理优势变得更加明显。只有在他们顽强地南下进入大西洋，并且沿着西非海岸行进的时候，他们才会担心卡斯蒂利亚人乘机劫掠他们的轻快帆船。

1456年，另一道教皇诏书授予基督骑士团"所有前往印度线路"的司法权。教皇持续的鼓舞，使里斯本的王室更加坚信，找到通往东方的航线是他们的天命任务和宗教义务。年轻的国王阿方索五世大肆宣称，他的叔叔亨利王子已"征服几内亚、努比亚和埃塞俄比亚的海岸，渴望在那些地方为上帝赢取胜利，从而使那里的'野蛮人'对我们顺从，那是基督徒从来不敢踏足的土地"。

然而，亨利一生中的最后一些活动与上述宣言没有什么关系。1458年，他返回了葡萄牙人第一次进入非洲冒险的地方，他帮助阿方索占领了一个紧邻休达的城镇——阿尔卡塞尔·瑟盖尔。这支军队最初被召集起来是为了从土耳其人手中解放君士坦丁堡，但是它从未被派遣出去，因为所有其他欧洲国家都退出了。亨利对阿尔卡塞尔·瑟盖尔的袭击是振奋人心的，因为他所有的兄弟都已去世，他是剩下的少数几个还能回忆起40多年前在休达取得胜利的人之一。[1]

两年后亨利去世，享年66岁。尽管黑人奴隶以每年3万人的数量被运回葡萄牙，其中大部分被再出口到西班牙和意大利，但是他到达"印度"的梦想没能实现。到亨利去世时，轻快帆船已经能航行到圣文森特角之外1500英里的地方。它们绕过西非突出的部分，几乎朝着正东的方向沿着海岸线航行。这使他们有点迷惑，似乎认为印度就在他们的正前方。

在亨利去世后，葡萄牙王室将带着船队继续探索的任务包给了一个叫作费尔南多·戈麦斯的葡萄牙商人，并和他签署相关合同，按照合同，他承诺为王室带来经济利益。这种安排使得国王阿方索可以集中精力对摩洛哥发起另一轮进攻。到1471年，他准备好对他极度虚弱的敌人发动进攻，

---

[1] 关于亨利性格的评价，参见本萨乌德在《恩里克王子的十字军东征》（J. Bensaude, *A Cruzado do Infante Dom Henrique,* Lisbon, 1946）中所说的，"提到他，任何人都会把他视为'一位寻找圣杯的珀西瓦尔'"。

因为那时候他的对手是一位无能的苏丹。一支3万人的军队登上了300艘船只：轻快帆船和更大的武装商船。目的地是阿尔齐拉，那是大西洋沿岸的一个海港，位于丹吉尔以南大概40英里。那里没有军事堡垒，并且几乎没有机会对抗全副武装的葡萄牙袭击者。短暂的抵抗之后，当地人投降了，等待即将到来的命运。阿方索很快就下达了命令：包括男人、女人和儿童在内的2000名居民被杀，还有5000人沦为奴隶。[1]

大屠杀的消息很快向北传到丹吉尔，那里的人们知道下一个遭殃的就是他们。恐慌的人们带着他们所能携带的东西，通过陆路或者水路逃离家乡。附近的其他城镇没有抵抗就直接投降。葡萄牙人未受任何挑战，一路向前行进。16岁的王位继承人若昂王子，被他的父亲安置在士气高昂的十字军队伍里，他们要报复30多年前亨利王子在丹吉尔所受的羞辱。

从摩洛哥人的立场来看，丢掉丹吉尔是一场尤为严重的灾难。700年来，这座城市一直都是通向欧洲和安达卢西亚的大门，而今这种情况要颠倒过来了。伊本·白图泰的出生地因阿方索的猛烈进攻而陷落了。因为给君主取荣誉的绰号是一种惯例，所以这位征服阿尔齐拉和丹吉尔的英雄被冠以"非洲人阿方索"之名。

在15世纪末的最后几十年对摩洛哥的十字军东征，为接下来葡萄牙人在更遥远地区的征服建立了一个模板。许多年轻的骑士——贵族子弟，在毫无仁慈可言的掠夺、强暴、杀戮中接受了难以忘怀的教训。他们开始认为穆斯林的生命一文不值，男人、女人、孩子的生命都一样，因为他们是基督教世界的敌人。

因而，1471年对于在摩洛哥取得胜利的人来说是值得纪念的一年，在另一方面也是重要的一年。在遥远的、欧洲人未曾航行过的南方海域，一个叫作阿尔瓦罗·埃斯特韦斯的船长穿越了赤道，靠近一座岛屿，他将之命名为圣多美岛。更重要的是，他发现非洲的海岸线再次改变了方向，他的轻快帆船的船头再次指向正南。在朝向海洋的一面，海水一望无际；而在朝向陆地的另一面，蛇皮绿色的森林难以望穿，树木将海岸线之后的

---

[1] 阿尔齐拉的战利品据估计价值高达80万达布隆金币。

一切都掩藏起来。

尽管商人戈麦斯已经完成了合同规定他该做的一切，将轻快帆船的航行范围又向前推进了1500英里，但是1475年他签署的合同到期。那时候，在几内亚海岸葡萄牙人面对西班牙人的严峻挑战。亨利王子受命负责将西班牙人从那里驱逐出去。为了争夺非洲的贸易权，双方之间的海战十分残酷。俘虏从未被遣回，而是被吊死或者直接被扔进大海。

西班牙人有更多的船只，而葡萄牙人更为凶残。1478年，一支由35只大船构成的西班牙舰队到达西非参加战斗，但是被击败。葡萄牙人保住了对通往印度洋航线的垄断。

14
印度的形状

> 他们报告说,印度有3000个非常大的城镇,有9000个不同民族。此外,长久以来人们都认为,那儿是世界的第三部分。
> ——盖乌斯·尤利乌斯·索利努斯,约公元300年
> (1587年,由阿瑟·戈尔丁翻译)

在15世纪最后20年,葡萄牙人继续他们在南大西洋的航行,但是他们越过几内亚海岸越多,物质回报就越匮乏:良港十分罕见,沿海村庄的居民则在葡萄牙人上岸抓住他们之前就消失在丛林里。[1]非洲似乎充满敌意,而且没有边际。国王阿方索因为对远航探险的态度时好时坏而臭名昭著,对这种前往未知地域又耗资巨大的冒险,他开始失去兴趣。他的怀疑传染给了他的大臣。

葡萄牙人还有更深层次的焦虑。他们眺望大西洋,想到当非洲可能最后在地理上被征服时,他们发现自己对接下来必须面对的事物的了解几乎是一片空白。如何才能到达神奇的东方?他们对于"印度"的了解是如此不足,他们通常用"印度"这个词指代包括从尼罗河到中国的整个世界。

有时人们普遍认为印度是一个巨大的国家,而另一些时候,人们又会认为它是由许多富裕的小岛连缀而成。关于印度周边的海域——它们的范围、风向、洋流,他们一无所知。尽管他们对几个印度洋港口的名字十分耳熟,但是对于它们彼此的关系却完全没有概念。

---

[1] 在到达刚果王国之前,对于葡萄牙人来说,赤道以南的非洲与几内亚海岸人口稠密的城邦形成强烈反差,比如贝宁。

葡萄牙人本可以从像伊本·白图泰那样的阿拉伯旅行者的记录里了解到很多信息，但是那些记录已无从获得。那时候关于印度的最佳信息来源，仍旧是13世纪马可·波罗的回忆录。从他那个年代开始，一些传教士已经找到前往东方的道路，但是他们留存下来的记录都支离破碎。而希腊和罗马的历史学家曾经知道的大部分信息都已经失传，或者仅仅以混乱的形式存在，例如索利努斯大部分被转译过来的著作。

几十年来，葡萄牙人不放过每一个琐碎的信息，并对它们仔细思考。在君士坦丁堡陷落之后，踏足东地中海一侧的穆斯林土地——土耳其、叙利亚和埃及——变得更加危险。1453年之前，敢于冒险的基督徒，还能以拜访圣城耶路撒冷为目的或者借口前往那些地方。但是奥斯曼土耳其人在攻陷拜占庭以后，关闭了很多通往东方的渠道。

但是从君士坦丁堡陷落之前不久拜访过那些地方的欧洲人回忆录里，还是可以获得一些线索。其中最详细的是一个叫作贝特朗东·德·拉布罗基耶的法国骑士的记录，此人是勃艮第公爵的至交。1432年春，他与几个朋友一起取道罗马前往威尼斯，之后又从威尼斯前往巴勒斯坦。当他的贵族朋友们转变方向回家时，拉布罗基耶启程前往大马士革。在那里，他发现欧洲商人在晚上被锁在自己家里，并且受到严密监视。他写道："在大马士革，人们仇恨基督徒。"

将自己打扮成阿拉伯人的样子，拉布罗基耶花了数月的时间游历土耳其。按照他的记述，他好几次幸运地逃过了暗杀，尽管有一次到达了一个可以通往波斯的山谷，但是他不敢再往前行进了。土耳其人的军事力量和自信远超过他的想象，虽然他安全地回到了勃艮第，但是拉布罗基耶觉得自己有责任提出一个击败土耳其人的计划。（这个计划包括将法国、英国和德意志最好的弓箭手召集起来，并且派轻骑兵和配备战斧的步兵协助他们。将土耳其人逐出东欧之后，这支军队"如果数量足够"，甚至可以进发去夺取耶路撒冷。）

在大马士革，这个勃艮第人看到一支由三千头骆驼组成的商队来到这座城市，与他们一起到的是从麦加来的朝圣者。他获悉，印度的香料被"大船"运到红海，抵达麦加附近的海岸。"那边的穆斯林会购买香料。他们用骆驼和其他可以负重的牲畜,将香料运送到开罗、大马士革和其他著名城市的市场。"

这正是葡萄牙人渴望霸占的贸易。在那些阿拉伯市场,胡椒、丝绸和其他东方货物的主要买家是来自意大利的商人,其中最主要的是威尼斯人。如果想知道关于印度的各种传言是否真实,威尼斯理所当然是葡萄牙人展开调查的最佳地方。[1] 而且,在1428年佩德罗王子的访问之后,里斯本与这个强有力的共和国的关系就十分要好。

意大利没有使葡萄牙人失望。在15世纪中期之前不久,一个叫作尼科洛·德·孔蒂的威尼斯人,在国外漂泊了25年之后出现在罗马。他做的第一件事就是请求教皇接见,他请求教皇赦免他(如他所讲,拯救他的性命)在外旅行这些年放弃基督教转而喜好上伊斯兰教的罪行。教皇尤金四世对尼科洛表示同情,对他做出了温和的处理:要求这个威尼斯人必须向教皇的秘书波焦·布拉乔利尼讲述他的经历。

具有好奇心和理性的头脑,使得波焦成为文艺复兴新精神的典型代表。他正在写一部叫作《命运的转变》(On the Vicissitudes of Fortune)的世界百科全书,而且他对地理学十分感兴趣。他曾写信给葡萄牙的亨利王子,大力祝贺他的海洋探险事业:通过深入未知地域,亨利的功绩甚至"超过了亚历山大大帝"。

尼科洛·德·孔蒂关于将他带到中国的那次旅途,有大量事情要讲述。1419年,尼科洛还是个年轻人,他自称商人,去了大马士革,之后决定与一个商队一起向东旅行。但是与贝特朗东·德·拉布罗基耶不同,他没有在紧要时刻返回,而是穿上了波斯人的服装,讲阿拉伯语和波斯语,寻找前往印度的道路。自那之后,他花费多年,在印度洋上从一个港口航行到另一个港口,最终到达印度,并在印度安家、娶妻,养家糊口。

尼科洛在印度的旅行本身就包括十分丰富的内容。他了解次大陆的港口,而且深入过内陆。伟大的"海洋城市"卡利卡特"周长8英里,作为

---

[1] 威尼斯煞费苦心地理解它的财富来源地——东方。大马士革的威尼斯领事馆的神父赠给贝特朗东·德·拉布罗基耶的书就用拉丁文讲述了穆罕默德的一生。

一个商业中心,它在整个印度都很知名,那里有大量的胡椒、洋红虫胶、姜,以及更多种类的肉桂"。尽管他批评印度人,描述他们可怕的殉夫习俗的细节,或者讲述他们是如何"荒淫无度",但是他也同样讲述了当地人认为欧洲人傲慢无礼,并且觉得他们自己比任何其他种族都聪明。

他详细讲述了印度的日常生活景象,甚至描述了妇女如何编头发。他说有时她们会使用假发,"但是她们不化妆,那些住在靠近中国的地方的则是例外"。卡利卡特盛行一妻多夫制,一个女人可以有多达十个丈夫;好几个男人合力供养一个妻子,她可以将她的孩子分配给她觉得适合的丈夫。[1]

尼科洛在印度洋国家生活和旅行的那些年,正好与郑和的舰队到访印度洋的时间极其吻合,而他对当地风俗的一些记述,也和中国译者马欢的记录十分匹配。关于印度人将被指控的那个人的手指伸到油锅里,以检验他是有罪还是无辜的描述,两份记述几乎分毫不差。和马欢一样,这个威尼斯人也讲述了泰国男人将珠子嵌入阴茎的轶事;与马欢不同的是,他甚至还大胆地解释了这么做如何才能取悦女性。波焦忠诚地将它们都记录了下来。

尼科洛从未直接提到中国人,但是他了解到的关于中国的信息出现在了一个叫作佩罗·塔富尔的西班牙人的回忆录里,这两人曾在埃及相遇。有一点为人所熟知,也很有可能是真的,那就是塔富尔在回忆录里引述了尼科洛给他讲述的关于红海船只的事情:"他说那些船只像大房子,和我们的船一点儿也不像。它们有十张或者十二张帆以及巨大的水箱,以防因为那里的风不够强而在海上逗留较长时间,而且在海上航行的时候,它们不必担心岛屿或者礁石。"很显然,这是对中国远洋帆船的描述。当波焦问尼科洛印度洋上的那些庞然大物是如何建造的时候,他答道:"船的下部用三层厚木板建造。但是有一些船是由数个隔舱构成的,这样的话即使一个隔舱毁坏了,其他部分仍然可以完成航行。"

---

[1] "野蛮社会"的一妻多夫制可追溯至古典时代。尤利乌斯·恺撒在《高卢战记》的第五卷中写道:"10 或 12 人的群体共享妻子,特别是在兄弟之间和父子之间,有继承妻子的传统。"

尼科洛在返回欧洲途中，大胆地加入了一个前往麦加的朝圣队伍。他似乎还去过埃塞俄比亚，因为他提到他见过"吃生肉的基督徒"，这是埃塞俄比亚人特有的一个习惯。尼科洛漫长的返乡旅途的最后一站，被一场悲剧破坏了：他的印度妻子和孩子可能由于瘟疫，死在了埃及，而他自己则在开罗游荡了两年，期间给苏丹充当译者。

作为一个报告员，尼科洛既讲求实际又生动有趣。而作为一个商人，他可以告诉波焦大量关于印度洋城市和商业的实际情况，他还关注当地的习俗。在故事讲述上，他可以与同胞马可·波罗相媲美，只可惜命运没能给他配备一个像比萨的鲁斯蒂恰诺一样的书记员，也没有把他关在监狱里，留给他大把的空闲时间。尽管受到其他职责的限制，但是波焦仍然记录下尼科洛对于东方生活生动而又连贯的描述。

波焦在两三年之后才完成了他的百科全书，书以拉丁文写成：第四卷包含了尼科洛告诉他的内容。拉丁文和意大利文的复制本很快到达里斯本，在那里它们被仔细审阅。很快，尼科洛的回忆录被单独辑录出来并且散布各地，书名叫作《印度的再发现》(India Rediscovered)。几年后，即在印刷术被发明之后，葡萄牙文版的《印度的再发现》得以出版。

葡萄牙人继续搜寻关于印度洋的每一个信息来源。[1] 一位身居高位、热衷收集地理信息的佛罗伦萨银行家保罗·德尔·波佐·托斯卡内利的观点后来对克里斯托弗·哥伦布产生了影响。由于意大利在制图领域领先，里斯本遂转向意大利，想要将他们目前了解到的所有关于东方的知识都转化成可视化的地图信息。他们想看到一幅囊括自己发现的作品（但是不能向他们的潜在对手泄露太多），由于他们的野心没有止境，他们想要的地图不仅包括印度洋及其周边地区，还包括已知的全部世界———张世界地图。

葡萄牙人好奇心的结果，就是制造一张复杂而华丽的地图。绘图者是威尼斯郊外穆拉诺岛上圣米凯莱修道院的一名修士，名叫毛罗。多年来，

---

[1] 另一个信息提供者是约萨法特·巴尔巴罗（Josafat Barbaro），他是威尼斯派往波斯的一个间谍。他回国后带回了有关中国和卡利卡特的消息，"在那些地方商人起到了重要的作用"，参见博伊斯·彭罗斯的《文艺复兴时期的旅行和发现》（Boise Penrose, *Travel and Discovery in the Renaissance*）。

他作为一位医生、数学家和"宇宙学家"而享有声望，但是直到他生命的终结，他倾尽全力的杰作———张长达两米、详尽的世界地图——才得以完成。这张彩色的地图画满了想象的城镇，以及散置其间的关于一些传奇的精美手写文字，与其说它是一张地图不如说它是一件艺术品，它是真实的研究与中世纪想象的混合物。在某种程度上，毛罗的想法显然是守旧的：他所描绘的世界是"颠倒的"，北方位于地图的底端，整个世界平坦而接近圆形，循着圆周的是两边的大陆，外围永远环绕着海洋。

葡萄牙人付钱给毛罗的修道院，催促他们加紧制作地图。在地图完成之后，原件被送往里斯本，修道院保留了一份复件。（他们与教廷文书波焦之间的中间人，可能是戈麦斯修士，他是葡萄牙卡玛勒多力兹教团的领袖，毛罗就隶属于这个教会。）

当然，葡萄牙人急于寻找船只是否能够绕过非洲最远端，以及那个端点到底在何处的线索。毛罗没有让他们失望。在他的那张地图中，印度洋里画着一艘船，相关的传奇故事是："大约在1420年，一艘印度大船正穿过印度洋，准备前往男人岛和女人岛，但却遭遇风暴，越过迪亚布角向南方和西南方连续航行了40天，航程约2000英里。在风暴平息后，它航行了70天返回迪亚布角。"1459年，威尼斯附近的一所修道院写下了这则传说，而它的来源一定是那个时候刚回到欧洲不久的威尼斯旅行者尼科洛·德·孔蒂。在他与波焦·布拉乔利尼聊天时，他甚至谈到了神秘的"男人岛和女人岛"；沿用了马可·波罗的说法，他说这两个岛在索科特拉岛附近，而索科特拉岛则离非洲之角不远。

毛罗的杰作必然在很大程度上归功于马可·波罗。在他的那张地图中，"中国"到处都是缩微的被城墙环绕的精美城市，每一座都不同，并且它们和意大利的城市十分相像。但是这张地图也特别关注了非洲。据传说，他获得了"葡萄牙航海家的地图"（在他绘制地图的那个时代，非洲能够确切定义的地方最远到达几内亚湾的海岸）。非洲的形状几乎还是完全靠猜测，除了西部和中部的一些地方外，整个大陆被称为埃塞俄比亚。沿着非洲的东部海岸，有一个叫作迪亚布的大岛，尽管人们可能把它当成马达加斯加岛，但是这个名字在其他任何地方都没有被找到，有可能是与一个阿拉伯词语混淆了，那个词是迪卜（Dib），阿拉伯人用它指代马尔代夫。

有一个地区甚至被划给了古典神话中的"狗面族"。在尼罗河上还有所谓的"铁门"，据说埃塞俄比亚人发善心，每年会打开它一次，让尼罗河的河水可以流到埃及。

除了一些错误和古代神话的遗存，这张地图在对非洲的认识方面还是有巨大的进步。其中最重要的一点就是它相信通过航海绕过大陆南端进入印度洋的可能性。最有意义的是它沿着非洲的东海岸，标明了几个城镇，包括基尔瓦和索法拉；在这之前，欧洲地图上从未出现过这些名称，而且据说也没有欧洲人亲眼见过有这些地名的地图。毛罗的信息从何人处获得？最有可能的还是尼科洛·德·孔蒂，因为他曾在诸如卡利卡特那样的印度大港口居住过，而那些港口的对面就是非洲的东海岸。

葡萄牙人值得为他们从圣米凯莱修道院购得的那张地图感到高兴。为此，他们打造了一枚勋章，以纪念"弗拉·毛罗，一位无可比拟的宇宙地理学家"。[1]数年之后，他的地图的简化版会交到轻快帆船的船长们手中，用来核对他们的发现。

---

[1] 毛罗死于1459年，他的地图也完成于那一年。

15

渴求胡椒，搜寻祭司王约翰

> 六七年来，我因为这个问题十分焦虑，以我最大的能力去说明，如何才能通过在更多的国家宣扬上帝的圣名和我们神圣的信仰，最大限度地为我主服务……在那些值得信赖和有智慧的历史学家的著作中，我们还必须去寻找预言的留存财富。他们说在那些地方会发现巨大的财富。
>
> ——克里斯托弗·哥伦布
> （写给西班牙国王斐迪南和女王伊莎贝拉的一封信，1499年）

1481年之后，葡萄牙向外探险的步伐发生了变化，因为若昂二世在那年登上王位。作为一个年仅16岁的王子，他因阿尔齐拉的大屠杀而欢欣鼓舞，但是10年后，事实证明他滥用权力激起的愤恨是难以平息的。在国内，他公开向那些曾使他懦弱的父亲屈从的贵族发起挑战；在国外，他手段灵活，特别是改善了与英国的原有关系。最重要的是，他命令轻快帆船应当再次起航，大胆地向南半球行进。船长们开始制订计划，沿着非洲海岸航行了一程又一程。若昂二世将大臣们的任何怀疑都搁置一旁。

葡萄牙一直都保持着这份自信。1483年，船长迪奥戈·卡姆带领一只轻快帆船抵达6度以南，到达一条大河——刚果河——的河口。河水从非洲内陆奔腾而来，侵蚀出一条从岸边延伸出很远的棕色道路，最终勉强汇入大西洋。对葡萄牙水手而言，这条河似乎提供了一条通往"埃塞俄比亚"和印度的道路，所以他们在海岬上竖起一块石柱，在上面刻上祖国的徽章。沙滩和急流毁灭了他们的希望，但是卡姆的确发现了一个组织有序的非洲王国，它就位于河流的南边。1485年，他第二次到达刚果，带着若昂二世送给刚果国王恩济加·恩库武的大量礼物，并且好意劝他投入基督教的怀抱。这种没有欧洲君主直接参与的友谊表示，似乎是将在印度发生的事情的一种前兆：刚果国王的儿子接受了洗礼，教名是阿方索；葡萄牙培训了黑人教士，还从里斯本派出了成群的工匠，以便帮助他们的新朋友。（重要的是，早期的承诺并没有被兑现，因为刚果王国很快就遭受了奴隶贸易的蹂躏。）

若昂二世的远航决心得以维持，同样是由于航海技术取得了显著进步，这使得轻快帆船即便在看不到北半球指向星、赤道以南很远的地方，也能够精确计算出纬度。[1] 若昂二世向犹太天文学家和数学家求助，特别是西班牙萨拉曼卡的著名教授亚伯拉罕·扎库托。这位教授发明了一种表格，能够给出一年中每天太阳在每一个纬度的最大高度。这些计算结果最初是用希伯来语写成的，之后被译成拉丁语，最后还被译为葡萄牙语，名为《天文法则》（*O Regimento do Astrolabio*）。若昂二世派他的私人医生约瑟夫航行去几内亚测试那些数据是否正确，约瑟夫报告说扎库托的计算准确无误。

若昂二世意识到巅峰时刻即将来临，这离他的曾祖父带领葡萄牙人占领休达、开始踏上非洲的土地，已过去了将近70年的时间。他已用井然有序的头脑仔细思考如何对待他唯一认识的统治者——"卡利卡特王侯"。一个叫作哥伦布的热那亚人住在葡萄牙，他于1484年来到里斯本的宫廷，建议由他率领一支船队向西穿过大西洋，寻找印度。他的建议被回绝，之后他转向西班牙，这反映出若昂二世的自信，他认为自己的轻快帆船快要取得成功了。

使得计划放缓的持续阻碍是人力的缺乏。甚至为了凑齐航行去几内亚的船只上的人，葡萄牙都不得不从欧洲其他地区招募亡命之徒。这些亡命徒能够胜任他们的任务，因为轻快帆船接下来面对的就只有配备了矛和箭的黑人异教徒，他们的武器与葡萄牙人锻造精良的火枪比起来不堪一击。

---

[1] 在重新发现亚速尔群岛以后，葡萄牙人在外海上依靠星辰航海，但是在靠近赤道和赤道以南的地方无法依靠北极星辨明方向。请参见泰勒的《早期的航海者》（E. G. R. Taylor, The Early Navigator, in *Geographical Journal*, vol.cxiii, 1949）。

然而，在印度洋，他们的敌人要可怕得多，而且葡萄牙人孤军奋战，他们位于航线的一端，面对的是数千里格风浪狂暴的海域。[1]教皇告诉若昂二世要"从背后拿下奥斯曼土耳其人"。但是征服埃及和阿拉伯半岛之后，土耳其人已经逼近印度；到15世纪80年代，他们正沿着黑海向波斯前进，他们在地中海的表现也证明他们在海上使用枪炮可以和在陆地上使用得一样可怕。"从背后拿下奥斯曼土耳其人"不是一件容易的事情。

没有丝毫获胜的可能，又非常缺少人力，葡萄牙人被迫将代表基督教世界席卷东方的英雄幻想放置一旁。另一个选择就是作为谦卑的商人前往印度，只要有机会，就买下成船的香料。但是对于这种平凡角色，若昂二世从来不予仔细考虑，因为他执拗地相信，面对"错误的先知穆罕默德"的追随者，葡萄牙不会孤军奋战。

若昂二世精于世故又冷酷无情，可能会得到同是文艺复兴时期的人物马基雅维利的欣赏，他被葡萄牙臣民称为"完美的国王"。但是，他也完全相信祭司王约翰正在印度急切地等待与欧洲的基督教世界建立合作关系，他是一个虚构的东方祭司王。葡萄牙人可以信赖这种传说中的人物，因为他们将虚构的故事置于可证实的事实之上的喜好，在那个时候还很盛行。科学的想法没有点金术、魔法或者神迹来得重要。[2]

祭司王约翰的故事是中世纪历史最悠久的传说之一，编造这样的故事是为了在意志薄弱的时候支撑宗教斗志，以文字谎言给予信徒新的宗教动力。"完美的国王"乐于相信这个编造的故事，说明他的梦想在这个时候达到顶峰，而且它能影响历史的进程。它的直接影响是欧洲人发起对亚洲的海上袭击，也间接导致向西航行发现了新世界。最后，它甚至是以这种稀奇的方式为自己辩护。

这个故事的起源可以追溯到一个传说：杜撰出来的"印度人的首领"对罗马所做的一次访问。这个故事是在1144年由杰布莱的休传播的，他

---

[1] 1里格约等于2259码。
[2] 祭司王约翰的王国是"梦想实现之地"，在那里有一块魔石，可以使盲人复明，或者使人隐身。请参见伊莱恩·桑塞的《追寻祭司王约翰的葡萄牙》（Elaine Sanceau, *Portugal in Quest of Prester John*）。

是一个生于法国、住在黎凡特的天主教主教。他讲了一个叫作约翰的祭司王的故事，他说约翰住在"波斯和亚美尼亚以东很远的地方，他及其所有的臣民都是基督教徒，只不过是景教徒"。这位勇敢的统治者与波斯人作战，并且击败了他们。

之后不久，这个重要的、被创造出来的神话就以不同面目出现了：祭司王约翰写给教皇的一封信，还有他写给拜占庭的皇帝曼努埃尔和罗马人的皇帝腓特烈的信。所有的证据都表明这是由美因茨的一个基督教大主教捏造的，他宣称他将这些书信从希腊文译成了拉丁文。这些书信的希腊文原件从未被找到，而这个主意有可能是这位大主教在拜访君士坦丁堡期间偶然想到的。

一封伪造的信件讲到祭司王约翰的疆域，说那里有水晶构成的水域、大量珍贵的宝石，以及大片胡椒树林。[1]在一座火山上，火蜥蜴在纺线，这些线将被用来制作珍贵的皇室服装。祭司王约翰讲到他美丽的妻子们，说他如何节制自己，每年只与她们发生四次关系，在其他时间他睡在一张"寒冷的蓝宝石床"上，以抑制自己的欲望。

祭司王约翰说，他的宫殿外面有一面魔镜，他能从中看清他的敌人的所有阴谋。这封信结尾语句的风格与圣经类似，十分华丽："如果你数不清天上的星星和海中的沙子，你就无法了解我们王国的广阔和力量的宏大。"这样的想象利用了欧洲对亚洲潜在力量的模糊概念。

对这位基督教大主教的一种辩护是如果他的确是这些信件的作者，这些虚构的信件在中世纪则是一种可以被接受的文学形式。而使得伪造的祭司王约翰的信件在欧洲具有说服力的原因是在国王、教士以及农民中普遍存在希望它是真实的渴望。在十字军东征开始变得不顺利，所有的祷告者都祈求上帝干涉以拯救他们，而这些努力都是徒劳的时候，这个故事恢复了宗教与勇猛之间的纽带。这位神秘的长老是那些主教的东方同行，他被想象成与欧洲人一样，拳头都包有锁甲，手持钉头锤，骑马加入战斗。他

---

[1] 按照中世纪神学家的描绘，这片仙境与"上帝的天堂"相连。它还被称作"人间乐园"，并且对希罗尼莫斯·博斯之类的艺术家产生影响。

还极为富有，使得教皇和大主教都把他视为和他们有一样信仰的人，而他所传递的信息其实可能与耶稣对贫穷和谦卑的要求相违背。

少数几个像哲学家罗杰·培根一样的勇士，公开表示对这个故事的怀疑，暗示祭司王可能并不存在。但是他们的呼声被忽略了。很快，人们就将这封信件从拉丁文译成几乎每一种欧洲语言和方言，甚至还有一个希伯来语版本。之后，抄写员开始把他们自己的想象加入其中。下一个阶段是编造假想的旅行者拜访神圣君主的故事，甚至还有与神圣君主的对话。自然地，所有前往东方的旅行者，特别是教会派往中国的修士，都被告知要去寻找祭司王。他们一回国就会被询问：是否真的见到他了，或者至少是否听说过他？很少有人敢说没有。

马可·波罗以令人沮丧的方式润色了这个故事，他说祭司王约翰已经去世很久了，他是被蒙古人的领袖成吉思汗在"迄今为止见过的最大的某次战斗中"杀死的。祭司王虽然是一位基督徒，但他曾是一个蒙古人。马可·波罗将他变成了一个不太招人喜欢的人物，他的傲慢自大导致了自己的垮台。当成吉思汗礼貌地问他是否能娶他的女儿时，祭司王约翰激烈地回答说他宁愿"把他的女儿扔到火里"。这些事情最终导致了一场灾难性的战争。祭司王约翰的儿子是乔治国王，他只是大汗的一个封臣。

即使马可·波罗的记述十分混乱，但是关于这件事仍有一个确切的历史依据，因为1141年在撒马尔罕附近的卡特万峡谷的确发生了一场大战，交战双方是来自中国北方、游牧民耶律大石的追随者，以及塞尔柱苏丹桑伽的穆斯林军队。据说交战双方在战场上一共投入了40万骑兵，而且耶律大石在获得胜利之后攻占了撒马尔罕。尽管他不是基督教徒，但是他取得了异教徒景教徒的支持，他对景教徒也充满同情（甚至给他的一个儿子取了一个恰当而又好战的名字——以利亚）。可能是景教徒商人将耶律大石胜利的消息向西传到了黎凡特，因为就在3年后杰布莱的休主教旅行到了罗马，在那儿他讲述了一位叫作约翰的基督徒国王是如何"在最东端"获得伟大胜利的。

如果在14世纪初马可·波罗就宣称祭司王约翰去世了，用任何理性来判断，他也必然是去世了，欧洲人不再相信祭司王约翰的时间似乎就要到来。但是相反,他的名声通过另一个名字得到了新生,即"约翰·曼德维尔爵士",他是一个虚构的英国骑士,根据一本杜撰的回忆录,他在东方旅行了34年。

关于曼德维尔回忆录的作者,至今还是一个谜,但他是一个聪明绝顶的人。他可能是一位英国人,出生在伦敦北部的圣奥尔本,犯了重罪之后,在1350年左右穿过海峡逃到了另一个教堂城——列日。也许他是一个珠宝商,因为他的叙述表明他对钻石有极强的兴趣。他去世于1372年,在此之前几年,他完成了一本七万字的杰作,该书是用法语写成的。在他临终前,有一个叫作让·杜特勒姆斯的列日律师,他同时也是一位作家,有时候被误认为是曼德维尔回忆录的作者。

虚构的约翰爵士的姓氏,可能取自12世纪的一个十字军战士——埃塞克斯伯爵威廉·德·曼德维尔。他与一支由37艘船构成的舰队一起,从英国航行前往圣地。(在远航途中,他在一场战斗中帮助葡萄牙人对抗穆斯林,这场战斗共有4万人被杀死。)虽然曼德维尔回忆录的作者隐藏了自己的真实身份,但这不影响这部作品在长达几个世纪的时间里对欧洲社会的各个阶层产生影响。人们并不认为他是一个善于剽窃真正旅行家的回忆录的聪明骗子,其中也包括马可·波罗的游记,而是将他视为一个值得尊敬和可以信赖的世界奇观的见证者。

1470年,这本回忆录的荷兰语版问世,《曼德维尔旅行记》[1]注定成为欧洲第一本以拉丁文之外的语言印刷的书籍。到1500年,这本书的版本至少已经出现了25个。这本书的成功部分是由于它的故事十分奇异,有时还带有一些性的因素,甚至还会加工一些欧洲人所熟知的罗马和中世纪的故事,例如,有个地方的男人会邀请其他男人和他们的妻子睡觉。教会谴责了这种粗鄙又世俗的写作方式,但是从未成功将它宣布为不合法。它的作者知道如何预先防止宗教批评:当故事发展到高潮时,读者们会看到最有道德的基督徒君主祭司王约翰的国度。

最初祭司王约翰的信件的作者动机很好理解。他想要告诉陷入困境的

---

[1] 全名为《约翰·曼德维尔爵士航海及旅行记》。——译者

欧洲基督徒，他们不是孤独的，救援可能很快就会到来。而他自称约翰·曼德维尔爵士的动机则更加具有迷惑力，因为这样做几乎没有什么经济回报。也许他只是一个"足不出户的旅行者"，在生命的最后时日里，他将自己一生阅读过的有趣故事汇集起来，聊以自娱。的确，故事最后的话语是令人哀伤的，他讲到"风湿性痛风"，还提到"在痛苦间隙才会感到一丝舒适"。他请求读者们为他祈祷，而他也会为他们祷告。如果这部作品含有一些宗教或者政治动机，时隔6个世纪也很难被辨识了。

如果能活着亲眼看见，《曼德维尔旅行记》的作者一定会对他的作品取得的巨大而持久的成功感到惊奇。一个必然的结果是祭司王约翰的神话会在那些欧洲当权者的头脑中持续下去，特别是葡萄牙人，他们正在为胡椒、香料以及珠宝寻找新的前往印度洋国家的路线。寻找祭司王是对上帝的效忠，而获得世俗的财富也一样。因此，一个中世纪的神话注定要支持大航海时代的需要，甚至是穿越大西洋寻找日本和大汗国土的哥伦布，也仔细地研究过曼德维尔。但是哥伦布很有可能不想遇见祭司王约翰，因为曼德维尔已经将祭司王置于马可·波罗过去安置他的地方的西边，他是"伟大的印度王"。而且，这位难以捉摸的君主的名字已经不再被认为属于个人，否则就显得过于轻信了。

所以，祭司王约翰成为在东方发现的任何适合的基督教王国统治者的一个称号。这个称号在曼德维尔的故事里就是这样被使用的："祭司王约翰总是娶大汗的女儿为妻，而大汗也总是娶祭司王约翰的女儿为妻，因为他们两个是天底下最伟大的国王。"（这反映了欧洲人对亚洲所发生事件的无知，曼德维尔故事的作者似乎不知道蒙古的统治者"大汗"在他写作之前近一个世纪就下台了。）

早在1306年，曼德维尔故事的作者还没有动笔之前，一位学者就已经提出，埃塞俄比亚是祭司王约翰的王国。这是因为埃塞俄比亚曾派遣一支由30人组成的代表团，他们对欧洲的访问引人注目。他们觐见教皇和"西班牙国王"，为的是寻求帮助以对付穆斯林。他们在所有的欧洲国家中选择西班牙，是因为亚历山大里亚有一个活跃的加泰罗尼亚贸易站，而且从传统上来讲，亚历山大里亚的东正教牧首可以任命埃塞俄比亚教会的领袖。

埃塞俄比亚人说，如果能获得西班牙人的援助，他们随时准备加入对抗异教徒的战争。

除了受到友谊的表示，埃塞俄比亚使团的收获甚微，但是在他们从罗马和阿维尼翁归国的途中，他们受到教皇克莱蒙五世的接待，并且因为糟糕的天气在热那亚耽搁了一段时间。一位叫作乔瓦尼·达·卡里尼亚诺的博学的教士，利用这个机会询问了这些外表与众不同的陌生人一些问题。作为一个制图者，他对自己能够获得的所有有关埃塞俄比亚地理，以及风俗和宗教仪式的知识都十分感兴趣。按照乔瓦尼的说法，埃塞俄比亚的国王就是祭司王约翰。由于这些拜访者从来没有称呼自己的国王为祭司王约翰（他的名字是韦德姆·阿拉德），这个称号一定是卡里尼亚诺给他取的。因为那时候人们认为祭司王约翰在印度，而埃塞俄比亚一般被称作中印度，所以这是一种合理的假设。

另一个认为这位传奇的基督徒国王在印度的人，是来自法国南部城镇塞维拉克多明我会的一个修士，此人叫作若尔达努斯。我们对于他的生平不是很清楚，但是按照他自己的记述，他在14世纪早期曾两次前往东方冒险，并被他所属的教会授予"大印度哥伦布姆的主教"头衔。（若尔达努斯所谓的"大印度"，可能包括印度南部、斯里兰卡和泰国；而哥伦布姆是指卡利卡特附近的奎隆港。）

据说早在圣托马斯的时代，印度南部就有基督徒社群。圣徒是在公元52年前往印度传播福音的，并且最终在那里逝世。若尔达努斯被派往那里是去哄骗那些固执的信徒信奉罗马公教，以及获得更多新的信徒。所有的证据都表明他收效甚微，而且尽管祭司王约翰和圣托马斯的故事经常被混为一谈，但是这位富于冒险精神的多明我会修士失望地发现，大印度根本没有一丝基督徒国王的踪迹。

祭司王约翰应该在其他地方，若尔达努斯一回家，就自信地指认埃塞俄比亚为祭司王的王国。虽然没有宣称自己去过埃塞俄比亚，但是这位天主教修士却到过"大阿拉伯半岛"，在那里他了解到埃塞俄比亚人"全都是基督徒，只不过是持异端者"。他对寻找怪兽很感兴趣："埃塞俄比亚是一个非常大的国家，而且非常热。那里有很多怪兽，例如守护金山的格里芬……我认为那个国家的国王比世界上其他任何国家的国王都更有可能是祭司王约翰,而且更加富有。他拥有很多黄金、白银和珍贵的宝石。据说还有52个国王隶属他的统治。"若尔达努斯还描述了东非,他称之为"第三印度"。那里还有喷火的龙,凶猛到能够杀死一头大象的独角兽,以及"又黑又矮又胖的人"。[1]

若尔达努斯在1330年对埃塞俄比亚所做的描述,将祭司王约翰的传说与真实的类似情况关联起来,这是一个至关重要的进步。他在旅途中得到过热那亚商人的帮助,对于这一点几乎确定无疑。1339年,在一幅由热那亚人安杰利诺·达·达尔奥尔托绘制的地图上,写着努比亚的穆斯林"正与努比亚和埃塞俄比亚的基督徒持续不断地发生战争,而后者由黑人基督徒祭司王约翰统治"。

最后,欧洲人在整个亚洲到处寻找的祭司王约翰的王国定在了非洲。虽然这个现实比300年来的夸大叙述要卑微得多,但是这足以使葡萄牙人心怀虔诚和商业计划,顺着同样乐观的风向向前航行。

* * *

15世纪,居住在埃塞俄比亚的欧洲人有一小块殖民地。那儿的大多数人是意大利人,主要来自威尼斯、佛罗伦萨和热那亚。有些人前往"祭司王约翰的国家"是希望得到珍贵的宝石;其他人则试图通过尼罗河和红海到达印度洋,但却困在了那些地方。最早期的拜访者中有一个人的名字流传了下来,他叫作彼得罗·兰布罗,有时候被称为"那不勒斯的彼得罗"(实际上,他来自西西里的墨西拿,后来它成为那不勒斯的一部分)。兰布罗在1407年到达埃塞俄比亚,那时候他还是个年轻人,到那儿不久他就娶了一位当地女子,并在那里居住了40年。

他对于欧洲与埃塞俄比亚关系的影响是巨大的,这一点在1428年埃塞俄比亚使团觐见阿拉贡的阿方索五世时第一次体现了出来。埃塞俄比亚

---

[1] 曾被希罗多德使用的"埃塞俄比亚"一词不再是无边界的未知地域,那里居民的脸被太阳晒得黑极了。后来,中世纪的欧洲也将这个名称授予中印度或者阿比西尼亚,那里的居民自己最后也接受了这个名称。

人的目的和1306年的时候一样，还是想要接近西班牙的统治者，而这最有可能是由于兰布罗的游说，因为阿方索拥有西西里，而且即将得到那不勒斯。使者们以派他们前来的国王伊沙克的名义，提议两个王室应该联姻：阿方索应该派他的一个儿子迎娶埃塞俄比亚公主，而埃塞俄比亚王子会迎娶阿方索的一个女儿。阿方索回避了这个提议，但是确实答应派遣一队工匠（他们均死于途中）。

根据相关记载，两年后兰布罗陪同一支代表团前往埃塞俄比亚，该代表团是由与西班牙有关系的贝里公爵派出的。1432年，兰布罗在君士坦丁堡附近停留，在那里遇到了勃艮第旅行者贝特朗东·德·拉布罗基耶。由于使团的其他成员都死了，毫无疑问兰布罗想要至少再招募一个欧洲人，以便到时候一起觐见埃塞俄比亚的君主。他"使尽浑身解数"，诱使拉布罗基耶与他一起去埃塞俄比亚的首都阿克苏姆。尽管这个勃艮第人在他的回忆录里提到他之前见过兰布罗（没说在哪里），但是对于"那不勒斯的彼得罗"捏造类似埃塞俄比亚人计划改道尼罗河、饿死埃及人之类的骇人听闻的故事，他很不欣赏。最终，彼得罗的提议被拒绝了。

出使西班牙的失败，没有减少兰布罗对埃塞俄比亚的新国王扎拉－雅各布的支持，因为他接下来的外交使命是前往印度和中国。1450年，带着埃塞俄比亚一个叫作布拉泽·米凯莱的使臣，他又被派往欧洲，时隔20年，他再次得到阿拉贡的阿方索的接见。

兰布罗利用这次机会访问了自己的出生地。在那不勒斯，他接受了一个多明我会修士的访问。这个修士简短地记录了他令人感兴趣的职业生涯。修士还描绘了兰布罗的外貌，说他高个子，皮肤被太阳晒得黝黑，打扮精致且一头白发。这是历史所能提供的对兰布罗的最后一瞥。

兰布罗的幸运之处是他经常被允许离开埃塞俄比亚，而其他来到埃塞俄比亚的外国人则不被允许离开。扎拉－雅各布对他们很好，赠给他们妻子和土地，但是拒绝让他们离开。他可能是害怕他们在路上被穆斯林抓住和折磨，进而供出战争中的重要信息。他的"囚犯们"是不可能逃出去的，因为出去的路只有一条，那就是向北到达红海边上的马萨瓦港，而那条路充满危险并且被严密把守。

葡萄牙人收集的关于这个国家的信息是如此支离破碎，以致于他们坚信曼德维尔关于祭司王约翰战无不胜的故事："这位国王与其他任何领主作战的时候，在他的前方都不用打旗帜，但是他有3个巨大的、镶满珠宝的黄金十字架。每个十字架都被放在一辆装饰华丽的战车上，每个十字架都有指定的1万甲兵和10万多名步兵保护。"

未被危险吓倒，几个方济各会的传教士成功地抵达了埃塞俄比亚，并且前往国王的宫殿。尽管一位威尼斯修士觉得有义务在记录这次旅行时提及"伟大的祭司王约翰"，但是他对埃塞俄比亚的评价显然是比较低的：

> 这个国家的黄金很多，但谷物稀少，酒也比较缺乏。它的人口非常多，而且这里的人粗俗鄙陋、没有文化。他们没有作战用的铁制武器。弓箭和长矛是用藤条制作的。如果没有20万或者30万人，国王是不会上阵的。每年他都会为信仰而战。他不会付钱给那些上战场的战士，但是会提供给他们生活所需，并且免除这些战士的每一种皇家赋税。所有的战士都是被挑选出来的，他们的手臂上烙刻有皇家印章。没有人穿羊毛衣服，因为他们没有这种布料，他们穿的是亚麻服装。无论男人还是女人，腰部以上都是赤裸的，而且他们全都光脚；他们总是浑身长满了虱子。他们是一个脆弱的民族，缺少精力、没有用处，只有骄傲。

将穆斯林向红海驱逐，扎拉-雅各布扩大了他的统治疆域，成为15世纪最强大的埃塞俄比亚统治者，如果他阅读了以上文字，将会对这些轻蔑的判断愤怒不已。扎拉-雅各布还经常对埃及耀武扬威，虽然他的威胁不太可能生效，但他的确经常宣称他要改道青尼罗河。在1443年一封写给开罗的信中，他警告埃及苏丹贾玛克他本来即将付诸行动，只是对上帝的恐惧和不愿使人民遭受不幸的怜悯之心使他克制住了自己。

扎拉-雅各布讨厌欧洲人称他为祭司王约翰，一再强调自己已经有一个完美的名字了，而且他的名字的含义是"雅各布的种子"。他不允许任何虔诚的行为：他的臣民们被命令放弃在额头上印上魔鬼的纹身的行为，任何反对者都会身首异处。

葡萄牙人对这些事情知道多少，我们并不清楚。但是这足以使他们确信，祭司王约翰确实存在。他的埃塞俄比亚王国的确切位置仍不清楚，但是它一定是前往印度途中能提供救助之地。无论在非洲何处登岸，所有轻快帆船的船长都被要求搜寻这位基督徒国王的信息。因为在毛罗的地图上，几乎整块大陆都被勾描成点缀着想象出来的城市和图景的埃塞俄比亚，所以里斯本的王室开始思考获得这块大陆更多精确信息的方法。

16
从未回家的间谍

地理学家在非洲的地图上，
用野蛮的图像填补空白，
在宜居的柔软之所，在渴望建立城镇之地，
是大象留下的践踏足迹。

——乔纳森·斯威夫特，1733 年
(On Poetry, a Rhapsody)

1487 年秋天，两个摩洛哥商人因为发烧而在埃及的亚历山大里亚港滞留。他们病势沉重，似乎是治不好了，以至于该城总督没有等到他们死亡就使用他的权力没收了他们的财产。令总督沮丧的是，摩洛哥商人恢复了健康。他们认领走了自己的货物，其中包括多罐那不勒斯的蜂蜜，然后他们匆匆离开，前往开罗。

这看似是一个黯淡无望的开端，后来却造就了间谍史上最伟大的功绩之一。这两个人既不是摩洛哥人也不是商人，而是葡萄牙政府的间谍。他们的任务是监视印度洋港口，通过抵达地中海的胡椒和其他香料调查运输线路，并且与埃塞俄比亚的统治者祭司王约翰取得联系。两个间谍中资深的那个叫作佩罗·德·科维良，他从葡萄牙政府处拿到了一张航海图，按照命令，他需要在上面标注出他们两人能够获得的所有关于印度洋航海的信息。[1] 特别是，他要找出阿拉伯和印度远航船长们可能知道的，所有关于绕过非洲南端航线的消息。

---

[1] 给科维良的航海图是根据毛罗的地图绘制的，葡萄牙人在 1460 年以前就获得了那张地图。

他们出发的那天，葡萄牙国王若昂二世向科维良和他的同伴阿方索·德·派瓦保证，他了解他们从事的是一项"艰巨的使命"。这种说法其实显得有点保守。尽管这两人都讲阿拉伯语，使用穆斯林名字，并且假扮成经商的样子，但是一旦他们身份暴露，几乎就是必死无疑。如果他们被发现，能期望的最好结果就是沦为奴隶。为了确保他们能完美适应新角色，他们花费时间从葡萄牙旅行到埃及，途经巴伦西亚、巴塞罗那、那不勒斯和罗得岛，带着多罐蜂蜜在罗得岛登船，前往亚历山大里亚。

从那时起，除了冒险使用一种缓慢且不稳定的联络系统，他们根本没有其他办法可以将信息传递回里斯本。而这种联络系统是欧洲的犹太商人与他们在东方国家的同胞之间维系关系的一种方法。大概35年前，君士坦丁堡被土耳其人占领之后，开罗就成为伊斯兰世界最重要的城市，在那里有一个庞大的犹太人社群，而科维良和派瓦也计划在完成任务之后返回开罗。此时他们的目标是顺着尼罗河向上游旅行，与一支商队一起穿过红海，然后乘船南下亚丁，它位于印度洋的入口。

他们边走边销售蜂蜜，在1488年平安抵达亚丁之后，他们达成一致意见，决定分头行动。在那之后，他们再也没能见到对方，也都没有回到葡萄牙。派瓦跨海到达非洲大陆的泽拉港，打算前往埃塞俄比亚。对于一个假扮成穆斯林的基督徒，这是一条危险的路线，因为这意味着他要穿过阿拉伯军队占据的区域，而他们正在山中的堡垒里与埃塞俄比亚人对峙。

而科维良则登上了一艘阿拉伯单桅帆船。每年都有数百艘这样的帆船，在这个季节乘着西南季风，从亚丁扬帆起航前往印度。这是持续两年多的一系列旅行中的第一次，科维良在印度洋来回穿梭了一遍又一遍，偷偷地在他放置在行李里的航海图上做记录。

之前的间谍和外交历练，很自然地使他选择从事这样的冒险活动。在他三十八九岁时，他已从一个穷小子变成了一位皇家骑士。他的出生地，也是他名字的来源，是山城科维良，靠近葡萄牙与西班牙的边界。他年轻时曾为卡斯蒂利亚的梅迪纳·西多尼亚公爵工作，但他在1474年回到了葡萄牙。作为一个天生的语言学家，他陪同国王阿方索五世前往法国，由于给国王留下了深刻印象，而被派回法国负责第一次间谍任务。一个同时代人描述他是"一个极有聪明才智的人",也是一个善于讲故事的人。若昂二世提拔了科维良,把他派往摩洛哥担当大使。他的任务是与菲斯的苏丹谈判,要求对方归还1437年在丹吉尔被俘、死在摩洛哥地牢里的"殉道者"费尔南多王子的遗骨。科维良在这段时期掌握了阿拉伯语,并且研究了穆斯林的生活习惯。

科维良特别受到新国王钟爱的原因是他接下来完成的工作:他被派往卡斯蒂利亚监视难以捉摸的布拉甘萨家族的活动。[1]一位编年史家吐露,若昂二世想让科维良"窥探那些暗中反对他的臣民"。那时候多方势力围绕王位产生了刻骨的仇恨:国王以密谋罪处决了他的表兄布拉甘萨公爵,而且亲手杀死了另一个不忠的公爵,尽管他是王后的兄弟。在这次流血事件中,科维良总是站在国王一边。

1487年初,葡萄牙决定开始向东方派遣间谍,与此同时,三艘轻快帆船已做好准备,为抵达非洲南端寻找进入印度洋的航线尽最大努力。这是葡萄牙七十年努力所能到达的顶点,在这七十年里地理阻碍远比过世许久的亨利王子所能想象的大得多。尽管葡萄牙人向赤道以南探索的距离,已经和他们向赤道以北探索的距离一样遥远,但是非洲的海岸线仍然一路朝正南方向延伸,好像没有尽头。

葡萄牙的船长们继续在突出的海岬上竖立上端带有十字架的石柱。这些地标可以消除随后航行而来的人们的恐惧,激励他们前往更远的地方。在暴风雨天气,待在狭窄而又不舒适的船上,船长总是担忧船员们的情绪。离开欧洲的距离越远,船员发生暴动的风险就越大。迷信的船员们担心他们会航行到世界的尽头而被湮没。

被挑选出来引领这三艘轻快帆船前往非洲尽头的船长,是久经考验而且机智的巴尔托洛梅乌·迪亚士。尽管科维良一定知道他,或者至少听说过他的计划,他们曾商量旅行时在印度洋某处会面,但是这种可能性几乎

---

[1] 若昂二世不仅担心围绕他王位的阴谋,还担心卡斯蒂利亚人对他在欧洲之外财产的威胁。为了维护他在占有的土地和海洋上的权力,他派遣间谍穿越撒哈拉沙漠前往廷巴克图。

没有。成功似乎如此之近，而对环伺在侧虎视眈眈的西班牙的担心又是如此强烈，在15世纪的最后几十年里斯本似乎不太自信。

给科维良和派瓦下达最后指令的小群体，是在贵族佩罗·德·阿尔卡科瓦的家中秘密碰头的。在场的有未来的国王曼努埃尔、贝雅公爵和两个犹太人——摩西和罗德里戈，其中一个是皇家医生，两个人都是著名的宇宙学家。对此次秘密远航的重视，明显表明葡萄牙人仍然担心存在成功可能会被别人抢走的未知危险。与祭司王约翰取得联系的命令，同样反映了与友好的君主锻造同盟关系的希望，对方可以为葡萄牙人的轻快帆船提供安全的港口。

"突出重围"前往印度洋的前景似乎从未被怀疑。上述两位宇宙学家告诉科维良，他们发现了一份有关印度洋和大西洋之间通道的文件（之后再未提及关于这份文件的信息）。非洲东海岸最南端的港口索法拉，它现在众所周知，但是那时候还从未被任何欧洲人见过或者描述过。科维良知道，索法拉是他到时候一定要访问的地方之一。

与派瓦告别之后，他乘坐阿拉伯单桅帆船从亚丁向东航行，他按照曼努埃尔王子的指示安排行程。首先，他必须收集印度西部繁荣海港的信息，因为它们握有葡萄牙人想要垄断的"香料"贸易的钥匙。他所乘船只的目的地是坎纳诺尔[1]，它位于印度马拉巴尔海岸出产胡椒的国家；从那里航行很短的距离就能到达卡利卡特，那是享誉整个印度洋的一个巨大市场。在科维良到访之前半个世纪，就是从这个港口，郑和将船只派往波斯、亚丁和非洲。

威尼斯旅行者尼科洛·德·孔蒂，曾经在罗马告诉询问他的人卡利卡特的壮观景象，而葡萄牙人知道他的这段描述。晚些时候，一位成功抵达波斯的热那亚使者报告说，所有国家的商人都来到了这座城市。[2]在它的海滩后面，排列着仓库和房屋。卡利卡特的石制房屋坐落在大花园里。这座城市到处种有胡椒。内陆则是山地。卡利卡特缺少一个良港，但是正如伊

---

[1] 坎纳诺尔作为印度出口"生姜的港口"而闻名。
[2] 热那亚商人希耶洛诺莫·德·圣斯特凡诺（Hieronomo de Santo Stephano）还报告说卡利卡特人"崇拜太阳和公牛"，这是对印度教的错误描述。

本·白图泰在一个多世纪之前记录的,沿着海岸,那里有能够让商船躲避季风所带来的暴风雨的优良海湾。

人们在卡利卡特能买到所有种类的香料。商人要求用金币购买胡椒:威尼斯的达克特或者金币、埃及的阿什拉菲或者阿拉伯半岛的第纳尔。铜币是购买生姜所需要的货币。这个商业中心还有许多其他宝物,特别是钻石、珍珠以及锡兰的珍贵宝石,其中包括蓝宝石、翡翠、虎眼石和锆石。从非洲来的货物有象牙、奴隶和黄金。科维良可能还见过地中海的货物在卡利卡特的市场上被销售。而通过一系列曲折的路线来到印度洋的货物则主要是武器、装饰品和镜子。

对于那些狂热的欧洲人来说,使全体人类信奉基督教是他们的权利和义务,在商业方面也一样,马拉巴尔地区具有特殊的吸引力:塞维拉克的若尔达努斯试图使基督徒社群转而信奉天主教正教,但是他失败了,他们仍然与其他宗教的信徒和谐共存。卡利卡特的扎莫林是一个印度教徒,一座镀铜的印度教寺庙在他的城市占主要地位,但是他为基督徒专门建造了一个接见室。

科维良继续侦察,他从卡利卡特向北到达果阿港,那里是从波斯和阿拉伯半岛运来的马匹的交易中心。印度好战的王子们对于进口的战马的需求是无止境的,就如同他们对锡兰驯化的大象的需求一样。过了果阿再往北就到了古吉拉特的城镇,那是印度洋地区最大的制造中心。古吉拉特颜色丰富的棉织品,特别是坎贝的棉织品,向西出口到红海港口和非洲,向东出口到印度尼西亚,同时也供应印度自身广大的国内市场。

少数胆大的欧洲人,主要是热那亚人和威尼斯人,在科维良之前就在印度旅行过,但是没有一个人像科维良那样做出能服务于葡萄牙的有目标的系统评估。保持秘密是关键,所以在科维良执行任务的时候,他在里斯本的主人正在蒙混又到葡萄牙宫廷游逛的克里斯托弗·哥伦布的视听。若昂二世将迪亚士的一个伟大发现告诉了哥伦布,迪亚士在1488年12月绕过了好望角,回到了葡萄牙。(诚然,由于他的船员惊惶不安、筋疲力尽,存在暴动的风险,迪亚士只绕过了海角很短的距离,但是强大的厄加勒斯洋流是如此温暖,因此它必定来自热带地区。)葡萄牙人故意欺骗哥伦布,说海角位于南纬45度,因为他们认为这个消息很快就能传回西班牙。这种说法夸大了10多度,使得从海角前往印度的航程似乎比实际更远,吸引力也随之降低。哥伦布以此计算出的结果错得离谱,他认为如果驾驶一艘船向西环行地球,日本与欧洲的距离只有4000英里多一点,而取道非洲到达印度的航程可能是它的4倍。

葡萄牙人对于使用诡计并不觉得羞耻,因为这个时候他们已经开始相信,在亚速尔群岛之外,的确存在一块既非中国也非印度的大陆。他们很高兴为西班牙服务的哥伦布或者其他船长去寻找并发现它,因为这会提高葡萄牙不与之交战,就独享自己发现的胜利果实的几率。葡萄牙太小了,难以应付这样的竞争,而且也无法负担这笔开支,因为他们已经在与西班牙和摩洛哥断断续续的战争中,消耗了从西非获得的大部分财富。

对比它更强大的伊比利亚半岛的竞争对手的畏惧只是原因之一,因为里斯本还对下一步派遣船队直接进入印度洋中心航行的巨额计划担忧不已。如果遭遇逆风,绕过好望角的轻快帆船无法返航,怎么办?如果异教徒穆斯林控制了所有港口,以致葡萄牙人无处补给食物和饮用水、无处修理船只,怎么办?对于新来者,当地居民的反抗会有多强烈?这些问题令人畏惧。而从积极的一面而言,若昂二世及其一小群心腹知道,只要回报足够丰厚,他们就能够招募到愿意冒一切风险的船长和船员。

这些人能够航行数周,到达视野所及没有陆地的地方。他们会挤在肮脏的船里,以饼干、劣酒、腌牛肉和猪肉,以及他们能够捕获的鱼为生。一旦机会来临,他们会变成凶猛的战士。葡萄牙人发展出了在海上有效使用枪炮的办法,这是半个世纪前无法想象的。通过在滑行装置上安装加农炮来吸收后坐力,轻快帆船在侧舷开火已无翻船之忧,它们射出的炮弹则低低掠过水面。

即便如此,国王还是焦急不安地等待科维良和派瓦关于祭司王约翰是否拥有印度洋海岸线的消息。迪亚士的探险队带了四名在西非抓获的黑人女子,她们接受了训练,以便有助于葡萄牙的事业。其中一个女人受命在现为纳米比亚的地方登岸,她的任务是寻找祭司王约翰。她穿得极为引人注目,并且带着香料样本、黄金和白银,以便于向那里的居民询问当地是否有这些东西。没有相关记录显示她获得了任何有用的回答。在探险队绕过好望角之后,剩下的三个女人中的一个死了,另外两个女人奉命登岸,附近有正在海边拾贝的霍屯督妇女。我们无从知晓之后她们的遭遇,但是她们必定没有在往北三千英里的地方找到祭司王约翰。

了解埃塞俄比亚的范围不是科维良的职责,因为那是派瓦的任务。所以,他从印度出发前往波斯。他所乘坐的船从坎贝出发,穿过阿拉伯海,经过印度河三角洲,最后在霍尔木兹抛锚停泊。霍尔木兹是一座庄严的城市,两个多世纪以前,马可·波罗就对它的干燥炎热气候震惊不已。既然沿着这条航线旅行,科维良能够领会到这座位于波斯湾入口处的城市的战略价值。

我们对于科维良的大部分间谍之旅都不太了解,只能通过几十年之后葡萄牙编年史家的记录将他的故事拼凑起来。相关记录显示,他似乎从霍尔木兹乘船穿过印度洋返航,并且在开罗待了一段时间,"在那里,他了解到另外一些事情"。据推测,他可能是希望在那里与派瓦碰头,或者至少得到一些关于他的消息,但是似乎他并不知道派瓦已经死了。尽管缺少证据,但是合理的推测是科维良曾试图向里斯本报告他到目前为止的旅行情况。

1489年年底,他再次沿红海南下,前往泽拉港。这一次,他的目标是辛吉海岸和遥远的索法拉海港。他已经以"摩尔人"的身份生活和旅行了两年时间,所以加入一个计划沿着非洲海岸做生意的阿拉伯商人队伍,对于他而言没有什么困难。

从泽拉到索法拉再返回的航程超过五千英里。这次航行耗时六个多月,途经摩加迪沙、帕泰岛、马林迪、蒙巴萨、桑给巴尔岛、基尔瓦以及赞比西河河口,最后科维良到达五百多年前布祖格·伊本·沙赫里亚尔说过的那个遥远而古老的港口。尽管大津巴布韦这时候已经被遗弃,但是索法拉依然十分繁荣,因为它摆脱了基尔瓦苏丹的统治,能够直接与印度洋和阿拉伯半岛来的船只进行贸易。这是阿拉伯商人进入东非内陆冒险的出发地,他们去参加位于津巴布韦高原边缘的部落举行的商品展览会。小船也沿着主河道溯流而上，用物物交换的方式换取黄金、象牙和铜线。

科维良一定仔细研究过控制索法拉的前景，因为他知道他的国家是多么渴望黄金。尽管历史悠久，但是它并不是一个可以给人留下深刻印象的城镇，它只有不多的几座石头房屋，因为从来没有想过会受到敌人袭击，所以也没有修筑任何防御工事。值得注意的是，它不是一座海岛，阿拉伯人在这里的影响力要比在诸如基尔瓦和桑给巴尔岛等地小得多。索法拉和它周边的港口是印度洋世界与非洲内陆社会的中间人，能够控制海岸地带与津巴布韦的金矿之间的路线，它们对此深感满意。

前往索法拉的海路充满危险：海岸外藏有珊瑚礁和浅滩；旋风不时席卷海面。向东航行几天就能到达马达加斯加岛（在毛罗的地图上，它被称为"迪亚布"）。再往南则是阿拉伯人也很少到访的地方了。科维良不知道的是两年前迪亚士在非洲南部海岸被迫返航的那个地方位于索法拉以南1000多英里处。这个空白那时还未被填补。

科维良会注意到，尽管在更北一些的地方更加没有规律，但是季风仍然会吹到索法拉。因此，在每年的特定月份，从南边海角出发的船只仍然可以借着季风轻松抵达卡利卡特。他的同时代人费尔南多·德·卡斯塔涅达总结了科维良的探险：

> 他此时能够告诉国王他沿着卡利卡特海岸看到的所有东西，以及关于香料、霍尔木兹、埃塞俄比亚和索法拉的海岸、大岛屿的所有信息，并且最终告诉国王，如果他的轻快帆船沿着海岸继续航行，它们已经适应去往几内亚的海域，在找到那座大岛和索法拉的海岸之后，他们就可以轻松穿越东部海域，抵达卡利卡特的海岸，因为正如他已经了解到的，那里自始至终都是海洋。

要将消息传回国，科维良必须再次回到开罗。他大约在1490年6月从索法拉出发，沿着非洲海岸向北航行到达亚丁。一到埃及，他就得到了他预计可能发生的事情的确切消息：派瓦死了。他的直觉是他必须全速返回葡萄牙，向若昂二世详细报告他已经发现的一切。开罗没有他能够信任的信使，所以如果他也死了，这次探险的所有结果都会遗失。

就在科维良准备加入一列前往亚历山大里亚的商队时，他"得到消息，有两个葡萄牙的犹太人正在四处寻找他"。这两个人秘密地在开罗搜遍全城，到处找他。"巧合的是，他们认识"：伪装成穆斯林的科维良；两个犹太间谍，一位可能是拉比，叫作亚伯拉罕，一位是鞋匠，被称为拉梅古的约瑟夫。为了确认身份，双方以惯常的方式，说出预先商定好并且熟记于心的接头暗语。之后，犹太间谍将国王的信交给科维良。

尽管犹太人能够自由地穿行于阿拉伯国家，但是拉梅古的约瑟夫不是一个普通的修鞋匠，因为他之前已经去过巴格达，并且将那里的情况当面向葡萄牙国王做了汇报。国王自己也说，他对约瑟夫搜集的、关于波斯霍尔木兹港的情报感到很满意。

科维良的计划有所变动。国王在给他和派瓦的信里说，如果他们两个完成了所有的任务，他们应该回国"接受给予他们的奖励"；如果还没有，他们就要努力完成任务，特别是，他们必须拜访埃塞俄比亚的祭司王约翰。国王在信中还提到，拉比亚伯拉罕想要拜访霍尔木兹。所以，科维良没有返回葡萄牙（那里有他的妻子和家庭），他写了一份关于印度洋的报告，与一份关于他旅行过的地方的航海图，一起交给了约瑟夫。鞋匠启程返回里斯本，而科维良和拉比则朝相反方向进发，前往霍尔木兹。[1]

在护送拉比亚伯拉罕前往霍尔木兹之后，这位不知疲倦的间谍又和拉比一同乘船返回亚丁。他们在那里分开了，拉比返回葡萄牙向国王汇报情况。而科维良接下来的行动强烈地表明，他已经迷恋上东方和到处游荡的生活所带来的那种刺激感，因为他决定在去埃塞俄比亚之前，他必须去看一下麦加。这完全和国王给他的任务不相关。但是穿上白色的衣服、剃好头发，科维良成功地加入到一群前往圣城朝圣的穆斯林的队伍中。从麦加出发，他又去了麦地那和西奈山，之后他乘船穿越红海，在马萨瓦港登岸，最后到达埃塞俄比亚。

---

[1] 霍尔木兹在很久之前就建立了一个犹太人贸易社区，这可以解释为什么拉比渴望拜访它。

进入这个山地国家———一座被周边穆斯林敌人包围的孤独的基督教堡垒,他被告知永远不能离开这里。这是埃塞俄比亚人强加给所有进入他们国家的人的规定,目的是不泄露他们国家防御体系的秘密。即使科维良足智多谋,他对此也是无计可施。好一些的情况是科维良成为埃塞俄比亚皇太后的亲密朋友,因此得到了皇太后赏赐的妻子和大片土地。他定居下来,在埃塞俄比亚过着贵族式的生活,远离了葡萄牙宫廷的阴谋诡计。

30年之后,葡萄牙教士弗朗西斯科·阿尔瓦雷斯发现了仍然在埃塞俄比亚生活的科维良:"他掌握了基督徒、摩尔人、阿比西尼亚人和异教徒所说的所有语言。由于他被国王派出去执行任务,他了解了那些地方的所有事情。他的报告就如同一切都呈现在他的眼前一样逼真。"阿尔瓦雷斯对年长的科维良无比崇拜,因为在祭司王约翰的宫廷,"还没有其他人像他那样"。

17

胜利之城的国王与众神

> 他们一年之中有三个特别重大的节日。在其中一个场合,各个年龄段的男人和女人在河里或者海里沐浴,穿上新衣服,花费三个整日唱歌、跳舞、宴饮……还有另外三个盛大的节日,在节日期间,他们向所有路过的人洒藏红花水,甚至是国王和王后。专门为了这个用途,那些水被放置在路旁。所有人都欢笑着接受这样的祝福。
>
> ——尼科洛·德·孔蒂描述维查耶纳伽尔的生活,约 1420 年

尽管佩罗·德·科维良航行穿越过印度洋多次,但是他很可能对这片海洋的形状和范围仍旧只有模糊的概念。就像陆地上一个王国的疆域是通过它的军队行进多久可以与敌方军队正面作战来判断,海上的距离是以从一个港口到另一个港口花费的天数或者星期数来衡量的。制图学仍然是一门很不精确的技艺。科维良对于埃塞俄比亚的面积大小,以及边界位置都不清楚,直到他被困在埃塞俄比亚。他的同胞接下来的行动表明,他从来没能告诉他们"祭司王约翰的帝国"实际上被陆地环绕,并没有他们长久以来想象的印度洋海岸线。

葡萄牙人还需要时间了解东方的地理,但是有一个事实他们从来没有怀疑过:那里是伊斯兰教的势力范围,他们发誓要将之根除。在科维良旅行过的几乎每一个地方,伊斯兰教都占据主导地位,它容纳许多种族(这使得科维良在扮作穆斯林商人的时候,更容易逃过巡查)。伊斯兰教控制了印度洋世界,从孟加拉到基尔瓦,从亚丁到苏门答腊岛,甚至更外围的海域。早些时候,西方的拜访者见证了它的扩张,比如马可·波罗和伊本·白图泰,而此时这个过程几乎已经完成。

基督教控制着埃塞俄比亚的山地，以及其他地方的一点儿飞地，最大的输家则是印度教，因为印度北部的很多地方已经遭受穆斯林的统治超过200年。印度洋世界最古老的文明面对最年轻的先知宗教节节溃退。至于遥远的印度尼西亚，在那里印度教曾占据支配地位长达1000年，而到科维良所处的时代，除了少数几个有6000人定居的岛屿之外，印度教在大部分地方正逐渐消亡。

就本质而言，由于伊斯兰教信仰的是全知全能的唯一的神，在这个背景下它具有很多优势。与之相反，印度教是多神教，它复杂的多神论被社会甚至个人一再复制。在之后的几个世纪里，印度王公们用骑兵和大象方阵相互攻伐，但是他们的军队装备太差，完全无法抵御外来的入侵者。穆斯林宣称安拉面前人人平等，而印度教则受到种姓制度的影响日益分裂。在和平时期，伊斯兰教将逃离种姓制度暴政的人转化为穆斯林；在战争时期，穆斯林因信奉为真主殉道的光荣团结在一起。

尽管佛教早已不是印度的主要宗教信仰了，仅仅存在于锡兰的边缘地带和喜马拉雅诸王国，但是它与印度教有一个共同的重要信条：不杀生，非暴力。很多印度人对战争不感兴趣，他们认为最好把战争留给职业士兵——刹帝利种姓，他们的起源可以追溯到遥远的古代。印度教有很多对北方平原地区早已不复存在的帝国缅怀的回忆录和史诗，在那里居鲁士的波斯游牧部落和亚历山大率领的希腊人来过又离开了。尽管如此，但是印度人无法不去面对过去两个世纪的现实：他们的城市被洗劫，神庙被捣毁，古老的雕塑被砸碎，婆罗门祭司被成批地杀死，圣牛被有计划地屠杀。每一次得胜的穆斯林军队在向北方撤退时，将已毁灭的王国中的财宝、战象、马匹和奴隶悉数带走。[1]

15世纪末，印度教沿着向东流入孟加拉湾的克利须那河，在次大陆的中部地区建立起一道防御线。西面坐落着与印度洋平行的高止山脉，形成了一道天然屏障，阻止了任何从侧翼包围这条河防线的企图。印度教甚

---

[1] 印度北部的苏丹们雇佣了很多土耳其人和阿拉伯人充当士兵。在互相敌对的军队里都有非洲奴隶，他们各为其主，相互残杀。到15世纪，火药被用来对抗战象。

至将印度次大陆中央的德干高原，也拱手让给了伊斯兰教。唯一剩下来的是南部不断缩小的三角地带。

然而，可怕的前景并没有马上到来，由于敌人军队内部的混乱，印度教获得喘息之机，抓紧时间恢复力量。与在南方作战和抢掠比起来，相互敌对的苏丹们更希望在他们内部之间发动战争。当他们彼此开战的时候，他们的残忍使得所有的印度教徒团结起来对抗他们。在这些苏丹之中，最臭名昭著的是15世纪早期德干高原的统治者艾哈迈德·沙阿，他的残暴不仅针对印度教徒，也表现在他下令给自己弟弟下毒并且将他扼死的事情上。

无尽的暴力迫使全体民众拿起刀剑反抗，伊斯兰教和印度教的神秘主义者和哲学家，都开始寻求这两种截然不同的宗教之间的结合点。在倡议宗教和解的人中，最著名的是迦比尔，他是一位穆斯林诗人，出生于1440年左右。他敢于谴责这两种信仰包含的很多教义，包括伊斯兰教对《古兰经》的极端推崇，以及坚决主张去麦加朝圣的观念，而对于印度教，他反对偶像崇拜和种姓制度。迦比尔既是一位苏菲派穆斯林，又是印度教圣徒拉马南达的弟子，因此对他而言，安拉和罗摩神[1]只是同一个神的不同名字而已。他鼓励他的信徒去寻求一种能被所有人接受的世界宗教。"古鲁"（guru，意为上师，代表神圣和最高的智慧）那纳克是迦比尔的同时代人，他也坚持一神论。他的教诲产生了一种全新的宗教——锡克教。

但是，这些观念只能在印度教的信奉范围之外发展，因为印度教渗透到了生活的方方面面，而且永远无法改变。甚至在与伊斯兰教竞争的最后阶段，对印度教的忠诚还是能够通过一座由所有受到围困的印度南部民众建立的城市体现出来。这不是一座普通的都城，而是印度教捍卫其最后的宗教帝国的堡垒和象征。维查耶纳伽尔创建于1336年，被勇敢地命名为胜利之城，其规模之宏伟令人难以置信，因为它的占有者想要将众神、众王，以及将近50万人都囊括进来。[2]

---

[1] 罗摩是印度史诗《罗摩衍那》的男主人公，后成为印度教崇奉的神。——译者

[2] 维查耶纳伽尔遗址的分布范围超过100平方英里，关于遗址的图片数之不尽，其中包括宫殿、待客室、水渠、拱形石柱廊以及凹形浴池，具体可参见巴尔克尔·纳拉辛哈亚的《维查耶纳伽尔城》（Barkur Narasimhaiah, *Metropolis Vijayanagara*, Delhi, 1992）。

维查耶纳伽尔位于栋格珀德拉河的南岸，那里遍布花岗岩和小山丘。这是印度教防御线的最西端，统治那里的王侯很大程度上依靠内陆印度教王国的军事支持，将领土向南拓展到锡兰。在战争时期，他们能向战场投入一百万人。它不是一个依靠中央力量形成的帝国，而是一个靠宗教的感召力形成的帝国。

果阿在维查耶纳伽尔以西一百五十英里，是印度洋海岸上与它距离最近的一座城市，但是到15世纪，它已落入穆斯林的手中。因此，它与外部世界的主要联系，需通过卡利卡特和位于更南方的其他马拉巴尔港口。胜利之城也依赖马拉巴尔海岸后面的乡村，为它提供大米和其他食物。马拉巴尔是印度最富饶的地方，因为西南季风每年会给它带来大量降雨。

第一个描述胜利之城的外国人是那个到处游荡的威尼斯人尼科洛·德·孔蒂。按照他的说法，维查耶纳伽尔周长六十英里，由九万士兵守卫，但是他没有提供有关这座城市布局的详细信息。他的回忆录的大部分内容是他回到罗马之后二十年写下的。他还讲到在一位君主薨世后有一万两千名妃子为他陪葬，而一些民众被这样的情绪所感染，纷纷跳到运载神像的战车的车轮下殉葬。[1]

更多的记载来自一个亲眼见证者——阿卜达勒·拉扎克（Abd-ur-Razzaq），他是1442年波斯宫廷派往印度南部的大使。他首先前往卡利卡特，在那里他收到一封信，信中说维查耶纳伽尔的王公想要见他。阿卜达勒·拉扎克解释说，卡利卡特并不受制于维查耶纳伽尔的法律，但是其统治者尊重和畏惧维查耶纳伽尔的力量。经过一个月的航行，大使抵达了这座伟大的城市。它是如此壮丽，"从未见过一个像它这样的地方，也从未听过世界上有任何其他地方可与之媲美"。七道高墙围绕着七座堡垒，大使估计这座城市的直径有七英里。在外部界墙之间的是花园和房屋，而更靠近王宫的是人口更加稠密的区域。

---

[1] 在14世纪，国王坎皮拉德瓦（Kampiladeva）在打仗之前告诉他所有的妻子和女儿，如果他被打败了，她们应该殉葬以避免落入穆斯林的手中。结果，战争失败了，所有人都遵从了殉葬的命令。坎皮拉德瓦的头颅被砍下，填充上东西之后被送往德里。

> 在第三道墙到第七道墙之间的区域有数不尽的拥挤人群、许多商店，以及一个市集。在国王的宫殿旁边是四个彼此相对的市集……在每个市集的上方是一座高高的、绘制着壮丽图画的拱廊……到处都有玫瑰售卖。这里的人的生活离不开玫瑰，他们将玫瑰视为像食物那样的必需品……每个等级的人从属于一种职业，他们的商店一个挨着一个。珠宝商在市集上公开售卖珍珠、红宝石、翡翠和钻石。在这个令人愉快的地方，以及在国王的宫殿里，你能看到大量用凿下来经过打磨和抛光的石头建造而成的流淌的小河以及人工运河。

阿卜达勒·拉扎克所在的城市，遵从曼荼罗[1]的循环观——一种宇宙结构。以古老的梵语书写的印度教圣典确立了宇宙的拱形结构，它有两个中心，一个中心是宗教的，另一个中心是皇家的。维查耶纳伽尔建有很多神庙、雕塑和宫殿。王公们崇拜的最大的神庙是用来供奉神话英雄罗摩的，它的表面装饰有浅浮雕。罗摩神庙就像是一只轮子的轴心，许多道路在此交会。城市边缘河流旁边的小路再现了《罗摩衍那》中的故事情境。[2]根据印度教的说法，罗摩神就是从这里出发，去营救他被罗刹魔王罗波那抓住的妻子悉多。在《罗摩衍那》中，他得到了一位忠心的侍从——猴神哈奴曼——的帮助，而后者也被光荣地刻在了胜利之城的浅浮雕里。（这片区域仍是印度哈奴曼崇拜的主要中心之一。）

维查耶纳伽尔大概有50万居民，他们在盛大的宗教节日里尽情娱乐，可以欣赏各种人物的表演，其中有音乐家、讲故事者、杂技演员、舞蹈家和骑在马上用长矛比武的士兵。在阿卜达勒·拉扎克待在这座城市期间，王侯邀请了帝国各地的国王和将军来到他的宫殿。与他们同来的，还有1000头身披华丽盔甲、背上驮着堡垒的战象。这是使帝国女战士-诗人激动的场景，这些女战士-诗人既有文学素养又能勇敢作战。

---

[1] 曼荼罗是佛教名词，意为"坛""坛城"，指一切圣贤、一切功德的聚集之处。曼荼罗是僧人和藏民日常修习秘法时的"心中宇宙图"，共有四种，即所谓的"四曼为相"，一般是以圆形或正方形为主，相当对称，有中心点。——编者

[2] 史诗《罗摩衍那》的主要文本大约是在公元前500年写成的。

这座城市还是一个巨大的贸易中心，驮着货物的公牛列队而行，一头接着一头地在宽阔的街道上来来往往。[1]沿着一条大道，有许多置于石台之上的雕塑，形态有狮子、老虎、黑豹和其他动物："王座和椅子被安置在台上，戴着宝石、穿着华服的姬妾们坐在那里。"在一天中最热的时候，维查耶纳伽尔的贵族和他们的姬妾们经常在水池中嬉戏几个小时。

阿卜达勒·拉扎克在离开这座城市之前，得到了国王的接见。穿过一些房间——它们的墙壁和屋顶用"厚如剑刃"的黄金镶嵌，装饰着宝石，还用金色的钉子固定，他看到了国王巨大的宝座。宝座也是用黄金做的，并且装饰有"极为昂贵的宝石"。

葡萄牙人可能也有所耳闻，至少从尼科洛·德·孔蒂的回忆录里他们知道在印度有一座城市，它的统治者拥有巨额财富和一支极为庞大的军队，并且与穆斯林敌人难以和解。而且佩戴珠宝的维查耶纳伽尔王公与曼德维尔故事中的祭司王约翰惊人地相似，二者都有庞大的军队和似乎无限的财富。维查耶纳伽尔帝国作为一个天然盟友有很多值得称赞之处。

然而，关于胜利之城的信息支离破碎，无法与里斯本不断积累的关于"胡椒海岸"和卡利卡特大海港的证据相提并论。按照尼科洛·德·孔蒂的说法，它是整个印度的"高级商业中心"，是葡萄牙人一心想要前往的地方。他们还不知道，卡利卡特的统治者在多大程度上受制于在这座城市定居的穆斯林商人。

---

[1] 远至波斯和阿拉伯半岛的商人来到胜利之城。胜利之城进口大量的中国瓷器。尽管与伊斯兰世界的战争持续不断，但是这座城市还是有一个巨大的穆斯林聚居区。

18

达·伽马进入热带海域

> 欧洲的船长、船员和探险家们最重要的不同在于,他们拥有可以实现其野心的船只和枪炮,并且他们来自一个热衷竞争、冒险和创业的政治环境。
>
> ——保罗·肯尼迪《大国的兴衰》,1988年

当巴尔托洛梅乌·迪亚士绕过好望角的时候,他的国家作为一个世界强国登上历史舞台的时机已经到来。奇怪的是,葡萄牙在迈出最后一步之前,似乎在这个最佳时机面前犹豫了几乎10年。迪亚士证明了科维良的报告内容:从非洲南部到印度,"全程都是海"。前往东方的航路是公开的,但是在1490—1495年这个重要时期,也就是哥伦布两次航行穿越大西洋的时期,葡萄牙人似乎什么都没做。真相却是他们暗中做了很多事。

就如同在哥伦布之前可能有其他欧洲人抵达过美洲一样,几乎没有什么疑问的是在1488年迪亚士返回里斯本和瓦斯科·达·伽马在1497年开始其历史性的航行之间,葡萄牙人已经成功进入印度洋,只不过这些航行未被记录下来。线索就在葡萄牙的档案里,那里还保留有给船只供应饼干的皇家订单,这些被戏称为"硬面包"的饼干被分发给轻快帆船的船员们。1488年之后,这些饼干能够支持80次航行,但是目的地通常不公开。因此在1489年8月,即迪亚士回来9个月之后,从王室国库发出两批连续的订单,一个是40吨,另一个是60吨,每一批饼干都能够支持两艘轻快帆船进行长达18个月甚至更长时间的航行(迪亚士的航行所花的时间就是那么长)。而60吨的饼干订单关于它们应该交付给谁的说明还很神秘,"国

王会有所指示"。[1]

只有在这些秘密的航行中获得的经验,才能解释瓦斯科·达·伽马的船只向西南航行穿过大西洋,远离陆地3个月,然后又借着信风向东南方向航行,最后在好望角以北大概100英里处准确登陆(他们使用了扎库托教授在《天文法则》中的表格)。这次航行中间没有停顿,航程长达4500英里,在欧洲的航海技术史上没有能与之比肩的航行。这条航线完全不同于10年前巴尔托洛梅乌·迪亚士选择的路线,后者的轻快帆船紧邻非洲海岸航行,在向南航行的过程中痛苦地遭受逆风的袭击。

据说瓦斯科·达·伽马被选为这次历史性远航的指挥,是因为他"对于航海之事富有经验",但是除了有记载说明1492年他经过短暂航行在葡萄牙的海域抓获了几艘法国船只之外,不存在任何能够说明他的航海经验的记录。而且巧合的是,葡萄牙的皇家档案馆丢失了1493—1495年的所有记录。因此,我的猜测是瓦斯科·达·伽马必定是在迪亚士抵达好望角之后葡萄牙似乎处于休止状态的10年里,指挥过某次未被记录的远航,从而了解了那些"航海之事"。

1500年,在印度洋那一侧一位名叫伊本·马吉德的阿拉伯船长写了一首散文诗,讲述了这个故事,诗的题目是"索法拉之路",在某种程度上它算是前往东非海岸的指导说明,但它还描述了葡萄牙人的到访情况。伊本·马吉德在一处这样写道:

> 就是在这里(索法拉附近)葡萄牙人被困住了,因为他们相信在圣米迦勒节这天会有季风,但似乎……海浪当头,将他们抛向索法拉礁石的对面。桅杆淹没在水中,船里满是海水。一些人眼看要淹死……900年,葡萄牙人的船只航向更北的地方。他们航行了整整两年,一直想要到达印度。

伊斯兰历的900年转化成基督纪元就变成了1495—1496年,比瓦斯

---

[1] 细节可以参考科尔泰萨诺(A. Cortesano)的《达·伽马之谜》(*The Mystery of da Gama*)。

科·达·伽马在众人的欢呼声中开始远航早了两年,而9月29日那一天是圣米迦勒节(虽然伊本·马吉德知道这个节日,但这是一个纯粹的基督教节日),那正是季风改变风向的时候。

因此,伊本·马吉德的散文诗暗示,不熟悉印度洋风向模式的葡萄牙人,在探索前往东方的海路时,也遭受了损失。葡萄牙从未揭示真实情况,但是伊本·马吉德一定知道,因为他后来与葡萄牙人交往密切。

葡萄牙人迟迟没有将这样一个具有重要意义的远航付诸行动,还有其他理由,这些远航被认为要么获利颇丰要么损失惨重。其中一个理由是葡萄牙在哥伦布于1493年从加勒比海地区返回之后,与西班牙"分割世界"的需要。只有在这件事达成之后,葡萄牙人才感觉自己受到保护,不至于被比自己强大的邻居在背后捅一刀。为了达成这个协议,在1493年4月,也就是在哥伦布返航后一个月,若昂二世威胁说要派遣一支无敌舰队,以宣称对亚速尔群岛以西所有土地的主权,因为西班牙"侵犯了葡萄牙的权利"。他的恐吓起到了作用:西班牙的斐迪南和伊莎贝拉屈尊达成了协议。从西班牙的穆斯林手中夺取了格拉纳达,以及哥伦布的胜利返航,使得他们此时能够表现得格外慷慨。[1]

《托尔德西里亚斯条约》(在1494年6月签署)包含了教皇裁定的结果。[2]双方同意在佛得角群岛以西370里格处划界,史称"教皇子午线"。该线以西的一切土地——哥伦布新发现的地方——都划归西班牙;该线以东的整个世界都划归葡萄牙,包括非洲和整个印度洋。

葡萄牙王室下达了建造几艘精良船只的命令。它们必须被设计成能够承担比欧洲有史以来任何一次航行的距离都更远的航行。制作船只外壳的橡木经过精挑细选和切割,然后被运到里斯本,在那里绕过好望角的船长巴尔托洛梅乌·迪亚士全权负责所有的准备工作。他十分看重这项任务,设计了两艘比轻快帆船大的坚固的方帆船。

这些船只对于船员来讲更加舒适,如果到了印度,它们的运载量更大,

---

[1] 1493年5月,出生于西班牙的教皇亚历山大六世,将其他基督教国家的君主已经占领的土地之外的全世界都授予卡斯蒂利亚,此举极大地增加了若昂二世的焦虑。
[2] 卡斯蒂利亚的国王通常在巴利亚多利德(Valladolid)西南的托尔德西里亚斯上朝。

能够运回更多的香料和其他的东方奢侈品。葡萄牙装备这些船只不计成本。迪亚士坚持要求，这两艘船的所有部件都可以相互替换，并且每艘船都有两套完整的帆缆。旗舰应该是一个移动的堡垒，装有20门加农炮，足够坚固，可以应对从侧翼开炮的冲击力。每艘船还要配有火绳枪和小型的手持炮，以便在近距离交火时能够有效应对。

若昂二世对他的国家满怀雄心，但是他没能看到这些船只起航。1494年底，他浮肿得厉害，9个月过后就去世了。[1]由于他的儿子阿方索，即他的继承人，之前从马上不慎跌落，伤重去世了，按照继承顺序，若昂的王位由他的妹夫——无能且嫉妒心强烈的曼努埃尔——继承。他是7年前给科维良和派瓦秘密传达简短指令的小组成员之一。

曼努埃尔对征服印度洋有强烈的欲望，但是在此之前需要解决更为急迫的事情。这些事情涉及葡萄牙的犹太人和穆斯林。3年前斐迪南和伊莎贝拉已经树立了一个先例：所有的非基督教徒都被赶出西班牙的国土，甚至那些祖辈已经在这个国家生活了几个世纪的人也不例外。成千上万的犹太人和穆斯林逃往土耳其人控制的安全地带。至少有10万犹太人——相当于当时西班牙总人口的十分之一——逃往葡萄牙。新国王曼努埃尔娶了可怜的阿方索王子的年轻遗孀。她是强大的西班牙统治者的女儿，而他们能够缔结婚姻的主要条件就是葡萄牙之后必须采取和西班牙一样的宗教法令。

因而，1496年葡萄牙颁布了这样的法令：每一个"不接受基督教洗礼的"犹太人和穆斯林都必须在10个月以内离开葡萄牙。此法令对来自西班牙的难民和世代居住在葡萄牙的非基督徒都有效：医生、商人和工匠，无论从事何种职业都受到波及。所有14岁以下的犹太和穆斯林儿童都被迫接受洗礼，许多孩子尖叫着被拖进教堂接受洗礼。如果逃往其他国家，就要面对再也见不到自己孩子的命运，因而数以万计的成年犹太人被

---

[1] 似乎能够预料到之后发生的事情，若昂临死时告诉曼努埃尔在他的盾徽上加一个地球的图案。

迫选择接受洗礼。他们成为所谓的"新基督徒",还取了葡文名字。但是他们并没有因此而获得认可:他们被嘲笑为"从牙缝里剔出去的基督徒"(Christians from the teeth out)。

除了以上人群所遭受的苦难,这些事件在里斯本还引发了商业动乱。然而,这也立刻就给曼努埃尔带来了好处(他的绰号就是"幸运儿"),因为被驱逐出去的犹太人和穆斯林的生意被基督骑士团没收了,而从亨利王子的时代起基督骑士团就成为王室的傀儡。这些举措的讽刺之处在于,非基督徒学者在帮助葡萄牙水手寻找前往东方的海路的过程中出了很大的力。但是大部分被查封的生意都出租给了来自佛罗伦萨的意大利人,因为他们在王室财政空虚时及时提供了资金。曼努埃尔需要钱,特别是供给瓦斯科·达·伽马即将率领的远航的资金。

在曼努埃尔满意地解决了犹太人的问题之后,瓦斯科·达·伽马也准备就绪。他共有148名船员,他们都经过了严格的挑选,报酬要比普通葡萄牙船只上的船员高得多。一位受人尊敬的船长杜阿尔特·帕切科·佩雷拉,在几年后不无嫉妒地写道:"花在这次远航的几艘船上的费用太大了,以至我不想多说细节,因为没人会信以为真。"一份记录显示,作为船队领队的瓦斯科·达·伽马在远航之前被给予2000金克鲁扎多[1],在那时这是一大笔钱。他的哥哥保罗任副领队,也被给予一笔相同数额的财富。所有船员都预先领到了一笔钱,以便在他们出海期间能够维系其家庭开销。每件事都被详细规划。船只所带的食物能够维持3年,分配给每个人的日常给养十分充裕:1.5磅饼干,1磅牛肉或者0.5磅猪肉,2.5品脱淡水,1.5品脱酒、油和醋。其他供应品包括面粉、沙丁鱼、干李子、杏仁、大蒜、盐、芥末、糖和蜂蜜。[2]

1497年初,一切准备停当。剩下来要做的就是等待年中最佳风向的到来。他们的旗舰"圣加百列"号,载重不到300吨,而随同它一起远航

---

[1] 克鲁扎多(cruzado)是葡萄牙的一种古代货币单位,当时一个有钱人家的用人每年才挣4个克鲁扎多。——译者

[2] 那个时代的船只满载水手,每个人只有仅够放一只小水手箱的空间,在甲板上也只有放一张床的地儿。

的"圣拉斐尔"号甚至更小。尽管如此,当风鼓起它们白色的、上面饰以基督骑士团的血红十字架的船帆时,场面仍颇令人自豪。旗舰的名字反映出瓦斯科·达·伽马对他所负使命的信仰,因为大天使加百列是天堂的信使,是神圣真理的象征。船队中的其他两艘船是普通的轻快帆船,一艘是"贝里奥"号,另一艘是没有配备武器的供给船,只要两艘主舰将供应品消耗到能够将供给船上的货物转移到它们船舱的程度,这艘供给船就会被拆解。

180多名候补船员大多数是精挑细选出来的、具有航海经验的水手和能够应对陆上或者海上任务的士兵。还有工匠,特别是木匠和枪匠。此外,还有西非黑人奴隶,因为在遥远的大陆另一侧,他们可能更容易赢得当地人的友谊。所有船员中最重要的是领航员和航海家,他们曾沿着非洲的海岸南下航行,其中包括一个名叫佩罗·德·阿伦克尔的人,他曾随迪亚士航行去过好望角。12个罪犯最有可能被舍弃,他们可能被派到未知的地方登岸,以便发现当地居民对他们会持何种欢迎态度。他们中的大部分人是自愿参与这次远航的,以逃避本该执行的处决。还有几个人被选中,因为他们精通阿拉伯语,据了解,阿拉伯语是当时已知的环印度洋地区最常用的一种语言。

在船队出发前夜,瓦斯科·达·伽马及其船队中的高级海员在亨利王子主持建造的一座小教堂里祈祷。他们将自己看作救世主,并为此迷醉不已,他们发誓不成功便成仁:如果船队不能带着国王曼努埃尔的旗帜和基督骑士团的十字架徽纹穿越东方的海域,他们就绝不返回葡萄牙。第二天一早,达·伽马引领庄严的队伍穿过里斯本的街道,前往港口。他和他的船员们赤着脚,只穿着朴素的及膝束腰宽松外衣。他们持着蜡烛,跪下来接受对他们所有罪行的宽恕,然后阅读教皇给这些前往未知目的地的远航者的敕令。鼓声阵阵,教士唱诵,观者流泪。瓦斯科·达·伽马被宗教情感所慑:他脸色蜡黄、满面胡须,眼睛却熠熠生辉。他的胸前挂着一个镀金十字架,从他的红色颈巾里坠下来,因为他所要从事的远洋探索也是一场神圣的十字军东征。

一些小船载着船员的亲戚,随同远航船只航行了一会儿,他们不停挥手和喊叫,向这些船员做最后的送别。与这些小船分别之后,远航船只向着塔霍河的河口进发，但是此时的风向并不合适，因此瓦斯科·达·伽马不得不让他的船队停泊3天。1497年7月8日，风向发生了改变，远航船队启程前往他们的第一站佛得角群岛，船员们完全相信上帝会给予他们比4年前热那亚的哥伦布更丰厚的奖赏。

"以上帝之名。阿门！"这是达·伽马船上一个名叫阿尔瓦罗·维利乌的士兵日记开头的几个词。他是这次远航的见证者，尽管有时候比较乏味，但是他的记录（没有其他记录留下来）表达清楚、文笔流畅。从佛得角群岛进入南大西洋的航行长达90天，在这整整3个月中不见陆地（对比来看，1492年哥伦布的发现之旅只有33天不见陆地），他对此不以为意，令人惊讶，这一点强烈地表明，维利乌的同行者中有人之前走过这条使人畏缩的路线。

在航行了4000英里之后，11月4日他们在好望角附近望见了非洲的海岸线。为了庆祝这个航海壮举，他们穿上了"节日服装"，并且用旗子装饰船只。之后，他们花费了一周的时间，清理狭窄、脏臭的船只。[1]他们遇到了当地的居民：他们抓获了一个小孩子，把他交给了被称作"船上的小伙子们"的黑人奴隶，并且要求他们好好对待这个孩子。当地人对这些陌生人并不顺从，在一次冲突中，达·伽马被长矛刺中，受了轻伤。

11月27日，他们再次启程，绕过了令人畏惧的好望角。之后的几个星期，他们忙于应对暴风雨和强烈的洋流。他们开始补充淡水，并到达纳塔尔海岸（之所以命名为"纳塔尔"，是因为这时候快到圣诞节了）附近。这期间发生了一个和9年前击败迪亚士的阴谋类似的事件，几个船员想返回葡萄牙，而非继续与未知的危险相抗衡。达·伽马采取的手段是监禁为首的反叛船员。

远洋航行一度停止，原因是他们拆解了供给船，把它的货物重新装载到大船上，然后又花了几天时间和住在海岸边的友好的非洲社群以物易物；

---

[1] 准确的登陆地点是圣赫勒拿湾。领航员非常依赖若昂二世时期的犹太天文学家发明的星盘。

两个罪犯被派上岸寻找祭司王约翰,他们最好的结果是能够活下来。最后,剩下来的3条船在赞比西河河口三角洲附近抛锚停泊下来。不知道是有意还是无意,他们向前航行直接越过了索法拉,它可是科维良曾经报告过的古代黄金海港。此时,葡萄牙人终于遇到了能讲一点儿阿拉伯语的人,他们穿着光滑的棉布和丝绸衣服,用手语向葡萄牙人解释,有时候有船只从北方过来到访这个地方。这就是瓦斯科·达·伽马一直以来期待的那个时刻,1498年1月底,他知道最后的空白已经被填满,环行非洲的海路已经被迫向他们打开。他们给船只抛锚的地方起了一个名字——好兆河(River of Good Omens,克里马内河)。他们在那里停留了一个月,修理船只、整顿休养,使得船员从坏血病和其他疾病中恢复过来。

向北航行了一个星期,船队到达莫桑比克岛,它是一个小港口,而后来一整个国家以此命名。莫桑比克岛离海岸不远,岛上莫桑比克城的房屋主要是用泥巴建造的,屋顶则用椰子树叶覆盖,但是也能见到一些石制小屋。海港里有4艘阿拉伯单桅帆船。看到此情此景,达·伽马及其船员都感到心潮澎湃。他们为触手可及的财富激动得流泪。欧洲人对印度洋的征服即将开始。

阿尔瓦罗·维利乌写道:"我们高兴地叫了起来,祈求上帝给予我们健康,以便我们能够见到热切渴望的东西。"他指的不仅是香料国家——印度,还有祭司王约翰的基督教王国,无论葡萄牙探险家在非洲何处登陆,都一再寻找这个地方,最后却都是徒劳。

很显然,莫桑比克城没有基督徒。而且,葡萄牙人很快就意识到,当地的谢赫认为他们一定是穆斯林的友人土耳其人。瓦斯科·达·伽马没有丝毫不安,而是决定充分利用这个误解。这位上了年纪的谢赫面带微笑,十分客气,似乎很想与这些乘坐不同寻常的船只到来的浅肤色访客交朋友。他首先登上"贝里奥"号轻快帆船,以一种极为恭维的方式表达了他的善意和信任:他把自己的念珠交给了船长。双方互换礼物,葡萄牙人将黄色短上衣、黄铜大杯子和帽子送上岸,收到了多罐阿拉伯蜜饯。当谢赫登上旗舰"圣加百列"号的时候,葡萄牙人为他举行了欢迎仪式:旗帜飘扬,喇叭奏响。船员们穿着胸甲和最好的服装列队欢迎,而那些生病的人则被确保不出现在这个场合。

谢赫穿了一件引人注目的白色长袍，以及装饰着金线的刺绣马甲和丝绸头巾，他手里拿着一柄礼仪专用的银剑。他通过译者说明，他的君主统治着基尔瓦这座强大的城市，从这里再向北航行几天就能到达那里。他礼貌地询问他们是否可以让他看看瓦斯科·达·伽马的《古兰经》。达·伽马通过译者回答，很不幸，他将它留在了他离土耳其不远的故乡，没有带上它一起远航。至于他为什么突然到访东非海岸，达·伽马大胆撒谎：这几艘船属于一支更大的船队，他们在一场暴风雨中走散了。他说他的故乡是世界上最强大的国家，他的君主派遣这支舰队寻找香料之国。

谢赫完全被这些谎言欺骗了。他告诉这些访客们，只要他们有黄金和白银，到达印度后，他们很容易就能买到胡椒和其他香料。达·伽马回答说，他们两样都有，而且数量充足，但是他们需要领航员帮助他们穿越这片海洋。谢赫承诺，他会为他们提供领航员，只要他们预付薪水并且好好对待他们。[1] 之后，他在一个吹着象牙号角的随从的陪同下，乘坐自己的船返回城里。

这部日记的作者维利乌写道：

> 这个地方的人拥有赤褐色的皮肤和良好的体型。他们信仰伊斯兰教，说起话来像摩尔人。他们的服装由很薄的亚麻和棉制成，上面有多彩的线条和很多刺绣。所有人都戴着用丝绸褶边和绣有金线的帽子。他们是商人，经常与白皮肤的摩尔人做交易。摩尔人有4艘船停靠在这里，运载黄金，白银，布料，丁香，胡椒，姜以及镶嵌很多珍珠、小颗珍珠、红宝石和类似之物的银戒指。

"赤褐色皮肤的人"和"白皮肤的摩尔人"恰当地体现了斯瓦希里文化的特征——半非洲、半阿拉伯，他们沿着东非海岸发展了几个世纪，而那里之前是辛吉之地。

---

[1] 他们用黄金支付领航员的薪水，另外还给他们每人一件短上衣。

当地船只用椰子绳索以传统的印度洋方式捆绑在一起，这让葡萄牙人充满好奇。不同于葡萄牙人的船只，他们的船实际上没有配备武器，而且他们的船壳也禁不住重型枪炮开火的压力。当这些葡萄牙人仔细查看对方船只的时候，他们感到内心一阵狂喜。此时，他们知道自己掌握的火力，意味着在这片海域上没有什么能让他们畏惧的了。

继续假装成土耳其人，他们用以物易物的方式换来了鸡、羊和水果。谢赫还送来了更多的礼物：一面镜子、几码深红色的布料、佛兰德的黄铜鸣钟和其他奇特的东西。但是，这种情况没能一直持续下去。一个当地领航员看到船员们正在准备一个宗教仪式，他认出他们是基督徒。当谢赫听到这个消息时，他知道自己被欺骗了，感到十分愤怒，因此葡萄牙人即刻决定离开这座城。他们在另一座岛附近抛锚，并将它命名为圣乔治岛。

当他带领几艘小船组成的小舰队动身前往圣乔治城的时候，两个当地领航员中的一个逃上了岸，达·伽马经受痛苦和怀疑等新情绪的考验。葡萄牙人已经预付了领航员的费用，因而一旦达成协议，领航员就要坚持完成交易。但是谢赫的人等在那里，几艘单桅帆船试图用他们的弓箭和长矛发起一次进攻。葡萄牙人用火绳枪对付他们。之后，轻快帆船"贝里奥"号也加入了战斗。它的吃水线比较浅，使得它可以更接近敌人。当它的重型枪炮开火时，受到惊吓的斯瓦希里人逃跑了。[1]

远航船队再度起航向北进发，目标是抵达基尔瓦。这座岛上城邦的名字标在了里斯本给达·伽马的航海图上，它是东非最重要的贸易中心之一。当留下来的那个来自莫桑比克的领航员告诉葡萄牙人，基尔瓦的居民包括基督徒和穆斯林的时候，它的重要性又得到了提高。与真正的基督徒取得联系的热切渴望在达·伽马的心中熊熊燃烧起来，因为一旦找到这些人，他们一定能够引领他找到祭司王约翰的王国。有一个谣言很煽情：一个"印度基督徒"被带进达·伽马的小房间，他一看到船舱里挂着的圣加百列画像，就扑倒在地上。

---

[1] 用威廉·米克尔（William Mickle）于18世纪翻译的卡蒙伊斯的《卢济塔尼亚人之歌》里的话来说，"他们的第一次相遇使东方见识到了伽马的厉害"。

事实上，这些"基督徒"是印度教徒，他们中的许多人在15世纪作为商人、放债人和工匠来到东非。对于当地的穆斯林和非洲人而言，基督徒和印度教徒的宗教仪式很容易被混淆，因为这两种宗教都在镀金雕像以及神和圣人的画像面前做礼拜，这使二者明显区别于伊斯兰教，因为伊斯兰教强烈反对偶像崇拜。而将基督误认为印度教三大主神中毗湿奴的化身克利须那神，也是一件容易发生的事情。

因为季风仍然从东北方向吹来，结果使远征队避免了在宗教上对基尔瓦产生失望之感。几天之后，葡萄牙人发现他们被风往回吹，又回到了莫桑比克附近。尽管莫桑比克的谢赫请求停止敌对状态，但是当达·伽马派人去取饮用水，为了保护他们而让全副武装的船只靠近海岸时，情况很快变得更糟。城里的居民在水边竖了一个高高的木制栅栏，但是当他们发现这对于火炮完全起不到防御作用的时候，他们都逃向了大陆。一队士兵登陆去抓捕人质，并且寻找从其中一艘船上逃跑的一个西非奴隶。他们抓了四个非洲人，但是没有记录表明他们是否抓住了那个奴隶。之后，登陆的这队士兵带着不多的战利品返回船上，战利品包括几袋谷物、一大碗黄油、几只玻璃烧杯、几瓶玫瑰水，以及几本阿拉伯语书。没什么必要再待在这里，但是作为最后的告别，三艘船在这座被废弃的城市面前来来回回地航行，并将它完全炸毁。这是欧洲人在印度洋第一次蓄意展示他们的力量。

还在"圣加百列"号上的那个当地领航员令葡萄牙人很不满。他们错过了基尔瓦，由于季风已经改变方向，从南方吹来，他们调转航向的努力也只是徒劳。瓦斯科·达·伽马怀疑这个领航员是故意错过基尔瓦的，以便使他们远离那里据说是基督徒的人。也许他是对的，这个领航员可能纯粹只是想享受一下报复的快感，因为之前他因错误地把三个小岛当作大陆的一部分而挨了一鞭。极富幽默感的是，这些小岛中的一个被命名为鞭打岛。

海风鼓起船帆，葡萄牙开拓者们向着蒙巴萨岛快速前进，而蒙巴萨岛注定要在葡萄牙的历史上扮演重要角色。1498年4月7日，临近黄昏，他们到了蒙巴萨，正好看到太阳落到大陆上的山丘之后的美景。为了欢迎他们，一艘满载水果、鸡和羊的小船被派了出来。苏丹让人带来消息，邀请瓦斯科·达·伽马直接驶进城内的海港。小心谨慎的达·伽马拒绝了邀请，因为他知道如果短兵相接,他的人可能会因为对方数量占绝对优势而被击败。但是他仍然对在蒙巴萨找到基督徒怀有希望,因为第二天就是棕枝主日[1],在干燥的陆地上的小教堂里举行庆祝弥撒,会大大提高他的船员们的士气。

实际情况并非如此。尽管有两个让人半信半疑、自称是基督徒的人出现,但是任何关于在这里找到忠于祭司王约翰的社群的想法很快就被放弃。然而,蒙巴萨令人印象深刻,它作为一个贸易中心的实力最终超过了基尔瓦、桑给巴尔和斯瓦希里海岸的所有其他港口。城里有很多石制房屋,还有传统的用茅草铺房顶的泥屋散布其间。它只有基本的防御系统,很显然蒙巴萨的统治者没能想到,他们有可能想从海上对他们发起进攻的敌人。

正如编年史家杜阿尔特·巴尔博萨在十几年前所写:

> 这是一个美丽的地方,这里的街道上有整齐排列的用石头和灰泥建造的高大房屋。工匠加工木料的技艺十分精湛。这里的统治者是一个摩尔人。这里居民的肤色要么是黄褐色、黑色,要么是白色。这里的妇女衣着华丽,她们穿着制作精美的丝绸服饰,佩戴大量的黄金饰品。这里交通发达,有一个优良港湾,里面总是停泊着许多小船,也有大船……这座城里的人经常处于战争状态,很少能与大陆居民和平相处,但是他们之间仍有贸易往来,还从大陆那里带来了大量的蜂蜜、蜡和象牙。

但是,达·伽马和他的船员们没有机会欣赏他们第一次到访的印度洋城市的繁盛风光。因为在莫桑比克发生的事情,已经被当地船只传到了蒙巴萨,晚上装载着全副武装的人的船只在葡萄牙人的船只附近徘徊。两个罪犯作为使者被派上岸,尽管他们被带到了苏丹的宫殿,并且在城中的主要街道参观了一圈,但是他们回来后对于接下来会发生什么还是一无所知。

在尝试靠近海港的过程中,"圣加百列"号差点儿搁浅,而那个来自

---

[1] 棕枝主日是基督教节日之一,纪念耶稣得胜骑驴进入耶路撒冷。——译者

莫桑比克的领航员利用这个混乱时刻，跳到水中逃跑了。船上的其他当地人也这样做，但是并不是所有的人都能逃走。

这时达·伽马的猜疑心更重了。那位士兵在日记中记下了这个情景：

> 晚上，船队总指挥审问了我们船上的两个摩尔人。他让人向他们的皮肤上滴滚烫的油，以此迫使他们坦白意图背叛我们的计划。他们说，他们得到的命令是一等我们进入港口就抓住我们，以此来报我们在莫桑比克所作所为的仇。当再次被施以这样的酷刑时，尽管手被绑着，但是其中一个摩尔人，就像那天早上看到的其他人一样，跳入了水中。

对达·伽马的穆斯林受害者而言，除了肉体上的痛苦，他们还承受着精神上的折磨，因为他使用的是滚烫的猪油。

成船的人前来进攻葡萄牙人的船只。还有人在夜里游到他们的船边，试图割断系船的绳索。"这些坏人"使用了"邪恶伎俩"。维利乌写道："但是我们的主是不会让他们成功的，因为他们是无信仰者。"

19

对印度的最初一瞥

神情坚定的土耳其人要屈膝恳求,
此刻的印度君主,安全又自由,
但在你强有力的君主的束缚之下也要弯腰,
因为你的公正法令遍及整个东方。

——卡蒙伊斯《卢济塔尼亚人之歌》,第二卷

(由米克尔所译,1778年)

1498年4月,瓦斯科·达·伽马的小船队沿着东非海岸继续向北,朝着赤道航行,这距离他们在大西洋向南航行已经过去了漫长的9个月。每向前一里格,孤独感就增加一分,距离他们的祖国葡萄牙和熟悉的海域就更远一分。尽管在蒙巴萨的停留使一些生病的船员恢复了健康,但是出发时的180多名船员,一直因为坏血病、逃亡,以及与敌对的穆斯林的小规模作战而不断减少。宗教隔离感对于这些强烈依靠对救世主信仰的人而言是最艰难的,因为无论肉体上的痛苦如何,他们对基督教的信仰都坚定不移。

与祭司王约翰联手,从"航海者亨利"的时代起就是鼓舞他们远洋探险的动力,而自从他们绕过好望角之后,距离这个目标的实现似乎就更近了:每次一有机会他们就派遣间谍登岸,搜寻那位神圣又好战的统治者的消息,但是结果总是徒劳。对祭司王约翰的探寻,可能一度帮助达·伽马维持了船员的斗志,并且使他们相信,绕过下一个海岬就会有一个友善的基督徒港口欢迎他们。但是在他们绕过好望角,向北航行了将近3000英里之后,这些希望逐渐消退了,因为他们看到在斯瓦希里海岸

阿拉伯人的影响在持续增强。这些人知道，他们正在向伊斯兰世界的中心地带航行。

达·伽马和他的船员们对信仰的依赖，以及他们对所有穆斯林萦绕于心的仇恨，与几个世纪以来，在伊比利亚半岛和摩洛哥发生的宗教冲突的背景有关。圣战是他们在精神上所接受的宗教布道的永恒主题，他们从布道中获得的信息是基督教的优越性不容置疑。而且，他们进入印度洋的时间，正是欧洲和近东这两大宗教力量的相互竞争达到顶点的时期。和哥伦布一样，达·伽马也相信全世界都皈依基督教是《圣经》安排好了的，他们的远航就是为了帮助上帝实现这个目标。同样，奥斯曼土耳其人相信安拉选择他们在全世界传播伊斯兰教，占领君士坦丁堡只是实现这个目标的其中一个步骤。

葡萄牙的天主教徒和奥斯曼土耳其人将他们自己内部的持异议者视作异教徒，认为他们应该被残酷地对待；但是土耳其人受《古兰经》的影响，认为他们的基督徒敌人是信徒、"圣书的子民"，而葡萄牙的天主教徒对穆斯林和其他人做了更精确的区分，认为前者是在魔鬼掌控下的受到诅咒的灵魂，后者则是无信仰者，前者必须被摧毁以取悦上帝，而后者只需要等待他们皈依真正的信仰。这种前提支配笃信基督教的葡萄牙人如何对待刚果人和异教徒，就像影响他们之后如何对待印度人一样。

然而，一定有偏见屈服于眼前需求的时候，从蒙巴萨逃离后，在船队于马林迪港停留时就出现了这种情况。葡萄牙人发现，这两个斯瓦希里城市——蒙巴萨和马林迪——相互敌对，于是为了自己的利益，他们打算利用这一点。毫无疑问，马林迪是穆斯林的地盘，但是沿着东非海岸交朋友的愿望，使得远道而来的葡萄牙人对这一点视若无睹。"圣加百列"号上有一个来自马林迪的人质，他好像"有点儿身份"，当葡萄牙人抓捕并且抢掠一艘经过的单桅帆船时，这个人跳到海里想要逃跑，但是被船上的钩竿捞了上来。这个人怂恿达·伽马驶往他的母港，说在那里很容易找到熟悉去印度线路的领航员。

犹豫再三，马林迪的苏丹和当地贵族足够精明，表现出对这些稀奇的陌生人的欢迎姿态。考虑到已经很快在海岸地带传开的、关于葡萄牙人好战且作战勇猛的消息,马林迪人采取的态度也有自保的动机。除了这个因素之外,苏丹总想寻找新的盟友一起对付蒙巴萨。尽管马林迪分布有十几座清真寺,但是长久以来它都是一座世界化的城市,它与印度、孟加拉和波斯联系密切(与波斯人一样,马林迪人也是什叶派穆斯林)。80年前使中国人惊讶不已的长颈鹿就来自这里。

达·伽马立刻意识到,马林迪港无法和蒙巴萨港相比,但是它足够安全,可以为船只提供庇护,躲避坏天气。海岸的景色让人印象深刻:"这座城市坐落在一片宽阔的海滨地带,周边环绕着许多棕榈树和其他种类的树木,它们整年都是绿油油的,这里还有许多花园和果园。"为了使马林迪人相信他们的善意,葡萄牙人释放了他们的俘虏,将他放在海岸边的沙洲上。他被告知要向他的同胞们保证,这些陌生人平和安静,他们花了两年的时间才抵达东非(这两点都被夸大了)。之后,达·伽马向岸上传递消息,强调他的国王是"世界上最伟大的基督徒统治者",并且说到达马林迪的这三条船是一支由一百艘船组成的舰队的一部分,这支舰队正从事一次伟大的航海探险。

这番说辞给苏丹留下了深刻印象,他的第一个举措是派遣一只载着羊、桔子和甘蔗的船去慰问他们。达·伽马派了一个罪犯带着一件黄色短外套、一顶帽子、一些项链、黄铜杯子和各种小装饰品上岸。这个试探的过程持续了几天,直到苏丹乘坐一艘装饰着挂毯的礼仪船出海,这艘船停靠在"圣加百列"号旁边。达·伽马穿着他华丽的深红色斗篷欢迎他,带他参观整条船,他们还鸣响加农炮以示敬意。苏丹穿着颜色明亮的丝绸衣服,他的银鞘宝剑放在一个古老的架子上,巨大的红色遮阳伞高举在他的头顶上方,他的宝座上装饰着铜制品,而他的乐队正在奏响喇叭和象牙号角,对于这一切,葡萄牙人艳羡不已。由于害怕对方耍花招,达·伽马拒绝了上岸的邀请,只允许他的几个人拜访苏丹的宫殿,并交出人质作为他们安全返回的保证。维利乌在日记中感慨地写道,马林迪使他想起塔霍河畔的小镇阿克契特。

斯瓦希里海岸流传一种说法:"蒙巴萨有骑马的战士,而马林迪的女人妙不可言。"这是说一个城市夸口有更好的战士,另一个城市则有更漂亮的女人。葡萄牙人在马林迪停留了9天，期间没有足够的机会了解马林迪的女人，但是他们至少能够欣赏这座城市生活的文明程度。根据一个编年史家的记载，那里的花园有"各种药草和水果"，特别是那里的大桔子"清甜可口"。用石灰和石头建成的房子沿着整齐的街道排列。

马林迪的大多数居民是黑人，他们之中也有来自阿拉伯和印度的商人。由于印度是葡萄牙人的目的地，他们努力说服自己印度的大多数人是基督徒，他们还研究邻近船只的水手："这些印度人的皮肤是黄褐色的。他们穿得很少，留着长胡子和编成辫子的长头发。他们告诉我们，他们不吃牛肉。他们的语言不同于阿拉伯人所讲的语言，但是他们中的一些人懂一点阿拉伯语。"[1]

在节日期间，当地人和他们的客人都参与进来，年迈、半盲的前任苏丹被人用小轿子抬到海边来。当地的青年骑着马，沿着海滩飞快地奔驰。[2] 夜幕降临，葡萄牙人和印度人的船向天空发射烟火。

尽管这里的竞争都是出于好意，但达·伽马还是渴望抓住机会离开。虽然他曾向他的国王发誓他会抵达卡利卡特，但是他的船员们思念家乡，而且了解到去往印度还需航行几个星期。因此，当招募到一个自愿为他们领航又有穿越印度洋经验的人时，他大大地松了一口气。因为之前他曾努力劝说过的所有斯瓦希里水手，都直接拒绝给他的小船队当领航员，要么是出于害怕要么是出于蔑视，"即便让他们受尽折磨"也不起作用。

在马林迪，他们的命运发生了转变。苏丹提供给他们一位阿拉伯远航船长，维利乌将他的名字写为马莱马·卡纳或者卡纳夸。这位年长的"古吉拉特摩尔人"对于前往卡利卡特的路线很熟悉，他愿意为这批基督徒新来者担当向导。他展现了在海上找到方位的航海技能，他有一张印度西侧海域的航海图，并且在看到葡萄牙人向他展示的星盘时毫不惊讶。

在离开马林迪之前，达·伽马又派了一个罪犯上岸，给了他一些钱，

---

[1] 马林迪的4艘印度船来自坎纳诺尔，那是科维良10年前第一次在马拉巴尔海岸登陆时停泊的港口。
[2] 马林迪的马匹从阿拉伯半岛进口，是这座城市富有的象征。

还给了他一张授权书,说明他代表的是葡萄牙。我们不知道这个人的姓名,他可能受过一些教育,可以被视为东非最早的欧洲定居者。他被告知要尽一切可能探索这片大陆(毫无疑问,当然是打听祭司王约翰的消息)。达·伽马向他承诺,只要他能活着回到里斯本,他就能恢复名誉,成为"一名皇家绅士"。关于他之后的命运,没有相关记录。

苏丹和葡萄牙人告别。葡萄牙人的领航员指挥船队向东北方向进发,始终在能见到海岸的范围内航行。很快,大陆开始改变,苍翠的棕榈树林和红树林变成了干燥荒芜的沙滩。但是达·伽马的船员们从天象判断出他们又回到了北半球,为此他们欢喜不已:"下个礼拜日,我们的人看到了北半球,他们也能看到南半球,他们感谢上帝赐予的好运。"5天后,船队抵达一片长长的沙滩,领航员称之为赛义夫·塔维勒(Saif al-Tawil),就是在那里,他转换方向,远离非洲,朝着几乎正东的方向前进。[1] 葡萄牙水手对他使用的航海仪器以及他全身透出的愉悦和自信印象深刻。他们知道,他们的命运就掌握在他的手中。

又航行了23天,这些天恰好都是晴好天气,瞭望员喊了起来,因为印度海岸出现在他的视野中。在经历了史上最漫长的航程之后,达·伽马终于完成了他的使命。那一天是1498年5月18日。他必须准备好去觐见他所知晓的印度海岸最强有力的统治者,也就是国王曼努埃尔在给他的信中所说的"卡利卡特的王侯"。对达·伽马来说,乘着3艘饱经风雨的小船,还要表现得体面而有尊严,不是一件容易的事。打开防水的箱子之后,达·伽马也必然意识到,他们给王侯的礼物似乎显得既廉价又俗丽。但是他仍保有双重信念——上帝和枪炮。

领航员在离卡利卡特北部很近的地方登陆。此处水深45英寻[2]。之后,他们向南航行,经历雷电交加的暴风雨。当他们在卡利卡特抛锚的时候,他们眼前的景象与佩罗·德·科维良和尼科洛·德·孔蒂的记述一模一样:一个开放的港口,里边有各式船只,海岸上分布着商店和货栈,一个巨

---

[1] 托勒密写到过"大海滩",那是从印度来的船只抵达非洲海岸的地方。"Saif al-Tawil"意为长剑,从海上看,它的形状就像一把长剑。
[2] 英寻是海洋测量中的深度单位,1英寻=1.8288米。——译者

大的城市坐落其后。海港的侧方有一些入口，船只可以在里边躲避大的风浪。

葡萄牙人的船只不同于之前在印度见过的任何船只，因此他们的到来引起了当地人的兴趣。小船里坐满了瞧热闹的人，他们带着自己的孩子，"兴高采烈地去看葡萄牙人的船"。其他小船"用鱼、椰子和家禽换取葡萄牙人的饼干和钱"。尽管达·伽马一行人的这次远航是距离他们家乡最远的一次，但他们的精神很振奋："在葡萄牙他们几乎没想过，他们能在这里受到如此热烈的欢迎。"

和以往一样，第一个被派上岸的人还是罪犯之中的一个。他名叫若昂·努涅斯，是一个能讲希伯来语、阿拉伯语、葡萄牙语和西班牙语的"新基督徒"，是"一个有敏锐理解力的人"。当他正准备呈递国王曼努埃尔的信时，他震惊地听到一个旁观者用西班牙语对他说："愿魔鬼将你带走！是什么带你来到这里？"

这个人的身份在关于这个事件的多个版本的记录中有不同说法。根据其中一份记述，他是塞维利亚人，名叫阿隆索·佩雷斯，他在西班牙作战期间被阿拉伯人俘虏，之后以俘虏的身份被带到各种地方，在皈依伊斯兰教之后被释放。而根据另一个版本的记录，向努涅斯粗鲁地打招呼的人是一名突尼斯商人，他叫作邦泰博。之后，他把努涅斯带到自己家里，用面包和蜂蜜款待了他。无论哪一种说法是真的，它们都表明在伊斯兰世界内部旅行的自由度非常高。努涅斯回报达·伽马，当被问及为什么葡萄牙人来到印度的问题时，他的回答是："我们是来寻找基督徒和香料的。"作为一个被迫改信基督教的犹太教徒，如果努涅斯的回答让狂热的基督教徒达·伽马不满意，他会因为冒犯被判有罪而被吊死，所以努涅斯回答时聪明地将基督徒放在了香料的前面。

葡萄牙人被卡利卡特的富饶深深吸引。那里有一条人潮拥挤的林荫大道，直通王宫。地面上落满了从道旁的树上掉落的白色花朵。宫殿占地1平方英里，四周环绕有刷了明亮颜色的高墙。大人物们在城中行动时乘坐轿子，轿子前面会有吹喇叭的人清道开路。轿子里人的身份地位不同，轿子前面的人吹的喇叭也有区别，有的是黄金的，有的则是黄铜的。

对葡萄牙人而言，一个明显的事实是阿拉伯商人和船主在这个繁荣的印度洋商业中心扮演支配性的角色。他们拥有巨大的房屋，其中有些人还拥有多达50艘能够穿过印度洋抵达红海、运载货物和去麦加的朝圣者的船只。据说穆斯林已经控制了从印度向西和向东的航线，因为印度教教规禁止其信徒进行长途海上航行。一些很有权力的阿拉伯人从遥远的地方而来，有的甚至是从埃及过来的。他们在卡利卡特定居，虽然他们是穆斯林，但是尊重当地人的宗教信仰，他们也信奉母牛，从不吃牛肉。相反，有很多印度人为了逃离种姓制度而改信伊斯兰教。

尽管自从离开里斯本，达·伽马总是拒绝上岸拜访当地的统治者，但是他知道在卡利卡特他不能再保持这种姿态。向这里的统治者表示他的尊重是十分重要的。他有足够的时间做准备，因为努涅斯向他汇报，王侯扎莫林——海洋之王——正在外旅行。[1]一收到扎莫林返回并且在等候他的消息，达·伽马就换上了一件深红色的及地斗篷、一件蓝色缎袍、一双白色中筒靴，以及一顶装饰着羽毛的蓝色天鹅绒帽子。为了安全起见，扎莫林派来了一队出身高级种姓的战士[2]，他们作为保证达·伽马安全返回的人质，留在了葡萄牙人的船上。

当达·伽马在随从的陪同下第一次踏上印度的土地时，一顶轿子在岸上等候他，拥挤的人群排在道路两旁，看着行进的队伍从他们面前经过。在路上，一座印度教寺庙映入眼帘，葡萄牙人都十分高兴，因为他们错把它当作"异国的基督徒"修建的教堂了。达·伽马步出轿撵，进入寺庙，在一个母亲抱着一个孩子的塑像前——提婆吉照顾克利须那神——跪下祈祷。一个随从提醒他，他可能在向一个"异教的神"鞠躬行礼。

在他们抵达宫门时，扎莫林从阳台上向下望，此时达·伽马正在一个穿红色缎子衣服的男仆的帮助下从轿子里出来。葡萄牙的船队总指挥在陪同者的带领下缓慢前行。印度洋历史的转折点在这个场景里变得具体化。

---

[1] 扎莫林经常忙于镇压控制内陆山地区域的军事头领。按照当地习俗，在战场上得到他们的归顺之后，他会归还他们的土地。

[2] 卡利卡特的军队大概有6万人，其中包括一些穆斯林，参见艾亚尔的《喀拉拉简史》（K. V. K. Ayyar, *A Short History of Kerala*）。

许多个世纪以来的生活和商业模式即将被打破。

经过复杂的仪式，达·伽马被引领着穿过几个有巨大的金色大门的厅堂，最后他到达了皇家会客室。扎莫林马纳·维克拉玛躺在丝绸华盖下的绿色沙发上。他的腰部以上是赤裸的，他正在嚼槟榔。他的左臂手肘以上的位置，戴着一个闪闪发光的手镯，上边悬挂着一颗巨大的钻石，他的脖子上戴着几串珍珠。他还戴了一个心形绿宝石，它的周围镶嵌着红宝石，在马拉巴尔这是王室的徽章。

扎莫林时不时地向一个男仆端着的黄金杯里吐口水。他的身后还有一个男仆，手中握着一柄出鞘的宝剑，以及一个镶嵌着黄金和珠宝的红色盾牌。在通过译者进行对话前，有仆人端着成碗的水果在他们身边走来走去。这场会面是许多巨变的序幕，期间达·伽马跪着向扎莫林呈交了一封国王曼努埃尔写的信。他发誓说，如果他没有到达卡利卡特就返回了葡萄牙，他的国王会将他处死。他唯一的愿望就是购买香料，装载上船，然后平和地离开。扎莫林说他已经做好了用"肉桂、丁香、胡椒和宝石"交换黄金、白银，以及达·伽马所穿的那种布料的准备。但是，当葡萄牙人呈递上他们的礼物的时候，气氛改变了：洗手盆、珊瑚项链、帽子、深红色头巾和数坛蜂蜜。扎莫林没有表现出任何愉悦的神情。当晚，达·伽马的随从寄住在一个阿拉伯人的家中，他嘲笑他们："从麦加来的最贫穷的商人奉上的礼物也比你们体面。"毕竟，扎莫林是山地与海洋的领主，马拉巴尔周边的许多港口都顺从于他的统治。亚洲所有国家最精美的货物，只要他张口就都是他的。像洗手盆和蜂蜜这类东西在他眼里一文不值。这位阿拉伯人对他们暗含轻蔑之意。

达·伽马的其中一位陪同者就是那位记日记的士兵阿尔瓦罗·维利乌，他对自己和同伴们第二天一早等着返回宫殿的表现进行了生动的描述。尽管天气很热，"我们还是愉快地伴着喇叭的声音载歌载舞"，但是这样的欢乐没有持续下去。当达·伽马坐进轿子里，打算返回他的船只的时候，他及其陪同者没能离开，而是被俘虏了。因为这些登岸的随从没有携带武器，只是拿着树枝，以表示他们没有敌意，所以他们根本没有抵抗的机会。

葡萄牙人被关在一个屋子里囚禁了好几天，屋子既炎热又不舒适，四周还有拿着战斧、刀剑和弓箭的士兵把守。在这次远航中随行的一个西非奴隶被秘密地派了出去，以发出警告。他溜了出去，成功地雇到一艘小船，在夜色的掩护下回到了舰队那里。保罗·达·伽马在他兄弟不在的时候管理船队，此时他与扎莫林开始了一场错综复杂的谈判。对于一个有与达·伽马一样坏脾气的人而言，软弱是不能忍受的差辱。

很快他们就发现，这次事件的幕后黑手是卡利卡特的阿拉伯大商人，因为葡萄牙人在东非的所作所为早就传到了他们的耳中。对于葡萄牙人在摩洛哥发动的战争，穆斯林在这几乎一百年中一定也听说过。他们知道，目前这些新来的基督徒人数太少，不足以发起一场战斗，但是他们既然已经知道去往印度的线路，他们一定会以更大的力量返回这里。一些捕拿者还想趁达·伽马在他们手中的时候杀死他，但是这不能解决问题。三艘停在卡利卡特的船意欲返回葡萄牙，把这里的实情告诉国人，而报复则是一定的。

如果葡萄牙的这一整支远航队在此刻被彻底消灭，留下一个谜一样的传说，印度洋各民族的悲剧可能还会迟一点儿到来。但是扎莫林否决了任何试图消灭这些不速之客的建议，因为这种行为违背了使卡利卡特繁荣的准则：自由贸易，以及对外国船只的尊重。还有一个实际的限制因素：葡萄牙船队的加农炮指向海岸这边。他们必须登上葡萄牙的那三条船，他们比较擅长肉搏战，可是卡利卡特没有加农炮，虽然他们熟知火药的配方，但是它们主要用于制作烟火。

保罗·达·伽马精于算计，他释放了四个之前作为人质的印度战士，扎莫林也因此释放了瓦斯科·达·伽马。站在他们的统治者面前，这些战士自杀未果，于是请求扎莫林处决他们，因为他们此前"以项上人头"向葡萄牙人担保扎莫林的善意。所以，在葡萄牙舰队总指挥回到他的旗舰之前，从王宫送来的大量礼物和致歉信已经送到了葡萄牙人的船上。他受邀给自己的船只装满香料。

扎莫林所有和解的尝试都是无效的：达·伽马决不是一个宽容的人。他的胸中燃烧着为他所受羞辱复仇的火焰。在"圣加百列"号的甲板上，在船员的注视和释怀的哭泣声中,达·伽马拥抱了他的哥哥。香料被运上船,船只准备离开卡利卡特,开启回家的长途航行,"每个人都非常高兴,"维利乌写道,"他们幸运地完成了一次伟大的探险。"就在船锚升起之际,以"什么把你们带到这里"问候努涅斯的那个卡斯蒂利亚人前往王宫,他对扎莫林说,葡萄牙人一定会回来报复卡利卡特。扎莫林也产生了一种不祥的预感。

他派人给达·伽马送了一封信,请他再多待些时日,以便装载更多的香料,而那些把他当作人质抓起来的人会受到惩罚。回应他的是不吉利的预兆:达·伽马命令炮手从船的侧舷向城市开炮,然后他们展开了带有红色十字架的白色船帆。达·伽马离开的时候说,那个时刻迟早会到来,而扎莫林会"更加后悔"。

印度这边对于这个具有重要意义的访问,唯一保留下来且切合实际的记载是:"三艘葡萄牙人的船只到达奎隆(卡利卡特附近)……这次他们没有进行贸易,而是直接返回了他们的国家。"

返回葡萄牙的航行受到相反风向的困扰,因为葡萄牙人不了解季风,而且那位从马林迪将他们带到这里的领航员也不在。在沿着曲折的路线离开印度海岸的航行过程中,他们在拉克代夫群岛躲避风暴。在那里,他们遇到了一个意料之外的来访者,他是一名使者,说意大利语,来自大陆国家果阿。这个人十分高大、蓄着白胡子,他很快就被怀疑是一个间谍,接着就被他们俘虏了。在备受折磨的情况下,他告诉葡萄牙人,有四十艘小战舰正在全力沿着他们的路线赶过来,他们正等待他的命令发起进攻。至于他自己则是一名波兰犹太人,他取道亚历山大里亚和麦加来到东方。他轻而易举地就背叛了他的印度主人,因为说到底他"内心深处一直是一个基督教徒",这个新朋友向达·伽马透露了果阿的船只确切的藏身之处。

葡萄牙人乘着夜色悄悄地航行,在密集排列的敌人舰队中投放填满了火药的炮弹,而敌船上的水手这时候还在睡觉。葡萄牙人突然冲进敌人船队的场面,令对方十分恐慌:那些印度人跳进水里,有的朝附近的小岛游去。在破晓的微光中,达·伽马让他的人进行屠杀。他们使用舰船上的小船,他们"在海面上到处划行，将对方全部杀死，他们还尽可能多地杀死逃到小岛上的那些人，因为他们一个也不想放过"。他们把敌人弃船上的大米、干鱼和椰子都搬到自己的船上，还把原来划桨的奴隶集合起来。他们从这些奴隶中选出最强壮的人填补到他们的船上，然后把其他人都杀死。

达·伽马对当地的渔夫很在意，因为他们可能会传播法兰克人复仇的消息。之后，他对那位变节者表示感谢，因为是他将胜利送到了他的手中。僭越了圣父的名义，他命令他的教士授予这位波兰人加斯帕尔的教名。所谓的"加斯帕尔·达·伽马"或者"印度人的加斯帕尔"即将成为葡萄牙传奇中的一个著名人物。

再度穿过印度洋的航行是悲惨的。用日记的作者维利乌的话说，就是"我们与死神面对面"。葡萄牙人对没有连续的海风感到困惑，而且他们似乎无法计算出自己所处的纬度，他们向东航行的时候所花费的时间不到3个星期，此时却花了3个月的时间。之前还兴高采烈的达·伽马的船员们此时都陷入了绝望。在1498年的圣诞节，他们没精打采、无心庆祝，直到年末他们都没有看到陆地。1499年1月2日，他们抵达非洲海岸。离开卡利卡特向家乡返航时还幸存有90个船员，此时死了三分之一，还有更多的人在生病，几乎已经没有足够的健康船员来处理船上的事务了。

因为他的领航员死了，所以达·伽马对于他所处的方位只有模糊的概念，他认为他在莫桑比克附近。不久，他们看到一个大港，意识到那是摩加迪沙（莫桑比克以北1500多英里），葡萄牙人就朝它开炮。他们的侵犯行为可能是因为他们自身的虚弱，为的是打消当地船只出来攻击他们的可能性。再往南，在拉穆附近，他们被一支阿拉伯小舰队逼迫，他们再度轰响了加农炮。

当马林迪映入眼帘的时候，他们终于得以喘息，当地的苏丹还是非常友好，但是达·伽马此时急切渴望绕过好望角，进入更加熟悉的大西洋海域。他的船员队伍不断缩小，他们消耗大量的鸡蛋、鸡和桔子，但是他们仍然以每星期超过7个人的速度死亡。苏丹送给他们一支巨大的象牙，它被雕刻成他的号手吹奏的其中一个号角的样子，作为送给曼努埃尔国王的礼物。他还提供了几个领航员，他们会将沿着非洲海岸向南航行的最佳路线指给葡萄牙人看,然后他们会陪伴葡萄牙人返回里斯本。

达·伽马不想在任何地方停留,但是从马林迪向南航行几天之后,他的兄弟指挥的船只"圣拉斐尔"号开始严重漏水,因而不得不被丢弃。船员和他们的财物被分配到旗舰"圣加百列"号和尼科洛·科埃略指挥的小而坚固的轻快帆船"贝里奥"号上。空船被烧毁,他们继续向南航行。

这两艘船在当地领航员的带领下前行,始终在能看到陆地的范围内航行。这个时节正是东非经受暴风雨摧残的时候,但是达·伽马坚持在莫桑比克岛停留,为的是在这里竖起一块具有里程碑意义的立柱。维利乌在他的日记里悲伤地写道,"雨下得太大了,一刻都不停歇,以致于我们都不能点火熔化铅条来修补十字架"。

他们越过莫桑比克之后,在一个平静的海湾里又一次停了下来。他们猎杀海豹和鸟类,用盐将它们腌渍,然后把它们储藏在甲板下面,以备从南大西洋到里斯本这最后一段漫长路途所用。

3月底绕过好望角,他们扬起船帆,朝向赤道和几内亚海岸前进。用了一个月多一点儿的时间,他们抵达了佛得角群岛,达·伽马知道他胜利了,因为这里几乎已经是葡萄牙的海域。然而,人员损失极为严重:那些与他一同出发、精挑细选出来的兼具适应力和勇气的船员,只有三分之一还活着。最后的受害者是他的兄弟保罗。当看到保罗越来越虚弱时,达·伽马命令"贝里奥"号带着他们成功的消息迅速返回葡萄牙。然后,两兄弟离开漏水、饱经风雨的"圣加百列"号,雇用了一艘小型快船,取道亚速尔群岛返回里斯本。保罗死于亚速尔群岛。

既自豪又悲痛的达·伽马受到国王曼努埃尔的欢迎,国王称呼他为"亲爱的海军元帅"。他五体投地,抱着国王的大腿哭道:"陛下,我所有的苦难在这一刻都结束了,我心满意足,因为上帝让我在经历了这一切之后,如我热切期盼的那样回到您的面前。"他被授予大量的荣誉,并且获得了2万金克鲁扎多[1]的奖赏。之后,达·伽马剪掉了他的胡子,作为完成一个伟大任务的象征,因为自从两年多前离开葡萄牙,他就再没修剪过胡子了。

---

[1] 达·伽马得到的奖赏按照现在的价值估计超过100万英镑。

他的航程总计2.4万英里，比哥伦布发现新大陆的航行距离长了4倍，比之前欧洲水手在未知海域航行距离的两倍还多。

至于国王曼努埃尔，他个人取走了胜利果实，立刻宣称自己是"几内亚之王，埃塞俄比亚、阿拉伯半岛、波斯和印度的航海和商业征服者"。

20

伊本·马吉德的致命骄傲

> 长久以来，我一直观望闪耀的星空，
> 当我远离它们的时候，它们会来寻我，
> 当它们升起的时候，它们会问候我，
> 当我向它们告别时，我的一天也随之终结。
>
> ——伊本·马吉德，约1490年
> （《关于航海首要原则和规则的有用知识手册》第四卷）

尽管达·伽马的功绩是无与伦比的，但是毫无疑问这份成就的一位主要贡献者是他在信仰方面的一个敌人，就是那位上了年纪、带领他们穿越印度洋到达卡利卡特的穆斯林领航员。然而，在返程途中他们只能靠自己，结果葡萄牙人经受了海风和洋流的折磨差点儿毁于一旦。

后来，阿拉伯人对那位同属一个民族，却愿意为"邪恶的法兰克人"指示通往印度海路的领航员施以严酷的对待，这一点是可以为人所理解的。对他们来讲，这是最卑鄙的背叛，因为没有他，那些好战的新来者可能会由于不了解季风或者洋流，不知道他们想去的城市的纬度，而漫无目的地在海上徘徊。对于葡萄牙人，这位被他们戏称为马莱马·卡纳夸的领航员只是一位和蔼的雇员，是一位能解读星象的"占星家船长"。

卡蒙伊斯在庆祝葡萄牙人发现印度而写的史诗《卢济塔尼亚人之歌》中，两次提到这位所谓的马莱马·卡纳夸。第一次提到他是在讲3艘船离开非洲海岸的时候：

> 张满船帆，领航员向着初升的太阳前进，

> 远离海岸，我们从海洋中间穿过。

第二次提到他是在讲船员站在瞭望台中侦察前方陆地的时候：

> 马林迪的领航员大喊，
> 船长快看，那是印度海岸！

这位值得尊重的领航员的真实姓名是艾哈迈德·伊本·马吉德。他的身份第一次被揭示，是在一位叫作库特卜·丁·纳拉瓦里（Qutb al-Din al-Nahrawali）的阿拉伯人所写的关于奥斯曼人征服也门的历史书里。相关段落如下：

> 希吉拉（Hegira）[1]10世纪（1495—1591年）初，这个时代有许多令人震惊和非同寻常的事件，其中之一就是可恶的法兰克人的国家中的一个——可恶的葡萄牙——发现了印度。在东非，葡萄牙人一直打听西印度海（印度洋西部海域）的消息，直到他们雇用了一个叫作艾哈迈德·伊本·马吉德的经验丰富的领航员。被他们称为海军元帅的法兰克人首领与领航员结交，而后者被葡萄牙的海军元帅蛊惑。这位喝醉的水手向海军元帅指出路线，并且说："不要在这片区域靠近海岸，向外海直行，不要忘了躲避风浪。"他们听从了他的指示，许多葡萄牙船只避开了海难，到达了西印度洋……他们以武力占领每一艘船，给穆斯林造成了巨大损失，很多穆斯林沦为俘虏并且被劫掠一空。

然而，伊本·马吉德这个名字值得被记住还有其他不那么有争议的理由，因为无论是哪个民族与时代，他都是关于航海问题最多产的作家之一。

---

[1] 希吉拉，又称"徙志"，指在伊斯兰教初创阶段穆罕默德迁往麦地那的事件。当穆罕默德及其信徒在麦加遭到迫害时，他们受邀前往麦地那。622年9月，穆罕默德及其少数亲信逃出麦加，前往麦地那，这一事件被称为"希吉拉"，这一年后被定为伊斯兰教的教历元年。——译者

他的父亲和祖父都是阿拉伯远航船长,据说他写了至少40本著作,几乎所有的著作都是诗歌和散文诗的形式。[1]他的著作有一半多保留在各式手稿文集里。葡萄牙人将伊本·马吉德称为"占星家船长"是有充足理由的,因为他的长诗详细地记述了通过星象测量确定船只纬度的方法。[2]葡萄牙人到来之前,在繁忙的印度洋航线上航海的技能就已经发展到很高的水平了,而伊本·马吉德很坦然地认为自己是这方面的最高权威。

在他最著名的12卷水手指南中(这本书的全名是《关于航海首要原则和规则的有用知识手册》,*The Book of Useful Facts Concerning the First Principles and Rules of Navigation*),他一再告诉读者,他一生都在海上度过,他不断地测量星象,告诫想要避免灾难的人应该遵从他的指导。他一点儿也不谦虚,但是理由充分。他甚至能够在北极星躲在云朵后面的时候,通过测量10颗甚至更多仍然能够看见的星星的高度,准确计算出北极星的位置。有一处,他写了一首关于他自己的诗:

> 我用尽一生研究科学,也因此闻名。
> 年迈的我有很多知识,荣誉也与日俱增。
> 如果我没有这么多知识,国王就不会注意到我。
> 而这是我最大的收获。

但是并不是所有伊本·马吉德的诗都是这种庄重的风格。他间或也会写关于航海教学的短诗,它们能体现出他喜好愉悦的天性。举一首典型的短诗:

---

[1] 根据舒莫夫斯基(T. Shumovsky)在莫斯科举行的第25届国际东方学者大会(1960年)上的一篇论文,伊本·马吉德是一名被释放的奴隶,他的主人是艾哈迈德·本·塔马尔(Ahmad bin al-Tamal)。这是不太可能的:在他的诗集中,伊本·马吉德吹嘘他的祖辈,说他的父亲是一位红海的领航员,而且也写过航海诗集。
[2] 阿拉伯的天文学家仍然遥遥领先于他们的欧洲同行。伊本·马吉德可能知道11世纪比鲁尼的著作。比鲁尼仔细思考过很多天文学现象,例如水星和金星的光度以及它们的运行轨道与太阳的关系。

看，那是一位漂亮而完美的少女，

一位完全成熟的14岁少女。

美酒和弦乐已经就绪，

好运如此明显；夸耀也是如此。

斑鸠在枝头歌唱，

歌声温柔，愉快地摇曳。

平原像玫瑰一样绽放；

草原之花犹如天堂之花。

藤蔓用树叶搭成一座凉亭，

酒友说："想必就是这里。"

我起身去享受青春的愉悦，

美酒混合着香津。

我摘取她胸脯上的石榴，

那是令人愉悦而纤柔的幼树上的果实。

除了我，无人能说出，

除了我，无人能获得。

一些推崇伊本·马吉德著作的人认为，他可能终究没有引导那些"邪恶的法兰克人"前往印度。他们从葡萄牙人对马吉德的讲述中找到一些论据。他总是被叫作马莱马·卡纳夸或者一些不同版本的绰号，但是从来没被叫作伊本·马吉德。他还被描述为"古吉拉特的摩尔人"，这表明他来自果阿北部其中一个兴旺港口的一个阿拉伯社区，但是他最有可能的出生地是阿拉伯半岛。关于这位领航员身份的一个可靠的信息来源，是那位写日记的士兵阿尔瓦罗·维利乌，但是他糊涂的评论只是让这个问题变得更加复杂。描述他们从马林迪离开时，他写道："我们对国王派给我们的这位基督徒领航员十分满意。"他说这位领航员所属的种姓是卡纳夸，尽管一位"古吉拉特的摩尔人"几乎不可能是一个基督教徒，也不可能属于任何一个种姓。伊本·马吉德可能就这样被简单地归为某个非正统的基督教宗派，因为这样做会让他的雇主感到满意。

然而，他的著作证实他的确多次航行去过古吉拉特，最可能的解释是当葡萄牙人在马林迪找到他的时候，他刚刚带领富有的古吉拉特商人船只中的一艘，穿过印度洋抵达非洲。他的虚荣心可能被激起，使他产生向这些可怕的陌生人展现他超凡技艺的想法，尽管他快60岁了，但是仍然精力充沛、傲气十足。对于他们船只的职业好奇心可能也使得他接近这些法兰克人，更不要说还发现他们的船上有大量的美酒：

> 金黄色的美酒闪着明亮的光，仿佛燃烧的火焰。
> 我从未见过这种酒，但它会消除我的悲伤与烦恼。

最后一种认为伊本·马吉德没有出卖印度洋秘密的观点是针对某个已被遗忘的仇恨，他被指名只是一种报复行为。由于伊本·马吉德是什叶派穆斯林，而且不是特别虔诚，而大力谴责他的人——库特卜·丁·纳拉瓦里——住在麦加，他几乎确定无疑是逊尼派穆斯林，他出于宗教对立指控伊本·马吉德是有可能的。

然而，在伊本·马吉德自己的著作中，真正的证据长期被隐藏，特别是在他最后一首诗《索法拉之路》中。直到20世纪中叶，人们才知道《索法拉之路》的存在，它是苏联学者在列宁格勒（圣彼得堡）的档案馆里发现的。这首诗可能写于1500年，它与记述葡萄牙人的船只是如何在达·伽马远航之前几年绕过好望角，几乎航行到索法拉的莫桑比克港的作品是同一部。

《索法拉之路》讲了更多关于葡萄牙人的事，以及伊本·马吉德与他们的关系。这首诗的结构相当凌乱，重复了他之前作品中的许多细节。他一再重复葡萄牙人在印度洋的所作所为，描述他们是如何攻击并且占领一个又一个地方的。根据他的记载，他们第一次出现的时间从伊斯兰教历折换成公历是1495—1496年，那时候他们有一艘船只在索法拉出事了："他们已经航行了两年，当然他们的目的地是印度。"之后，他们再度出现，抵达了目的地，而且"从印度返回辛吉"。

伊本·马吉德对葡萄牙人到达卡利卡特的描述如下：

> 他们在那里买卖东西，展现他们的力量，贿赂扎莫林，压迫百姓。
> 与他们一起到来的还有对穆斯林的仇恨！人们既害怕又痛苦。
> 扎莫林的土地承受着麦加和瓜达富伊角（红海入口的海角）的折磨……
> 人们怀疑他们，想知道他们到底是聪明人还是疯狂的窃贼。

他使用了大量像"法兰克葡萄牙人还告诉我们"之类的短句，使得读者们很难不相信他与葡萄牙人有密切接触。还有关于葡萄牙人早期航行穿过大西洋的记述：

> 这些法兰克人告诉我，首先，他们离开自己的国家，
> 向西南航行了10天……
> 他们告诉我：一天之后，他们看到岛屿在他们身后。
> 后来，他们向南航行了90天……

这与阿尔瓦罗·维利乌日记里记载的时间完全一致：葡萄牙人从佛得角群岛出发，一路不停，穿过南大西洋，到达好望角。从守口如瓶的葡萄牙人口中获得这样的秘密信息的唯一方法，就是伊本·马吉德生活在他们之中，如同从马林迪跨海到达卡利卡特的那3个星期。

伊本·马吉德欣赏葡萄牙人的"科学"和他们的航海技术，督促阿拉伯读者在他死后向他们学习。但是在诗的结尾处，他后悔万分，痛彻心扉地喊道：

> 哦！如果我能早知道他们带来的后果会是这样！
> 人们对他们的所作所为感到震惊！

据说，伊本·马吉德在写了《索法拉之路》之后一两年就过世了。

21

欧洲的暴怒之声

> 大帆船运来堆积如山的战利品——胡椒、肉桂、豆蔻、丝绸、珍珠、红宝石，它们唤起了欧洲人的贪欲。葡萄牙人如同豺狼，争抢着填补他们的欲望之壑。极少有欧洲的历史学家勇于正视西方对印度和东方凶残入侵的结果，那不仅打破了商业网还破坏了文化，分裂了王国，扰乱了政治秩序，将中国和日本逼入敌对的隔离状态。
>
> ——普拉姆教授为《葡萄牙人的海洋帝国》写的序言，1969年
> (Introduction to *The Portuguese Seaborne Empire* by C. R. Boxer)

第一批达·伽马远征的幸存者乘坐轻快帆船"贝里奥"号抵达里斯本时，葡萄牙国王几乎难以克制他的骄傲与兴奋。曼努埃尔匆忙写信给西班牙的斐迪南和伊莎贝拉，告诉他们他的水手在印度洋取得的成就。这时候，西班牙的君主对几年前代表他们进行航海探险的哥伦布的发现已经不抱幻想，所以曼努埃尔无须暗示他拥有的半个世界似乎更有前景，因为那太过明显。到达印度的水手带回了香料就是证据，而哥伦布发现的岛屿显然不是印度，而他的船只带回的东西几乎没有什么价值。葡萄牙人见到了在闪闪发光的宫殿里满身珠宝的"卡利卡特的王侯"，而大西洋西边的岛民却贫穷落后，而且还是异教徒。

曼努埃尔下令在他小小的王国里进行宗教游行，以此来庆祝基督教世界的这场胜利。他向斐迪南和伊莎贝拉保证，"尽管他们的信仰还不够坚定，对基督教的了解还不够彻底"，但是印度确实有很多基督徒。一旦葡萄牙人将他们引入真正的天主教信仰，"就有机会消灭这些地方的摩尔人"。曼努埃尔知道这会引起共鸣，因为就在7年前，他的收信人才把最后一批穆

斯林赶出卡斯蒂利亚。斐迪南和伊莎贝拉敢于和任何地方他们能找到的"摩尔人"作战，因此大西洋的另一边似乎不存在敌人对他们而言是十分扫兴的。在遥远的地区扩展神圣的战斗是曼努埃尔愉快的特权：他承诺说，"在我们征服的土地上"，战争会被"更热情地推动"。

因为15世纪的末年即将到来，所以曼努埃尔增强了神圣的使命感。在迷信的时代，总是有例如基督复活，地震、洪水、瘟疫是惩罚邪恶者的各种说法。许多葡萄牙人都相信"隐藏者"这个神秘信仰，他会出现，赋予他们统治全世界的权力。这是一个宗教骚乱的时代，同时又伴随不断高涨的希望天主教会改革的呼声。而这个即将结束的世纪，见证了他们的圣战有成功也有失败：穆斯林已经被驱逐出西欧；但是在东方土耳其人的新月正冉冉上升。航行进入印度洋，葡萄牙人不仅能够与威尼斯人竞争香料贸易，还能从侧翼包围伊斯兰世界，粉碎奥斯曼人征服世界的梦想。这点燃了他们与祭司王约翰联手，意欲摧毁"异教徒的堡垒"——麦加——的野心。

达·伽马小舰队的到达使印度洋地区大吃一惊，曼努埃尔对此颇为自豪。这部分得益于接连几位狡猾的里斯本君主，但是还有另一个原因。1453年土耳其人占领君士坦丁堡，加剧了基督教世界和伊斯兰世界的分歧，而这也意味着地中海与东方之间的信息沟通更加匮乏；而1492年格拉纳达的陷落，标志着穆斯林失去了西欧大陆上的最后一个情报站。即使是在里斯本有间谍的威尼斯人，似乎也无法传播有关这一重大事件的任何谣言，而这是对他们垄断欧洲香料贸易的致命打击。

然而，信息保密的时代已经过去。意大利商人和银行家开始从葡萄牙将这次远航的消息，以及目击者对印度生活的描述传回国。其中一份报告说，卡利卡特"比里斯本大"。

曼努埃尔热衷于制止任何企图夺取他权力的竞争者，他下令第二年一开春，第二批舰队就前往印度。当年，达·伽马只有3艘船，船员总数不到200人，而新的舰队指挥官拥有30艘船和1200名船员。[1] 其中，12艘船

---

[1] 卡布拉尔的船全副武装。他们招募德意志和佛兰德的枪手以备远征。他们劫掠了他们遇到的所有船只，只有3个地方的船只例外，它们是马林迪以及达·伽马认为友好的两个印度港口——坎纳诺尔和科钦。

是大货船，因为与达·伽马在印度购买香料的花费比起来，香料在欧洲销售带来的巨大利益极为可观。这使曼努埃尔相信，摧毁伊斯兰教的神圣任务与香料贸易带来的世俗利益可以并行不悖。难怪法国国王不久之后嘲笑曼努埃尔是"杂货店国王"。

这支舰队由一位叫作佩德罗·阿尔瓦雷斯·卡布拉尔的贵族率领，他30岁出头，1500年3月8日刚从塔霍河航行回来。在一年中的这个时节出发还太早，但是国王已经急不可待。在一场暴风雨中，一艘船与其他船失去了联系，只好回国，而卡布拉尔率领其他船只奋力向前航行，他们甚至绕了一个比1497年那次远航还要大的弧形穿过大西洋。为了弥补自身经验的不足，卡布拉尔的船队中还有一些熟悉这片海域的船长。其中之一就是在大概15年前绕过好望角的巴尔托洛梅乌·迪亚士，另一个人是尼科洛·科埃略，他曾带领轻快帆船"贝里奥"号前往印度，并且和达·伽马一起返回葡萄牙。

卡布拉尔舰队向西航行得太远了，以至于他们到了巴西海岸，在他们抵达好望角之前，舰队在那里做了短暂停留。[1]（几乎可以确定的是，两年前杜阿尔特·帕切科就发现了巴西，但是那时候葡萄牙人对巴西还不太感兴趣。）船队继续前行，他们快速航行了一段时间，但是到好望角附近时，他们遭遇了一场猛烈的暴风雨。4艘船沉没，船上的人员、物资全数损失，包括迪亚士率领的那艘船。

经历了这场挫折之后，卡布拉尔前往纳塔尔海岸，寻找将非洲黄金输往印度的重要港口索法拉。葡萄牙人意识到，通过垄断索法拉的贸易，他们能够获得比在欧洲购买更便宜的黄金，而他们可以用这些黄金支付印度的香料，以增加他们的最终利润。如果迪亚士还活着，他很可能成为葡萄牙任命的索法拉总督。但此时他们已经决定放弃任何在那里建立定居点的想法：港口很难进入，而卡布拉尔又忌惮港口附近的浅滩，因为那时他直接指挥的船只只剩下6艘，还与其他船只失去了联系。一艘船的确曾在索法拉停靠过，而后做了一个简短、含糊的报告："这个岛邻近一条河的河口，

---

[1] 一艘船听从命令回国汇报"圣十字架"（巴西最初的叫法）的详细信息。

有很多商人住在那里。人们将数不尽的黄金从非洲内陆运到那里。运送黄金的人身材矮小、嗓音尖细，但是十分健壮，容貌非常丑陋，他们吃人肉，主要是他们敌人的肉。"索法拉"属于基尔瓦国王"。

卡布拉尔决意前往基尔瓦。他已确定基尔瓦是东非海岸三个主要城镇之一，另外两个是蒙巴萨和马林迪。他的指令是在那里建立贸易站，同时要求当地民众即刻接受基督教。然而，葡萄牙人再次出现在印度洋的消息已经在基尔瓦引起恐慌：它的统治者苏丹易卜拉欣对这些法兰克人即将使用的手段十分清楚。他增建防御体系，招募数百名非洲弓箭手，带着他们穿过将岛屿和非洲大陆分隔开来的狭窄水道。做完这一切，当不速之客出现时，他初步采取的举动是安抚性的。他派遣载着包括活羊在内的各类食物的小船，前去邀请卡布拉尔上岸商谈。

卡布拉尔拒绝了邀请，他说除非交战，否则他决不上岸。相反，苏丹应该来见他。害怕这些基督徒会把他抓走当人质，基尔瓦的统治者拒绝了这个要求。他们僵持了两天，期间卡布拉尔命令舰队向岸边靠近，始终让加农炮瞄准这座城市。虽然隔着一段距离，但是葡萄牙人有充足的时间研究基尔瓦，就像150年前的伊本·白图泰一样，这座城市也给他们留下了深刻的印象。后来，一位编年史家写道，那里的房子"和我们的一样"，门上也雕刻着漂亮的花纹。富有的居民穿着"嵌有金线的丝绸和精美的棉质衣服"。城市被果园、花园，以及"许多甜美的小河"围绕。宫殿是由很多接待室和私人房间组成的建筑群，它们和喷泉一起环绕着一个中央水池。宫殿能够俯瞰大海，它本身带有一个小码头。

两天后，苏丹宣布他愿意在海上会见卡布拉尔。他带了大量随从，他们都穿戴华贵，腰间挂着礼仪佩剑。他乘坐用两艘船组装成的一个筏子穿过海港。他的乐队吹响象牙做的号角，而葡萄牙人鸣响喇叭以示回应。卡布拉尔让加农炮开火以展现他的力量。加农炮巨大的声响与在基尔瓦听过的任何声响都不同，因而引起了恐慌。之后，他交给苏丹一封国王曼努埃尔写的信，信是用阿拉伯语写的，信上说葡萄牙渴望索法拉的黄金，计划在索法拉建立一个贸易站。最后是关于放弃伊斯兰教的事情，这对于拥有整个斯瓦希里海岸最大清真寺的一个城市而言，绝不是一个小要求。

苏丹说针对这些问题，他必须考虑一下并向他的大臣咨询是否要签署这个条约，但是他们中的一些人不在，他们正在发起反对"木里异教徒"的战争。之后,他返回了他岛上的宫殿。当葡萄牙人后来发现这位"苏丹"是假的时候，他们极为愤怒。一位名叫卢克曼·阿里·马利克的谢赫十分勇敢，他自愿扮演"苏丹"的角色，以防葡萄牙人绑架苏丹易卜拉欣。

卡布拉尔焦急地等待苏丹的答复，但是没有收到任何消息。葡萄牙人被告知对方对他们的交易货物不感兴趣。当他们要求饮用水的时候，水用瓷坛子盛装起来被运到海滩上,之后基尔瓦人将这些坛子全部打碎。对此，苏丹的解释是这种行为肯定是疯子干的，但是不再给他们提供饮用水。卡布拉尔和他的船长们商议，大家一致决定起锚前行。好斗的基尔瓦留待以后再处置。

他们在向北行驶的途中捕获了几艘单桅帆船。船队避开了蒙巴萨，由几个曾经和达·伽马一起航行过的老兵引领着前往马林迪。和以前一样，马林迪的苏丹十分好客，但是抱怨由于他与法兰克人交好，蒙巴萨正在准备向他们开战。卡布拉尔对此表示同情，他表示以后一定会处置蒙巴萨。

在穿越印度洋之前，葡萄牙人只停留了5天，但是根据编年史的记载，他们在此期间享受到了极为大方的招待。我们对这样的记述一定要谨慎看待，因为对友好君主盛情的夸大，使得他们似乎更值得曼努埃尔仁慈对待，而且这样做能够弥补他们未能与祭司王约翰取得联系的缺憾。

卡布拉尔在马林迪的最后一批举措中的一项是又派了两个罪犯上岸，他们得到的命令是向内陆行进，直到找到祭司王约翰的国家。[1]如果他们成功做到了，那将是一个令人震惊的功绩。葡萄牙人对非洲内陆一无所知，对非洲海岸地形的概念也同样模糊。卡布拉尔的一个同时代人写道："基尔瓦和马林迪这两个王国在红海的西边，靠近异教徒和祭司王约翰的领地。"而实际上，红海的入口在马林迪以北1000多英里的地方。

当卡布拉尔继续向印度洋航行的时候，他几乎毫不怀疑，卡利卡特的

---

[1] 卡布拉尔似乎在马林迪保留了几个罪犯。路易斯·德·莫拉（Luis de Moura）和若昂·马沙多（Joao Machado）被派去寻找祭司王约翰，但是马沙多去了印度，在那里他为一个穆斯林统治者服务，之后成为一名与葡萄牙人谈判的使者。

穆斯林商人将视葡萄牙人同时为宗教和贸易方面的敌人。另一方面，瓦斯科·达·伽马已经向国王曼努埃尔暗示，卡利卡特的扎莫林，这个伟大港口的统治者，可能是一位非正统的基督徒，能够被争取到真正的天主教信仰的一方来。由于痴迷于在印度洋找到基督教的同盟者，葡萄牙人无论在卡利卡特遇到什么都会想到这个主张是可以被理解的。

就葡萄牙人而言，和扎莫林结盟的想法，对国王曼努埃尔非常具有吸引力。他视此为保证他源源不断地成船装载胡椒、豆蔻和肉桂的一个最简单的方法。所以，他让卡布拉尔带上诸多昂贵的礼物，以至于它们能确定将扎莫林有关达·伽马的穷酸礼物的记忆全部抹除。作为进一步诱惑扎莫林的筹码，几个在达·伽马对果阿舰队的大屠杀中幸存下来的印度俘虏此次跟随卡布拉尔的舰队返回，这些人也能详细说明欧洲的奇观。此外，双方结盟不可缺少的一个必要条件是扎莫林和他的国民必须同意驱逐住在卡利卡特的所有穆斯林，并且将香料只卖给葡萄牙人。

他们必须假定，阻碍卡布拉尔计划的阿拉伯人会平静地放弃他们已有的权力，这个协定才可能在不交战的情况下达成。如果不是这样，卡布拉尔也随时做好了战斗的准备，鉴于达·伽马令人满意的发现：好望角以外的地方，无论在陆上还是海上，都没有能跟欧洲火力相较的力量，他对结果有信心。他们的军事优势，使得卡布拉尔和他的继任者能够生发出一个他们在到来之前做梦都想不到的想法：海洋的所有权。通过融合加农炮的威力与基督教的教义，他们声称拥有能够决定谁才能被授权使用自然的礼物——季风和洋流——的权力，即谁能够从一个港口到另一个港口做交易谋生。作为计划的第一步，卡布拉尔接到命令，不论何时，只要有可能，就俘获"麦加的摩尔人"的船只，然后炸沉它们。直到现在，商人做生意的自由不受阻碍，都是印度洋生活的要旨。

在印度洋上建立霸权的目标，远不是在外海上随意劫掠几艘不走运的小船可比的。后来，历史学家若昂·德·巴罗斯还谨慎地为此辩护：

> 的确存在对于所有人在海上航行的普遍的权力，在欧洲，我们承认这种权力，而其他人反对，但是这种权力没有超出欧洲的范畴，因

此葡萄牙人以他们舰队的力量，强迫所有摩尔人在被征用的痛苦和死亡的威胁下拿出安全通行权是合理的。摩尔人和异教徒不受基督耶稣的审判，而耶稣的教法则是每个被罚入地狱遭受永恒之火痛苦的人都要遵守的。如果灵魂被定为有罪，肉体又有什么权利享受我们法律的特权呢？

尽管卡布拉尔损失了几艘船，但是幸存的船只利用了远航的好时机，从里斯本到卡利卡特只用了6个月的时间。如果与扎莫林合作顺利，他们就可以满载香料，在1501年年中再度返回家乡。起初，葡萄牙人深受鼓舞："离卡利卡特港还有一里格时，市民和国王的绅士们就以盛大的欢庆活动迎接他们。"卡布拉尔即刻决定在城前抛锚，然后鸣响加农炮宣示他的到来，"这引发了居民的惊叹"。毫无疑问，葡萄牙人还希望能引发其他情绪。

对卡布拉尔之后进展的最佳记录，据说是国王曼努埃尔写给西班牙的斐迪南和伊莎贝拉的一封长信（这封信流传到了罗马，如果它是假的，也肯定来自目击者的记述）。交换过人质之后，卡布拉尔登岸，上了一顶覆盖有紫色丝绸的轿子，被抬向王宫。与达·伽马访问时期的举止不同，扎莫林马纳·维克拉玛没有躺在沙发上，而是坐在一张银制宝座上，宝座的把手是用黄金做的，上面还镶嵌着珍贵的宝石。他只穿着一条围裙，手上戴着好几枚戒指，耳朵上戴着"榛子一般大"的珍珠。王座室"6盏银制的摩尔式灯具"日日夜夜都亮着。

扎莫林说他很高兴看到法兰克人再次出现在卡利卡特，卡布拉尔呈上了远比上次达·伽马带来的体面得多的礼物：昂贵的碗、地毯、锦缎、精美布料和皇家权杖。他们很快就达成了友好协议，协议被写在一块印有扎莫林黄金印章的纯银薄板上，但是卡布拉尔从他的君主那里带来的一个消息使得这份协议变得毫无价值。扎莫林被告知，他要"履行作为一个基督徒国王的责任"（这是对达·伽马关于印度人是非正统基督徒观念的响应），他必须将他王国里的所有穆斯林都驱逐出去，因为他们是"自古以来就与我们有深仇大恨的一个民族"，葡萄牙人的意图是对他们宣战。

在他冗长的劝诫中，每一句话都谈到了"上帝的意愿"，曼努埃尔威胁道：

> 如果我们真的在你们之中找到了包藏祸心、恶意阻碍传播上帝旨意的人，这种情况一直都有……我们的目的是坚定不移地听从上帝的意愿，我们一定会处置这类事件，并且继续在那些我主上帝希望由我们最新献给他的地方航海、贸易和交流。

由于马拉巴尔海岸的书写习惯是将文字记录在用脆弱的棕榈叶制成的纸张上，印度关于扎莫林的回应并没有被保留下来，但是葡萄牙的历史学家却认为这是一个决定性的时刻。对这些拜访者藏在心底的要求，卡利卡特人心中一直有种不祥的预感。在葡萄牙旗舰上的5个人质试图跳船逃跑。他们很快就被抓了回来，并且被押解回船上。

包括3名方济各会修士在内的70个葡萄牙人上岸，想要在卡布拉尔的代理人艾雷斯·科雷亚的指挥下建立一个贸易站，开战的理由随之而来。整整两个月，卡布拉尔烦心于何时起航，而后代理人终于收到了开始购买香料的许可，此时东北季风吹来，正是向西穿过印度洋前往非洲海岸的理想时节。惊恐不安的扎莫林承诺，开始竞买香料的时间一到，葡萄牙人就可以优先购买，甚至可以排在早就在卡利卡特定居下来且强有力的阿拉伯商人之前。然而，此时的风向十分适合航行前往红海，一艘满载货物的"麦加大船"正准备离开卡利卡特前往亚丁。

这是决定性的时刻。卡布拉尔带人捕获了这艘船，而一场暴乱在卡利卡特爆发。"包含各式人等在内"的葡萄牙小队被攻击，70个人中有53人被杀，其中包括那3个修士。他们在近海船只中的同胞帮不上忙，当黎明降临到卡利卡特时，葡萄牙人的加农炮毫不留情地向他们鸣响。卡布拉尔的6艘船从侧舷接连不断地向城市中心猛烈地投射炮弹。周边的10艘商船都被他们俘获。大多数船员被即刻杀死，还有一些被救起，但是迎接他们的是更加可怕的命运：他们被绑起来，在岸上百姓的注视下被活活烧死。两天连续不断地炮击的影响如此严重，以致马纳·维克拉玛不得不逃离他的宫殿，这是一个他永远不会忘记的耻辱。至于葡萄牙人，他们发誓永远不会原谅卡利卡特人在扎莫林签署了友好条约、取得了他们的信任之后，对他们同胞的大屠杀。

在被他们占领的一艘船上，葡萄牙人找到了三头被驯化的大象。他们可能一开始想至少将一头带回里斯本，作为一份特殊的战利品献给国王，但是后来食物短缺，所以所有的大象都被他们杀死并且吃掉了。

在卡利卡特及其附近的一座城镇造成足够大的破坏之后，卡布拉尔决定向南航行前往科钦港，那是一个能够立刻实施他为他损失的53个人报仇的地方。葡萄牙人这时候已经知道，科钦的王侯乌尼·拉马·瓦尔马对处在卡利卡特的统治之下感到恼火，所以卡布拉尔重施了达·伽马在东非使用的与马林迪结盟对抗更加强大的蒙巴萨的计策。[1]尽管科钦远没有卡利卡特重要，但是它有一个优势，那就是它拥有一个深水港，并且港湾里还有一个易于防御的岛屿。在科钦，他们也能买到香料。

王侯谄媚地欢迎卡布拉尔。他此时面临一个选择：如果断然拒绝这些访客，他的城市就会受到轰炸，或者因为支持卡利卡特的敌人而可能受到它的惩罚，他将之视为维护科钦独立的一个时刻。葡萄牙人的船只装满科钦的香料，他们用金币付款。卡布拉尔从支付的金额知道，里斯本的皇家金库很快就会因为这次贸易而被填满，所以他最急迫的愿望就是安全地抵达好望角，然后快速向北航行。他离开科钦时得到消息，扎莫林派出了一支由八十艘船组成的舰队，南下来找他交战。葡萄牙人不太可能逃避这种军事挑战，但是卡布拉尔知道他的首要任务是把这些香料运回国。

1501年7月21日，船队抵达里斯本。他们的货物让曼努埃尔很高兴，卡布拉尔关于印度明确信仰基督教的人生活在科钦附近的乡村的报告也让曼努埃尔感到满意。他向斐迪南和伊莎贝拉保证，那里有一些可以转而信奉天主教的人存在。

而在欧洲的其他地方，人们对曼努埃尔想要争取的灵魂的兴趣，远比不上对他香料的兴趣。卡布拉尔带回国的货物数量，证明这条前往印度的

---

[1] 科钦比卡利卡特历史更久远，但是它在商业触及的距离之外，特别是从郑和率领的中国舰队到访印度之后。大部分与胜利之城的对外贸易被卡利卡特控制。

新贸易路线是可行的。[1]消息很快传到了威尼斯，银行家吉罗拉米·普留利在他的日记中写道："如果这样的远航能持续下去，而在我看来这完全行得通，葡萄牙国王就可以自称为财富的国王了。"

普留利估计，在卡利卡特1达克特买到的东西，经过红海的贸易路线到达威尼斯的时候，就会卖到60或者100达克特，因为这一路上的关税和前后打点的贿赂都要被计算在内。好望角的路线距离更远，但是可以省下一大笔钱。普留利的商人同行对来自里斯本的消息"目瞪口呆"，而他准确地预测了威尼斯即将衰落的命运。

---

[1] 卡布拉尔遭受的人员伤亡的问题最初是在里斯本提出的，讨论的内容是是否能够承受前往印度的远航所造成的人员损失。胡椒的巨大利益解决了这场争论。

22

达·伽马的复仇

> 致达·伽马……我们能够追溯在当地人中开始扩散的一种新文明的开端……在许多当地人社会中盛行的无知的黑暗,开始被西方的科学驱散。谁能列举从这一事件开始的越来越有好转的社会变化?
>
> ——耶稣会马费伊神父在卡利卡特发表的演讲,1897年
> (纪念葡萄牙人首次登陆卡利卡特400周年)

16世纪早期,葡萄牙如火如荼的造船业令其他国家既钦佩又嫉妒。国王曼努埃尔很快意识到,他必须每年都向印度洋派出舰队,以保证他彻底垄断欧洲的香料贸易。尽管他的野心很大,但是国库空虚,所以他邀请里斯本的富有商人们一起加入这场冒险。[1]当这些商人了解到,在里斯本一公担[2]胡椒的到岸价格是通过传统路线——红海的单桅帆船和骆驼——运输到亚历山大里亚相同数量的胡椒价格的一小部分时,无需什么鼓励,他们就踊跃参与进来。

甚至在卡布拉尔船队的幸存者回国之前,一支由四艘船组成的舰队,就在经验丰富的船长若昂·达·诺瓦的指挥下离开了塔霍河。他的主要任务是协助蓄积运输到索法拉海岸的非洲黄金。他们用从国内运过去的布料、镜子和一些不值钱的小东西换取黄金,然后再用这些黄金购买印度的香料。

---

[1] 曼努埃尔宣称对半个世界拥有权力的说法是放肆的,这可用人口统计学解释:1500年,欧洲人口据估计有8400万,葡萄牙只占其中的百分之一多一点。而亚洲人口当时有2.45亿。请参见利维-巴奇的《人口与营养》(M. Livi-Bacci, *Population and Nutrition*)。

[2] 公担是公制重量单位,1公担=100公斤,即100千克。——译者

达·诺瓦以为此贸易已经处在巴尔托洛梅乌·迪亚士的监管之下，因为里斯本方面还不知道好望角的征服者已经和他的船一起沉没海底了。

在前往索法拉的途中，他们刚绕过好望角，就在一个海湾里停了下来，在异国的这片海滨他们发现了一个不同寻常的东西——放在鞋里的一封信。这封信是卡布拉尔船队的一位船长遗失的，它讲述了迪亚士遇到的灾难。所以，远航船队直接前往基尔瓦，在那里他们受到两年前听从卡布拉尔的命令留在马林迪的一个罪犯的欢迎。这个人叫作安东尼奥·费尔南德斯，他乘坐阿拉伯人的沿海船只向南航行，目前他心满意足地住在当地谢赫的家里。卡布拉尔给费尔南德斯和另一个罪犯的指示是深入东非内陆，直到他们找到祭司王约翰，不过很显然这对他们没有吸引力。由于费尔南德斯作为线人还有用，他被留在了基尔瓦，之后达·诺瓦继续向印度航行。

他们"不辞辛劳"，勤勉地重施了卡布拉尔的办法。卡利卡特被轰炸；每一艘出现在视野里的穆斯林船只都被视为可以侵占和劫掠的目标。在卡利卡特近海的一艘船上，葡萄牙船长们发现了1500枚珍珠、其他许多珠宝，以及制作精良的航海仪器。只有它的领航员获得了赦免，因为在返航途中他的技术也许能派上用场，其余船员全都被烧死在他们的船上。

在印度洋海岸边另一艘被他们俘获的船上，他们发现了"一个来自塞维利亚的犹太女人"。为了躲避迫害，她逃离了西班牙，取道埃及到了印度。她讲述了她听来的关于卡布拉尔在卡利卡特所受待遇的原因：阿拉伯商人说服扎莫林相信新来的这帮人"是窃贼，他们会毁了他的国家"。听她说了这些话之后，葡萄牙人决定赦免这个女人，并且让她留在他们的船上，但是几天后她自己投海了。

这个事件几乎可以被视为一种无助情绪的象征，而这种无助的情绪已开始渗入印度洋世界。一种随着季风的来去固定不变的生活方式似乎即将消逝。具有历史感的葡萄牙士兵兼学者杜阿尔特·帕切科在赞美他的君主向东方派遣强大舰队时简洁地表达了这种看法："凭借这些强大的舰队，他征服了，并且每天还在征服印度洋和亚洲海岸，杀死、消灭、烧死开罗、阿拉伯半岛、麦加的摩尔人，以及印度的其他定居者和他们的船队，而800多年来正是这些人控制着宝石、珍珠和香料的贸易。"

1502年年中，瓦斯科·达·伽马再次航行进入印度洋，这种杀戮、毁坏、焚烧的模式很快就得到了他本人的认可。国王的"海军元帅"此刻率领25艘船，其中10艘最大的船装配有"大量大炮，数量充足的军需品和其他武器"。受达·伽马指挥的13艘船，属于富有的葡萄牙商人。此时距离他第一次率领3艘小船出发，在黑暗中摸索着前往不确定的目的地，已有快5年的时间了，这一次的一切都变了。达·伽马此刻清楚他要去哪里，他要做什么。扎莫林"曾经轻侮了他"，所以他"打心底里渴望给他制造一场浩劫"。

起初，葡萄牙国王的计划是让想进一步惩罚卡利卡特的卡布拉尔当这支无敌舰队的指挥。但是他在葡萄牙国王那里失宠了，国王有点儿迷信，认为他"在海上不幸运"。所以，一直担当国王廷臣的达·伽马为他自己赢得了这个令人垂涎的委任。

在他带着船队中的19艘船（还有6艘船带着"封锁"红海的命令转向北方）穿过印度洋之后不久，第一个令他满意的时刻就到来了。一艘大商船（Merim，"麦瑞姆"号）被他们拦截下来，他们发现船主是卡利卡特最富有的阿拉伯人，他还是埃及苏丹的亲戚。这艘船满载货物和从麦加朝圣归来的穆斯林，它的乘客中有"许多尊贵的摩尔人"。达·伽马命令他的人将这艘船上所有的货物卸载，转移到他自己的船上。他的目的不言而喻。

16世纪的历史学家加斯帕尔·科雷亚[1]讲述了接下来发生的事。在船上的货物快被卸完的时候，"麦瑞姆"号的船长乔·菲克姆被人带到达·伽马面前。这位声望很高的船长竭力乞求道：

> 阁下，下令杀死我们您什么也得不到。如果给我们带上镣铐，将我们带到卡利卡特，您可以不给卡利卡特人任何东西就能将您的船装满胡椒和药草。如果不行，您再下令烧死我们也不迟……在战争中人们也会宽恕那些投降的人，何况我们并没有交战，您何不践行一下骑士精神呢？

---

[1] 多产作家科雷亚大半生都在印度过。他以一种近似虐待狂的狂热之情描述他亲眼见证和别人告诉他的暴力行为。

骑士精神毫无吸引力。"你们会被活活烧死，"达·伽马回答道，"因为你们建议卡利卡特的国王杀死并且掠夺葡萄牙人。我敢说，如果可以的话，世上没有什么能阻止我杀死你们100遍。"在绝望中，这位阿拉伯船长尝试另一种说法：如果达·伽马暂缓杀死乘客，他可以从他们那里榨取更多赎金。

达·伽马的回答还是一样：这艘大船将遭炮击和火焚，然后与700名乘客和船员一起沉没。这个时候，难逃厄运的阿拉伯水手们开始反抗，"情愿将性命付与刀剑，也不想忍受被烧死的折磨"。当烧船的命令下达时，幸存者纷纷跳入海里，其中有很多是妇女和孩子。达·伽马命令他的人下到小船里继续完成他们的任务。他们用长矛刺杀海里的人，直到海水都被染红。但是无敌舰队的方济各会神父的神圣职责得到了应有的重视："20个孩子获得了赦免，他们被转化为基督徒。"

甚至在达·伽马到达卡利卡特之前，惊慌失措的扎莫林就派遣使者来求和。所有这些努力都是徒劳，因为在离开里斯本之前，达·伽马就打定主意，要用他的"大炮"惩罚他们。他第一次来时，他是恳求者，希望能够得到扎莫林的欢心，甚至还把他想象成一个基督徒、对抗穆斯林的一个潜在盟友。而这一回扎莫林是恳求者，而且达·伽马已经知道他是一个异教徒。他将完成上帝的任务。

当船队抛锚停靠在卡利卡特时，扎莫林派出了他最善于游说的大臣，他是一位婆罗门（在葡萄牙人的记录中他被称为"那位男修士"，由此可见要想摆脱印度教是天主教的一种非正统形式的观念需要一段时间）。这位婆罗门说，葡萄牙人对这座城市的破坏比他们以往承受过的任何打击都要严重，所以避谈过去，为和平贸易签署一份契约对双方来讲都是此时能做的最体面的事。这在达·伽马看来是对他的有意侮辱，因此更加愤怒。这位婆罗门进一步讲道：扎莫林将交出卡利卡特最重要的12名阿拉伯商人，以此为卡布拉尔来访时被杀死的葡萄牙人偿命，而且他还会付一大笔钱作为赔偿。达·伽马唾弃这些条件。这位使者受挫并沦为俘虏，而达·伽马则下令开始炮轰卡利卡特。

达·伽马能够号令相当于卡布拉尔数倍的火力，本性也更加凶残，他一步步毁灭卡利卡特。后来曼努埃尔在写给西班牙君主的信中满怀骄傲地说,这位舰队司令对卡利卡特造成了"无法估计的破坏"。炮弹猛冲向天空,击毁房屋,炸碎寺庙,破坏它所到之处的一切,城中的百姓除了四散奔逃就是蜷缩于废墟之中。扎莫林预感到事情可能会变得很糟糕,他提前下令面向大海建起棕榈树路障,但是在持续3天的炮击之下,这些防御毫无效用。在从传统意义上来讲战争近乎仪式事件的马拉巴尔海岸,葡萄牙人体现出了难以想象的凶猛。扎莫林宣告,他将"举整个王国之力"来抵抗法兰克人。

在平息了轰炸的欲望之后,达·伽马将目光转向他到达这里时停泊在港口的12艘商船。这些船被他的轻快帆船围了起来。有些船被允许安然离开,因为它们来自坎纳诺尔,这个地方之前对葡萄牙人表示友好。其他船上的货物被掠夺一空——大米、成坛的黄油和布料。800名船员成为俘虏。

卡利卡特的存亡在达·伽马的一念之间。他可以派他的士兵上岸,尽可能多地杀死他们能抓到的群众。但是他没有这样做,他让他的人押解这些俘虏游街,然后砍下他们的手、耳朵和鼻子。他们一边这样做,一边将砍下的肢体堆积在一艘小船上。扎莫林派来的那位婆罗门使者也被安置在这艘船上,混在那堆新的阴森可怖的"货物"里。他也被那些士兵受命切断了肢体。

历史学家加斯帕尔·科雷亚描述了达·伽马接下来的举动:

> 在所有印度人都被施以惩罚之后,他让人把他们的脚绑在一起,因为他们没有手可以解开绳子;为了防止他们用牙解开绳子,他下令用棍棒打掉他们的牙齿,把它们敲到他们的喉咙里;然后他们被弄到船上,一个个堆叠起来,一个摞在另一个的上面,与从他们身体内流出的血浆混杂在一起;达·伽马又让人将席子和干树叶铺撒在他们身上。这些船会驶向岸边,而葡萄牙人还会点燃它们……载着那位男修士(婆罗门)以及所有手和耳朵的小船也向岸边驶去,但是没有被点燃。

达·伽马让人给扎莫林送去一个写在一片棕榈叶上的消息,告诉他可以用船上的残肢做一份咖喱"大餐"。

吞没在火焰中的那艘大一些的船，漂向岸边。船上人员的家属们跑到岸边哭喊，想要扑灭火，救出还活着的人，但是达·伽马还在继续下令。他让人驱散家属，接着把幸存者从船里拖拽出来。之后，这些人被挂在桅杆上，葡萄牙的弓弩手听令向他们射箭，以便于"岸上的人能够看到这一幕"。

刺穿吊在半空中的人是达·伽马最喜欢的处决方式之一，而这还能给他的士兵提供练习的机会。然而，一群来自科罗曼德尔海岸的士兵被俘获，他们中的3个人将手举向天空，告诉他他们想成为基督徒，这时候奇怪的事发生了。达·伽马无动于衷，命令译者告诉他们，"即便他们成了基督徒，他还是会杀死他们"。船上的教士还是被允许给他们施以洗礼，当他诵读天主经和圣母颂的时候，他们背诵他说的话。"当洗礼结束时，他们被吊死，不必感受被箭头射穿的痛苦。"弓箭手射杀了其他吊在桅杆上的达·伽马的受害者，但是箭头却在刚刚受过洗礼的3个人身上不管用，"既进不去，也无法留下任何痕迹"。看到这种状况，达·伽马似乎有些不安。这3具尸体被裹起来投进海里。记录这个事件的编年史家称之为主对异教徒的"巨大慈悲"。那位教士还给他们念了祈祷文和赞美诗。

达·伽马的不安只持续了一小会儿。当卡利卡特方面又派来一位婆罗门求和时，达·伽马下令将他的嘴和耳朵切下来，给他缝了一对狗的耳朵，就这样又把他送回给了扎莫林。随这位婆罗门一起来的还有3个小男孩，是他的两个儿子和一个侄子。他们被吊死在横杆上，尸体也被送回了岸上。

达·伽马的船长们为了获得他的认可，都竞相模仿他的行径。其中一个人名叫文森特·索德雷，他决定拿他之前有幸抓住的一个阿拉伯商人开刀。这个重要的俘虏叫作科扎·穆罕默德·马卡尔，从红海一直到东非海岸都有他的生意。他的故乡在开罗。

根据相关记录，索德雷下令两个黑人水手用涂了焦油的绳子鞭打被绑在船桅上的马卡尔，"他一直像死了一样，因为从他身体中流出来的血让他晕厥过去"。当这位俘虏苏醒时，他们扒开他的嘴，往里面填塞"脏东西"（未具体说明是什么）。他们无视其他阿拉伯俘虏的乞求，强迫他们观看。接着，他们把一根短木棍塞进他的嘴里，把一块熏猪肉固定在他的嘴上，之后他被缚住手臂游街示众，最后他们释放了他。

因而，毫不奇怪，科扎·穆罕默德成为葡萄牙人的一个死敌，他致力于说服奥斯曼土耳其人以武力对付葡萄牙人。

除了这些暴行，达·伽马在印度洋还费尽心思结交伙伴，其中最出名的要数科钦，它的统治者已经答应与这些基督徒联手，对付他的最大敌人扎莫林。在科钦，他们交换精心准备的礼物，国王曼努埃尔送的所有礼物中最精美的是一顶内衬彩缎的圆帐篷，"非常漂亮"。它在王宫后面支了起来。

葡萄牙人此刻对他们的勇猛是如此自信，以至达·伽马决定在他们满载香料返回葡萄牙之前，在科钦留下5艘船。一群意志坚定的士兵和工匠，在一位有学者风度的老兵杜阿尔特·帕切科的指挥下在岸上驻扎下来。那几艘船就在附近抛锚保护他们。[1]

这一年是1503年。这是自罗马帝国时代结束之后，欧洲人第一次在印度洋永久地驻扎下来。科钦定居点是长达400年之久的白人殖民主义的先声。[2]

---

[1] 帕切科（大概出生于1450年）的一生值得纪念。他很有可能是巴西的发现者，他还写了一本书（*Esmeraldo de Situ Orbis*, trans. and ed. G. H. T. Kimble）。这本书大胆地讲述了葡萄牙人所知道的赤道以南的地方的精确细节，尽管国王曼努埃尔下令对泄露这些秘密的人处以死刑。帕切科退休后享有津贴，但是他在1520年再次出山，成为西非的一个葡萄牙要塞的指挥官。最后，他被错误地以玩忽职守罪控告，戴着镣铐被遣送回里斯本。

[2] 达·伽马在1503年9月抵达里斯本。他的堂弟埃斯特万·达·伽马（Estevan da Gama）指挥一支小船队从马林迪出发，一路航行不曾停泊，与他分别抵达目的地。

23

东非的总督

> 这里有许多用石头建造的坚固楼房,这些房屋表面涂有灰泥,上面还有 1000 幅图画。
>
> ——一位不知名的葡萄牙日记作者对基尔瓦的描述,1505 年

国王曼努埃尔已经控制了东方的香料,但是他还想要更多。他想要建立一个帝国。葡萄牙必须和西班牙平起平坐,同时掌控新世界。同样重要的是,他要向欧洲其他地方,尤其是威尼斯,传递一个信息:葡萄牙人不再仅仅是商人,还是傲然的征服者。曼努埃尔知道,威尼斯参议院已经建立了一个专门的委员会,它提议采取行动"以免葡萄牙国王从我们的手中拿走黄金和白银,破坏我们的商业和繁荣"。尽管威尼斯人已经和土耳其人新签署了一份条约,还派了一名间谍到里斯本专门研究葡萄牙人是如何销售胡椒的,但是曼努埃尔自信威尼斯人掀不起什么风浪。

当埃及苏丹坎苏·加夫里威胁说,如果葡萄牙的船只继续干涉印度和红海之间的贸易,他就驱逐埃及所有的基督徒并且毁灭耶路撒冷的圣地时,曼努埃尔表现出了他的专横精神。苏丹的使臣是西奈山圣凯瑟琳修道院的院长。在向教皇复述了这个信息之后,这位院长又去里斯本重申了这个信息。葡萄牙国王也以相似的威胁回应道:葡萄牙人为了警示苏丹,会履行基督徒的义务,我们将侵入红海,毁灭麦加,破坏"错误的先知穆罕默德"的坟墓,并且带走他的遗物。

曼努埃尔决定将他的帝国称为葡属印度(Estado da India)。对于一个统治欧洲最小国家之一的国王来说,这似乎是一个难以企及的梦想,因为这个帝国包括的不仅是当时已知的印度次大陆,还包括所有环印度洋的土

地——阿拉伯半岛、波斯、非洲,以及还没听过葡萄牙枪声的更遥远的东方。然而,36岁的曼努埃尔精力充沛、野心勃勃。毕竟,《托尔德西里亚斯条约》还不是将半个世界都奖励给了葡萄牙吗?

虽然葡属印度的陆地范围可能有些模糊,但是曼努埃尔相当清楚这意味着他要统治海洋。根据事先和国王商量过的安排,瓦斯科·达·伽马采取了一个决定性的举措,他在第二次远航准备回国的时候,在科钦留下了5艘船。它们标志着葡萄牙的目标。此时,由22艘战船组成的一支崭新的无敌舰队正在里斯本整装待发:1500名精挑细选的水手和士兵将乘坐这些船前往非洲和印度。有些船配有德意志制造的青铜炮,它们的造价更昂贵,但是比葡萄牙铸造的铁制枪炮更安全。他们的目标是将葡萄牙的权威永久地烙印在那些地区,并且粉碎在任何地方可能遇到的敌对力量。很自然地,商业活动与这项任务保持一致步伐:因为德意志提供了加农炮,而且德意志贸易公司为其中3艘大船承担了建造费用,所以作为回报,葡萄牙在香料贸易上给予德意志特别待遇。

被选出来作为这支无敌舰队司令的是弗朗西斯科·德·阿尔梅达爵士,他是一位贵族,性情甚至比达·伽马还要残暴。他被授予总督头衔,并且被交付了一个冗长的命令清单,内容包括舰队的管理、纪律、劫掠物的处理、应该建立堡垒的战略地点和如何对所有的海运船只强行实施通行证制度。任何一艘在外海航行的船只,特别是穆斯林船只,只要没有葡萄牙授予的通行证,就应该被抓捕、劫掠和沉没。应该建立一座要塞封锁红海入口,以阻止其他人通过这条线路向欧洲输送香料,然后"劝说印度人放弃还能和我们之外的人做贸易的幻想"。

在摩洛哥战争期间展现出无畏精神的阿尔梅达,被授予葡属帝国最初3年的全权统治权。他知道葡萄牙的敌人们正在积蓄力量,但是他承诺会完成所有指定的任务。他的儿子洛伦索,已经因为具有勇气而出名,这次他也参与到远征中,想要分享这份荣誉。比阿尔梅达年轻10岁左右的国王写信给他:"我给予你权力,就如同它属于我一样。"他承诺在他执政期间,除了阿尔梅达,他不会授予其他人总督的封号。

好天气和通过之前大大小小的舰队获得的航海经验,使得这支无敌舰队快速驶向好望角。阿尔梅达在巴西短暂停留,卡布拉尔在他之前曾拜访过那里(按照《托尔德西里亚斯条约》划定的经线,巴西处于葡萄牙的那半个世界)。在几艘全副武装的船只引领下,舰队进入印度洋,总督下令从好望角直接前往基尔瓦。如果这个岛屿的统治者——苏丹易卜拉欣·本·苏莱曼——没有挂上3年前达·伽马强制授予他的葡萄牙旗帜,他将会受到惩罚。阿尔梅达还想在这个岛上建一座要塞,驻扎一定数量的军队。

达·伽马曾以将基尔瓦炸成废墟相威胁,逼迫基尔瓦的苏丹签订了一份条约,在条约里他承认自己是葡萄牙的一个封臣,答应每年都向葡萄牙进贡黄金。他被警告说,如果他胆敢挑衅葡萄牙人,他们就会带他去印度,在他的脖颈处套上铁圈游街示众。但是第二年,当一艘轻快帆船试图收取约定好的贡赋时,易卜拉欣却一再推脱。很明显,这时候需要采取强力手段。

阿尔梅达向城市上方鸣响加农炮,宣告自己的到来。苏丹快速让人给船员送水果,但是总督并不满足,因为他在哪儿都看不到葡萄牙的旗帜。而且,基尔瓦还有准备作战的迹象。达·伽马曾与苏丹的一个敌人取得联系,这个人是一位上了年纪的谢赫,名叫穆罕默德·安科尼,他偷偷地向葡萄牙人透露了一个消息,说基尔瓦苏丹从内陆找来了数百名非洲弓箭手。

当阿尔梅达要求知道苏丹是如何处理国王曼努埃尔授予的旗帜时,苏丹回答道,他将旗帜挂在前往索法拉的一艘船上,以便起到自我保护的作用,但是这艘船在途中被一艘葡萄牙船只拦截了,旗帜也被拿走了。尽管不太高兴,但是阿尔梅达决定给苏丹最后一个机会。在一群围绕在他周围的高级军官的陪同下,他上了岸,在一顶深红色的丝绸华盖下等待易卜拉欣来与他会谈。

毫无疑问,苏丹还记得要在他脖子上套上铁圈,并被带去印度的威胁,所以他没有出现。他派了一个信使去说他有客人,而且一只黑色的公猫挡了他的路,这意味着任何已经达成的协议都不再生效。这些就已经足够了。晚上,阿尔梅达乘坐旗舰巡岛一周,准备开始他在印度洋的第一场战斗。经历了甲板上4个月的拥挤生活,阿尔梅达指挥下的船员们,对于登陆、劫掠这座在棕榈树掩映下露出白色房屋的富裕美丽的城市,充满了期待。

葡萄牙人在拂晓时分发起了进攻。阿尔梅达的儿子洛伦索，带着200人在城外的大宫殿附近登陆。一支更大的部队涌入狭窄的街道，但是他们没有遭遇抵抗。在为数不多的生命迹象中，有一个人靠在窗前挥舞着难以识别的葡萄牙旗帜。

根据一位不知名的日记作者的记述[1]，葡萄牙人将这座城市洗劫一空，进攻者击碎了厚重的木门，"拿走了大量的货物和食物"。巴尔塔扎·施普伦格，一个德意志目击者，他作为舰队的炮手，讲述士兵们"打死了几个异教徒，同时洗劫城市，他们找到了许多财宝，其中包括黄金、白银、珍珠、宝石，以及昂贵的布料"。但是王宫却令他们失望，因为苏丹易卜拉欣已经带着他的妻妾和珠宝逃往大陆。他留下来的所有值钱的东西都被没收，献给国王曼努埃尔。

两个方济各会的修士拿着十字架登上岸，口中高喊"让我们赞美主吧"。阿尔梅达选了一所大房子住了进去，并且在房顶竖起了一个十字架。那些洗劫完准备放火烧掉房子的人被召集起来开会，他们抢掠到的东西被收上来按照规矩分配。总督只为自己索取了一副弓箭，作为他第一次胜利的纪念品。

葡萄牙人对他们在这里看到的一切都印象深刻。基尔瓦对东非海岸的政治影响力比170年前伊本·白图泰来访时小了很多，这主要是由其统治精英内部的恶意竞争，以及索法拉黄金贸易的衰落导致的。即便如此，它也是一座发展成熟且繁荣的城市。

总督写信给他的国王："陛下，在我所知道的世界上的所有地方中，基尔瓦拥有最好的港口和最肥沃的土地……这里有狮子、鹿、羚羊、山鹑、鹌鹑、夜莺，以及许多其他鸟类，这片土地还盛产蜜桔、石榴、柠檬、绿色蔬菜、无花果、椰子、洋芋，有极好的肉、鱼和甜美的井水。"尽管关于狮子，阿尔梅达有夸大的成分，但是他到达基尔瓦时，正是天气晴朗，花园里满是花朵和水果的好时节。

---

[1] 日记作者如果不是葡萄牙人，则可能是汉斯·迈尔（Hans Mayr），一位随舰队旅行的德意志人。阿尔梅达的行动记录由一位在德意志出生的印刷商瓦伦丁·费尔南德斯（Valentim Fernandes）在里斯本出版。

靠吃咸肉和硬饼干在海上度过了几个星期,那位不知名的日记作者看到花园非常高兴,他描述了"小萝卜、小洋葱、甜美的马郁兰和甜罗勒"。基尔瓦还有蜂蜜、黄油和蜡。"花园四周围着木栅栏……干草足有一人高。土壤是红色的,上面总能看到一些绿色的东西。"这里还种植棉花,人们用它制成布料;他们还制作香水销往国外。这里的大多数工作都由黑人奴隶完成,他们为"白摩尔人"所有。

这份记录还生动地描述了基尔瓦的生活,甚至提到了"摩尔人嚼槟榔的技能":"这些叶子会把嘴和牙齿变成深红色,据说嚼它能够提神。"所有人都"不睡在地上",而是睡在由棕榈叶编成的"能够承受一个人重量的"吊床上。由于基尔瓦气候潮湿,阿拉伯人穿两件棉质衣服,一件从腰部一直拖到地面,另一件松松地搭在肩头。他们所有人都佩戴念珠。

除了研究基尔瓦居民的日常生活,他们还有其他事可以做。阿尔梅达决定不再拖延,因为逃跑的苏丹会被罢黜,取代他的是他的敌人安科尼谢赫。他们建造了一个插旗帜的平台。而安科尼谢赫穿着用金线缝合的紫色葡萄牙礼服出现在台上。仪式很简短,总督只是将一个金色的王冠戴在新苏丹的头上,而同样的仪式过程也将发生在科钦的王侯身上。之后是穿城游行,苏丹骑着一匹葡萄牙马,由葡萄牙旗帜在前开道。随后,他们签署了一份用阿拉伯语和葡萄牙语写成的条约,宣称基尔瓦将永远臣服于葡萄牙国王。

舰队在基尔瓦岛附近停驻了两个多星期,在此期间他们开始建造一座有四个棱堡的方形要塞。在这座要塞开始成形后,一大群人庄严肃穆地为它祝福。总督选出一位要塞司令,给了他一支一百五十人的守卫部队和一艘轻快帆船,然后再次率领船队向北航行。[1]

此时,阿尔梅达的目标是东非海岸最大的城市蒙巴萨。自从达·伽马第一次远航时在那里遭遇险情,葡萄牙人就清楚地知道他们的停泊之处是马林迪而非蒙巴萨。然而,他们知道蒙巴萨有两个优良港湾,如果在季风时节在马林迪海岸附近停泊,船只会遭受暴风雨的侵袭,而蒙巴萨不存在

---

[1] 一艘船被派出去详细调查东非海岸和莫桑比克海峡的险恶浅滩。

这个问题。而且，令人烦恼的是，阿拉伯船会躲在蒙巴萨海港的隐蔽处以逃避外海上轻快帆船的巡逻，而如果不冒着全面冲突的风险，葡萄牙人不敢擅自进入海港。他们抓获了许多开往蒙巴萨的阿拉伯船只，它们的货物被没收，其船员通常也不能幸免于难。其他人则利用他们对东非海岸的了解，藏进红树林沼泽中，然后趁着夜色潜进蒙巴萨。

蒙巴萨的苏丹意识到他的苦难将要来临。所以，他们在蒙巴萨岛面向东边外海的陡峭珊瑚岩壁上建起了一座有两个棱堡的要塞。为了急切适应新时代的战争形势，蒙巴萨的居民们于是从1501年一艘在附近遇到海难沉没的葡萄牙船只里，打捞出六七门加农炮和一大堆弹药。在一个皈依了伊斯兰教的葡萄牙逃亡水手的指导下，他们在新要塞架起了加农炮，严阵以待法兰克人的进攻。

一队士兵上岸，侦察蒙巴萨的防御情况。他们乘坐小船登陆，回报说那个背叛他们的同胞从要塞向他们喊话："告诉舰队司令，他会发现蒙巴萨和基尔瓦不一样，绝对不像是等着被扭断脖子的小鸡。"包括500名非洲弓箭手在内的数千名战士已经准备好防守这座城市，苏丹也下定决心抵抗到最后一刻。就像瓦斯科·达·伽马意识到蒙巴萨是一个值得一战的城市，阿尔梅达的战士们也对它虎视眈眈。总督本人听到复述给他的背叛者的嘲弄时，气得脸色惨白。

阿尔梅达舰队中的编年史家描述道，在富有商人居住的最好的石制房屋之间还散布着奴隶、牛和其他动物居住的、由棕榈叶覆盖的小房子。这座岛与毗邻的大陆盛产水果、蜂蜜、大米和甘蔗："按照摩尔人的说法，这座城市是整座海岸最好的地方。"

在真正开战之前，阿尔梅达的两艘小船被派出去探测海港内的水深，它们被要塞射出的炮弹损坏。让这些守卫者惊慌失措的是，两艘船中的一艘发出的一枚炮弹恰巧击中了要塞的弹药库，引起大火和爆炸。尽管城市本身受损不大，但这就是蒙巴萨第一个要塞的灾难性结局。葡萄牙人四管齐下，对坚决抵抗的苏丹王宫发起进攻，他们一路上劫掠杀人。阿尔梅达的儿子洛伦索在进攻中身先士卒。防守的人从屋顶上将石头投掷到狭窄的街道上，以减缓进攻者的推进速度。两个在基尔瓦就表现出强烈热情的方济各会修士,在战斗中再次成了先锋。在抵达宫殿时,他们爬上屋顶,竖起了一个十字架。

作为最后一个求助对象,斯瓦希里的防御者驱赶出两头野生大象,让它们加入战斗,但是它们并没有阻止住葡萄牙人。他们尽情抢掠直到他们精疲力尽,他们找到了"大量昂贵的布料、丝绸、黄金、地毯和鞍褥,他们将其中一块在任何其他地方都找不到的精美地毯与许多其他昂贵的东西一起,送给了葡萄牙国王"。阿尔梅达给他的船长们每人分配了一块区域抢掠,劫掠品在王宫前面堆成了山,之后它们将按照等级被分配。这些东西多得都带不走。[1]

最后,蒙巴萨被付之一炬,以棕榈叶覆顶的茅草屋使得点火变得更加容易。记录显示,"整座城市就像一个大火场,大火烧了将近一夜"。苏丹和一些领头的居民,在岛屿遥远一端的棕榈树种植园中看到了这个场面。许多大房子在火焰中倾塌,"巨额财富被烧毁,因为就是从这里,与索法拉和坎贝的贸易取道海路继续下去"。

撇开旧怨,被击败的苏丹在一封写给马林迪统治者的信中,讲述了这个事件:

> 阿里说,愿安拉保佑你。我将告诉你的是,那位头领经过这里,把这里付之一炬。他强力而残忍地进入了这座城市,无论男人还是女人,年轻人还是老者,甚至是幼小的孩子,而且不管孩子有多小,都无一赦免……不仅人被杀死、烧死,连天上的鸟都被打落于地。城市中弥漫着死人的恶臭,以致我都不敢踏入这座城市,没有人能够讲明白或者估算出他们带走了多少财富。[2]

---

[1] 根据胜利者的说法,蒙巴萨的阿拉伯防御者和他们的500名黑人弓箭手在内共有1500人死亡。葡萄牙人只有5人死亡。他们抓获了1000多名俘虏,其中包括"肤色白皙的美丽女子"。

[2] 历史学家科雷亚说,因为不超载就无法带走所有的战利品,不过这样做太危险了,所以大部分俘虏被释放,而苏丹则答应每年都向葡萄牙交纳贡赋。

24

在第乌击败奥斯曼土耳其人

> 16、17世纪的葡萄牙人,除了改良战争中的杀戮方法和对宗教的狭隘偏执之情外,没有什么能教给印度人的。想必让印度人对瓦斯科·达·伽马或者他的后继者的所作所为表示感激,是不可能的。
> ——潘尼迦《马拉巴尔和葡萄牙人》,1929年
> (K. M. Panikkar, *Malabar and the Portuguese*)

就在弗朗西斯科·德·阿尔梅达使印度洋意识到他的到来之前,开罗的埃及苏丹和他的土耳其君主决定对基督徒的闯入发起全面挑战。但是,由于挑战必须在海上进行,他们要面对很多困难。第一个困难就是需了解穆斯林舰队将会遭遇哪种船只。葡萄牙离东地中海很遥远,而且土耳其人从来没有近距离检视过葡萄牙人的船只。他们只从传到埃及的报告中了解到那些法兰克人拥有可怕的火力,并且使用它时毫不留情。

土耳其人马上就会觉察到,往来于印度和阿拉伯半岛之间的商船在战争中毫无用处,因为这些船的外壳太脆弱,以致无法承受能够对付葡萄牙人舰船的大枪炮。整个印度洋地区都没有适用于战争的船只。唯一的解决办法是在红海沿岸建立一支舰队(土耳其人还没打到波斯湾),从那里驶进印度洋与葡萄牙人交战。[1]

有人提出了解决办法,但是困难重重。埃及和阿拉伯半岛都不生长能够制造远洋航船外壳的木材,必须用货船将安纳托利亚或者巴尔干半岛的

---

[1] 然而,欧洲的基督徒认为土耳其人和阿拉伯人区别不大,因为他们都是穆斯林。奥斯曼人对黎凡特、埃及和北非的征服使得伊斯兰世界走向了一个全新的方向。

木材穿越地中海运到埃及，然后用骆驼运到红海港口。炮和炮弹也得从土耳其运过来，因为统治埃及的马穆鲁克军事集团认为枪炮只能用于陆上防御。马穆鲁克对海战嗤之以鼻，执迷于荣誉与骑士精神，不久他们就将招致毁灭。

尽管不久前，即1499年，在希腊城镇萨皮恩察附近的一场海战中，260艘土耳其单层甲板大帆船击败了170艘威尼斯船，但是威尼斯人知道，此时是土耳其人向他们求助的时候。在把葡萄牙人驱逐出印度洋这一点上，双方具有共同利益。他们也都意识到，他们在作战中使用的典型的地中海单层甲板大帆船对于"移动的要塞"将毫无用处。在尽量靠近敌船以便士兵能够有机会登上它们，投入近距离作战之前，他们的船只早就被炸成碎片了。

威尼斯人曾经想劝说埃及人挖掘一条贯通苏伊士地峡的运河，这是船只进入印度洋的一个最简便的方法。但是他们担心苏丹会怀疑他们是想为自己的贸易开通一条路线，所以打消了这个提议。威尼斯方面给苏丹提了一些关于葡萄牙人的建议，它们是依据威尼斯在里斯本的间谍莱奥纳尔多·迪·卡马萨获得的消息提出的。威尼斯也允许他们砍伐达尔马提亚森林里的木材，将它们用船运到苏伊士。最后，威尼斯还提供了一队枪手供苏丹支配。

当埃及在西奈半岛的凸岩上建造12艘大战舰时，阿尔梅达正在印度海岸毫无阻碍地来回航行，他于1505年10月就抵达了那里。他最先到达的地方之一是科钦。尽管他们曾一度为逃避扎莫林的军队而在一座印度教寺庙中寻求庇护，但是科钦的王侯还是对葡萄牙表现出忠诚。一座统领海港的木制要塞在对抗由杜阿尔特·帕切科指挥的葡萄牙守备部队时遭受严重挫折。他们试图用饥饿迫使守备部队投降，但是帕切科绑架了科钦的穆斯林商人头领，把他作为人质，直到对方把粮食送过去。城外，一支人数不多的葡萄牙军队，守卫一道河流渡口已有3个多月，直到卡利卡特的军队遭遇惨重损失而撤退。为了庆祝胜利，他们将海边的一座清真寺摧毁，在原址建起一座教堂。

在基尔瓦苏丹额头短暂佩戴过的黄金王冠，此时被置于科钦王侯的头上。但是阿尔梅达很快发现，在舒适的休整之后，他深陷于印度大陆的政治旋涡之中。从表面上看，卡利卡特是以其都城"胜利之城"命名的印度南部的印度教大帝国——维查耶纳伽尔王朝——的一部分。但是，实际上卡利卡特几乎完全独立。在维查耶纳伽尔王朝看来，扎莫林是围绕在他周围的穆斯林商人的傀儡。而且，维查耶纳伽尔王朝时不时受到北方伊斯兰王国的攻击，因而国王几乎对南方几百英里之外的胡椒港口发生的事毫不关心。起初，葡萄牙人希望煽动国王攻击卡利卡特，可是这种想法总是不现实的。

如果他的军队规模更大，阿尔梅达会把它提供给维查耶纳伽尔王朝，一起对付他们的穆斯林敌人。他不敢这样做，因为他是葡属印度应该是一个纯粹的海洋帝国，在陆地上只有几个战略要塞的理论的最强有力的支持者。葡萄牙人对他们知之甚少的印度内陆王国感到困惑。为了与维查耶纳伽尔王朝缔结同盟关系，他们做出的最有可能的举措是和蒂莫雅交朋友，他是一个强有力的海盗和雇佣兵，他将马匹运过海洋，提供给王侯的骑兵。[1]

阿尔梅达此时将葡萄牙舰队中的几艘船交给他的儿子洛伦索，让他作为这几艘船的队长，并且鼓励他独立行动。在基尔瓦和蒙巴萨，洛伦索的表现就已经使他像是一个真正的征服者。洛伦索从卡利卡特北部一个友好的港口坎纳诺尔的一个间谍处得知，扎莫林正在认真备战：瓦斯科·达·伽马第二次远航时的两个逃亡者——皮耶罗·安东尼奥和若昂·马里亚，已经在卡利卡特建立了一座铸造厂，制造出了500门加农炮。

得知这个消息，洛伦索似乎显得有点乱了方寸。在寻找距离印度西南端500英里的马尔代夫群岛时，他发现自己实际上处于印度东南端的锡兰。[2] 锡兰最终将成为葡萄牙的一个殖民地，但是此时他没有时间去征服它。

与洛伦索相比，他的下级贡萨洛·瓦斯犯的错误更有意一些。他拦截了一艘属于坎纳诺尔一位领头商人的船只。这艘船持有葡萄牙的通行证，

---

[1] 蒂莫雅为印度教徒效力对付穆斯林，这使得他可以被接受。他的海盗倾向使他成为一个难以相处的盟友。葡萄牙人后来逮捕了他。
[2] 葡萄牙人直到16世纪下半叶才占领马尔代夫群岛，之后他们在岛上建立了一座要塞，但是由于岛民的不断进攻，他们在那里只待了20年。

可以在外海航行,但是瓦斯宣称这张通行证是伪造的。他劫掠了船上的货物,下令杀死船员,把尸体缝在他们的船帆上,然后将他们与船只一同沉入海底。结果,那张船帆裂开,尸体被海水冲到了岸边。坎纳诺尔的统治者非常惊骇,以至他改变了与这些基督徒做朋友的想法,转而成为他们的死敌。

葡萄牙人的暴行已经使他们在整个印度洋遭人憎恨,他们应得的惩罚似乎也即将降临。1507年初,土耳其人已经完成了红海入口处舰队的建设。这支舰队的指挥官是阿米尔·侯赛因,因为他们早就听说印度和阿拉伯半岛无武器的船只和无防备的港口受到破坏的消息,所以舰队刚组建好,他们就即刻出发。尽管出发时很快,但是之后侯赛因的舰队行进缓慢。他的12艘船装载了1500人和他们的武器,以及土耳其人能够组装出的最好的大炮。

穆斯林的舰队中途停留了数次,花了8个月的时间完成了他们的航行,他们先是南下红海,接着沿着也门和阿曼海岸向东航行,之后穿过波斯湾入口,到达印度北部。这一路上他们没有遇到葡萄牙人。侯赛因向南越过印度河三角洲,然后在繁荣的第乌岛抛锚。第乌是一个理想的基地,因为它位于卡提阿瓦半岛的南端,卡提阿瓦半岛是穆斯林统治的古吉拉特王国的一部分。第乌的战略意义对于葡萄牙人也十分明显,以至葡萄牙人已经决定把这个岛(等他们占据它的时候)变为他们在印度洋上的一个战略要地。

欢迎侯赛因舰队的是马利克·艾亚兹,他出生于俄国,是第乌的总督。他的经历不同寻常。他还是一个孩子时就被土耳其人抓住,成为一名奴隶,皈依了伊斯兰教,之后他跟随一批商人到达了印度。在那里,因为他的出色箭术给古吉拉特的穆斯林国王马哈茂德·沙阿一世留下了深刻的印象,这为他赢得了自由。他被提拔为第乌的总督,把这座岛变成了印度北部经营得最好的贸易港口之一。[1]尽管古吉拉特国王对这件事情不怎么感兴趣

---

[1] 艾亚兹曾一度提升到拥有"马利克"的头衔,与国王或者总督平级。

（他的继任者巴哈杜尔·沙阿则嘲笑海战是"商人的事务"），但是艾亚兹向侯赛因承诺会对他鼎力相助，让他放手去做。艾亚兹在接下来的冲突中将扮演一个狡猾的角色。

与此同时，卡利卡特的扎莫林正在那两个基督徒背叛者的协助下，准备100艘装备火炮的轻快船只。这些船只将沿着印度海岸航行700英里，为穆斯林战船运送食物。一旦开战，它们也会提供支持。侯赛因越来越自信，他从第乌南下冒险，而洛伦索·德·阿尔梅达正指挥葡萄牙舰队北上到这片区域。

洛伦索已经听说了附近有一支大船队的传言，并且认为他们是葡萄牙人。他进入了焦尔港，当侯赛因袭击他的时候，他毫无准备。对方人数超过葡萄牙人，在黄昏降临时，战斗开始了。洛伦索的船长们敦促他在黑夜的掩护下逃跑，因为这个时候相对勇猛来说，慎重似乎更重要。但是对于小阿尔梅达，他担心他的父亲会因为他的懦弱而指责他，所以他拒绝听从他们的请求。而穆斯林的船只在黎明时分重新开始进攻。洛伦索一开始被一颗炮弹击中大腿，但是他命令他的人用旗舰的旗杆将他的腿绑上，以便于他能够继续指挥战斗。之后，第二颗炮弹击中了他的后背。旗舰沉没，剩余的葡萄牙军队向南撤退，140人死亡，更多人沦为俘虏。（从卡利卡特派来的舰队指挥官也在战斗中阵亡；穆斯林在岸边为他的遗体建造了一座宏伟的坟墓，他因为对抗基督徒而受人崇拜。）

当洛伦索阵亡的消息传到总督那里，他发誓一日不报仇，就一日不剪掉他的胡须。"他们吃了'小公鸡'，"他说，"现在他们必须要尝尝'大公鸡'。"

弗朗西斯科·德·阿尔梅达花费了一年的时间，才到达穆斯林舰队的大炮射程之内，但是在此期间他谨慎地与第乌的总督马利克·艾亚兹取得联系，敦促他改变立场，站到葡萄牙人的一边。这位总督面临一个困难的选择：公开选择背叛他的穆斯林伙伴，意味着一旦他们获胜，他就会被判处死刑；但是公开支持他们的话，如果他们失败，有朝一日葡萄牙人进攻第乌时，他就会成为他们报复的目标人物。由于拥有18艘船的葡萄牙人比拥有10艘船的侯赛因获胜的可能性更大，艾亚兹冒着极大的风险违背了他在一年前对土耳其人许下的承诺。

1509年2月2日，阿尔梅达到达了第乌，发现穆斯林的舰队在那里列队停泊，还有一大群小船也在那里停驻。双方都知道，这场战斗将决定谁在未来的许多年里控制印度洋。失败带给阿尔梅达的，不仅是作为第一任葡属印度总督的耻辱，而且很可能是最后一任，最好的情况也就是，经过每一位小王侯的许可，葡萄牙人在未来被允许在马拉巴尔海岸的港口进行贸易，但即便是这种情况的可能性都很小，因为他们已经深切遭人憎恨。

对穆斯林而言，胜利将把他们带回印度和红海之间的港口自由贸易、不受干扰的时代。胜利还会打破在基督徒身周升起的无敌光环，并且给了穆斯林时间，为阻止基督徒试图返回印度洋做好准备。

然而，阿尔梅达和他的人在次日早上发起的进攻的结果毋庸置疑：他的舰队一再击溃侯赛因防御线的两侧，从侧舷向侯赛因的舰队开火，而对方的回击根本无法与他们相抗衡。[1] 葡萄牙的船只有些配备了多达40台的大炮，这些大炮远远高出水面，所以它们可以从上往下向敌人抛掷炮弹。

经历数个小时，侯赛因的防御线被撕碎。在第乌岛，马利克·艾亚兹作为一个消极的旁观者，对于基督徒的进攻未发一炮。他的船只在射程之外，因而安然无恙。为了庆祝胜利，葡萄牙人展现出了他们惯常的杀戮欲：只要有穆斯林的船只沉没，他们就下到小船上砍杀那些在水里挣扎的敌人。毕竟，失败的结局不可避免，土耳其人投降了，他们的剩余船只起锚逃跑。当侯赛因告诉君士坦丁堡的苏丹这场战斗是如何失败的时候，他说第乌的总督在关键时刻背叛了他，而他原先是一个基督徒。

报完了"小公鸡"的仇，阿尔梅达修剪了他的胡子。葡萄牙人在此时此地获得的胜利的意义，堪比在第一次布匿战争中罗马舰队战胜迦太基人的胜利。此时，胜利的消息必须要沿着印度海岸传向各地的居民，他们必须被警告不要试图挑衅葡萄牙人的枪炮。阿尔梅达几乎没花什么时间就解决了接下来要做的事。尽管有很多人被杀死在水里，但是还有

---

[1] 在第乌之后，印度洋没有一个国家敢于在海上挑战葡萄牙人。盖萨尔（Qaisar）在《印度的回应》（*The Indian Response*）一书中强调了欧洲的航海技术留下的印记。

一些俘虏被带到第乌。所以，只要船只到达一个港口，阿尔梅达就叫停，然后他们就处决一批俘虏。尸体被肢解，先是头颅，后是胳膊和腿，都在城市中心被焚烧。

25

伟大的阿方索·德·阿尔布开克

> 于是,这就开辟了一块天赐的领土。国王赶紧派船到那地方去;把土人赶尽杀绝;为了搜刮黄金,折磨土人的国王下令准许进行一切不人道的、放荡的行为,于是遍地染满居民的鲜血。这一帮专做这种虔诚的冒险事业的可恶屠夫,也就是派去开导感化那些崇拜偶像的野蛮人的现代殖民者。[1]
>
> ——乔纳森·斯威夫特《格列佛游记》

葡萄牙人在第乌的胜利对东方的影响,和穆罕默德二世在半个世纪之前占领君士坦丁堡对西方的影响一样巨大。然而,葡属印度还没有成为一个实体,它的船长们就像游牧民一样在海上游荡,无法登上任何一块列于国王曼努埃尔名义下的领地。所以,当里斯本必须继续制订帝国的伟大计划时,在印度洋获取一块安全的飞地是有必要的,因为他们不需要为获取指示而等上18个月或者更长时间。这个地方还可以用来修理船只、储存军需品,船员们可以在这里暂时摆脱甲板下面狭窄恶臭的住宿环境,病患和伤员可以调养身体,死者也得以安葬。他们需要的不仅是一个堡垒,还是一个殖民地。

两个具有明显可能性的地方是东非和印度西部,葡萄牙人可以夺取它们的良港和周边土地,然后宣称对它们具有所有权。然而,非洲已被证明是充斥大量致命热疫的地方:阿尔梅达激动地写信告诉曼努埃尔,他们建成了基尔瓦要塞,但是仅仅7年后,他们就不得不遗弃它。在大陆的更南方,

---

[1] 乔纳森·斯威夫特著,张健译,《格列佛游记》,北京:人民文学出版社,2000年,第271页。——编者

在索法拉和莫桑比克建立的小型贸易站试图为刚刚绕过好望角的船只提供救助品，但是这些船只通常发现，岸上的死者和濒死之人比他们船上的还要多。

因而，葡萄牙人很快决定，在印度西部建立一个殖民地更加合理。而且，印度是香料的生产地，葡萄牙人还需沿着海岸来回巡逻，以追捕那些胆敢挑衅通行法令的"麦加船只"。但是印度的财富和人口是他们需要解决的问题。尽管葡萄牙人轻视他们自身之外的任何战斗力量，但是他们知道印度统治者能够以几乎无限的人力防守他们的领地，并且他们足够富有，能够以火绳枪、马匹和大象装备他们的军队。

曼努埃尔的一些近臣继续争论说，葡萄牙想在好望角以外的地方建立殖民地的想法是错误的。仅仅是建立和守卫这些堡垒就会削弱葡萄牙的海上力量。炎热、压抑的堡垒不得人心，因为它会使得他们没有机会进行突袭和劫掠，而这恰恰是印度对葡萄牙人的主要吸引力：除了防御来自陆地或者海上的突然袭击，他们只能以观测视野之内求救的葡萄牙船只，来度过几个月的无聊日子。

曼努埃尔嘲笑那些因为费用和危险而反对建立殖民地的人，而且西班牙人已经在新世界建立了殖民地，这是威望的象征。所以，在阿尔梅达从印度洋回国、去世后不到一年，曼努埃尔直接下令占领果阿岛。完成这件事的人是阿尔梅达的继任者、葡属印度的真正建立者——阿方索·德·阿尔布开克。他通常被称作"伟大的阿方索·德·阿尔布开克"，这个称号是多年之后热切编辑他写给国王的多卷本书信集的儿子赋予的。

阿尔布开克是葡萄牙和西班牙混血，还有王室血统，他所受的教育是开创一番大事业。他的一个同时代人说，他身材高大，一身黑色装束，"屁股上别着一把饰有宝石的黄金匕首"。后来，他的灰色胡子几乎及腰。阿尔布开克对杀死穆斯林有狂热的欲望，在50岁开始第一次远航之前，他在北非征战多年。他在科钦待了几个月监督那里的要塞建造，在1504年年中又回到了里斯本。

1505年春，阿尔梅达从葡萄牙起航，成为葡属印度的第一任总督，而仅仅一年后，阿尔布开克就带着自己的舰队紧随其后。这两个人即将成为彼此的强敌：阿尔布开克从一开始就表现得十分自信，这表明他知道国王已经私下选择他作为阿尔梅达的继任者。对于如何统治葡属印度，他也有自己的想法。

阿尔布开克的宗教信仰极其坚定，他对祭司王约翰仍怀有痴念，认为他已经做好准备，能够与葡萄牙人联合起来推翻伊斯兰教，而这种念头已被他的大多数同时代人所抛弃。他梦想将埃塞俄比亚作为摧毁麦加的一个基地，还谈到了从马德拉引入工程人员，改道尼罗河，使之注入红海，以迫使埃及人因饥饿而投降的荒谬计划。[1]

1506年抵达东非海岸后，他实施了第一批举措，其中之一是派两个随从和一个突尼斯译员上岸，命令他们向埃塞俄比亚的统治者带去国王曼努埃尔的问候。和其他担负相似使命的葡萄牙人不同，他们可能在海上找到了一条通道。通过相同的路径，曼努埃尔从为埃塞俄比亚王储摄政的年迈的太后海伦那里得到了答复。她给曼努埃尔的信是以阿拉伯语和波斯语写成的，在信中她用"海上骑士、异教徒和穆斯林的征服者与压迫者"称呼对方，还信誓旦旦地保证与欧洲的基督徒建立战无不胜的军事同盟。

此时出现的关于埃塞俄比亚的真相并不能阻止阿尔布开克。他写信给曼努埃尔，宣称祭司王约翰"拥有大量马匹和大象"。他的王国疆域广阔，"远及索法拉和摩加迪沙、蒙巴萨、马林迪的海岸"。它还在非洲的另一端远抵大西洋。他拥有许多金矿，而那些汇集在索法拉、最后运抵印度洋的黄金，则来自臣服于祭司王约翰的国家。这些都是阿尔布开克一厢情愿的想法，混杂了各种信息，它们来自毛罗的世界地图，与阿尔布开克在实际事务中遇到的严酷现实形成鲜明的反差。

在1507年的上半年，阿尔布开克和他的亲戚特里斯坦·达·库尼亚（南大西洋海域的一个岛屿的发现者，这个岛屿仍然以他的名字命名）沿着东非海岸航行，期间阿尔布开克展现了他的冷酷无情。他们率领的两个

---

[1] 厄尔（Earle）和维利耶（Villiers）在《阿尔布开克，东方的恺撒》（*Albuquerque, Caesar of the East*）一书的前言里，检视了阿尔布开克的性格和目标（尽管该书轻易带过了他的暴行）。

全副武装的舰队的船只超过了12艘。当他们在友好港口马林迪停驻时，那里的苏丹暗示他们最好能够帮忙惩罚他的一个敌人——海岸更北方的城镇霍贾的谢赫。阿尔布开克和库尼亚根本不需要鼓舞就乐于对付这个敌人：他们在霍贾附近抛锚，以葡萄牙国王的名义要求那位酋长投降。

这位谢赫是蒙巴萨苏丹的亲属，他派人送信回复说，他唯一的君主是开罗的哈里发。他不想与袭击和杀害印度洋上合法做生意的和平的商人的基督徒有什么关系。对于这样的挑衅，这两位指挥官只有一个回答：第二天一早，他们分别率领一支分遣队，如暴风雨般登上岸。居民无法抵抗这样的暴行。他们逃进灌木丛，而谢赫和他的近臣在棕榈树林中拼死抵抗，但节节败退。阿尔布开克亲自处决了谢赫，对此他感到很满意。城镇被洗劫一空，然后被付之一炬。几个士兵甚至过于专注抢劫以致被大火吞没。

在拉穆，葡萄牙人没有遇到抵抗。统治者惶恐不已，答应只要能够赦免他的城市，他就每年纳贡。由于手头没有非洲的黄金，他用威尼斯达克特上交了第一批款项，威尼斯达克特是那个时候整个印度洋地区都认可的一种货币。他们向红海航行的下一站是布拉瓦，那是一座石头城，统治着干旱的索马里海岸。这一次，数千居民沿着海岸行进，以展现他们的力量，但是他们也应葡萄牙舰队的要求，派出使者回应"和平会谈"的事宜。当会谈遇到阻力时，葡萄牙人以淹死使者相威胁，以便试探他们是否有什么秘密计划。威胁起到了作用，使者透露布拉瓦的苏丹希望能够拖延会谈，因为西南季风随时会吹过来，而这会使葡萄牙的船只尽快离港。

这时候，在一些军官的敦促之下，两位指挥官无奈下令起航。但是，阿尔布开克坚持认为布拉瓦必须受到惩罚，他对葡萄牙人战斗精神的自信很快得到了证实。他们发动正面进攻，征服了这座城市，1000多个居民被杀死，而进攻者的折损则很少。他们对这些房屋的劫掠持续了整整3天。他们砍下穆斯林妇女的手指、胳膊和耳朵，以获得她们佩戴的数以百计的昂贵戒指、手镯和耳环。唯一的不幸是他们损失了一艘装满劫掠物的小船，还有一位高级教士也淹死了。

在几次突击过后，包括一次对红海入口附近的索科特拉岛的突击，两位指挥官分头行动。[1]特里斯坦·达·库尼亚南下前往马拉巴尔以装载香料，而阿尔布开克选择了远离还在印度洋做总督的阿尔梅达的路线。在1507年余下的时间里，他沿着阿拉伯半岛的海岸线航行，他用自己7艘船上的大炮对到达的每一个港口都造成了毁灭性的打击。在一封写给阿尔梅达的信中，他吹嘘自己是如何占领并劫掠了马斯喀特[2]，烧毁了港湾里的所有船只，然后又烧了这座城市："这座城烧起来非常慢，因为这里的所有房屋都是用石头和灰泥建造的，还有一些房屋是用石头和泥建成的，外墙粉刷成白色，非常漂亮，也非常坚固。"

他最大的胜利是在霍尔木兹取得的，那是两个世纪以前马可·波罗拜访过的波斯湾入口处的一个古老的贸易城市。他的舰队船只的数量远不及对方（阿尔布开克有夸大的嗜好，但是即便考虑到这一点，获胜的希望也十分渺茫），但是大炮造成的影响也使他的敌人恐慌。数百人跳入水中，"这真是一个令人吃惊的场面"。和往常一样，葡萄牙人下到他们的小船上，挥舞他们的长矛："我们在水中杀死了数不清的人，其他因为身负武器而下沉的人，都淹死了。我毫不夸张地告诉您，那天有一个人竟然在水中杀死了80个人。"

这场胜利之后，阿尔布开克从12岁的霍尔木兹统治者赛义夫·丁那里榨取了一个承诺，从此以后，他将是葡萄牙的一个封臣，此时他由一位宦官摄政。他也同意每年用黄金上交一大笔贡赋。阿尔布开克想要占领霍尔木兹，但是他没有足够的军队，他所能做的最大限度的事是震慑周边的城市。他们切掉妇女的耳朵和鼻子、男人的鼻子和右手。最后，他们炮轰霍尔木兹，直到弹药不足才停止。

阿尔布开克想在这座城市附近建一座要塞，但是他舰队里的船长们激烈反对这个想法，因为这个地方贫瘠荒凉，天气又热得让人难以忍受。他们想要继续航行，进攻和掠夺其他城市。很快，5艘船找借口抛下了他，只剩下他自己的船和另一艘船，之后它们继续航行以便加入阿尔梅达的

---

[1] 索科特拉岛被认为具有战略价值，但事实证明它不适宜居住，它没有可以躲避暴风雨的庇护处，还缺少淡水。

[2] 马斯喀特，阿曼首都。——译者

舰队。

阿尔布开克注定要成为葡属印度最著名的总督,但是他却永远也无法拥有总督这个头衔,尽管他拥有王室血统。国王曼努埃尔仍然信守诺言,在他有生之年只有阿尔梅达能拥有总督的头衔。但是,当继任者来到阿尔梅达面前,对他说是时候移交权力了,阿尔梅达虽然清楚自己的独特地位,但他还是被激怒了。他让人逮捕了阿尔布开克,并且把他发配到印度南部的一座要塞,让人严密守卫,直到里斯本送来令人信服的证据,说明他说的是真的。

阿尔布开克被监禁了好几个月,直到一艘载着费尔南多·科蒂尼奥的船到来。他被授予葡萄牙元帅的头衔,而且巧合的是,他是阿尔布开克的亲戚。科蒂尼奥从国王那里带来的文件使阿尔梅达清楚地意识到他的总督时代结束了。

阿尔梅达立刻前往欧洲,但是在好望角附近的萨尔达尼亚海湾附近,他们停下来补充淡水和给养。就在停泊期间,阿尔梅达的私人奴仆上岸,羞辱了两个科伊村民以致被打掉了牙齿。阿尔梅达决定发动一场惩罚性的突袭,期间他的人抓住了一群儿童。在他们返回海岸的途中,突袭队伍遇到了村民的伏击,他们被丢失孩子的事情激怒了。

他们用密集的石头、棍棒和箭镞杀死了50个葡萄牙人。第乌的胜利者被一支标枪穿过喉咙,双膝跪地,死了。

与此同时,阿尔布开克的解救者将里斯本的指示交给他,要求他占领果阿。这座港口位于印度西部海岸中心的一座岛上,皇家委员会精明地选择它作为葡属印度的一个理想的主要基地。科蒂尼奥自己还另有任务:指挥听命于他的15艘船和3000人进攻卡利卡特,直到它彻底投降。这是葡萄牙单次派往印度洋的最大的一支军事力量。科蒂尼奥是一个彻底的行动派,他不顾阿尔布开克的保留态度,决定先攻击卡利卡特,稍后再处理果阿。

在卡利卡特登陆没有遇到任何困难,元帅非常自信,他脱下了头盔,换上一顶帽子,然后将剑和长矛交给他的男仆。他说:"我只要手里有根藤条,就能带领我的人占领扎莫林的宫殿。"后来,他回到里斯本向国王汇报，"他们误导他，让他对著名的卡利卡特城感到畏惧是多么的错误，那里只有身材矮小且赤身裸体的黑人，拿着武器和他们作战很不体面"。元帅发表了一番冠冕堂皇的言论之后，就带着他的400个部下前往宫殿，留下阿尔布开克断后。

与他同时代的编年史家加斯帕尔·科雷亚描述了当时的场面："元帅穿过的街道非常狭窄，就像乡间小径一样，街道两侧是半根长矛高的石墙，在坚固的底座上方是房屋和棕榈树，人们踩在类似井里台阶一样突出的石头上面，从街道上行到房子那里。"

一路上猛烈战斗，葡萄牙人抵达了城市的主广场。广场中心是一些大房子，它们由雕刻繁复的木材建造而成，这些房屋里住着外国派到卡利卡特的大使。守卫者拼命战斗，想要守住广场，他们杀死了许多葡萄牙人。无论何时，只要他们得到尸体，他们就砍下头颅，并且即刻送给扎莫林。但是最终广场还是被进攻者占领了，他们放火点燃了它。

最后，他们抵达了宫殿。因为元帅发誓要把宫殿的大门作为战利品带回去送给国王，所以葡萄牙人用斧子砍倒了沉重的铜制镀金大门。他们一进入宫殿，大多数葡萄牙士兵、水手和奴隶就不由自主地开始抢劫"昂贵的白色亚麻、丝绸、黄金、天鹅绒和麦加的锦缎"，接着他们不遗余力地将这些掠夺品拖拽回海滩。

元帅还在努力前进，决意前往据说藏着扎莫林财宝的内室，他的随从砸碎了挡在他们前方的闪闪发光的铜门。许多拖拽着掠夺物穿过街道的葡萄牙人受到了伏击并被杀死，但是宫殿里的元帅似乎没有意识到，他即将与向海港里的船只撤退的任何一支队伍完全分开。

阿尔布开克到达王宫并且喊道："我以国王的名义要求你撤离，如果我们再在这里多待一分钟，我们就都会成为死人！"元帅停下来只是为了放火烧毁王宫，但是在返回海滩前他被杀死了。阿尔布开克两次负伤，在失去意识的情况下被抬回到船上。葡萄牙人为他们在印度的土地上上演的第一次陆上进攻引起的所有混乱，付出了高昂的代价。关于这次撤退的记忆像一块石头压在阿尔布开克的心中，他决心为他亲属的死报复扎莫林。然而，这个时候他不得不加紧完成国王派给他的个人任务。

和海洋另一端的蒙巴萨一样，果阿几乎是一个完全被大陆环绕的岛屿，它的航道为船只躲避暴烈的季风天气提供了安全的停泊处。被阿尔梅达在第乌击败的土耳其舰队中幸存下来的士兵和几艘船，正在果阿避难。阿尔布开克认为在埃及援兵到来之前，这是占领果阿的关键时机。那里的大多数居民是印度人，但果阿是强有力的比贾布尔苏丹国领地的一部分，它的新统治者是伊斯梅尔·阿迪勒·沙阿。对于阿尔布开克，幸运的是，几乎所有防守岛屿的军队都被阿迪勒·沙阿撤回，去协助他治下一个遥远地方的战役了。在航行前往果阿的途中，阿尔布开克遇到了那位友好的海盗——蒂莫雅，他说这是发动进攻的理想时机。

的确，事实证明这是一场轻松的征服，但是当这座城市任他摆布的时候，阿尔布开克展现出他对暴行的钟爱，而那是他在摩洛哥的长年征战教会他的。圣诞节前3天，他写信给曼努埃尔：

> 之后，我烧毁了这座城市，杀死了城里的每一个人，您的人持续屠杀了整整4天。无论我们在哪里找到他们，我们都不会放过任何一个穆斯林。我们把他们的尸首堆满清真寺，然后放了把火……
>
> 我们找到6000个穆斯林，男人和女人都有，还有许多步兵和弓箭手也被杀死了。陛下，这的确是一场伟大的胜利，仗打得漂亮，而且取得了彻底的胜利。且不说果阿是一个如此伟大和重要的地方，我们终于成功地为陛下和您的子民向背信弃义和邪恶的穆斯林复仇了。

（阿尔布开克可能夸大了他的所作所为，以便强调他十字军东征般的热情，因为有证据表明，许多果阿的年轻妇女无论信奉何种宗教都活着离开了那里，但是他确实很容易就生出杀戮之念。）

这位新的总督发誓，只有基督徒和印度人被允许住在这座他即将兴建的新果阿城里。[1] 他的设想是在热带建造一座葡萄牙城市，这座城市要有

---

[1] 果阿位于穆斯林在印度征服地区的南端。通过占领果阿，葡萄牙人与印度教徒建立有效联盟。对此，维查耶纳伽尔的国王克里希纳·德瓦·拉贾（Krishna Deva Rajah）很高兴。印度内陆和在果阿的葡萄牙人之间很快发展起贸易。阿尔布开克任命霍纳沃尔（在果阿南部）的马尔哈·拉奥（Malhar Rao）为葡萄牙人大陆占领区的统治者。

自己的大教堂、法庭、政府建筑、喷泉，以及给政府官员和富商居住的优雅房屋。但是一个首要的问题是完全缺少基督徒家庭，因为在早些年从里斯本前往印度的航行是不允许携带妇女的。所以在这个时候，阿尔布开克做了一个影响葡萄牙帝国始终的决定：果阿的人口将由葡萄牙男人娶印度女人所产生的天主教徒后代构成。

阿尔布开克发现他不缺愿意参与到这项实验中的人。尽管他写信给国王，说第一批志愿者都是"出身高贵且具有绅士风度"的人，但是实际情况是，他们是不适合继续服役的缓期死刑犯，以及低级工匠和水手。由于航海的条件很恶劣，生存的希望又十分渺茫，出海的人基本都是葡萄牙社会地位最低贱的人，对他们而言，在果阿得到总督的祝福和支持的新生活是他们渴望抓住的机会。每个人都被给予一匹马、一所房子、一些土地和牲畜。

针对这个具有重要历史意义的创举而被挑选出来的女性，她们的真实感受没有被记录下来。但是阿尔布开克对于那些女性有特别要求：她们的容貌要漂亮，还得是"白人"。他拒绝立即接收任何来自印度南部的潜在新娘，因为她们肤色更深而且"放荡"（葡萄牙作家总认为肤色深是卡利卡特人的一个特征，而据尼科洛·德·孔蒂的观察，卡利卡特的妇女更倾向于一妻多夫制，所以葡萄牙人普遍认为肤色深的女性更淫荡）。

除了计划建设一个新果阿和创造基督教社会的核心家庭（"那里一共有450人"），阿尔布开克还积极投入更具有争斗性质的事务。他带领一支舰队向东穿过印度洋，到达马六甲（现在是马来西亚的一个港口），袭击那里的穆斯林统治者，确保葡萄牙垄断来自印度尼西亚和中国的所有贸易。他遇到了顽强的抵抗，但是最终大炮的威力及其士兵的勇敢无畏使他们取得了胜利。控制马六甲和苏门答腊岛之间狭窄海峡的好处之一，在于使那些仍然反抗葡萄牙人统治的印度洋港口，从此时开始无法从中国获得任何商品。

当阿尔布开克返回印度时，他将面对更多的争战，因为愤愤不平的比贾布尔统治者派到岛上的3000人正在攻击果阿。在组建起一支相同数量的军队之后，阿尔布开克下令鸣响城中所有的钟。然后，他带领军队作战。

当他站在一块石头前观察士兵的作战情况时，一位副官敦促他立刻移身到石头后边。他刚转移到石头后边，他旁边的一个人就被一颗炮弹击中身亡，血溅了他一身。（阿尔布开克留下了那颗炮弹，指示说，他死后，要把这颗炮弹包上白银，装在宝石里，做成一盏灯，然后把它供奉在果阿的教堂里。）

将敌人困在一座要塞中，并持续不断地轰炸他们之后，葡萄牙人向对方喊话，如果他们交出所有的枪炮和马匹，就允许他们安全离开这座岛。阿尔布开克还对敌军的总指挥拉苏尔汗强加了一个条件：他必须交出那群投靠了穆斯林的基督徒"叛徒"。拉苏尔汗说他不能这样做，因为这违背了他的信仰，但最终他还是同意了，因为阿尔布开克承诺不杀那些叛徒。于是，他们被交给了阿尔布开克。当他们落到阿尔布开克的手中时，他们的确没有被杀死，但却被以怪异的方式切断肢体。

即便以那个时代的标准来看，这样的惩罚也是极其残忍的。在史诗《卢济塔尼亚人之歌》中，卡蒙伊斯谴责阿尔布开克惩罚一位年轻军官。这位军官名叫罗德里格斯·迪亚士，他在与果阿战斗中被俘获的穆斯林女人玩乐时被抓了个现行。卡蒙伊斯提到迪亚士的时候说，"他唯一的罪责就是年轻人因精力过剩而导致的意志薄弱"。无视其他赞赏迪亚士在战斗中英勇无畏的军官的求情，阿尔布开克判处迪亚士绞刑。在执刑的那一刻，激奋的支持者割断了吊死迪亚士的绳子，再次为他求情。阿尔布开克快速镇压了这次骚乱，几个军官被戴上了镣铐，眼看着迪亚士被执行了死刑。

在全力投入印度事务之际，阿尔布开克仍然坚持不懈地在埃塞俄比亚寻找盟友祭司王约翰，他们要一起对付麦加。一个叫作马修的人，带着他的两个妻子和一大群随从到了印度，他说自己是埃塞俄比亚皇帝的大使。这件事激发了阿尔布开克对于埃塞俄比亚的期望。马修还随身带着一块薄木片，声称它来自耶路撒冷的"真十字架"（只要砍倒一小片森林，就有足够多的"真十字架"可以流通）。很多见过马修的人怀疑他是个骗子，但是阿尔布开克坚决认为他没有骗人，一有便船就将他派往里斯本。除了自己的妻子遭到船上的军官引诱之外，马修安然抵达里斯本。国王曼努埃尔也相信他说的话，而且当马修呈上十字架的碎片时，还流下了眼泪。

回到果阿，到1513年，阿尔布开克带着20多艘船和3000人，已经做好前往红海冒险的准备。这是一个危险的使命，因为红海就像是一个窄颈瓶（曼德海峡[1]被恰当地形容为"泪之门"），如果敌人能够控制南部的海峡，那里总是存在被敌人困住的风险。要是能够赶上相反的风向，这种情况在一年之中只有几个星期，船只就可以毫无困难地进入海峡，并且安全离开。阿尔布开克采取的第一个行动是对位于红海入口处、强有力的亚丁要塞发起攻击。葡萄牙人一直想要夺取亚丁，这样就可以对任何试图向埃及运送香料的穆斯林船只实施有效封锁。

这次进攻彻底失败，因为进入要塞的唯一办法是使用云梯，而云梯则因为承受不住士兵的重量一次次断裂。数次尝试后，在极度炎热的天气条件下，葡萄牙人不得不撤退。他们遭受了巨大损失，唯一让他们满意的是他们烧毁了港湾里所有阿拉伯人的商船。

阿尔布开克沿着红海东侧航行越过亚丁200英里，然后下令船只在也门海岸附近抛锚。那里没有什么风，只有一艘能够跨海航行到埃塞俄比亚的轻快帆船。人们开始死于热疫，船队急需突发事件来提振士气。幸运的是，一个奇迹发生了：

> 之后，在我们抛锚的时候，祭司王约翰的国家上空出现了一个迹象，一片云层下面有一个看上去闪闪发光的十字架（阿尔布开克派人给国王送了一幅画）。当云层靠近十字架时就散开了，云层没有触碰到它或者使它的光亮变暗。几条船都见证了这个场景，很多人还跪下来顶礼膜拜，其他人则感动得流泪。
>
> 我从这个迹象断定，我主对我们的远航感到满意，他用这个迹象告诉我们去哪里可以更好地为他服务。尽管我认为我们可以抢风航行，但是与没什么信仰的人一样，我们也不敢航行去往那里。我已是一个老人，人类的本性和偏好战胜了我的意愿，所以就出了差错。

---

[1] 曼德海峡，也称巴布-埃尔-曼德，是连接红海和亚丁湾的海峡，位于亚洲阿拉伯半岛西南端和非洲大陆之间，是世界上最繁忙的航道之一，战略地位重要。——译者

舰队的饮用水即将用完，阿尔布开克不得不在没有取得什么战绩的情况下从红海和亚丁撤军，除了收集到土耳其人还没有在苏伊士开始建造另一支舰队的报告。但是，他写信给他的国王，言辞夸张："我认为通过我们在红海的远航，陛下给了穆斯林百年以来最沉重的一击。"如果葡萄牙人能够在埃塞俄比亚建立据点，他们将获得祭司王约翰的所有黄金："数额太大，我都不敢说了。"[1]

在返回果阿的途中，阿尔布开克改变了航行方向，他沿着阿拉伯半岛的海岸航行，前往霍尔木兹，享受了他的最后一场胜利，以此作为在亚丁失败的安慰。他一到霍尔木兹就发现那位年轻的国王赛义夫·丁此时深受一位波斯大臣赖斯·哈米德的影响，而那位大臣表现出对葡萄牙人的敌意。阿尔布开克此时更加确信要在霍尔木兹建设一座要塞，几年前他被迫放弃了这个计划。他还决意从这座城市收取这两年未交付的贡赋。

当他的舰队在港口抛锚的时候，阿尔布开克自己已经投入到一场智力比拼中。赖斯·哈米德是一位令人畏惧的敌人，他总是伴随国王左右，敦促他拒绝葡萄牙人的要求，很明显，唯一的办法就是杀死他。令人沮丧的是，这位年轻的波斯人拒绝受制于阿尔布开克。一天天过去了，他逃过了每一个圈套。最后，阿尔布开克劝说国王带着赖斯·哈米德来参观还未建成的要塞。

阿尔布开克让他的人全副武装并且随时待命，特别是他的侄子佩罗·德·阿尔布开克。所以，在国王和他一小群未武装的随从进入要塞之后，大门在他们身后静悄悄地关上了。赖斯·哈米德意识到了危险，他想转身离开，他还劝诫国王也离开，但是此时已经无法出去了。

赖斯·哈米德被带到阿尔布开克面前。很快，他将这位年轻的波斯大臣推离自己身边，并且喊道："杀了他！杀了他！"手里握着匕首的佩罗·德·阿尔布开克首先冲上前去，猛攻赖斯·哈米德，"他在须臾之间遭到如此多的刺杀，以至在他喊出声之前就死了"。阿尔布开克出于迷信背过

---

[1] 阿尔布开克认为在马萨瓦港（现在位于厄立特里亚）可以建立一个基地，从那里可以进攻吉达和麦加，它也是前往"祭司王约翰的王国"的入口。

身去，以避免看到死人的眼睛。他离开时对他的船长们说"这没什么，都过去了"。

年轻的国王看到赖斯·哈米德的尸体后，答应了阿尔布开克的所有要求。葡萄牙人不仅可以建成要塞，还可以占领整座城市。生活在霍尔木兹的阿拉伯人都不允许佩带武器。为了表明违抗他们的人将被如何对待，阿尔布开克在城市中心对6名企图逃跑的自己人施以惩罚：他们被困在试图用于逃跑的船里，被活活烧死。

1515年4月，在霍尔木兹取得的胜利，成为阿尔布开克对东方的葡萄牙帝国奠基的最后一个巨大贡献。他想在那里待5个月监督要塞的建设，但是这超出了他精疲力竭的身体的负荷。在将要塞的钥匙交给佩罗·德·阿尔布开克，并且告诉他将国王的两个小儿子抓来当人质之后，他航行去了果阿。他的生命正在走向终结，当他听说国王派了一位新的总督来取代他，接管他一手创造的帝国时，他遭受了最后一击。据他的儿子说，他向自己喊道："噢，苍老的人啊，你就要走向坟墓！为了臣民，你已经招来了国王的不悦，为了国王，你又招致臣民的不悦！"

1515年12月15日，在黎明到来之前，当船抵达果阿港的入口时，阿尔布开克去世了，享年63岁。他在印度洋历史上留下的痕迹是不可磨灭的。如果知道他最大的敌人——卡利卡特的扎莫林马纳·维克拉玛——死在他的前面，他可能会感到满意。他已经尽最大努力安排了一切。在他前几年给国王曼努埃尔的信中，他写道："我基本可以确定，王位继承者纳姆皮阿迪里毒死了扎莫林，因为在所有的信件中我都向他表明，如果他毒死扎莫林，我就会与他达成一份和平条约。"

26

深入非洲内陆的冒险

> 从莫桑比克到基尔瓦的海岸山脉纵横,山峰高耸而惊绝,它们是如此美丽,以至人们会以为那里有人间天堂……但是这个国家和这里的气候却是世界上最糟糕的,只适合像卡菲尔人那样的野蛮民族生存。
>
> ——耶稣会神父弗朗西斯科·德·蒙克拉罗
> (《弗朗西斯科·巴雷托远征记》,1569 年)
> (Francisco de Monclaro, *Account of the Expedition under Francisco Barreto*)

在里斯本看来,非洲作为新帝国的一部分,几乎和印度有着相同的重要地位。两块大陆通过季风相联,也正是季风使得国王曼努埃尔的航海员每年带领护航队穿过海洋。通过对比,这两块大陆最大的差异在于它们具有不同的命运,而葡萄牙国王对它们都寄予了厚望。果阿很快就实现了阿尔布开克的希望,成为一块繁荣的飞地,可以让人想起欧洲的生活;而自称"黄金海港"的索法拉则发展缓慢,早早地显露出非洲的敌对本性。

迷信一点来讲,索法拉的预兆并不吉利。巴尔托洛梅乌·迪亚士被选为它的第一任总督,但在上任之前就死于海难。5 年后,一艘用花岗岩做压舱石的船只在起航时沉入了塔霍河底。那些花岗岩本来是用于建造索法拉堡垒的围墙的。

然而,第二个不幸只是暂时受挫。佩德罗·德·安纳亚出生于西班牙,是一个唯利是图的人,他的唯一任务是指挥一支小舰队,控制索法拉。尽管已经给了安纳亚明确的指令,告诉他如何才能最有效地抓住穆斯林商人并抢走他们的黄金:藏好枪炮,以和平的方式靠近岸边,然后冲入城里,但是他选择了一种不同的策略。

他带着礼物上岸，没有展现任何武力，而是要求与当地统治者会面。当地统治者优素福是位年老眼盲的谢赫，他是基尔瓦苏丹的封臣。在会面期间，安纳亚很快就意识到，优素福谢赫的辅臣———位年轻的"摩尔人"，对于在索法拉附近建立一座基督徒堡垒的想法怀有敌意。

但是，优素福已经知道葡萄牙人劫掠基尔瓦和毁坏蒙巴萨的事，所以他觉得表现得友好一些更明智。第二天，葡萄牙人就被允许开始建造他们的堡垒：他们迅速运上岸的供应物品是8门大炮和其他武器。阿科提原先是埃塞俄比亚的一名奴隶，此时被谢赫指派担任他们与葡萄牙人之间的协调人。

卡斯蒂利亚的一位贵族马丁·费尔南德斯·德·菲格罗亚随同远征队出航，他在自己的回忆录中生动地记述了索法拉的生活。[1]这片土地极其富饶，生长着各种水果和蔬菜，还包括"入口即化"的无花果。棕榈树可以满足人们的很多需求，它们的叶子甚至能够被贫穷的居民利用，制作成衣服。索法拉的财富和权力掌握在一小撮白皮肤的阿拉伯人手里，尽管他们显然与贯穿该城的河流上游地区的非洲内陆社群关系友好。

这些新来者还不知道阿拉伯商人在索法拉购买黄金的历史多么悠久：从马苏第和布祖格船长的时代之前就开始了，算起来几乎有1000年了。因而很明显，位于阿拉伯半岛以南3000英里，在非洲南部的这片地区，伊斯兰教的根基是多么稳固。用葡属印度早期的一位编年史家若昂·多斯桑托斯修士的话来讲："讲到索法拉王国，必须要知道的是以前在海岸，特别是河口与岛屿，有大量摩尔人的定居点，那里长满了棕榈树，有各式商品，每座城市都有一个国王……他们与内陆的卡菲尔君王和平相处，并且有商业往来。"实际上，这是一个巨大的伊斯兰海洋帝国的南部边界。

不幸的是，不祥的征兆表明，索法拉可能不会履行之前曼努埃尔在信中向斐迪南和伊莎贝拉所做的承诺。尽管原因不明，但是从内陆运来的黄

---

[1] 菲格罗亚后来去了印度。他写的书是《国王曼努埃尔的舰队对印度、波斯和阿拉伯半岛的征服：关于很多国家、不同民族、陌生财富以及在那里发生的伟大战役》(*The Conquest of the Indies, of Persia and Arabia effected by the Fleet of King Manuel. About the many lands, diverse peoples, strange riches, and great battles which took place there*）。

金数量远远少于葡萄牙人的预期。[1]所以很自然地，安纳亚和他的属下很快开始怀疑索法拉正在策划阴谋以重创他们的商业。

双方都在这种心神不宁的氛围中度过了几个月。葡萄牙人急切地想从陆上和海上将穆斯林的贸易排挤出去。他们派使节前往内陆，给部落统治者呈送礼物，想要购买他们的黄金，与此同时，安纳亚的船只在海岸地区大肆活动，抓捕从更北方的"商业中心"港口运来印度货物的斯瓦希里小商船。在次年的早些时候，一场不同寻常的与疟疾的对抗即将发生：开始是下雨，而后100名身体健壮的葡萄牙卫戍部队的士兵被一场来势凶猛的恶疾压垮。许多人站不起来，其他人只能借助拐杖行走。对谢赫优素福而言，这是摆脱可憎的法兰克人的最佳时机。

附近的一位酋长志愿提供给他1000名战士，他们计划突袭葡萄牙用栅栏围起来的堡垒。但是之前那个来自祭司王约翰的国家的奴隶阿科提救了葡萄牙人，他警告他们即将受到攻击。之后，他与妻子和仆人躲进了葡萄牙人的堡垒，而安纳亚命令每个能战斗的人守卫堡垒。

非洲战士们咆哮呐喊，挥舞着长矛冲向堡垒，而他们面对的是雷鸣般的炮击和火雨般射来的可怕的弩箭。他们之前从未遭遇这样的武器，他们没有什么武器能与之相抗衡。他们飞快地逃离索法拉，而葡萄牙人很快实施报复。午夜时分，安纳亚带着他最强壮的士兵前往谢赫的房子，他们一路上放火烧毁房屋，砍杀他们遇到的任何一个穆斯林。

一进入谢赫的黑暗屋子，葡萄牙人就开始抓捕它眼盲的主人。那位卡斯蒂利亚人菲格罗亚讲述了安纳亚最后是如何在厨房门口找到那位年老的谢赫（他称之为"那位国王"）的。

> 暴怒的国王用一根长矛击中了佩德罗·德·安纳亚的脖子，但只是刺破了他的皮肤。受伤的佩德罗·德·安纳亚叫他的人取来火把，看看到底是谁刺伤了他。用火把一照，他们看见索法拉的那位摩尔人国王站在那里。他们不停地击打他，夺走了他的王国和生命。他们将他的

---

[1] 大津巴布韦被遗弃之后，内陆的黄金出口转向北方，这种情况很快就会变得明了。

头砍下来挂在一根长矛上，并且将长矛带回了堡垒，它还存在于人们对那场显著的胜利的记忆中：葡萄牙人抢劫了索法拉国王宫殿所在的城市和所有土地。

（尽管索法拉是一座为印度洋的整个西半部所知晓的古老的城市，但是"宫殿"却是那个时代典型的夸张说法，为的是夸大葡萄牙人的胜利规模。）

优素福谢赫被曼努埃尔·费尔南德斯斩首了，后者是索法拉的高级贸易代理。费尔南德斯从国王曼努埃尔那里获得的酬劳是一个刻有摩尔人头像的盾形纹章。这是一种常见的徽章，有些纹章甚至刻有这样的图案：一只裹有盔甲的拳头，抓住一个摩尔人的头发，提起了他的头颅，鲜血还顺着他的脖子往下流淌。[1]对安纳亚而言，胜利带来的喜悦之情是很短暂的，几天后他就死于一场热疫。他的许多属下也接连死去，到6月中旬，堡垒中活着的人不足20个。但是之前火药发挥出来的力量震慑住了索法拉人，所以没人敢再对堡垒发动攻击。在获得了基督徒的准许之后，当地商人从他们之中选了一个人取代优素福成为谢赫。

在宣称他们对穆斯林商人具有支配权之后，葡萄牙人希望大量黄金能够不受阻碍地流入索法拉。但这个期望落空之后，他们对非洲内陆的王国感到更加困惑。索法拉后面狭长海岸地带的酋长派来使者，带来了象牙和用来交换布匹以及其他贸易货物的少量黄金。但是，这使得接替安纳亚的船长们明白遥远的高地才是真正的力量来源，那里开采出了大部分的黄金。事实上，马尼卡地区的许多矿井都有金脉，但是距离海岸最近的金矿很久以前就枯竭了。

为了更加了解内陆地区，他们派出两名黑人基督徒前往伟大的卡兰加君主的领地，它的君王有一个传统头衔——莫诺莫塔帕（Monomotapa），意为"主要的掠夺者"。这两位使节可能是西非人，但是他们发现他们自

---

[1] 在纹章中使用这样的图案，不只是葡萄牙人。英国女王伊丽莎白一世授予约翰·霍金斯（John Hawkins）爵士一枚纹章，上面刻了一名被捆绑的黑人，作为他在奴隶贸易中取得成功的标志。

己对周围陌生的环境几乎和葡萄牙人一样无知。他们径直进入了莫诺莫塔帕帝国的领地（现在位于津巴布韦），并且和一位酋长的妻子建立起友谊，据说她以丈夫和自己的名义起誓，与国王曼努埃尔建立盟友关系。作为回礼，她得到了数串珠链、"一个洗头盆和一个小便壶"。

葡萄牙人的枪炮所造成的破坏的消息广泛流传，这使得野心更甚的非洲军事首领兴奋不已。其中最执着的是恩亚姆恩达，他是前任莫诺莫塔帕的孙子。他承诺以大量黄金换取一门大炮和一个白人炮手，但是当他们给了他一门大炮时，他立刻要求还要三门。葡萄牙人完全不清楚恩亚姆恩达会允许他们的商人穿过他的国土，还是杀死他们。

很快，事情就清楚了，在内陆莫诺莫塔帕和被他当作封臣（但是封臣们频繁反叛）的下级统治者之间，战争不断。这些战争是索法拉黄金供应枯竭的深层原因，但是其他原因则更加复杂。最重要的原因是，卡兰加人从大津巴布韦的旧都向索法拉正西方迁徙。他们仍然控制着高原大部分的黄金生产，但是他们的新都（再往北两百英里）能够俯瞰被非洲人称作赞比西河的河谷。这时候情况表明，对于莫诺莫塔帕而言，将黄金卖给沿河北上的商人，要比卖给通过被他的敌人控制的陆路才能到达的南部的索法拉容易得多。

通过努力，葡萄牙人解开了莫诺莫塔帕帝国的秘密，而一个已定罪的重犯安东尼奥·费尔南德斯也因此获得了自由。记录费尔南德斯所犯罪行的放逐书早已丢失，关于他的背景，我们知道的只有他出生在兴旺的圣塔伦，它出产油橄榄，距离里斯本不远。但是作为非洲南部的第一个探索者，他必定十分勇敢并且有快速交朋友的本事。他旅行数千英里穿越非洲内陆，穿过交战的王国，有时一年甚至更长时间不在索法拉。他的一位上级在之后给国王曼努埃尔的一份报告中写道：费尔南德斯这个罪犯"在那些地方的信誉很高，以至于他们崇拜他像崇拜上帝一样，他去的地方如果有战争，他们会因为信任他而立刻停战"。

他是一位幸存者，能够经受住非洲的恶劣气候，和他一起的很多人都死了。有一份不足信的证据表明他原来的放逐地是刚果，葡萄牙人就在那里开始安插他们的旗帜和灌输他们的宗教，甚至在他们绕过好望角之前。

第一次在东非提到他是1500年卡布拉尔航行去往印度的时候。卡布拉尔留下了几个罪犯,其中之一就是费尔南德斯,后来他在基尔瓦被另一个船长看中,可能被带回了葡萄牙。1506年,作为索法拉卫戍部队的一名士兵,费尔南德斯返回了非洲。[1]

尽管没有说法证明木匠是他在葡萄牙从事的职业,或者是他成为囚犯之后学到的一个技能,但是在索法拉的记录里,他总是作为木匠被提及。[2] 之后,他被列入堡垒译员的名单,在探索非洲内陆期间,他一定为了与人沟通而学习了几种不同的非洲语言。

在索法拉一位新船长安东尼奥·德·萨尔达尼亚的鼓励下,1511年他开始了非凡的探险历程。在经历了两次漫长的旅行之后,穿越了相当于今天津巴布韦这么大的地方,他和一个贸易小职员加斯帕尔·维洛佐回到了堡垒,讲述了他所见到的一切。尽管有迹象表明他在一本记事本上记录了他的旅程,但是费尔南德斯很有可能是文盲,而维洛佐捕捉到了他叙述的风格。他将一个小酋长描述成"比强盗好不了多少",而讲到莫诺莫塔帕的皇帝时总是充满敬意。在得到命令之后,费尔南德斯仔细地研究了这个国家不同地区的黄金生产,顺便提到了非洲人是如何在灌木丛中寻找一种与苜蓿非常相像的植物迹象,从而发现蕴藏丰富的矿床。

费尔南德斯还发现穆斯林商人在内陆地区已经十分活跃,他们要比葡萄牙人快一步。这有助于理解他们在东非将要面对的挑战,并且进一步解释了为什么索法拉的黄金资源匮乏。穆斯林部分通过陆路,有时也乘坐小船北上赞比西河流域。费尔南德斯在莫诺莫塔帕各地的乡村市场或者市集见过他们。(他说其中一个这样的市集,与在遥远的葡萄牙、他的出生地附近的一个市集十分相似。)商人和来自遥远地区的非洲人,在这样的市

---

[1] 由于安东尼奥·费尔南德斯是最常见的葡萄牙名字,我们不可能完全确定这位探险者的早期经历。
[2] 不是所有囚犯都来自低等级群体。在东非,费尔南德斯的一位同时代人迪奥戈·瓦斯(Diogo Vaz)作为一名重罪犯,于1507年被流放到莫桑比克,在1513年被释放。他大胆地给国王曼努埃尔写信:"我请求您施以善意,允许我乘坐下一艘经过这里的船离开……我向您保证,这里的贸易只是为小偷及其同党准备的。"(*Documents on the Portuguese in Mozambique and Central Africa*, Vol. II)

集聚到一起，这些市集总是在一周之中的同一天举办。金沙被用作流通货币，但是费尔南德斯对贸易中使用的铜锭也十分着迷，它们被制成圣安德鲁十字的形状，与他在大西洋海岸看到的十分相似。他说，它们看上去像欧洲的风车。

费尔南德斯十分清楚，如果葡萄牙人想要控制非洲内陆财富的主要来源，他们就要像穆斯林那样，渗透到赞比西河流域。这份评估被他的上级传递回里斯本，它将促使里斯本制定相关政策。它激发了第一批欧洲人定居点在非洲内陆的建立。但他自己的目标是适度的：在赞比西河支流的一座小岛上建立一个贸易站，用他自己的话说，贸易站有"跑马场"那么大。这座小岛距离莫诺莫塔帕的首都有10天的路程，如果在河面上有一只武装小船保卫贸易站，葡萄牙人就能掌控这个地区所有的黄金和象牙贸易。

他的这个准确的想法从未被实施过，但是在接下来的20年间，一些葡萄牙商人的确开始在赞比西河三角洲的沙丘和湿地之外，寻找河流变宽、通向非洲大陆核心的道路。这些先锋被称作守旧之人。更多的人在索法拉后面的内陆漫游，他们寻找黄金，但是更多的人找到的只是早期的坟墓。

后来，那位备受信任的探险家重犯，被委任指挥轻快帆船沿着非洲海岸购买食物，他显然积聚了一定数量的财富，因为一份档案提到他的财产记录"有不正常的情况"。在1520年之后的某个时间，费尔南德斯死于索法拉。他最终可能死于疟疾。索法拉作为他旅行基地的那几年，堡垒里至少有12个船长，但是他们中的大多数死于疟疾。费尔南德斯很可能留有一个非洲妻子和几个孩子，但是关于他们没有留下任何记录。

27

从马萨瓦到山地

> 在那里,厄立特里亚海的神圣水域隔离出一条明亮的红色线条。距离海洋不远处的铜色湖泊是埃塞俄比亚的宝石,而普照万物的太阳一次又一次返回到那里寻找不朽。湖面荡起的温柔涟漪,就像温暖的拥抱,抚慰了太阳的疲倦。
>
> ——埃斯库罗斯,公元前525年—前456年

探险家安东尼奥·费尔南德斯死于索法拉的那一年,另一个葡萄牙人冒险进入非洲内陆,他的出发地是位于遥远的北方、红海之滨的马萨瓦港。那些参与其中的人不是为了寻找黄金(尽管传说他们身边尽是黄金)。他们要寻找一个人,这个人激励葡萄牙在东方取得胜利,他就是埃塞俄比亚国王——祭司王约翰。

使者团由14人组成,带着信件和昂贵的礼物,由大使罗德里戈·德·利马率领。他的随从包括一名庸医、一位艺术家、一位印刷商,以及一位带着大键琴和风琴的音乐家。还有一位名叫弗朗西斯科·阿尔瓦雷斯的中年神父,他最终将他们在埃塞俄比亚的6年经历,写成了一部具有洞察力又不失幽默的作品。

阿尔瓦雷斯小心地避开对祭司王约翰传奇的直接挑战,因为他是葡萄牙王宫附属教堂的神父,而国王对那个传奇十分狂热。尽管埃塞俄比亚人对那个故事不以为意,但是他总是用虚构的头衔提及他们的统治者,还把他的书命名为《祭司王约翰国土上的真实故事》(*A true relation of the lands of Prester John*)。他决定不提具有争议的观点:从书的开头一直到第142章,阿尔瓦雷斯解释了他是如何简单地写下与埃塞俄比亚人一同生

活时见到的每一件事，"对他们的习俗和惯例不加以责难或者赞成，而是将一切留给我的读者"。

使者团的任务是陪同那位自称大使的马修从里斯本返回他的家乡。马修一直是一个让人起疑又好奇的人物，他被阿尔布开克派人从印度带到了葡萄牙。国王曼努埃尔身边的一些人指控他，说他不是什么大使，就是个土耳其间谍，因为对于一个埃塞俄比亚人而言他的皮肤未免显得过于白皙（可能是一个出生在开罗的亚美尼亚人）。两年来，国王对马修以礼相待，但是能摆脱这位可疑的客人时，他大概也感到松了一口气。

1515年4月，使者团陪同马修，跟随新被委任为葡属印度总督的洛波·苏亚雷斯的船队，从里斯本出发。如果一切顺利，除去葡萄牙和印度之间的航程需要花费的时间，在埃塞俄比亚还要花费1—2年，阿尔瓦雷斯神父和他的同僚们可以期待在5年后返回。但是，事情进展得并不顺利。他们再次回到里斯本已经是12年之后的事情了。阿尔瓦雷斯时常认为他再也回不到家乡了。

埃塞俄比亚是一个难以进入的国家，想要从马林迪穿过非洲内陆到达埃塞俄比亚是不切实际的，唯一可行的办法是沿着红海上行350英里到达马萨瓦，埃塞俄比亚人宣称对这座港口拥有主权，但实际上它控制在阿拉伯商人和奴隶贸易者的手中。这座城市由于商业活动贯穿全城而欣欣向荣，但是任何在马萨瓦岛和大陆之间的狭窄海港抛锚停泊的基督徒船只，都面临被从苏伊士突然来到那里的土耳其船只围困和毁灭的风险。

正如阿尔布开克发现的那样，红海的气候容易滋生瘟疫，季风变幻无常，海峡又险象环生。当北风吹到红海狭窄的出入口曼德海峡时，对于任何想从印度洋前往马萨瓦做短暂停留，或者从那里离开的船只都是致命的。因此，不得不在那里等待适合前往印度的夏季风的到来。

当洛波·苏亚雷斯指挥舰队经过亚丁前往葡萄牙使者团的目的地时，他们遭遇了上述所有的状况，为此付出了巨大的代价。这位新总督不敢进入马萨瓦。而且，他是当初派人将马修送到葡萄牙的阿尔布开克的敌人。所以，他试图把整个使者团安置到某个近海的岛屿上。马修拒绝登陆，他坚持认为，他原来是一名穆斯林，后皈依了基督教，岛民肯定会杀死他。

舰队继续航行，前往红海在阿拉伯半岛一侧的一群岛屿，3年前阿尔布开克曾在那里抛锚，他的许多下属在那里死于热疫。结果是一样的，许多船员死于热疫，其中还包括国王指派的第一任葡萄牙驻埃塞俄比亚大使杜阿尔特·加尔旺（这个悲伤的结局没有让人觉得意外，因为加尔旺已经70多岁了）。舰队从红海撤退，在泽拉短暂停留，他们放火烧了这个古老的港口，然后穿过印度洋前往果阿。

使团的幸存者和那位似乎无所不在的马修，在印度度过了几年四处游荡的日子，直到新总督迪奥戈·洛佩斯的到来，他愿意送他们去马萨瓦。尽管使者团此时的领导者是相貌堂堂的贵族罗德里戈·德·利马，但是阿尔瓦雷斯显然也很享受自己作为探险队里唯一一位神父的特殊地位。他以一种罕见的骄傲，记述了1520年4月他们在马萨瓦分别时总督"在众人面前"对利马讲的话："我不是派弗朗西斯科·阿尔瓦雷斯神父陪伴你，而是派你跟随他，做任何事都要听取他的建议。"

当这群人开始向内陆前进，前往埃塞俄比亚的高原时，葡萄牙人马上加强了对马修的敌意。他坚持认为他们应该离开大路以防盗贼，然后爬到山顶，那里有一座修道院，他在那里有事要处理。阿尔瓦雷斯很快后悔劝说整支队伍听从马修，因为道路非常陡峭崎岖，以致于"骆驼就像被罪恶控制了一般尖叫不已"。

他们这时候普遍怀疑马修是一个恶棍，他想要让葡萄牙人遭受伏击、抢劫和杀戮。这种恐惧没有成真，但是在这支精疲力竭的探险队挣扎着进入修道院之后，马修宣布他们必须在那里等待3个月，直到天气变好，适合旅行。阿尔瓦雷斯和他的同伴觉得他们被困住了，但是在他们能够应对这个困境之前，他们的"绑架者"突然生病去世了。马修的生涯结束得就像它开始时那样不可思议。[1]

向当地的一位埃塞俄比亚官员派遣信使之后，葡萄牙人得到帮助又上路了。因为山路太陡峭，他们放弃了大炮和火药桶，但是他们把其余的装

---

[1] 马修被埋葬在阿斯马拉附近的德博拉-比赞（Debra-Bizan），阿斯马拉现在是厄立特里亚的首都。

备装载在动物和奴隶身上。几经延误和挫折，探险队从海岸地带向埃塞俄比亚中央的多山内陆向南推进了400英里，他们总是希望越过下一个地平线就能到达祭司王约翰的营帐。他们被告知，祭司王约翰总是不停地迁移，不管他停在何处，何处就成为他的都城。

阿尔瓦雷斯不具备地理常识，他抱怨记录这个国家的旅行路线存在很大阻碍，因为埃塞俄比亚人只以天数衡量旅途的距离，例如他们会说从黎明到奶牛停止哞哞叫的夜晚。他对于探险队在任何特定的时刻所处位置的记述都是混乱的。[1]

阿尔瓦雷斯生动地描述了一些特殊事件，这使得他的书变得活泼而有趣。使者团在首次觐见国王的途中，遭遇拉利贝拉著名的岩石教堂附近的村民，村民从沿路的山丘向下推落石头砸击他们（他们经常遇到的一种危险）。探险队四散而逃，在一个漆黑"如同没有眼睛"的夜晚，阿尔瓦雷斯发现自己孤身一人，骑着一头由一个奴隶牵着的毛驴。他担心再遇到石头砸击，下了驴，这样一来驴的蹄子声就听不到了，但就在这个时候，他被一个"正直的人"救了。

> 这个人非常高。我说他正直，是因为他对我很好。他把我的头夹在他的胳膊下，因为我够不到更高的地方，因此他的姿势就像风笛演奏者夹着风箱，他念叨着"艾特弗拉、艾特弗拉"（Atefra），意思是"不要害怕、不要害怕"。他带着我、那头驴和那名奴隶，进入了一个环绕着他的房子的菜园。

之后，那个人请阿尔瓦雷斯吃了一顿饭，有鸡肉、面包和酒。

第二天一早，那位陌生人告诉他，他是守山人，山里关着所有被俘虏的埃塞俄比亚王子。当一个统治者逝世时，他的其中一个儿子会被立刻选出来继承王位，而其他儿子会被监禁到"王子山"，他们的余生将在此度

---

[1] 埃塞俄比亚高原的一个早期停驻点位于阿克苏姆古城的遗址废墟之中，埃塞俄比亚的加冕礼当时还在那里举行。探险队要是知道1200年前基督教就已经在那里扎根，而当时葡萄牙人还是异教徒时，对于那些花岗岩石柱和墓穴的印象必然会更加深刻。

过。那些试图逃跑的王子会被剜掉眼睛。那个人把阿尔瓦雷斯领到一处陡峭山坡上的一面锁着的门前，说："看这里，如果任何人想要进入这扇门，除了被砍掉手脚、剜去眼睛，最后被抛在这里，没有别的办法。"这上面的山由埃塞俄比亚高原一种特殊的花岗岩层堆积而成。埃塞俄比亚高原的边缘陡峭、几乎垂直，顶部平坦，上面通常建有要塞和修道院。

在书的后部，阿尔瓦雷斯提到，多年之后他看到国王的一个兄弟在试图逃跑之后被抓了回来："他和他的驴都被黑布覆盖，所以根本看不到他，而他的驴只露出眼睛和耳朵。抓捕他的人说这个王子已经是第二次逃跑了，他惯于扮成僧侣，然后在另一个僧侣的陪同下逃跑。"就在他们即将越过埃塞俄比亚边界的时候，那个僧侣背叛了逃跑的王子。"每个人都说他会死，或者他们会剜掉他的眼睛。我不知道他后来怎么样了。"[1]

在探险队越来越接近祭司王约翰的驻营地时，当时他的营地在历史悠久的德布雷-利巴诺斯修道院旁边，一个陌生的白人出现了。他是离开葡萄牙30多年的佩罗·德·科维良，他当初为瓦斯科·达·伽马窥探前往印度的路线，之后就再也没回去。尽管探险队的成员们知道他可能还活着，但是对他们来讲，科维良就像是一个来自另一个世纪和另一个时代的幽灵，比迪亚士绕行好望角、哥伦布发现新大陆还要早。此时，他在埃塞俄比亚拥有大量财产，还有几个成年的儿子（阿尔瓦雷斯说他们的肤色是"灰色的"）。

阿尔瓦雷斯在努力了解当地情况的过程中，成为科维良亲密的伙伴。他很快就对这位前间谍十分崇拜，用了整整一章详细叙述他的生涯（尽管仍存在一些诱人的空白）。阿尔瓦雷斯很欣赏新朋友的聪明才智，称之为"一位有功绩又值得信任的正直的人"，在埃塞俄比亚的宫廷里无人能与他竞争。他骄傲地将科维良描述为"精神之子"（尽管这位流亡者年事已高），因为他在阿尔瓦雷斯到来之前已经33年没做过忏悔了。

他一再强调科维良作为译者和向导的角色。埃塞俄比亚人完全信任他，

---

[1] 埃塞俄比亚王子们的命运是塞缪尔·约翰逊博士的浪漫小说《拉塞拉斯：一个阿比西尼亚王子的故事》的主题（Samuel Johnson, *The History of Rasselas, Prince of Abyssinia*）。

他在绍阿省的家离王室保存财宝的山洞非常近。但是科维良对于葡萄牙使者团的态度,表明他对他的同胞不仅仅是无私的好意。无论早些年他在埃塞俄比亚的感觉是什么,此时他想要回到家乡,魂归葡萄牙。而使者团能为他提供比以往任何时候都要理想的逃跑时机。

任何让他离开的决定都需要出自"祭司王约翰"——尼格斯(Negus,意为最高统治者)勒布纳·登格尔,但是葡萄牙人很快发现,尼格斯喜怒无常、狡猾傲慢。尽管他在位时间已将近12年,但是他只有23岁。他18岁时就伏击了一支试图进攻他的王国的穆斯林军队,加强了他的王权,因此,按照埃塞俄比亚宫廷编年史的记载,"他治下到处安定和平"。

当葡萄牙使团到达尼格斯的营帐时,大使罗德里戈·德·利马请求接见,以呈递他的国王的信件和礼物。尼格斯派遣信使回复了他,但信使的提问似乎重复又无意义。有时,勒布纳·登格尔(他的名字意为"圣母的焚香")会愤怒地要求礼物,而有时又会赐予葡萄牙人享之不尽的美食和酒水。当被告知"如果他愿意的话,他可以开始贸易"时,出身高贵的罗德里戈耗尽了他的耐心。他愤怒地回应,他自己、他的父母、他的祖先都不是商人,他是作为葡萄牙国王的大使来到埃塞俄比亚的。得知趁他在帐篷睡觉时他的大部分衣服被偷走了,他的态度变得更加强硬。

除了科维良,在勒布纳·登格尔的宫廷里还有将近20个欧洲人。大部分是热那亚人,也有几个卡斯蒂利亚人和一个德意志人。[1]他们都曾是土耳其人的俘虏,成功逃跑后,在埃塞俄比亚得到了庇护。此时,他们担心被困在这里,到死也出不去。有两个人带来秘密消息,说"宫里的大人们"敦促尼格斯阻止葡萄牙使者团离开,因为"他们正在讲这个国家的坏话,如果让他们离开,他们会讲更多的坏话"。

葡萄牙人几个星期都没有见到勒布纳·登格尔,备受折磨,直到某天傍晚过后,他们被传唤去宫廷。他们穿过几排手持烛台的人和手持出鞘之剑的战士,最后到达一个悬挂厚重锦缎的台子前面。勒布纳·登格尔坐在

---

[1] 其中,最著名的一位欧洲人是意大利画家布兰卡莱奥内(Brancaleone),他装饰了很多埃塞俄比亚的教堂,并对埃塞俄比亚的艺术产生了持久的影响。

帘子后面，所以他们还是看不见他，他通过他的大臣告诉这些访客，让他们展示剑术。两个士兵尽他们所能展示了剑术，然后大使和他的代理人若热·达布雷乌参与了讨论。阿尔瓦雷斯冷淡地评论道，"他们做得很好，就像你对经过战争训练的戴甲士兵的期待一样"。

尼格斯问葡萄牙人击败土耳其人的最好方法。他最大的野心就是打通一条通往东南方向的道路，穿过他穆斯林邻居的领地，直接抵达泽拉附近的海域，那样他就可以直接到达印度洋。[1] 然而，这样的冒险需要很多火枪。国王要求知道为什么葡萄牙人带来的火枪这么少。大使解释道，他们此行是和平之旅，不想发生任何战争，但是更多的火枪可以明年从印度用船运过来。勒布纳·登格尔一再要求知道土耳其人是如何知道制造火枪和火药的方法的。大使回答道，"土耳其人很厉害，他们具备这方面的知识和技术"。他们在很多方面都很杰出，除了他们缺少基督教信仰。

几个夜晚过后，阿尔瓦雷斯被叫到勒布纳·登格尔的营帐里，在那里他被要求穿上他的宗教礼仪服装，脱掉，然后再穿上，他也被要求解释每件服装的目的和含义。接下来是很长时间的宗教辩论。阿尔瓦雷斯不得不为天主教会神父的独身主义寻找理由，因为埃塞俄比亚遵循了1000多年的拜占庭信仰没有这样的规定。基督教在传到葡萄牙很久之前，就已经是埃塞俄比亚古都阿克苏姆信奉的宗教了，帘子后面的年轻统治者坦诚地说，关于这个问题，天主教的教义未能打动他。

在遭受了一个月的敷衍之后，使者团第一次亲眼见到这位长期以来被他们视为"祭司王约翰"的人。勒布纳·登格尔头上戴着高高的金银王冠，坐在王帐里的高台上。他穿着黄金锦缎斗篷，膝盖上裹着另一块及地金色布料。他的面前垂挂着一块蓝色平纹皱丝织帘，他的侍者有时将这块帘子升高，有时降低，因而有时只能看到他的眼睛，有时则能看到他的整张脸。"他的肤色可能是栗色或者红褐色，肤色不是很深，"阿尔瓦雷斯评论说，"他中等身材，繁育有很多孩子。人们说他23岁，他看上去也确实像那样。"

---

[1] 在上个世纪，国王耶斯哈格（Yeshaq）曾短暂占领泽拉，摧毁了那里的清真寺，在原址建立了教堂。

葡萄牙人进门之前被要求穿上埃塞俄比亚的丝绸服装，然后他们在国王面前跪成一排。当他们被告知可以起身的时候，大使取出包裹在深红色绒布里的国王曼努埃尔的信，他将信亲吻了两次，然后将它们放在一只银碗里。科维良作为译者站在一旁，接着勒布纳·登格尔令他将这些信译成埃塞俄比亚语。之后，使者团离开营帐。

埃塞俄比亚一方打消了对他们的怀疑，双方的接触因而变得更加频繁。会谈一再涉及宗教问题，之后转向如何以最好的方法占领泽拉。一天，使者团被邀请选出一位成员，与勒布纳·登格尔最喜欢的摔跤手加布拉·马里亚姆（"圣母忠仆会"）比试。艺术家拉萨罗·丹德拉德接受了挑战，他几乎立刻就被打断了腿。第二天一早，勒布纳·登格尔问他的客人是否还有其他的摔跤选手，使者团派出了最好的两位选手，其中一个人的胳膊立刻就被打断了。葡萄牙人觉得他们已经受够了埃塞俄比亚摔跤。尼格斯对他的冠军的表现十分满意，对于当天下午传来的一个消息更加高兴：他的一位将军战胜了穆斯林军队，将敌军领袖的首级，以及大量黄金和奴隶送了回来。

在16世纪20年代最后几天，葡萄牙人觉得充满希望。只要他们一拿到勒布纳·登格尔对国王曼努埃尔建立同盟提议的回应，他们就可以快速北上前往马萨瓦，一艘从印度来的船应该还等在那里。但是，在埃塞俄比亚，写信是一件冗长繁琐的事情。阿尔瓦雷斯评论说，这里的习惯是所有的事都口头决定。

1521年，使者团没能离开，命运注定与他们的期望相当不同。他们还要在埃塞俄比亚度过6年时光。有时葡萄牙人会前往马萨瓦，希望能遇到一艘船，但是没有船只到来，而其他时候他们受阻于勒布纳·登格尔的诡计。他们内部争吵不休，这正中他的下怀。他们分裂成以大使罗德里戈·德·利马为首和以他的副手若热·达布雷乌为首的两组相互敌对的力量。国王的信使过来坚持要求，他们在解决彼此的分歧之前不能离开。大使拒绝了这个要求，并且宣称钻营取悦勒布纳·登格尔的若热·达布雷乌正在密谋暗杀。

1523年，一包信件穿越阻碍，送到了葡萄牙人手中，信上说国王曼努埃尔去世了。尽管这个消息滞后了两年，但是他们仍然都剃光了头，以示哀悼。他们对自己的君主如此衷心的行为让勒布纳·登格尔钦佩，但是这些客人呈现给他的一张世界地图却没有提起他的兴致，因为葡萄牙和西班牙的领土与他自己的国家比起来太微不足道了。他对"法兰克人"的敬畏之情也随之减少了。

阿尔瓦雷斯花了好几年时间在埃塞俄比亚到处旅行。他的兴趣范围很广，从狩猎到研究散布在乡间的圆形教堂。通常，科维良都会陪同他，有时候他也和科普特[1]权贵们一同出游。偶尔在年迈的埃塞俄比亚教堂主教阿布纳·马科斯的陪同下，他们长时间地争论有关天主教仪式的问题。割礼是一个被激烈讨论的问题：当一位神父坚持说"在年满20岁时"他去睡觉，结果醒来发现他自己"被切小"了，阿尔瓦雷斯反驳道，那一定是恶魔所为，因为上帝不会在某个人身上上演羞耻的奇迹。"阿布纳和房子里的很多人哈哈大笑……而那位神父从那以后就成了我最好的朋友，他每天都来参加我们的弥撒，并且对葡萄牙人非常友好。"

使者团相信他们能够摆脱勒布纳·登格尔掌控的时刻终于到来。科维良看到他的同胞将要离开，"心中升起与他们一起返回祖国的强烈渴望"。他前去请求勒布纳·登格尔，希望获准一同离开。阿尔瓦雷斯和其他人陪着他，再三乞求，但是没有用。

在与科维良[2]悲伤离别之后，使者团前往距离马萨瓦几天行程的内陆地区巴鲁阿，在那里等待任何借着季风从印度来的船只的消息。使者团派了两个人蹲守在港口，以期获得任何他们能够得到的消息。但是奏着音乐、充满欢庆氛围的阿拉伯船只却首先到来。从在海岸"昏厥和不省人事的"状态中恢复过来的那两个葡萄牙人说："那里没有来找我们的葡萄牙人，印度也没有人来找我们，因为他们都被打垮了，印度也失守了。"这只能意味着土耳其人最终在印度洋取得了胜利。他们再也无法逃离埃塞俄比

---

[1] 科普特人，原指阿拉伯人对古埃及人的称呼，后指古埃及信仰基督教的民族。——编者

[2] 关于科维良之死没有留下任何记载。

亚了。

阿尔瓦雷斯沿着河岸踽踽独行，直到他走到一块大石头旁边，"我一路哭泣，在石头的暗影中坐下，流泪叹息，就这样度过了一个多小时"。之后，他经受住这样的打击，变得坚强起来，相信这是上帝的旨意，让他在埃塞俄比亚度过余生。他很了解这个国家，而他会充分利用他对它的了解。

> 我会选择离水近的地方定居，用粗壮的灌木篱笆将房子围起来，以抵御野兽的侵扰。我会搭建帐篷，让随从们可以安身，我还要在里边建一座修道院，每天我可以做弥撒，将自己奉献给上帝，因为我主愿意看到我在这里。我要下令砍伐灌木建造花园，我还要种植各种谷物，然后用粮食和猎物来养活我自己以及侍从和仆人。

从这个决定中得到了安慰的阿尔瓦雷斯，回到正在努力摆脱悲伤的同伴们身边。他们一起骑马出去打猎，捕获了野兔和大鸨，然后给他们自己做了一顿复活节晚餐。当他们往晚上住宿的地方走的时候，一位仆人不期而来，"他跑得太快以至于累得讲不出话来"。最后，他总算讲清楚了，有消息说葡萄牙北上红海的船只到了马萨瓦，远处能听到他们的炮声。阿拉伯人传播的葡萄牙人在印度战败的消息完全是错的。

当阿尔瓦雷斯和同伴们匆忙赶往海港、准备登船的时候，4位信使来了。他们被尼格斯以最快的速度派来，告诉这些葡萄牙人应该回到他的宫廷，"他会在那里赠予我们大量黄金和衣物，并且会让他们愉快且满足地回到他的兄弟葡萄牙国王身边"。但是没有人听从这个指令，尤其是被勒布纳·登格尔选派往葡萄牙担任大使的修士扎加扎伯。扎加扎伯解释道，如果他一个人回去了，他一定会被尼格斯丢给他无论去哪里都带在身边的4头被铁链拴着的狮子。相对而言，穿过未知海域前往欧洲则安全得多。

28

与左撇子入侵者交战

> 我不会把她交给你,因为你是一个不信上帝的人。落入上帝之手远比落入你的手要好,因为他既权威又仁慈。
>
> ——勒布纳·登格尔,1538年
> (当被要求将女儿嫁给穆斯林伊玛目[1]格兰时他的回答)

派往埃塞俄比亚的第一支远征队在13年后安全返回里斯本,弗朗西斯科·阿尔瓦雷斯神父的作品最终得以出版。这本书有一个富于想象的封面,上面画着中世纪的"祭司王约翰",他头戴饰有羽毛的帽子,骑着一匹覆以马衣的马,还有一位全副武装的骑士随侍在旁。对于讲述葡属印度情况的作品有严格的控制,而阿尔瓦雷斯已经过世,所以处置他的手稿有了很多自由。

因此,这本书在文艺复兴时期的学术圈引发了广泛兴趣。他们认为1000多年来此书首次详细记述了这个遮蔽在神秘面纱之下的国家。威尼斯收藏家乔瓦尼·巴蒂斯塔·雷穆斯奥专门收集旅行名家的记录,他催促将这份记录囊括进他在1550年印刷的关于非洲的书中。他夸赞阿尔瓦雷斯带回了如此多的信息:"直到这本书出现,关于埃塞俄比亚这个国家,希腊语、拉丁语,或者其他类型的作家都没有什么值得考虑的作品。"但是,他接下来也批评这本书的叙述"粗糙且难以阅读"。雷穆斯奥认为葡萄牙落后鄙俗,那里的人以一种"令人迷惑并且无聊的方式写作,因为他们对

---

[1] 伊玛目一词最早源自对穆斯林祈祷主持人的尊称,又称领拜师、众人礼拜的领导者,后引申为学者、领袖、表率、楷模,也可理解为伊斯兰法学权威。——译者

此已习以为常"。如果阿尔瓦雷斯"能够费事去查看一下尼罗河的起源"，或者用星盘测量一下北极星的高度，他的书会多么令读者愉悦啊！然而，人们还是应该对"这个人的书"心存感激，因为它可能鼓舞意大利那位了不起的王子派遣一个更有价值的人，"前往黑人王子的宫廷"。

在16、17世纪，整个地中海地区对葡萄牙采取的就是这种典型的屈尊俯就的态度，通常用以掩饰嫉妒。巴尔达萨雷·卡斯蒂廖内的《廷臣论》(*Book of the Courtier*)也是如此。卡斯蒂廖内塑造的优雅角色中，有一个是从"印度带回来的"猴子，它比它的葡萄牙主人还会下国际象棋，而且赢了它的主人。"结果，那位绅士生气了（就像输棋的人总是表现出来的那样），他拿走了'国王'（这颗做成葡萄牙国王样子的棋子很大），然后，给了那只猴子一记栗暴。"

在国王曼努埃尔派人送了一批异域动物到罗马给教皇利奥十世之后，这本奚落人的书出版了。曼努埃尔送的礼物包括黑豹、金钱豹、鹦鹉、猴子、波斯马，以及一头领头的白色印度大象。这头大象在圣安杰洛桥上向利奥鞠了3次躬，然后用它的鼻子向旁观者喷水。一位盛装打扮的印度看象人骑在它的背上，那个人胸前装饰着各种珠宝。他还送给教皇几个非洲奴隶。18个月之后，即1516年，曼努埃尔又送给利奥一头犀牛，但是载着犀牛的那条船在意大利附近沉没，船上所有的人员和货物都遭受损失。犀牛的尸体一冲上岸就被迅速装上车，然后被运到罗马。曼努埃尔因为以这种方式尽力炫耀他在东方帝国得到的战利品而受到嘲笑。

尽管葡萄牙人备受嘲笑，但是他们有一个特点是无可挑剔的：作战英勇无畏。他们不管胜算有多少，随时都准备向陆上或者海上的敌人发起冲锋。他们的勇气受到普遍欣赏，克里斯托弗·达·伽马爵士的名字也被作为这种精神的化身而在欧洲广泛传播。他是伟大的探险家瓦斯科·达·伽马的第四个儿子，1524年他年迈的父亲在被指派为总督几个月之后于印度过世了。克里斯托弗在年轻的时候就展现出他的才能，在他第一次前往东方时，他拯救了一艘大船"圣埃斯皮里托"号。当这艘船在阿拉伯半岛附近停泊的时候，它被风吹入远海，克里斯托弗跳上船，指挥船上的人控制住了这艘船。他与船员们安全驾驶着这艘船沿着非洲海岸一路向南，直到最终停在莫桑比克的一个海港里。

达·伽马家族的好运总是与印度联系在一起,瓦斯科的另一个儿子埃斯特旺在1540年出任总督。第二年,当埃斯特旺率领一支船队前往马萨瓦,响应绝望中的埃塞俄比亚国王勒布纳·登格尔的求助时,他邀请克里斯托弗陪他一同前往。昔日骄傲的尼格斯的好运,此时显然已经急遽衰弱。尽管葡萄牙人可能还没有意识到,但这是弗朗西斯科·阿尔瓦雷斯作为其中一员的使者团的直接影响。

使者团曾警示埃塞俄比亚人,由于这一区域的穆斯林将埃塞俄比亚视为通常可以威胁攻击麦加的潜在基地,他们曾决定必须立刻征服埃塞俄比亚。在过去他们做过尝试(通常是在大斋期,埃塞俄比亚人的斋戒十分严格,因而身体虚弱以致无法作战)[1],但是1528年发起的攻击比以往都更加猛烈。穆斯林军队的指挥官是艾哈迈德·加齐,他既是埃米尔又是伊玛目,既是世俗领袖也是精神导师。埃塞俄比亚人只知道他被称为"左撇子"格兰。为了装备他的军队,使他能够入侵山地基督徒的最后阵地,土耳其人给他提供火枪和大炮,麦加的谢里夫还派给他一支阿拉伯雇佣兵。

埃塞俄比亚人无法抵御格兰和他的枪炮。穆斯林军队从南部低地发起进攻,穿过勒布纳·登格尔曾经满怀希望想以武力开辟通向印度洋的通道。他们穿过重重山脉,毁坏修道院、烧毁古籍,扫荡埃塞俄比亚的军队,迫使国王变成逃亡者。当格兰靠近沃洛的马卡纳-塞拉西教堂(圣三一堂)时,它的金色塔楼在阳光下闪闪发光;当他站在教堂正厅时,嵌有珍珠、在墙上成行排列的金银饰板令他眩晕。当他在附近占领的一座宫殿里休息时,他的士兵劫掠教堂并放火焚毁了它。当他们这样做时,格兰满足地评论道:"在拜占庭帝国、印度或是世界上的任何其他地方,还有这样一座拥有如此多雕像和艺术品的建筑吗?"

关于"祭司王"遭受苦难的消息,最早是由阿尔瓦雷斯使者团中的那位庸医若昂·贝穆德斯在1535年传到外界的。他一直待在埃塞俄比亚,并

---

[1] 在整个大斋期,一天中唯一的一顿饭是在黄昏后吃面包和蔬菜。一些埃塞俄比亚人按照宗教规定每隔一天才吃一次饭。

且设法使自己成为那里教会的首脑。在去往里斯本的途中，他寻求帮助时被土耳其人抓住，他们仅仅切掉了他的一部分舌头就把他放走了。

考虑到距离遥远，以及进入埃塞俄比亚的难度，几乎没有机会能为勒布纳·登格尔提供迅即的帮助。尽管格兰的军队几乎摧毁了他王国里的每一座教堂，屠杀或者强迫他几乎所有的臣民改变宗教信仰，但是勒布纳·登格尔的挑衅一直持续到他生命的最后。这位国王反思自己的失败，最后在山顶的修道院里孤独死去。[1]

就像不久前在尼罗河上游的努比亚发生的事情那样，此时的基督教很可能在埃塞俄比亚被永久摧毁。和埃塞俄比亚人一样，科普特人的基督教在伊斯兰教产生之前很久就在努比亚建立了，他们迎接从埃及来的主教。但是，这两个处于困境中的基督教王国的关系从来就不亲近，弗朗西斯科·阿尔瓦雷斯曾亲眼见到6位努比亚使臣，他们请求勒布纳·登格尔借给他们神父以维持努比亚的基督教信仰，但是无功而返。只是由于埃塞俄比亚的险峻地势，它才避免了努比亚的命运。[2]

当葡萄牙人在1541年到达马萨瓦的时候，他们听说了勒布纳·登格尔的死讯，知道他的儿子克劳迪乌斯成为新任尼格斯，而且正处于极度困境中，但是埃斯特旺·达·伽马决定带着他的兄弟克里斯托弗一起突围前往苏伊士。他留下他的另一个亲戚曼努埃尔·达·伽马掌管剩余的舰队。沿海船只上的军人非常渴望到陆地上参与战斗，以至于他们发生了暴动，5个人被吊死以维持军纪。然而，还是有100个人到了岸上，他们遭到了土耳其人的伏击，只有两个人逃过了屠杀。

当总督再次出现在马萨瓦时，他没有被这个消息吓倒，他决定派遣400名志愿者前往埃塞俄比亚高原，因为远征队的任何一名成员似乎都难逃一死，而克里斯托弗"也愿意为国王做出牺牲，因而不是由其他儿子"，

---

[1] 根据一些记录，尽管勒布纳·登格尔笃信宗教，但是他仍然过着放荡的生活，最后在床上被人刺死。

[2] 1372年，最后一位努比亚主教在亚历山大里亚就任圣职。在那之后，上尼罗河的基督徒在孤立状态中度过了150年。请参见威廉·亚当斯的《努比亚》（William Y. Adams, *Nubia*）。

而是由他率领这些志愿者。他们不缺愿意同克里斯托弗一起远征的志愿者，因为25岁的克里斯托弗精力充沛且以勇敢著称。他们对以基督教之名殉道的前景热切不已，于1541年7月9日向内陆进发。他们用骡子驮载10门大炮、回旋枪、1000把火枪和大量弹药。与这些志愿者一同前往的，还有铁匠、木匠、军械士、鞋匠、号手和鼓手。还有150个奴隶。

这场旅途十分艰难。在炎热的沿海平原上，只有晚上才能行军。在上高地时，克里斯托弗和他的军官们帮着拖拽大炮，使它们爬上陡峭的坡地。战争毁坏了乡村，农田荒芜、食物短缺，只有大量的野生动物。18岁的克劳迪乌斯率领剩余的埃塞俄比亚军队，他们距离南边的绍阿还有几百英里。但此时正值雨季高峰期，所以葡萄牙人根本无法在几个月内和他们会合。

葡萄牙人利用这次延误从高原北部边缘的安巴山释放了勒布纳·登格尔的寡妇。这座山的山顶多年来是囚禁王后萨布拉-旺格尔和她的一个儿子的监狱（她被关在那里，一定程度上使她得以摆脱落入已经围攻这座山一年之久的格兰手中的命运，但是另一方面也使她和她的儿子远离埃塞俄比亚的权力中心）。这座山的两侧非常陡峭，按照一位葡萄牙人的记述，"它们就像是被斧镐砍出来的"，以至于克里斯托弗派遣的两个先行军官在岩面的最后一段距离时，不得不坐在篮子里被逐个拉上来。

王后从山上下来、问候她的解救者的场景，被达·伽马的一位船长米格尔·德·卡斯塔尼奥索描述得十分浪漫：

> 他和他的军队庄严地迎接她，他之前下令所有人都要穿戴整齐、排好队列，船长和他们的士兵、所有的火枪手，打着上面有红色十字的蓝白相间锦缎旗帜，其余军队前方则打着有基督十字的深红色和白色相间的锦缎皇家旗帜。指挥官是一个身量高大的绅士，穿着紧身裤、饰有许多用金线锦缎编成的辫状条带的红缎马甲，披着一件缝有金线的法式黑色斗篷，头戴一顶配有昂贵饰物的黑色帽子。

不久，他们继续前进，去与格兰和他的土耳其雇佣军作战。骡子驮着物资，用公牛拖拽的雪橇载着大炮。达·伽马和他的人一起步行。1542年

2月初，第一场小规模战斗打响了，葡萄牙人击退了一支想要阻拦他们的穆斯林军队。这一役他们占领了一座清真寺，克里斯托弗下令将它变为一座教堂，还将它命名为"我们的胜利女神"。之后，葡萄牙人轰炸并且猛攻一座由1500名弓箭手戍守的山上要塞，所有的俘虏都被200名与这些白人新来者共命运的埃塞俄比亚长矛兵屠杀。

当葡萄牙人靠近埃塞俄比亚中心时，他们遭遇来自青尼罗河的发源地塔纳湖、由格兰率领的穆斯林主力部队。信使在两军之间来来回回，传递讥刺之言或者威胁之论。格兰说他听说基督徒的指挥官"还是个没有经验的……天真少年"，所以出于同情他会让他毫发无损地离开这个国家。克里斯托弗则让人送给对方一面大镜子和一副拔眉毛的镊子，这暗示他的敌人只适合做一些女人似的消遣。

在非洲东侧的几场陆地战之后，穆斯林和欧洲基督徒又进行了数场遭遇战。起初，葡萄牙人占据优势：不但格兰受伤，被迫撤退，而且他的军队无奈放弃大量的食物补给，而这正是葡萄牙军队急需的。穆斯林妇女也被丢在后边："在留下来的许多贵族妇女之中，有一位埃米尔的妻子非常美丽，克里斯托弗把她留给了自己。"

这支人数不多的葡萄牙军队有很多军火。而且，他们教埃塞俄比亚人如何制造和使用这些火药。这迫使格兰向东边的红海方向撤退，但是他很快就获得了来自阿拉伯半岛将近1000名火枪手和10门大炮的增援。穆斯林很快就对法兰克人实施报复，他们在雨季行军，想要趁敌不备发起攻击。在最后的战斗中，葡萄牙人的数量完全不敌对方，穆斯林取得大胜，几乎半数的葡萄牙人被杀死，其余人连夜逃跑。重伤的克里斯托弗·达·伽马伏在一头骡子身上勉强逃离（这头骡子之后被杀死，以便用它的油脂包扎伤口）。

穆斯林很快对包括克里斯托弗在内的受伤逃亡者形成合围之势，并且在他们的领袖面前列队炫耀。格兰满足地坐在这场战斗中被割下的160个葡萄牙人的头颅之间。在被斩首和分尸之前，克里斯托弗·达·伽马被剥掉衣服，遭受鞭笞，接着他们用在第一次交战之前他为了讽刺埃米尔派人送去的镊子，拔下了他的眉毛和睫毛。这距离他和他的哥哥在马萨瓦分别时他哥哥承诺他的殉难只过了一年多时间。[1]

幸存下来的葡萄牙人和埃塞俄比亚的主力部队一起组建军队，想帮助他们扭转战局。格兰在新获得的胜利之后非常自信，以至他将土耳其火枪手送回了他们的故乡，但不到两个月，他就在克劳迪乌斯发起的一次突袭中被抓，并且被达·伽马之前的男仆开枪打死。[2] 穆斯林军纪随之崩溃，士兵们毫无秩序地逃向海岸。在15年的毁灭性战争之后，埃塞俄比亚终于再次迎来和平，克劳迪乌斯开始努力使这个国家恢复勒布纳·登格尔统治早期的繁荣。

克里斯托弗·达·伽马的胜利和死亡的消息最早是由米格尔·德·卡斯塔尼奥索传到外界的，他带着其余50名幸存者奋力赶往马萨瓦，希望能在那里找到葡萄牙船只。（国王阻止远征队的其他船只到达海岸。）他们在那里的确等到了一艘船，但是它既小又拥挤，只能再挤下一个人。卡斯塔尼奥索是船长，而且又负伤了，所以这个位置就留给了他。他离开他的伙伴之前，承诺他一定不知疲倦尽快赶到印度，并且如果有必要，他会到里斯本面见国王，请求派遣大船到马萨瓦把他们接出去。他们知道，他们面临的是余生都被困在埃塞俄比亚，因为奥斯曼土耳其人正逐渐控制红海，马萨瓦随时都有可能被占领。

当船起锚时，卡斯塔尼奥索看到岸上的人跪下来朝着他们旗帜上的十字架祷告，然后骑上他们的马和骡子。从外海这边，他看到他们缓缓骑回内陆。

---

[1] 克里斯托弗·达·伽马被正式宣布为圣徒。
[2] 贴身男仆佩罗·利姆（Pero Leam）杀死格兰之后割掉了他的一只耳朵。当一个埃塞俄比亚人宣称自己杀死了格兰，将格兰的头颅献给克劳迪乌斯的时候，那位男仆问："难道穆斯林没有两只耳朵吗？杀死格兰的人一定拥有他的另一只耳朵。"这时候，他从口袋里掏出了那只耳朵，赢得了众人的掌声。请参见唐纳德·洛克哈特翻译的《热罗尼莫·洛博旅行记》（Itinerário of Jerónimo Lobo, trans. by Donald Lockhart）。

29

将圣经与刀剑带到莫诺莫塔帕

> 他与阿比西尼亚人的国王祭司王约翰展开大战。他在津巴布韦建立王庭,在那里他像往常那样安置了守卫、女人和两百条可怕的大狗。
>
> ——伯特兰,巴黎,1631 年
> (对虚构的"莫诺莫塔帕,黄金之国的皇帝"的肖像画的描述)

葡萄牙人在东非度过的最初几十年里,没有过多地考虑将异教徒转化为天主教徒的问题。这与非洲大陆靠大西洋一侧发生的情况迥然不同,因为在那里将异教徒转化为天主教徒的事业就一直进行着,甚至在瓦斯科·达·伽马成功航行到印度之前。刚果国王曾经接受洗礼,年轻的基督徒们被送到里斯本接受神学院的教育,只有奴隶贸易玷污了这项神圣的事业。

但是,越过好望角,转化教徒的任务就变得非常困难,因为伊斯兰教控制非洲海岸,葡萄牙人最初几乎无法接触经过劝说可能接受真正信仰的非洲黑人统治者。东非的气候也是一个障碍,所以陪同征服者到来的方济各会与多明我会的传教士一开始直接前往印度的马拉巴尔和果阿。

在反宗教改革运动的刺激下,1540 年一纸教皇诏书《军旅教会》(*Regimini militantis ecclesiae*)宣布成立耶稣会,在那之后东非传教的步伐发生了明显转变。不到一年时间,耶稣会创立者之一方济各·沙勿略怀着满腔激情从里斯本出发前往东印度,这将使他成为一名圣徒。[1] 他还从最高权威处得到了短暂的精神支持:1521 年即位的国王若昂三世给了他一

---

[1] 1506 年,沙勿略出生于纳瓦拉的一个贵族家庭,他在巴黎学习了 4 年。1534 年耶稣会的核心人物齐聚巴黎。对于他生平最完整的记述是格奥尔格·许尔哈默的《方济各·沙勿略传》(Georg Schurhammer, *Francis Xavier*)。

些信件，信上命令任何地方的葡萄牙长官都要为他的基督教传教工作提供帮助；教皇保罗三世指派他作为牧师，去印度洋所有海岸传教。

沙勿略乘坐的船只向东非行进的速度非常缓慢，这给了他足够的时间理解穆斯林对斯瓦希里人的控制程度到底有多强。在马林迪，他第一次与一位非基督徒进行了一场严肃的对话，其中包含的内容体现了典型的耶稣会逻辑：

> 马林迪一位受人尊重的摩尔人问我，我们是否经常去教堂做祈祷……他说他们的人正在失掉虔诚……因为这座城市有十七座清真寺，人们常去的不过是其中三座，即便如此，去的人也很少。他感到非常困惑……因为他不相信我说的。也就是说，异教徒从来就不信仰全知全能的上帝，就更不用说为他祷告了。这也就是上帝为什么想让他们中的一些人失去信仰，因为他们不为他服务……让异教徒和罪恶之徒活在疑惑和焦虑中是恰当的，而让他们如此生活而不知道原因，正是我主的仁慈所在。

在继续旅行之前，沙勿略在马林迪一座三十年前建造的小教堂里祷告，这座教堂被几座葡萄牙人的坟墓环绕。他还觐见了苏丹法特赫·本·阿里，然后取道索科特拉岛（他在那里研究了将很快被伊斯兰教毁灭的基督教异端组织）前往果阿，从那里开始了他不知疲惫的东方之行，甚至远至日本。

1552年，沙勿略在澳门附近去世，到这个时候，耶稣会已经凭借知识优势带着一支新的宗教大军到了印度洋。与方济各会不同，虽然他们有时也要求苦修，但是他们并不要求别人信仰他们。由于耶稣会成员大多出身贵族，他们对葡属印度的高级官员有亲密感，并且相信基督教必须通过帝国的力量加以推行。他们转变穷人和卑微者的信仰，但是在富人和有权势者的阶层培养基督徒。在第一拨信仰耶稣会的热潮中，印度教寺庙被毁坏，果阿还颁布了禁止穆斯林集体祷告的强制命令。[1]

---

[1] 果阿的调查因为其挖空心思折磨人的方式而声名狼藉。

在某种程度上，这些行为是对贯穿整个欧洲的宗教动乱的回应。天主教的视野不断扩大，所以很明显，要求耶稣会士在印度洋其他地方改变其民众宗教信仰的指示用不了多久就会到来。对沙勿略而言，非洲黑人的灵魂与印度人的没有什么不同，他也经常称呼印度人为"迷失的黑人"，但是一旦他们皈依基督教，他们就与白人一样平等。

他的继承者很快就会看到，他们的第一批传教士在非洲应该往哪处使力：他们需要跨越穆斯林设置的沿海障碍，那里有一位甚至在欧洲也越来越著名的异教徒国王——莫诺莫塔帕头衔的拥有者。人们普遍认为他的帝国疆域从赞比西河的南岸延伸到内陆。由于耶稣会总是喜欢从社会的上层开始传教，接受洗礼的统治者可以将真正的信仰自上而下地传播给普通民众。所以，莫诺莫塔帕在他们看来是一个理想的目标。1559年，一条来自索法拉的船长塞巴斯蒂亚诺·德·萨的消息抵达果阿：许多部落对基督教产生了兴趣，而一位多明我会修道士宣称莫诺莫塔帕本人也可以被争取为基督徒时，耶稣会开始密切关注那里。

在几个月以内，他们选择贡萨洛·达·西尔韦拉神父完成将赤道以南非洲最有权力的君主转变为基督徒的任务。他是此次基督教对这片未知地域出击的理想人选：他是一位有钢铁般意志和勇气的贵族，是葡萄牙耶稣会神学院的第一届学员；他作为耶稣会在印度的所有传教工作的管理者，他的表现十分出色。

1560年初，西尔韦拉带着两名耶稣会士从果阿过海前往非洲。他们在许多归国的葡萄牙船只都会选择的停靠港莫桑比克岛登陆，然后换乘小商船。尽管他的同伴感到不安，但西尔韦拉还是坚持向南航行前往索法拉，他们花了将近一个月的时间才到达那里，接着又航行了8天多抵达伊尼扬巴内城。当地统治者甘巴酋长住在距离伊尼扬巴内城不远的内陆，他似乎是一个可以被转化为基督徒的理想人选，因为他的一个儿子已经在莫桑比克岛的一座教堂里受洗，并且穿着当时能够得到的最华丽的衣服回到了家乡。这场冒险可能会成为西尔韦拉为获得最大奖赏——皇帝莫诺莫塔帕本人——而所做的一次预演。

当他们在索法拉患上疟疾的时候，他们在雨季的漫长近海航程变得更加悲惨。此外，在大斋节禁食期间，他们三个人中的一个病得快要死了，西尔韦拉被迫允许他吃肉。在他们前往内陆的途中，情况变得越来越糟，西尔韦拉不得不躺在用几根杆子支撑的吊床上，因为他太虚弱了，以致无法行走。但是，在几周内，他就使甘巴酋长和他的正妻皈依了基督教，他们分别被给予基督教名康斯坦丁诺和伊莎贝拉。

下层民众的皈依过程十分简单。鸣钟召集群众，然后神父会宣布戒条、祝祷辞和信条，让译者督促他的听众们尽其所能将这些不熟悉的内容背下来。入会仪式以吟诵《圣母祷词》结束。当神父认为他传达的信息已经被充分吸收时（背诵过程可能会持续半天时间），这些新信徒就会列队接受洗礼。通过这样的方式，西尔韦拉和他的助手很快就拯救了400个非洲人的灵魂。耶稣会对东非的渗透似乎非常顺利，在返回莫桑比克之前，西尔韦拉与甘巴酋长友好道别，甘巴酋长认为他是一个"对卡菲尔人有益的人"。

不幸的是，康斯坦丁诺辜负了他的新名字，他很快就退化成了一名异端分子。留守的耶稣会神父安德烈·费尔南德斯，负责监督新转化为基督徒的信仰者，并且尽可能使更多人皈依基督教。他在那里待了两年，他严厉责骂巫术、一夫多妻制以及被基督教视为乱伦的传统习俗，他变得越来越不受欢迎。在旱灾降临，康斯坦丁诺按照他的职责，以他的精神力量召唤天降大雨时，神父费尔南德斯公开谴责他。因为此事，酋长极为愤怒，他决定摆脱他的白人男巫。他先是使神父费尔南德斯挨饿，然后孤立他。神父费尔南德斯逃往海岸，搭上了开往印度的第一艘船。但是，他在报告中展现的是一副勇敢的面貌："所有这些人都非常乐意接受洗礼……女人尽可能地模仿我们的妇女形象……我在赶船的路上为将近450个基督徒洗礼。"

西尔韦拉神父的命运十分耸人听闻。他在莫桑比克为觐见那位黑人皇帝做了最终计划，然后乘坐另一艘上溯赞比西河的船只前往塞纳的贸易站。它位于一个传统非洲市集的一座石制小要塞旁边，有一些用茅草做顶的泥坯房。几十个葡萄牙人在那里定居：冒险家，欧洲社会行为准则的避难者，黄金、象牙和奴隶的买家。[1]尽管基督徒本应该与从索法拉有效撤走贸易的穆斯林商人竞争，但是实际上在塞纳宗教和种族矛盾不激烈。大多数葡萄牙人有非洲妾侍，穆斯林也是如此。这个定居点还有从果阿来的印度基督徒，从西尔韦拉的评论来看，那里还有其他族群。他抱怨说塞纳的葡萄牙人"被穆罕默德的恶魔教派腐蚀了，甚至和污浊的犹太人混在一起"。

在西尔韦拉离开塞纳之前，他为白人贸易商和他们的黑白混血儿或者非洲的情妇主持婚礼，以尽最大努力施加宗教影响。他还为数百个孩子和奴隶洗礼。然后，他沿河上溯约250英里前往太特——最遥远的葡萄牙人前哨站。在太特经商的贸易者中，最有能力和受教育程度最高的是安东尼奥·卡亚多。他会说卡兰加语，宣称他已经为陪同耶稣会士前往莫诺莫塔帕的首都做好了准备。

他们启程穿过这个国家，渡过大水泛滥的河流，在1561年新年，西尔韦拉到达年轻的莫诺莫塔帕国王内戈莫·穆邦扎古图的王庭。当神父礼貌地拒绝接受牛群、黄金和女人等礼物时，他穿着宗教礼服，加上他具有贵族气派的举止，立刻就给穆邦扎古图留下了印象。"这不可能，"这位伟大的非洲君主说，"没有人不想要我给他们的这些礼物，因为渴望拥有这些东西是人的本性，显然他和其他人不同。"穆斯林宗教教师已经拜访过内戈莫，所以他将西尔韦拉称为"Kasisi"（源于阿拉伯语中的传道士一词）。这个白人显然拥有不同的气质。

在母亲的陪同下，国王开始与传教士对话。他们一起坐在一小块波斯地毯上，商人卡亚多站在房间的门口处充当译者。西尔韦拉甚至被免除了通常觐见卡兰加君主的仪式：在铺有新鲜牛粪的地面上，像鳄鱼一样肚子贴着地面爬行，边爬边拍手。这个开端很有希望。国王分配给西尔韦拉一间离他很近的小屋，还派仆人照顾他，满足他的所有需求。但是，很快就有谣言说这位传道士的房里有一个很漂亮的女人，说不定归根结底他和其

---

[1] 葡萄牙"很少投票的上议院议员"曾对于赞比西河南部广阔地区的问题十分积极，他们经常为了商业利益煽动当地发生战争。

他人也不是完全不同。内戈莫让他展示一下他的秘密伙伴，西尔韦拉恭敬地拿出一幅圣母玛利亚的画像，他解释道，她是上帝的母亲，然后他将这幅画呈给了内戈莫，以便他能够在自己的房子里仔细端详它。

稍加劝导，这位易受影响的年轻君主就对这幅画像非常着迷。一夜又一夜，他说上帝的母亲以一种他听不懂的语言对他讲话。为此，西尔韦拉准备好了一个解释：只有基督徒才能听懂她神圣的话。

至此，内戈莫决心信奉这位白人的宗教。他的母亲坐在他身边，他耐心地倾听西尔韦拉教授的洗礼所需的所有知识。三周后，西尔韦拉认为他们已经准备好了。这场仪式在近乎催眠的兴奋中进行，数百臣民跟随他们的统治者一起接受洗礼。内戈莫被授予的葡萄牙教名是塞巴斯蒂安；他母亲的教名是多娜·玛利亚，因为那是上帝母亲的名字。之后，西尔韦拉从新转化为基督徒的国王那里得到一群牛作为礼物，他将它们送给了商人卡亚多，卡亚多很务实地立刻杀死了它们，将它们制成肉干。

国王宫廷中的穆斯林看到这个基督徒闯入者是如何在不到一个月的时间里从他们手中抢夺走了权力。他已经遭到他们的排挤。在三四个月后，还会发生什么？他们开始散布谣言，说西尔韦拉是一个巫师，他用他洗礼用的水散布咒语。他还是印度派来的间谍，是来窥探这个大陆的，以便之后的大军前来征服这里。此外，这个白人骗子还与莫诺莫塔帕的非洲敌人结盟。只有死亡才能打破他的咒语。这些谣言对王室造成了严重的影响，他们叫来一个巫医占卜。由于巫医的传统权力也受到威胁，他宣称所有的指控都是真实的。

卡亚多几乎立刻就意识到他的同胞处于危险之中，因为国王建议他将他的东西从西尔韦拉的小屋中搬出来。这位商人潦草地写了张字条给西尔韦拉，催促他趁还有时间赶快逃跑。但是西尔韦拉已经知道了自己的命运，他向卡亚多坦白说："我比非要杀死我的摩尔人更好地做好了赴死的准备。我原谅国王，因为他还是个年轻人，我也原谅他的母亲，因为摩尔人欺骗了他们。"他继续给新转化为基督徒的人洗礼，并且把他最后的财产分发出去。

1561年3月15日夜，卡亚多派两个仆人照管神父，神父在黑暗中来回踱步直至深夜。西尔韦拉一进入他的小屋，一群人就跟上了他。他们扼死了他，然后将他的尸体拖到河里，在那儿他将成为鳄鱼的腹中餐。[1]卡亚多在之后写给一位朋友的信中责备穆斯林将"错误的观念"灌输给了国王。

殉道通常会给一个人带来声誉，西尔韦拉之死不可避免地给莫诺莫塔帕带来里斯本复仇的威胁。年轻的国王塞巴斯蒂安曾接受耶稣会的教育，而他的宗教守护人是一个耶稣会士。在更世俗的层面上讲，这个事件是对葡萄牙权威的直接挑战。的确，莫诺莫塔帕的内戈莫也立刻意识到了这一点。为了避免应得的惩罚，他下令将他朝堂上四个为首的穆斯林处死，两个被杀死了，另外两个则逃跑了。

结果，葡萄牙人花费了将近10年的时间组建起一支惩罚性的远征军，而此时的目的更多是为了控制津巴布韦高原的金矿，同时打着以上帝之名复仇的旗号。他们选出的领袖是弗朗西斯科·巴雷托，他被授予"穆塔帕[2]征服军总指挥"和莫桑比克要塞首领的头衔。他的资历令人印象深刻：他是葡属印度的前任总督，还是被谋杀的神父的亲密朋友。这场远征在里斯本引起轩然大波，他们宣称这是一场对抗异教徒并为他们过去的错误寻求补偿的"正义之战"。几十个贵族志愿听从巴雷托的指挥，600名满足条件的勇武之士加入进来，其中还包括100名摩洛哥马夫，他们的任务是照顾阿拉伯战马，葡萄牙骑士们将会骑着它们冲向战场。

启程前往非洲之前，巴雷托以葡萄牙人普遍喜欢阅读的《亚瑟王之死》阐释了这次任务。他饱含激情的夸夸其谈是如此引人入胜，以至在他指挥的3艘船上的许多偷渡者被发现，这些人是在1569年春天他们从葡萄牙启航后偷偷跟上船的。船上具有合法身份的所有人员都必须遵守一个阴郁的规定：每个航行去往东方的人都必须留下一份遗嘱。这是一个聪明的预防措施。

在这次远征中，耶稣会士被授予主要角色，结果证明是灾难性的。由

---

[1] 西尔韦拉转化的50名基督徒在他死后也被屠杀。

[2] 穆塔帕王国即莫诺莫塔帕王国，莫诺莫塔帕是根据葡萄牙语翻译而来。——编者

神父弗朗西斯科·德·蒙克拉罗带领的4位神父，坚持认为他们深入内陆的路线应当是上溯赞比西河抵达塞纳，然后在袭击莫诺莫塔帕首都之前沿着河流南岸到达太特。以这样的方式，他们实际上是在跟随殉道的西尔韦拉的步伐，向他致以敬意。如果巴雷托拒绝屈服于耶稣会的要求，他们就会觉得有责任撤离远征军。如果发生了这样的事，国王塞巴斯蒂安的反应可想而知。

当地的葡萄牙商人给出了相反的意见，他们建议巴雷托取道索法拉向内陆前进，因为索法拉距离气候条件更适宜的高原地带更近，并且在那里有可能得到与莫诺莫塔帕为敌的强有力的马尼卡军事首领的帮助。他们指出赞比西河流域频发疫病，对于不习惯非洲气候条件的人这将是致命的。而且，那条路线沿路有敌对的部落。

蒙克拉罗不仅是耶稣会士，还是巴雷托的告解神父。他很容易就赢得了争论。在漫无目的地向北航行到马林迪和拉穆之后，巴雷托最后决定航行前往赞比西河。他的军队这时候增加到1000人，包括来自沿海要塞的士兵和200名前往印度的分遣队中的撤退者。他们有轻型大炮、火绳钩枪和弓弩，还有一队队驮载行李的骆驼和驴子。1571年11月初，巴雷托穿上盔甲，下令出发。

起初，一切似乎都很顺利。到圣诞节时，整支队伍沿着塞纳的河岸安营扎寨，在那儿可以从葡萄牙、穆斯林和印度商人处购买补给品。他们派信使前往莫诺莫塔帕，要求对方派一个大使来塞纳谈判。但是形势急转直下，士兵们开始死于热疫，马匹死于采采蝇叮咬。由于不了解这些灾难，尽管当地社群一直与他们相处友好，一位商人甚至还借给巴雷托一大笔钱让他偿付军队费用，但葡萄牙人还是怀疑当地穆斯林下药毒害他们。

在一位商人遭受残酷折磨，以至于他最后做出了葡萄牙人期望的"坦白"之后，报复开始了。神父蒙克拉罗看似平静地记录那些杀死穆斯林的"陌生的发明"："有些人被活活钉死；有些人被极细的树枝绑在树上，这些树枝被用力拽紧然后又松开，受害者最后会支离破碎；其他人被斧子从背后砍死；还有的人被炮弹炸死。"

大屠杀似乎在这支远征军的上空覆盖了一层预示灭亡的阴云。当巴雷托决定从塞纳经由陆路前进的时候，他很快发现他自己被蒙加斯人的游击队纠缠住了，蒙加斯人的国王是莫诺莫塔帕王国国王一位难以驾驭的封臣。尽管葡萄牙人有 2000 个非洲奴隶运载他们的供给品，但食物还是开始出现短缺，他们找到的井水也开始枯竭。巴雷托十分不安，觉得他的每一个行动都受到监视。当他的一部分人因为热疫不断死亡，其他人也因为虚弱拿不住武器的时候，巴雷托变得更加焦虑。最后，蒙加斯人带着扩展了的侧翼，以非洲的传统半月阵型发起进攻。他们呐喊着冲上去，对方则用基督教圣人的名字回应他们。尽管结果证明枪炮足以驱逐 1 万名战士，但是葡萄牙人仍然不得不一遍又一遍投入战斗，每一次冲锋都有伤亡，而且他们的士气随之不断衰退。

在一场战役开始前，一个年迈的女巫走向葡萄牙人，她从一个葫芦里取出成把的粉末撒向他们，她发誓说这会让他们变成盲人，再也无力抵抗。这些非洲人很信服她的法力，以至于他们拿着绳索来捆缚白人，想将他们带走。多明我会的修道士多斯桑托斯讲述了，巴雷托是如何转向他的主炮手，告诉他用他的轻型大炮瞄准那个"张狂又自负"的老女人，向她发射了一颗几磅重的炮弹。炮手按照他说的去做了，并且"以上帝的旨意，他准确地击中了目标，炮弹落在那个女巫的胸口，她在她的战士面前被炸成了碎片"。那些战士似乎"震惊到了极点"，尽管他们很快恢复过来再次投入战斗。

葡萄牙人最后不得不撤退到河边的塞纳营地。莫诺莫塔帕派来的谈判队伍已经到达那里，随行的 200 名全副武装的士兵负责保护他们。使者们殷勤地对巴雷托说，如果他想要战胜蒙加斯人，他们的国王可以派遣 10 万名像他们一样的战士来帮助他。这个隐含的威胁已经足够明显。除了承认失败，葡萄牙人没有其他办法。

出发征服非洲内陆的骄傲的葡萄牙人军队此时只剩下 180 人。大多数人死于热疫或者战争，有些则是逃跑了。巴雷托在前往海岸寻求援军无果之后返回了塞纳。1573 年 5 月底，他在塞纳去世。

这支远征军的残余部分由巴雷托的副手瓦斯科·奥梅姆接管。他成功地招募到更多的人，然后带领他们从两年前被耶稣会士拒绝的出发点索法拉向非洲内陆进发，开始他们的探索之旅。在游览了马尼卡的金矿之后，他们放火烧了一座城镇，又发动了数场战斗，军队收获不大，返回了海岸。他们再次尝试进入赞比西河流域，这一次的目的是寻找传说中的银矿。奥梅姆最后沮丧地放弃了这个计划，将指挥权交给了卡多佐。远征军200名幸存者中的大部分人，死于一场伏击，最后40人在守卫一座泥墙要塞时丧命。

因而，葡萄牙人此次沿着赞比西河展现其力量的浮夸尝试没有取得什么收获。数千人被杀，里斯本的国库遭受极大的压力，耶稣会士宁愿将救赎东非灵魂的机会拱手让给其他宗教团体。尽管非洲内陆的王国对枪炮和其他欧洲货物产生了更强烈的兴趣，但是从表面上来看它们未受损害。然而，军事野心不断衰退的葡萄牙却留下了一批白人逃亡者，他们中的一些人加入了赞比西河流域分散的贸易社群，其他人则与非洲统治者的雇佣军联系密切。虽然他们确实不重要，又完全脱离了里斯本的控制，但正是这些海盗逐渐削弱了莫诺莫塔帕和赞比西河流域两侧其他统治者的力量。

在葡萄牙人的进攻后恢复了元气，莫诺莫塔帕王国的国王马夫拉同意接受多明我会一位黑人修道士帮他洗礼。不到18个月，这片地区发生了一场规模空前的暴动。一些非洲人拿着用黄金和象牙从商人手中购得的火枪参与战斗。最后有300多名葡萄牙人和白黑混血儿被杀，还有数千名奴隶和仆人死于非命。那位给人洗礼的多明我会修道士被长矛戳死，另一位修道士则被抛下悬崖。

在非洲内陆的整个赞比西河流域，幸存的葡萄牙人不到50个。报复来得也很快：莫桑比克海岸的军官迪奥戈·德·索萨·德·梅内塞斯率领300名火枪手席卷内陆，踩蹒了莫诺莫塔帕帝国。之后，他宣称杀死了1.2万名战士，俘虏了大批妇女和牛群。随军神父说他们在战斗中受到一个"辉煌如太阳"的圣人的激励。但是即便这样的奇迹也没有给梅内塞斯带来什么好处，因为他的上司非常嫉妒他。他被命令亲自前往果阿，在那里他被剥夺了军队的职务和财产，还被单独监禁了18个月。

这种不合理的处置成为葡萄牙帝国运行的典型方式,加速了其衰落。[1]引入移民的计划正在草拟中,虽然十分详细,但却不可能付诸实施。其中一个计划是从葡萄牙派遣2000个家庭拓殖赞比西地区。这些忠诚的民众将开发金矿和银矿的惊人财富;他们会种植小麦;他们将对抗踏足这片来之不易的土地的任何其他欧洲力量。[2]不过,这些殖民者仅仅是羊皮纸上的美梦幻影。而且,赞比西亚蛮横的白人开拓者对这些计划完全不感兴趣。当佩罗·科埃略法官来到塞纳河岸旁的定居点执法,顺便看看这里是否存在银矿时,他挨了一枪,受了致命伤。大概40年后,里斯本派来一小群移民,男人、女人和儿童都有,但是他们的死亡率非常高,而且这些妇女之前大多数是妓女,移民后很快又从事老本行。

最后,最大的收获可能是普拉佐斯(prazos),即王室以象征性租金出租大量地产,其中一些被授予贵族孤女。这些奴隶种植园迟早将成为莫桑比克殖民地的核心。在高原的其他地方,逃跑的士兵和海难的幸存者都很受欢迎,因为非洲酋长们喜欢将他们招为随从以作为地位的象征,而这些人也成为强有力的黑白混血宗族的建立者。

在巴雷托惨败之后,葡萄牙在东非的保留力量被用来控制海岸,他们逐渐掌控了昔日繁荣的阿拉伯和斯瓦希里城镇的商业。在佩德罗·德·安纳亚在索法拉建立第一座要塞之后仅仅一个世纪,多明我会的一位修道士多斯桑托斯就在他的《东方的埃塞俄比亚》(Ethiopia Oriental)里描述了曾经骄傲的"索法拉的摩尔人"的情况:"他们都很贫穷和悲惨,基本上以在旅行和贸易中服务于葡萄牙人为生,还有人成为葡萄牙人的水手。摩尔妇女也是基督徒,她们平时忙于种植,向我们的教会缴纳什一税。"

---

[1] 1608年,腓力三世写信给莫诺莫塔帕的国王加齐·鲁塞雷(Gatsi Rusere),任命他成为他的"战友"。作为报答,加齐·鲁塞雷听从命令交出他的所有矿产,并将他的儿子和大使送到果阿的葡萄牙总督那里去,"向我弯腰,俯首称臣"。(《有关葡萄牙人在莫桑比克和中部非洲的活动的档案·第九卷》,Documents on the Portuguese in Mozambique and Central Africa, vol. IX)。

[2] 里斯本长期以来相信莫诺莫塔帕的土地下面埋藏有储量巨大的银矿。成批的官员都被授予"银矿征服者和发现者"这样一个宏大但空泛的头衔,但是除了几个小而分散的银脉,他们什么也没找到。

多斯桑托斯在一定程度上对她们表示同情。他骄傲地讲述了，在3个年轻的穆斯林告诉他具体位置之后，他是如何烧了索法拉附近一座岛上的清真寺的。这座清真寺有木制墙壁和茅草屋顶，用于纪念穆罕默德领主的坟墓，他是一位斯瓦希里商人：

> 这座清真寺到处挂着绘满图画的棉布，坟墓的石块上涂满了檀香，周围有很多火盆，火盆里插着焚香，使得整座清真寺都弥漫着一股香气……在仔细检视了它以后，我用一截火绳将它焚毁。这个火绳是我命令3个年轻人中的一个点燃的，但是我没有告诉他它的用处，因为如果我告诉了他，或者他们猜到我将要做的事，他们是不会陪我来这个清真寺的，因为他们非常害怕冒犯死者，特别是这样一个被摩尔人当作圣人的死者。

在这座清真寺化为灼热的灰烬（"穆罕默德在烈火中燃烧的一幅美妙图画"）之后，当地穆斯林想要报复多斯桑托斯，但是他成功唤醒了他们对葡萄牙人的恐惧和对"基督教神父的尊重"，这才使他免于遭受任何伤害。

30

土耳其冒险家与饥饿的食人族

> 你要在苏伊士为一场圣战做好准备，使舰队配备好武器、装满补给品……你将阻止葡萄牙异教徒的邪恶行径，将他们的旗帜从海洋上移除。
>
> ——苏莱曼苏丹致信苏莱曼帕夏，1538年

从他们在东非的少数几个战略要地出发，葡萄牙人向北朝着红海的入口继续紧张地搜寻。尽管由于几十年前阿尔梅达在第乌取得了胜利，奥斯曼土耳其人已被驱逐出印度洋，但是之后他们在埃及获得的胜利使得他们对亚丁和索马里可以施加更大的影响。如果他们派出一支舰队沿着非洲海岸向南航行，他们最有可能的目标是占领蒙巴萨，夺取它优良的天然海港。而且，自从瓦斯科·达·伽马第一次拜访那里之后，当地居民就对葡萄牙人表现出持续的敌意。如果土耳其人占领了蒙巴萨，在果阿和好望角之间航行的所有船只都会处于危险之中。

但是，葡萄牙人不愿亲自去占领蒙巴萨，因为他们缺少能守住那里的人力。其他几个港口也可以作为非洲的黄金、象牙和奴隶等主要出口商品的输出之处，而且由于莫桑比克和马林迪是过往船只所需淡水和补给的中转站，就像罗马对待迦太基那样，直接消灭蒙巴萨是一个诱人的解决方案。

1528—1529年，新任命的葡属印度总督努诺·达·库尼亚被迫在东非度过6个月，在此期间他曾尝试摧毁蒙巴萨。大西洋糟糕的天气严重延误了他的舰队绕过好望角的时间，以致于这支舰队没能赶上可以将他们带往果阿的西南季风。由于丧失了旗舰和其他几艘船，达·库尼亚和他的人意志消沉，只要一想到要在第二年初东北季风停歇之后才能结束在非洲海域

的游荡，他们就觉得十分苦楚。连续几个月受阻于马林迪外部的珊瑚礁，这种状况还将持续下去，他们简直无法忍受，因此达·库尼亚决定强行解决蒙巴萨问题。他提前派信使告诉对方，他的船只要直接驶入主港，并且在那里抛锚。

他们的行为令蒙巴萨的苏丹不悦并且警醒。这座城市对23年前阿尔梅达的舰队带来的浩劫和毁坏仍然记忆犹新。苏丹寻求妥协，同意给他们提供食物和水，但是坚持只有派来取这些供给品的人才能上岸。

这对葡萄牙人而言不够理想。达·库尼亚率领下的1500名水手和士兵已经在拥挤污秽的船上度过了漫长的6个月，他们此时极度渴望踏上坚实的陆地，吃上新鲜的食物。许多人得了坏血病和其他疾病。所以，舰队立即进入蒙巴萨，强行实现了葡萄牙人的愿望。

他们遭遇了港口入口处要塞的强烈炮击。斯瓦希里人使用的枪炮是从各种失事的轻快帆船和大帆船中打捞上来的。要塞比遭遇阿尔梅达发动的攻击时坚固得多，这时候有4个葡萄牙叛徒操控这些大炮。这些炮手使得他们的同胞伤亡惨重，但是并不能阻止他们进入港口。他们要求苏丹投降，当苏丹表示拒绝时，达·库尼亚下令轰炸港口。轰炸持续了一整夜，3000名防御的士兵用万箭齐发回击他们的轰炸。当次日太阳升起时，一支火枪队带领数百人冲上了岸。无畏的葡萄牙军人再次证明他们锐不可当。

城里的人逃向大陆，胜利者占领了整座城市。这本是一场容易的征服，因为葡萄牙一方只有几个人伤亡。但是当达·库尼亚从宫殿的屋顶检阅胜利场景时，他的满足感注定是十分短暂的。[1]他们与穆斯林游击队之间的小规模战斗十分频繁；雨水又不停，一直下到了年末，他的人因为得疟疾死亡率激增。葡萄牙人的身体已经非常虚弱，而船上的医生已将放血作为热疫的一种主要疗法。到舰队继续前往印度的旅程时，葡萄牙人死于战争和疾病的人数已经达到370人。

离开时，达·库尼亚想从马林迪指派一个顺从的谢赫就任蒙巴萨的新

---

[1] 如果他们放过这座城市，蒙巴萨的苏丹将提供1.2万金梅蒂卡尔（折合1.5万克鲁乜多），但是他的请求是徒劳的。请参见贾斯特斯·斯特兰德斯的《葡萄牙时期的东非》(Justus Strandes, *The Portuguese Period in East Africa*)。

统治者。然而，这是一个接受起来有风险的荣誉，第一个被选出来的人拒绝了，他强调他的母亲曾经是一个奴隶，所以他无法升至这样的位置。[1]另一位候选人要求达·库尼亚留下150名葡萄牙士兵保护他。鉴于葡萄牙人已经遭受的损失，达·库尼亚无法满足他的要求。

因此，达·库尼亚决定完全摧毁蒙巴萨。他下令推倒所有石制房屋，点燃所有能够焚烧的东西。根据一位葡萄牙编年史家的记载，"肆虐的火焰、冒烟的柱子，以及倒塌的石墙，使人想起地狱的惨象"。此外，这座城市的商业生活主要依赖的棕榈树被一排排砍倒。

达·库尼亚可以骄傲地向里斯本汇报说，蒙巴萨的要塞被摧毁了，这座城市已化为灰烬。但是，他们为这场胜利付出了高昂的代价，而且该城的居民仍然顽固抵抗。当蒙巴萨的苏丹返城查看烧毁的废墟时，他至少可以对他大难不死以图来日再战的臣民感到欣慰，并且他有充足的理由这样觉得。

在印度洋更广泛的冲突证明他们不是孤军奋战。不到10年，第一批土耳其船只到东非冒险。[2]从那之后，葡萄牙人的焦虑与日俱增。他们加固沿海的几个小要塞，惩罚性地突袭支持土耳其的城镇，并且在1551年再次对蒙巴萨发起攻击。这次平民从他们背后发起了比上次更大规模的防御战，葡萄牙人不得不撤退到桑给巴尔，其统帅的脖子还中了一支毒箭。

但是，土耳其人一再证明他们在印度洋的海战中无法获得决定性的胜利。1554年之后，苏丹的决心有所动摇，因为著名的穆斯林地图绘制者皮里·雷斯精心计划的远征以失败告终，而他本人也被杀死。而在16世纪80年代，土耳其的挑战呈现出一种新的形式，它的领头者是阿米尔·阿里贝伊——一个大胆的海盗。他与葡萄牙人作过战，还在1581年突袭了他们在阿曼的要塞据点马斯喀特。他洗劫了那座城市，并且快速撤退。4年后，他率领两艘大帆船，再次从红海出发，但是其中一艘船太老旧了还渗

---

[1] 达·库尼亚曾经选择马林迪苏丹的侄子穆罕默德，但他忙不迭地推选他的弟弟赛义德·阿布·贝克尔。

[2] 1542年，一支由轻型船只构成的葡萄牙舰队停驻在索马里海岸附近，以便监视从红海冒险来到这里的土耳其船只。这个时候，土耳其人还在波斯湾挑衅葡萄牙人。

水,以致于他们不得不在绕过非洲之角之前就把它丢弃。

阿里贝伊乘坐第二艘船到达摩加迪沙,在那里劝说民众与他们共命运,对奥斯曼帝国宣誓效忠。他被赠予更多的船只和数百名帮手,然后前往斯瓦希里海岸北端的拉穆和帕泰。这是一场虚张声势的胜利。当地统治者,以及远至南方的蒙巴萨的统治者都派来大使,告诉阿里贝伊他们多么想摆脱法兰克人。

土耳其人抓住了四十多名葡萄牙人,其中包括一名高级军官,他们带着这些俘虏和充足的战利品返回红海,用这些战利品支付建造更大更好的船只的费用。阿里贝伊这回没有到达蒙巴萨,但是蒙巴萨的苏丹派信使请求他建造一座要塞,并且提供给他一支永久的土耳其守备军。

当土耳其人胜利的消息抵达果阿时,葡萄牙人决定对给予阿里贝伊帮助的城市展开最大程度的报复。他们派出一支由十八艘船组成的舰队,第一个要惩罚的是费扎港。这是一场快速而猛烈的战役,期间葡萄牙人将该城房屋的平顶劈出一个个大洞,接着从上面向房子里丢炸弹,消灭了抵抗者,蹂躏了整座城市。苏丹埃斯塔姆拜杜尔被杀,他的头颅被挂在一柄长矛上。[1]葡萄牙人之后屠杀了城里的所有人。用那时候在东非的多明我会修道士兼编年史家多斯桑托斯的话来说:"葡萄牙人不会原谅任何活着的生物,他们以极大的愤怒杀死妇女和儿童,猴子和鹦鹉,以及其他无辜的动物,就像他们要为这座城市的罪孽负责一样。"然后,他们将这座城市付之一炬,还砍倒了一万棵棕榈树。

这支无敌舰队航行到蒙巴萨,再次摧毁了这座城市,这次是因为它邀请阿里贝伊在该城建造要塞。在将这座城市的大部分及其周边的果园摧毁之后,葡萄牙人得到了一笔以黄金支付的款项。

这次远征似乎完成得很出色,但是十八个月之后,阿里贝伊重返东非,率领了一支比之前更可靠的舰队,满载全副武装的士兵。[2]沿海的绝大多

---

[1] 这颗用盐保存的头颅被运到果阿,在那里它被游街示众,以此作为对任何"土耳其人的朋友"的警告。
[2] 有一张地图详细记录了阿里贝伊在印度洋的航程,请参见唐纳德·皮彻的《奥斯曼帝国》(Donald Pitcher, *The Ottoman Empire*)。

数统治者都热烈欢迎他，他直接前往蒙巴萨，开始建造足够坚固的防御设施，以打消葡萄牙人任何妄图摧毁它的想法。这回他的穆斯林伙伴们确信他会留下来。

甚至向南远至莫桑比克的整个东非海岸，一度都处于土耳其永久宗主权的统治之下，只有一个例外，那就是蒙巴萨郊外令人恐惧的第三支力量——一大群食人族。他们是贪得无厌的津巴人——一个真实身份和起源均有争议的部落，因为今天在东非未再听闻食人的事情了。[1]他们可能是在葡萄牙人入侵赞比西河流域的剧变中失去土地的人，是团结在辛巴（在东非用语中意为"狮子"）周围的一大群绝望和饥饿的人，而"狮子"终究是要吃人的。

在到达蒙巴萨之前，津巴人实际上是一边觅食一边北上。他们最大的盛宴是在古城基尔瓦举行的。在一个叛徒指引他们穿过连接岛屿和大陆的长堤之后，他们半夜蜂拥进这座古城。他们杀死或者抓捕了3000多人。俘虏被圈起来，当他们需要进食时再被放出来。那个叛徒因为不遵守道德准则而被吃掉，以示惩戒。

津巴人正走向蒙巴萨，这个消息令斯瓦希里的居民和新来的土耳其人都感到恐惧。阿里贝伊不得不同时关注两件事，一方面他要建造要塞，为抵御葡萄牙人从海上发动的不可避免的进攻做好准备；另一方面，他还要确保食人族不会从大陆跨海而来。他一直希望在葡萄牙人到达之前，津巴部落已经放弃围攻并转向他处觅食。但是情况并非如此，因为他再次出现在印度洋的消息已经以不同寻常的速度传到了果阿，葡属印度的总督曼努埃尔·德·索萨·科蒂尼奥匆忙派遣他的兄弟托梅带领一支由十九艘船组成的舰队前往非洲，这支舰队由两艘重型武装的大帆船率领，运载了将近一千名士兵。

借着东北季风，这支无敌舰队用了不到三个星期，就看到了摩加迪沙南边的非洲海岸，然后他们转向南方，准备在蒙巴萨开战。1589年3月5

---

[1] 按照修士多斯桑托斯的说法，他的一位多明我会同僚被津巴人吃掉了，津巴人的酋长穿着受害者的宗教圣袍举行胜利游行，他一只手拿着酒杯，另一只手拿着一柄长矛。

日黎明时分，他们抵达蒙巴萨，那时正好有一颗明亮的流星划过黑暗的天际，这被视为一种吉兆。当旭日冉冉升起时，土耳其人看到了这支舰队的模糊轮廓，他们发射了重型加农炮，并且展开他们的丝质旗帜以表明他们做好了战斗的准备，但是实际情况将表明，两线防御的前景逐渐削弱了他们的自信。

当他们向要塞开炮的时候，葡萄牙海军枪炮的精准性很快就体现出来。他们的其中一发炮弹杀死了土耳其炮兵部队的指挥官，随后土耳其士兵开始向城内撤退。当他们看到阿里贝伊骑马逃跑时，一个葡萄牙贵族和另外三个人被派上岸去占领要塞。他们发现要塞里只有四个土耳其人，两个死了，两个还活着。他们杀死了那两个人，然后升起葡萄牙旗帜，取代了伊斯兰的旗帜。

如果葡萄牙人震惊于临海一侧防御的虚弱，他们很快就会发现原因：阿里贝伊将他的精锐部队安置在两艘船里，这两艘船停在蒙巴萨岛的后面，那里与大陆仅隔着一条狭窄的海峡。跨过那条海峡，就是大群饥饿又挥舞长矛的津巴人。葡萄牙人没有意识到食人族的存在，他们派出一个分队对那两艘土耳其船只发起攻击，土耳其船员们拼命抵抗这些新的敌人，但是无济于事。葡萄牙人仅损失四人就杀死了一百个土耳其人，另外还俘虏了七十个人。拴在战场附近木桩上的大量黑人和黑白混血基督徒被释放，他们还收缴了二十多门铜炮。在岛屿的另一侧，阿里贝伊剩下的船只被摧毁。就战斗中的活跃度而言，土耳其人无法与葡萄牙人相比，葡萄牙人用牙齿咬着剑，在他们的船之间跳跃，并且游到岸边，加入到进攻队伍中。

蒙巴萨苏丹沙阿·伊本·梅什阿姆的希望破裂了，他派遣信使求和。托梅·德·索萨·科蒂尼奥回答说，将城中所有的土耳其人都交给他之后，他会予以考虑。一天过去了，他没有收到回应。津巴部落在城外虎视眈眈，葡萄牙人的舰队就停泊在港口里。德·索萨·科蒂尼奥命令他的人上岸，他们举着一面绘有十字架上的耶稣画像的旗帜进城，一路未遇阻碍。在那里，他们按惯例大肆掠夺、焚烧房屋，使防御墙变为一堆瓦砾。

当葡萄牙人的船只重新聚拢时，津巴酋长派人给德·索萨·科蒂尼奥送了一封信，他说既然葡萄牙人"已经体面地完成了他们的事业"。他请求允许他们开始自己的事业:"也就是杀死并吃掉这座岛上所有的生物。"这位基督徒指挥官对此没有反对,所以食人族立刻游过浅滩,在城里四散开来,当着他们的面将藏在花园和椰子种植园中的斯瓦希里人抓走。

当大屠杀开始时,阿里贝伊和他的30个军官,以及200名躲过津巴人魔爪的斯瓦希里人,一起逃到了海里。他们大声求饶,感谢真主保护他们,使他们免于被食人族吃掉。出于怜悯,葡萄牙人从水中将落败的敌人拖拉上来,还向效仿他们的人开火,以吓跑他们。然后,他们乘船离开了蒙巴萨,让蒙巴萨人自生自灭。

沿着海岸一路杀死了很多向土耳其表示同情的谢赫和苏丹之后,德·索萨·科蒂尼奥将阿里贝伊作为战利品,带着他趾高气昂地返回了印度。这个战败的土耳其人被带到葡属印度的总督面前,他表现得既谦逊又勇敢。总督将他安置在一艘前往里斯本的船上。刚一登陆,阿里贝伊就巧妙地宣称自己皈依了基督教。

令人着急的是,记录未再提到他之后的命运,津巴部落也同样从历史上消失了。在蒙巴萨做尽坏事之后,津巴人又向北起航,进攻马林迪。当地居民和一些定居在那里的葡萄牙人成功守住了这座城市,后来来自一个叫作塞格尤部落的3000名战士加入了这场战斗。津巴人遇到了对手,最后只有100人生还,酋长及其几个追随者消失在了非洲内陆。

31

变节的苏丹

我从未得到过补偿。他们不尊重我,我的待遇也与我的身份不符。一颗高贵的心受到严重的侮辱、冒犯,以及不公正的对待……他们认为无需按照法律对待我们,特别是考虑到我的臣民只不过是卡菲尔人,他们更是如此。

——蒙巴萨苏丹优素福寄至果阿的一封信,1637 年

为了夺取对蒙巴萨的控制权,该城所遭受的苦难已使人几乎无法再探寻到它之前的繁荣景象。苏丹及其3个儿子晦涩不明的死亡造成了彻底的权力真空。葡萄牙人此时已经决定要占领这座岛,以填补这个真空,他们带来"忠诚的"马林迪苏丹艾哈迈德,让他成为该城新的统治者。更可怖的土耳其人入侵的可能性是刺激他们做出这个决定的主要原因,因为有报告称,他们在埃及正制订计划,要开通一条运河以连接红海北端和尼罗河,通过这条运河,奥斯曼人的战舰就能从地中海直接航行到印度洋。

1586年,法国驻君士坦丁堡的大使萨瓦里·德·兰斯科斯梅派人到巴黎汇报,10万名工匠、4万头驴和1.2万头骆驼将用来开凿这条运河。一旦运河建好,200艘全副武装的船只将从那里通过,他们会把葡萄牙人赶回到好望角的另一边。一位不知姓名的土耳其人写了《通往印度的西部路线》(The Western Route to India)一书,他满怀乐观地写到这条运河建成之后,"邪恶的无信仰者"就会从辛吉海被驱逐出去,之后,君士坦丁堡可以更容易享有"信德和印度的精美货物,以及埃塞俄比亚(非洲)的珍宝"。[1]

---

[1] 这位不知名的作者认为将葡萄牙人逐出印度洋只是更大计划的其中一步,更大的计划是指土耳其人征服包括美洲在内的整个世界。请参见托马斯·古德里奇的《奥斯曼土耳其人和新世界》(Thomas D. Goodrich, The Ottoman Turks and the New World)。

关于土耳其人的这些计划的报告到达里斯本几年后，葡萄牙人终于开始在蒙巴萨建造一座要塞。它必须是一座坚固到能够控制东非海岸的堡垒，而且必须能够对抗敌人可能施以的任何进攻。它将被称作耶稣堡。所有在东非做贸易的船只都要上缴百分之六的海关关税，这笔钱能够抵偿建造要塞的成本，并且可以支付它的维修费用。

耶稣堡注定成为葡萄牙帝国短暂辉煌的不可摧毁的纪念碑。但是，下令建造它的人是一个西班牙人，而它的建筑师则是一位意大利人。那个西班牙人就是在阿维什王朝衰落之际于1580年获得葡萄牙王位的腓力二世。

腓力二世有很多宠臣，其中一个是乔瓦尼·巴蒂斯塔·卡伊拉蒂，他是米兰人，年轻时就被派去指导防备土耳其人围攻的马耳他防御工事的建造。卡伊拉蒂作为一个军事建筑师的声誉传遍南欧，到16世纪70年代，他在西班牙效命于腓力二世。

在伊比利亚国家不幸地联合后不久，卡伊拉蒂的皇家保护人就派他作为葡萄牙在东方所有防御工事的总建筑师。50岁左右，他去果阿赴任，之后卡伊拉蒂就将他的西班牙名字改成与之相当的葡萄牙名字——若昂·巴蒂斯塔·凯拉托。在他生命的最后十三年，他在印度洋的各个地方，甚至在东边远至马六甲海峡的地方，设计建造堡垒。耶稣堡是他最后也是最伟大的作品，他在设计这座建筑时回溯了意大利的艺术源头。它是从文艺复兴全盛时期"完美的人体"理论中获取灵感的显著代表。耶稣堡的平面图非常清楚地说明了这一点：四座棱堡是胳膊和腿，面向大海的外垒是头部，整个结构的中心区域则是躯干。[1]而很好地掩映在一座堡垒的火炉后的大门，实际上处于腋下的位置。

卡伊拉蒂使用"人体形态"的理念，不仅是出于对在他年轻时就闻名意大利的哲学观念的回应。耶稣堡的设计还非常贴合当地的地形，在它遭到围攻时便于安排人手。在开始建造耶稣堡之前，在从果阿到蒙巴萨的途中，卡伊拉蒂应该已经意识到，由于葡属印度总是缺少人力，有效的守备

---

[1] 在安德烈亚·帕拉第奥的《建筑四书·第一卷》(*The Four Books of Architecture*, Book I, 1570) 中，他说："……建筑可以是一个完整的单一人体，其中所有的部位都适宜，并且所有的部位都是必要的……"

部队的规模会很小（几乎不会超过100人）。所以，布局要简单，只有几个防御点，尽可能少地将堡垒内的力量暴露给进攻者。

耶稣堡的规模依然很大，足以保证遭遇长时段围攻期间的生存条件。它大概有150码长，两座放置武器的棱堡之间宽约130码；中部庭院有将近75码宽，兵营、储存室和一个小教堂位于其两边，它们由幕墙围护；有一口深井，可以为驻军提供饮用水。耶稣堡的指挥官被庄重地授予"蒙巴萨总督"的头衔，他的房间位于大门上方。

耶稣堡的城墙面向大海，建在珊瑚岩上，旨在威吓住潜在的敌人。超过12英尺厚、面向珊瑚块且用碎石填筑的墙壁，足以抵御16世纪末任何海军枪炮的攻击。底下是外部防御工事，它紧邻大海，通过一个低矮的拱门和一条狭窄的通道，与内部的庭院相连。

卡伊拉蒂一定立刻就意识到，面向岛屿中心的耶稣堡的西端，是入侵者最容易突破的地方。他的解决办法是遵循意大利军事建筑的最优良传统。堡垒的两条短而粗的"腿"在侧翼隐藏着炮台。每个炮台都可以扫射到棱堡对面后墙的通道。这些设计还包括在堡垒向陆地的一面建造一条壕沟。

耶稣堡在几年中的建造速度很快。在强有力的蒙巴萨第一任指挥官马特乌斯·门德斯·德·瓦斯康塞洛斯的带领下，成批的印度泥瓦匠、采石工、木匠从果阿来到这里。包括几艘停在海港里以防御再度前来进攻的土耳其人的船只上的船员在内，所有的劳动力都加入到堡垒的建设中。军官们也和士兵一起劳动。甚至新任苏丹也摆出象征性的姿态，和他的侍臣们来到海边帮助搬运石头。

卡伊拉蒂看到大家热火朝天的劳动景象一定很开心。可能是想要在他返回欧洲的途中拜访蒙巴萨，因为在东方待了十多年之后，他告诉腓力二世他最热切的愿望是退休后回到米兰。（他的故乡米兰仍然十分热爱他，他计划将他一生的大部分积蓄用来扩展当地的医院。）国王告诉他，等找到他的接替者他就可以回去。1596年，卡伊拉蒂在果阿去世，彼时他还在等待他的继任者。

与在热带的葡萄牙帝国的其他地方经常发生的事情一样，蒙巴萨的精力和金钱很快开始枯竭。在继任的指挥官浪费和盗取资金的情况下,耶稣堡的建造几乎陷入停滞状态。在堡垒开始建造近20年之后,蒙巴萨的葡萄牙商人先驱还会对人抱怨说防御墙不够高。还有很多需要完成的事。即便这样,移民的数量还在稳固地增长,甚至主街上还流传着一个嘲弄的说法,称这座堡垒为散兵坑。最后,蒙巴萨聚集了大概70个家庭,再加上他们的奴隶和溜须拍马者。尽管对于他们没有记录,但是一些印度店主和工匠也一定从果阿跨海移民至此。他们从阿拉伯商人化作废墟的建筑中搜取石块建造他们自己的房屋,以及一座奥古斯丁教堂和女修道院。

但是,葡萄牙人并不信任那个和他们一起分享蒙巴萨岛的斯瓦希里人,因为他们与苏丹艾哈迈德的早期情谊很快就消逝了。苏丹艾哈迈德曾经认为,从马林迪搬到蒙巴萨会使他成为整个斯瓦希里海岸的大领主,但是实际的权力掌握在耶稣堡缓缓升起的高墙后面。葡萄牙军官们掌握着权力,而蒙巴萨的苏丹只能忍耐。[1]苏丹给里斯本的国王写信,说没有必要建造这座堡垒。由于葡萄牙居民在贸易中享有不公平的优惠条件,而历任指挥官又对他态度轻蔑,他的个人地位正不断被削弱,但是他的信没有得到理会。

17世纪,在东方有多年生活经验的葡萄牙指挥官若昂·罗贝罗,应该很能理解他的最后一个抱怨:"我不怀疑在那些接受派遣管理堡垒的人之中,不乏表现友好的人,但是他们做不好事情,因为一个坏人做错事要比一百个好人做好事的影响深得多。"

当苏丹艾哈迈德请求派商船前往中国时,他的自尊再次受到严重打击。他不可能拥有足够完成1.5万英里环球航程的远洋大船,但是他可以在印度轻易地雇用到它们。前往中国的货船和以往一样载着象牙、龙涎香、非洲的黄金和稀有的兽皮;返航的船只则满载瓷器和丝绸。可能在马林迪还流传着将近200年前郑和船队造访的传说,以及由这座城市送给中国皇帝长颈鹿的事迹。

苏丹知道他必须得到葡萄牙人的许可,因为没有通行证,任何在印度

---

[1] 苏丹的宫殿距离耶稣堡大概一英里。

洋航行的船只都会被劫掠或者炸沉。他曾经确信他可以得到许可，因为他和他的祖辈一直对葡萄牙人表现忠诚，但是他的请求被草率地拒绝了。

1610年，新任苏丹哈桑就任，而堡垒的新任指挥官是曼努埃尔·德·梅洛·佩雷拉。这两者之间的敌意很快变得十分强烈，以致于哈桑从蒙巴萨逃往大陆，与一个非洲人社群生活在一起。曼努埃尔·德·梅洛耍手段，在一场伏击中杀害了苏丹。葡萄牙人支付了2000段布料，了结了此事。当苏丹的尸体被送回蒙巴萨时，他的头被砍下来送给了果阿的总督，附带的报告说苏丹只是遭受了他应得的惩罚，因为他犯了叛国罪。

苏丹的继承人是7岁男孩优素福，因而蒙巴萨的指挥官就任摄政者，他来自一个反对前任苏丹的派系。优素福乘船前往印度，在那里他皈依了基督教，他在果阿的奥古斯丁修会会士处接受教育，然后乘坐葡萄牙船只学习航海技术和战争艺术。到他十八九岁时，他的名字从优素福改为热罗尼莫。他的导师们认为他已经可以继承苏丹之位。他在果阿加冕，被授予"蒙巴萨、马林迪和奔巴岛之王"的头衔，成为基督骑士团的一名骑士，并在1626年的盛大仪式中被送回故乡。跟他一起出发的有一位奥古斯丁修会会士，还有他来自果阿、名叫伊莎贝尔的妻子。

不幸的是，就热罗尼莫自己的利益而言，他此时有些过于葡萄牙化了。他戴着宽边帽而不是包头巾，穿着紧身上衣和紧身裤而不是白长袍，他不是当地的斯瓦希里人想要看到的领袖的样子。他甚至和异教徒一样吃猪肉。一位不知名的神父，在热罗尼莫写给教皇表衷心的信的开端将他描述为一个"统率摩尔封臣的基督徒国王"，还非常不吉利地引用了《圣经·旧约》中的《诗篇》第110首"你要在你仇敌中掌权"。[1]

在两种文化之间备受折磨，热罗尼莫几乎无法掩饰他内心的绝望。如果他不为自己的民众所信任，耶稣堡里的法兰克人也不会信任他。1629年，贵族佩德罗·莱唐·德·甘博亚作为新任指挥官被指派过来。他偶然有了一个重大发现：苏丹有半夜秘密前往墓地的习惯，而那座墓里埋葬着他的父

---

[1] 1627年8月，热罗尼莫写信给教皇，称他凭一己之力，"使100名摩尔封臣皈依了基督教"。

亲，尸体没有头，他在那里会"以摩尔人的方式"祷告。在这位指挥官看来，热罗尼莫是一个叛徒，必须将他送往果阿接受审讯。

1631年8月初，莱唐·德·甘博亚做了这个决定，但是在他执行这个决定之前，苏丹一定得到了某些暗示。8月16日，星期六，下午晚些时候，指挥官因为生病躺在自己的屋子里。热罗尼莫到达耶稣堡的大门口，请求拜访他。这是一个奇怪的请求，因为这两个人彼此之间怀有很深的敌意，以致于他们极少见面。但是，指挥官同意了苏丹的请求，派人引领他进入自己的房间。这是一场很短的会谈，很快苏丹和他的一个侍从用胳膊抓住指挥官，刺死了他。

然后，他向等在堡垒外边的一队非洲弓箭手和阿拉伯士兵发出命令。他们射着箭、挥舞着刀剑，冲进入口。一进入主庭院，他们就开始不分青红皂白地杀戮：指挥官的妻子和孩子是第一批受害者。大约50个葡萄牙士兵没被立刻砍倒，他们惊慌失措，逃到了附近由奥古斯丁修会会士管理的教堂里。到傍晚时分，一切都结束了。耶稣堡陷落，葡萄牙人在蒙巴萨的房屋被付之一炬。[1]

胜利者不再自称热罗尼莫。回到宫殿，他丢掉葡萄牙服装，穿上了斯瓦希里服装，腰间还别上一把弧形匕首，宣布自己是苏丹优素福·本·哈桑，一个真正的穆斯林。之后，他返回耶稣堡。他向蒙巴萨的基督徒宣布，只有一种方法才可以避免像堡垒中已经死去的人那样的命运：他们必须皈依伊斯兰教。但是，在那个时代，死亡是比变节更好的选择。甚至妻子也反对优素福，就算不顾叛教的诸多耻辱，她接受伊斯兰教也一定用了很长时间。

第一个为信仰而死的人是一个隐居的修道士——神父迪奥戈。当他告诉苏丹他的决心时，他被苏丹的非洲侍从用长矛刺死。接下来的几天没有发生什么事情。大概150名基督徒还挤在奥古斯丁女修道院的教堂里。他们包括从着火的房子里被营救出来的妇女和儿童，以及几个受伤的男人。

---

[1] 苏丹反叛后的事件的同时代记录，请参见弗里曼-格伦维尔翻译的《1631年蒙巴萨起而反抗葡萄牙》（*The Mombasa Rising against the Portuguese, 1631*, trans. by G. S. P. Freeman-Grenville）。

和这些葡萄牙人在一起的还有零星几位黑人基督徒和半阿拉伯血统的基督徒。在受伤者中,有一个是苏丹的近亲,这个人叫作安东尼奥,他曾经请求苏丹放过这座堡垒,但是没有用。挨着这位请愿者的是修道院院长——优素福以前的告解神父。当他被问及是否愿意成为一个穆斯林时,他拒绝了,然后被吊死在堡垒的城墙上。

8月20日,苏丹命令教堂里的所有人都出来,大约有60个人将行进到堡垒那里。他们将被"送往基督教国家"。在做完忏悔、圣餐仪式,并且与他们的妻子和孩子告别之后,这些人从教堂里出来了。神父手持十字架引领着他们。苏丹把身体探出堡垒的窗外,向他的堂兄弟安东尼奥喊话,让他抓住最后一次机会放弃基督教。在安东尼奥拒绝后,苏丹给出信号,一大群战士冲向行进的队伍,对他们发起攻击。所有人都被杀死了,除了一个叫作西尔韦斯特罗·佩雷拉的文员。苏丹骑着马来到屠杀现场,发现佩雷拉还活着,而且仍然坚决维护自己的基督教信仰,就下令将他也杀死。情绪高涨的优素福从他的马鞍上弯下身,用他的长矛猛刺这些尸体。然后,他们用绳子将这些尸体绑在一起抛进海里。

10天过去了,那些妇女和孩子还在教堂里苦苦等待。他们几乎没有食物和饮用水,天气十分炎热,而且他们亲眼看见了她们的丈夫和父亲的死亡。最后,苏丹派信使告诉他们,所有放弃基督教信仰的人都可以回家。那些不放弃基督教信仰的人必须离开蒙巴萨,乘船前往斯瓦希里海岸北端的城镇——帕泰。那些妇女带着她们的孩子从教堂里出来,宣称她们的信仰。她们向等待的船只走去,一路上还大声咏唱。

一位后来编制这次暴乱报告的奥古斯丁修会会士,描述了最后的情形[1]:

> 在他们与这场冲突中陪同女主人的某些奴隶都上船之后,有谣言说那位暴君打算在船中央凿出一个大洞,以便让他们都淹死。但是,这些水手——野蛮的卡弗尔人,没等听到命令,在船到达大海中央、刚看到那位暴君所在的堡垒时,就切断了这些无辜的可怜人的喉咙,

---

[1] 果阿派出耶稣会士若昂去调查那场屠杀。

并从她们的臂弯中抢走她们的孩子,以便使她们亲眼看到他们被切成碎片。

一个女儿正爬向她还有一口气的母亲;一位母亲正握住她残缺不全的女儿的尸体;一具无头的尸体手中还握着十字架。还有一些人受伤了,另外一些奄奄一息。他们被抛进海里,以增加他们的痛苦,他们在水中喘吸挣扎时,还遭受棍棒和船桨的击打。有多达三十九名白人妇女和五十九名儿童被杀死。我无法弄清当地人的数量。

另一份记录说明这些行刑者是如何在将那些妇女的尸体抛入海里之前,将她们的戒指、项链和耳环取下来的。(一年后,果阿的教会法庭听说了一些证据,决定是否将殉道者的荣誉授予这些因为拒绝放弃基督教信仰而死去的人。说明这个事件的文件被送往罗马,以备宣福礼之需,但是之后不知道由于什么原因,这件事不了了之。)

当耶稣堡失守的消息传到葡属印度时,关于叛变的苏丹应该在蒙巴萨公开斩首还是在果阿处决,存在争议。但是,第一个任务是抓住他。1632年初,一支由二十艘船组成的舰队载着一千名士兵,在贵族弗朗西斯科·德·莫拉的指挥下,出现在蒙巴萨附近。堡垒里有四百个人,包括当地的斯瓦希里人和从大陆来的雇佣军。优素福还在岛上的关键位置隐藏了数百名非洲勇士。

这些船只向耶稣堡一齐发射炮弹,这反映出他们的一个错误估计:他们的枪炮不足以攻破耶稣堡的城墙。卡伊拉蒂设计的堡垒如此坚固,为的是它能够抵御土耳其人的进攻,但是葡萄牙人料想不到他们自己在堡垒外边,无法进入。更糟的是,优素福的人充分利用了架设在堡垒棱堡中的大炮,他们用这些大炮对付那些试图通过抓住停在海港中的阿拉伯单桅帆船的锚,骚扰狭窄海峡中的其他船只的葡萄牙士兵,因为食物供给需要跨过那道狭窄海峡,才能被送到蒙巴萨岛。

当一支四百人的军队在堡垒附近登陆时,他们遭到数百名非洲长矛兵和弓箭手的袭击。弗朗西斯科·德·莫拉为了鼓励他的士兵,身先士卒,中了三十箭。有些箭的箭头上还有毒,一个自告奋勇的年轻人将他的毒液吸出来，他才免于一死，据说，那个年轻人死了。

进攻的计划多次遭叛逃者泄露，几周之后，沮丧的葡萄牙指挥官们开始就接下来该采取的行动相互争吵不已。他们给大陆上的一位非洲统治者姆瓦纳·尚布·尚代赠送礼物，目的是引诱他加入葡萄牙这一方。他做了象征性的尝试，说他的路被苏丹的支持者们封锁了。3月份开始下雨，使得火绳枪兵更难以使用他们的武器了。最后，他们在大陆距离堡垒最近的一个位置架设了两门大炮，然后他们隔着海峡开始密集开炮。结果收效甚微，而且优素福命人将堡垒的一门大炮放在一座清真寺的平顶上，轰炸葡萄牙人在对岸的登陆点。4个月过后，食物也快消耗完了。而且，一些围攻者开始将他们的精力投注到一些恶习中，一份记录阴郁地指摘他们"下流甚至令人憎恶"。这次围攻被取消了，这支耗资巨大的舰队返回果阿。对于在蒙巴萨的惨败，他们相互指责得十分激烈，但是由于弗朗西斯科·德·莫拉与里斯本的关系密切，他逃过一劫。

他们在蒙巴萨留下了两艘船，做出还在封锁蒙巴萨的样子，但是它们很快就落入苏丹优素福的手中。我们并不明了这件事是如何发生的，可能是船员被贿赂了，或者他们仅仅是出于害怕，乘坐小船，逃往东非沿海骚乱较少的葡萄牙人定居点。

优素福需要这两艘被俘获的船。他意识到，当企图夺回耶稣堡的远征队下一次到达这里时，他可能不会这么幸运。是时候离开了。包括堡垒枪炮在内的所有能够移动的东西都被装进这两艘船，借着西南季风，蒙巴萨最后一位苏丹乘坐他新获得的船只消失在印度洋里。在葡萄牙海军度过的那些年令优素福受益良多，因为他已经决定开启一项新的事业——海盗。

7年间，他在马达加斯加到阿拉伯半岛的热带海域航行，有时和英国、尼德兰的海盗一起。有谣言说，优素福恳求尼德兰人帮他夺回蒙巴萨，而这引起了果阿总督佩罗·达·席尔瓦的警觉，他担心耶稣堡会陷入欧洲海盗和作为他们傀儡的变节苏丹的手中。他毫不怀疑斯瓦希里海岸将对何方致以同情，他们反正不会同情葡萄牙人。

总督发誓抓住优素福，甚至计划以贼抓贼，雇用一名葡萄牙海盗完成这个任务，但是他从来没有成功过。后来，优素福逃进东非的海港，在那里他受到英雄般的欢迎。最后，他在红海的一次小规模战斗中被杀。在那之前不久，他还派了一个俘虏——一位多明我会的修士，前往果阿送信，请求宽恕。他宣称，自己之所以叛变完全是被耶稣堡接连上任的指挥官的无情逼迫所致。

32

卢济塔尼亚遗失的骄傲

> 我们的战争引起的破坏不局限于我们欧洲。这是两个世纪以来人们的勤奋和狂热产生的后果之一。我们为了到亚洲和美洲的边远之地去毁灭自己,而花费大量人力、财力,结果弄得自身精疲力竭。[1]
>
> ——伏尔泰《路易十四时代》,1751年

与美洲的西班牙帝国相比,葡属印度一直都比较脆弱。它挑战了我们的逻辑:作为西欧最小的国家之一,它以不到100万的人口控制1600万平方英里的热带海域,使它的令状在从蒙巴萨到马六甲,从霍尔木兹到中国沿海的澳门和日本长崎的广阔地区得以执行。授予葡萄牙半个世界以作奖励的教皇诏书,很快被证明只是旧羊皮纸上若干得体的拉丁语短句。

人力资源的耗竭是难以承受的,因为每年都有数百名年轻人从塔霍河的河口出海,返回的人不到三分之一。人力资源的匮乏意味着葡萄牙人永远无法期望拓殖他们要塞所在之地周边的大陆内陆地区。甚至葡属印度的首府果阿,控制的大陆地区也只有小小的葡萄牙面积的二十五分之一。像西班牙在美洲大面积地占领土地,这对于葡萄牙而言是不可能的,甚至征服印度小邦的想法都不曾有过。

尽管土耳其人从未获得战略性的胜利,但他们及其教友是一种持续不断的刺激因素。1531年,穆斯塔法·本·巴赫拉姆带领一支埃塞俄比亚奴隶大军在第乌港登陆,将总督努诺·达·库尼亚驱逐出岛。(穆斯塔法作战之前有一种固定的习惯:他将女眷安置在一条船上,将财宝放置在另一条

---

[1] 伏尔泰著,吴模信、沈怀洁、梁守锵译,《路易十四时代》,第十六章,商务印书馆有限公司,1996年。

船上。）几年后，当莫卧儿帝国攻击第乌所属的古吉拉特王国的时候，葡萄牙人在那个岛上才获得立足之地。后来，他们两次被困在要塞中，在1555年之后他们才完全控制了第乌。

这次成功使得他们可以加紧控制出入波斯湾的贸易，但是也不断地削减他们封锁红海入口的努力。早些年似乎可以取得任何功绩，但是阿尔布开克在亚丁却遭遇惨败，这时常萦绕于葡萄牙人的心头。到1570年，在白人暴行带来的第一次冲击消逝后，东方的香料和制造品再次出现在亚历山大里亚。对于印度尼西亚的穆斯林统治者而言，同样成为可能的是从奥斯曼土耳其人手中购买青铜大炮，让它们在葡萄牙人的眼皮底下穿过印度洋，将它们用于围困葡萄牙人的堡垒。

通行证制度仍然在实行。没有葡萄牙的许可，在远海航行的船只仍然易受沉没或至少是劫掠的威胁。出于自卫的本能，各国的商人都学说一种"洋泾浜葡语"。一些虔诚的穆斯林觉得在法兰克人手中所受的这种羞辱只能被解释为真主对邪恶行径的惩罚。这就是谢赫扎因·丁在1570年所写的对于马拉巴尔海岸与他具有相同信仰的民众遭遇的解释。他们"误入歧途"，彼此分立：

> 因此，按照这种说法，是真主带来了这些欧洲人，法兰克人、基督徒，他们开始压迫穆斯林，带给他们灾难。他们犯下了无法描述的最残忍无耻的罪行：使穆斯林成为笑柄；对他们表现出最大的轻蔑；雇用他们从井里取水，从事其他不体面的工作；朝他们的脸吐口水；阻碍他们的旅行，特别是他们前往麦加朝圣的时候；毁坏他们的财产；烧毁他们的住所和清真寺；抓捕他们的船只；丑化和践踏他们的档案和著述；焚烧他们的历史文献；亵渎他们的清真寺圣所。

而且，他们俘虏穆斯林妇女，将她们绑起来，限制她们的自由，再强奸她们，"以这种方式产生信仰基督教的儿童"。即便可能存在敌人夸张的成分，但是这条记录还是让人非常不适。

憎恨穆斯林逐渐成为葡萄牙人的一项神圣职责，他们总是十分缺少朋友。印度人本可以成为他们的战友，但是他们之间从未形成持久的友好关系。起初，在阿方索·德·阿尔布开克做出的友好姿态下，他们似乎有可能与维查耶纳伽尔结成同盟。一位方济各会修士——神父路易斯，被派往胜利之城的新任王侯克里希纳·德瓦那里，呼吁他加入葡萄牙人对卡利卡特和居住在那里的"摩尔人"发动的战争中。作为回报，阿尔布开克保证，他会帮助克里希纳·德瓦进攻他在北方的穆斯林敌人。不出所料，王侯没有回应，虽然扎莫林可能是一个靠不住的总督，但他也是一个印度人。之后，又举行了多次谈判，到阿尔布开克去世时，他们才即将达成一个协定，那就是印度应该首先召集所有通过果阿进口的战马。

葡萄牙人很快就意识到与胜利之城做贸易的可能性，因为在克里希纳·德瓦的统治下，这座城市蒸蒸日上，发展至顶峰，克里希纳·德瓦的在位时长有20多年。他在改造这座城市的过程中得到葡萄牙人的帮助，包括由葡萄牙工程师若昂·德·拉庞特设计建造了一座人工湖。在几次战役中，使用火绳枪的葡萄牙士兵还加入到印度一方。多明戈·派斯和费尔南多·努尼兹这两位商人在16世纪40年代居住在胜利之城，他们都把自己的相关记录发回了里斯本。派斯对这个印度帝国的首都的描述，可能使葡萄牙人看到了获得一个强有力盟友的机会：

> 这里我就不写它的规模了，因为从任何一处都无法看到城市的全貌，我爬到一座小山上，从那里我能看到这座城市的大部分地方……我所看到的地方像罗马一样大，非常美丽。城里有很多树林，房子的花园里也有很多树，水渠从城市的中心穿过，还有很多处湖泊……这座城市里的人数量多得难以计数，我想记录下来但是似乎很难，因为这会让人觉得难以置信。然而，我想说没有军队、马匹或者步行者能够顺利通过任何街道或者小巷，因为人和大象实在是太多了。这是世界上最好的城市。[1]

---

[1] 葡萄牙人对胜利之城鼎盛时期的描述，请参见休厄尔翻译的《一个被遗忘的帝国》（*A Forgotten Empire*, trans. By R. Sewell）。

1547年，葡萄牙人最后与胜利之城达成了一项条约，但是这对日益分裂的印度帝国没有什么用。胜利之城的垮台似乎就在眼前，因为1564年德干高原的所有穆斯林苏丹形成了一个军事同盟。1565年1月，他们冲入胜利之城，几乎完全摧毁了它，逃不走的人都被杀死，神庙被毁，塑像被推倒，房屋被烧掉。[1]葡萄牙人只是这场战争的旁观者。这座城市再也没有被占据，两年后当意大利旅行者卡埃萨罗·弗雷德里希看到这座城市时，断壁残垣还矗立在那里，居住在里面的是"老虎和其他野生动物"。

胜利之城的衰亡对于葡属印度而言是一场灾难，因为果阿严重依赖它的商业。历史学家德·科托承认，丧失了"马匹、天鹅绒、绸缎和其他各种商品"中的获利，使得葡萄牙人"大受打击"。收入的损失如此巨大，以致于果阿的人口持续减少。葡萄牙人也感到更加孤立。

维查耶纳伽尔帝国的残余撤退到更南方的地区，一个将要控制几乎整个印度的新的力量正在北方崛起。莫卧儿人很快就弄清楚了"法兰克人"的能力，并且随意地嘲笑、谈论他们。莫卧儿帝国的第四位皇帝贾汉吉尔（1605—1627年在位）在他的长篇回忆录中只顺带提到过葡萄牙人一次，讲述一个阿拉伯水手提到的葡萄牙人的魔法，说他们如何将一个人的头砍下，然后复归原位。贾汉吉尔将葡萄牙人比作孟加拉的杂耍演员。皇帝沙阿·贾汉（1628—1658年在位）甚至更加轻蔑："实际上，法兰克人是一个伟大的民族，但是他们有3个最邪恶的特点，第一，他们是异教徒；第二，他们吃猪肉；第三，他们在如厕后也不清洗。"[2]

要是莫卧儿人了解到更加可怕的异教徒已经开始取代法兰克人，将他们逐离他们的海洋帝国，这种蔑视可能还算是和缓的。到1600年，葡萄

---

[1] 92岁的统治者拉马拉贾带着六十万步兵、十万骑兵和五百头战象加入战斗。但是，他的穆斯林盟友阿里·阿迪勒·沙阿在关键时刻倒戈，导致拉马拉贾被俘。后来，阿迪勒·沙阿用一门大炮轰下了拉马拉贾的头颅，然后将他尸体的残余部分运到了贝拿勒斯，扔进了恒河，请参见尼拉坎塔·萨斯特里和凡卡塔拉马纳亚合著的《维查耶纳伽尔史的进一步史料》（K. A. Nilakanta Sastri and N. Venkataramanayya, *Futher Sources of Vijayanagara History*, Madras, 1946）。

[2] 盖萨尔引用过沙阿·贾汉的评论。

牙人已经知道印度洋上有些船只在炮术和航海技艺方面能和他们匹敌，甚至超越他们。就像他们当年从威尼斯人手中抢走香料贸易一样，其他人此时也打算从他们的手中抢走它们。

葡萄牙人尽全力保守东方的秘密，希望在尽可能长的时间里不让潜在的闯入者知道这些信息：海上的航路，季风和洋流，航海的危险之处，香料、外国的织物、精美瓷器的主要来源。售卖地图或者印度洋的航海图，传播含有葡属印度活动的信息，在葡萄牙长期以来都是重罪。这些禁令的确使欧洲在印度洋的地理方面长期处于一种模糊状态：一张16世纪的意大利地图表明，那时候人们认为卡利卡特是位于阿拉伯半岛和印度之间悬吊在亚洲大陆之下的一个孤立的半岛，而同时期一张记录弗朗西斯·德雷克勋爵的世界探险航行的英国地图，则将"马林迪"描述成占据东非的大部分地区，甚至远达好望角。

这并不意味葡萄牙人能够成功抵御所有的闯入者。在瓦斯科·达·伽马进行探险航行的25年里，法国迪耶普几艘小船的船主兼海盗让·安戈，绕过好望角寻找苏门答腊岛，希望在那里买到香料。由于疾病和恶劣的天气，这场冒险的结局很糟糕，但它却是一个预兆。1527年，另一艘法国船"玛丽救世"号，在葡萄牙人拦截住它之前，一路航行到了印度海岸。船上的36名水手向果阿的总督请求释放他们，宣称他们的航行是由鲁昂的商人资助的，并且已经获得他们的国王和最高指挥官的赞成。这艘船的船长是一个叫作埃斯塔旺·迪亚士的葡萄牙人，尽管文献没有记载他的命运，但肯定也好不到哪里去。

保持这些秘密，肯定存在许多漏洞，主要是由于葡萄牙自身缺少人力，被迫雇用外国人。大多数是加泰罗尼亚或者热那亚水手，他们目不识丁，除了他们乘坐的船之外一无所知，而且他们几乎从不上岸，除了私通或者掠夺。

对于葡萄牙人而言，当他们毫不怀疑地把一个能够将所见所闻记录下来的人运送到印度时，情况变得更加糟糕。这个人是神父托马斯·史蒂文斯，他是一位英国的耶稣会士，在1579年从里斯本航行前往果阿，他将一份长篇航行记录寄给了住在老家威尔特郡的父亲。尽管有一些荒谬的成分，但是这封信仍然向英国商人和水手们暴露了很多有关印度洋的信息。[1]在好望角附近航行时，他所乘坐的船只触礁，差点沉没：

> "海岸看起来很可怕……而陆地又到处是老虎，那里的人还未开化，他们会杀死所有的陌生人，所以我们在那里既没有生存的希望，也别想过上舒适的生活。"然后，起风了，我们得救了。"你应该知道，绕过好望角之后，有两条路通往印度：一条在圣劳伦斯岛（马达加斯加岛）内，由于这条路线可以使他们在莫桑比克修整两周或者一个月，他们可以获得充足的补给，然后再用一个月或者更长一些时间到达果阿，他们愿意选择这条路线。另一条路在圣劳伦斯岛之外，他们出发得太晚，不能及时赶到好望角，无法走前述莫桑比克的那条线路。他们需要装载很多东西，因为沿路没有港口停泊，航程漫长，缺少水和食物，他们可能会患各种疾病，腿会肿胀，身体会疼痛麻木，以致无法移动手脚，最后因为虚弱或者流感和疟疾而死。"
>
> 而这条路正是我们要走的路。尽管我们船上有150多人得病、27人死亡，但是与其他几次航行比起来这不算多……这条路多暗礁和流沙，所以有时候我们不敢在夜晚航行，只有冒着白天航行的危险，但是天意如此，我们什么也没看到，也看不到大海的尽头，直到我们到达印度海岸。

之后，史蒂文斯揭示了葡萄牙人航行的弱点。"流动的海洋"使船只远离航道："我们认为自己位于印度附近，纬度与红海入口的索科特拉岛相同。"[2]船只偏离航道1000多英里，向东转向朝向它的目标："陆地的第一个标志是特定的海鸟，这使他们知道将要到达印度；第二个标志是棕榈树

---

[1] 英国地理学家理查德·哈克路特利用了史蒂文斯的记录，在1598—1600年出版了他的三卷本旅行文集。

[2] 这种情况充分体现了当时航海技术的落后，直到18世纪才能在航行时确定经度，当时，只能粗略地通过航位推测法计算出纬度之间的航行距离和方向。伯沃什的《英国的商船运输，1450—1540年》中有图表可以说明这种方法（D. Burwash, *English Merchant Shipping, 1450-1540*）。

和莎草；第三个标志是有蛇在水里游动。"

1586年，托马斯·卡文迪什带领一只商船出现在纳塔尔附近。3年后，第一艘英国船"爱德华·博纳旺蒂尔"号直接驶进了东非海域，在桑给巴尔岛抛锚停留了3个月，等待季风改变方向以便航行去往印度。船员们十分赞赏桑给巴尔出售的食物。因为船只未受葡萄牙的许可就进入印度洋，所以这次航行被里斯本视作一种海盗行径。这些抱怨对英国人来说不算什么，因为他们的海盗英雄——德雷克和霍金斯——已经展示过如何掠夺西班牙占据的另一半世界。此外，葡萄牙这时候还在西班牙人的统治之下，1588年之后，由于英国人战胜了西班牙的无敌舰队，他们可以自由航行去往世界上任何一个他们想去的地方。[1]

英国入侵者不久就发现，他们和另一个北欧国家——尼德兰——绕行非洲的路线完全一致。这些新来者能够从对葡萄牙帝国有独特洞察力的同胞那里获益：扬·范·林索登在印度生活了5年，他是果阿大主教手下的教士。由于大主教是国家最高委员会委员，林索登自然了解整个体系是如何运作的。1590年，他一回到里斯本，就立刻努力着手将他发现的关于好望角的一切都详细记录下来。1596年，第一批前往东方冒险的尼德兰船长在出海前能够阅读到林索登的《旅行日记》(*Itinerario*)。他们很快就意识到，对于葡萄牙人的所有挑战者来说，这本书都是无价之宝。1598年，它的英文版出版。

毫无疑问，那位英国人在返程时乘坐的那艘船上饶有兴趣地听着葡萄牙船长的抱怨。在绕行好望角时遭遇暴风雨，那位船长"感到万分惊讶，为什么我主上帝使葡萄牙人这样虔诚的基督徒和天主教徒遭受这些折磨。他们拥有坚固的大船，但是要经受危险天气和可怕风暴的摧残，而那些英国人——持异端者和上帝的亵渎者，他们的船小且脆弱，却轻松地绕过了好望角"。

当他们的船在莫桑比克停泊时，林索登甚至对果阿范围之外的航行也

---

[1] 早在1578年，葡萄牙的力量和骄傲就在摩洛哥的阿尔卡萨基维尔战役中，随着它的军队被摧毁而粉碎。24岁的国王塞巴斯蒂安被杀死，实际上这标志着阿维什王朝的终结，这个王朝在长达两个世纪的时间里主宰了葡萄牙的命运。

仔细观察。他注意到那里的堡垒"制定的法规很少，军需品储存得也不多，驻防的士兵也不过是居住在其中的指挥官和他的人，再没有其他士兵了"。（后来，尼德兰人抵达东非时发现关于葡萄牙人缺少战争准备的记录完全是真的，他们很快就利用了这一点。）

林索登在宗教等级制度中比较低的职位，为他文雅的间谍行为提供了理想的掩护。他根据季风的活动规律记录了航海的最佳月份，印度洋各地的贸易货物到达果阿的时间，以及它们是如何被拍卖的。但是，他还关注社会习俗，收集了许多地理方面的轶闻。他更令人感兴趣的记录片段之一是"某些摩尔人"有穿越安哥拉和索法拉之间的非洲地区的习惯。这是200年来第一次关于这类旅行的确切书面证据。

林索登和其他早期旅行者的记录激励尼德兰银行家向印度洋派出第一批舰队。返回阿姆斯特丹的船所装载的货物收益巨大，以至于返回家乡的船只出现在民众视野里时，他们会高兴地鸣响教堂的大钟。但是，100年来他们无从获悉关于如何使在海上度过几个月的普通水手避免坏血病和其他疾病，以及舰队如何应对暴烈天气的知识。1597年，科内利斯·德·豪特曼率领4艘船从爪哇岛返回时，出发时的249名水手，只有80多个人还活着，这与瓦斯科·达·伽马带回的人的比例相当。即便是聪明的雅各布·范·内克船长，在南大西洋和印度洋航行时也损失了三分之一的船只。

这些初期的困难都要承受，因为就像16世纪初葡萄牙的经济在瓦斯科·达·伽马和他的后继者耗资巨大的远征之后才有所改变，17世纪初尼德兰联省共和国的经济也是在豪特曼及其后继者远航之后才有所改观。阿姆斯特丹的船主们坚持尽可能地减少远洋航海的危险。共和国的法令被复制运用到航海上，尼德兰的船只以洁净而闻名。所有的船只都遵守行为条例，每天阅读祷告词和唱诵《旧约·诗篇》两遍，任何缺席这两项者都将受到惩罚。

尼德兰和英国船只的探索很快在阿姆斯特丹和伦敦导致具有历史意义的行动。两国建立了相互竞争的东印度公司（尼德兰投入的资本是英国的8倍，船只数量是英国的4倍）。两家东印度公司都拥有许可证，几乎公开被授予政府地位，并且被给予在好望角和太平洋之间贸易的国家垄断权。

尽管这两家公司的负责人对利益比对权力更感兴趣，但是他们都知道与葡萄牙及其大君主西班牙的全力较量是迟早的事。葡萄牙人也同样意识到了这一点：两名尼德兰船长在马拉巴尔海岸登陆，在购买胡椒时被抓，科钦的王侯把他们送去了果阿，葡萄牙人把他们吊死了。

荷兰联合东印度公司得到一份煽动性的权利和义务清单，包括建造"要塞和据点"、征召陆军和海军、签署条约和打防御战。尽管实际上葡萄牙人必定是他们第一个要交战的对手，但是英国人和尼德兰人都及时意识到，印度洋可能不够安置他们不断膨胀的野心。他们初期竞争的迹象之一是这两个公司在两年里先后被授予特许状。

然而，英国和尼德兰之间的竞争是后来的事情。首先，里斯本肯定放松了对于东方市场的控制。到1605年，荷兰联合东印度公司的势力范围已经扩展到与日本同一经度的摩鹿加群岛，以便占领安汶岛上的葡萄牙堡垒。虽然卸下了盔甲，但是这些狂暴的金发新来者仍很快使东方民众摆脱葡萄牙人的残暴统治的幻想破灭了。事实证明，比起葡萄牙人的残暴，北欧人有过之无不及，并且做事更讲求效率。可与100多年前阿方索·德·阿尔布开克相提并论的是尼德兰总督扬·彼得斯·库恩。甚至他的一些国人都抱怨他虐待狂般的暴行不仅是非基督教的，同时对商业也不利。

在20年里葡萄牙人处于各方压力之下。他们的大量船只被炸沉或者被俘，他们的堡垒被围攻。早在1607年和1608年，林索登就精明地注意到了葡萄牙人在莫桑比克所建堡垒的缺陷，因而运载大量军队的尼德兰舰队攻击了那座堡垒。堡垒周边的城镇被夷为平地，但是人数占绝对优势的防御者经受住了两次围攻。尼德兰人的愿望是将这座位于里斯本和果阿之间的重要"补给站"彻底摧毁。他们的计划未能成功，但是他们努力截击出现在莫桑比克海峡的葡萄牙护航舰队。

再往东6000英里，尼德兰海盗在1622年袭击了葡萄牙人位于中国海岸的繁荣定居点——澳门，但是他们遭到葡萄牙人在堡垒中部署的非洲奴隶分遣队的驱逐。[1]同年，厚脸皮的"防御舰队"在尼德兰人雅各布·德代

---

[1] 整个葡属印度都使用黑人奴隶先遣队。他们大部分来自莫桑比克，但有些是从西非运来的，其他一些被称作"哈布什"（Habshi）的奴隶是在印度获得的。

尔领导的"好运"号和以英国人迈克尔·格林作为二把手的"皇家交易"号的率领下,在印度尼西亚的一场突袭中匆忙向西航行,为的是拦截从里斯本前往果阿的葡萄牙年度护航舰队。英国和尼德兰的军队在莫桑比克附近俘获了毫不知情的葡萄牙大帆船,他们毫无怜悯地袭击了它们,造成了一场大骚乱。

其中一艘大帆船上有一位名叫热罗尼莫·洛博的耶稣会士,他是这个事件的见证者,他记叙了他们是如何把这些乘着月光而来的掠夺者错认为阿拉伯商船的。破晓时分,一场即将持续一整天的大战开始了。伤亡十分惨重,洛博讲述了他是如何将衬衫撕碎,为一名腿被炸掉的伤员止血的。葡萄牙人损失了三艘大帆船,还有两艘在靠近岸边的战斗中搁浅。但是尼德兰人通过陆上进攻占领莫桑比克要塞的打算再次落空。

1622年,又发生了一场比以往血腥的小规模冲突影响更为深远的行动。在波斯湾入口,英国人在将葡萄牙人从霍尔木兹港驱逐出去的战役中发挥了关键的作用,而1515年阿尔布开克曾在霍尔木兹赢得了他最后一场大的胜利。在这场战役中,他们的同盟者是波斯统治者阿拔斯一世,他们的胜利破坏了葡萄牙人位于印度洋的战略要点链上的重要一环,为东印度公司的代理人打开了波斯湾。损失霍尔木兹对葡萄牙人而言是痛苦的,因为这座港口是葡属印度最富有的关税收益来源。

对于胜利者一方而言,积极追逐商业利益也使他们付出了人员伤亡的代价。其中之一是著名的英国航海家威廉·巴芬,几年前他没能找到绕过美洲北部到达中国的路线,但是在这个过程中却发现了现在还以他的名字命名的北极地区的一个岛屿。巴芬——英国舰队的指挥官,死于对霍尔木兹海峡靠波斯一边的克什姆堡的进攻初期。舰队的医生后来讲述了这个过程:"巴芬指挥官带着几何测量工具上岸,想要测量堡垒围墙的高度和到它的距离,为大炮的射击提供参考,但是当他再次测量时,一颗从堡垒中射出来的炮弹击中了他的腹部,报告称他被炮弹击中后在地上弹跳了三次,立刻就死了。"[1]这是一场漫长的消耗战中的一个插曲。

---

[1] 引自寇松的《波斯与波斯问题》(*Persia and the Persian Question*)。

甚至果阿也受到了威胁。尽管寡不敌众，但是果阿港里的葡萄牙船只不得不一再出战。由于英国和尼德兰的封锁，他们被迫做出这样的选择，可能一开始只是个别港口受到支配，年复一年，演变成一种蓄意的商业威胁策略。当季风从东北方向吹来的时候，就是一年一度葡萄牙船只满载货物、从欧洲出发，而英国和尼德兰强有力的舰队出现在果阿附近的时候。这些舰队不怀好意地在附近游弋，时刻准备投入战斗，一旦季风转向，葡萄牙人无法再从海港驶出，他们就开战。之后，英国人和尼德兰人离开去反复袭击锡兰的葡萄牙人，直到6个月过后才返航。[1]

对迅速发生在他们帝国的一切感到绝望，一些葡萄牙指挥官决心展开疯狂的报复。其中最冷酷无情的是基督骑士团的一位贵族骑士——鲁伊·弗雷雷·安德拉德。有一次，英国人抓住了安德拉德，他们对他的一份描述保存了下来："他是一位绅士，身高适宜、肤色黝黑，表情坚定、沉默寡言，精神高贵。"他习惯杀死所有囚犯，"无论年龄或者性别……不放过任何一个活着的人……没有一块石头留在另一块石头上面"[2]。占领霍尔木兹附近的一个波斯堡垒利迈之后，他"烧杀抢掠，毁掉了所有人、物品和房屋"。在他的命令下，布拉米姆城被洗劫一空：2000个波斯人，其中有许多是孩子，都被斩首。

失去霍尔木兹后，葡萄牙人全力追逐波斯湾的英国和尼德兰商船。他们的基地是巴林一个强有力的要塞。在1625年的一场战役中，英国船"雄狮"号起火，在海上烧毁。80个幸存者在鲁伊·弗雷雷·安德拉德面前列队经过，他下令将他们全部斩首。唯一被赦免的人叫作托马斯·温特伯恩，他是这艘船的厨师，安德拉德想起这个人在他曾是英国人的俘虏期间给他做的伙食不错。他们将其他人的头用绸布裹起来，"作为礼物"送给了离他们最近的东印度公司的代理人。

这三个相互竞争的力量时不时地在欧洲进行停战谈判，但是这些谈判

---

[1] 关于这些战术，请参见巴拉德的《印度洋的统治者》（G. A. Ballard, *Rulers of the Indian Ocean*）。

[2] 出自《新约·马可福音》，耶稣对他说："你看见这大殿宇吗？将来在这里没有一块石头留在石头上，不被拆毁了。"——编者

协定只是被印度洋上的特许公司勉强遵守，因为那里的葡萄牙人只有一个结果。在稍多于50年的时间里，他们在好望角之外的商业垄断就被打破了。最后一击发生在1658年，既富有肉桂又具有战略意义的锡兰被尼德兰人夺走。

与此同时，英国商人在印度洋海岸建立了各种据点。这种举动并未被内陆统治者注意到，尽管东印度公司很快就将触角深入到非洲内陆国家的王庭。英国人轻易获得了一个未被开发的岛屿和果阿北部一个叫作孟买的海港。它是葡萄牙公主布拉甘萨的凯瑟琳的一部分嫁妆。凯瑟琳嫁给查理二世时，国王派了400名士兵占领孟买。当这些士兵到达孟买时，只有97个人还活着。查理二世很快发现孟买对他没什么用处，所以在1668年以10英镑的价格将它卖给了东印度公司。

嫁到英国后，凯瑟琳使饮茶成为一种新时尚，当时饮茶之风在葡萄牙贵族中十分盛行，而那时候英国人对这种饮料还知之甚少。这鼓舞诗人埃德蒙·沃勒创作了一首名为《饮茶王后之歌》的赞美诗：

> 维纳斯的香桃木和太阳神的月桂树，
> 都无法与王后赞颂的茶叶相媲美。
> 我们由衷感谢那个勇敢的民族，
> 因为它给了我们一位尊贵的王后和一种美妙的药草，
> 并为我们指出了通向那片遥远之地的道路。
> 遥远之地的太阳已经升起，
> 那里富饶的物产是我们应得的奖励。
> 它是缪斯的朋友，有助于我们想象和抑制杂思，
> 使灵魂得以平静。
> 欣逢王后生日，以此向王后致敬。

但是，如此温和柔缓的诗句与果阿总督安东尼奥·德·梅洛·德·卡斯特罗的想法相去甚远，他在写给葡萄牙国王关于孟买的信中说道："陛下，作为一个封臣，我只听从您的命令，我跪伏在您的脚下向您忏悔，我是被

迫采取这个行动（转让孟买）的，因为我预见到这个邻近地区将会给葡萄牙人带来大麻烦，而英国人在孟买定居那天，我们还将失去印度。"他的话后来得到了验证。葡萄牙人可能帮了英国人一个忙，将茶叶引荐给了他们。他们如此轻易地放弃了印度，实际上是对他们自己的伤害。

里斯本的银行家和商人怀着阴沉和沮丧的心情，观看他们的竞争对手毫不留情地侵入葡属印度。17世纪早期，每年春天都有大量船只聚集在塔霍河准备开始意义重大的远航，它们通常要花费3年的时间前往果阿再返回，但是随着时间的逐渐流逝，每年出航的船只减少到只有几艘超载的船。这些船返航时也同样满载货物，甲板上堆满了箱子，伸出船身的厚木板上捆扎着篮子。

他们还有意向建造非常庞大的船只，以便使他们的水手能够应对恶劣天气。海难更加频繁，大多数发生在好望角和莫桑比克海峡之间的纳塔尔海岸。准备不周、未满员的船只遭遇反向海风和洋流时易发生事故。《海洋的悲惨历史》(*The Tragic History of the Sea*) 在里斯本出版，一代又一代的葡萄牙人阅读书里的故事，感到十分惊恐。它们还讲述了这些灾难的幸存者经受的磨难，他们如何沿着多石的非洲海岸挣扎行进，努力抵达索法拉和其他定居点。极少的人能够成功。

其中一场海难发生在好望角附近，那位旅行过很多地方的耶稣会士热罗尼莫·洛博亲身经历了这场海难。这场海难发生在1635年，他正乘船返回家乡里斯本。一抵达海岸的安全地带，他就着手调查船只残骸："我们穿过的海滩上到处都是东方物品——香料、衣服、镀金器物，以及许多箱子和盒子。"洛博为自己找了一个小屋，他住了进去，用从海边拖拽出来的精美且镶嵌有各种装饰的家具布置小屋。最后，他和其他幸存者获救，抛下了所有财宝。[1]

这个场景是葡萄牙人失败的缩影。他们一度似乎将世界一半的财富握

---

[1] 这是洛博在非洲南部经历的第二场灾难，13年前，他在莫桑比克附近经历了一场对抗尼德兰人和英国人的海战。

在手中，但是他们没能坚守住。失败的部分原因是他们在关键时刻失掉自信，特别是处于极其严酷的西班牙统治时期，以及在腓力二世与英格兰的灾难性海战中他们丧失了很多精良的船只。

即便没有那场挫折，葡萄牙人也不可能希冀能够长久地抵挡住英国人和尼德兰人。他们联合起来的力量是葡萄牙人的数倍。更重要的是，这是古老政体与新兴的资本主义之间的一场竞争，前者将华丽的辞藻、盛装与力量混淆起来，后者则追求商业目标。葡萄牙人的精力还要一分为二，兼顾香料贸易和赢得天主教皈依者，而尼德兰人和英国人只关心利益。

对于瓦斯科·达·伽马和他的直接继承者来说，一切似乎都有可能。但是，在150年的时间里，他们的希望遗失在帝国那段困顿的失败史中了。

33

加尔文信徒、殖民者和海盗

> 他们知道过度渴望财富是一切祸害的根本缘由。一只狂暴又饥饿的野兽是无法被满足的，一个无底的海湾是无法被填满的，而若一个人得了水肿病，喝水的欲望会使他在解渴之前先将肚子撑破。[1]
>
> ——沃尔特·哈蒙德，1640年

最后，欧洲人在整个印度洋地区的野心受制于他们与印度本身的关系。印度次大陆一直是关键，是权力的基石。就像寇松勋爵后来所讲的："拥有印度是统治东半球不可或缺的一枚像章。"但是，欧洲人的能力还远远不够获得那枚像章。甚至在伊比利亚半岛上的国家角色发生转变的大航海时代，教皇将东半球划分给强有力的西班牙，它也无法像它对待美洲那样征服和殖民印度。莫卧儿王朝和印度统治者完全没有被吓倒，他们要比墨西哥的蒙特祖马或者秘鲁的阿塔瓦尔帕更加顽固。

更晚些，在工业革命之后，欧洲的力量超过了印度和亚洲的其他一些地方，以及几乎整个非洲。与在美洲发生的事情的一个关键区别是在印度没有永久殖民和一个文明覆盖在另一个文明之上的情况，而是普遍采取一种短暂的殖民形式。

尽管如此，欧洲人还是很早就来到印度洋沿岸地区，并且似乎永久性地占据了一些有利位置。除了果阿这块飞地，最早的定居点是赞比西河流

---

[1] 出自《一个悖论，用以证明马达加斯加或者圣劳伦斯岛的居民是世界上最快乐的人……》，原标题是 A Paradox Proving that the Inhabitants of Madagascar, or St Laurence are the Happiest People in the World...。

域一系列大大小小的普拉佐种植园。[1]但是，它与白人文化的联系很贫乏。尽管内陆最大的城市太特有一个主教座堂，但是"赞比西亚"受到从果阿移居于此的印度商人的影响，主要是非洲混血文化。它与周边土生土长的王国具有共生关系。相反，与它差异更大的欧洲人定居点很快就要在非洲大陆的南端建立起来。

虽然一些葡萄牙人已经注意到好望角的气候与风景和欧洲相近，但是他们春天从里斯本出发，在仲冬到达南半球，总是看到桌山高达3500英尺的顶峰。在接下来的1000英里要沿着裸露的海岸，面临逆向海流和多岩石的海岸线，许多大帆船在那里遭遇厄运。所以，他们总是乐于快速绕过好望角，及时抵达莫桑比克，赶上西南季风前往印度。而在返程时，他们唯一的希望就是回到大西洋，向北航行最后一段距离，回到家乡。有时，葡萄牙船只也会在桌湾港抛锚，在岸上建立一些小屋，但是里斯本从未对那里严肃宣称过主权。

17世纪早期，船只开始在一年中的大多数季节绕过好望角。特别是尼德兰人，他们不太依赖季风，因为他们的贸易公司最盈利的地方在东南亚。为了抵达那里，他们的东印度大商船利用赤道以南的信风，直接穿过海洋。因而，尼德兰的船长开始习惯于在桌湾停泊。他们将信件放在玻璃瓶子里，将它们系在木桩上，留给他们的同胞。那里除了肤色浅一些的科伊科伊牧民（荷兰人模仿他们咔哒咔哒的发音，将他们戏称为"霍屯督人"）外，荒无人烟。[2]

17世纪伊始，他们对殖民好望角的可能性更感兴趣。船长约里斯·范·斯贝尔伯根说那里"气候宜人，适于疗养"，可以种植各种作物，鹿在美丽的河谷中吃草。1611年，英国商人托马斯·奥德沃思在前往印度的途中经过那里，评价道"他一生从未见过比这更好的地方"。他敦促在

---

[1] 庄园主通过租用形式获得他的土地，在名义上租借自葡萄牙王室，通常情况下这些土地都是非洲酋长之前被迫割让给他们的。
[2] 雅各布·范·恩克赫伊森在1604年将科伊科伊人称作"一群可怜的赤身裸体的家伙……他们讲话的声音像火鸡，发出咯咯声……"，请参见雷文-哈特的《在范·里贝克之前》（R. Raven-Hart, *Before van Riebeeck*）。

那里建立一个定居点：每年应该派100名犯人上岸，建立一座堡垒，给守卫堡垒的人配发枪炮。但是，东印度公司没有留意这个建议。

1647年，尼德兰船只"哈勒姆"号遭遇暴风雨，在桌湾沉没，60个幸存者在那里滞留了将近一年。到另一艘东印度公司的船只将他们接走时，他们已经在那里建立起具有一定防御功能的住所，并且开始喜欢上那个地方。"霍屯督人"似乎很友好，那里庄稼容易种植，气候也宜人。东印度公司的董事在阿姆斯特丹仔细听取了水手们的描述，因为他们也开始将好望角视作一个战略要地，他们的敌人葡萄牙人和西班牙人可能会占领好望角，以便袭击经过那里的尼德兰船只。实际上，好望角是通向印度洋的锁钥。

按照那个时代的标准衡量，东印度公司的行动十分迅速。1652年4月，90个工匠在扬·范·里贝克的带领下登岸，他们的任务是建立一座坚固的堡垒，并且开始种植作物。他们用杏树作篱笆，划分出6000英亩的土地，以防止好奇的当地人进入。这个长长的岬角的一个不利之处是它与大陆——险恶而广袤的非洲大地——的联系。正如葡萄牙人所知悉的，岛屿更加安全。所以，他们甚至想过从桌湾到更南边的福尔斯湾开凿一条8英里长的运河，将这座半岛变为一座岛屿。但是，这个计划因为耗资巨大很快就被舍弃了。

范·里贝克当时还是一艘船上的医生，他花费了10年的时间创造了后来成为开普敦这个地方的核心部分。几个与东印度公司合同到期的人选择留下来作为"自由市民"，他们的女人从尼德兰出海到达那里加入他们。东印度公司的"17"个董事对这一切感觉很复杂，因为他们仍然只将桌湾视为一个停靠站，以便让船队补充淡水和食物，或者能够提供紧急维修。他们从未想过在好望角建立一个殖民地，因为它能提供的贸易前景和利益都非常有限。首任总督还被告知要阻止民众定居好望角。

由于在毛里求斯岛花费过多，东印度公司的态度受到影响。早在1598年，他们就占据了这个印度洋的前哨站，因为它有一个优良海港，可以为前往马达加斯加以东荒凉海域的船只提供一个避难所，而且爪哇岛的甘蔗在那里生长得非常好，渡渡鸟（在17世纪80年代灭绝）也提供了很好的肉食来源。尽管如此，但是东印度公司的董事考虑到花费，对这座岛屿并不很感兴趣。它不出产任何可供销售的东西。一个多世纪之后，毛里求斯被抛弃。

然而，在尼德兰联省共和国的鼎盛期，对好望角过于苛刻也比较困难，那个年代伦勃朗和其他不那么知名的艺术家，以描画踌躇满志的阿姆斯特丹商人的肖像画为生，他们通过售卖香料、丝绸和中国瓷器发了大财。[1]东印度公司蒸蒸日上，而好望角的定居点也不断扩张。当地居民感到很安全，不担心受到其他国家的进攻，甚至包括英国，在17世纪下半叶尼德兰人与英国人进行了三次海战。这个地方防御完备，因为总是有一两艘船只全副武装，停泊在这个通往东方或者从东方返回之路上的海湾里。那里还有一座由火枪手守卫的堡垒，尽管这些火枪手收入微薄，训练不精。

1685年，在定居者中出现了一些新的成分：180名在祖国受到迫害的法国胡格诺派教徒抵达那里，很快来了更多人。他们的宗教信仰与加尔文派相符。而且他们是勤劳的农民，种植葡萄园，愿意用自己的双手谋生。在总督西蒙·范·德施特尔管辖的20年里（1679—1699年），好望角定居点逐渐成形，而远不只是一个补给食物和淡水的停泊点。到1720年，那里已有白人定居者2000人，还有相同数量的黑人奴隶。

如果不在乎东印度公司最初的意图，好望角将发展成为一个殖民地，而锡兰则是他们长久以来都志在必得的一个目标。这座盛产肉桂和次宝石的岛屿像是从印度次大陆悬垂下来的一颗珍珠。17位董事非常高兴，他们仔细考虑之后，决定称它为"新尼德兰"（它原先是一块美洲殖民地的名字，1664年尼德兰将那块殖民地割让给英国）。

获取锡兰付出了沉重的代价，因为尼德兰人发现他们不仅要与葡萄牙定居者为敌，还要对付真正的本土居民。僧伽罗人捕获了300多个尼德兰

---

[1] 关于尼德兰本土和海外在经济上取得的成功的细节，请参见乔纳森·伊斯雷尔的《尼德兰联省共和国》（Jonathan I. Israel, *The Dutch Republic*）；对锡兰的征服，请参见皮里斯的《一些关于尼德兰势力在锡兰的发展情况的档案，1602—1670年》（P. E. Pieris, *Some Documents Relating to the Rise of Dutch Power in Ceylon, 1602-1670*）。

士兵，将他们带到康提作为人质；指挥官阿德里安·范·德施特尔被杀死，僧伽罗人将他的头送给他在海岸的同胞。档案表明，尼德兰人曾经想要占领整座岛屿，尽管1646年总督扬·马特瑟伊克告诉康提国王拉贾·辛哈："我们的军队第一次来到这个岛屿，不是期望获得很大的利益，而仅仅是为陛下您服务。"7年前，东印度公司的董事派遣到总督安东尼奥·范·戴曼那里的人反映，实际上，僧伽罗人只是两大帝国主义势力之间的小卒："是时候将葡萄牙人从他们的战略要地赶出去了，剥夺他们在印度地区的最高权力，取而代之。现在是实现这一目标的最好时机。"在写下这份报告之前不久，范·戴曼已经在拉贾·辛哈的鼓舞下开始大举入侵锡兰，拉贾·辛哈后来认为，比较这两个恶魔，被驱逐出去的葡萄牙人的恶劣程度还轻一些。

葡萄牙和尼德兰打了几场极为惨烈的战役。葡萄牙人用黑人奴隶填补他们的军队，在一场对抗中，至少有300名"卡菲尔人"涉战。尼德兰人将僧伽罗人作为补充人员。1640年3月，双方为争夺加勒港在该岛南部进行了一场决定性的战役。300年前，中国舰队曾访问过历史悠久的加勒港。尼德兰指挥官投入了700名士兵参与这场战役：在葡萄牙人举白旗投降之前，有400名士兵受伤，100名士兵阵亡。数百名葡萄牙人，以及他们的家人和奴隶，都沦为俘虏。他们的命运是被运往2000英里之外的巴达维亚，但是很多人死在路上。

这位昔日的盟友所取得的成绩已经引起英国人的警醒。当尼德兰人占领了马拉巴尔的几座葡萄牙堡垒时，他们也深度侵入了英国人在印度南部的商业。苏拉特的主要贸易站向伦敦报告称"到处都是张狂的尼德兰占领者，他们在印度海域已俨然一副国王的姿态"，至于葡萄牙人，他们正处于"最悲惨的困境"。

锡兰的实际命运是在2000名尼德兰士兵围攻7个月之后，科伦坡陷落。被困的葡萄牙人用狂热的勇气回应围攻者的无情，围攻者施以暴行，希望能够彻底击垮他们的抵抗。饥饿的妇女和儿童试图逃离围城，不幸失败，被迫退回，这加剧了堡垒中最后的食物储备的供应压力。最后，几个人蹒跚地走出来投降。但是，胜利者无法平息怒火。他们发现一个被视作叛徒的尼德兰人已经死了，很不甘心，他们找到他的坟墓，挖出尸体，把他挂在绞刑架上。

尼德兰人继承的是一个在精神上和经济上都被毁坏了的岛屿。稻田被遗弃，古代堤坝和水库被破坏，灌溉系统夷为废墟，村庄里没有村民，道路上杂草丛生，野生大象四处出没。葡萄牙人还留下了宗教遗产：海岸地带许多之前的佛教徒认为他们自己已转化成为天主教徒（他们知道如何制作十字架，还可以说上一两句祷告词）。之后，尼德兰改革宗教会试图宣称他们在锡兰的宗教权威，却不断遭到一批来自果阿的混血天主教传教士的阻挠。此外，尼德兰人发现他们还陷入了与僧侣的冲突。

继任的总督努力复兴贸易和农业，希望将锡兰打造成国家事业的一个象征，要比英国人在印度取得的成效更加出色。最重要的是收集和出口在欧洲有巨大利益前景的肉桂皮。由于要完成大量的体力劳动，他们从印度南部的科罗曼德尔海岸输入泰米尔奴隶，给他们打上东印度公司的烙印，然后让他们工作，直至他们因死亡或者受伤而倒下。[1]

尼德兰人严肃又极有效率，两年内他们就完全控制了这个岛屿，将出口到阿姆斯特丹的肉桂产量翻了一倍，达到51.5万磅，4年后又提高到150多万磅。由于肉桂可以有效祛除肠风，它在欧洲十分流行，随之而带来的利润也大幅提高。1654—1664年，阿姆斯特丹的肉桂市场价格几乎翻了一倍，从每磅1.9荷兰盾涨到了每磅3.6荷兰盾，因而锡兰的肉桂出口价值在那段时间涨了4倍。

令人烦恼的是，被安置在那里的尼德兰工匠和农民很快就失去了价值，相应地对于将锡兰变为"白人"殖民地的期待开始衰减。即将就任的总督里克洛夫·范·戈恩在1663年派往阿姆斯特丹的时候抱怨说："我们的殖民者大部分原来是士兵或水手，没受过什么教育，不懂贸易，只擅长开酒馆卖亚力酒……我们应该使锡兰能够自立。"

情况不像计划的那样进行。没有人愿意种地，或者投入到任何其他一

---

[1] 在锡兰，尼德兰人管理之下的奴隶制高度严格，他们引入了30多条法则，请参见《锡兰的文档登记》（*Ceylon Literary Register*, September 1935）。

种诚实劳动中。而且到18世纪初，他们变得越来越不像尼德兰人，而是更多地受到他们生活于其间的奴隶社会的影响。有一些流行的舞蹈，如"卡菲里纳""奇科蒂""拜拉"，是依据非洲的节奏舞动的。有一支舞蹈就叫作"莫桑比克"。新来的定居者还需要适应葡萄牙人娶僧伽罗新娘的做法。要不然，他们就娶混血妻子，她们抚养长大的孩子会讲葡萄牙方言。尽管尼德兰加尔文教派的牧师对此感到沮丧，但是那里确实没有其他选择，极少有白人妇女从尼德兰来到这个遥远的热带岛屿。

锡兰的异族婚姻导致它与好望角的社会结构存在显著差异，尼德兰人出海去往印度，到达好望角时差不多跑完了全程的三分之二，但所花费的时间却不到全部时间的一半。这两个殖民地都采用罗马–荷兰法，但是所处的环境形成对比。尽管东印度公司需要桌湾为航行去往东印度和从东印度归来的船只提供"补给"，但是好望角的居民从来不觉得他们属于东方。甚至那些没有机会或者希望返回欧洲的人，仍保留了大量的本国文化，到18世纪中叶，开普敦成为一个相当国际化的地方。

相反，极少有人拜访锡兰的首都科伦坡，那些去了的人也不喜欢它。那里的学校贫穷破败，人们很少去教堂，而准欧洲社群又似乎沉溺于喝酒和卖淫。法令规定与"异教徒"在一起的女性基督徒会被鞭打直至流血，她们会被打上烙印，带上镣铐，她们的孩子还会沦为奴隶，但是根据种族和宗教将居民隔离开来的尝试并不成功。

但是，每年锡兰都是准备返回家乡的尼德兰东印度商船的聚集地。当开始吹起东北季风时，来自遥远港口，满载香料、棉布和丝绸的货船聚集在加勒港。他们的习俗是在圣诞节这天，等待船长们在加勒的加尔文宗教堂祈祷完毕后，开启这场返回家乡的长途航行。他们畏惧的不仅是暴风雨。在战争时期（大多数时候都是），他们在马达加斯加岛的周边海域遭遇私掠船的袭击，马达加斯加岛正好处于锡兰和好望角之间的航线上。

尼德兰人总是对其他欧洲强国在马达加斯加的活动保持警惕，因为这座大岛具有明显的战略价值。然而，实际上，在阿尔布开克和其他葡萄牙人对不怀戒心的岛民发动了第一轮袭击之后，马达加斯加被忽略了。那里没有黄金，没有香料，没有大象，也就没有象牙，而这座岛屿作为奴隶的一个来源的潜力也才刚刚有所显露。

然而，在范·里贝克到达好望角之前九年，法国人已经在马达加斯加的南端建立了一个定居点。1642年，路易十三的首席大臣红衣主教黎塞留在临终前下达了一个命令，开启领土扩张的冒险。黎塞留强烈地认为法国必须立刻在东方展现它的力量，而马达加斯加似乎是通往印度的一块非常适合的垫脚石。为了向当时还是一个婴儿的路易十四致意，这个定居点取名多凡堡，后来路易十四正式将马达加斯加（面积比法国还要大）吞并到他的帝国里。此时有四个欧洲国家争夺好望角以东地区：葡萄牙、尼德兰、英国和法国。

黎塞留要求尽快占领这座大岛的紧迫感是对的，因为1645年3月，就在多凡堡建设完成之前，一支由一百四十个英国清教徒组成的连队在岛屿南部的圣奥古斯丁湾登陆。他们想要建立一个像二十五年前首批清教徒在弗吉尼亚创建的那样的殖民地。这个想法受到一位为英国东印度公司服务的医生沃尔特·哈蒙德的鼓励，他曾多次停留该岛。他宣称岛上的居民是全世界"在世俗事务方面"最幸福的人，他们会欢迎殖民者。在1640年出版的一本书中，哈蒙德认为，"由于那里物产丰盛，居民亲切，我们英国的船只可以得到很好的放松，那里是一个充满希望的地方，适合开拓种植园"。

在黎塞留提出倡议之前两年，哈蒙德认为，"没有一个基督徒国王"可以宣称对马达加斯加岛拥有所有权："西班牙国王要办的事已经很多了，以至无法腾出空来反对我们在那里的活动，我们的人可能会享受到那里最丰硕的一次收获的首批成果，那比在美洲拾人牙慧要好得多。"这个说法反映出，那个时代的英国人普遍认为牢牢控制新世界的西班牙（还统治着葡萄牙）将会一直在那里统治下去。这也是梦想在全世界开始建立殖民地的英国商人冒险家的全盛期：例如威廉·库尔唐爵士，1627年他在巴巴多斯岛登陆，带去了一千八百五十个定居者，要不是他去世了，他一定会在马达加斯加岛干出一番相似的事业。莫尔的《乌托邦》（*Utopia*）和弗朗西斯·培根子爵的《新大西岛》（*New Atlantis*），鼓舞人们建立理想社会，远离贪婪和纷争不断的欧洲。

1646年，商人理查德·布思比出版了一本口吻要比哈蒙德更加恭维、对马达加斯加岛简介的小册子。那个时候清教徒已经到达该岛，但是要想了解他们将会遭遇什么还为时太早。布思比预测，马达加斯加岛上的种植园数量会超过"美洲或者其他地方"。但是，定居者不快乐，因为他们已经知道了完全不同的情况。他们登陆的地方土壤贫瘠，当地人也不友好，他们把欧洲人视为奴隶。这些想要成为定居者的人受到当地人的围攻，他们被困在栅栏圈里直至饿死。

最初的一百四十个定居者中只有十二个人返回了英国；还有几个人得救，被带到了印度；1647年"太阳"号船搭载三位妇女和一位牧师前往毛里求斯。一位叫作波尔·沃尔德格雷夫的幸存者，苦涩地回应那本将马达加斯加描述为"真正的人间天堂"的书，他说如果坚持从事医生这个老本行，哈蒙德应该会做得更好。[1]

法国人在多凡堡坚守的时间比清教徒的定居点长多了，为此也付出了更大的伤亡代价。在1674年最终放弃马达加斯加岛之前，法国至少派出了四千名定居者和士兵，几乎无人生还。许多人死于疾病，其他人死于和当地社群的冲突。凭借母国的稳定支援，他们定居点的情况会好很多，但是随着时间的流逝，没有一艘法国船到来提供援助。守备部队的残余部分撤退到留尼汪岛（后来叫作波旁岛）和法国在印度的主贸易站本地治里。二十年后，一位尼德兰船长到访多凡堡，发现统治它的是一个来自西印度群岛（马提尼克岛）的海盗"塞缪尔国王"。塞缪尔率领二十个白人罪犯、三百个当地民兵，以及一支由有舷外托架小船组成的舰队，在马达加斯加南部海岸的广阔区域内作威作福。

尼德兰人没有在马达加斯加建立殖民地，但是他们在那里购买奴隶，以便为他们在毛里求斯的蔗糖种植园提供人力，这座岛后来成为好望角劳动力的一个来源地。尼德兰人还首先意识到该岛与印度尼西亚有民族联系，因为马达加斯加的精英所讲的语言与他们在印度洋东部的殖民地当地民众

---

[1] 之后，除了海盗，两百年内没有英国人登陆马达加斯加岛。

所说的语言相似。岛屿中部高度超过6000英尺的山被印度尼西亚人称作霍瓦山，他们坚信这座山对较小的社群有重要影响。

几个世纪以来，由于与非洲的联系，岛上的大多数人口都是有色人种，特别是距离莫桑比克两天航程的西海岸地区。早先时候，"佤克佤克人"将奴隶运过来为他们工作。后来，阿拉伯商人从非洲运来人口到他们在岛屿北端的定居点。在低地，还有很多逃出来的黑人的殖民地聚居地，他们被称作"逃亡黑奴"。到17世纪晚期，马达加斯加已经被认为是一个为美洲种植园提供奴隶来源的地方。有些奴隶乘坐小船，从莫桑比克被运到马达加斯加的待贩运奴隶临时禁闭处，其他奴隶是在突袭附近的科摩罗群岛时被抓获的。他们用枪炮、手镯、布料、铁棒和白兰地从奴隶贩子手中购买奴隶，然后用船将奴隶运过好望角。英国船只在奴隶贸易中表现得非常积极，以至于有时候8艘英国船会在同一个地方抛锚，因为马达加斯加的奴隶远比几内亚的奴隶便宜，那里的激烈竞争抬高了价格。巴巴多斯岛和邻近的加勒比群岛的种植园劳力中，一小部分重要的奴隶来自马达加斯加岛，其他奴隶乘船被运往牙买加。

一艘形单影只的商船经过马达加斯加，一个机会自动降临了：一些奴隶贸易商想在外海劫掠。他们竞相捕捉"猎物"，割断从更加拥挤的加勒比海地区向印度洋移民的人的喉咙。很快，马达加斯加就因为新近出没的海盗而臭名昭著。对这些海盗奢华生活的夸大报告立刻传到欧洲，使得原来由哈蒙德提出的那个谬误——这座岛是一个亚热带伊甸园——重新流行起来。该岛被珊瑚礁环绕的海岸线为许多国家的海盗提供了隐匿处，而其中一个离岛圣玛丽是他们集结的理想场所。

马达加斯加的海盗开始去往北部远至红海的地方冒险，去劫掠那里的商船，尽管他们的问题是在何处才能将他们劫掠到的东西在不被捕的情况下出售。通常，他们能够期盼到的最好结果是有一群大胆帮凶来访，他们假扮成诚实的商人，载着武器、军需、衣服和酒，用来交换劫掠的财宝。有些偷偷摸摸从新英格兰来的补给船可能是进入印度洋的第一批美洲船只。

18世纪的编年史作者是这样写海盗的，有些不只是海上的流浪者：围绕来自普罗旺斯的船长米松发展出了一段令人震惊的传奇，据说他的衣着十分优雅，言语也很热情。人们普遍认为他加入了多明我会的叛徒卡拉乔利修士的军队，他们想在马达加斯加岛北端的安采拉纳纳湾建立"自由之国"。来自普利茅斯的英国海盗汤姆·图也加入了他们。[1]

他们及其追随者宣称，一个凭借自己的勇气偷窃富人的人，要比在法律的保护下——通常是使用合法的权力——偷窃穷人光荣得多。"自由之国"的座右铭是"为了上帝和自由"，他们甚至有基本的议会，会上使用类似世界语的语言。米松建造了很多单桅帆船，其中一艘名为"童年"号。

"自由之国"存在的时间很短。尽管它向海一面的防御工事十分坚固，足以抵御一支葡萄牙舰队的攻击，但是它朝陆地的一侧没有任何防护，因为米松认为他们已经赢得了邻居马达加斯加人的友谊。某天夜里发生的事情证明他是错的：定居点被攻陷。只有45个人幸存了下来，海盗-修道士卡拉乔利也死了。"自由之国"随之终结。

在马达加斯加的所有海盗中，最著名的是苏格兰人威廉·基德船长，他在航行进入印度洋之前，一生的大部分时间是在纽约度过的。当他带着大量奖赏返回美洲时，基德被捕并且被带到了伦敦。经历可疑的审讯后，他被绞死了，那时候他仍然宣称他只是一艘私掠船的船长，忠诚对抗法国。（一艘私掠船的船长从他的政府处得到一份委任，允许他追捕敌船，然后劫掠他们的货物。如果能将被俘获的船当作奖赏带回家，那才是真正的胜利，否则，他们获得首肯的惯例是炸沉那艘船。）

尽管从笛福到罗伯特·路易斯·史蒂文森等作家大多颂扬英国的海盗，无论他们是真实的还是虚构的，但是法国的海盗数量更多。18世纪早期，莫卧儿帝国通过苏拉特的总督向路易十四抱怨，说这些强盗妨碍他的臣民到麦加朝圣。法国派驻印度的一位官员承认，他的国家的名字的确成了海盗的同义词。

最后，在欧洲国家齐心协力开展"清扫海洋"的活动时，法国海盗在

---

[1] "自由之国"在18世纪早期第一次被写到，它的真实性受到质疑。但是，研究马达加斯加岛历史的最大权威法国历史学家于贝尔·德尚尚相信它的存在。汤姆·图肯定是一个历史人物，他的姓氏在他的家乡英国的普利茅斯仍然可以找到。

马达加斯加留下了最后的印记。它使之带有一种高卢式的氛围（完全不是激发人的暴力倾向那一类的）。随海盗而来的是法国商人和冒险家，他们开拓了通往内陆的路线。尽管失败了，但多凡堡成为一个预示，它是通往殖民主义之路的指示牌。

34
埃塞俄比亚与罗马的希望

> 埃塞俄比亚的绵羊终于被放出来了,
> 避开了西方的恶狮,
> 安全地在他们的牧场上进食。
> 圣马可与西里尔的教义战胜了罗马教堂的罪恶。
> 庆祝,庆祝,所有人高唱哈利路亚。
> 不再有西方的恶狼,
> 我们的埃塞俄比亚将一片欢乐。
>
> ——埃塞俄比亚的编年史,由雷伊翻译,1632年

随着错综复杂的冲突减少并流逝于印度洋,对一些人来说,外围地区存在一份比世俗权力与财富更加珍贵的奖品。埃塞俄比亚在西方人扫除了对祭司王约翰传奇的幻想后很久,开始提出一个新的且不可抗拒的挑战。葡萄牙人的两次远征说明,面对战争,埃塞俄比亚人勇敢却落后;面对宗教,他们热情却信仰异端。克里斯托弗·达·伽马幸存下来的战友米格尔·德·卡斯塔尼奥索说他的"殉道"清楚地反映了以下两个发现:第一,埃塞俄比亚唯一真正对伊斯兰教起到防御作用的是山脉;第二,陪同第一批使者团到访埃塞俄比亚的神父弗朗西斯科·阿尔瓦雷斯,在他的回忆录中披露,埃塞俄比亚的基督教本性非常"固执"。

这具有全新的意义,因为宗教动乱正在重新塑造欧洲。北欧的新教徒拒绝天主教,引发了宗教改革,而任何其他地方都比不上葡萄牙和西班牙对此做出的激进回应,这又导致反宗教改革。人们注意到各处出现的异端和异教。由此而激发出来的宗教热情无比强烈,使得天主教的教义远及日

本和巴拉圭。埃塞俄比亚的数百万灵魂从地狱之火中被拯救出来，这一点不容忽视。

耶稣会士在赞比西河流域的异教徒中一败涂地，但是他们认为青尼罗河流域的基督徒只是因为长期与世隔绝而成为持异端者，真正的信徒可能已经做好了抛弃教义上的错误的准备。所以，葡萄牙耶稣会士若昂·努内斯·巴雷托在里斯本举行祝圣仪式，准备成为埃塞俄比亚的宗主教。两位助理主教将被派去辅助他。这是欧洲人自身优越感的典型体现，虽然埃塞俄比亚人从埃及接受他们宗主教的历史已长达千年，但是欧洲人认为这不值一提。葡萄牙人被武断蒙蔽了眼睛，之前的两次远征带回的所有证据都表明这场宗教征服可能存在诸多风险。但是，国王若昂三世决定派出一名使者，他将带上适当的礼物前往埃塞俄比亚，告诉埃塞俄比亚的皇帝，宗主教已经上路了。

冒险进入埃塞俄比亚仍然存在潜在的危险。那位使者迭戈·迪亚斯安全抵达红海，与一位耶稣会士和一位世俗教友一起从马萨瓦南部的一个小港口快速进入内陆。埃塞俄比亚皇帝克劳迪乌斯热情地欢迎他，因为他们还记得14年前克里斯托弗·达·伽马的远征队在他们危急时刻施以的援手。那场远征的幸存者获赠农田，供养起家庭，成为埃塞俄比亚的富人。

但是，当听说教皇和法兰克人甚至在没有询问他意见的情况下就派给他一位宗主教时，克劳迪乌斯变得非常恼怒。根据陪同迪亚斯的耶稣会士贡萨洛·罗德里格斯的说法，"皇帝看上去局促不安，混乱到我们和他讲话时答非所问……他离开我们去看望他的祖母，走了8天或者10天，将我们留在一片开阔地上，却没有提供任何补给"。

当罗德里格斯写了一篇关于埃塞俄比亚人教义错误的论文，并要求将它译为吉兹语（古埃塞俄比亚语）时，双方的关系变得更加糟糕。尽管克劳迪乌斯同意了他们的要求，但是他迅速给教皇写了一封抗议信，坚持认为埃塞俄比亚人"遵照我们圣父的教义、十二使徒和圣保罗的智慧之源以及他们的七十二条戒律"，已经走在一条"不偏不斜"的路上，无需向左或者向右转向。他明明白白地反驳道："我，克劳迪乌斯，作为埃塞俄比亚之王，就是如此宣誓并且如此教诲我的臣民的。"

在迪亚斯急忙逃离埃塞俄比亚之前，他被告知这个国家已经拥有足够多的博学者了。克劳迪乌斯采取的积极措施是要求埃及的科普特教会派给他一名新的主教（他一到埃塞俄比亚，就下令任何阅读耶稣会士论文的人都将被逐出教会）。在埃塞俄比亚的"固执行为"众所周知之后，果阿当局认为延迟教皇选择的宗主教巴雷托从印度到马萨瓦的行程是明智之举。他们转而派遣助理主教安德鲁·德·奥维多和另外5名耶稣会士前往埃塞俄比亚。（实际情况是巴雷托没完成跨海航行，6年后死在了果阿，那个时候他还在等待恰当的出航时机。）

就在奥维多及其意志坚定的耶稣会同伴到达马萨瓦后的几个星期，土耳其人在他们身后关上了罗网：对所有的非穆斯林关闭港口，5年内将不会有任何消息流出。之后，人们知道情况变得更加糟糕。尽管耶稣会士仍受到谨慎的礼遇，但是奥维多选择联合抵制王庭，他告诉埃塞俄比亚的所有葡萄牙人，他们不需要再遵从皇帝的法令。这是一种傲慢的挑衅。即便如此，克劳迪乌斯还是愿意与这些不速之客讨论部分宗教教义，通常情况下他总是赢得辩论。埃塞俄比亚人还展现出一种嘲讽的智慧，他们送给独身的耶稣会士一本书——《法兰克人的通奸行为》(The Adultery of the Franks)。

当克劳迪乌斯在埃塞俄比亚边境与穆斯林重启的战斗中被杀时，双方关系到达低点。对于埃塞俄比亚，这是一场灾难（皇帝的头盖骨被穆斯林耀武扬威地挂在柱子上长达3年）；对于耶稣会士，这也是一个祸事。新皇帝米纳斯毫不迟疑地表现了他的愤怒，他公开殴打奥维多，并且扬言要一剑刺死他。6个月内，目中无人的主教沦为囚犯，之后不得不暂时住在山洞中，以草根和树皮果腹。最后，耶稣会士被流放到埃塞俄比亚东北部一座山的山顶，那里靠近古都阿克苏姆。在那里，他们贫困潦倒，想尽办法给果阿送信。其中一个耶稣会士尝试穿过马萨瓦逃跑，但是被土耳其人抓住杀死了。

奥维多用从祈祷书上撕下的纸写的悲伤的信件的确到达了欧洲。这些信件清楚地表明，他认为埃塞俄比亚人教义上的错误远比土耳其人的敌意重要得多。他强烈请求派遣一支强有力的葡萄牙军队，"这将使他们轻轻松松成为海港的主人，拯救其他葡萄牙人，迫使埃塞俄比亚人屈服于罗马教廷"。但是，这个提议被视为一种偏颇之见，反映了葡萄牙人热爱的是战争，而非真正的基督教精神。欧洲的态度可能是眼不见心不烦，因而奥维多遭受冷遇，死于1577年，而那个使命也开始逐渐被人遗忘。

七年后，教皇格列高利十三世派遣三名神父继续完成这项使命，但是没有人能够抵达埃塞俄比亚，其中一人死于海盗之手。1595年，另一名耶稣会士化装后登陆马萨瓦，被穆斯林抓住斩首。最后，一名印度基督徒假扮成一位阿拉伯人，孤身一人抵达了目的地，他是一名婆罗门而非耶稣会士。他没什么事可以做，只能隐匿身份，寄希望于有朝一日一批新的天主教徒进入这个国家。

两名西班牙神父——安东尼奥·蒙塞拉特和佩德罗·派斯——尝试寻找一条新的路线。他们的尝试几乎立刻就被证实是错误的，因为他们在海上被穆斯林捕获，沦为囚徒，去往阿拉伯半岛南部，之后他们骑着骆驼穿过沙漠，在也门步行前往萨那。在那里被囚禁了三年之后，他们被移往红海的穆哈港，被迫在一只三排桨的船里充当划桨奴隶。

派斯之后在一封给西班牙朋友的信中写道：

> 从黑夜到黎明，我们被迫坐直身体，尽我们所能摆脱虱子的困扰。当它们从天而降，落在我们身上时，我们就把它们扔进海里；如果我们累倒或躺下睡觉，我们要用东西盖住脸，但是虱子会迫使我们起来，一直折磨我们直到早晨……除了一些破布和一件汗衫，我们没有衣服可穿；除了一把像小米一样的种子，我们没有别的食物可吃。

派斯只有32岁，但是蒙塞拉特已将近60岁了，抓他的人认为他可能会死，所以将这两个法兰克人投入采石场当苦力。最后，一个年轻的叙利亚人成功地以他们的名义给果阿带去消息。一名印度商人立刻被派往穆哈，愿意以任何价格赎回他们，这是因为腓力二世个人对失踪的耶稣会士的命运十分感兴趣。经历了七年没有收获的日子之后，憔悴而且郁郁寡欢的蒙塞拉特和派斯回到了果阿。

5年后,派斯准备再次尝试。这时候,他能讲一口流利的阿拉伯语,可以将自己打扮成一名亚美尼亚人,化名阿卜杜拉开始旅行。他与一名北上红海旅行的土耳其人成为朋友,后者告诉他想在马萨瓦进入内陆,继承他一位过世朋友的财产。派斯借此机会,通过了其他基督徒往往要出事的关卡。那位友好的土耳其人在港口徒劳地等待派斯返回,但是宗教的热忱盖过了派斯可能感受到的任何懊悔之情。

1604年,他到达了埃塞俄比亚的王庭,发现这个国家正处于内争的混乱之中。13岁的皇帝雅各布刚刚被他26岁的叔叔扎·登格尔推翻。在这种情况下,一位欧洲神父能做的事极其有限,不管怎样,佩德罗·派斯将拜访青尼罗河的发源地塔纳湖作为他的第一项任务,因为他听说克里斯托弗·达·伽马的士兵后裔生活在那里。在满足了他们的精神需求之后,派斯返回了王庭,迎接他的是一个惊人的消息:扎·登格尔决定成为一名天主教徒,并且打算请求欧洲为他提供士兵、工匠,以及更多的传教士。[1]派斯十分警醒,他预见到这只能带来灾难,但是他希望谨慎处理此事的请求被忽视了。不到4个月,扎·登格尔就因他鲁莽的决定在一场叛乱中被杀死。

混乱持续了多年,直到1608年,一位王子与一个女奴的儿子苏塞尼奥斯夺得了皇位。派斯与这位新皇帝迅速结交成为朋友,他说这位新皇帝用他的淡褐色眼睛"看着所有人,并露出亲切的微笑"。新皇帝的"脸比较长,但比例合适……他的嘴唇有点薄,长着黑色的胡子,他的肩膀宽阔而健壮"。

在随后的几年里,派斯竭力使皇帝依赖上他,离不开他。一直闷燃于胸的宗教之火慢慢熄灭,派斯投身于实际工作,其目的在于向皇帝展现遵循欧洲方式的有利之处。凭借自己的建筑天赋,派斯提用白色石头为皇帝建造一座两层宫殿。埃塞俄比亚还从未有过这样的建筑,所以派斯招募了一群工匠,教他们如何制造石材切割工具。他还雇用了一批木匠,训练他们掌握欧洲的木工技艺。

---

[1] 扎·登格尔曾经给欧洲写信,建议他的儿子应该与西班牙国王的女儿结婚,这个建议与1306年耶斯哈格对阿拉贡的阿方索的提议完全一样。这个建议再次没有任何结果。

贡德尔的宫殿有一个50英尺长的宴会大厅,它的穹顶由雕工复杂的立柱支撑。从一个距地面70英尺高的屋顶平台上,皇帝可以远眺塔纳湖和1.4万英尺高的山峰。它的整体设计像是西班牙贵族的乡间别墅,苏塞尼奥斯的封臣们从各个行省赶来观看这座奇异的建筑。派斯继续兴建更多的建筑,其中还包括一座意大利风格的大教堂。他还对埃塞俄比亚的文学感兴趣,鼓励在教学中使用书面的阿姆哈拉语[1]。他在那里生活了9年,期间造成的变化将在埃塞俄比亚人的生活中留下持久的烙印。[2]

皇帝越欣赏派斯,派斯就越坚持埃塞俄比亚必须偿还70年前克里斯托弗·达·伽马所给予的恩情。这意味着埃塞俄比亚帝国及其教堂要与罗马保持一致。盲目虔诚的苏塞尼奥斯宣称,他将亲自带头公开皈依天主教,并且拒绝他自己教会的古老仪式。

尽管感到这一定会引发凶残的内战,但是派斯无法放弃他作为耶稣会士的责任。他尽力争取宫廷重要成员的支持,孤立科普特人的主教,甚至一些杰出的修士也选择皈依天主教。因而,在1613年1月31日,他帮助编辑写给教皇、西班牙国王(此时是腓力三世)和果阿的葡萄牙总督的信件。皇帝苏塞尼奥斯告诉教皇,他决心"臣服于神圣的教皇陛下",并且请求教皇迅速派遣一位天主教的宗主教。

苏塞尼奥斯预见到他很快将陷入危险,所以他请求教皇派一支1500人的欧洲军队:500人占领马萨瓦并在海岸巡逻;1000人将帮助他应对与穆斯林的战争。苏塞尼奥斯真正想要的是一支近卫军,当他公开宣称皈依天主教时,他们将保卫他免受愤怒臣民的攻击。这是不可能的,派斯对此一定十分清楚。

因为保密十分重要,所以送往欧洲的信件必须要通过一条最不可能被中途拦截的线路送出。10年来,至少还有4名耶稣会士成功溜进马萨瓦帮助派斯,但是想要溜出去就更难了。苏塞尼奥斯坚持认为,对于选出来的

---

[1] 阿姆哈拉语是闪语的一种,也是埃塞俄比亚的官方语言。——编者
[2] 派斯在他最后几年抽出时间用拉丁文写了一部埃塞俄比亚历史。这部书覆盖从宗教、道德、地理到如何捕获犀牛等方面的内容。请参见菲利普·卡拉曼在《失落的帝国》里的综述(Philip Caraman, *The Lost Empire*)。

两名使者———一名耶稣会士和一名埃塞俄比亚皈依者———来说，最好的机会是暗中穿过内陆前往印度洋港口马林迪，在那里葡萄牙的船只定期靠岸。这意味着要向南穿过1000多英里的未知地带，而那些地方被食人族部落占据，包括好战的盖拉族。[1] 没有证据表明有人曾做过这样的旅行。

这个想法是灾难性的。越过埃塞俄比亚的南部边界不远，向鲁道夫湖前进的途中，使者们被一名当地统治者抓获。当他考虑如何杀死他们时，那位耶稣会士成功地烧掉了国王的所有信件。使者团被迫向北返回埃塞俄比亚。在他们花费几个月返回埃塞俄比亚之前，皇帝已经发出了第二批信件，只不过这一次是向北。这些信件最终到达了法国驻开罗的领事那里，又从那里被送往罗马。教皇保罗五世渴望看到埃塞俄比亚的军事行动，认为"几乎数不清的灵魂"处于危险之中。然而，什么也没有发生。苏塞尼奥斯甚至穿上了葡萄牙的服饰，却不知因他自己的愚行而导致的"雷雨云"已经积聚在他的头顶上空。

1622年5月，派斯死于疟疾，此时他已经在埃塞俄比亚生活了19年。无论怎样，他已经亲眼看到皇帝公开声明罗马信仰，并且接受了天主教的圣礼。这时候，一场宗教大屠杀在所难免，而3年后，苏塞尼奥斯盼望已久的罗马宗主教到达了这个国家。他在红海入口处的一个小海港乔装上岸，从那里经过一场既危险又精疲力竭的长途跋涉，穿过达纳基尔沙漠到达高原。

这位宗主教是阿方索·门德斯，他的知识与他的勇敢无畏成正比。他也很虚荣，喜欢穿教宗的华丽服饰，但同时他也是个坚定不移的人。他和同伴热罗尼莫·洛博与耶稣会士取得联系之后，门德斯就穿上了他的宗教长袍，带着一批随行人员，包括仆人、音乐家和神父开始穿越这个国家的庄严之旅。皇帝正热切期盼门德斯一行人的到来。1626年2月7日，他派出了一支由1.5万名骑兵组成的护卫队。埃塞俄比亚的鼓声一阵强过一阵，但致敬的礼炮声盖过了鼓声。

---

[1] 盖拉人（更准确地说是奥罗莫人）在这个时候是埃塞俄比亚的主要威胁。他们的统治者害怕这次远征是侦察从马林迪通往他们那里的线路，通过这条线路葡萄牙人可以从南部进攻他们。

在进入苏塞尼奥斯准备欢迎他的教堂之前，门德斯在一顶帐篷前停下了脚步。在那里，他戴上了他的法冠，换上了他的宗主教长袍，然后在喧闹的行进队伍前跨上了马背继续前行。他刚进入教堂，就受到戴着金冠的皇帝的接见和拥抱。门德斯即刻发表了一场演讲，从基督教的历史一直讲到埃塞俄比亚注定要向罗马俯首称臣的历史时刻。他用拉丁语进行演讲，并且大量引用希腊和罗马哲学家的话语，所有会众几乎无法理解他的演讲，但自负的门德斯根本不考虑这一点。[1]

两天后，关于向罗马俯首称臣的隐喻成为现实：皇帝公开跪伏在门德斯的面前，发誓忠于教皇。无论心中做何感想，贵族和朝堂上的教士们紧跟在皇帝之后发誓效忠教皇。宗主教立刻规定，所有的教堂必须重新祝圣，所有的神职人员必须重新被授予圣职，所有的信徒重新受洗，所有的节日必须根据罗马历制定。他想要看到埃塞俄比亚的基督教从根本上发生改变。

门德斯来的时候恰巧发生了一场可怕的蝗灾，科普特的修士发誓这是神明不悦的迹象，但是一开始门德斯就似乎能够获得全胜。他在寄往罗马的信中描述了此次胜利。更多的耶稣会士进入埃塞俄比亚，他们满怀激情地拓展传教点，给农民集体进行洗礼，建立学校，编写宗教指南手册。在皇帝的财政支持下，他们设计制作了一个印刷机，以阿姆哈拉语传播天主教的教义。欧洲人第一次在东非引入拉丁字母表，为当地一种口语创造书写形式。

事情也有阴暗的一面。反抗者被吊死或者被烧死在火刑柱上。幸运一些的持异议者只是被割掉舌头。一些埃塞俄比亚修士跳崖自杀，也不愿抛弃他们古老的信仰。

苏塞尼奥斯尽其所能为勇于献身、独身禁欲的耶稣会士扫清道路，他公开谴责科普特大主教堕落腐化、妻妾成群、奸污处女，以及犯有"文明社会中可能最邪恶、最不堪提及的罪行"。但是，人类的过失不能消弭古老的信仰。到1628年，反抗强行信仰天主教的叛乱在埃塞俄比亚各地爆发。皇帝的女婿被吊死，一位领头的将军被推下悬崖，战事持续不断。在一场

---

[1] 根据门德斯的回忆录，他的演讲长达3万字，即便不翻译也至少需要演讲4个小时。

战役中，8000人阵亡。民众抗议罗马，认为它使这个国家"用自己的剑刺向自己的身躯"。

1632年，苏塞尼奥斯被迫退位，3个月后因悲痛和心力交瘁去世。一位耶稣会士为他举行了最后的仪式。新皇帝是他的儿子法斯拉达斯，他拥有一个高于一切的目的：驱逐所有的欧洲人和外国教义。很快，宗主教门德斯被驱逐到半个世纪前他的前辈奥维多度过余生的那座山顶，它位于埃塞俄比亚的东北部。在耶稣会士使者团被驱逐之后，埃塞俄比亚的民众载歌载舞，感到无比宽慰。但是，门德斯无法理解罗马为何被彻底拒绝。他开始请求果阿派兵，希望借助他们开始一场新的暴动。

当法斯拉达斯意识到耶稣会士正在号召一场对他的国家的入侵时，他告诉门德斯和其他所有的欧洲神父，如果他们还珍惜自己的生命就请立刻离开埃塞俄比亚。在海边商谈了一些没有结果的计谋之后，宗主教和9名神父发现他们被强制送往萨瓦金，接着北上红海。当地的土耳其帕夏起初想杀死他们，但是最后决定向葡属印度索要一大笔赎金。对方支付了这笔赎金，因为与发起一次惩罚性的远征相比，支付赎金是更便宜的选择。门德斯被带到安全的地方，定居在果阿，虽然没有希望，但他总是请求把他送回去，让他在远征军的最前端见证一切。他没有返回欧洲，20年后死于印度。[1]

7名耶稣会士和一名叫作阿波利纳里斯·德·阿尔梅达的助理主教拒绝离开埃塞俄比亚。埃塞俄比亚人到处搜捕他们，其中两人被斩首，其他人在一群参加集市贸易的欢乐民众面前被吊死。一个世纪前克里斯托弗·达·伽马远征的幸存者的葡萄牙人后代社群也遭驱逐，尽管此时他们中的大多数人更像非洲人而非欧洲人。他们被迫向西迁徙，从高原下到青尼罗河与白尼罗河之间的森纳尔地区，之后销声匿迹。

法斯拉达斯禁止所有欧洲人进入埃塞俄比亚，甚至向亚丁和红海港口的穆斯林统治者求助，以确保欧洲人被隔离在外。所以，当一群意大利和

---

[1] 这场压倒埃塞俄比亚耶稣会士的大灾难的程度很少为人所了解，直到热罗尼莫·洛博的记述被翻译成法语，并且于1728年在巴黎出版才为人知晓——《阿比西尼亚航行记》（*Voyage Historique d'Abissinie*）。

法国的方济各会托钵僧在马萨瓦登岸时，他们被立刻杀死了。土耳其人将他们的头颅和皮肤用稻草填满，送给埃塞俄比亚的皇帝，以证实他的愿望得到了遵从。

在最后一次拒斥耶稣会士之后过了半个多世纪，法国医生夏尔·蓬塞得到了皇帝亚苏的许可，在1698年作为路易十四的大使进驻埃塞俄比亚。他在他的日记中写道，埃塞俄比亚人讨厌白葡萄，因为它的颜色会让他们想起葡萄牙人。

又过了70年，敢于冒险的苏格兰人詹姆斯·布鲁斯来到埃塞俄比亚。他发现在法斯拉达斯驱逐了最后一批耶稣会士100多年之后，耶稣会士对他们来说仍然是糟糕的回忆。他在与埃塞俄比亚人讨论他的新教信仰时有所夸张，以区别他自己不是天主教徒：我说"你们刚开始在公开场合称我为法兰克人，那是这个国家最让人憎恶的称呼，足以使我在任何出没的地方被人用乱石打死。法兰克人信仰的是天主教，而我的国家和你们的国家一样，与他们的信仰相敌对"。

35

围攻耶稣堡

有多少黄金从索法拉、莫桑比克、基尔瓦和蒙巴萨运过来送给我们的国王？我们中有多少人没有毁坏过像基林巴、桑给巴尔、马菲亚和马达加斯加那样的岛屿？

——统帅若昂·里贝罗，1685年

在变节的苏丹优素福离开后50年，蒙巴萨一直处于没有外部侵扰的悠闲状态中。葡萄牙的力量在整个印度洋地区衰退，贸易也在不断减少。后续的耶稣堡指挥官有的懒散，有的腐败，有的残忍，有时三者兼具。少数拜访蒙巴萨的外国旅行者评论说，这座城市的居民贫困潦倒，他们是一群生活在重建的"散兵坑"中的葡萄牙人、黑白混血儿和印度人的混合体。热疫和其他热带疾病的死亡率极高，甚至指挥官有时也难逃一死。

1661年出现了一个不祥之兆，它刺激蒙巴萨的居民觉醒过来：一支怀有敌意的舰队在该城附近游弋。指挥这支舰队的不是土耳其人，而是阿曼的统治者苏丹赛义夫·本·哈利法，他在11年前将葡萄牙人驱逐出马斯喀特，打破了葡萄牙人不可战胜的神话，他们已经占据这个阿拉伯人的据点将近150年。在那场胜利之后，东非的穆斯林感到他们解放的时刻就要到了，纷纷向苏丹发出求救的请求。蒙巴萨一些叛变的斯瓦希里人，甚至冒着风险秘密派出一支代表团。此时，苏丹手下的800人已经登陆，开始劫掠这座城市中被基督徒占据的地区。他们不打算进攻堡垒，而守卫这座堡垒的指挥官约瑟夫·博特略·达·席尔瓦只能无力地看着劫掠者进进出出，因为他手下只有为数不多的几个士兵。劫掠者借着季风，将战利品带回东北方向2500英里之外的马斯喀特，一同带回的还有他们捕获的3艘停泊于海港中的葡萄牙船只。

这是一个预兆。阿曼人的力量持续稳步增长,他们使用欧洲人设计的战船,到1669年,他们已经能够向南航行到莫桑比克岛,并且几乎将它占据。蒙巴萨北边的港口帕泰和拉穆公开反叛,而曾经是葡萄牙人的珍贵盟友的马林迪则沦为一片废墟,它的房屋和清真寺被游牧民占据。

阿曼人离开之后,果阿的总督佩德罗·达尔梅达率领一支军队沿着海岸来回搜寻,急于对敌人进行残酷报复,他们砍了一些城镇统治者的脑袋,还带走了成船的战利品。这些突袭和报复性劫掠持续了一段时间。帕泰的苏丹和12名谢赫被运往果阿,在1688年的圣诞节那天被处决。但是,葡萄牙人在印度洋的力量仍旧不断衰减,以致于他们已经没有足够的人力来占据那些他们施以惩戒的城镇。

沿着海岸线的所有地区过去都被称作辛吉之地[1],17世纪即将逝去之际,葡萄牙人准备在那里发起一场圣战。而实际情况则是那片地区成为战争史上最持久和最奇异的围攻战之一的战场。

这场围攻开始于1696年3月11日,阿曼人再次来到蒙巴萨海岸。7艘船装载了3000名士兵,其中大部分人是来自俾路支和印度北部其他地区的雇佣兵。刮了两天的强风阻止舰队进入海港,而强风停歇之后,阿拉伯人的旗舰在一片沙滩上搁浅,那片沙滩的对面是一座守卫海港入口的陆地小要塞。旗舰向要塞开火,于是占据这座要塞的4个葡萄牙人和300个斯瓦希里人丢下要塞逃跑了。之后,旗舰在沙滩附近重新浮起,阿曼人向岸边更靠近了一些,他们让军队登陆去占领蒙巴萨城。

一些葡萄牙居民从海路逃跑,而其他人逃进了耶稣堡。经验丰富的指挥官若昂·罗伊斯·莱昂只有一支50人的守备部队,所以他决定采取冒险行动。他一反常态,改变了过往遭到攻击时只允许基督徒进入堡垒的做法,而是邀请所有能够携带武器、并且有理由忠于葡萄牙人的斯瓦希里人都进入耶稣堡,其中包括拒绝接受阿曼领导的沿海城镇的避难者。他以这种方法,在堡垒里集结了一支2500人的军队。斯瓦希里民兵队里的妇女和孩

---

[1] 16世纪后,东非海岸基本通过斯瓦希里语中的"大陆"一词为人知晓。

子被安排在环绕城墙的干燥壕沟里。来自大陆塞格朱族的战士也进入了耶稣堡。当守门的军官因为放他们进入蒙巴萨城而受到责难时,塞格朱人杀死了30个阿曼士兵,并带回他们的头颅以示忠诚。

指挥官部署好军队之后,派出一只小船发出警告。小船首先抵达桑给巴尔,桑给巴尔的斯瓦希里女王承诺,即便受到阿曼人及其盟友的惩罚性突袭,她也会为耶稣堡提供食物,直至这场围攻结束。3个月后,这艘船返回,带回了食物和来自莫桑比克堡垒的28名葡萄牙士兵。

此时,在围困堡垒的穆斯林中爆发了天花,很多人死亡。指挥阿曼军队的俾路支埃米尔"大阿里",带着大部分人和从蒙巴萨城劫掠到的所有象牙离开前往马斯喀特。阿拉伯人、俾路支人、黑人雇佣兵和奴隶混杂而形成的一支900人的队伍被抛在后面。这个时候,耶稣堡里的守军在人数上可能超过了他们的敌人,但是莱昂得了热疫,身体很虚弱,无法组织人员发起一场进攻。他死于10月23日。这场围攻已持续了8个月。

此时,阿曼人进攻的消息传到了果阿。如果蒙巴萨失守,下一个陷落的就是莫桑比克,从里斯本去往印度的路线会存在危险,由于意识到这一点,果阿急忙派出5只船。它们由贵族路易斯·德·梅洛·德·桑帕约指挥,在圣诞节那天抵达了蒙巴萨。[1]由于担心耶稣堡已经陷落,他们派出一只划艇去调查情况。带回来的第一个消息让人宽慰:堡垒还在葡萄牙人手中。

两天之后的午夜,他们又派出去另一只船,带回了一个令人忧心的消息:堡垒里活着的葡萄牙人只剩下20个了,其中包括3名神父。堡垒的防御主要依靠斯瓦希里人的忠诚,他们的数量还保持在1500人。大部分葡萄牙人不是死于战斗,而是死于热疫和营养不良。他们中很多人还得了性病,身体日益衰弱,因为新任指挥官安东尼奥·莫戈·德·梅洛允许他们光顾壕沟,在那里一些女避难者以卖淫补贴生计。尽管火药和炮弹的数量在逐渐减少,但是阿曼人仍然从他们的工事持续不断地炮击耶稣堡。此外,阿曼人还从阿拉伯半岛运来400名黑人奴隶以加强力量。

---

[1] 付给那些船员的钱是强制从果阿的一个宗教组织借来的,那些船员大多数未经训练就应征入伍。

尽管前来增援的士兵几乎不可能登岸，但是迫切渴望得到增援的耶稣堡守军还是想铤而走险试一下。他们在圣诞节之后两天的第一次尝试却是一场灾难。一艘载着20名士兵的大艇听令驶入海港，紧随其后的是一艘小帆船，上面载了20多人。大艇登陆之后，就受到一个阿拉伯人堑壕凶猛的火力攻击，耶稣堡的指挥官命令一部分斯瓦希里士兵冲到海岸边帮助船里的人安全抵达堡垒。但是，葡萄牙士兵误将这些要来帮助他们的人当作敌人：他们中有些人跳入水里，其他人游到敌人控制的海岸地带，还有人可能淹死了。只有10个人抵达了堡垒。那艘帆船也遭受了损失，但它成功地带来了大部分士兵和一船大米。

守军最希望的是有一支舰队进入海港，通过近距离的轰炸"削弱"敌军的围攻，然后再派数百名士兵登陆，重新夺回对整座岛屿的控制权。旗舰上的战争委员会想要商讨这个主意，但是桑帕约缺少与他宏大的头衔——"蒙巴萨援军统帅"——相匹配的勇气。实际上，他采取的方法是让船只在港口外抛锚，顶着炮火的攻击运送食物和弹药。

守军控制的堡垒外围范围不够大，以致于无法从主门将补给运送进去，所以船只能将补给品卸载在外垒前的沙滩上。不幸的是，盛装补给物资的桶无法通过狭窄的外垒大门进入内堡。他们不得不在沙滩上打开大桶，再分批运送里边的东西。有时，这些桶会被敌人的炮火击中，因而，在行动过程中人力和补给品的损失都很严重。

1697年1月中旬，"蒙巴萨援军统帅"认为他已经尽力了。他告诉堡垒中的守军他要离开这里前往莫桑比克，但是他还会回来。守军听到这个消息感到十分恐惧：两名奥古斯丁修士冒险前往旗舰，恳请统帅对这座岛屿发动一次全面进攻。他们的请求被搁置一旁，不予理会。1月25日，旗舰"圣安东尼奥·德·塔纳"号启航离开。另一艘船被命令留下封锁海港入口，但是这艘船的船长一等旗舰在视野内消失，就自行离开前往桑给巴尔岛了。耶稣堡的守军再一次陷入孤立无援的境地。

此时，这场围攻已经持续了11个月。仅仅过了几天，人们就意识到伴随增援和补给品而来的还有其他东西：一种致命疾病的第一批病例出现了，这种病即后来所谓的"水肿病"。它有可能是从印度传过来的腺鼠疫。

一个葡萄牙炮手逃到了阿拉伯人那边,而他对于他们的价值很快就显现出来:每天重炮轰炸堡垒的精确度大幅提高。

"水肿病"开始以令人害怕的速度杀死葡萄牙士兵。到2月初,只剩下20个葡萄牙人还活着,其中包括饱受巨大压力的指挥官安东尼奥·莫戈·德·梅洛。堡垒中的许多斯瓦希里人开始逃跑,他们既害怕瘟疫,又害怕即将到来的失败。安东尼奥·莫戈·德·梅洛从堡垒前端的棱堡向下俯瞰,他绝望地看着阿拉伯人控制了他通往外部世界的最后一个通道——外垒前方的沙滩。

几个星期过去了,接着是几个月。不知为何,用云梯努力攀登堡垒外墙的进攻者被一次次击退。但是,阿曼的船只将更多的人力和补给运入蒙巴萨。葡萄牙的船只还是没有出现。到这个时候,围攻已经持续了一年多。

到6月末,只有6名葡萄牙人还活着:指挥官、奥古斯丁修道院院长、两名士兵和两个黑白混血孩子。其他的幸存者是几十个斯瓦希里人、一些非洲男人和大概50名被教会如何使用火枪的非洲女人。在斯瓦希里人当中,有一个人对葡萄牙人格外忠诚,而且他在战火中显得十分沉着,他是一位年轻谢赫,叫作达乌德,人们通常叫他"达乌德大人",他来自费扎这个小港口。尽管他是穆斯林,他的家乡在过去曾遭葡萄牙人残忍地蹂躏,但是达乌德已经将他的命运与基督徒联在了一起。他的兄弟在围攻者一方,他的母亲是一名人质,但是达乌德以"简洁坚决的话语"回应城外对他的劝降。他17岁的堂弟已经在与守军的厮杀中战死。

8月到来时,最后一名神父死了。指挥官安东尼奥·莫戈·德·梅洛知道他自己也时日无多。他下令将他的坟墓挖在堡垒内的小教堂里,然后他叫来达乌德,敦促他要战斗到最后一刻,并且照看好他的两个孩子。8月28日,指挥官死了,达乌德接替了他的职位,一位"非常精明且极具智慧的"年长谢赫成为他的亲密顾问。此时,围攻已经持续了17个月。

9月16日,援军的旗舰"圣安东尼奥·德·塔纳"号再次出现在蒙巴萨的外围,与它一道来的还有一艘补给船。统帅桑帕约是不太情愿过来的,他是受到他的副手约瑟夫·佩雷拉·德·布里托的劝诱才来的,后者出身低微,从甲板水手做起,一路发展至统帅副手。这位前甲板水手没用多久就展现出了他的勇气。在他的煽动下,旗舰直接驶入海港抛锚,开始对堡垒下方沙滩上的阿拉伯炮台和堑壕进行近距离轰炸。阿曼人在那位叛徒炮手的指导下进行的回击也十分激烈。两艘各载着20名士兵的小船登陆,尽管其中一艘全军覆没,但是另一艘顺利穿越了火线。

午夜,一名信使将一封信从堡垒安全地送到了旗舰。这封信的内容引起了读信的葡萄牙人的注意。达乌德描述了他是如何与几个斯瓦希里人、50名非洲妇女一同坚守,为他们的陛下葡萄牙国王守卫这座堡垒。包括两名黑白混血儿童在内的其他所有人都死了。

到这个时候,此次围攻已经使2500个男人、500个妇女和儿童丧生。达乌德后来写信给国王:"对于我来说,对您的忠诚要比雄心壮志或者母亲的爱更加重要。"

当信件的内容被确认是真实的而非陷阱时,佩雷拉·德·布里托带领70人登陆,一路交战冲杀进耶稣堡。尽管几次三番被桑帕约搪塞,但之后他还是对阿拉伯人的据点发起了一系列成功的进攻。接连几周,补给和更多的士兵都乘夜被送上岸;而在白天,旗舰仍然持续炮轰阿拉伯据点,直到船锚的缆绳断裂,两次向岸上冲击之后船只失事,才停止炮击。[1]船上的200名军官和士兵一路拼杀冲进耶稣堡。11月,从达乌德手中接管耶稣堡守备军的统帅桑帕约死了。在一片拥护声中,佩雷拉·德·布里托宣布就任"葡萄牙人的指挥官和长官",达乌德则成为"耶稣堡的指挥官和长官"。

到12月,围攻已经持续了21个月,守卫军十分有胆量,摧毁了敌人在堡垒周围挖建的许多堑壕。在这些突击战中,佩雷拉·德·布里托的一个年轻的中国仆人是最勇敢的战士之一。但是,这期间海港中的活动持续不断,阿曼船只一直在将增援和补给运送进来。此外,"水肿病"还在夺走堡垒里的生命。

1697年12月28日,城墙上的葡萄牙哨兵大声喊着令人雀跃的消息。

---

[1] 我们可以在耶稣堡博物馆看到潜水员在1977年从配备有42门大炮的沉船"圣安东尼奥"号上打捞出来的文物。

另一支舰队出现在视野之中。当这支舰队在海港外抛锚并且派出一艘小船时，耶稣堡的两位指挥官立刻提出了一项作战计划：新援军的3艘护卫舰直接驶入蒙巴萨海港基林迪尼那一侧，炸沉那里所有的阿拉伯船只，同时耶稣堡派出一支强有力的军队发起支援性的突击。然而，援军新任指挥官弗朗西斯科·佩雷拉·达·席尔瓦不会采纳他们的任何建议。他宣称他只负责卸载补给，除此之外没有别的任务。和之前发生的情况一样，守卫军徒劳地请求援军采取勇敢的行动。一位记录下这些事件的不知名编年史作者评论道："尽管他们的请求是如此热忱，甚至能在1月点燃阿尔卑斯山，但是却无法激发我们迟钝的统帅的热情。"[1]

阿拉伯人捕获了一艘救援船，他们在船里面发现了一捆来自果阿的政府信件，信件内容是关于如何解救耶稣堡的指令。他们以"流利的葡萄牙语"和嘲弄的口吻，在堡垒周边大声朗读这些指令，以便让守卫军能够听到："某种程度上他们相当正确，因为他们中的一些人的确可笑。"

在援军卸载补给品之后，堡垒内的气氛十分低迷。此次随援军到来的还有一位新的守备军指挥官，这位严厉而不近人情的长官叫作莱安德罗·巴尔博扎·索托马约尔。到达蒙巴萨后，他开始羞辱达乌德和其他忠诚的斯瓦希里守卫军士兵。另一个纷争之源是之前叛变的炮手莱昂纳多·努内斯回到了耶稣堡。因为相信葡萄牙人最后会取得胜利，他决定再次背叛，只不过这次是背叛阿拉伯人。堡垒内那些经历过他的炮轰的人一致要求立刻吊死他，但是援军带到堡内的神父说他必须被带回果阿接受审讯。被送到旗舰上之后，努内斯向胆小怕事的军队指挥官达·席尔瓦说了一系列的谎言，这些谎言旨在摧毁他的所有决心。

1698年1月19日，救援船只准备离开。达乌德和他最优秀的斯瓦希里战士们也在船上，因为他们在新任指挥官的统治之下没法再待在耶稣堡。甲板下面的船舱里有400名妇女，她们是壕沟里的残留居民，将在桑给巴尔下船。约瑟夫·佩雷拉·德·布里托也离开了蒙巴萨，他被草率地剥夺了

---

[1] 保存在里斯本国家图书馆里的编年史可能是在德·布里托的鼓励下写成的，或者至少他在其中起到了作用。

指挥权。当舰队抵达果阿时，总督下令将佩雷拉·德·布里托投入监狱，因为他没有官方任命就接管耶稣堡。通过钻葡萄牙法律的一些空子，那个叛变的炮手莱昂纳多·努内斯被判无罪。

回头再关注蒙巴萨，围攻还在继续。不知道何种缘故，耶稣堡完全与外界隔绝，但仍然幸存了下来。9月，新任总督到达果阿，开始准备组建另一支救援军。他集结了4艘护卫舰和1200人。和他们一起去的还有达乌德，他仍然忠诚，而且准备参加更多的战斗。他被葡萄牙人授予"费扎王子"的头衔，声名远播。

总督冈萨尔维斯·达·卡拉马·科蒂尼奥告诉他的船长，如果他们发现守卫军仍在抵抗，他们必须立刻发起全面进攻，将阿拉伯人从蒙巴萨岛和周边大陆驱逐出去。无论付出多大代价，葡萄牙人的势力终将恢复。但是，当他们在1698年12月13日到达蒙巴萨时，他们看到了一个可怕的场景：耶稣堡上悬挂着阿曼人的血红色旗帜。长达33个月的围攻已经结束。

舰队没有做进一步的调查，而是掉头航行前往桑给巴尔。尽管达乌德和桑给巴尔的女王一再请求，但舰队还是没有做任何进攻蒙巴萨的尝试，也没有调查堡垒是如何沦陷的。

大约3年后，在1701年9月，一个叫作布拉兹·菲亚略的印度仆人带着一个故事来到果阿。他在耶稣堡沦陷时被抓，曾被带到阿拉伯半岛，逃跑后他找到了返回印度的路线，首先到达波斯，再从波斯去往孟买。菲亚略详细讲述了人数逐渐减少的守卫军是如何坚持到1698年12月初的。那个时候，只有9个葡萄牙士兵还活着，与他们一起的是濒死的指挥官莱安德罗·巴尔博扎。还有3个印度人（其中之一就是布拉兹·菲亚略）、2个非洲女人和指挥官的年轻非洲奴隶。围攻者逼近耶稣堡的城墙，但是他们还不敢贸然发动进攻，因为他们不知道堡内的力量已经如此虚弱。

12月12日，指挥官让他的小奴隶出去为他采集一些草药。那个男孩不愿意出去，因为他会被抓住，莱安德罗·巴尔博扎回答说："如果他们抓住你，告诉他们我等着他们，我不怕他们。要是他们明天来，我就不一定能看到他们了，他们最好还是今天来。"那个男孩被抓了，在审问之下说出了守卫军的可怜人数。

夜里，最后的进攻开始了。敌人爬上破损的城墙，守卫者撤退到一座棱堡里。他们一直战斗到12月13日的黎明时分。濒死的指挥官最后的挑衅举动是带着一支大口径短枪冲出棱堡。他被击中杀死，就在他倒下的地方被斩首了。[1] 就在援军到达海港之前几个小时，胜利者在堡垒上方升起旗帜。最后的围攻开始和结束时耶稣堡里仅存的人，可能是那一两个非洲女人。死于战斗和疾病的守卫者总计6500人，其中包括将近1000名葡萄牙人和2500名斯瓦希里人，其他人是躲避在壕沟里的非战斗人员。没有相关资料显示阿曼一方的伤亡人数。

在瓦斯科·达·伽马沿着海岸航行发现印度之后将近200年，耶稣堡的陷落使得葡萄牙人的势力从红海与赞比西河河口之间的地区退出。此时，除了莫桑比克少数几个几乎被人遗忘的小港口，以及在赞比西河两岸、地图上未标明的内陆一些普拉佐奴隶种植园之外，葡属印度在东非已经不剩什么了。[2]

---

[1] 葡萄牙人为了挽回颜面，编造了最后有两个守军通过自杀式点燃火药库炸死200名阿拉伯人的故事。

[2] 从1728年3月到1729年11月，整整20个月，葡萄牙人的确重新占领了耶稣堡，那是起义的黑人奴隶从阿曼人手中夺来的。最后，指挥官向一支围堡垒的军队投降，他们被给予3艘船以返回果阿。他的一些手下爱上了当地女人，他们留了下来，成了穆斯林。

36

西方的目标与东方的影响

> 葡萄牙人将上帝之剑与犹太勇士之剑奉为他们的征服箴言,但是他们忽视了和平的艺术,缺少殖民才能,这不利于保留他们的势力。葡萄牙人狂热而严苛,并且缺乏真正的商业精神。
>
> ——寇松勋爵《波斯与波斯问题》,1892年

葡萄牙人对英国人、尼德兰人和阿拉伯人瓜分了他们的东方帝国感到悲痛,他们只好用一个高尚的想法自我安慰:他们曾经通过挫败奥斯曼帝国的野心拯救了欧洲,当然这一点还有待争论。他们在历史的关键时刻占据印度洋,在第乌海战中击败土耳其人,从而实现了那个目标。回顾历史,他们可以自认为是神圣意志的执行者:只有葡萄牙人的火力和航海技术能够在君士坦丁堡陷落之后阻止土耳其人向亚洲东扩。凭借在波斯和印度征集的财富和人力,土耳其人原本能够所向披靡,他们的军队能够从他们在巴尔干半岛已经征服的地区向西横扫至大西洋。

进入18世纪,欧洲人普遍认为基督教世界只是侥幸逃过了这样的命运,他们对15万奥斯曼大军第二次围攻维也纳的事件还记忆犹新。[1]这种观点的拥护者之一是有影响力的爱丁堡历史学家威廉·罗伯逊。他钦佩西班牙人和葡萄牙人取得的成就,认为瓦斯科·达·伽马开通前往印度的航线对欧洲做出的贡献是无法计量的。罗伯逊说,"我为人类感到庆幸",因为它的直接结果是"阻止了奥斯曼帝国的专制政府继续向欧洲扩张疆域,也阻止

---

[1] 1683年,围攻失败了,这是一个转折点,在那之后土耳其人的力量在欧洲和亚洲衰落下去。

了它对自由、学术和鉴赏力的压制"。[1]

然而，在17世纪即将结束之际，蒙巴萨的失守敲响了葡萄牙人在印度洋西半部海域的丧钟，这种言谈也显得无足轻重。作为永恒的基督教最高权威的象征而建立起来的耶稣堡，此时也被列入敌人手中的战利品名单：霍尔木兹、马斯喀特、科钦、马六甲、锡兰，甚至孟买，都沦为别人的嫁妆。

葡属印度的崩溃应该主要归罪于顽固的中世纪模式的葡萄牙政府，王室一时兴起，就授予高级政府官员发财的机会。从理论上讲，东印度贸易由葡萄牙国王垄断，但实际上，这些贸易的垄断权不断被他们给予赞助的贵族窃取。既然人们认为每一个在东方的贵族都利用他的职位积聚财富，他的部下对此只剩下嫉妒。运作不灵的帝国体系对好望角之外的人和事无能为力。起初，所有重要决定都被反馈到里斯本，但是由于信息交换可能要耗费18个月，等到消息传回，情况可能已完全改变，时日久了，总督和他的下属就只能自行做出不可靠的决定。[2]

所有事情中最严重的是1580年阿维什王朝终结，腓力二世夺得王位，之后葡萄牙的经济在西班牙的60年"束缚"下走向衰竭。这恰好发生在17世纪初，葡属印度不可避免地开始受到挑战之际，而且英国和尼德兰作为挑战者，是西班牙不共戴天的敌人。葡萄牙人陷入腓力二世对英国和尼德兰发动的灾难性战争中，许多最精良的船只和海员在西班牙无敌舰队参与的海战中被毁坏和丧生。葡萄牙的重税使得人们陷入贫困，斗志消沉。之前，小而落后的葡萄牙能够凭借一腔爱国热情对抗一切；而这时候，它在东方的臣民很少愿意为他们憎恨且统治着半个世界的腓力二世战斗卖命，自身利益成为他们的主要动机。

距离遥远也是社会约束丧失的一个主要诱因。去往印度的旅行是如此遥远和艰险，以致于许多葡萄牙人决定忘掉以前的联系，永久地沉迷于热带。早在16世纪50年代，一位绝望的果阿教士就惊慌地注意到这种趋势："因为有些人根本不在意他们的良心，沉浸在恶习之中，他们甚至二三十

---

[1] 在《威廉·罗伯逊全集》的第二卷，我们可以看到他的评论。
[2] 人们开始对巴西产生更大的兴趣，因为那里的蔗糖种植园十分兴盛，那里还发现了黄金，而葡萄牙人证明他们在避开其他欧洲力量方面更加成功。

年都没有想起自己已经结婚,没有给妻子提供任何生活费用,也没有给她们写信。"[1]当敌人的人数不断增加时,即便是最禁欲的社会,也会为了守卫葡萄牙庞大的海上帝国而承受很大压力。懒惰、绝望和道德堕落只是加速了它的覆灭。卡蒙伊斯的诗篇满是对东方征服者的理想主义的颂扬,但是一道帘幕就要拉开了,其后时代的昏暗场景即将显现。

也许关于东方的葡萄牙人急剧衰退的最生动描述,出自一位游历广泛的法国人之手,这个人叫作让·莫凯。莫凯被冠以"法王珍贵藏品的保护人"的头衔,据说他是一位颇有名气的植物学家,所以除了喜好传播流言蜚语之外,他还兼具有学问的人的自负。17世纪上半叶,他和新任总督德·拉费拉伯爵一起,在一支由十三艘船组成的强大舰队的护送下前往果阿。

这次航行从一开始就是一场灾难。莫凯关于大西洋暴风雨天气的画,能够很好地解释为什么从里斯本出发去远航经常会被认为等同于被判死刑:"可以想见,当时的场景是多么混乱不堪,人们吐得一塌糊涂,屎尿横流,唯一能听到的声音是人们痛苦的哀嚎和呻吟……乘客纷纷诅咒开船的时间、他们的父母,以及他们自己。"

总督很快就病倒了,但他不是唯一病倒的人,其他人躺在中部甲板、箱子后面的角落里奄奄一息,"老鼠还在啃食他们的眼睛和脚底"。莫凯很快发现自己感染了坏血病,每天他都走到船舷的一侧,用刀剜掉腐烂的牙床,他"用绳子固定住自己,手中拿着一面小镜子看看该割掉哪里"。他将坏肉割掉之后,"还会排掉一些黑血"。最后,莫凯用尿液漱口。他认为对于坏血病,最好的治疗药物是丁香花汁和"上好的红酒"。

最后,船队到达莫桑比克,由于错过了将把他们带往印度的季风,他们在那里滞留了5个月。每天的死亡人数是10到15个,最后总计死亡人数达到725人。虽然莫凯之后痊愈了,但是他的灾难远非仅此而已,因为舰队指挥认为他是一名间谍,正秘密为法国编制航海图,所以将他投入了

---

[1] 一封写给葡萄牙国王的信,引自《有关葡萄牙人在莫桑比克和中部非洲的活动的档案》第七卷(*Documents on the Portuguese in Mozambique and Central Africa*, vol.7)。

岸上的一所监狱，并且在他脖子上套上了一副铁质枷锁。他饿得半死，钱还被抢劫一空，但是3个星期后他被释放，被允许重新回到船上。"葡萄牙人，"他带着苦涩的偏见写道，"主要是犹太人，天生残忍又忘恩负义。"

他再次冒险上岸进行一次植物学考察，"发现了1000多种对我而言完全陌生的植物"，但是他特地要去寻找的是一种葡萄植物，那种植物被"用来治疗埃塞俄比亚（非洲）女人患有的一种疾病"。在等待季风的那几个月里，莫凯收集了他能够获得的所有关于非洲人的谣言，其中有一个关于莫诺莫塔帕士兵的故事。传说他们"切下敌人的生殖器，将它们晾干后送给他们的妻子佩戴在脖子上，她们对此非常骄傲"。[1] 他匆忙记下他听到的每一个趣闻轶事，无论这些故事阴森可怕还是不大可能发生，还有一个故事是关于交给非洲人的尼德兰囚徒的命运的。一个士兵宣称他亲眼看到一个食人者"切断了一个尼德兰人的喉咙……然后趁热喝下他的血液"。

当他们最终抵达果阿时，莫凯开始审视葡萄牙定居者的行为和态度："他们一到达印度，就把自己打扮得十分华丽，尽管他们本来只是农民和商人，也都自称绅士。"他们在商店拒绝支付账单，还通过威胁杀死捕获的鸟和其他动物折磨印度人，直到他们出钱买下它们，并将它们放生。"葡萄牙人故意做这些事来赚钱。"

他们对待奴隶的方式令莫凯感到震惊："我在果阿寄宿时，听到整夜的殴打声和一些微弱的声音，那是奴隶的呼吸声，因为他们用亚麻布堵住奴隶的嘴防止他们大声喊叫。"他列举了各种虐待奴隶的方式，有一种需要用到煮沸的猪油，另一种是用擦了盐和醋的剃刀切割。

不是所有的奴隶都是非洲人，许多奴隶是印度人，还有一些则是从日本和中国运来的。在莫凯寄宿的地方，有一个日本女孩负责端饭上菜。一天晚上，男主人评论说这个女孩的牙齿很白，他的妻子虽然心生嫉妒，当时却没有表现出来，"但是当她的丈夫出海时，她找到了机会，于是她让人将那个可怜的女孩带到她面前，并将她捆缚起来，还毫无怜悯地拔光了她的满口牙齿"。

---

[1] 佩戴晾干了的睾丸是一件很寻常的事情（参见第40章中的姆瓦塔·亚姆沃）。

如果莫凯关于葡属印度的生活的描述是孤立的，人们很有可能认为他的描述是随意夸大而将之置于一旁，但是几份同时代的报告却对他关于葡萄牙人懒惰、残忍和贪婪的描述有所响应。17世纪，那不勒斯旅行家乔瓦尼·卡雷里在他的日记里写下果阿的大部分男人是如何豢养女性随从的，这些女奴被称作"苔藓"，她们整天忙于"爱抚和按摩"主人的身体。[1]

"苔藓"这个称呼不仅指代奴隶的工作，它还是一个地理名词，因为他们中有许多人是从莫桑比克用船运来的。在早些时候，大主教手下的教士林索登曾写道："大量的卡菲尔人被从莫桑比克运到印度，很多时候，一个正当年的男人或者女人只卖两三个达克特。"卡雷里的描述更加清晰，他说这些奴隶来自蒙巴萨、索法拉、莫桑比克和"非洲的其他沿海地区"。有些人是非洲战争中的俘虏，他们被卖给到访的葡萄牙船只，其他人则是因为饥饿而"陷入绝望"，自己将自己卖掉了。他们的价格仍然很便宜，"每个人15或者20那不勒斯克朗"。卡雷里认为果阿的价钱会更高，但是在非洲人中流传一个谣言：葡萄牙人买他们只是为了把他们的身体做成火药。他继续写道："我们讲到的黑人，尽管有不好的一面，但是他们中的一些人具有高贵和文雅的天性，以至于他们保佑每个欧洲绅士都和他们一样。"

依从东方的气候与文化的不只是葡萄牙人。尼德兰人和英国人很快就意识到，他们企图在热带地区复制北欧的新教伦理与纯净行为是不切实际的梦想。在印度洋上航行的几乎每艘商船都有为长官们取乐的"后宫闺房"。18世纪晚期，美国驻广州的领事陆军少校萧三畏宣称，当他发现"从印度驶来的船上长官们的妓女"和名门望族同住时，他感到十分愤慨。他称呼她们为这些"生物"，她们一部分是马来人，一部分是果阿人。孟买则长期以来因为它的恶习而臭名昭著。同样地，许多从加尔各答前往东方的英国船只完全依靠向中国走私鸦片牟利。

另一方面，特许公司从未背负过崇高准则的包袱，而这正是葡属印度

---

[1] 卡雷里评论了果阿奴隶糟糕的食物、衣物的匮乏和他们"卑微的工作"。具体请参见《泰弗诺和卡雷里的印度旅行记》（*The Indian Travels of Thevenot and Careri*, trans. and ed., S. N. Sen, New Delhi, 1949）。

建立的基础。他们不对上帝负责，只对股东负责（所以当法国公司破产时，它只是终止运营而已）。果阿的宗教裁判所将印度的异教徒烧死在火刑柱上，但是特许公司甚至不会允许传教士登上他们的甲板。

伊丽莎白女王祝福英国公司的话语还在耳边回响：出资人"冒险追逐商品、黄金、珍珠、其他珠宝和其他货物，通过购买、以物易物、采购、兑换或者其他方式获得这些东西"。"其他获得的方式"几乎涵盖所有种类的坑蒙拐骗。

不可避免地，在印度的英国人普遍变得不诚实，这令来访的他们的同胞十分震惊。1765年，罗伯特·克莱武告诉东印度公司董事的法庭他所发现的情况：

> 在一夜暴富和许多以非法手段获得财富的人当中，奢靡之风盛行，最有害的方面是……每个人都认为，在任何情况下他们都有权通过尽可能多的远征使自己发财……欧洲代理人在公司权威之下开启了暴政和镇压之源，而在他们手下不计其数的非洲代理人和副代理人扮演同样的角色。恐怕这是英国在印度长久存在的一个恶名，这是我所担心的。但实际上，我面前的这些不幸居民，要控诉的事情不胜枚举。

无秩序的混乱情况就是这样。到18世纪70年代，公司被迫向政府借贷100万英镑，并且因此放弃部分独立权。

对腐化和道德败坏提出的一个借口是大多数"约翰公司[1]的"雇员薪水低，寿命短。这倒是真的：年轻雇员乘船前往加尔各答、孟买或者马德拉斯，有时几个星期之内就会死于黑水热或者疟疾。1690年，雇员詹姆斯·奥文顿从英国出发，在季风雨季开始时到达孟买，而在雨季快要结束时，与他同行的24个同事却只有4人还活着，15名水手则都死了。奥文顿写道，9月和10月"非常致命"，因为过度的蒸汽"使空气发酵"，产生"闷热难耐的高温，几乎没有人能够抵挡住这股高热效应对他们的精神造成的

---

[1] 即英国东印度公司。——编者

影响"。[1]有一年，在加尔各答三分之一的白人在雨季死亡，这使得那些幸存者在雨季结束后举行的宴会上举杯感谢上帝成为惯例。

然而，那些被戏称为"富豪"的高级官员的恣意妄为激起了人们的愤怒。1781年，诗人威廉·考珀满怀激情地写道：

> 你从白皙的自由乳房中吸吮奶水，
> 你将奴隶出口到被你征服的东方，
> 你推翻用恐怖政策维持统治的印度暴君，
> 而你自己是否取而代之，成为他们更加暴虐的君主？
> 你出发时全副武装、饥肠辘辘，却满载而归，
> 你从莫卧儿人富裕的血管里吸食养分，喂饱自己。
> 你是一个用财富、劫掠和阴谋获取权力的暴君吗？
> 亚洲的恶习充斥了你的头脑，
> 但你却将他们和你自己的美德抛之脑后……[2]

1856年起义之后，东印度公司终止了活动，英国前财政大臣乔治·康沃尔·刘易斯爵士，在英国议会上总结了18世纪后半期东印度公司的特性："我有自信重申这个说法，世界上从来就不存在一个文明的政府，存在的只是更加腐化、更加不诚实和更加反复无常的政府。"

虽然英国的道德记录很糟糕，但是我们依旧无法否认，与印度的商业极大地有利于英国人过上舒适和幸福的生活。如同在西印度群岛拥有奴隶种植园一样，他们可以从东方的贸易中获得巨大的回报。这使得伦敦成为金融中心，还建立了很多豪华的住宅。偶尔，出身卑微却有很好的身体素质的人会出现，如果他能够抗过季风期的热疫，并且头脑聪明，懂得讨价

---

[1] 奥文顿详细记述了他的印度经历，具体请参见《1689年的苏拉特航行记》（*A Voyage to Surat in the Year 1689*, ed. E. G. Rawlinson, Oxford, 1929）。尽管奥文顿发着高烧，但是他仍然攒足力气严厉批评他在岸上看到的那些英国人在孟买的堕落行径。

[2] 考珀（1731—1800年）是一位有强烈宗教信仰的诗人，他反对奴隶制，还在他的讽刺作品《规劝》（*Expostulation*）中谴责那些"富豪"。

还价,他就能够在印度发财。"私掠商"(未获许可的商人)托马斯·皮特,升迁成为马德拉斯的总督,建立了一个政治王朝:他的儿子和孙子都做过英国首相。另一个人是伊莱休·耶鲁,他是美国波士顿人。他后来也成为马德拉斯的总督,还将他的两个女儿嫁给了英国贵族,并且建立了耶鲁大学。他的事业不具有典型性。1721年,他伦敦墓碑上的诗文以这样一组充满忧虑的对句结尾:

> 他做了很多好事,也做了一些坏事,但愿一切持平,
> 以便在您的仁慈之下,让他的灵魂升入天堂。[1]

特许公司经济上成功的好处是它塑造了欧洲资本主义事业的雏形。当越来越多以美洲发掘的银矿铸造的货币支付东方的出口商品时,它们的影响进一步深化。之后,在欧洲第一次工业革命之际出现了一种预兆:自由贸易与国家利益之间的冲突是永无止境的。英国工厂图谋通过向所有印度棉织品收取百分之七十五的进口关税,遏制从孟加拉进口平纹细布。下一步是英国的棉织品免税进入印度,动力织布机生产的大量棉织品进入到东印度公司控制的所有地区。30年间,数百万印度手摇织布机的织工赖以生存的古老行业就这样消失了。

东印度公司的高级职员乔治·伯德伍德爵士评论,达卡和其他生产平纹细布的印度城市变得荒凉破败,"让人感到既悲伤又耻辱"。但他很难预见到,不到一个世纪,英国的棉纺织工业就遭遇自我毁灭的命运,而这主要是由于东方用英国售卖的机器生产了大量棉布。

---

[1] 引自西奥·威尔金森的《两股季风》(*Two Monsoons*)。

第三部分

强制监管

37
南行去往印度之路上的定居者

> 我的朋友,那些前往东方的人,每 100 人之中,只有不到 30 人能够活着回来,那些士兵更是如此……我的朋友,请记住这些,不要前往东方。
>
> ——奥托·门采尔《18 世纪中期的好望角生活》,1784 年
> (Otto Mentzel, *Life at the Cape in the Mid-Eighteenth Century*)

到 18 世纪中期,在好望角定居的白人数量已经达到 6000 人。荷兰东印度公司的董事们不情愿将一个"补给站"变成一个殖民地,但是此时他们不得不屈从于对建立殖民地满怀热情的继任总督们。好望角变得越来越自给自足,甚至种植小麦出口东印度群岛。一些布尔人(实际上是农民)这时候前往更内陆的地区定居。在那里,他们砍伐森林,耕种土地,开始饲养牛羊。如果遭遇布须曼人,他们就开枪射击。他们普遍奴役科伊科伊人(霍屯督人),但是有时候会娶他们的年轻妇女为妻。在鱼河附近,这些长途跋涉的布尔人首次接触到更加可怕的对手——科萨人,他们是占据广大内陆地区的班图人的先锋。

在好望角,一场历史冲突的预兆基本未被人们注意到。这些居民经常向外眺望海洋,但很少回望身后的非洲内陆。尽管人口还是很少,但这是除美洲之外,欧洲人在移民文化方面有意识地维持得最好的一个海外殖民地。100 年前,范·里贝克对自由市民"迟早会来到这个国家,将它作为他们的祖国"的憧憬,毫无疑问已经实现。

此时,开普敦是一座受欢迎的港口,吸引各个国家在印度洋做生意的船只来访。它得到一个绰号——"两海之间的旅馆"。在开普敦秩序井然

的街区居住的市民，将房间租给停泊在海港里的船只上的水手，他们以此作为好的谋生之道。那里还有充斥着霍屯督人和混血女人的妓院。尼德兰海军少将扬·斯普林特·斯塔沃里纳斯写下他对好望角的印象，他说那里的人极度渴望从外国人手中榨取钱财。英国人总是很受欢迎，因为他们的水手似乎花钱最多。[1]

1744年秋，好望角迎来了一位卓越的英国到访者，他是海军准将乔治·安森——"皇家海军之父"。他正处于一场环球远航的最后阶段。他的牧师理查德·沃尔特写道，乔治·安森看到好望角及其"文明的殖民地"感到"非常高兴"。这里的水果和其他食物是世上最美味的，这里的空气有益健康，这里的水源清澈，简而言之，"对于长途航行的水手来说，这个定居点是已知世界所能提供的最好的休憩之处"。1765年，杰迈玛·金德斯利夫人前往加尔各答，途中在开普敦做短暂停留，她以同样的热情给家里写信："我从未见过别处的人像这里的人一样享受如此舒适美好的生活，这里没有非常富裕的人，也没有极度贫穷的人。"

作为一个她那个时代的女性，杰迈玛·金德斯利在做出这个判断时当然没有将所有开普敦人包括在内。她来自一个从伊丽莎白时代起，大小海港依靠向西非派遣运奴船逐渐富足起来的国家，它的北美殖民地依靠黑人劳工。由于英国在大西洋贸易中享有至高权威，很少有英国人对好望角的环境持批判态度。在好望角，尼德兰人的数量远不及奴隶的数量，因为没有他们的劳动，殖民地就不会繁荣。[2] 唯一值得注意的是奴隶的多样性：有些奴隶来自西非，有些来自爪哇和中国，还有一些来自附近的马达加斯加。只有少数是科伊科伊人，尽管他们中有很多人在1713年死于天花，是被靠岸停泊的到访船只送上岸的待洗衣物感染的。此时，这些"褐色皮肤"的天花幸存者与更大的奴隶社群通婚。在市民与他们的奴隶之间的社会阶

---

[1] 具体请参见斯塔沃里纳斯的《东印度群岛航海记》（Stavorinus, *Voyages to the East Indies*, trans. by Samuel H. Wilcocke）。他兴趣广泛，他在书中提到，在印度南部，犹太人社群释放他们的奴隶，给他们实施割礼，然后将他们视作"以色列同胞"。

[2] 然而，因为"好望角类似欧洲的气候，生活在那里的白人从事的体力劳动要比热带地区的白人多"。

层是获释的奴隶：他们是黑白混血私生子或者受过洗礼的黑人基督徒。其他奴隶或是因为表现勇敢，或是由于报告了其他奴隶的逃跑计划，而被给予自由。人们很容易识别获释的奴隶，因为他们往往佩戴帽子和穿鞋。

由于他们的主人是严格的加尔文信徒，好望角的奴隶一般待遇不错，很多人还密切融入到主人的家庭中。但是，他们的主人对任何反叛行为的惩罚都是极为严酷的。早些年，奴隶经常逃跑，人们还能清楚地记得夜晚他们在桌山斜坡上擎着灼热燃烧的火把。此时对奴隶施加的惩罚要根据东印度公司选择的总督制定的规范，他们对此极少展现仁慈。对犯错误的奴隶施加的惩罚表明，他们觉得有必要实行恐怖统治，他们感到恐惧，认为必须要向位于阿姆斯特丹的荷兰东印度公司的"17位"董事报告，混乱状况已经有所显露。

此外，关于西印度群岛频繁起义的报告令人担忧：1760年，牙买加的1000名奴隶起义，他们徒劳地希望杀死所有白人，并将这座岛屿变为一个黑人共和国。暴动持续了6个月。之后，一名曾经加冕为女王的女奴被处死。如果好望角发生任何一起相似的暴动，而且局面失控，这必定会威胁到殖民地的生存。欧洲太过遥远，无法在殖民地陷入麻烦时迅速派来援军。因此，他们一直严格执行一项预防措施：奴隶绝对不可以接触任何武器。

在杰迈玛·金德斯利夫人于开普敦停留期间，一个因为用刀捅人而获罪的疯狂奴隶被处死在刑架上。他受尽折磨而死，"他们将烧红的烙铁烫在他身上，那种方式太过恐怖以致于我无法在此复述具体情形"。几年前，18名逃跑的奴隶点燃了几所房屋，但是他们很快就被抓获，并且被投入城堡的地牢。其中3人成功地割断了自己的喉咙，因为他们知道等待他们的是什么，而其余的人或者被钉在尖桩上，或者被吊死，或者在被铁棒砸断手脚之后，又被活活捆在车轮上。女人则是被慢慢绞死，在此过程中刽子手的助手会在她们眼前晃动燃烧的成捆稻草。奥托·门采尔是一位高级军官的孩子的私人教师，他在日记中写道："天气暖和时，被钉在尖桩上和绑在车轮上的奴隶通常能活两三天，但是天气寒冷时，他们在半夜都会被冻死。"人们认为，这些惩罚对于维持经历长途航行来到好望角的访客所喜爱的平静气氛，极其重要。

从马达加斯加买来运到好望角的奴隶是最反叛的。而且，购买他们也十分危险，因为在岛屿西岸有很多卑鄙的"地头蛇"，他们是令人生畏的黑白混血海盗的后裔。马达加斯加的奴隶还很贵，每个奴隶的价格高达35个墨西哥银币，有时它们也叫作西班牙里亚尔（玛丽亚·特蕾西亚泰勒，也称皮阿斯特，这是在印度洋通用的另一种货币）。[1] 但是，因为奴隶无法适应好望角的寒冷冬季，所以他们在好望角活不了多久，总是需要购买新的奴隶。

在18世纪70年代早期，好望角荷兰东印度公司的管理人员决定派出他们的一些船只，前往2000英里之外的桑给巴尔购买奴隶。公司职员弗里德里希·霍尔茨埃佩尔和康斯坦特·范·努尔德·昂克鲁伊特写道，这些航行中有两次幸免于难。由于他们住在与非洲其他地方相隔离的前哨地带，当他们到达桑给巴尔时，两个人都不知道应该做何期待。他们一路沿非洲海岸北上的航行十分平静，一抵达桑给巴尔，他们两人就对岛上市集的繁盛场景感到惊奇：丝绸、中国瓷器、上好的地毯和黄金珠宝应有尽有。他们自己的货物无法引起当地商人的兴趣，唯一被需要的是墨西哥银币。

这些职员还了解到马斯喀特的阿曼苏丹的深远影响力。他选择的总督统治着桑给巴尔岛，另一位出身于强大的马兹鲁伊家族的被指定者正占据位于蒙巴萨的耶稣堡。（8年前从葡萄牙人的手中夺得耶稣堡的事件，在整个海岸地区流传的诗歌中都是一个为人称颂的传奇。）桑给巴尔的总督告诉尼德兰人，他接到严格的命令，禁止向基督徒出售奴隶，因为"整个海岸的贸易必须掌握在阿拉伯人手中"。苏丹此举既有宗教原因也有商业考虑：穆斯林拥有的奴隶必须皈依真主。

不过，桑给巴尔的总督暗示，如果他们借给他五百个墨西哥银币，他可以给他们提供一些奴隶。尼德兰人天真地交付了那笔钱，但是他们什么也没有得到。一个年轻人提议秘密为他们提供一些奴隶，他被离奇地描述为一个牧师，午夜，一艘独木舟载着十九个男人、女人和孩子划了出来。

---

[1] 玛丽亚·特蕾西亚泰勒在奥地利铸造，在印度洋的流通历史长达150年，尤其在埃塞俄比亚十分流行。

其中一个职员忧郁地写道,"月光太亮了,不利于奴隶们登船"。

这是一场缓慢曲折的商业之旅。他们不得不将他们购买到的第一批非洲人隔离在甲板下面闷热且臭气熏天的船舱里,直到船上载满货物。这些人很快开始生病。有些还只是婴儿,她们在记录本上被列为"未断奶的女孩们"。康斯坦特·范·努尔德·昂克鲁伊特抱怨在桑给巴尔买的奴隶虚弱不堪,他将这归咎于大陆上的饥荒,以及使情况变得更加糟糕的蝗灾。按照霍尔茨埃佩尔的说法,奴隶购买者不得不"更加深入内陆",他们带着贸易货物以便购买奴隶。他听说,某一次有两百人因为饥饿而从灌木丛里主动走出来,要求将自己卖掉。

他们希望在别处找到更便宜并且更强壮的奴隶。其中一艘船向北航行,经过有历史意义的城市马林迪,那里此时被"不友好的当地居民"控制,之后他们到访布拉瓦港:"我们选了一个男性奴隶和一个女性奴隶,但是拒绝了两个年长的女性奴隶和三个小男孩,因为那个商人不同意降低价格。"当然,这两个职员很关心价格:当时一个健康的非洲男性的价格是二十五银币,或者一百二十磅火药(一头奶牛的价值是三十磅火药)。但是,经过一年的努力,在此期间好几个船员死了,一艘船只运载六十八名奴隶;另一艘成功一些,总计装载三百二十八名奴隶。

穿插在这两段叙述之间的是18世纪晚期关于东非的小片段,但是这些记述带有很强烈的欧洲人的偏见。阿拉伯人非常专横:"因为他们普遍拥有很多奴隶,所以他们目中无人并且懒惰异常,以致于他们宁愿饿死也绝不下地干活。"康斯坦特·范·努尔德·昂克鲁伊特尝试为沿海的各种穆斯林划分等级,他将斯瓦希里人放在最低等级,将"摩尔人"放在"中间等级",将阿拉伯人列为最高等级:"但是,他们所有人都最惧怕马斯喀特政府。"

对于非洲奴隶而言,捉拿他们的人不把他们当人看。他们唯一感兴趣的是将非洲奴隶活着带回开普敦。第二艘船的船舱里挤了三百多个男人、女人和孩子,这是一笔赔本买卖。一路上奴隶的死亡几乎没有间断过。当船只向南航行穿过莫桑比克海峡时,船员每天都会从甲板上往下扔尸体。这段时间的叙述变成了简洁的航海日志:"两个男人,一个女人""一个男人""两个女人,一个男孩"。只有少数情况才登记细致一些的信息:"星期五，11月14日。快要入夜时，两个成年男子死了。他们可能是我们船上最好的两个奴隶……我们不知道为什么他们死得如此突然，因此医生建议解剖他们的尸体。他被允许这样做了，但是在解剖和仔细检查之后，他报告说他没有发现什么异常。"

最后，他们抵达了桌湾，当时由于风向相反，船只不得不在罗本岛等候，直到他们可以驶入海港。[1]罗本岛上监狱的监狱长给船员们提供了10只羊，船员们对此很高兴，因为他们已经很长时间没吃过新鲜的肉了。但是，他们在东非费力获得的328名奴隶，几乎有三分之一死在了返航途中。

当尼德兰人沿着非洲海岸跌跌撞撞地来回航行时，一个更加精明的奴隶贩子正在努力影响印度洋的历史进程。1776年12月14日，基尔瓦的苏丹签署了一份由某个叫作让-文森特·莫里斯的人起草的条约。条约内容如下：

> 基尔瓦国王哈桑苏丹，即基尔瓦设拉子王朝苏丹易卜拉欣与苏丹优素福的后裔，在此向法国的莫里斯先生保证，我们将每年提供1000名奴隶，每个奴隶的价格是20皮阿斯特，而他每获得一个奴隶，就要向国王交纳2皮阿斯特。除他之外，无论法国人、英国人、尼德兰人、葡萄牙人还是其他国家的人，都不能从事奴隶贸易，除非他已得到足够的奴隶并且不再需要。这份合约的有效时限是100年。为了保证我们的承诺，我们给他一座堡垒，他可以在其中安置他所需要的大炮和旗帜。法国人、摩尔人和基尔瓦国王，从今以后将团结一致。
>
> 无论谁攻击我们中的任何一方，我们双方都要一起攻击他。
>
> 12月14日，我们签字并盖章。

莫里斯的船"阿比西尼亚"号停泊在基尔瓦海港，船上的3名军官——皮夏德、皮格内和布鲁瓦德——联名签署了这份文件，这份文件被视为一个更具野心的计划的前身。莫里斯梦想将基尔瓦变成法国沿东非海岸第一

---

[1] 20世纪，纳尔逊·曼德拉和他的同僚被关押在罗本岛，它自尼德兰人占领好望角的初期阶段起就是一座监狱。

个定居点的中心，因为基尔瓦的战略位置非常重要，可以使法国对非洲大陆产生持久影响。

对于莫里斯，我们知之甚少，只知道他可能在布列斯特港出生并接受教育，在之后的20年里，他在东印度公司的一艘船上担任医生，去过世界上的很多地方。在东印度公司于1769年解体之后，他转而从事奴隶贸易，取得了很大的成功，他很快就拥有了一支小船队，船只的名字诸如"希望"号、"优雅"号、"晨星"号之类。起初，他在莫桑比克海岸购买奴隶，然后销往马提尼克岛，在穿越大西洋之前，他在开普敦停靠以便治疗那些生病的奴隶。尽管运奴船的许多船长是粗野的"暴君"，他们对待船员和奴隶都一样残忍，但是奴隶贸易本身却不受指责，并且莫里斯在信件中也没有流露出任何他对这种贸易感到厌烦的迹象：尽管出现天花威胁时，他的医学背景使他为奴隶种痘，但那只是出于商业的审慎考虑。

这位由医生转化而来的奴隶贩子从一位受人尊重的科学家和学者那里得到了支持，这个人是约瑟夫－弗朗索瓦·夏庞蒂埃·德·科西尼，他定居在法国岛，即之前的毛里求斯岛。（尼德兰人遗弃了这座岛，法国人重新占领了这座岛，并对它重新命名。）莫里斯和夏庞蒂埃一起游说凡尔赛的法国海军大臣，使之明白他们领土扩张计划的合理性和急迫性。夏庞蒂埃认为基尔瓦可以用来传播基督教："最有力、最迅速、最有效地教化当地民众的方法是使他们服从法律的约束，改变他们的想法，使他们习惯工作，并且教授他们农业技术。"

这两个人起草了一份关于非洲海岸和内陆的长文件[1]，在文件里莫里斯以回答夏庞蒂埃问题的方式展现了他丰富的学识。他说，奴隶从600英里之外的内陆来到海岸，一路上不断更换主人。每年商人们都要集合成一支商队，穿越大陆前往安哥拉，这总共需要花费两个月的时间。他们途经一条大湖，乘坐独木舟划行两天才渡过这条大湖："进行一次相似的旅行是多么奇怪的经历啊。"莫里斯认为从基尔瓦出发只需两个月就能抵达安哥拉，

---

[1] 这份问答形式的文件现在保存在牛津大学的罗德楼。弗里曼-格伦维尔曾在《基尔瓦岛上的法国人》中分析过这份文件（G. S. P. Freeman-Grenville, *The French at Kilwa Island*）。

这种想法是不切实际的，但是总体来说，他的陈述是对的。有足够多的证据表明，非洲两侧的混血葡萄牙商人已经在赞比西河源头附近的集市会面了。

绕过马达加斯加岛的北端，然后转向东南，从基尔瓦到法国岛只需要航行14天。在过去的40年间，这座岛曾经是渡渡鸟的栖息地，后发展成为法国在印度洋野心的一种象征，弥补了之前多凡堡定居点的失败。在秩序感和使命感的支配下，在南行前往印度的道路上法国岛之于法国人，就如同好望角之于尼德兰人，是立足之处。

这座岛在1735年之后的10年得以兴旺，要归功于一位聪明的总督，这个人叫作伯特兰－弗朗索瓦·马埃·德·拉布尔多奈。在莫里斯时代，他是一位白人精英、一位蔗糖种植园主，管理着4000多个人。在那里有一个由"自由人"和克里奥尔人组成的小社群，还有买来的将近4万名充当蔗糖种植园劳力的非洲奴隶。在其姊妹岛留尼汪岛上，也有一个相似的小社群，他们主要种植咖啡和香料。

除了他在担任总督期间取得的成就之外，拉布尔多奈还实现了法国人将英国人逐出印度的期望。这两个欧洲国家的雇佣兵都参与到印度次大陆敌对王公的相互征伐之中。1745—1747年，凭借一支经过改造适合进行海战的商船队，他成功地控制了孟加拉湾，占据了马德拉斯，并且在对方缴纳了巨额赎金之后才将之归还。18世纪下半叶伊始，这两大欧洲国家不断为他们与印度王公之间的友谊展开激烈竞争，他们将各自东印度公司的军队作为雇佣兵，参与到次大陆的战争中。

事实证明，在影响印度王公的外交竞赛中，法国人总体表现得更为机敏。他们的政府官员在训练印度王国的军队方面的表现也同样出色。但是，在英国取得七年战争（1756—1763年）的胜利之后，法国在美洲的殖民地被剥夺，而且紧随罗伯特·克莱武取得普拉西大捷后的是法国在印度的势力所剩无几。[1] 他们唯一还拥有的有点儿价值的占领地是东南部的本地

---

[1] 孟加拉的统治者西拉杰·道拉曾反对东印度公司在加尔各答设防抵御法国人的决定。他的队伍内部酝酿的一场阴谋导致他在普拉西失败（1757年）。之前，克莱武已将法国人驱逐出孟加拉。

治理港，但它所有的防御工事都已被英国人摧毁。

具有文学才华的杰迈玛·金德斯利在拜访好望角之后前往印度，她对本地治理被毁坏感到遗憾，但是看到英国守备军在阿拉哈巴德和其他城市得到加强，她又感到很骄傲。尽管对20年前"加尔各答的黑洞"[1]感到恐惧，但加尔各答还是令她着迷："如果总是寒冷的季节，谁会喜欢印度呢？这里真是让人愉快啊！雨季已经结束，天空没有一片云彩。"她的语气透出她对英国的坚定信念，那就是在克莱武取得大捷之后，英国在东方的力量已经超过它的欧洲对手，在印度建立了永久的帝国根基。

就是在这种广泛竞争的背景之下，莫里斯与基尔瓦签订了条约。他的奴隶贸易只是事情的一个方面。他给法国政府的高级官员寄去一份题为"在非洲东部海岸建立贸易中心的计划"的文件，他强调大陆可以为法国岛上的奴隶提供足够多的粮食，还可以成为岛上蔗糖的销售市场。基尔瓦的海港比他见过的世界上任何其他地方的海港都要好，只有里约热内卢可以与之匹敌。基尔瓦的位置使他们可以拦截出现在莫桑比克海峡并驶往印度的敌人船只。对基尔瓦的官员而言，他已经准备好随时应对那种情况。然而，1779年2月，巴黎方面的回复十分谨慎，他们在信中要求法国岛的政府对莫里斯予以一切支持，并与基尔瓦的苏丹保持友好关系，但是不要采取进一步的行动。

与苏丹哈桑保持友好关系并不困难，因为他对法国人在条约中称他是国王，还追溯其祖先是波斯设拉子的贵族感到受宠若惊。事实上，一度强大的基尔瓦已是一片废墟，它的房屋与宏伟的清真寺也已被热带植物长久遮蔽，难以辨别出是那个在400年前伊本·白图泰拜访过，之后又令第一批葡萄牙人感到震惊的兴旺的城邦了。除了大肆宣称自己是1000年前建造这座城市的伟人的后裔，苏丹也没什么可以夸耀的了。基尔瓦曾一度控制索法拉的黄金出口，但此时它只是东非海岸收集内陆运送出来的奴隶的最好仓库。奴隶贸易是苏丹及其随从避免陷入贫困的唯一保障。

---

[1] "加尔各答的黑洞"是一座用来监禁英国俘虏的小牢房，据说环境极为恶劣。1756年6月20日，被监禁于此的英国俘虏有120余人均窒息身亡，这引发国际争论。——译者

除了答应给苏丹一笔固定的收入之外，莫里斯起草的条约还给予苏丹哈桑一些希望，让他可以脱离阿曼苏丹保持独立。阿曼苏丹从1750年开始宣称对整个东非海岸拥有主权，而且还将视线投向了科摩罗群岛、马达加斯加岛以及更远的地方。像那位被指派到桑给巴尔的官员一样，在莫里斯出现之前7年，一位阿曼总督来到基尔瓦，但是苏丹成功地摆脱了他。这位带着大炮的法国人可能震慑住了阿曼人，使他们不敢重返基尔瓦，这解释了条约中关于协同一致对抗进攻者的那部分虚张声势的内容。苏丹还不得不考虑他的两个兄弟可能带来的威胁，他剥夺了他们的权力：一个人成了酒鬼；另一个成了傻瓜。

提供给莫里斯的那座堡垒是被废弃已久的胡苏尼·库布瓦大宫殿，它朝向基尔瓦岛的北端。他希望法国人在这里建立一个拥有军事要塞的定居点。据说，他为了这座宫殿向苏丹呈交了4000西班牙银币，在宫殿的城墙上他架设了8门大炮用以守卫海港。

就像他在船只桅杆上做的一样，莫里斯骄傲地将法国的百合花三角旗插在宫殿之上。他的同胞们在印度洋的这片海域十分出名，以至于英国的运奴船经常伪装成法国船，以便使他们更容易被人们接受。与尼德兰人的拙笨尝试形成鲜明对比，1776年初，莫里斯成功地在桑给巴尔岛购买了925名奴隶（只有70人在航行去往法国岛的途中幸存下来），这激起了另一位法国船长的抱怨，使他在那年的晚些时候将视线从桑给巴尔转向基尔瓦。

一系列递交给回国前往凡尔赛的船只船长的建议突然终止。在损失"圣皮埃尔"号后不久，奴隶贩子兼爱国者莫里斯先生在胡苏尼·库布瓦的废墟里去世。他很可能死于疟疾。条约随着他的去世也失去了效用。尽管基尔瓦的苏丹很快就找到了购买奴隶的新客户，但是与之对抗的法国船长们航行前往里约热内卢和其他巴西港口，并且照旧来访法国岛。其中一个法国船长是约瑟夫·克拉松斯·德·梅杜尔，他将近期在基尔瓦载满奴隶的十多艘船列了出来，其中一艘船是"拉萨马里泰奈"号。

克拉松斯在基尔瓦被植物遮蔽的废墟中散步时，注意到它宏伟的清真寺结构精良的拱门，他推测"这曾经是一座非常重要的城市"。但基尔瓦的辉煌已成历史，甚至它独立的最后遗迹也将很快被夺走。1785年，一位更加坚定的阿曼新总督来到这座岛上。苏丹被剥夺了所有的权力，只被允许保留封号，作为其贵族血统的最后回忆。[1]

---

[1] 到19世纪中期，基尔瓦的苏丹已经被废黜，只有斯瓦希里村民在岛上散居。它的部分遗址已被发掘，具体描述请参见内维尔·奇蒂克的《基尔瓦：东非海岸的一座伊斯兰贸易城市》（Neville Chittick, *Kilwa, an Islamic Trading City on the East African Coast*）。

38

拿破仑难以企及的海域

> 背信弃义的阿尔比恩人在海上采取积极行动！
> ——希梅内斯侯爵奥古斯丁《法国人的时代》，1793 年
> （Augustin, Marquis de Ximénèz, *L'Ére des Français*）

尽管莫里斯不断催促，但是法国人仍然不太想参与东非海岸的殖民冒险，这并不让人感到意外，因为与英国交战消耗了它更多的力量。1778年3月，法国与为独立而战的美洲殖民地形成同盟，法国这样做主要不是出于对美洲殖民地的同情，而是将之视为一个复仇的好机会。15年前，法国在与英国的七年战争中失败，在和平条约中屈辱性地失去在印度的很多权益。让法国人感到苦涩的是，许多最有才能的管理者和士兵在印度丢掉了性命，可是那个巨大的"奖赏"却被夺走了。

起初，重启的冲突就发生在家门口，但是当西班牙和尼德兰也对英国宣战时，法国人觉得有足够的勇气可以再次派遣一支舰队前往印度洋，以便帮助印度王公联盟作战，将英国人驱赶到海上。这些王公中最果断和能力最出众的是迈索尔[1]的统治者蒂普苏丹。蒂普热衷于艺术和科学发明，同时他也是一名狂热的穆斯林：在迈索尔战胜它的邻国古尔格之后，他对7万名印度教徒强制实施割礼并且奴役他们，相似地，当他抓到任何一名英国异教徒时，他也强迫他们实行割礼。对于蒂普，东印度公司是既恐惧又憎恨，而蒂普曾派遣大使前往法国，要求路易十六给予军事支持。但是，

---

[1] 迈索尔是印度南部卡纳塔克邦的旧称。——译者

路易十六拖拖拉拉，结果这对于蒂普来说是致命的。

最后，法国决定派出三支独立的护航队，它们运载了数千名士兵，这些士兵将与印度王公的军队一起作战。如果这些战船能够早到一年或者这三支护航队都能够安全绕过好望角，次大陆的历史可能会沿着不同的方向发展。但是，其中两支护航队在清扫欧洲海域之前被英国战船阻截，而印度的王公联盟在英国火枪手、炮兵和骑兵的一系列攻击下土崩瓦解。

法国人在海上的运气要好一些。在印度近海的一系列血战中，才华卓越的法国将领皮埃尔－安德烈·德·叙弗朗·圣特罗佩兹大胜因为坏血病爆发而软弱无力的英国海员，甚至在陆战中英国人也开始陷入无序状态。之后，在1783年6月，消息传到印度，而5个月之前巴黎就已开启和平洽谈。叙弗朗的舰队返航，他们取得的胜利失去了价值。英国签署文件，放弃了它的美洲殖民地，以暂时中止敌对状态，消除法国在印度洋的威胁。

在接下来的几年里，小威廉·皮特在英国议会操纵一项"双控"法案，给予国王对东印度公司的最高控制权。英国帝国主义的矛头从美洲转向了东方，英国统治印度的时候到了。与此同时，工业革命的资源使得英国可以取得更加完整、更加商业化的回报，要比过去任何东方或者欧洲力量所取得的成就更大，它成为印度次大陆的主人。

尽管内部争执不断，但是不列颠人（英格兰人、苏格兰人、威尔士人，甚至爱尔兰人）此时有一个共同的目标，那就是统治其他种族，即使他们的数量要远远多于不列颠人，肤色也深得多，还是异教徒。因此，"大英帝国"这个词获得了一种新的内涵。"英国"这个词也一样。它主要反映的不是地理含义，而是一种精神状态，它是一种内在的自信和民族自豪感。纳尔逊在特拉法尔加参加对法海战前的动员就是激发士兵产生这种情感："英国期望每个人各尽其责。"[1]

在与法国人的最后一轮战斗中，这种沙文主义精神得到了加强。在

---

[1] 琳达·科利在《不列颠人》（*Britons*）中记述了这个民族结合成一体的历史，将之作为它的帝国主义开端，并赋予"英国风格"持续的意义。与此同时，英国人对法国人的憎恨达到顶峰。1799年，纳尔逊评论法国人，称他们是"盗贼、谋杀犯、压迫者和异教徒"。

1789年法国大革命之后，人们可以预见战争即将到来。不久，战火在欧洲重燃，但是很快其影响在遥远的地方也可以感受得到。当尼德兰被占据，并且在"巴达维亚共和国"（巴达维亚人曾是生活在莱茵河畔的一个古代部落）的名义下成为法国的附庸国时，英国认为这是占据好望角的一个理想借口。此外，好望角的尼德兰定居者与革命的法国的关系并不融洽，后者颁布法令要求他们立刻释放所有的奴隶。

1797年占据好望角之后两年，马嘎尔尼勋爵被任命为好望角的军政长官。他提出警告，如果诸如法国那样的坚韧之敌控制了"印度洋的直布罗陀海峡"，它们就有可能"颠覆和摧毁我们在东方的富饶领地，直至撼动我们在东方的统治根基"。伦敦的许多政客对此表示同意，的确，如果法国将领叙弗朗没有阻碍英国的计划，好望角也许会提早几年落入英国人的手中。

拿破仑的出现，以及1798年他率领3.5万名士兵攻克埃及，使得东方上空再度被法国军队突袭的阴影笼罩。毫无疑问，拿破仑企图将冒险通过地中海作为征服印度的第一步：3年前，法国驻开罗领事满怀激情地写信给巴黎，他说在苏伊士建造的船只能够在6周多一点的时间里将一支军队运到马拉巴尔海岸。总是渴望赶上亚历山大大帝的拿破仑说："只有在东方，一个人才能做出伟大的事业。"

这句话说得非常恰当，拿破仑在亚历山大里亚登陆，这座城市是由他的英雄——亚历山大大帝——建立的，这样一种使命感使他对出征的将士们发表了如下演讲："将士们，你们将开始一场征服，这场征服对文明和商业的影响是不可估量的。你们即将给予英国最沉重的打击，到那个时刻，英国的感受将会很深切。"他在开罗司令部的地板上展开地图，研究他如何率领3万名法国将士前往幼发拉底河，之后向波斯和印度挺进，而与此同时他的船只从苏伊士沿红海南下，穿过印度洋。

那座远在大海之中不屈服的"堡垒"，被恰如其分地称作法国岛，它正等待荣耀的一刻。这座岛屿特别为拿破仑所珍视，因为它是法国人钟爱的浪漫主义小说《保罗与维尔日妮》（*Paul et Virginie*）故事的发生地。拿破仑为这部小说的作者雅克–亨利·贝尔纳丹·德·圣皮埃尔授勋，奖励他一笔津贴，还宣称这部作品说出了"灵魂之言"。此时，法国岛将在拿破仑的伟大计划中发挥作用。

拿破仑迫切希望与印度和阿拉伯的统治者形成同盟。1799年1月25日，他向阿曼的苏丹提议："我写这封信给你，是为了告诉你法国军队已抵达埃及。由于你一直很友善，你肯定相信我们的愿望是保护你可能派往苏伊士的所有商船。我还请求你一有机会就将所附信件送给蒂普苏丹。"给蒂普（拿破仑称他为"公民苏丹"）的信更为直白：

你一定知道我已到达红海岸边，还率领着一支规模庞大的雄师。面对英国铜墙铁壁般的严密封锁，我仍渴望将消息传递给你，我急切地要求你通过马斯喀特或者穆哈，将你目前的政治处境通知我。我还希望你有自信一些，派一个有能力的人到苏伊士或者大开罗，我将与他协商相关事宜。

本来十分有可能期望获得蒂普的合作和阿曼的部分支持，而且在1795年法国于马斯喀特建立领事馆之后，一位法国医生成为苏丹的机密顾问。但是，这些前奏都只是虚张声势，因为6个月前被纳尔逊在尼罗河河口海战中摧毁了舰队之后，拿破仑被迫进入防守状态。发出上述两封信之后，过了两周，拿破仑动身前往叙利亚。1799年6月，他短暂逗留埃及，接着返回法国。

这些信件后来很快落入敌人之手，拿破仑的通信路线的弱点也随之暴露出来：它们在穆哈——红海南端的阿拉伯"咖啡海港"——被英国间谍截获，然后被快速送往印度。即便邮件安全抵达阿曼，也不能确定苏丹会将信件递交给印度南部的蒂普，因为苏丹刚签订了一份条约，与东印度公司结盟一致反对法国。

就印度本身来说，它的新任总督，即未来的惠灵顿公爵的哥哥韦尔斯利勋爵，没有抓住任何机会。当知道蒂普曾派遣两名假扮成商人的大使前往法国岛，意图与拿破仑结盟时，东印度公司立刻制订了彻底征服迈索尔的计划。迈索尔的首都塞林伽巴丹最后在1799年5月被攻克，而蒂普战死沙场。他的财富被掠夺送往英国，其中包括一只机械老虎，它能在攻击一个发声的英国士兵模型时发出咆哮声。[1]

在很大程度上，丢掉这样一位重要的盟友，法国人应当自责。蒂普原先希望尽量秘密行事，但是法国岛的总督却以礼炮欢迎他们，还在他们到访期间大肆宴请。所以，他们到访的消息很快就传回了印度。

然而，关于拿破仑的所有谣言都刺激英国人加强他们环印度洋堡垒的力量。这些谣言成为他们夺取垂涎已久的锡兰岛的理想借口。岛上混杂的非僧伽罗人也接受融入大英帝国的命运，因为在印度发生的事件的阴影笼罩着这座岛屿。即将破产的荷兰东印度公司在锡兰经营困难，但仍将之视为"傻瓜、浪子和破产者"的最后一根稻草。[2]

英国东印度公司几十年来一直关注锡兰的肉桂和次宝石出口，并且早在1760年就派使者出访康提国王，建议成立联盟一起对抗尼德兰人。1782年，英国东印度公司的马德拉斯政府试图占据僧伽罗人的贸易海港，垄断肉桂贸易，但是由于法国海军的干预而失败了。

过去几年在锡兰的统治使尼德兰人看到了经济复兴的希望，因为棉花和蔗糖生长得十分旺盛。然而，英国的束缚正在加紧，陷入绝望的荷兰东印度公司接受了一位瑞士贵族的建议，这个人是德·默龙伯爵夏尔，他建议花重金雇佣一支军队，并用船将他们运到锡兰。早些时候，他建议将雇佣军运到好望角，并且他说到做到，带着将近1000名雇佣兵按时到达科伦坡。将他们安顿好之后，他让他的兄弟皮埃尔指挥这支雇佣军，然后他返回了家乡瑞士。维滕贝格公爵也自封为雇佣军的"所有者"，他派遣一支更为谦虚低调的雇佣军小分队到达科伦坡。德意志的雇佣军也听从皮埃尔·德·默龙的指挥。

---

[1] 现存于伦敦维多利亚和阿尔伯特博物馆的蒂普的老虎装有法国制造的机械笛，它能够发出动物的咆哮声和受害者的叫喊声。之所以如此生动是因为这台机械基于一个苏格兰年轻人的真实命运而制作，他的父亲赫克托·芒罗将军曾在一场战役中击败过蒂普。
[2] 引自伦诺克斯·米尔斯的《英国统治下的锡兰，1795—1932年》（Lennox Mills, *Ceylon under British Rule, 1795—1932*）。

当这个消息传到马德拉斯的英国人耳中时,他们感到十分不快。众所周知,之前尼德兰的锡兰总督范·安杰尔比克手底下的白人士兵不到800人,另外他还有一群不可靠的僧伽罗士兵。雇佣军明显地改变了之前的平衡状态,加大了英国占领重重防卫的科伦坡的难度。即便进攻成功,英方也要付出高昂的人员伤亡代价。所以,马德拉斯的英国人派人前往伦敦,询问是否可以通过行贿的方式收买德·默龙伯爵。

就在这个时候,研究文明史的苏格兰教授休·克莱格霍恩步入了印度洋的历史进程,他在其中扮演了一个引人注目却长期以来被人们遗忘的短暂角色。休从22岁起就在圣安德鲁斯大学担任教职,此时他40多岁。但是,自从法国大革命爆发后,他就很少走上讲台了。他转而游历大陆,有时候作为学者,有时候又假扮成商人,但都持续将报告发回伦敦。简单来说,休是一名间谍。圣安德鲁斯大学的资深学者抱怨,他的缺席时间越来越长,但是他们的抱怨被漠视。从他的画像来看,他神采奕奕、长相英俊,给人一种冷静而自信的感觉。

休已对德·默龙伯爵了解得很清楚,1795年2月,他从英国陆军大臣亨利·邓达斯那里收到一封标有"机密"记号的信件,信中邓达斯要求他尽快前往那位年迈伯爵的居住地——纳沙泰尔。"如果有可能,谈判应立刻达成结果",然后休要陪同伯爵前往印度,以确保雇佣军即刻转变立场。如果伯爵不愿参与这项计划,休要给他提供一笔额度最高可达2000英镑的"可观贿赂"(后来最高额度涨到5000英镑)[1],"以诱导他默许这项计划",并且确保雇佣军为英国"服务7年"。

当然,德·默龙伯爵可能会辩称,这有损他的个人荣誉,但是休已经准备好应对之策:他可以说,被巴达维亚革命政府驱逐、在邱园流亡的奥兰治亲王才是伯爵真正效忠的人,所以不存在"背弃"的问题。奥兰治亲王已经给所有的尼德兰总督发送消息,敦促他们与英国合作。而且,休已获得允许进一步劝诱伯爵,这个劝诱条件将为他至高无上的君主增光添彩。

---

[1] 根据费尔普斯-布朗指数,5000英镑在18世纪90年代的价值大体相当于35万英镑在20世纪90年代的价值(信息来自伦敦的中央统计办公室)。

邓达斯的信函表露出他充分信任休的才能。他的活动经费几乎不受限制，他被告知，皇家海军的船会在来航港等他和伯爵，会带他们穿过地中海，到达"你能想象到的最便利的港口，以协助你们前往印度"。（他们判断取道埃及和红海会更快，虽然也有危险，但是绕行好望角更加危险，更有可能被敌人截获。）他们向休承诺，如果在计划的执行过程中他不幸遇难，他们会好好照顾他的妻子和七个孩子。

在收到指示后的几个小时内，他离开伦敦前往雅茅斯，在那里乘坐一艘小船前往德意志。他以安德鲁·约翰斯顿的名字游历，通过一位朋友——英国议会的苏格兰议员安德鲁·斯图亚特——将密信送回国。虽然易北河结了冰，但是冰正在融化，即便如此，休和两名德意志向导也都成功地渡过了易北河。不过，后来他听说这两名德意志向导在返回途中溺水身亡，他写道，"可能他们喝了太多的白兰地酒"。

德·默龙伯爵被休的一封善辩的信所打动，因为休在信中暗示"可以这样来安排，在追求个人利益的同时也能满足个人服兵役的热烈要求"。休也因此受到了德·默龙伯爵的隆重接待。他正对尼德兰人心怀不满，因为他们一直拖欠雇佣军的报酬。所以，在几天之内，双方就颇具风度地达成了几项条款：伯爵被立即任命为英国陆军少将，他的兄弟成为一名准将（在尼德兰军队服役时，他们只是陆军上校）。而雇佣军若转而忠诚于英国，就会以优厚条件受到雇佣。尼德兰人拖欠他的所有款项都将得到补偿，而伯爵也能立刻从将来的军队薪资中预先提取4000英镑，所以他在前往印度之前就能将事情都解决好。在旅途中，他会"保持与其军衔相符的举止"。

休很高兴向伦敦秘密汇报伯爵已接受上述所有条款。毫无疑问，在暮年成为英国将军，这样一个突如其来的前景对伯爵而言是十分诱人的，但是离开纳沙泰尔时，他仍然有一些担忧。尽管年轻时他曾在西印度群岛为法国人作战，还为此负过三次伤，但是此时德·默龙似乎失掉了勇气，他在一封信中对休说，"在一次愉悦的短暂休整之后"，又要从瑞士开始这样一场冒险，"在他这个年纪，真是愚蠢"。之后，伯爵意外地从尼德兰人那里听说他们已经升任他为准将，他不禁感到一阵恐惧，担心这是尼德兰人知道他与英国人达成的秘密交易后做出的一种妥协。

休又写信给伦敦，他急切需要预付给伯爵4000英镑，并且需要更多的资金以负担接下来的旅程。他安排他们在维也纳接收这些资金，维也纳是他们离开纳沙泰尔后的第一个目的地。最后，他们悄悄地开始了这场旅行。伯爵带着他的贴身黑人男仆尤利乌斯，并且坚持带上上尉博勒作为他的副官。而休只带了他的私人仆从迈克尔·米罗斯基。

有时候，休的信件和日记暗示他对这位沉闷且自大的同伴感到恼怒，但重要的是将伯爵活着运到锡兰去劝说他的兄弟叛变。正如休对英国驻威尼斯大使理查德·沃斯利先生和海军上将威廉·霍瑟姆所说："我所从事的这项事业对我们国家的利益至关重要。"5月8日，即他们离开威尼斯之前几天，他收到一封邓达斯的祝贺信，承诺一旦他返回伦敦，他就会收到"大方的报酬"。休忠诚地回答："在锡兰的问题上，我可能没有起到太多积极的作用，但让我感到欣慰的是此时已经少不了我，我将分担困难，亲临每一场险境，直到那座岛屿属于我们。"在一封写给他的朋友英国议员安德鲁·斯图亚特的信中，他承认他离开时没有写字条将这次旅行告诉他的妻子和其他家人，他说："我对这次任务有点担心，坦白说，我没有勇气。"

在亚历山大里亚，他有足够的时间密谋，以获取从阿姆斯特丹送往尼德兰领事并让他转交给锡兰的文件。他通知英国领事安排人攻击那个信使（"但是不要杀死他"），夺走信件，然后"以你能想到的最快的方法将信送给我"。之后，休催促伯爵赶路，他们匆匆经过开罗，穿过沙漠到达红海，一路上胆战心惊，唯恐被敌人发现。

在苏伊士，他们登上一艘船，船上拥挤不堪，也十分肮脏。休描述了这个场景："女人在咒骂，孩子在哭泣，有些男人也在啜泣，还有一些人在唱赞美诗，也有许多人在祈祷并且将额头不断撞向甲板。那里的气味令人窒息，我感到十分恶心，只能马上退到我下面的房间里。"这艘船以令人痛苦的缓慢速度载着他们沿红海南下，在吉达休沮丧地听说从印度开始一年一度环球航行的英国船队已经离开，它们在返航时将倚仗西南季风。当吉达的官员囚禁了他8天，以敲诈他的钱财时，他变得更加焦虑，他甚至失去了一块价值不菲的手表，他们拿走他的手表，然后又把手表还给他，之后又拿走他的手表。但是，这些损失对他而言不算什么，"国家利益不可估量，因而真正重要的是时间，以及确保我的使命能够顺利和尽快完成的方法"。

伯爵的糟糕状态也增加了休的焦虑。伯爵坐船渡海有困难，并且在灼人的高温天气中他的体力也开始下降（休在日记里写道，"他吃东西太随意了"），所以当他们到达穆哈，遇到两个英国的咖啡买家时，他们都松了一口气，这两个咖啡买家是东印度公司的代理人。休向他们吐露了他的使命，并且充分利用了他们的慷慨，事后他在给马德拉斯管辖区的总督霍巴特的信中大加赞扬了他们。但是，他们剩下的时间不多了。在一艘雇来的单桅帆船上，这群人告别了红海，感到一阵松快，接着他们驶过亚丁湾，开始了此行的最后一程——穿越印度洋。

伯爵想到他和他的兄弟皮埃尔将很快成为英国的将军，不禁得意洋洋。当他们向锡兰行进时，他希望能够上岸侦察一下。在一番争论之后，休否决了这个想法："现在，这个话题已经放下，并且我希望在看到锡兰之后它也不会复活。"最后，从瑞士出发经历了6个月的旅行后，他们抵达了印度南部，他们在英国控制的一个小港口登陆，之所以选择那里是因为休认为他们不会引起多少关注。

这群人得知，倚仗瑞士雇佣兵的尼德兰人仍然在科伦坡坚守。尽管英国人已经掌握了这座岛的大部分海岸线，但是总督范·安杰尔比克发誓要战斗到最后一刻。休没有浪费时间。见过霍巴特勋爵之后，他带着伯爵的一封信，匆忙南下锡兰。伯爵在信里告诉他的兄弟他是如何到达印度的，并且敦促他舍弃他的士兵，等待成为将军。但是，将这封信安全地送到陆军上校皮埃尔的手中则是一个挑战，因为范·安杰尔比克肯定会怀疑雇佣兵和外部世界的任何接触。休不会就这样被挫败：他将这封信藏在一块尼德兰奶酪中，这块奶酪作为一位祝福者送给皮埃尔上校的一份私人礼物，穿过重重障碍进入科伦坡。

就像他的兄弟着迷于成为英国的将军一样，皮埃尔上校在将范·安杰尔比克身边的一个威胁清除并把他们都关进监狱之后，把他的士兵派出科伦坡。雇佣军制定了一个附加条件：如果有人攻击这座城市，他们不应被要求参与其中，因为他们的家人和朋友都在城里。此刻，所有人都拥护尼德兰人。但是，由于损失了皮埃尔的军团，他们都士气低落，以至于东印度公司的军队在1795年末从马德拉斯出发登陆科伦坡时，几乎没遇到什么抵抗。

休沿原路成功返回伦敦，政府很感谢他，给予他5000英镑的奖励。然而，他与锡兰的事还没有结束。1798年，这座岛屿被宣告成为英国皇室的殖民地，因为东印度公司管理层的暴行和腐败引发了一场叛乱。休前往锡兰担任殖民地大臣。他开始做得很好，但是之后与任性善变的总督弗雷德里克·诺思（后来的吉尔福德勋爵）发生纠纷。1800年，他辞去职位，返回家乡法夫。

在圣安德鲁斯墓地，休的碑文用人们可原谅的夸张赞颂了他的功绩，例如，"正是倚靠这位间谍的聪明才智，锡兰岛才归属大英帝国"。[1] 至于夏尔和皮埃尔，他们很高兴为新主人带兵，之后他们退役，回到了瑞士，过着比他们希望的更舒适的生活。他们在委托定制的肖像画中的形象都穿着英国将军的制服。"德·默龙兵团"的雇佣兵在印度的表现十分优秀，很多人死在那场围攻塞林伽巴丹的战役中，而他们墓碑上的碑文只将他们描述为"策反过来的军队士兵"。[2]

---

[1] 克莱格霍恩在英国获取锡兰这件事中充当的角色鲜为人知，以至于科德林顿在《锡兰简史》（H. W. Codrington, *A Short History of Ceylon*, London, 1926）中都没有提到。科德林顿只是提到德·默龙"已经安排他的私人军团转移，以及他在科伦坡的5家公司，它们将为英国效力"。

[2] 1816年，几乎所有幸存下来的瑞士雇佣军在加拿大被遣散。

39

法国最后的阵地与奴隶岛

只要法国人还拥有法国岛，英国人就无法成为印度的主人。

——查塔姆伯爵老威廉·皮特，1761 年

1801 年，在拿破仑战争的间歇期，英国人以费用巨大为借口，放弃了好望角这块殖民地。纳尔逊在上议院宣称，他们的战船包有铜制外壳，所以在前往印度的途中不再需要停下来倾斜船身以供修理。25 年前他作为一名英国海军见习生在印度洋服役，所以他认为自己有充分的资历对这件事发表看法。1805 年 10 月，纳尔逊在特拉法尔加去世，而一年后，针对拿破仑企图利用好望角作为他在海上攻击印度的一个中转站的谣言，英国人再次占领好望角。

年轻的帕默斯顿勋爵此时刚刚开始他的政治生涯，他将来会成为英国的首相，他持有一种典型的启示观，他认为事情可能会这样发展：欧洲的范围有限，不足以满足拿破仑的野心，"而只有我们阻止他将印度、美洲和非洲置于他的统治之下"。（帕默斯顿将印度置于首位，说明英国此时看重它的东方帝国的价值。而且，他还给他在剑桥大学读书时结交的朋友劳伦斯·沙利文写信，后者出生在加尔各答一个东印度公司的职员家庭。）[1]

事实上，这些问题都是他们妄想出来的，因为法国海军的力量在特拉法尔加已经被摧毁，而且在蒂普死后法国在印度次大陆再也没有可以联络的重要盟友。韦尔斯利高兴地写信给皮特："如果波拿巴选择访问马拉巴尔，

---

[1] 皇家历史学会（London, 1979）出版了 1804—1863 年的帕默斯顿与沙利文的来往信件。沙利文的父亲来自一个东印度公司的职员家庭，他的母亲则是一个颇有名的奴隶贩子的寡妇。

我相信在到达加尔各答之前，他将找到为他准备好的晚餐。"英国－印度人的烹饪法还从来没有经受过考验。

对于此时在印度次大陆的指挥官而言，印度洋仅存一个地方能够刺激到英国——法国岛。它是法国私掠者的基地，他们造成了巨大的破坏，以致于1808年加尔各答的商人们抗议英国的皇家海军没有给予他们足够的保护。至少40艘船沉没，还有报告愤怒地指责美国的军火走私者为私掠船提供武器装备，之后分享他们的劫掠收益。[1]东印度贸易站的总指挥下令对法国岛"敬而远之"，而送往英国的金块必须由最快速的船分散装载，它们直接开往朴茨茅斯。就像在大西洋上航行一样，如果没有护航队的保护，船员在印度洋上航行就会受到惩罚性的冒犯。在拿破仑战争期间，英国海运被迫承受的损失后来达到1000万英镑。

如何占据法国最后的阵地是一个长期争论的问题，因为危险的珊瑚礁守卫着它的优良海港。而且，尽管皇家海军对它实行长期封锁，并且有效地切断了它与法国本土的所有联系，但是岛上的人似乎下定决心与英国人作战到底。只有1810年在印度士兵的支援之下，大批英国的掷弹兵和海军士兵，才最后攻上法国岛和邻近的留尼汪岛。结果，他们很快投降。7艘法国战船和接近30艘商船被俘。2000名英国俘虏被释放。

占据法国岛之后，胜利者下定决心再也不失去它。这座岛再次被命名为毛里求斯岛，原因不言自明，就像100年前它的称呼一样。法国人被允许保有留尼汪岛，因为它缺少任何可以在战时使用的海港，而且也能受到毛里求斯岛的监视。

印度洋此刻可以真正地被当作"英国的内湖"了。用爱国歌曲中的歌词来说，大不列颠统治海洋。其他国家的商船也可能在那里做贸易，但是

---

[1] 1808年9月30日，海军中将阿尔比马尔·伯蒂从好望角被外派出航，他指责美国人与法国人达成的为法国岛上的法国人提供物资的相关协议。1805年，他们运送了多达50艘船的物资，"这些船提供补给，没有这些补给，他们不可能存在，他们用什么支付这些物资？用我们被俘获的财产……"（G. M. Theal, ed., *Records of the Cape Colony*, vol. V, London, 1900）。

英国控制了所有具有战略价值的港口：开普敦和毛里求斯的路易港控制了从大西洋进入印度洋的航道；印度海军驻扎的孟买控制了阿拉伯海和波斯湾的入口；皇家海军可以从东印度公司的行政首府加尔各答和锡兰出发，巡逻孟加拉湾和前往中国的航线。英国从尼德兰人手中夺取了马六甲港口，这使得英国可以掌控马来亚和苏门答腊一侧所有使用这条狭窄航道进行贸易的船只。

此时，在整个印度洋地区只剩下一个有影响力的海上力量：阿曼。阿曼的新统治者是苏丹赛义德·赛义德，他在刺死了他的堂兄（强有力的王位竞争者）之后，于1806年登上王位，那年他15岁。赛义德的封臣拥有数百只定期往来于印度、波斯、孟加拉、印度尼西亚和红海的单桅帆船；他个人的舰队包括几艘欧洲设计的船只，他还拥有一支庞大而混杂的军队，他们在阿拉伯半岛不断地与苏丹的各种敌人作战。

虽然阿曼的首都马斯喀特靠近波斯湾的入口，并且从印度航行到那里只需要几天的时间，但是苏丹的声名在3000英里之外的东非海岸广为传颂。他想要像之前的阿曼统治者那样，恢复阿拉伯半岛对桑给巴尔和非洲大陆上的一系列斯瓦希里定居点的古代霸权。

赛义德的一些船向南远行至毛里求斯岛做贸易，那个时候毛里求斯岛仍叫法国岛，他们将马匹和骡子运到那里，交换一袋袋的蔗糖。1807年，他与这座岛签订了一份商业条约，条约允许法国的私掠船只偶尔在马斯喀特补给水和食物。但是，随着英国人逐渐挫败法国人，他对于恳切接近孟买的英国人的敬意不可避免地变得强烈起来。

英国人同样热衷与这位野心勃勃的年轻苏丹保持良好关系，以便能够谨慎引导他的政策。英国人一度担心沿波斯湾入口的多石海岸生活的阿拉伯军事首领可能会取代苏丹。很多军事首领拥有海盗船队，他们在孟买和波斯湾多个港口之间航行，劫掠过往商船。一些海盗船队的单桅帆船武装精良，他们敢于和皇家海军的战船一决雌雄，有几次他们甚至获得了胜利。如果赛义德沦为某个残暴的国内阴谋的牺牲品，就像使他坐上王位的那些阴谋一样，几乎坚不可摧的马斯喀特堡垒可能会落入不那么友好的统治者之手，这将会对印度的商业造成威胁。

所以，在声称控制"海盗海岸"的问题上，赛义德·赛义德与英国人很快共享利益。此外，赛义德还想复仇，因为他的父亲是被海盗杀死的。1809年，他们联合发起了一场针对位于波斯湾入口内侧哈伊马角的海盗要塞的进攻。从孟买来了11艘战舰和运输船，运过来1600名英国士兵和1000名印度士兵。赛义德集合了6艘战船，并且从关系友好的沙漠部落征召了2万名士兵。海盗遭受炮击，50艘武装完备的单桅帆船被烧毁。不幸的是，英国军队过早撤回孟买，留下赛义德继续战斗。他被击败，屈辱地撤回马斯喀特。

那个时候，英国人主要担心的还是法国人，这部分地解释了为什么他们作为盟友如此易变。尽管赛义德在国内和国外都遭受大量敌人的攻击，且多次被击败，但是他向孟买的求助却没有得到答复。他还只有10多岁，身边也没有几个他可以信任的人，除了一位坚强不屈的姑母比比·穆萨。她在他杀死他的堂兄时支持他，而此刻他能够活着在很大程度上也是由于她的精明建议。

除了不可信赖的英国人，赛义德·赛义德还有最后一个手段：大量的玛丽亚·特蕾西亚银币。他总是拥有充足的财富，能够收买他的敌人，因为他占有马斯喀特，而对阿曼控制权的争夺也从未影响到它的发展，它仍然是印度洋最繁忙的市场之一。谁掌控马斯喀特，谁就拥有无尽的财富。属于不同种族的商人在它狭窄且落满灰尘的街道上讨价还价，那里的印度人不计其数，部分印度商人的贸易和金融网在英国势力的庇护下在整个印度洋扩展开来。

赛义德和他的心腹有时向印度人借钱，但是有一个生意被紧紧地掌握在阿曼人手中：奴隶贸易。奴隶贸易源起于他的帝国在东非的支点——桑给巴尔。至少有10万名非洲奴隶被船每年运到马斯喀特，他们中的大多数会在阿拉伯世界和波斯被出售。他们是赛义德的主要收入来源，因为他对每个奴隶收取人头税，据估计，这项贸易能够每年给他带来7万银币的收益。[1]

---

[1] 赛义德通过奴隶贸易获得的税收按照现在的价值衡量，无疑每年超过100万英镑。按照传统，他认为他的行为是神圣的，因为阿拉伯船只穿越印度洋运输非洲人的活动已持续1000多年。

托马斯·斯密船长是第一个见证并且描述在奴隶贸易线路的桑给巴尔那端所发生的事情的欧洲人，他在1811年听从孟买当局的命令南下东非海岸。他发现，"从6岁到60岁，不同性别、年龄的"非洲俘虏，每天排队穿过城镇，年龄最小的排在最前面，有意向的买主会仔细检查他们的身体，"欧洲的任何一家牲畜市场都无法达到这样细微的程度"。从桑给巴尔出口的奴隶的关税，由赛义德在桑给巴尔的海关最高长官收取，他叫雅库特·伊本·安巴尔，是一名埃塞俄比亚宦官。阿拉伯商人为他们送上单桅帆船的每个奴隶缴纳一银币的关税。桑给巴尔的海港里还有欧洲船只，它们等待运载成船的奴隶。基督徒被索取的关税比非洲俘虏至少多10倍，但是对于他们来讲，这种贸易仍然有利可图，因为他们的大部分奴隶会直接被带到毛里求斯，在岛上的蔗糖种植园工作。除了阿拉伯语和斯瓦希里语，在桑给巴尔最普遍被人理解的语言是法语。

孟买的官员对斯密船长的记述并不感到惊讶。他们早已熟知赛义德是印度洋奴隶贸易的首领，并且他们毫不怀疑桑给巴尔的四分之三人口是被迫从内陆运过去的非洲人。苏丹自己就有数百名奴隶随从。

然而，希望与赛义德维持友谊，这对于英国来说存在一个外交困境，因为1807年威斯敏斯特的英国议会通过了一项法案，许多英国人骄傲地认为此法案是英国对法国大革命的道德回应：《废除奴隶贸易法案》。此法案主要反对用英国船只将西非黑人出口到美洲，而对于干预其他国家发生的事情则没有授权。但是，废奴主义者已经热切渴望征服新的地方，而赛义德又正好是易于施压的对象。

预感到国内可能会出乱子，孟买当局开始谨慎地警告赛义德，印度正在通过禁止所有奴隶贸易的法案。阿曼的船只仍然载着成船的非洲人前往孟买、加尔各答和其他印度港口，所以苏丹被迫敦促他的封臣注意可能会招致的惩罚。更为普遍的看法是，"与文明的主张为伍"对他而言是否不是时候？[1]

---

[1] 1805年，查尔斯·格兰特是东印度公司的主席，他是废奴主义者威廉·威尔伯福斯的支持者。格兰特十分信奉福音派的观点，他认为只有将伊斯兰教和印度教都清除才能使印度获得幸福。英国及海外圣经公会开始致力于将基督教文献翻译成所有主流的印度语言。

赛义德没有做出回应，这一点是可以为人所充分理解的，因为他看着他的金库被忠诚的雅库特用在桑给巴尔征收到的税金，以及马斯喀特自身的税金填满。任何一次要求遵照英国法律的施压都必然会激怒他的封臣，因为他们将购买和售卖卡菲尔人作为神圣传统提供给他们的谋生之道。孟买当局知道这一点，最糟的情况是英国可能冒风险推翻苏丹的统治，最好的情况是可能会鼓励他寻找不是根据传统而得来的盟友。

这个棘手的问题很快就指引英国外交部的工作人员开始注视世界上一个他们知之甚少且毫不在意的地方——东非。没有人能够预见到桑给巴尔的奴隶贸易会不断地有所揭示，它将在英国引发超过半个世纪之久的热情，并且在英国对整个非洲的帝国政策的形成上具有重要影响。

40

"真正的地理空白"

> 我们必须仔细监视桌湾的新主人,否则我们想要的资源将使他们强大起来,从而向北扩展。谁能够阻止这些新的殖民者售卖我们南部内陆地区的奴隶,这种做法显然损害我们的贸易,而且它已经使我们的贸易损失了三分之一的价值。
>
> ——弗朗西斯科·德·拉塞尔达博士写往里斯本的一封信,1798年

在英国和法国争做印度洋主人的六十年间,有一位不安的旁观者。葡萄牙怀着破碎的骄傲,等着看英国和法国的争斗结果会对它的权势产生什么影响。它将竞争者视作暴发户,是过去伟大的卢济塔尼亚英雄以勇气征服的世界的篡位者。由于他们对竞争者经常表现出几近轻蔑的漠视,这种侮辱感更加强烈了。

但是,葡萄牙在海外仍留存了部分势力。在非洲,它牢牢地控制着安哥拉和莫桑比克,它们的价值不只是象征性的,因为它们为巴西的种植园源源不断地提供奴隶。南半球的这三个葡萄牙殖民地仍然由里斯本直接经营,类似于皇家采邑。它们的行政管理部门了无生气,充斥着谄媚的廷臣,他们冒险去热带地区待上几年,就能够抓住发财的机会。

这样的体制偶尔能够产生一个与众不同且有才干的人,18世纪中叶出生在巴西圣保罗的弗朗西斯科·若泽·马里亚·德·拉塞尔达就是这样一个人。[1] 他被送往他的祖国学习数学,并且在那里获得了天文学博士学位。

---

[1] 理查德·伯顿通过翻译《卡曾贝》(*The Lands of Cazembe*)中的葡萄牙文献,使原本默默无闻的拉塞尔达为人所了解。

他一回到巴西，就开始前往南美洲内陆的偏远地区旅行，并极其详细地记录了他的冒险经历和相关发现。里斯本注意到他罕见的精力，于是命令拉塞尔达穿过大西洋前往安哥拉。1797年3月，葡萄牙若昂王子（后来的若昂六世）交给拉塞尔达一项任务：发起一次远征，找到一条穿越非洲的路线。

复兴莫桑比克和安哥拉的想法很新奇。早年，即在葡萄牙四处征服世界的时代，罪犯安东尼奥·费尔南德斯曾探索从索法拉到大津巴布韦的内陆地区，甚至还越过了大津巴布韦，而在接下来的几个世纪里，黑白混血商人定期拜访非洲内陆的市集。勘探黄金和白银的工作人员在遥远而广阔的赞比西亚普拉佐庄园徘徊探寻，却收获甚微。此刻，拉塞尔达接受了一个明确且很有挑战的任务：开拓一条有利于商业、穿越非洲的线路，"一条方便非洲东西海岸联络的线路"，同时，它也象征葡萄牙的历史性权利。

他被派往安哥拉的时间极富意义，因为此时距离英国人从尼德兰人手中夺取好望角只有两年。衰落中的尼德兰人不构成真正的威胁，棘手的反而是英国人，就像他们决心在印度扩张政治版图那样。他们甚至拥有一个成立于1788年的"非洲内陆地区探索推动协会"。该协会最初的兴趣集中在西非，一个名叫芒戈·帕克的苏格兰人在1795年被派往那里探索尼日尔河的航道。[1] 英国人在大陆南端占有一个据点，葡萄牙人担心该协会可能要在那里有所谋划。

拉塞尔达希望能够预先阻止这些新的竞争者，就像他说的那样，通过"在英国人的前进之路上设置一个障碍"，以阻止他们从安哥拉和莫桑比克的葡萄牙商人手中抢走市场份额，特别是保护对于他的出生地巴西至关重要的奴隶贸易，因为18世纪末英国人在奴隶贸易中仍然十分活跃。是时候行动了。拉塞尔达是一个伟大的爱国者，他引用卡蒙伊斯写的那部英雄时代的史诗："我最爱我的家乡和祖国，它有足够的荣光让我夸耀。"他坚定了自己的决心，还产生了一些新奇的想法：穿越大陆的线路在地图上被标注出来之后，他们会使用骆驼商队沿路运送货物，而不再依靠非

---

[1] 芒戈·帕克的旅行以及随后追寻通往尼日尔的线路是很多书的主题，包括克里斯托弗·劳埃德的《寻找尼日尔》（Christopher Lloyd, *The Search for the Niger*, London, 1973）和彼得·布伦特的《黑色尼罗河》（Peter Brent, *Black Nile*, London, 1977）。

洲的搬运工。

拉塞尔达没有从安哥拉开始着手自己的任务,而是忙于在那里收集信息。那里葡萄牙定居者的数量大概是一千,大部分人生活在海岸地带,而诸如乔奎人和姆邦杜人之类强有力的内陆民族,不喜欢看到任何穿欧洲服饰的人。进行了三个世纪之久的奴隶贸易对这个地区造成了很大的破坏,远离海岸的大部分交易是由黑白混血奴隶完成的。然而,几年前,一个白人商人成功地到达了赞比西河的源头,那条大河从那里开始了它通往印度洋的未知旅程。

非洲大陆的核心地带仍然是一个谜:从安哥拉最边远的地区到莫桑比克宗博的前哨地带,中间相距数百英里,这片地区的所有贸易都掌握在非洲人的手中。从大西洋深入内陆六百英里,在姆瓦塔·亚姆沃的王国有一些繁忙的集市。这位国王被称作"死亡之神",他的脖子上戴了一串用人的睾丸做成的项链。[1]更东边还有一些势力较小的统治者,他们归附于姆瓦塔·亚姆沃,目的是使像衣服、镜子、餐具、陶器和武器之类的欧洲商品能够顺利地通过姆瓦塔·亚姆沃的领地进入他们的村庄。从西海岸启程的货物,偶尔能够恰好找到顺利穿过大陆到达莫桑比克的线路。一些物品不具有太多的实用价值:在一位统治者的遗物中,一件被几代人视若珍宝的东西是一对圣母玛利亚的小雕像。

拉塞尔达在安哥拉的调查使他确信,他应该在东非开始穿越大陆的旅行。当他在本格拉登上一艘开往莫桑比克的船时,他已经穿过了码头边的大理石椅子,一位主教稍后会坐在那里,保佑那些被长艇运往停泊在港口中的船只的奴隶。在绕过"非洲之脚"的航行过程中,那些船只总是会在开普敦稍做停留,以补给水源和食物,而这给了拉塞尔达调查他的对手的机会。

1798年3月,拉塞尔达被任命为塞纳的总督,这座城市位于赞比西河河畔,但是他没有花费多少时间管理塞纳的事务。他唯一的愿望是前往姆

---

[1] 姆瓦塔·亚姆沃是一个世袭头衔。在拉塞尔达所处的那个时代,这个头衔的持有者可能是亚沃·亚·姆班伊,可以参见大卫·伯明翰在《剑桥非洲史·第五卷》(David Birmingham, *Cambridge History of Africa*, vol.5)中所写的有关隆达帝国的内容。

瓦塔·卡曾贝的首都，后者是一位强有力的统治者，但他也向势力更加强大的统治者"死亡之神"姆瓦塔·亚姆沃纳贡。[1]通往那位被葡萄牙人称作"国王"的卡曾贝的首都的道路，几乎就在最近的出发点的正北方，而最近的出发点位于将近500英里之外的赞比西河河畔。那位国王定期将大量的象牙和黄铜运往莫桑比克海岸，以换取其他商品，所以拉塞尔达猜想他可能会欢迎欧洲使者的拜访。

根据那个时代的地图，它可能比猜测好不了多少，拉塞尔达的远征队将朝着传说中所有非洲大河的发源地"曾卜雷湖"进发，据说尼罗河与赞比西河也发源于那里。在到达卡曾贝的王国之后，如果再向西行进，据说3个月就可以到达大西洋。

拉塞尔达的野心战胜他的常识。在太特城的边远地区，他召集了一支队伍，这群人人数过多以至于看上去像一支军队：400名被雇佣而来的非洲搬运工；由陆军中校佩德罗·诺拉斯科率领的50名士兵；神父弗朗西斯科·平托；一群私人仆从和几个向导。照例，还有一群随军流动的平民，1798年7月初，他们跟随这支队伍一块离开太特。[2]

他的同胞的恶名将是拉塞尔达面临的最大的不利因素。他们在莫桑比克内地的生存策略是挑拨一个非洲社群与另一个非洲社群发生矛盾。而且，神父和修士坚持不断传播基督教的做法为非洲统治者所憎恨，他们将之视为对他们精神权威的挑战。耶稣会士佩德罗·达·特立尼德则是一个少有的例外。他在宗博建立了定居点，拉塞尔达的远征队就是从那里开始进入未知的地域。佩德罗在这个世纪早期的一场大饥荒中救了很多人的性命。

对拉塞尔达而言，不幸的是他没有像佩德罗那样的向导，而只能依靠一名叫作贡萨洛·卡埃塔诺·佩雷拉的黑白混血，他声称两年前他去过卡曾贝。非洲人喜欢给人起绰号，卡埃塔诺被称为敦博-敦博，意思是"可怕的人"。他对此感到骄傲，但是随着远征队越来越远离赞比西河，他们发

---

[1] 坎尼森翻译了与第十四位姆瓦塔·卡曾贝相关的东隆达在1942年的历史（*Central Bantu Historical Texts II*, Lusaka, 1962）。1798年的卡曾贝是伊隆加，他靠军事征服使自己闻名于世，他死于1805年。

[2] 拉塞尔达给自己4个月的时间在雨季之前抵达卡曾贝，因为雨季到来之后旅行几乎是不可能的。

现他们越来越难以将自己的意志强加给当地人。他们沿着茂密的灌木丛之间的蜿蜒小道前行,拉塞尔达在他的日记里将这条小路称为"一条捷径"。这条路上有许多其他旅行者,他们带着货物朝各个方向前进;还有一些非洲商人,大多数来自比萨的非洲社群,很显然,他们不喜欢这群欧洲闯入者。远征队还不得不面对好战的本巴人:"他们是卡曾贝的民众永不宽恕的死敌。"

还有一些更加紧迫的问题:背着衣服、珠子和其他贸易物品的搬运工很快厌倦了这份工作,纷纷逃往灌木丛,他们的白人监工被迫给队伍中剩余的搬运工戴上锁链,并且鞭打任何试图逃跑的人。在行军期间,拉塞尔达招募了200名女性搬运工,因为她们被普遍认为更加顺从。他写道:"我失眠了,而且我夜以继日地思考如何才能加快行军的速度和改变卡菲尔人傲慢无礼的态度……当我下达一个命令,要求他们执行时,他们都大声抱怨,但什么都没有做。"相比之下,南美洲的旅行要愉快多了。

鞭打成为一项日常活动。拉塞尔达将搬运工描述成"野蛮人",但是他补充说,他们期待白人"忠实、诚信、正直"。他知道他的下属基本不具备这些品质。

最后,在丛林和沼泽中艰难跋涉了3个多月之后,远征队蹒跚地进入了姆韦鲁湖旁边的卡曾贝首都。对方用舞蹈和鼓声欢迎他们的到来。统治者的一位侍从伸出手臂,指出两条穿越大陆的道路:一条通往安哥拉和大西洋;另一条通往莫桑比克和印度洋。但是,曾经梦想开通这些线路的人,此刻已经不再关心这个问题了。备受疟疾和绝望摧残的拉塞尔达,几周以来一直坐在奴隶抬的肩舆上。14天之后,即1798年10月18日,他去世了。

失去统帅,远征队很快陷入分崩离析的境地,其成员焦虑万分,渴望回到太特和塞纳在赞比西河河畔相对安全的定居点。神父平托只是名义上的管理者,没有几个人听从他的命令。一小群人开始沿着路线向南冒险闯过怀有敌意的村庄。雨季开始了,这使得他们无法继续旅行,而且恶劣的天气还导致更多人患上疟疾。这支远征队的残余人员意见不一、争论不休,在卡曾贝泥泞的首都郊区逗留了几个月,他们不断地用衣服和珠子交换食物。任何向拉塞尔达曾经热切期望到达的安哥拉推进的想法,都被彻底抛弃。

直到1799年7月，雨季结束后很长时间，神父平托才凝聚起人们的意志，开始危险的返程之旅。他们的返程始于一个不吉利的预兆：他们挖掘拉塞尔达的遗骨以便带回家乡安葬，但是这个过程被战斗打断，致使尸骨被丢得到处都是。正式启程后，平托坐在肩舆上，但是他自己的"野蛮的卡菲尔人"拒绝做这项工作，所以已故领袖的奴隶被迫承担这个任务。一些生病的奴隶跟不上士兵们的快速步伐，所以他们被立即杀死。由于他们是国王的"财产"，平托对此十分悲伤。

正如他在日记中所记录的，返程之旅是一场毫无秩序的撤退，一个绝望的故事。当村民们同意以"黑市高昂的"价格卖给他们食物的时候，平托意识到比萨商人们已经暗示他们将面临饥饿和抢劫。毒箭从树上朝他们射来，远征军士兵纷纷丢下物品逃跑。甚至向导卡埃塔诺，"那个可怕的人"，都不得不交出一个小女奴来交换食物。神父平托也有一个"黑人小女孩"，他用她交换了一些小米和一把花生。

在1799年的最后几周，幸存者到达太特的郊区，18个月前，拉塞尔达就是从那里满怀希望出发的。神父一身污秽，身上的衣服破烂不堪。他坐在肩舆上，抬肩舆的人却使他掉到一条河里，他确信他们是故意的。他不愿在大白天暴露他们的窘迫境况，决定等到夜幕降临时进城。

1808年，即在拉塞尔达发出"桌湾的新主人"可能很快会开始向北推进的警告之后10年，一位叫作安德鲁·考恩的助理外科医生得到了一个与好望角总督卡利登勋爵会面的机会。1806年，考恩与第七十二步兵团一起到达南非，但是他愈发觉得给英国步兵治疗小病有点无聊。而且，由于出身低微，他不太可能在医疗服务行业升任更高的职位。所以，他提出了一个大胆的请求：允许他带领一支远征队从好望角出发，去探索非洲内陆地区。[1]

---

[1] 对安德鲁·考恩事业的简要记述参见《南部非洲传记词典》（*Dictionary of South African Biography*, vol.2, Cape Town, 1972）。

卡利登钦佩他的冒险精神，同意了他的请求。考恩选择了一位爱尔兰人作为他的同伴，这个人是第八十三步兵团陆军中尉多诺万。他们雇佣了22名科伊科伊人，以及一名叫作克鲁格的流浪农夫，他有在地图上未标注出来的地区旅行的经验。

考恩带领这支队伍渡过奥兰治河，之后一个叫作威廉·安德森的苏格兰传教士加入了他们的队伍，他要求在前方的一个哨站停下，不再和他们一道前进。他们继续前行，之后于1808年平安夜在欧洲人曾到过的最北部的地区暂停。考恩写了一封信，说明他们将如何继续探险，直到他们抵达莫桑比克海岸，并与那里的一个葡萄牙人定居点取得联系。此时，他们即将走完一半的行程。安德森带着那封信返回，并且安全地抵达了开普敦。听到这个消息，卡利登勋爵感到十分高兴，他下令派出一艘单桅帆船前往莫桑比克接应考恩、多诺万和其他随行者。

后来，他们再也没有露面，人们也没有再听到关于他们的消息。远征队的命运成了一个未解之谜，唯一牵动人们神经的线索是许多年后发现的几颗军团制服的纽扣。多年以来，一直有谣言声称远征队的人还活着，只是被捉住做了人质。根据另一种说法，热疫爆发，远征队的所有人都病倒了。在那之后的很长时间里，每一艘航行去往莫桑比克的英国船只都会被告知，希望他们能够仔细打探一下考恩及其同伴的消息。

在皇家海军的护卫舰"尼苏斯"号于1812年驶出桌湾前往东非之前，寻找这支远征队也是它的任务之一。"尼苏斯"号上的船员还要注意搜寻敌船，因为看似没完没了的拿破仑战争还要拖延下去。但是，正面遭遇敌人的可能性微乎其微，因为自从他们占据毛里求斯岛之后，法国人就被驱逐出印度洋了。所以，这艘护卫舰的正式任务是前往科摩罗群岛执行一项外交使命，科摩罗群岛位于莫桑比克与马达加斯加岛之间。

科摩罗群岛中最有名的是昂儒昂岛，近来它的苏丹派出使节到访开普敦，请求英国保护他们免受来自马达加斯加岛的入侵者的攻击。这位使节宣称，入侵者使用海上独木舟，"他们来了数千人"，将岛上的居民抓走做奴隶。（昂儒昂岛的穆斯林有家养奴隶，但是看到他们岛上的自由人被囚禁则完全是另一回事。）

被尊称为"科摩罗群岛之王"的苏丹向昂儒昂岛以南约2000英里的好望角求助，这是印度洋的情势正在发生变化的一种迹象。阿拉伯单桅帆船从来不冒险前往好望角，所以这位使者此行一定是搭乘了一艘返航的印度商船。好望角热情接受了苏丹的请求，因为它的新任总督约翰·柯利达爵士清楚地意识到，这些淳朴善良的岛民可以为英属印度商船提供"礼仪与茶点"。这些情况足够真实。昂儒昂岛通常被水手们称作"约翰娜"，那里的居民喜欢给自己起英国名字。长期以来，它一直是前往孟买或者加尔各答的途中一个便利的休息站，而且在18世纪70年代，东印度公司的一艘船帮助苏丹平定了奴隶和农民发起的一次暴乱。东印度公司还送给昂儒昂岛的统治者昂贵的礼物，因为他救了一艘在该岛附近沉没的船上的船员。根据相关报告，这艘船当时正在运输奴隶，所有的奴隶都淹死了。

他们发现，这位戴着阿拉伯头巾、身穿阿拉伯长袍的高贵使节的英语口语"尚可"，那是他在印度生活的时候学会的。作为对他这项能力的肯定，他的东道主称他为"孟买杰克"。（他正式的名字难以辨认，被记录成巴拉·孔巴。）他们决定他应该带着礼物和表示支持的热情回复，乘坐英国军舰返回昂儒昂岛。途中，这艘军舰将会到访马达加斯加岛，通过威胁或者谈判，警告那里的人以后必须放过昂儒昂岛上的居民，不再侵扰他们，因为他们是英国人的朋友。英国人决定派一艘炮艇前往昂儒昂岛，这是他们想要成为"人类警察"的强烈愿望在印度洋的早期表现。

"尼苏斯"号的随船医生詹姆斯·普赖尔保存了一份生动的"尼苏斯"号（某位研究皇家海军的古典学者以一位特洛伊小英雄的名字为它命名）航行记录。他讲述了他如何快速地与"孟买杰克"建立友谊，他说后者"大概50岁，精力充沛，很有幽默感，眼神锐利，表情丰富"。而且，年轻的普赖尔傲慢地写道，"他对我们的性格特点有所了解"。事实上，这份记述不经意地表明，苏丹的使节确实对他们十分了解。

在航行期间，"孟买杰克"被多次邀请与船上的军官们一同吃饭，他偶尔会和他们一起喝咖啡，但是其他时候，他则独自待着，"并且经常说我们对他'这个又老又无用的黑人'太好太仁慈了"。除了在食物准备方面的相关宗教禁忌之外，这位谢赫可能会找借口不与那些英国军官待在一起，因为他发现那些年轻的军官非常令人厌烦。

他们没有达成这次航行的主要目的：威胁马达加斯加的奴隶劫掠者，因为糟糕的天气阻碍"尼苏斯"号靠近马达加斯加岛的海岸线。护卫舰改为沿着莫桑比克的海岸线航行，可能与那里的葡萄牙人取得了联系。普赖尔对他们有所嘲讽："虽然这里最初是由英雄建立的，但是这里的人根本就没有英雄气概，现有的居民早就不受那些精神的影响了。"他发现了当初享有巨大声誉的索法拉的一点遗迹。此时，这里只有一个孤寂的葡萄牙人驻地，"由几个黑人士兵和一座小堡垒守卫"。

当这艘护卫舰抵达莫桑比克岛时，普赖尔能够更多地发挥他的文学天赋，以便记述那里发生的事情。[1]葡萄牙总督的基地就在莫桑比克岛，他是"尊敬的安东尼奥·曼努埃尔·德·梅洛·卡斯特罗·埃门多萨，根据记录，这个人的重要性不如他的名字长度所暗示的程度"。

英国的军官上岸后第一次见到这位总督，是在通往他宅邸的警卫室里。在那里，他通常"坐在肩舆上，接受排在他面前的一长队人对他的恭敬施礼"。他们发现这位总督很少到别处旅行或者暴露在阳光下，因为"他唯恐有损他的宝贵健康"，而且他对农业和商业无所作为。但是，他利用自己的职位之便，积累了巨额财富。他最大的骄傲是拥有一个台球桌，他每天要花好几个小时玩台球以自娱。

在大肆嘲笑了这位总督之后（就他的身份而言，他对英国人的态度确实十分冷静），普赖尔尽其所能记录了他对非洲内陆的所有发现。他得知两个黑白混血——佩德罗·若昂·巴蒂斯塔和阿马罗·若泽，近来刚刚成功完成了穿越大陆的往返旅行，他们从安哥拉出发到达赞比西河，然后返回。一次单向的旅行只需要花费200天，这需要恒定不变的速度，但是"在非洲的任何一个地区，保持恒速都是不大可能的"。尽管普赖尔没有提到拉塞尔达，但是他记述了几位莫桑比克的前任总督要比现任的精力更充沛，曾经试图带领远征队深入内陆，但是没有成功："……这里的人普遍认为，

---

[1] 普赖尔后来写了奥利弗·歌德斯密斯的传记，并且作为诗人获得了很好的声誉。

从海岸地带深入内陆是不可能成功的。但是，这只是一个无根据的假设。"

至于考恩和多诺万，没有什么让人振奋的消息。基于内陆的模糊传说，人们普遍认为，他们被一个男人杀害了，地点在索法拉南部，大概距离内陆"40里格"。普赖尔询问了赞比西河的情况，人们告诉他赞比西河发源于距离海岸地带七八百英里的一个湖泊。某些"大胆且残忍的"部落在莫桑比克后方不停地迁徙，他们的军队用长矛、弓箭和火枪发起进攻。

在普赖尔看来，大部分的非洲地区晦涩不明，是"真正的地理空白"。人们普遍有"可怕的习惯和野蛮的天性"，但是"要知道他们有可能被教化"。他说"孟买杰克"的随从里有一个奴隶（按照惯例，人们给他起一个绰号，叫作"摩西"），船上的其他非洲人都听不懂他的母语。很显然，这些未知之地彼此之间存在很大的差异，有很多未解之谜。这位年轻的军医带着他的所有成见，说明自己是一个热衷于收集事实并从中得出逻辑性结论的新时代人。

从莫桑比克到昂儒昂岛的航行平淡无奇，除了那艘护卫舰上的一个水手告诉"摩西"，次日他们要把他煮了，并且吃掉他。陷入恐惧的"摩西"将自己藏在了货舱里。"孟买杰克"花了很长时间向他解释那只是白人开的一个玩笑，以消除这件事对他的伤害。没有证据表明那个水手受到或者可能受到任何惩戒。

他们到达昂儒昂岛，将一批武器和弹药送到岸上，帮助岛民抵抗奴隶劫掠者。普赖尔应召去给苏丹的家人和谢赫治疗各种疾病。他吹嘘他和苏丹的妻子们调情："在宅邸主人出门的短暂间隙，其中一个漂亮妻子拿起我的手细细审视，我能做的就是立刻回吻她。这位女士不觉得受到冒犯，而像是不介意我再吻一次，但是，就在这个时候，城堡主人信任的守卫回来了。"

他们尽其所能，在苏丹的珊瑚石宫殿里储备了大量的火枪。之后，这艘护卫舰前往基尔瓦，那是它要拜访的最后一个非洲港口。在那里，普赖尔了解了35年前由莫里斯先生起草的那份条约。在基尔瓦海港里，甚至有一个莫里斯小岛，它得名于"第一个来自毛里求斯岛的冒险家"。基尔瓦的统治者优素福宣称对海岸的一部分有控制权，护卫舰的一些水手冒险登陆，但是他们没能找到适合做甲板的木料。他们发现，由于奴隶贸易，大陆的人口大大减少。

早些时候，普赖尔留意到，葡萄牙人每年从莫桑比克向美洲和印度洋岛屿出口1万名奴隶，而此时他宣称通过"英国的努力"，这个数字已经下降到3000。很显然，之所以如此夸张，主要是为了取悦不切实际的废奴主义者。而在基尔瓦，这种夸张让步于普赖尔的沉重幽默。他讲述法国人之前如何在那里以32银币，也就是8英镑，购买奴隶："我很惊奇，欧洲的战争赞助人没有一个想到这个最简便的喂养人力的方法。"他继续写道："我很惊奇，拿破仑也没有想到这种低廉的方案，喂养一支军队以攻击或者至少吓唬在印度的我们。"这种幽默令人惊叹，只有比它的主要敌人拥有更好条件的民族，才会拥有这样的自信。[1]

---

[1] 1812年，拿破仑在俄国战败，这消除了长期以来人们挥之不去的恐惧：他可能会通过波斯经由陆路袭击印度。

41
战利品的两种处理途径

当英国人探寻东方世界时，
他们的胜利旗帜迎风飘扬，
他们开始寻求和解，不想再有所伤亡，
他们将解开俘虏的锁链，
这是他们最洪亮的吹嘘和名声，
但是除了名声，这没有什么价值。
尽管奴隶的锁链断了，
但是非洲人还在这里，
等待去征服或者赴死。

——托马斯·埃贾克斯·安德森《锡兰漫游记》，1817 年
（Thomas Ajax Anderson, *Wanderings in Ceylon*）

第十九步兵团的上尉安德森在《锡兰漫游记》中充满诗意地写下了一些关于奴隶制度的激情澎湃的对句，这种行为可以为人所理解。安德森认为非洲人出于对解放者的感激将凛然赴死，完全把握住了拿破仑战争刚结束时英国人的心境：注入了正义感的自豪。而且，锡兰第三军团完全由之前的奴隶组成，身边这个富有启发意义的事例使得安德森开始转向思考这个主题。锡兰岛的英国统治者对于他们的非洲军团感到十分骄傲，就像之前的尼德兰人，也充分利用这些"被去除锁链的"新兵的音乐天赋，训练其中一些人成为军乐队员。

第三军团黑人士兵的起源是对印度洋内部相互关系的奇妙说明。但是，在安德森上尉写诗句的年代，他的上级不会注意详细检查细节，那时

是19世纪早期,奴隶贸易仍然合法。那个时候,在锡兰的英国人正饱受兵员匮乏之苦,并且对拿破仑仍感到深切的恐惧。

因而,锡兰的总督弗雷德里克·诺思爵士呼吁建立一支由西印度群岛的黑人组成的军团,并且将他们派往锡兰,因为他们会很好地适应锡兰的气候,但是此事最后不了了之。他提出的谨慎的解决办法是购买非洲奴隶,然后训练他们为英国作战。

起初,弗雷德里克爵士只是考虑建立一支"卡菲尔人的军团",但是后来他的野心扩大到想要购买足够多的奴隶,以建立起一支1000人的强大军团。显然,附近的奴隶来源是果阿和印度洋沿岸的其他葡萄牙贸易中心。诺思很快就这件事情写信给英国驻果阿大使威廉·克拉克爵士。[1] 1804年7月,大使给诺思回信:他已经聚集了50名黑人,将要把他们送到科伦坡,而且他找到了一位名叫斯科特的船长,他愿意用他的"大力神"号,以2000卢比的价格运送"准备好的任何数量的奴隶"。然而,奴隶自身的价格引发了激烈的讨论,因为克拉克向诺思指出,奴隶购买代理人科洛内尔·泰勒为每个奴隶的出价已经高达40英镑,而"我召集到的卡菲尔人,每个的价格均不超过30基尼"。

最后,从果阿购买奴隶的过程太过冗长,令人厌烦,因为那里的天主教神父威胁拒绝给任何将奴隶卖给新教徒的葡萄牙人施圣礼。克拉克吹嘘他"用一个小计谋"战胜了神父,但是弗雷德里克爵士已决定采取合理的措施:在源头购买黑人。他将一艘船派往莫桑比克,托运了整整一船奴隶,他们主要是用以建立军团的男人,但是也有不少年轻妇女。

大概500名奴隶是以总督的名义购买的,但是他们前往锡兰的航行成了一场噩梦。当船从莫桑比克出发穿越印度洋时,奴隶开始与船上维持秩序的印度士兵交战,23人被杀。还有很多人在到达科伦坡之前死于疾病。

尽管遭受这些损失,但是加上从俘获的法国船上获得的非洲人,诺思还是为他的军团集合了足够数量的奴隶。他为自己取得的成就感到骄傲,因为他确信他们将比任何由"印度大陆的本土士兵"构成的相似军队更加

---

[1] 诺思、克拉克和其他人之间的相关通信,请参见伦敦的公共记录办公室文件CO55/34。

适合。但是他禁止他的指挥官购买更多的奴隶,"特别是我为建立军团而额外购买卡菲尔人的事,陛下和其他大臣并不知情"。弗雷德里克爵士的事业开始的时机刚好,因为锡兰第三军团建立后两年,英国议会就在全体臣民的一致同意下通过了法案,宣布奴隶贸易非法。

黑人军团没有遭遇拿破仑的军队,但是,1815年初,在对抗康提的末代国王斯里·维克拉玛·拉贾辛哈的一场小规模战役中,他们派上了用场。《锡兰漫游记》的作者也参与其中,他率领第十九步兵团七路纵队中的一支。各纵队则从锡兰沿海平原的不同地方大胆地向山区挺进。

这次对康提的进攻是对伦敦的殖民地大臣巴瑟斯特勋爵警告的无视。比流血风险更重要的理由是,他反对为获取并占据更多不太可能具有商业利益的热带地区花更多钱。英国军方也小声抱怨,军人们不愿意离开科伦坡去费力爬山,这需要他们穿过密集的丛林,攀登100多英里陡峭的山路。尽管康提的海拔不到2000英尺,但是包括亚当峰在内更靠近内陆的山脉高达8000英尺,这预示他们将要打一场精疲力竭的运动战,而且结局很不妙。

但是,锡兰的总督、中将罗伯特·布朗里格爵士从不动摇,他在军队唯一遗憾的理由是很少有仗要打,几次零星的人员伤亡都在防守一方。维克拉玛不是像"迈索尔的老虎"蒂普苏丹那样的君主,蒂普苏丹战死时手中还握着剑,而他只是在女眷的簇拥下投降。在安德森和其他军官看来,"勇气是最高的美德,这似乎是僧伽罗人的特点"。他们需要坚定的领导,而英国能够做到这一点。

布朗里格挑拨僧伽罗贵族内斗,很快他就成功地将被俘虏的国王带到南边的科伦坡。同时,英国军人对康提的宫殿、人工湖和皇家花园惊叹不已。尽管布朗里格将康提国王的宝座保存完好,并在适当的时候送往温莎城堡,但是庙里仍有很多东西可以洗劫。宝座表面镀金,镶嵌着宝石,两侧的扶手被制成蹲伏的狮子状,狮子的眼睛是用紫水晶制成的,"每一颗都比火枪子弹还要大"。

布朗里格决心预先阻止对他建立个人帝国行径的任何批判,他安排人在科伦坡快速写了一份辩护词发往伦敦。它被制成一本73页的小册子，以"一位在场绅士写下的，关于近来发生在锡兰岛的事件的记述"的标题出版。[1]这本小册子尽力将康提的末代国王描画成一个"残暴且冷酷的"专制君主和"怪物"，而布朗里格作为一位亲民的行政长官，只是关心"将无辜无助的百姓"从迫害中解救出来，并且"使他们受到英国政府如父母般的保护和永久统治"。这种解释不是完全的歪曲，因为维克拉玛肯定对他的敌人极其残忍。而且，康提的王室与印度人通婚比与僧伽罗人要多，因而，对大部分锡兰人而言，他们几乎就是和英国人一样的外国人。这本小册子的匿名作者，这样描述被废黜的国王："中等身材以上，肥胖但是有肌肉，在任何时候来看都算得上英俊，大部分时候不让人讨厌。"

国王及其家人一起被流放到印度东部海岸的一座城市——韦洛尔，在那里度过了余生（大约20年）。他体面地离开了科伦坡。当他被带往码头附近布朗里格的私人马车时，他仍穿戴华丽的服饰和珠宝。他登上英国战船时，向帮助过他的僧伽罗人发表演说，他说他们就像他的"孩子"一样。按照布朗里格的命令，英国人以流放战俘的标准对待维克拉玛，"没有壮观的场面或者荣耀"，但是还算舒适。

在做完以上这些事情之后，总督的辩护者强调了这次战役的好处："因此，我们没有损失一兵一卒，就将美丽、广阔并且富饶的锡兰岛完整和平地添加在英国的王冠上……这场征服的好处是不可估量的。锡兰的位置、优良港湾和丰富而独特的物产，必定会使它成为我们在东方统治的最重要的地方。"但是，巴瑟斯特勋爵的疑虑并没有减轻。在第二年，他下令暂缓锡兰的所有军事工程，并且收缩那里的行政管理。

布朗里格的胜利是英帝国前进道路上的一个里程碑，在某些方面来说，它比获得更广阔的领地的意义还要大，而后一种情况正在印度上演。在那里，许多大君和其他传统王公的王位仍然被保留下来，但是他们受到英国

---

[1] 关于维克拉玛被废黜及其后果的显著不同的观点，请参见皮里斯的《僧伽罗人和爱国者》（P. E. Pieris, *Sinhalé and the Patriots*）。

"政治官员"的操纵。相反,锡兰受殖民地官员的直接统治,而且不用假装居民有权参与政策。一种崭新的模式被创造出来,它的影响一直延伸到19世纪接下来的几十年。这时候,英国人很有自信地宣称,对锡兰的原住民最有益的是"将他们纳入英国如父母般的保护",在他们上空升起英国国旗,将进步的福祉扩展到这里,就像欧洲的发展那样。

东印度公司一位更加开明的官员托马斯·芒罗爵士,使布朗里格对印度的想法具体化了:不要将占领印度视为"暂时的,而应视为永久的,直到当地人抛弃他们大部分的偏见,并且被充分启蒙,能够为他们自身维持和运作一个常规政府"。

这种理论体现出英国人对帝国持有一种极其长远的打算。另一个全新的想法是将锡兰提升为白人的理想定居地:锡兰高地的气候有益于健康,它们此时已完全为他们开放。在海岸地带还留有一个尼德兰人社群,以及几千名拥有葡萄牙名字的混血儿,但是想要建立一个英国殖民地就需要不列颠人。在维克拉玛被推翻后的10年里,第一批新来者到达那里种植咖啡,而到1840年,那里甚至出现了一股"土地热潮"。这座岛屿的猎物,特别是象群,增加了它的魅力,吸引了富有的运动员。[1]锡兰成为英帝国王冠上一颗较小的宝石。为了对布朗里格表示敬意,科伦坡的一条主要街道被重新命名。

实际上,英国接管这座岛屿不会改变大部分人的生活。抵抗的只有贵族:一个贵族在有可能被吊死之前自杀身亡,他的尸体被斩首示众。大多数僧伽罗人向佛教寻求庇佑,佛教作为锡兰的主要信仰已有2000多年的历史。锡兰的殖民当局颁布命令:人们仍然可以信奉所有现存的宗教。锡兰的宗教种类众多:除了佛教,还有泰米尔人信奉的印度教,"摩尔人"信奉的伊斯兰教,混血儿一般信仰天主教。英国传教士到达锡兰后,发现很难使当地民众皈依他们的宗教。只有少数僧伽罗人由于在英国人的家里或者他们的土地上劳动,而与英国定居者有直接接触。然而,由于语言障

---

[1] 塞缪尔·贝克在《锡兰的来复枪与猎犬》(Samuel Baker, *The Rifle and the Hound in Ceylon*, London, 1854)中对狩猎大象、鹿和其他动物的大型活动感到赞叹。

碍，他们发现新主人倾向于把他们当成野蛮人。

将锡兰纳入不列颠治下的和平状态很容易，但是纳入另一个在拿破仑战争期间占领的岛屿则费劲得多。毛里求斯已经有白人定居者：由几千名法国人及其6万名奴隶组成的一个敌对的社群。大英帝国既不欢迎法国人，也不欢迎额外的奴隶。这个难以解决的问题落在了罗伯特·法夸尔的肩上，尽管他只有35岁，但由于他在作为东印度公司委派到摩鹿加群岛的官员期间表现出的才能，以及他对奴隶制问题的兴趣，他被委任为毛里求斯的总督。1805年，他写给加尔各答官员的信件语气强硬："奴隶制是所有邪恶之事中最严重的，而企图以奴隶制本身控制这样一个恶魔几近荒谬。"

1807年，他自费出版了一篇长篇论文，标题是"由于非洲的奴隶贸易被取消，对如何满足西印度群岛殖民地需求的几点建议"。法夸尔的想法很新奇，他提出将大量的中国劳工移民到加勒比海。因为中国被普遍认为正遭受人口过多的困扰，尽管中国政府在一般情况下趋向于阻碍，但他仍幻想中国政府可能会愿意合作。即使中国妇女被禁止移居国外，问题也不大，因为男人"不太介意同居女性的肤色和状况"。法夸尔认为中国人比欧洲的穷人更加勤奋，也比非洲人更加"灵巧"。他们应该在较为舒适的条件下乘船过去：船上应该载有一定数量的活猪，因为中国人很喜欢吃猪肉。

法夸尔的计划从未得到执行，但是这有助于提高他的地位，并且帮他赢得了需要坚定态度和外交手腕的毛里求斯总督之职。他发现英国的长期封锁使得这座岛几乎陷入饥荒，所以当他试图从法国殖民地居民处获取真挚的效忠保证时，他无所收获丝毫不令人吃惊。至于岛上的大量奴隶，法夸尔的主要焦虑是要进口足够的粮食保持他们的健康，以便让他们收割甘蔗。

1810年圣诞节，他给英国的外交大臣利物浦勋爵[1]写信：这座岛屿目前秩序良好。但是不到两个月，他就敦促允许毛里求斯进口更多的奴隶，

---

[1] 原文是这样写的，但根据相关资料，此时利物浦勋爵应该担任英国的陆军兼殖民地大臣。——编者

为了使它及其姊妹岛留尼汪岛不至于变成"沙漠"而无法继续生产作物。而且，尽管战争还在继续，但是仍有很多随时准备好从东非或者马达加斯加岛取得奴隶的法国商船。由于时势压力，他反对奴隶制的理念被削弱。法夸尔灵巧地回避了1807年的《废除奴隶贸易法案》："我相信……之前为了获取殖民地而制定的一部法案……一般来说，对之后获取的殖民地将不具有约束力。"[1]

利物浦爵士很快就成为英国的首相，他是一名托利党人，但是他为人高尚，因而法夸尔的主张使他震惊。"我无法充分表达出我对你提出的可能性的惊讶，"他回答，"当英国的议会秉着对所有古代殖民地的尊重，基于普遍的准则恰当地废除奴隶贸易的时候……有人可能曾经这样想过，鉴于对那些岛屿和外国财产的尊重，它们都是战争中获得的财产，应该被置于陛下的统治之下，因而这项贸易或许可以存在。"《奴隶贸易重罪法案》在利物浦勋爵的信寄出的同一个月通过了，毫无疑问这是一个晴天霹雳，该法案规定"要有效废除任何试图从事奴隶贸易的地方的奴隶贸易"。

一读到利物浦勋爵断然回绝的信，野心勃勃的法夸尔可以预见到他必须要走的路。他宣布，从那时起他的目标是禁止所有船只向毛里求斯运送奴隶。但是，这项禁令很快就被他与马达加斯加岛东侧的塔马塔夫的法国种植园主的协定打破了。他们之前已向英国人投降，作为交换条件英国人也转而答应他们可以将包括奴隶在内的私人财产运到毛里求斯。被法夸尔认可的奴隶名单总计863人，但是很快人数就超过了1000。在另外3艘法国船只从塔马塔夫到达毛里求斯之后，他们的据点里挤满了奴隶。这些船在护送下前往好望角。他们以毛里求斯的居民还没能有充足的时间理解英国法律为由，决定提出要求的法国人可以均分所有的奴隶。

对毛里求斯尝试施加反奴隶制的封锁是无效的，因为几乎没有皇家海军的船只有空承担这样的工作。晚上，捉迷藏的危险游戏在珊瑚礁之间发生。极少能够抓住一艘运奴船。即便被抓住，船长们一般也会被释放，因

---

[1] 《毛里求斯和塞舌尔群岛的奴隶制历史，1810—1875年》有倾向性地讨论了法夸尔的提议及其回应（Moses D. E. Nwulia, *The History of Slavery in Mauritius and the Seychelles, 1810-1875*, Rutherford, New Jersey, 1981）。

为法夸尔有责任将他们交给岛上的法国治安官审判,而法国治安官拒绝判他们有罪。当他试图将一个公然犯罪的船长送去好望角时,这个俘虏在路易港,竟然从船侧跳进海里,接着游上岸,再也没有被看见过。

法国种植园主相比法夸尔具有绝对优势。1819年,毛里求斯的奴隶数量通过"战争财产"的方式从6万增加到8万。伦敦的废奴主义者肯定会注意到这种情况,例如狂热的活动家托马斯·福韦尔·巴克斯顿。在这个遥远的皇家殖民地发生了什么?是总督太软弱还是他纵容奴隶拥有者?诸如此类的问题很快就在整个下议院引发激烈的辩论。霍尔少将在总督不在时代行管理之职,1819年他将3名法国水手送到英国接受中央刑事法庭的审判,此时人们对法夸尔的表现越来越担忧。这几个水手隶属于一艘中型艇,他们被捕是因为他们将92名奴隶运到毛里求斯。他们被判服苦役3年。[1]

法夸尔为自己辩护,通过1817年他与霍瓦人的首领拉达马(被夸张地称作"马达加斯加的国王陛下")签订的条约,他已经尽最大努力切断来自马达加斯加岛的奴隶贸易流。为了让拉达马坚决禁止从他的领地进一步出口奴隶,英国向他许诺,他每年可以得到1000金币、1000银币、100桶火药、100杆火枪、一整套制服,以及他的士兵所穿的制服。法夸尔向拉达马保证,英国国王听说马达加斯加国王"效仿英明的白人国王"严禁"售卖黑人",一定会感到高兴。

上述所有做法都收效甚微。拉达马的法令在马达加斯加岛的很多地方没有效力。在那些地方人们仍然可以购买奴隶,就像莫桑比克和大陆的其他地方一样。(无可否认,还存在来自巴西的激烈竞争,巴西每年要进口2万名奴隶或者更多的莫桑比克奴隶。)

在毛里求斯,还有一个更加复杂的原因,那就是他们渴望争取到被击败的法国人,他们的英雄拿破仑此时正在另一座英国岛屿圣赫勒拿岛上度日。种植园主满怀嫉妒地看着他们的姊妹岛留尼汪岛,在那里三色旗仍然飘扬,总督对进口奴隶的态度也相当宽容。(留尼汪岛在维也纳会议上被

---

[1] 这3名法国人用一艘纵帆船将奴隶从莫桑比克运过来,具体请参见《观察家报》(*The Observer*, London, 22 February, 1819)。

归还给了法国。）

巴黎方面正秘密鼓动毛里求斯岛摆脱英国的统治，重新成为法国岛。法国人痛失该岛，特别是一些高级海军军官对此感到尤为苦涩，他们强调绝对不可以让他们的老对手染指马达加斯加岛，在那里英国的传教士已经开始活动。正如法国的海军上将迪佩雷在19世纪30年代警告的那样，对任何一届法国政府来说，让马达加斯加岛变成英国的领地将是"一个永恒的耻辱"。[1]

法夸尔退休之后被授予爵士头衔，并且被任命为东印度公司的董事，进入英国议会。在议会，他与控告他的人面对面。他仍然在意要赢得种植园主的好感，成功地以低于西印度群岛的进口价格，将毛里求斯的蔗糖运到英国，并且取得了糖税。但是，这座岛此时由于作为帝国的奴隶坑而臭名昭著，它成为反奴隶制协会持续激烈讨论的一个话题。英国听众对于女奴被当众鞭打的事情表示震惊。

1828年接受委托成立的一个议会委员会发表了一份报告，这份报告里的可怕内容足以使威尔伯福斯死不瞑目。即便是这个时候，奴隶仍然被运往毛里求斯，尽管被铁链束缚住，但是在船只离开非洲之前他们曾疯狂试图逃跑。当船靠岸时，他们登陆，在货栈里按顺序排队，脖子上挂着价格牌。该委员会由陆军少校科尔布鲁克领导，他们敦促毛里求斯迅速终止拥有奴隶的状态。

种植园主猛烈反抗，他们派出一个成员——阿德里安·德皮奈——前往伦敦申辩。他说，没有奴隶或者充分的赔偿，他们会破产。1832年初，德皮奈申诉失败，奴隶确实将被释放的消息传到毛里求斯。他们号召进行一场大罢工，散发了数千把枪支，而自发组织起来的治安警戒队气势凛凛地穿过路易港。在港口，英国战船待命，准备派海军上岸。

说英语的居民自我安慰，他们认为如果战争爆发，奴隶必定站在他们一边。最终，这种反叛的热潮衰退了。当少将威廉·尼古拉爵士作为新任

---

[1] 引自亨利·布伦瑞克的《英国和法国在非洲》（Henri Brunschwig, *Britain and France in Africa*, ed. Prosser Gifford and William R. Louis）。

总督抵达毛里求斯时,种植园主知道他们的时代过去了。尼古拉爵士态度强硬,他宣称,如果还有任何暴动的迹象,他会从印度调兵进驻该岛。

1828年委员会调查的结果之一是任命托马斯先生为毛里求斯的"奴隶保护者"。他忙于处理有关暴行的控告,但是通常情况下他站在奴隶主一边。一个典型的例子是他命令一个名叫海珀莱特的小男孩"乖乖地接受桦条的鞭打",他的年纪在"9至10岁之间",因为他宣称他的主人勒尼奥先生强迫他喝烧酒和粪便的混合物。勒尼奥否认有这回事,辩称那只是烧酒和吐根汁,为了阻止那个男孩对酒产生兴趣。"奴隶保护者"托马斯按时提交了他的行为记录。不出意料,他遭到陆军兼殖民地大臣戈德里奇勋爵的批评。[1]

在1833年终止拥有奴隶的法案在英国司法权生效的所有地方通过之后,毛里求斯的7万名奴隶被释放。英国纳税人支付了200万英镑的赔偿,才得以安抚法国种植园主。与西印度群岛的奴隶主相比较,毛里求斯每个奴隶的价格要高出百分之五十。即便如此,还是有一个紧要的问题:将来谁收割甘蔗?黑人必须作为"学徒"为他们的主人服务3年,在那之后,他们可以尽情享受自由,他们开始向主人提出后者认为无法忍受的要求。

毛里求斯岛不得不在别处寻找廉价劳动力,他们很快就在印度洋地区找到了答案。早在1830年,留尼汪岛的一个商人从加尔各答引进了130名工匠。之后不久,成船的印度合同劳工抵达毛里求斯。1835年,又引进了1000名劳工和几十个女工。印度的流放犯为了活命也到达毛里求斯参与修路。1836年,查尔斯·达尔文到访毛里求斯,并且写道:"这些人普遍比较安静而且品行端正",令人印象深刻的是"他们干净整洁,虔诚地遵守他们奇怪的宗教礼仪"。他认为,很难以"看待我们在新南威尔士的卑

---

[1] 奴隶的官方"守护者"或"保护人"通常和奴隶主站在一边。在好望角,与托马斯同等职位者乔治·罗杰斯在1828年的辞职报告中写道:"我认为当前这里的奴隶从种族角度来讲,要比大不列颠和其他欧洲地区的数百万下层民众优秀得多。"他对比了莫桑比克和英国有罪过的妇女的生活,前者"坚强勇敢",后者"被判处做苦役、枯燥的劳动以及遭到其他苛刻又有失体面的惩戒"。(*British Parliamentary Papers*, XV, 1830-1831)。1822年10月12日的《好望角公报》则讲述了另一种情况,报上刊载了一则拍卖广告,"54岁的莫桑比克女奴坎达拉和她的5个孩子,13岁的萨菲拉、10岁的伊娃、9岁的坎达拉、7岁的詹妮特、5岁的卡洛斯,他们都可以被单独出售"。

鄙囚犯的眼光"看待他们。

从穷困的比哈尔乡下招募来的"山地苦力"在种植园劳动，他们每个月的工资是5卢比（相当于英国的10先令），另外还有定量配给的大米、香料和印度酥油。1837年，他们在那里有2万人，到1860年超过6万人。与此同时，蔗糖产量也从1843年的3.558万公吨上升到20年后的12.921万公吨。尽管签订的合同规定他们在毛里求斯劳动5年，但是这些"山地苦力"很少有人能够返家。一些废奴主义者在英国报纸上写文章，抗议这些移民的生活比奴隶的好不到哪里去。然而，距离他们不再需要那么多同情的时候不远了，那时候他们将摆脱之前的糟糕境地，使毛里求斯成为繁荣的"海外小印度"。[1]

---

[1] 到1994年，毛里求斯每年的国民生产总值人均达到3180美元，是印度的10倍。

42

苏丹与国王的海军

> 他高大结实、仪态高贵、面容和善……他似乎希望能在任何一个方面都被当作一个英国人。他说,他将英国人看作他的兄弟,愿意把他的国家交给他们。
> ——英国皇家海军上校亨利·哈特对阿曼苏丹赛义德·赛义德的描述

在19世纪最初几十年,东印度公司对于能够管理英帝国的样板感到满意。历史上还从来没有过像这样一个庞大的资本主义实体,享有空前未有的权力和责任,但是大体上又保有独立自主的虚饰。当公司的特许状每20年要更新一次的时候,董事会有义务向议会提交一份有关他们活动的总结报告。他们用最优雅的措辞,或者更确切地说,带着无意识的傲慢写报告,因为他们认为,他们在加尔各答、孟买和马德拉斯的3位总督比任何议员对印度的了解都多。

有时候,董事们被迫做出让步,就像1813年的总结报告允许基督教传教士在印度传教,这项活动曾长期被东印度公司的董事们拒绝。公司之前的政策是避免干预印度人的信仰和习俗,甚至诸如殉夫自焚的仪式,但是威廉·威尔伯福斯——反奴隶制运动的英雄,带来了一个不可抗拒的挑战。1807年的《废除奴隶贸易法案》颁布之后,他很可能将自己视为英国的道德义务在世界各地的守护者。对于印度,他宣称:"印度诸神完全是贪婪、不公正、邪恶和残忍的野兽。简言之,他们的宗教体系是一个大而令人厌恶的事物。"他的追随者——维多利亚时代传教团的先遣部队,很快就在脑海中虚构出令人陶醉的画面:他们将为耶稣赢得整个印度。这种粗鲁且完全无效的传教方式的一个副作用是加剧在印度的4万欧洲人对他们的统治和贸易对象——1.5亿印度人——的宗教和文化偏见，进而产生之前几乎不存在的种族分歧。

但是，东印度公司认为传教士和与之相似的好管闲事的人令人愤怒，而非害怕，因为说到底它觉得自己不可动摇。随着英国对印度的统治不断稳固，印度巨大的国内市场逐渐成为英帝国繁荣兴旺的重要支柱。曼彻斯特、伯明翰和其他英国城市的工厂主的命运就与它紧紧地联系在一起。印度的主人就好像是一只金鹅的看护人。

东印度公司自由度的完整范围依然显得有些模糊。最重要的是，它在印度之外的边界是什么？在东方，它有效垄断了欧洲对中国的出口（包括利润丰厚的鸦片贸易）[1]；在西方，它在红海海岸驻有军事力量。在南方，印度洋地区的两个皇家殖民地——锡兰和毛里求斯，不在东印度公司的直接控制之下，但是肯定在它的影响范围内。在东非海岸，一直远至南部的莫桑比克，情况也是如此。但是，苏丹赛义德·赛义德的阿曼帝国边界不清，它濒临阿拉伯海，还是一个谜。如果东印度公司派人与他商谈，他与英国人的目标到底一致到何种程度？

除了外交，这个问题还涉及很多利益，因为东印度公司认为苏丹的都城马斯喀特港，对于它在波斯湾的贸易至关重要。阿曼国内任何危及苏丹性命的动乱，必定会因为影响到商业而得到东印度公司的关注。但是，赛义德的帝国对于伦敦的外交部也同样重要，因为它可以持续监视伊斯兰国家权力平衡的变动情况。在19世纪20年代，出现了一个新的困扰：俄国可能会占领波斯，其势力可以直达印度洋，这将威胁到英国人在那里的统治。令人高兴的是，赛义德暗示，如果发生这种情况，他准备站在英国人一边，与他们共同对抗俄国人。

所以，大体说来，英国政府和东印度公司的政策在此处是一致的。二者都将俄国人入侵波斯看作不好的预兆，并且对印度洋上行驶的任何外国

---

[1] 葡萄牙人最先将印度的鸦片出口到中国。1767年共出口1000箱；1818年共出口6000箱，此时这项贸易主要控制在英国人手中。虽然被禁止从孟加拉出口鸦片，但是东印度公司获得了关税收益。1839年，中国禁止进口鸦片，还从外国商人处查禁了2万多箱鸦片。英国对中国宣战，致使中国赔付450万英镑并且割让香港。

船只投以怀疑的目光。二者也同样想看到波斯湾阿拉伯海盗的灭亡和长期争斗局面的终结。但是，这种一致性有时也会被东印度公司的原始动机——贸易——所削弱，比如对于波斯湾海盗的回应。海盗时常需要木材以修船，但由于阿拉伯半岛几乎没有树木，他们需要从孟买购买木材。控制海盗的一个简单办法是禁止木材出口到波斯湾，但是印度政府拒绝颁布这种禁令，因为他们担心这么做会损害孟买商人的利益。

而赛义德·赛义德主要的财富来源更加不用争议：对他的臣属，包括他的家人，从东非运过来的奴隶征收的税金。他每年的税金收益高达25万银币，而其中至少有四分之一来自奴隶贸易。阿曼的海军成为奴隶贸易的盾牌，用一位美国商人的话说，就是"赛义德拥有一支比从好望角到日本的所有当地王公联合起来都更加有效的海军"。他的大部分船只是在孟买繁荣的造船厂订购的。苏丹是位极好的顾客，而他的财富增强了他对外宣传的善意和友好的虚假名声。但是，他必须处理奴隶制问题的时刻很快就会到来。已经有威尔伯福斯式的勇士将视线从大西洋转移到了印度洋，而伦敦方面想当然地认为赛义德将很快屈服于历史的潮流。1822年，殖民地大臣巴瑟斯特勋爵在寄给毛里求斯的总督罗伯特·法夸尔的一封急件中乐观地预言，当苏丹"充分衡量"终止奴隶贸易的"稳定好处"时，他将"很快达成英国的迫切愿望，而他的政治存在主要仰赖英国"。

非洲研究所（之后成为反奴隶制协会）甚至更加乐观，其成员将赛义德视为东印度公司"一个稳定的老盟友"。苏丹与孟买总督的关系的确十分亲密，"这位穆斯林充分相信基督徒的善意"。而且，为了他妹妹的健康，他每年都让她带着大量随从前往孟买。研究所的成员相信，英国政府"只需要表达出终止奴隶贸易的愿望"，苏丹就会"十分乐意签订条约，并允许东印度公司的战船强制执行"。废奴主义者不能理解东印度公司，以及一些外交部工作人员根本不担忧东方奴隶制的行为。

1822年9月，苏丹勉为其难地签署了一份协定，禁止将奴隶从他的统治区域售卖到任何一个基督教国家，尽管这是一个有希望的开端，但是要想治好赛义德·赛义德的坏习惯远比巴瑟斯特勋爵和他的支持者想象的困难。[1]赛义德还同意前往伊斯兰国家的阿曼运奴船只能在一定的范围内航行，它的起点是基尔瓦南部，经过东非附近的水域，沿阿拉伯半岛的海岸航行，最远到达印度北部的第乌，以及波斯沿岸。后来，这个消息走漏出去，他的臣属对他的所作所为感到非常愤怒。他们知道，英国已经在他们的头顶投下套索，总有一天英国会收紧套索。

英国派了一名特使劝导赛义德签订1822年协定，即莫尔斯比协定。费尔法克斯·莫尔斯比是一位年轻的皇家海军上校，他在毛里求斯指挥一支小型舰队，后来他成为一名海军上将。长期以来，他都听从总督罗伯特·法夸尔的命令行动，而后者遵照巴瑟斯特勋爵的命令行事。协定中的其中一项条款是皇家海军的战船有权抓捕在指定的沿海水域之外航行的任何一艘阿曼的运奴船。但是，与非洲研究所预料的相反，协定没有将这样的权力授予东印度公司驻扎在孟买的海军。

这项限制性条款也与赛义德所预期的相悖，既然他知道他在东印度公司比在英国政府朋友多。而且，这项条款强调两支同时在印度洋巡航的英国海军的地位差别。1798年的一份法令规定，孟买海军的首要职责是"保护贸易"，而皇家海军则致力于保护帝国的广泛利益，莫尔斯比协定集中体现了皇家海军拥有更高的权力。这两支海军之间还存在等级差别：皇家海军军官总是比同等级别的孟买海军军官享有优先权。

可想而知，从毛里求斯将莫尔斯比上校派去和统治疆域在赤道另一边的苏丹签订协定，必定会使孟买方面怨恨不已。他们之间出现了一道裂痕，即使被掩盖得很好，但是英印之间长达数月的通信加剧了爆发争执的可能性。当另一位皇家海军上校违抗东印度公司的命令，通过使英国陷入赛义德·赛义德帝国的阴谋以便有可乘之机时，这种分歧很快就显现出来。

这位上校是威廉·菲茨威廉·温特沃思·欧文，他的父亲也是一名上校，他在与法国人作战时被杀。他的哥哥则是一名上将，他被公认为皇家海军中最出色的领航员和水道测量家。欧文14岁参军，他曾作为海军见习军

---

[1] 英国人了解到的赛义德的奴隶贸易交易细节，请参见雷金纳德·库普兰德爵士的《东非和它的入侵者》（Reginald Coupland, *East Africa and its Invaders*）。

官执行任务，后来在印度洋被法国人俘获，在毛里求斯当了两年囚徒。在做决定时，据说他马上就能下定决心并且意志坚决。

1822年，欧文回到印度洋，他指挥一支海军远航队去探索东非海岸。[1] 这项任务是对欧文才能的证明，因为几乎没有准确的地图可以供他开展工作。然而，这场探索以灾难为开端，因为他们从开普敦向北航行时饱受疟疾的蹂躏。在探索索法拉的南部地区时，其中一艘船几乎全员覆灭。从离开好望角到他们再次返回那里花费了7个月的时间，他们损失了三分之二的军官和一半海员。再用一两句话总结一下个人悲剧："木匠的同伴及其妻子都在船上，他们两个人都生病了。在一次热疫发作时，他从船上跳了下去，人们再也没见到他。过了几个小时，她也死了。"

尽管发生了如此深重的灾难，但人们还是坚忍痛苦，接受了这样的损失，因为热疫仍然是热带地区最大的"杀手"。（那个时候人们普遍认为，在印度的英国士兵只有五分之一能够活过5年。）另一方面，欧文运用他的科学头脑思考，认为热疫的真正原因可能是蚊子，而非通常所认为的"沼泽瘴气"。他记录了其中一位军官发现的情况："在调查期间，第一批被热疫击倒的人总是最招蚊子的那些人。"欧文显露出他的独立思想，他嘲笑皇家海军的外科医生毫无怜悯地给染上热疫的病人放血治疗，他认为他们"根本不了解疾病的本质，就好像他们从来没研究过医学一样"。[2]

他们再次从好望角开始远航，并且在那里招募了几个奴隶作为译员。事实证明，这几个奴隶都是"守纪律和有用的人，一段时期之后，他们被放回各自的国家，还得到了一大笔工资"。和其他大多数事情一样，欧文也对奴隶制持尖刻批评的态度，他满怀激情地写下了奴隶制的罪恶。

当他的船队向北进发前往桑给巴尔时，他们遇到了一艘开往里约热内卢的大运奴船。由于这艘船悬挂葡萄牙旗帜，并且由葡萄牙人阿尔瓦雷斯

---

[1] 以欧文的名义出版的两卷本著作《探索非洲海岸、阿拉伯半岛与马达加斯加岛的航海记录》（*Narrative of Voyages to Explore the Shores of Africa, Arabia and Madagascar*）其实是由上校和他手下军官的日记摘录混杂而成。

[2] 将"杯吸法"与催吐、灌肠等清理方法结合起来，易于加快已经因高热而虚弱的患者的死亡。

指挥，他们不能抓捕它。但是，欧文十分爱国，他观察到，因为阿尔瓦雷斯曾在印度与英国人一起工作过，所以他对待他的"悲惨货物"的态度要比一般的奴隶贩子好，在他到达巴西时可能仍有五分之四的奴隶还活着。一般来说，有一半的奴隶会在途中死去："如果能将三分之二的奴隶运到市场，就是一次有利可图的航行。"欧文从桑给巴尔和非洲沿岸观察到的所有情况来看，与他同为上校的费尔法克斯·莫尔斯比谈判达成的协定，对于终止奴隶贸易所做的贡献还远远不够。一些葡萄牙奴隶贩子只是使用阿曼的旗帜作为一种掩饰。欧文认为这是针对英国的阴谋，他感到相当愤怒，而这与即将发生的事情有直接联系。

1823年年底，欧文上校乘坐远航船队中一艘主要的勘探船进入孟买港。这艘皇家海军舰艇"利文"号是来补充物资的。在"利文"号停泊期间，发生了两个重要事件。相较而言，其中一个不那么重要的事件是东印度公司孟买军队的一位军官，在未经许可的航道上航行，而且喝醉酒不守秩序，因而被关押起来。后来，欧文收到陆军指挥官写的一份抗议书，对于他们扣留那位军官的做法表示不满，但是欧文"认为对此做任何回应都不恰当"。

这个事件充分反映了欧文上校的勇气和他对东印度公司的态度。另一个更大的事件是他在岸上遇到了一个从蒙巴萨来的阿拉伯人代表团，他们请求孟买当局将他们置于英国皇室的统治之下以寻求保护，他们想将蒙巴萨交给英国。这个请求令人震惊，孟买总督芒斯图尔特·埃尔芬斯通一点儿都不想接受他们的请求。他的主人——东印度公司，不能在没有英国政府同意的情况下采取这样的举措，无论如何，埃尔芬斯通都知道这会给他"亲密又稳定的朋友"赛义德·赛义德致命的一击。

这支代表团在孟买为马兹鲁伊家族辩护，马兹鲁伊家族数代人一个世纪以来一直坚持他们独立于阿曼王朝。尽管马兹鲁伊家族与阿曼苏丹的战争时断时续，但是他们从1728年起几乎一直占据耶稣堡。1746年，阿曼派出一支暗杀团，刺死了时任蒙巴萨总督的马兹鲁伊谢赫，但是当时恰好有一位不知名的欧洲船长的船停泊在蒙巴萨港，他帮助他们夺回了对蒙巴萨的控制权。马兹鲁伊家族得到沿海地区的支持，而且不止一次几乎占据桑给巴尔。他们对桑给巴尔富饶的姊妹岛奔巴岛宣布拥有特殊主权，那座岛屿曾经属于他们，此时仍然供给蒙巴萨大量食物。

在19世纪20年代，他们遭遇失败，因为他们的敌人赛义德·赛义德派出重装战舰进攻他们，但是他们却没有什么能与之抵抗。他们所拥有的，除了火枪，就只有耶稣堡巨大的城墙。他们曾经拥有东非的所有海岸地区和岛屿，但此时他们的力量不断衰落。而且，他们知道，在长期反抗之后，如果他们落入赛义德之手，等待他们的会是什么。

这就是马兹鲁伊家族一直向孟买求助的原因。他们似乎没有其他可以求助的对象。他们请求孟买当局准许他们悬挂一面旗帜，以表明蒙巴萨"已臣服于英国国王"。他们甚至提出可以将其港口税收收益的一半交给英国。但是芒斯图尔特·埃尔芬斯通没有接受他们提出的任何一个条件。他对绝望的马兹鲁伊人说："正如你们所提出的，在非洲正式开始一段如此密切的联系，这与我们的政策相违背。"然后，他又补充道："而且，为了对我们与尊贵的马斯喀特伊玛目殿下（即赛义德·赛义德）缔结的关系表示忠诚，我们无法答应你们的请求。"

当欧文听说蒙巴萨的代表团是如何被埃尔芬斯通轻视时，他怒不可遏。这是一个天赐良机，可以让英国人在东非海岸建立据点，以扼杀狡猾的赛义德长期维持的奴隶贸易。很显然，东印度公司的政治私利战胜了原则。马兹鲁伊家族碰壁了：为了换得英国的保护，他们本可以被轻易劝说终止蒙巴萨和其他所有他们控制的海港的奴隶贸易。欧文写信给埃尔芬斯通，敦促他改变想法。但是，他对此漫不经心。

欧文此刻知道自己接下来要做什么。在1823年的最后几个星期，他带着孟买当局的信件航行前往马斯喀特，要求赛义德给远航队发放确保他们在东非受到欢迎的通行证。尽管埃尔芬斯通可能很高兴看到他好辩的访客离开，但是他只会对接下来发生的事感到心神不安。

"利文"号在圣诞节那天驶进了赛义德宫殿下方的海港。欧文一登陆，就不喜欢他所看到的景象："马斯喀特一定是世界上最肮脏的城市。"但是，他对海港中停泊的大量单桅帆船和5艘阿曼护卫舰印象深刻。欧文认为苏丹就是领头的商人，并且使用他的护卫舰进行贸易。马斯喀特本身类似于一个"商业中心"，为非洲、印度、马达加斯加和其他市场服务。

当欧文拜访他时，赛义德展现出了他惯有的魅惑力，但是他很快发现，这位皇家海军上校远没有一年前到访的费尔法克斯·莫尔斯比善于外交。当欧文严厉批评东非的奴隶贸易，告诉赛义德他应该在3年之内禁止奴隶贸易，并且宣称他的船队很快要拜访蒙巴萨的时候，这两人之间的交谈几乎难以开始。他期待蒙巴萨人向英国寻求保护："我认为给予他们保护是我对我的国王的义务，阻止邪恶贸易是我的主要动力。"从其他关于他在那里的行事记录来看，欧文讲话易于急躁。他将近50岁，而苏丹比他小将近20岁，所以上校可能受到他所认为的"举止温和、有礼貌"的主人的误导，认为他已经将苏丹玩弄于股掌之中。

赛义德被这番攻击性言论激怒了，但是他没有表现出来。他是这样回答的：他期待这一天能够快点到来，英国对世界的统治将"从日出之地一直扩展到日落之地"。当然，他为他们能够拥有蒙巴萨感到高兴。欧文上校不完全相信这一点，他后来反应过来，觉得赛义德的话存在一些"伪善的征兆"。这是一种温和婉转的说法。

在1824年新年这一天，在欧文起航之前，双方仍然维持礼貌，他送给赛义德一本翻译成阿拉伯语的《新约》，得到的回礼是一柄用大马士革钢铸成的金柄宝剑。赛义德来到"利文"号上向他们道别，"利文"号上插满了旗帜，有船员控制桁端。船上的气氛甚至几近狂欢，因为船上装载了活猪，以便在航行期间为他们提供新鲜的肉食。为了尊重东道主穆斯林，欧文下令将猪带离这艘船，但是它们发出的尖叫声如此之大，以至"在周围的小山间回响"。每个人看上去都很高兴。

但是，赛义德一回到他的宫殿，就坐下来口述了一封抗议信，派人送给他在孟买的朋友芒斯图尔特·埃尔芬斯通。他说他与英国人签订将他置于危险之中的反奴隶制条约才仅仅一年，他们就要向他不共戴天的敌人马兹鲁伊人提供救助，这是让他不能忍受的。他的抱怨很快就成为印度政府、伦敦的东印度公司、印度董事会[1]和英国海军部之间激烈通信的主题。

苏丹还用快速单桅帆船给三艘封锁耶稣堡的船送去消息：他们应该停

---

[1] 印度董事会是英国枢密院的一个下属委员会，它由三位东印度公司的董事构成，通过秘密委员会处理印度的政策问题。

止任何轰炸行为，并且避免与英国皇家海军发生冲突。如果欧文上校给他们下命令，他们必须遵从。所以，当"利文"号到达蒙巴萨并且鸣响火炮表明它的到来时，三艘阿曼舰船中的最大的那艘船很快给它提供了一位领航员，引导它进入海港。欧文满意地听到指挥官说他已经接到命令，将给予他所需的所有帮助。还有一个情况容易使人迷惑，那就是"利文"号在耶稣堡对面抛锚时，他们看到指挥围攻的阿曼人与岸上他们的对手友好相处。甚至更引人注目的是，那个古老的堡垒上空飘扬的旗帜与英国旗十分相似。

欧文环顾这座海港，认为也许这里和世界上任何其他地方一样完美，然后他命令约翰·赖茨上尉登陆，并且带着与谢赫苏莱曼·本·阿里·马兹鲁伊接触的目的进入耶稣堡。上尉很快就在谢赫侄子的陪同下返回，后者向欧文重申了之前他们的请求：希望能够得到英国的保护。他还拿出一封孟买方面写给谢赫的信，这封信是用英文写的。欧文发现，蒙巴萨没有人能够阅读这封信，但是谢赫和他的谋士们都自我劝说这是给予对他们保护的证明，所以他们采取了进一步的举措，初步制作了英国旗帜，并将它们升上旗杆。事实上，这封信只是请求他们给到访的英国船只提供小公牛。

欧文上校决定第二天一早亲自登陆。他在头脑中已经坚定了他要做的事情，因为他预见到在非洲的这一地区，英国将扮演更伟大的角色。他之后会在一封写给海军部的信中详细说明："我现在已经相当清楚，上帝已经准备将东非的统治权交给地球上的一个国家（英国），这个国家拥有足够的公共美德为了其自身利益来统治它，这是地球上唯一一个以上帝启示的话语作为其道德准则的国家。"

他主张英国应该立刻从赛义德·赛义德手中购买他在东非的所有资产，永久性地付给他一笔钱款，这笔钱与他从他的东非属地获取的税收一样多。对"这些可怜的生物"施以保护是一项"光荣的责任"，因为毫不费力就能将"沿岸的每一寸土地"都纳入英国的统治。因此，奴隶贸易将被一举根除。

欧文立刻起草条款，将蒙巴萨置于英国的保护之下。这些条款大胆地向马兹鲁伊人的统治者保证，他将"恢复他之前的财产"，而英国则会派遣一名代理人驻扎在耶稣堡。作为回馈，蒙巴萨岛和从马林迪往南一直到潘加尼河的所有海岸地区（150多英里）将被割让给英国。有条款承诺英国商人可以与非洲内陆进行贸易，并且蒙巴萨的所有奴隶出口贸易将被立刻废除。还有条款规定了固定关税，即对所有的进出口货物征收其价值的百分之五，而这笔关税将由保护者和被保护者平分。（从欧文的立场来讲，关于奴隶贸易的条款是必要条件，这反映出马兹鲁伊人的绝望，因为他们甚至对这一条也假意接受了。）

1824年2月10日，欧文上校在蒙巴萨的一次谢赫会议上声称，这份条约需要得到英国的确认，但是他自己确信历史正在被改写，这是进一步向非洲大陆前进的先兆。手工制作的英国旗被降下来，一面真正的英国旗被正式升上去，在耶稣堡的上空飘扬。

那位最先登陆的海军上尉约翰·赖茨，被欧文任命为蒙巴萨保护国的总督，他的助手是英国海军见习军官乔治·菲利普斯、一位海军下士和3名下甲板水手。谢赫苏莱曼捐赠了堡垒附近的一所房子，作为他们的指挥部。3天后，"利文"号起航离开，东非大陆的第一批英国居民大声喊着向他们告别，他们的声音越过水面从耶稣堡传来回响。时隔两个多世纪，曾一度是葡萄牙人的堡垒的耶稣堡，它的长篇传奇将翻开引人瞩目的新篇章。

43

从东非暂时抽身

> 首先,蒙巴萨国王和他所有的维齐尔[1],以及蒙巴萨领土范围内的所有酋长,自愿确认成为英国国王的臣属,整个国家将处于英国的统治之下,英王将享有其一半收入。[2]
>
> ——毛里求斯总督劳里·科尔爵士,1824年

蒙巴萨保护国的第一任总督是22岁的约翰·赖茨。他机智风趣,又有多种才能,这使他很可能在皇家海军中升至高位。他出生在开普敦,是一位尼德兰海军上校的儿子,他父亲曾与英国人作战。但是,约翰·赖茨对于他所入籍的国家无比忠诚。[3]尽管缺少任何明确的指令,但是这个年轻的海军上尉还是决心作为英王乔治四世的代理人,在蒙巴萨尽其职责。他充分发挥他极为有限的领导团队的作用,立刻宣称他有权安置耶稣堡内的阿拉伯和斯瓦希里公职人员。赖茨向他们宣告他的看法之后,得到了他的二把手海军见习军官菲利普斯的协助。菲利普斯自从到达印度洋地区之后,就自学了阿拉伯语。

即便如此,这两位年轻军官还是很难理解他们寄主[4]间的指挥链条。

---

[1] 维齐尔,wazir,伊斯兰国家历史上对宫廷大臣的称谓。——译者
[2] 劳里·科尔对一个来自蒙巴萨的代表团所提问题的回答。
[3] 约翰·格雷爵士在《蒙巴萨的英国人,1824—1826年》(John Gray, *The British in Mombasa, 1824—26*)一书中讲述了赖茨的故事,这是一部关于短命的蒙巴萨保护国的标准学术著作。
[4] 原文"hosts",此处翻译为"寄主",因为英国人此时寄居在蒙巴萨,充当其保护国,所以按政治地位而言,英国人是蒙巴萨当地人的"主人",但是按居住关系而言,英国人是"客人",蒙巴萨当地人是"主人",此处作者采用的是后一种理解方法。——译者

之前，马兹鲁伊家族带头要求英国人予以他们保护，但是他们此时却顺从于当地斯瓦希里社群的领袖——谢赫艾哈迈德·本。他是马林迪前统治家族的后裔，能讲一些葡萄牙语，似乎所有事情都要通过他才能决定。阿拉伯人是寡头政治，而深肤色的斯瓦希里人数量更多，这两个群体与居住在大陆的非洲人有很大不同，他们大部分是奴隶。

从大陆来的商人到这座岛用象牙、犀牛角和柯巴树胶交换黄铜手镯、珠子，以及用单桅帆船从印度运过来的其他制品。岛上还有印度商人，以及来自马斯喀特、桑给巴尔、亚丁和许多阿拉伯海其他港口的相似社群的商人。赖茨觉得对印度商人特别有义务，因为他们是大英帝国的臣属。[1] 他听说他们经常被阿拉伯人欺诈，阿拉伯人买东西赊账，从来不付钱。

从一开始，年轻无知使得赖茨和菲利普斯处于不利的境地。欧文之前答应给赖茨12名黑人士兵充当警卫，但是他们没有来。这件事再加上英国人在耶稣堡内面对的环境，使得他们变得更加愤怒。他们的旗帜在曾经显然是一个壮观的堡垒的上空飘扬，而此时这里却是一片废墟。在保护国宣告成立之后的几个星期，另一艘皇家海军的战船到访蒙巴萨，船长康斯坦丁·穆尔斯姆评论这座堡垒处于"一个完全荒废的状态，几乎找不到一门可以使用的火炮，城墙内遍布茅草小屋，那是酋长和他数量庞大的家人，以及奴隶的住所"。

赖茨很快意识到，他的寄主并不真心希望成为英国的附属：他们只是想用英国国旗吓走赛义德·赛义德，并且让皇家海军的战舰帮他们重新获得奔巴岛。赖茨在他写给欧文的信中讲出了他的怀疑，这证实了欧文已经发现的情况：他理想主义的帝国扩张存在许多问题。当欧文离开蒙巴萨时，他将马兹鲁伊家族的一名首领带上了"利文"号，他希望将他安顿在奔巴岛，然后继续航行。尽管在奔巴岛欧文教训了一通苏丹任命的总督，但是他拒绝屈服。他们在桑给巴尔发生了更多争吵。这个消息很快就传到了马斯喀特的赛义德耳中：那位吵吵闹闹的英国上校使用"威胁性的语言"和"某些不堪重复的表述"。自然，赛义德立刻将这个消息传给了他在孟买的

---

[1] 印度商人是一个截然不同的种姓，他们主要来自孟买北部的古吉拉特（见第5章）。到19世纪末，印度人完全控制东非的零售贸易。

朋友埃尔芬斯通。

欧文交给赖茨的任务清单很粗略，其中视察蒙巴萨南部最为重要：毕竟，南下直到潘加尼河的海岸线，都在条约规定下割让给了英国。由于耶稣堡周边的生活让赖茨感到十分沮丧，他渴望出发去考察，即使这意味着在风雨里前行，因为西南季风此时仍然很猛烈。马兹鲁伊家族的其中一位领袖答应陪同他，并且给他提供一艘大型护卫舰和许多骑行用的驴子，但是热带风暴延缓了他们行进的速度。

一行人挣扎穿过泥泞贫困的城镇，这些城镇属于效忠于马兹鲁伊家族的谢赫。沿岸的每一个地方都留下了被赛义德军队践踏的痕迹。坦噶港就是一个典型例子：它曾是"一个象牙大市集，比蒙巴萨和附近的其他任何地方都要大"，而此时只剩下300个居民，依靠鱼和从内陆得到的一点儿谷物为生。

为了完成英国人对东非大陆的第一次探索，赖茨希望溯潘加尼河而上，它是进入内陆的一条主要路线。为了到达河口，赖茨和几个桨手乘坐一艘敞篷小船出发，但是他们持续遭遇暴风雨，夜幕降临时，他们不得不在一个多岩石的海岸抛锚。5月21日早上，赖茨因为疟疾发热而全身抽搐。他的同伴决定必须将他立刻送回蒙巴萨。

返程只花了8天时间，但是在快到蒙巴萨城时，赖茨死了，他成为非洲疫病的又一名受害者，这种病已经杀死了他的很多同僚。他被葬在葡萄牙教堂的废墟之中，大概200年前，蒙巴萨的基督徒在那里等待变节的苏丹优素福对他们命运的处决。几个月之后，海军见习军官菲利普斯和那位海军下士威廉·史密斯也会被埋在那里。[1]

赖茨的总督任期持续了不到4个月。他的死应该归咎于他过于性急而拒绝等待雨季结束就出发。然而，他的死讯会增加孟买和伦敦方面对于在东非海岸建立一个英国据点的担忧。这一步不是轻易就能迈出的。

蒙巴萨距离遥远而且通信缓慢，这些因素必然会使多个利益群体对欧文上校的冒险活动的反应要经过很长时间才会集中显现。伦敦和孟买之间

---

[1] 在一位海军上尉的回忆录里，蒙巴萨基林迪尼港旁边的一片水域被称为赖茨港。这个名称仍保留在现代地图里。

有书信往来已经是几个月之后的事了。因为他们无法忽视蒙巴萨的局势，它很可能引起一场外交风波，因而他们在信中的语气很紧迫。印度政府提出警告：阿曼可能会疏远我们，它有可能会向波斯或者俄国开放道路以控制波斯湾的入口。还有迹象表明，马兹鲁伊家族对英国没能满足其野心感到愤怒，他们计划将蒙巴萨的控制权交给法国人，法国的船只再一次开始徘徊于印度洋。甚至还有人暗示，葡萄牙人被英国旗帜在耶稣堡上空飘扬的消息触怒，因为他们仍然宣称耶稣堡是他们的。

欧文一直以来都希望英国能在东非海岸建立据点，这项事业迫使欧文花费更多时间，从而逐渐远离他在印度洋的探索任务。从蒙巴萨来的代表团还在他的船上，所以他的第一站是毛里求斯，他试图劝说那里的新任总督劳里·科尔爵士以英国的名义正式确认蒙巴萨为保护国。但是科尔不敢这么做，而是写信给殖民地大臣巴瑟斯特勋爵，说他不完全相信马兹鲁伊家族是真诚的，但如果他们是真诚归顺，他们将会对"陛下的政府有利"。他不打算对这个非洲大陆的前哨站采取更加积极的态度，它距离毛里求斯大概2000英里。

尽管代表团对他提出的一系列问题都做出了过分恭维的回答，但是对于欧文提出的给耶稣堡派一支守备军的请求，他仍无法确定蒙巴萨人是否会接受。总督应该是受到了船长穆尔斯姆的影响，这位船长在拜访过蒙巴萨之后再度出发，刚刚到达毛里求斯，他认为如果没有一支守备军，英国的旗帜有"堕落"的危险。

埃尔芬斯通紧接着从孟买将东印度公司的立场发往伦敦。他承认，向蒙巴萨声称赛义德·赛义德是"我们忠实热忱的盟友"，这种做法比较暧昧，但重要的是这使他感到心安。如果英国真想推进保护国这件事，至少应该对他提供补偿。而在相反阵营里，欧文大力主张出钱使赛义德放弃他在东非的统治权："我建议我们的政府和马斯喀特的伊玛目（苏丹）商谈他在东非的所有统治疆域，向他提供一笔永久性补偿，价值与他目前从东非得到的税金完全相等。"他在写给英国海军本部大臣一系列激情澎湃的信中提出了这个建议。

虽然来自印度洋的信件立场可能是积极的，但是英国政府仍然回避蒙巴萨问题，认为在非洲建立殖民地的时机尚未到来。甚至在埃尔芬斯通提出他的看法之前，巴瑟斯特就已经裁定应当放弃保护国。只不过由于欧文及其支持者的坚持和努力，保护国又存在了18个月。

这一回，英国任命了另一位海军上尉詹姆斯·埃默里为蒙巴萨的总督，他在赖茨死后被皇家海军送上岸。坚韧的埃默里比他的前任大10岁，他每天在日记里记录下他与马兹鲁伊人一起生活的情形。这表明他永远也不知道他接下来会遭遇什么：有时候，马兹鲁伊人友好地奉承他，而有时候，他们公然表现出对英国人没能为他们赢回奔巴岛的厌恶。他们的阴谋没完没了，埃默里时常担心自己的安危。尽管不可避免地受到热疫的侵袭，但是埃默里成功地组织建造了一座码头和一口沉井。他使用从海港里一艘单桅帆船上释放的奴隶，完成了这些任务。

埃默里也有时间收集关于非洲内陆的消息。在为他提供消息的人中，最厉害的是一个叫福摩鲁提的小苏丹，他在马林迪和拉穆之间的海岸地带创建了一块独立的飞地。他拜访蒙巴萨，寻求帮助以抵御赛义德·赛义德的军队进攻，在此期间他很乐意花费几个小时告诉这个英国人关于他在非洲内陆旅行的事。

在埃默里从福摩鲁提那里收集到的零星信息里，有很多消息提到一个"几乎位于蒙巴萨正西方向"的大湖的细节。许多人住在这个大湖的岸边。这则简短信息在那个时候并未受到重视，它是欧洲人对世界上最大的内陆湖之一的首次记载，要再过30年，才有外界人员见到这个湖泊。埃默里收集到的少量信息激起了他的想象，他下定决心，一旦摆脱他在蒙巴萨的乏味工作，他就会在福摩鲁提儿子的陪同下，率领一支远征队穿越非洲。

可惜，不会发生那种情况。尽管收到了欧文热情洋溢的信件，还有好望角高级军官海军准将胡德·克里斯蒂安最后一次延缓的尝试，但是英国政府坚决否认保护国的立场不变。[1] 而且，由于1826年7月马兹鲁伊家族宣布他们不再承认埃默里是他们的总督，蒙巴萨内部的关系渐趋恶化。这

---

[1] 在《孟买档案选集》新增系列的第24卷（*Selections from the Bombay Records*, new series, XXIV, Bombay, 1856）中，一份"马斯喀特的历史纲要"表明，直到1826年5月，基督徒还在徒劳无益地敦促孟买当局引诱赛义德承认蒙巴萨的独立。

个时候，另一艘皇家海军的战舰抵达蒙巴萨海港，船长查尔斯·阿克兰认为他的职责是在英国人被谋杀之前将他们带离蒙巴萨。埃默里和他的手下在阿克兰船员的帮助下，将包括武器和弹药在内的所有他们的东西都搬上了船。除了耶稣堡防御墙上的两门加农炮，他们没扔下什么。

7月26日，英国的旗帜被降下。阿拉伯人被召集到悬崖边，安静地目送埃默里和他的手下离开蒙巴萨，与他们一起走的还有16个被释放的奴隶，以及一艘来自锡兰的英国纵帆商船的船员，一个月前这艘船在海岸边沉没了。[1]

在蒙巴萨的惨败使得伦敦方面，特别是位于利德贺街的东印度公司的宏伟总部，加深了一个信念：那就是所有与阿曼和东非有关的事情，最好都交予孟买当局处理。这样做对东印度公司的一个不利之处是不可避免地会对它施加压力，迫使它采取更加坚定的反对奴隶制的立场，而这是公司的大部分董事都想要无视的一个问题。公司可以公正地宣称他们从未直接依赖印度的奴隶制（事实上，因为那里的劳动力非常廉价，所以对他们而言根本没有使用奴隶的必要）。他们也没有想要为过去在印度之外靠奴隶制维持的地方谋取利益的行为道歉，公司的董事很少对这些事感到良心不安，因为他们是商人，不是传教士。

尽管英国作为世界上最强大的力量享有胜利之名，但是公司仍然回避对在其影响范围内但不在其直接控制区内的奴隶制发起挑战，例如阿曼或者葡萄牙飞地果阿。1831年，马德拉斯土著步兵第二十七团的上尉亨利·贝文，向伦敦的一个议会委员会详细讲述了他在果阿边界附近指挥先锋军团时候的经历，他的讲述让人震惊。几个"非洲奴隶或者卡菲尔人"接近我，他们自荐成为新兵，并且被接受了。果阿的总督立刻要求英国人将奴隶归还给他们的主人，贝文的指挥官拒绝服从，但是"马德拉斯当局（东印度公司）的干预"迫使他们改变主意。贝文讲述了事情的结果："几个月之后，我亲眼看见这些不幸的家伙身上在遭受严厉惩罚后留下的伤痕，他们

---

[1] 50多年后，英国人将在他们的外交谈判中引述欧文短命的保护国，为他们宣称对肯尼亚的海岸地带的所有权辩护。

每隔一段时间遭受最残酷的鞭刑,并且每一次他们的伤口都要被擦上胡椒和盐。"[1]

为了应对人们知悉此类事件后的愤怒,公司可能会借助如下论点:他们必须遵守国际法。但是,面对好事的传教士提供的报告——在印度的主要港口奴隶贸易依然活跃,这种论点更加没有说服力。传教士抱怨,年轻的非洲宦官一直被稳定地出口到加尔各答,他们到达后戴上手铐,乘坐阿曼的单桅帆船,"像原野中的野兽一样被卖掉"。(作为交换,年轻的印度女孩被船运走,成为阿拉伯人的妻妾。)然而,东印度公司的董事依然有理由睁一只眼闭一只眼,他们不情愿疏远印度王公,而后者已经习惯拥有大量奴隶,甚至有王公通过传统的印度洋奴隶来源购买了数千名奴隶。而且,尽管传教士带着期望努力传教,但是印度教统治着印度五分之四的人口,它认可印度内部十五种不同类型的奴隶。在那些可以容忍的奴隶类型和不可容忍的奴隶类型之间划一条界线,可能会将东印度公司拖入危险的境地。

这样的争论只是延缓之计,但是到19世纪30年代早期,废奴主义者重新要求整顿英国对印度的统治。当时一起闹得沸沸扬扬的司法诉讼案推动他们提出这些要求,这起诉讼案的核心人物是海军中校查尔斯·霍金斯,他是孟买海军单桅战船"克莱夫"号的船长。这位海军中校的罪行引起的关注,与这个世纪早些时候锡兰总督弗雷德里克·诺思爵士的招募计划相类似,区别在于,弗雷德里克爵士的奴隶贸易恰好发生在1807年《废除奴隶贸易法案》通过之前。

霍金斯的麻烦开始于他的上级由于担心缺少操控他们船只的水手(即便是印度水手,也拒绝为他们服务,因为他们提供的工资太低了),派遣他穿越印度洋去招募水手。他谨慎地开始了这次航行,不久之后霍金斯到访马斯喀特,在那里他用成袋的印度卢比交换玛丽亚·特蕾西亚银币,那是奴隶贩子最普遍使用的货币。之后,"克莱夫"号借着季风前往非洲,

---

[1] 贝文的证词可参见英国的《议会文件集》第九卷(*Parliamentary Papers*, vol. IX, 1831-32)。

并且继续沿着斯瓦希里海岸向南侦察。从蒙巴萨航行两天到达林迪，海军中校发现了他的目标：一个商人愿意以两千银币的价格卖给他三十个男孩。在1830年六十银币一个男孩，价格还算公道，所以男孩们按照约定时间被带上船，霍金斯兴致高昂地离开了林迪。当船停靠在桑给巴尔期间，他甚至更加高兴，因为岛上赛义德的总督又给他送来四个男孩。他们在甲板上排成行，高兴地接受了授予他们的恰当的英国名字，例如沃尔特·斯科特或者查尔斯·福克斯，他们被引入另一个世界。

在返回孟买的航程中，几个非洲年轻人死了，还有一个从船上掉了下去，但是总体上来说，这次远航获得了巨大的成功。的确，这次招募来的新兵有很多年龄相当小，有的甚至不到12岁，但是根据霍金斯的记录，这些人"叫喊着要加入他们的队伍"。无论如何，如果要按照海军的方式塑造他们，越年轻越好。

不幸的是，回来后24个小时，霍金斯就因运输奴隶触犯印度反海盗法被捕，他航行去非洲的事并非没有引起注意。这个指控令他的同僚感到非常愤怒，他们认为，除开其他一切不论，他只是按照命令行事。他们还知道，霍金斯之所以被逮捕在于印度行政与司法的冲突。随着诉讼程序推动这个案件无可阻挡地朝着孟买当局最高法院的审讯发展，在印度的英国人观点也出现分歧：很多人认为，对这些男孩而言，成为一名海军要比在他们"野蛮的"家乡所能得到的任何一种生活好得多。海军主管军官查尔斯·马尔科姆强调，"西蒂斯"（一个印度词语，意指非洲奴隶）[1]非常适应船上的生活：他们"被充分同化，与欧洲人相处得很和谐，欧洲人也很喜欢他们"。他们工作努力，温顺驯服，并且"具有稍逊于欧洲人的勇气"。

在被关押等待审判期间，霍金斯的朋友们每天都来安慰他。其中之一是海军的主管助理罗伯特·科根上校，他充当军队与政府的中间人。但是，

---

[1] "Sidi"一词源于阿拉伯语中的"seyyid"，意为领主，从16世纪开始被用来形容印度的非洲人東吉拉社群。1668年，東吉拉社群从英国人手中夺取了孟买，之后他们得到一笔赎金，离开了孟买，相关内容请参见巴纳吉的《孟买和西蒂斯》（D. R. Banaji, *Bombay and the Sidis*, Bombay, 1932）。后来，这个词指代在印度的所有非洲人。现今在巴基斯坦，人们仍然沿用这个词指代黑人奴隶的后代。

科根的所有帮助都没有效用：1831年3月，在孟买的一个闷热拥挤的审判室里，霍金斯被判有罪，被判决乘船去往新南威尔士服劳役7年。

5个月之后，一份审判报告被送达伦敦，并且被相当详尽地刊载在《泰晤士报》上。[1]霍金斯的下级军官对这次远航加以粉饰，但是那些男孩子提供了决定性的证据。一个叫作米切尔的男孩通过译员讲述了他是如何来到船上的："我心里想我是被买来的……我是一个奴隶，在我去的地方无依无靠。"之后，他试图逃跑，但是被抓获，被逮回来之后遭受鞭打，而霍金斯就在旁边看着。其中一个男孩非常瘦小，根据《泰晤士报》上的那份报告，在证人席上他几乎很难被看到，并且"看上去不超过6岁"。

当准备好将霍金斯送往澳大利亚时，东印度公司的海军和陆军军官发起了一场旨在推翻此次判决的运动。他们的请求被送往伦敦，敦促当时的国王威廉四世予以赦免。在收到国王的任何回复之前，霍金斯就踏上了他的服劳役之路，船载着他在印度洋的不同港口停靠，每到一处他都受到款待。

这次前往判决地的航行本就缓慢，当船到达荷属东印度时，船只停靠了更长的时间。在那里，他收到了期待之中的英国的回复：霍金斯的确得到了皇家的赦免。霍金斯并没有灰溜溜地在博特尼湾登陆，而是前往伦敦，在圣詹姆斯宫出席了国王的晨见。威廉四世热情地和他打招呼，并向他保证他回到印度之后一切都会好起来。所以，事情的结果是他回到法庭上，被告知他的品行不存在污点。为了补偿他遭受的挫折，他官复原职，再次成为"克莱夫"号的指挥官。但是，他不再去东非冒险，他也没能满意地看到他的男孩们擦洗甲板、攀爬缆绳的场景。他们已经被转移到一所为被释放的奴隶开办的学校。

至于那位不切实际的欧文上校，他自认为在霍金斯想要冒险之前几年就已经找到了终止奴隶贸易的办法，他很快就会知道蒙巴萨保护国的崩溃预示着他个人海军生涯的终结。他最想要的升迁是成为海军本部的水道测

---

[1] 1831年9月3日《泰晤士报》上的报道。更多细节请参见查尔斯·洛的《印度海军史》（Charles R. Low, *History of the Indian Navy,* London, 1877）。

量家，但是1833年他的这个想法被拒绝了。他的才能无可争辩，但是他的性情令人难以忍受。欧文以不同的方式看待这件事："59岁时，我的抱负受到腐败的身居高位者的阻挠。"

一年后，他做了一次绝望的尝试，他给外交大臣帕默斯顿写信以谋求新职位，他自荐为"东非及阿拉伯半岛南部的总领事"。他在这封信中的语气有所不同，他宣称这项任命将受到赛义德·赛义德的欢迎，他称赞赛义德"和蔼、慷慨和公正"，这是一次悲哀的反转。当收到意料之中的回绝时，欧文退休了，他默默无闻地回到了他在新斯科舍的一个家族庄园，直至去世，享年83岁。[1]

---

[1] 关于欧文最后几年的记述，请参见康奈尔的《新斯科舍历史协会文献集》（P. G. Cornell, *Collections of the Nova Scotia Historical Society*, no.32, Halifax, 1959）。

44

美国人发现桑给巴尔

> 从1832年9月到1835年5月,41艘船到访桑给巴尔。这些船之中,32艘是美国船(5497吨位),7艘是英国船(1403吨位)。
> ——美国特工埃德蒙·罗伯茨向华盛顿汇报,1835年9月

40岁出头的埃德蒙·罗伯茨已经是一名成功的商人,他出生于新英格兰的一个航海世家。之后,他的好运气耗尽了,为了重新获取财富,他决定采取大胆行动。罗伯茨在新罕布什尔的朴次茅斯租了一艘商船"玛丽·安妮"号,它满载货物,驶往桑给巴尔。1828年初,他顺利抵达桑给巴尔,这座岛屿主要海港的繁忙场景使他震惊:"这里有多于250艘的单桅帆船,以及载着旅行者和药品、咖啡、鱼、水等货物的其他船只。"这些船来自红海的各个港口、孟买、波斯湾,以及向南远至莫桑比克的非洲海岸。

在这个美国人售卖他的货物期间,桑给巴尔的海港变得更加拥挤。阿曼的舰队抵达桑给巴尔,领头的是架有74门火炮的旗舰"利物浦"号(为了表达对那位任职多年的英国首相利物浦勋爵的敬意,而谄媚地以他的名字命名)。旗舰后边跟着5艘小战船和载着6000名士兵的100艘单桅帆船。苏丹赛义德·赛义德就在旗舰上,他刚刚从征服蒙巴萨反叛者的胜利中归来(此时欧文上校的代表团已经撤回)。尽管强敌环伺,但是一群阿曼士兵仍占据耶稣堡,他以一种典型的枪炮夹杂哄骗的方法取得了一些胜利。

罗伯茨恰好见证了印度洋历史上的一个决定性时刻,因为这是赛义德首次到访东非。在此之前,苏丹一直全神贯注于保卫马斯喀特,使之免受其众多敌人的攻击,因而他从来不敢冒险远离阿拉伯半岛的海岸,而是依靠可信赖的维齐尔统治他遥远的领地,并且收取那里的关税。这回他终于

能够视察桑给巴尔，立刻就被这片富饶之地所吸引，而向东北航行2000多英里则是与之形成鲜明对比的阿曼的严酷地势。

赛义德很快意识到，桑给巴尔不仅比阿曼更宜人，它还是一个潜在的首都之选，因为它更安全，而且距离他的财富来源更近，即非洲奴隶、象牙和柯巴树胶的出口。这座岛本身还因一种大有前景的新作物丁香而获利。而且，自从那位忠诚的埃塞俄比亚宦官雅各特在10年前去世之后，后来委派到桑给巴尔的总督要么精力不济要么不够忠诚。赛义德相信如果他亲自在桑给巴尔监督各项事宜，税收很快就会增加。

他想到此感到自信且斗志旺盛。当他看到海港里的"玛丽·安妮"号时，他就派人去请埃德蒙·罗伯茨，他很喜欢罗伯茨，在见过几面之后就开始向罗伯茨表露他的野心。这个美国人具有形象描述的能力，后来他写道：

> 他宣称葡萄牙人不会在非洲的东海岸拥有尺寸之地。他说："难道我忘了300年前我的祖先从邪恶的葡萄牙人那里得到什么了吗？"……他一边捋着长及他腰带的胡须，一边"以穆罕默德的胡须起誓"，他眼中闪耀着熊熊的火焰，好像他用一个眼神就能消灭整个种族，"我会像沙漠中的沙尘那样将他们掩埋"。

罗伯茨在一封写给新罕布什尔的参议员利瓦伊·伍德伯里（后来成为美国海军部部长）的信中，生动地描述了赛义德演说这番话时的场景。他继续说明苏丹是如何要求他提供炮弹和其他重型军火，以便他进攻莫桑比克，"并且他非常不希望英国政府知道他的计划"。赛义德想要对自称印度洋的最高统治者、和平守护者的英国人保密，这点是可以被充分理解的。[1] 相反，美国人没有介入这片地区的政治，而且众所周知，他们是枪支弹药，特别是盛装在大木箱中的燧发枪的供货商。

---

[1] 一些英国评论家怀疑罗伯茨对于这次他与赛义德会面的描述。他们指出赛义德-吕特在《苏丹赛义德》（R. Said-Ruete, *Said bin Sultan*, London, 1929）中的卷首插图是苏丹存留下来的唯一的一幅画像（由一位业余画家按照记忆所绘），该画像显示他留着短胡须。这忽略了赛义德可能会改变他的胡子造型的可能性。

在与苏丹会面初期，罗伯茨开始频繁抱怨到访桑给巴尔的美国船只的贸易条件：他们只被允许通过赛义德的代理人进行贸易，并且与英国船只相比，他们要缴纳的税金更重，而英国船只可以和任何人做交易。罗伯茨以这种强有力的方式提出警告：如果美国人不能得到更好的待遇，他们将不再到访桑给巴尔。这不是毫无根据的威胁，因为在过去几年，有20多艘美国船只在桑给巴尔海港内和海港周边进行贸易，数量远远超过了英国船只（或者法国船只，它们主要竞逐奴隶）。赛义德以想与美国人签订一份商业协定作为对罗伯茨的回应，尽管罗伯茨指出，"他对这个国家几乎一无所知"。苏丹试图为英国人享有的优待声辩，他解释说他和英国人签订了一份协定，他们给予他一笔补贴，在这一点上他凭借天生的个人魅力说谎了。

这些交流表明赛义德的视野拓宽到多广阔的范围，以及在波斯湾扩展他的势力遭受多次失败之后，又是如何梦想统治一个庞大的印度洋帝国的。不仅是莫桑比克，连马达加斯加和科摩罗群岛也在他野心勃勃的帝国边界之内。他还会很快看到挑起英国和积极进取的美国之间的竞争所带来的好处。

罗伯茨返回新英格兰，以游说获取代表他的国家与赛义德协商的权力。他还敦促美国向桑给巴尔派驻一位领事，毕竟自1799年以来他们在开普敦设有一位领事。但是，劝说的过程枯燥而缓慢，因为华盛顿的官员很少有人知道桑给巴尔位于何处。与此同时，越来越多的美国船只出现在东非海域。[1]有一些是捕鲸船，它们在桑给巴尔做短暂休整，顺便补充给养。这些船上的船员情绪烦躁，他们经常因为不堪忍受海上的恶劣条件而暴动或逃亡。

大多数到访的美国船只是从马萨诸塞州的塞伦来的商船。其中一艘是"弗吉尼亚"号，船主亨利·莱维特决定拜访还在马兹鲁伊家族掌控之下的蒙巴萨。莱维特请求"蒙巴萨国王"萨利姆·本·艾哈迈德·马兹鲁伊让他

---

[1] 美国人在19世纪与桑给巴尔进行贸易的明确记录，请参见诺曼·贝内特的《坦噶尼喀的笔记和记录》第56卷、第57卷和第60卷（Norman R. Bennett, *Tanganyika Notes and Records,* vols.56, 57 and 60, Dar es Salaam, 1959-63）。还可以参见他的《非洲的新英格兰商人，1802—1865年》（*New England Merchants in Africa, 1802-1865*, Boston, 1965）。

取点水。但国王以饮用水短缺为由拒绝了他的请求,于是莱维特在他的航海日志中发泄了他对此事的强烈愤慨之情:"没有足够的水。我对此感到震惊。我惊愕到哑口无言的地步。为什么,这里的水多到可以淹死人……呸,这里的水足以漂浮起50艘'弗吉尼亚'号。这个伎俩显然只是想要困住我们。我能看穿你,你这个黑皮肤又斜眼的幽灵国王。"

埃德蒙·罗伯茨花了几年的时间赢得了他从华盛顿寻求的职权。如果没有赛义德交给多个返航的美国船长呼吁签订商业协定的信件,他可能永远也不会成功。最后,1832年美国总统安德鲁·杰克逊任命罗伯茨为他的政府"特工",并且交给他一个盖子上面有美国鹰的镀银盒子,里边装着美国的国印。还有一些官方装备,例如一捆用于书写协定的羊皮纸(罗伯茨后来抱怨政府官员太小气,给的羊皮纸太少)。他被告知,他不仅要与赛义德·赛义德签订一份商业协定,还要乘坐美国海军的单桅帆船"孔雀"号前往暹罗,与暹罗国王签订一份商业协定,"孔雀"号将取道合恩角和好望角,完成一次环球航行。

由于担心英国人会毁掉他的计划,罗伯茨一路上隐姓埋名。他被登记为船长的文书,只有几个高级军官才知道他们健壮的同僚的真实身份。在暹罗,商业协定如期签订,之后"孔雀"号航行前往孟买。在与毫不起疑的孟买当局按照常规互致问候时,这位"文书"谨慎地待在人们的视野之外。然后,美国人前往马斯喀特,赛义德正好在那里集结军队,以应对另一场对蒙巴萨的进攻。"孔雀"号鸣响21门礼炮,罗伯茨邀请苏丹登船出席"客舱里举办的豪华宴会"。

若与苏丹达成协定,美国人在包括桑给巴尔和斯瓦希里海岸在内的所有阿曼领土都享有优先权。他们达成这份协定只用了3天时间。1833年9月21日,他们签署了这份协定,它是以英语和阿拉伯语写成的,这是赛义德与其他国家第一次签订这样的协定。罗伯茨在协定上盖上了美国的国印,而赛义德则形容自己是"不值得救济的贫困者"。[1] 罗伯茨得意洋洋地

---

[1] 这份协定还有一份阿拉伯语的副本,具体请参见亨特·米勒编的《美国的协定和国际法案》(*Treaties and International Acts of the United States*, vol.3, ed. Hunter Miller, Washington, 1933)。

带着他的羊皮纸返回美国,并向国务卿路易斯·麦克莱恩递交了他对赛义德的评估,他认为赛义德的"财力十分雄厚"。他的财富"来自商业,他经营的大量商船,从外国商人处收的税,还有获取的贡赋"。他很小心,没有提及任何关于奴隶贸易的问题,同样,当描述非洲的出口情况时,他也没有提到奴隶,他列举的是"象牙、龟甲、犀牛角、兽皮、蜂蜡、大米等"。

在罗伯茨从马斯喀特离开后不久,有关他到访的传言开始从阿曼散播到印度。这激起了皇家海军在印度洋的总指挥海军中将约翰·戈尔爵士的注意,他派遣一艘船去查探在以英国法令为最高法律的水域美国海军的活动。这个任务落到了亨利·哈特上校的身上,他在1834年1月底乘坐皇家海军的舰艇"伊莫金"号抵达桑给巴尔。哈特精力充沛,十分爱国,并且派头十足。

哈特很高兴得知赛义德·赛义德也在桑给巴尔,正待在他新建成的宫殿里,于是他登岸前往宫殿进行礼节性拜访。苏丹立刻派人给"伊莫金"号的船员送去两头小公牛和一大堆水果,其中一头小公牛成为当天的晚餐,水果则成为甜点。第二天一早,皇家海军鸣响了二十一门礼炮,而海港中停泊的苏丹的其中一艘军舰也鸣响礼炮作为回应。[1]

在宫殿会晤期间,哈特发现他自己不断论述赛义德的野心和焦虑。最让他感到好奇的是赛义德对喜怒无常的马达加斯加女王拉纳沃拉娜主动示好的姿态。[2]他派遣一艘护卫舰载着使者前往女王处,向她借两千名士兵以便帮他占领蒙巴萨(他沮丧地告诉哈特,"阿拉伯人不会作战")。他进而提出联姻,因为女王是一个寡妇,而且正值盛年。拉纳沃拉娜拒绝了他的求婚,她说马达加斯加的法律禁止女王再婚,但是有一位公主可能是与他结婚的适合人选。关于出借士兵的事她说得很模糊,她只是说他可以"想得到多少就得到多少",但是对于得到一条价值1000银币的项链的要求,

---

[1] 哈特自身对于此次到访桑给巴尔的记述被收入了《孟买档案选集》(Selections from the Bombay Records, 1856)。这个事件也被格雷厄姆写入了《印度洋的大英帝国,1810—1850年》(G. S. Graham, Great Britain in the Indian Ocean, 1810—1850)一书。

[2] 这个时候拉纳沃拉娜正在驱逐英国传教士,后者已经在马达加斯加开办了100所学校,并且还散发了2.5万册用当地语言写成的基督教小册子。她还将很多传教士扔下了悬崖。

她的表述更加明确，她说一拿到项链，就会派出军队。

哈特很快感到，苏丹在难缠的马达加斯加女王那里不太可能取得更多进展。他转向此行的真正原因：调查美国人签订的协定，关于它的谣言正在到处传播。赛义德立刻以他的随从听不到的声音悄悄地讲话，而哈特建议他们应该在第二天单独会面。与此同时，他带走了苏丹与美国人签订的协定的副本，以便晚上阅读。第二天一早，哈特宣称，他对于他发现的苏丹对美国人做出的让步感到震惊，并且他预测英国会认为苏丹"背信弃义"，赛义德请求英国的同情。

"埃德蒙·罗伯茨是一个肥胖、脾气又火爆的老头，"赛义德说，"我很高兴签订这份协定以摆脱这个人，因为我认为这份协定并不重要。"但是，如果"印度的英国殖民当局能够支持他"，他会立刻取消这份协定："我还会保证，将来不会在没有我的老盟友和好朋友的建议和准许的情况下签订任何条约。"很显然，哈特成功地警告了苏丹。赛义德在一封写给孟买总督的信中，低声下气地为没有提到签订协定这个"琐碎事件"道歉，发誓今后"无论最重要的事还是最微不足道的事"都会向总督报告，"以便消除老朋友心中的所有疑虑"。

接下来，赛义德做了哈特都没有想到的一步：作为他悔恨的一种表示，并且使英国人相信他是站在他们一边的，赛义德决心将他配有74门火炮的旗舰"利物浦"号献给英王威廉四世。这艘船停泊在桑给巴尔的海港，它显然是苏丹妄自尊大的象征，因为它太过庞大，远超阿曼的需求。哈特不确定英国的海军本部对于这份不同寻常的献礼将做何反应，但是他确信苏丹将会把它作为一个紧急事项加以解决。

在返回印度的途中，哈特有时间给海军中将戈尔写信，在信中他详细记述了他在桑给巴尔的所有经历、对于赛义德的个人观察细节，以及桑给巴尔岛的经济前景，并且提到他已经与苏丹达成协议，以苏丹的名义带给孟买8000银币。他还指出："去年抵达桑给巴尔的13艘船中……只有4艘是英国的，其余都是美国船只。"

哈特很满意自己对美国人签订的协定的坚定立场，他以直截了当的方式圆满地完成了此次任务。他详细地叙述了赛义德对东印度公司没给他回信的抱怨：东印度公司的漠然态度是埃德蒙·罗伯茨受到欢迎的部分原因。此外，虽然赛义德娶了波斯国王的孙女，但是他与波斯国王不和，因为英国人曾警告他，如果他想维持与英国的友谊，就不能帮助波斯人攻打布什尔人。因此，由于拒绝帮助波斯国王，他与波斯国王的关系有所疏远。即便如此，他仍然等待孟买当局的回信，一直等了6个月。

显然，哈特正赶上赛义德的运气和自信都处于低潮的时期，这一点可以从他利用马达加斯加的雇佣兵夺取蒙巴萨的控制权的绝望想法反映出来。赛义德试图查明他的亲戚赛义德·希拉勒有无变节行为，他怀疑希拉尔在阿曼阴谋夺权，虽然这种做法有欠考虑，但是他仍然想要赢回他的名望和地位。赛义德向希拉勒郑重承诺安全后，将他引诱到马斯喀特，并把他关进监狱，但是赛义德的姐姐对此十分震怒，发起了一次暴乱，逼迫赛义德释放希拉勒。

这些各种事件不仅有助于哈特完成任务，还使他取得了更大的进展。他甚至将苏丹与美国人签订的协定的原件像战利品一样从桑给巴尔带回，交给海军中将戈尔。戈尔非常高兴，他将哈特信件的复件交给海军本部和此时的孟买总督克莱尔勋爵。他还写信给赛义德，将协定归还给他，并且遗憾地表示，在他拥有更高的职权之前，他无法代表他的君主接受"利物浦"号。起初，印度的英国殖民当局没有什么反应，他们认为赛义德有权向其他国家做出让步。至于赛义德对他们回复缓慢的抱怨，他们列出了回信发出的日期，以便给他一个安抚性的回应。

相反，1834年8月，当哈特信件的复件抵达伦敦的东印度公司大楼时，反应非常激烈。在东印度公司的权力至高无上的地区，哈特干预了一个政治事件。东印度公司印度董事会的三人秘密委员会，受命立刻汇报"海军中将戈尔是如何委任一个军官与外国沟通的"。与12年前莫尔斯比上校与赛义德签订反奴隶制条约时相比，东印度公司此时显然更加不愿意分享它已享有的权力。此外，欧文上校宣布蒙巴萨是英国保护国的记忆依然清晰。此次，情况看起来就是另一个皇家海军军官肆意胡闹，僭越职权，耍弄外交手腕。

这场纷争中的关键人物是亨利·圣乔治·塔克，他是东印度公司的董事会主席。[1]傲慢自大对于塔克来说似乎是很自然的，但即便如此，他的过去还是有点儿令人反感：他年轻时曾因为在印度强奸未遂而被判处6个月徒刑。而这时候，外交大臣帕默斯顿勋爵正就赛义德想要派一位亲属去伦敦的事咨询塔克。这名使节应该出现在国王面前吗？塔克回答说："我完全可以想见，你很快就会有来自印度各地的访客，他们有着同样的请求。"这是他有意说出的刻薄之词，因为上一年公司的特许状续期时，议会曾提出警告："当地居民"应该被给予更多同情，没有人应该因为宗教、血统或者肤色而被排除在任何公司的岗位之外。在塔克看来，如果帕默斯顿和他的政客朋友如此渴望展现对亚洲人的友好，他们将不得不准备好在伦敦款待他们。

此时，公司正在更新的特许状之下适应新角色：统治，而非贸易。由塔克领导的公司董事看到了在整个印度洋一劳永逸地维护其政治权势的机会。秘密委员会的报告口气很大："哈特上校所说的那份协定很重要，但是这份协定很可能根本不存在。"如果存在，它的影响也不大："美国人不是我们在印度洋的政治嫉妒对象，他们用小船装载货物，与马斯喀特的伊玛目领地之间进行少量的贸易，不会干扰我们。"甚至在第二年6月，印度董事会仍然保持平静，它在给孟买当局的信中写道："据说一个叫罗伯茨的人，是一艘美国军舰的船长……"董事会没有发现证据表明这个人拥有"公开声称的委任状"[2]（事实上，美国参议院在12个月之前就通过了那份协定）。

而在英国本土，董事会向海军本部"强烈建议"：海军中将戈尔及其下属军官，在没有与印度的英国殖民当局协调的情况下，不应该与东方的任何国家就实质性问题进行沟通交流。[3]海军本部温顺地将这封信交给戈尔，严令他及其下属军官必须停止"掺和政治问题"。戈尔将这封信交给了哈特，其中还包括秘密委员会暗示他是一个幼稚轻率的人的评论。

---

[1] 1771年，塔克出生在百慕大群岛一个拥有奴隶的家庭，他极其保守，后来还反对在印度允许出版自由，因为这有可能"激发新想法"。
[2] 这些观点出现在1835年印度董事会写给孟买的第五封信里。
[3] 印度董事会甚至告诉外交部"除了通过总督"，否则不要与赛义德·赛义德进行任何沟通。

对此，哈特并不觉得十分受辱，但是极为愤怒。他给塔克寄去了两封饱含愤怒之情的信，指出他只是听从命令去了桑给巴尔。他表达了他的反感，认为董事会这样做是因为"非常嫉妒他们的权力"。哈特这样做清楚地表明他看过秘密委员会的报告，所以印度董事会再次将怒火转向海军本部，因为哈特看这份报告"非常不合惯例，是逾矩行为"，为何会发生这种事情？当然，每个人都知道这是如何发生的，但是海军本部不想让一个海军将官遭受责备。所以，作为一个变通转换的方法，哈特被迫向塔克道歉，做出"充分补偿"。结果是哈特像之前的欧文一样，因为"掺和政治问题"而毁掉了自己的海军生涯。尽管被授予爵士头衔，但是他作为现役军人再也没有获得上校以上的升迁。

东印度公司带着不同寻常的顽固，仍然坚信美国人签订的那份协定可能不存在。但是1835年9月，美国军舰"孔雀"号再次出现，因为美国政府在之前的1月份最终通过了那份协定。埃德蒙·罗伯茨在桑给巴尔没有找到赛义德，于是他前往马斯喀特。"孔雀"号在阿拉伯海岸搁浅，受到海盗袭击，但是被苏丹的一艘船拖上了多石海岸。最终，他们在1835年9月30日交换了正式认可，之后罗伯茨继续航行。他对重返印度洋，成为桑给巴尔的第一任美国领事怀有很高的期望，但是几个月之后他死于澳门。

于是，桑给巴尔领事的职位落在了理查德·沃特斯的身上，他是一名商人，也是一名福音派基督徒。尽管他出生在清教徒的早期移民定居点塞伦，而且属于一个海员家庭，但是他从未航行到过东方，他对桑给巴尔的了解是从他的哥哥约翰那里获得的。他的哥哥是在新英格兰和印度洋之间做贸易的商船的船长。由于在反奴隶制运动中表现积极，理查德·沃特斯被一位牧师推荐成为一名领事。这位牧师是海军部长利瓦伊·伍德伯里的兄弟，而利瓦伊·伍德伯里又是埃德蒙·罗伯茨的旧友。沃特斯[1]这个名字对于塞伦的船长们来说比较容易接受，他们认为他们可以信任一个来自家乡海港的人将桑给巴尔的大部分贸易掌握在他们的手中。

这个职位的薪水不多，但是1836年秋天，沃特斯带着双重决心出发了：

---

[1] 这里有一点幽默，一方面是说沃特斯的出身背景让他们放心；另一方面，沃特斯这个姓氏本身与水有关，所以作者说他的名字让他们放心。——译者

他既是货运代理人,又要赢得基督教的皈依者。当他还在海上航行时,他写道:"我渴望在异教徒中拯救灵魂,我将和他们居住在一起,因为这可能是我传播福音的一种方式。"在北上东非海岸的途中,他的船到访莫桑比克港,在那里他看到葡萄牙的奴隶贩子正将非洲人装上驶往巴西的船只:"大部分是10至14岁的孩子。"他反思道:"当我想到自己的家乡有数百万奴隶时,我能对参与这场贸易的人说什么呢。"但是,他也有十分现实的一面,因为他"准备努力工作几年……如果我能够得到必要的财富"。

1837年3月,沃特斯抵达桑给巴尔,成为第一位持有外交国书的外国代表。他得到海港中一艘美国商船13响礼炮的致意,苏丹也热情欢迎沃特斯,并且给他提供了一所房屋和一匹马。

赛义德亲切慷慨的情绪,可能部分出于他最终在与他的宿敌马兹鲁伊家族的斗争中取得了胜利。就在沃特斯到达前一个月,蒙巴萨马兹鲁伊家族的最后一位统治者拉希德·本·萨利姆投降,承认赛义德为最高统治者,并将耶稣堡的所有控制权交给他。而作为交换,赛义德同意让拉希德继续待在蒙巴萨作为其总督。但是之后,赛义德改变了主意,他试图贿赂拉希德,使他离开蒙巴萨前往桑给巴尔生活。不知道是出于怀疑发生叛变,还是他正在准备叛变,总之拉希德拒绝了赛义德的要求。

之后,赛义德筹划了一个阴谋,他假装希望进一步和解。他派他19岁的二儿子哈立德和一位可信赖的顾问苏莱曼·本·艾哈迈德,乘坐轻巡洋舰前往蒙巴萨。以拉希德为首的马兹鲁伊家族的人,被邀请在耶稣堡外建立的会客室内会见哈立德。之后,他们三三两两地进入会客室,与苏莱曼互致问候。直到30多人进去之后,他们才意识到什么都不会出现了,所有的人都被关入了监狱。

哈立德耀武扬威地将他们运回桑给巴尔。他们在那里被关了一个月,之后被迫登上一艘驶往波斯湾的船。大部分人在远离海岸的地方被扔下船;少数被赦免,被带往波斯湾的一座要塞,他们在那里被慢慢饿死。[1]

---

[1] 马兹鲁伊家族的一些成员幸存下来,他们的后人仍然在东非有影响。阿里·马兹鲁伊教授就是一位受到国际认可的历史学家。

45

从英国统治的印度向西眺望

> 哈默顿上尉应该抓住每一个机会给这些阿拉伯人留下深刻印象，使他们铭记欧洲国家一定会终结非洲的奴隶贸易，而大英帝国是为上帝完成这项使命的最主要的帮手。这些阿拉伯人竭力阻止写在命运之书中的使命圆满完成，他们是徒劳的，他们应该向处于优势的力量屈服。
> ——帕默斯顿勋爵写给孟买当局的便函[1]，1846年

美国外交人员在桑给巴尔出现的最初几个月并不顺利，因为理查德·沃特斯的基督教信仰超越了他的谨慎态度。他不仅向苏丹详细说明他的宗教观点，还很快开始向普通的桑给巴尔民众散发圣经。一些虔诚的穆斯林十分气愤：他们不断地将石头打在领事馆的屋顶上，沃特斯被迫搬到其他地方。1837年底，苏丹果断决定采取行动：他要求美国总统换掉这个领事，派一个愿意将精力集中在商业而非激起宗教冲突的人来。

塞伦的一艘双桅横帆船"切罗基"号此时正停留在桑给巴尔的海港里，所以赛义德决定将一封信交给其船长，再由他转交给美国总统范·布伦。接下来发生的事情记录在3年后"切罗基"号的职员爱德华·布朗写给对这个事件后知后觉的美国国务卿丹尼尔·韦伯斯特的信中。苏丹的秘书艾哈迈德·本·阿米尔咨询美国领事：给美国总统写信如何致辞，那个时候布朗正好在那里，他在一片纸上写下了正确的格式。苏丹的信送达"切罗基"号之后，爱德华在桌子上看到这封信，发现苏丹在写美国总统"范·布伦"[2]的姓氏时遗漏了一个字母"e"。第二天早上，当"切罗基"号要起航

---

[1] 帕默斯顿期待在桑给巴尔设立女王陛下的领事。
[2] 美国总统马丁·范·布伦，Martin van Buren。——译者

时，有人看见领事沃特斯手中拿着一封打开了的信。之后，他命令所有人离开房间。布朗告诉国务卿韦伯斯特："接下来发生的事情，由于不在场，我不能只凭自己的了解就告诉你，但我知道的是上述写给总统的信没有再出现在'切罗基'号上。"[1]

销毁了苏丹的这封信，沃特斯得以继续担任领事，从那时起，他减少了传教活动，更关注"获取必要比例的财富"。赛义德·赛义德没有从美国总统范·布伦处得到任何回复，对此他似乎比较冷静，而沃特斯的行为也有所改变，他们和解了。谈到外部世界，美国人已经在印度洋取得了一个较小的外交成就：对于英国，他们先发制人。尽管东印度公司永远不会承认这一点，但不幸的哈特上校提出的警告已经被证实。

从英国的视角来看，理查德·沃特斯出现在桑给巴尔，这件事情最让人烦恼的一点是他的政府允许他将外交职责与个人生意结合起来。他很快就和印度商人杰莱姆·苏吉结成一组，后者从苏丹那里获得了一份有价值的经营桑给巴尔岛海关的合同。他们二者很快就严格控制了桑给巴尔的商业，这对于一个在岛上建立代理处的伦敦的公司极为不利。而杰莱姆作为一个印度人，是英国的臣民，这使得他的行为更加令人恼怒。美国领事也积极地向赛义德·赛义德推荐他自己的国家，他送给苏丹两幅框饰画，用来挂在宫殿的会客厅里，这两幅画的内容是在1812年战争期间美国战船痛击英国战船的场景。

另一个引起英国人对赛义德的桑给巴尔岛关注的事件是那艘配备74门火炮的"利物浦"号突然抵达泰晤士河。孟买的海军高级军官罗伯特·科根上尉将这艘船带到伦敦。海军中校霍金斯由于在非洲购买奴隶男孩而被控告时，罗伯特·科根曾为他奔走求情。科根在印度服役20年之后退役，他此时受雇于赛义德，后者称他为"科吉姆汗"。罗伯特·科根宣称，如果威廉四世不接受这份礼物，他就下令将这个笨重的家伙拆成碎片卖掉。既不想大大冒犯苏丹，又不想在与苏丹打交道时冒险折损英国的行动自由，英国政府最终接受了这艘在和平时期完全派不上用场的船，并为此表示感

---

[1] 这封于1841年12月31日从塞伦寄出的信现存于华盛顿的国家档案馆。

谢。

"利物浦"号被更名为"伊玛目"号,以纪念赛义德的宗教头衔,之后,英国将游艇"摄政王"号作为一份相匹配的回礼送往桑给巴尔。苏丹很快将它送给了印度总督,表示自己作为穆斯林不适合接受基督徒送的奢侈品。在"摄政王"号被送往印度洋之前,没有人注意到船舱里的垫衬物用的是猪皮。(无论如何,这都是一艘相当俗丽的船。)[1]

尽管以前经历过一些艰难的时刻,而且美国领事又出现在了桑给巴尔,但是这时候英国与赛义德的关系得到了巩固。在维多利亚女王登基后不久,"科吉姆汗"就陪同谢赫阿里·本·纳赛尔返回伦敦,后者是代表他的统治者向女王致意来的。帕默斯顿将这件事当作一个外交挑战,决定要在公共支出"允许的范围内"款待谢赫,因为他是赛义德最信任的维齐尔之一。科根为此预先得到了200英镑,但是被警告要充分利用这笔款项。[2]

1838年8月,双方组织了一场对温莎堡的拜访:谢赫在科根的陪同下与年轻的女王共进晚餐,并且留在温莎堡度过了一夜。他非常喜欢温莎堡,以至于他要求再被带到那里进行临行告别。帕默斯顿坚定地拒绝了他的要求:因为女王陛下觉得她已经和他告过别了。科根试图使自己成为被认可的苏丹驻英国代表,但是外交大臣也同样坚决地拒绝了他:因为他是英国的子民。帕默斯顿转变想法,建议科根可以尝试成为英国驻马斯喀特的领事。狡猾的科根拒绝了,他说这"对他的健康是致命的",之后还徒劳地推荐了他的一个亲戚担任这个职位。他的真正野心是在桑给巴尔建立贸易,所以在拜访温莎堡之后几个星期,当帕默斯顿接受他提出的与赛义德协商一份商业条约的建议时,科根觉得这正合他意。按照科根的说法,威胁英国商业的不仅有美国人,俄国人也想"与赛义德达成一项协议"。在返回印度洋之前,科根向新成立的皇家地理学会发表演说,并且说服他们授予赛义德名誉会员头衔。这不是英国对赛义德表示敬意的唯一证明:谢赫阿

---

[1] 维多利亚女王送给苏丹的另一个礼物也不太吉利。一个盒子在苏丹面前被正式打开,据说里边有一套镀银茶具,这种茶具只有在英国水手的墓碑前才会被使用。

[2] 有关阿里·本·纳赛尔到访的信件和随后与赛义德的来往信件,请参见FO54/1-3, PRO, London。

里·本·纳赛尔还给他的主人带回一幅维多利亚女王的画像,这幅画像是女王赠送给他的。

帕默斯顿的一些同僚希望科根可以同时协商终结东非奴隶贸易的事宜。理论上而言,"合法商业"可以取代奴隶贸易,成为赛义德和该地区势力小一些的统治者的收入来源。科根暗示,如果英国愿意负担与苏丹从奴隶贸易中获得的税收"相等的金钱补偿",他的新主人可能愿意结束奴隶贸易。[1]科根说,从桑给巴尔一地出口的非洲人一年就有5万人之多。这当然是一个夸张的说法,但是如果英国人相信这种说法并且愿意为此负担补偿,这自然对苏丹非常有利。帕默斯顿匆忙回避了这个想法。后来,东印度公司的官员确实赢得了对最初的1822年莫尔斯比协定就奴隶贸易的内容进行微调的机会,但实际上,向阿拉伯半岛和波斯湾出口被俘虏的非洲人的势头仍然没有减弱。赛义德对英国做出承诺:他确实想要结束奴隶贸易,但是他不得不循序渐进,因为"公开宣布他的态度会使他的臣民产生猜疑"。鉴于赛义德拥有马斯喀特这样的战略性海港,对帕默斯顿而言,在波斯湾不稳定的政治局势中,保有赛义德作为其盟友是眼下最直接的利益所在。

科根限定自己在1839年5月起草出一份初步的商业条约,给予苏丹的船只在印度港口的优先权,并使英国与美国在桑给巴尔的贸易量大致相等。原则上,罗伯茨的条约使得美国船只拥有与非洲大陆直接做贸易的独特自由,但实际上和其他人一样,美国人继续在桑给巴尔购买象牙、柯巴树胶和丁香。阿拉伯人和他们的印度金融业者确信能够牢牢地掌握东非贸易。

在全球所有问题中,桑给巴尔的琐碎问题始终盘桓在帕默斯顿的案头。赛义德答应将阿拉伯马作为礼物送给维多利亚女王,但是它们迟迟未到。所以,在白金汉宫的压力下,外交大臣不得不写信给印度董事会询问马匹的下落,并且坚持要用船立刻将它们运到英国。除了马匹的问题之外,帕默斯顿还为托马斯·福韦尔·巴克斯顿爵士想出的一个计谋所烦心,后者是

---

[1] 如果要苏丹放弃奴隶贸易就得补偿他的经济损失,这种观点从19世纪20年代开始被一再传播,它可能源自科根的言论。

支持反奴隶制的竞选者，他在1821年继承了威尔伯福斯的衣钵。巴克斯顿十分关注西非，但是他仍然有空强调在非洲东岸建立一个英国定居点，以扼杀阿拉伯人的奴隶贸易，并且在当地居民中传播基督教文明。

蒙巴萨对于首批失败的英国开拓者而言已经臭名昭著，但是巴克斯顿未被这个事实吓住，他选择蒙巴萨作为开始他新冒险的理想地点。他将蒙巴萨港口及其周边地区想象成努力工作的福音传道者的一个热带世外桃源。他们可以种植作物出口，例如棉花、咖啡和肉豆蔻，也可以拯救灵魂。而且值得注意的是，英国传教士在这块地区已经做出了一些成绩，他们在19世纪20年代就已经深入马达加斯加岛，在那里建立学校，将圣经译成当地的语言，并且散发了数千本小册子。只有在1835年，他们的工作才由于遭到女王拉纳沃拉娜的阻止而有所中断，她通过了一项法律：任何使用"欧洲人引进的新理论"的臣民都将被处以死刑。

某个叫作蒙哥马利·马丁的人使巴克斯顿相信，对于"神圣事业"来说，蒙巴萨是一个比马达加斯加更有价值的地方。巴克斯顿宣称，蒙哥马利·马丁比"任何在世的人"都更了解蒙巴萨。马丁曾是欧文上校在调查非洲海岸期间舰队的一名外科医生，但我们仍然不清楚他是否踏足过蒙巴萨。

为了请求政府支持他的计划，巴克斯顿首先游说殖民地大臣格雷尔爵士。格雷尔是一名福音派基督徒，他满怀同情地聆听他朋友的叙述，而他朋友做出的努力为结束西印度群岛的奴隶制起到了很大的作用。[1]之后，殖民地大臣将这个想法告诉帕默斯顿，后者的回应比较冷淡。尽管外交大臣对奴隶制的厌恶不输于任何人，但是他非常现实，并且当他总是冒险祈求全能的上帝美化他的花言巧语时，他觉得巴克斯顿的不懈虔诚有点无聊。

帕默斯顿写给格雷尔的信，在这个问题上概括了他的重商主义思想：

> 毫无疑问，在非洲的商业扩张是主要目标，但是我倾向于认为这

---

[1] 英国新教中的福音派是一个比较独特的派别，它在反奴隶制运动中十分活跃，他们的意图是使异教徒皈依基督教。一个典型的福音派声明体现在1837年议会特别委员会一份关于土著居民问题的报告中："使大不列颠成为它自身的主，需要借我们之手使受它影响的我们利用它借给我们的力量，处理因未开化而无力保护自身的野蛮人的问题。"

样的扩张是消灭奴隶贸易的结果而非原因……想要在非洲销售我们自己的商品,我们就要将它们送到那里去。想要购买这些商品的非洲人,可以通过任何我们想要的方式支付商品的款项。如果我们坚持拥有奴隶,他们就会生产奴隶;如果我们更想要象牙,他们就会收集象牙,并且为我们的商人准备好。

他嘲笑巴克斯顿的想法"野蛮且粗鄙",此外首相墨尔本勋爵也认为如此。所以,蒙巴萨计划归零。但是,巴克斯顿也有他的用处:次年,帕默斯顿派他前往罗马,作为维多利亚女王的秘密使节,邀请教皇格里高利十六世参加反对奴隶贸易的"基督徒联盟"。教皇被争取过来,还发布了一份关于该问题的通谕。

到目前为止,很显然英国已经在桑给巴尔设立领事一事上迈出了决定性的一步。甚至赛义德也对此产生了兴趣,他在一封给帕默斯顿的信中写了他想要一个何种类型的领事:"一个沉着、聪慧的人,一个真正的英国人。"他补充道,任何想要居住在桑给巴尔或者马斯喀特的人也应该是"完全真诚而纯粹的英国人"。这里有一个隐藏的信息:两年前第一个被派到岛上的英国商人罗伯特·诺斯沃西由于欺骗他的雇主而蒙羞。

领事职位的最后人选不是"真诚而纯粹的英国人"。阿特金斯·哈默顿上尉是一个爱尔兰人,他正在孟买的轻步兵团第十五团服役。他36岁,是一位来自都柏林郡的魁梧的单身汉,他是天主教徒,喜爱喝酒,不太尊重非欧洲人,脾气善变,时而高兴时而生气。但是,他的军事背景使他在谈判中具有韧性,而且他总是不知疲倦地向他的上级报告情况。

对他的任命与东印度公司的主张相吻合,因为后者坚持东非在其政治控制范围内,所以领事必须是"印度英国殖民当局的一名军官"。1840年,哈默顿第一次被任命为东印度公司驻马斯喀特的代理,很快他被告知,无论在哪里,他都将是英国女王陛下驻赛义德·赛义德殿下宫廷的领事。

哈默顿接受领事职务时,恰好是赛义德永久地放弃他的阿拉伯出生地的时候。马斯喀特一直处于动荡之中,其大部分民众极度憎恨苏丹,所以赛义德将管理国家的重担交给了他的长子苏维恩,并任命他为摄政王。(苏维恩很快就证明他与他的父亲一样靠不住,波斯湾的一位英国官员对他的一个残忍行径严厉批评:"我相信在阿拉伯的历史中,鲜少有能与之匹敌的失信行径。")[1]

哈默顿和赛义德是一对奇怪的组合,他们的命运将在接下来的15年里相互交织。哈默顿个人不喜欢阿拉伯人,"世界上没有人比他们更能保守消息",但是提到赛义德的时候他总是谨慎小心,称他为"殿下"或者"伊玛目"。在听说更多关于赛义德私人生活的情况之后,他将赛义德描述为酒色之徒,极度沉溺于闺房之乐,并将他的精力消耗在一众姬妾上,他和她们生有100多个孩子。(哈默顿的谴责是维多利亚时代的行政长官对东方统治者放纵享乐的典型反对意见。)

在他看来,赛义德主要是依赖他的个人魅力和隐藏内在想法的能力。他对同胞残忍无情,但对待欧洲人却温文尔雅、慷慨大方。苏丹与领事的共同兴趣是马。赛义德最喜欢的一句俏皮话是:"传教士、女人和马匹只有到死才能被称为好。"随着友谊的增进,他们有时会在清晨一起沿海岸策马飞驰,而这些远足给了他们讨论问题而不被窃听的机会。

然而,苏丹和哈默顿在1841年五六月首次接触的情况不太乐观。当赛义德质疑哈默顿对他的忠诚,并且暗示他只是东印度公司的一个仆人,而非维多利亚女王的真正使节时,哈默顿非常恼怒。

哈默顿向赛义德宣称:"我将我之前对您说过的话再说一遍,女王的利益与公司的利益不是一分为二的,而是一致的,二者毫无二致而且不可分割。"他反驳居住在桑给巴尔和大陆沿海地带的数百名印度商人和工匠不是英国子民的说法:他们过去处在,将来也会处在女王的保护之下,因为他们中的许多人通过为奴隶贩子提供资金而赚钱,所以他们也不得不当心女王陛下的法律。用哈默顿所谓的"高调"与苏丹讨论这些话题,对于哈默顿而言取得了惊人的效果。

哈默顿意识到,不利于他的报道是美国领事理查德·沃特斯散播的,后者很自然地将他视为自己的威胁。但是,他想要建立凌驾于沃特斯之上

---

[1] 1849年,波斯湾驻地海军上尉迪斯布劳在一封写给孟买当局的信中的评论。

▲ 埃塞俄比亚皇帝勒布纳·登格尔（约1496—1540年）

▲ 埃塞俄比亚著名的拉利贝拉岩石教堂，始建于12世纪

▲ 大津巴布韦遗址现位于津巴布韦共和国内，是非洲南部古代文明的杰出代表。它被认为是当地君主的宫殿，因而被视作政治权力的中心。它最显著的特征之一是墙壁，其中一些超过5米高。最终，这座城市被遗弃，变成一片废墟

▲ 16世纪的基尔瓦

▲ 德布雷－利巴诺斯修道院是埃塞俄比亚东正教会一处重要的修道中心，始建于13世纪。图为1934年的德布雷－利巴诺斯修道院

▲ 葡萄牙人在蒙巴萨岛上建造的耶稣堡在1696—1698年的围攻中陷落。1958年它成为国家公园，现今它已成为蒙巴萨的著名旅游景点

▲ 1762年荷兰东印度公司在桌湾附近的商船

▲ 17—19世纪，荷兰人的东方商业殖民帝国立足于爪哇岛，以巴达维亚城为中心。巴达维亚城是荷兰东印度公司大帝国的总部，是荷兰统治爪哇以至整个东印度群岛殖民地的政治基础

▲ 1662年10月，荷兰东印度公司的一艘商船在尼科巴群岛附近海域失事，幸存者被食人族杀害

▲ 1640年10月13日，荷兰人在包围葡萄牙的圣克鲁斯德盖尔堡时袭击了加勒堡

▲ 17世纪法国首次尝试殖民马达加斯加岛，在岛上建立了多凡堡。图为1900年前后的多凡堡遗址

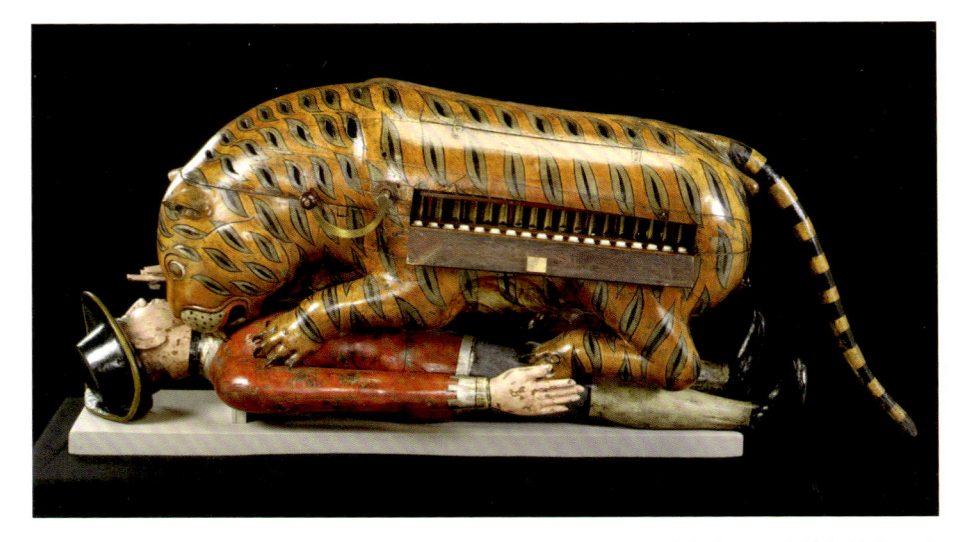

▲ 现存于伦敦维多利亚和阿尔伯特博物馆的蒂普苏丹的老虎装有法国制造的机械笛，它能够发出动物的咆哮声和受害者的叫喊声

▲ 1799年5月，迈索尔的首都塞林伽巴丹被攻克，而蒂普战死沙场

▶ 蒂普苏丹（1750—1799年）是印度南部邦国迈索尔的统治者。1799年2月，英国发动第四次同迈索尔的战争，他在激战中阵亡。在印度历史上，他被视为反抗英国殖民侵略的民族英雄

▲ 1757年普拉西大捷后克莱武和米尔·贾法尔的会面

◀ "光之山"巨钻被英国殖民者献给维多利亚女王,维多利亚女王死后,"光之山"被玛丽王后镶在了自己的王冠上。1937年,乔治六世的妻子伊丽莎白得到了这颗钻石

◀ 1565年,约翰·霍金斯因在奴隶贸易中获得巨额利润而被授予纹章

◀ 蒂普·蒂普（1832—1905年）是斯瓦希里-桑给巴尔的奴隶贩子、象牙商和探险家

▲ 阿曼苏丹赛义德（1806—1856年在位）

▲ 桑给巴尔苏丹国第二任苏丹巴尔加什（1837—1888年）

◀ 德国传教士路德维希·克拉普夫成为首次从非洲海岸向内陆探险成功的欧洲人

▶ 约翰·斯皮克是首位从印度深入非洲内陆大湖地区的英国陆军军官，并且发现了尼罗河的源头

▶ 1885年，德国民族主义者卡尔·彼得斯获得俾斯麦的默许，在东非耍弄手段欺骗英国人

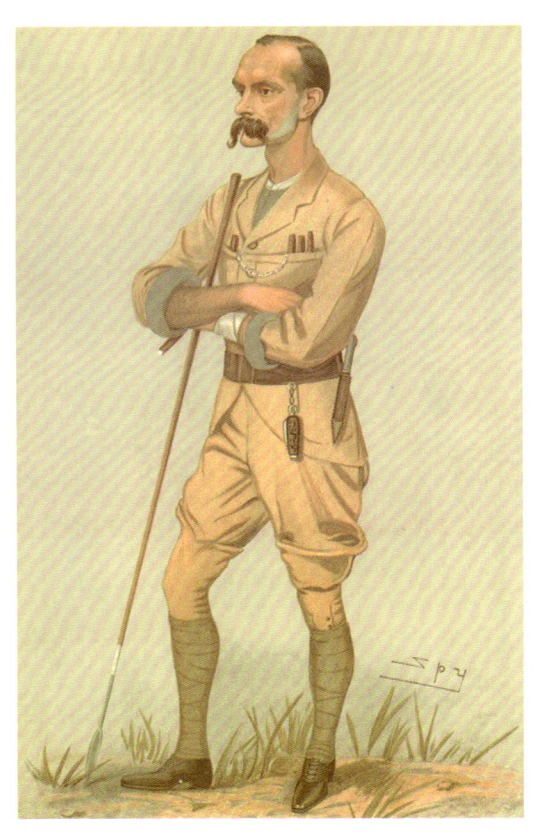

◀ 弗雷德里克·卢格德在征服乌干达这件事上最大的倚仗是他的冷静和马克沁机枪

▲ 1892年，爱德华·桑伯恩在塞西尔·罗兹宣布他从开普敦到开罗的电报线路和铁路计划后画的漫画

▲ 玛丽亚·特蕾西亚泰勒，也称皮阿斯特，是在印度洋地区通用的一种货币

▲ 1871年11月10日，亨利·斯坦利在现今的坦桑尼亚坦噶尼喀湖附近的乌吉吉找到了利文斯通

▲ 非洲的奴隶贩子将抓捕到的奴隶戴上叉形枷锁，押送往海岸

的优先权还需要一些时日，部分原因是赛义德的"苏丹"号近日穿越了大西洋，尽管有一些船员对遭受不守规矩的美国人的牵制感到愤怒，但是其他人坚决认为美国是世界上最好的地方。

不久，皇家海军的战舰适时造访桑给巴尔，这的确提升了哈默顿的地位。1841年底之前，赛义德宣称"以先知的灵魂起誓"，他完全信任维多利亚女王的代表，并且很乐意将自己置于"英国的保护之下"。哈默顿还向他的上级吹嘘，他已经安排移走了挂在赛义德的座椅后面、表现美国战船征服英国战船场景的那两幅画。他声称，这些画已经被替换成他送给苏丹的画了，其中一幅画的是1827年纳瓦里诺海战中皇家海军击败土耳其舰队的场景。（实际上，在哈默顿到达桑给巴尔的前一年，即1839年，美国传教士埃比尼泽·伯吉斯看到两幅表现纳瓦里诺海战的画挂在苏丹的会客大厅里。）

赛义德身边的阿拉伯谋士们尚未做好被英国人争取过去的准备。他们知道哈默顿的部分任务是反对奴隶制，这将收紧他们脖子上的套索。但是，他们并没有试图将这项贸易的残暴行为从他的眼皮下移除。在就任领事的几个星期内，哈默顿开始满怀激情地给他的上级写信。奴隶处于"悲惨的境地，大多死于饥饿与疾病"，当他们抵达桑给巴尔时，有些甚至不值得被拍卖，而为了省下一个奴隶一银币的进口税，他们被扔到海滩上等死，在那里他们的尸体会被狗吃掉。世界上没有其他地方存在这样的"悲惨景象和人类的苦难"。但是，哈默顿总是试图为"殿下"寻找借口，他说如果赛义德是一位自由代理人，这个问题将很快被解决。

英国和印度的英国殖民当局受到这些信件的刺激，开始不断向苏丹提出相关问题，要求他在他的整个帝国终结奴隶制。一方面，礼貌规矩的做法比较可疑，因为派到苏丹宫廷的领事给予赛义德英国正式认可他统治其国家的权力；另一方面，结束奴隶制是基督徒的义务，英国人认为他们是唯一具有资格完成这项使命的人。他们传递给赛义德的信息毫无疑问地表明了这一点。

他还意识到他仍然受制于印度的英国殖民当局，而印度的英国殖民当局1843年要在整个地区正式结束奴隶制的宣言极大地加强了它的道德权威。(尽管加尔各答的一些行政同僚抵制废奴,但是托马斯·麦考利仍旧起草了废奴法案,而他后来因写出了5卷本的《英国史》获得了巨大的声望。)[1]在之后的几十年里,"违反这项法案的远远要比遵守它的多"。但是事实上,因为在次大陆奴隶缺少法律地位,印度的奴隶主们并没有得到补偿,所以如果赛义德同意禁止奴隶贸易,他也更加不可能指望英国弥补他的损失。

在19世纪40年代早期,赛义德与帕默斯顿的立场相对立,赛义德还发现自己与罗伯特·皮尔爵士手下的外交大臣阿伯丁勋爵的通信,陷入了转弯抹角的含混状态。只有一次,赛义德得到过暗示,英国可能会给予他金钱安慰。但是,阿伯丁一再复述相似的论点,即"合法商业"的利润将很快填补奴隶税收方面的损失。这种说法在威斯敏斯特引发巨大反响,然而,桑给巴尔的现实情况完全不同,在那里合法的商业意味着除了象牙贸易,只剩下种植丁香、玉米和高粱,以及收获椰子(干椰子肉被用来炼食用油)和用于制作清漆的柯巴树胶。与赛义德一同来到东非的成功的阿拉伯移民,一直需要劳动力为他们的种植园工作,而他们只知道一种获得劳动力的途径。

与赛义德商谈英国商业条约的哈默顿与科根上校交涉之后,得到了奴隶经济的有力证据。"科吉姆汗"此时正在桑给巴尔经营一家贸易公司,并且开始和苏丹联合经营一个蔗糖种植园。作为一个英国人,他的问题在于根据英国法律使用奴隶收割甘蔗是犯罪,但是这座岛实际上没有"自由"劳动力。科根向哈默顿建议:他会购买奴隶,使他们作为奴隶被雇佣,但是他保证几年后释放他们。哈默顿公开谴责这种想法,说它只会"助长和教唆奴隶贸易"。

这两个人之间的友爱所剩无几。哈默顿向外交部抱怨到达桑给巴尔的"欧洲冒险家",显然科根被归入此种类别:"看到一位被全能的上帝赋予天资的君主被如此轻易地诱劝和欺骗,真的使人非常痛苦。"对科根而言,他十分有说服力地指责哈默顿正在损害英国的利益,这些观点传到了伦敦。

---

[1] 尽管麦考利进行了改革,但是印度人并不尊重他,因为他轻视亚洲的文化,并且想要创造一个"在血统和肤色上是印度人,但是在品味、观念、道德和智力上是英国人的"精英阶层。

印度董事会甚至建议孟买当局换一个新的领事。(一个关于酗酒的有力事实也对哈默顿不利。某日清晨,他喝得烂醉如泥,跌跌撞撞地爬上了一艘船,他误以为它是英国船,而事实上它是一艘停泊在桑给巴尔海港里的法国船,尽管如此,那位法国船长还是款待了他一顿美好的早餐。)最后,这位领事还是保住了他的职位,而科根决定关闭他的公司并且离开这座岛屿。

1845年10月,英国强加给赛义德一份新的条约。条约允许他在他的非洲统治区域内继续自由运载奴隶,其范围是拉穆和基尔瓦之间500英里的斯瓦希里海岸,或者从斯瓦希里海岸到桑给巴尔和其他沿岸岛屿,但是不包括第一次赛义德承诺抵制奴隶出口的地区,即从他的统治区域直至阿拉伯半岛和其他亚洲地区。值得注意的是,他同意皇家海军和东印度公司的船只有权抓捕任何他或者他臣属的运奴船,只要它们不在其非洲海域航行。[1]

赛义德为各种各样的让步抗争,例如从埃塞俄比亚进口宦官和姬妾的权利。尽管条约没有专门授予这些权利,但是某些条款的表述仍然有意含糊不清。而且,没有任何试图限制赛义德和他的臣属拥有奴隶的条款,因为哈默顿知道要把握逼迫赛义德的安全尺度,在桑给巴尔他的奴隶最多。

新条约的局限很快就显露出来。孟买当局告诉哈默顿,从桑给巴尔来的运奴船仍然不断抵达阿拉伯半岛和波斯湾的港口,其中一艘已被确认是赛义德本人所有。但是,苏丹很快表达了对其他积极从事相似事业的人的恐惧:当皇家海军摧毁了基尔瓦南部大陆的几座大型奴隶临时禁闭处时,苏丹将印度奴隶主称作"残忍的动物"。从事奴隶贸易的人不时被公开鞭打,他们因为其他理由而失宠。

有时候,哈默顿的信反映出他对未来抱有积极的看法:奴隶贸易不断被削减,赛义德的诚挚不容置疑。而在其他时候,他又有些忧郁,他承认取得的进展非常有限,赛义德自己的孩子公然反抗他,他的臣子也没有人真心遵从他的命令。

---

[1] 只要俘获或者摧毁运奴船,释放每个活着上岸的奴隶,英国水手就能得到赏金,这极大地刺激了对非洲和阿拉伯半岛之间的阿拉伯单桅帆船的搜捕。这个制度很大程度上被滥用了。

英国希望能从源头压制东非的奴隶贸易，但是关于这一点一直存在一个奇妙的矛盾，即这个源头究竟在哪里？它显然不在桑给巴尔，这个巨大的市场到目前为止在所有的欧洲废奴主义协会之中声名狼藉。桑给巴尔对岸的巴加莫约（"放下负担之地"）港口也是如此。这些港口只是商队的集合地，在几个月之后那些商队在内陆排成一列行进，与他们一起的还有戴着手铐、背着象牙的俘虏。这些俘虏来自何方？当被问询时，他们讲到遥远的山脉、河流和湖泊，但是没能描述出他们通往海洋的路线。掌控商队的阿拉伯人和斯瓦希里人则选择对消息保密。唯一清楚的是，在这些漫长的内陆旅途中奴隶的死亡率和在海上航行时的奴隶死亡率不相上下。

尽管欧洲人对东非的内陆地区越来越好奇，特别是威严的地理协会的考察委员会，但是哈默顿和少数其他居住在桑给巴尔的欧洲人不倾向于前往非洲内陆冒险。他们坚持认为他们在那里不会受到欢迎，情愿依赖他们容易得到的小道消息来获取对非洲内陆的了解。

然而，1839年9月，美国传教士埃比尼泽·伯吉斯将船停靠在桑给巴尔，他的态度则积极得多。[1] 他当时正在去往印度传播福音的路上，但他对"黑色大陆"也十分有兴趣。他花了几天时间，向尼亚姆韦奇族的商人打听情况，他们的故乡远离海岸，在"一个内陆大湖"附近。他把这些人称为"马诺莫伊西斯"（Manomoisies）。28年前，托马斯·斯密船长也见过他们，他称他们为"密安梅兹斯"（Meeanhmaizees）。伯吉斯认为尼亚姆韦奇族是"非洲那片地区最富有、最有胆量的部落"，而且他还与他们中的一小群人交谈过，这部分人来到海岸地带，想与苏丹商谈有关贸易沿线的安全的条约。他们中的有些人有八十个妻子和四百个奴隶："女人干活；男人工作到他们拥有的钱财足够买一个妻子的时候，然后他们就不再工作，只是做生意和打仗。"在他的船再次前往孟买之前不久，这位传教士有一个与另一群尼亚姆韦奇人交流的机会。他写下他们语言中的基础词汇，一直记到第二十个，之后他们就不耐烦了，"我通过给他们测量身高、检查他们的装饰物

---

[1] 伯吉斯在《传教士先驱报》（*Missionary Herald,* vol.XXXVI, 1840）上写了他在桑给巴尔的经历，它是总部位于波士顿的美国公理教会的刊物。他以一份对埃德蒙·罗伯茨写给美国国务院的备忘录的摘录结束了他的报告。

之类的行为来暂时取悦他们，但他们还是很快离开了我"。

伯吉斯还向两个商队的阿拉伯人打听消息，他们近来被赛义德·赛义德派往内陆。其中一个商队行进45天后，离那个"内陆大湖"还有一半的路程，苏丹暗示他们，那些想要了解非洲内陆的白人旅行者可以加入他们的远征队伍。伯吉斯听到这个消息非常激动，并且对一个商队在他和他的传教士同伴到达之前刚刚出发表示遗憾："如果现在正是时候，我们就应该考虑，我们之中是否应该有人不为金钱、不怕损失时间而参与其中。"

桑给巴尔给伯吉斯留下了深刻印象，他将该岛视为"通向非洲东部的道路的起点"。桑给巴尔的恶劣气候根本吓不倒他："尽管这里的气候对法国人是致命的，但是英国人和美国人的健康状况良好。当然，还是有必要比在新英格兰更加谨慎。"但是，这位无忧无虑的波士顿人必须继续航行前往孟买，以至无法考验他的乐观主义。深入神秘东非的首次尝试，将留待一位年轻的法国海军军官来完成。

46
"英国内湖"发生变化的征兆

> 我们将与印度开通蒸汽动力交通，它被视作此刻在现存的事物中大英帝国最杰出的证明之一。
>
> ——利奇·里奇《东方的英国世界》，1847 年
> （Leitch Ritchie, *The British World in the East*）

海军少尉尤金·梅赞20岁出头时，一心想为法国的荣耀而奋斗。作为轻型护卫舰"多尔多涅"号上的一名下级军官，他通过到访马达加斯加岛、留尼汪岛和阿拉伯半岛，了解了印度洋的一些情况，但是真正激发他想象的地方是东非。梅赞的抱负和他的背景一样引人注目。他是一名私生子，出生于法国西南的蒙托邦，但是他努力考取了巴黎综合理工学院。在那里人们说他心浮气躁、性格"怪异"，但是他在考试中取得了一流的成绩并且进入了法国海军。

当梅赞考虑成为一名探险家的时候，他大胆写信给国王路易·菲利普的第三个儿子茹安维尔亲王。本人就是一名海军军官的亲王受到触动，他将梅赞的信转交给海洋和殖民地部。有了王室支持，这位地位低下的少尉变得势不可挡。1844年4月23日，海洋和殖民地部的政治和商业部门发起了一项名为"非常及时"的计划。由于英国已经在红海入口和好望角建立了据点，此刻就是法国确立自己的地位和掠夺东非财富的机会。

来自布雷斯特海军基地的梅赞的信同样具有说服力，它预测了他深入非洲腹地的旅行将花费两年时间，并且将带来不可计量的回报。他顺利地得到了各式各样的科学器材和充足的资金，1844年6月他踏上了行程。

"多尔多涅"号的指挥官夏尔·吉兰上校对梅赞的描述是他是巴黎一所

著名院校的毕业生,"聪明,受过良好教育,而且十分勇敢"。[1]对于这样一个人,我们还有一个鼓舞人心的榜样,那就是独自旅行的法国探险家勒内·卡耶,他在19世纪20年代乔装穿越撒哈拉沙漠前往廷巴克图。这次壮举使他成为一位民族英雄。

所以,1844年11月,法国从留尼汪岛派出3艘战舰,梅赞乘坐其中一艘抵达桑给巴尔。罗曼·德福塞上校指挥这支小型舰队,他被授权与赛义德·赛义德签订一份商业条约,并且在该岛设置一名领事。这是离开30年之后法国在英国未同意的情况下重返印度洋的最新表现。双方迅速达成了一份商业条约,而领事布罗奎恩特为自己建立了居所,他的阳台上了无生气地悬挂着三色旗。在仪式上鸣响大炮过后,这支小型舰队离开了桑给巴尔。梅赞开始制订他的计划,透过领事馆的一扇窗户,他能够看到海对岸的大陆。

当条约签订的消息抵达法国时,巴黎地理学会从商业和地理发现等方面大肆吹捧它的价值。来自东非极为细微的消息都是巨大的奖赏,第一位探险家"能够将欧洲的科学火焰带入蛮荒之地",他将有数不清的新发现。

也许梅赞已经开始感受到他对法国肩负的沉重责任和义务;也许他过于详细地安排各项事宜;也可能是他从桑给巴尔的一些白人定居者那里听说了他接下来会面临的可怕状况。无论是何种理由,他一直徘徊不前,直到1845年年中,他才向大陆前进,这使得沿岸各酋长有充分时间获得消息:一个白人即将到来,并且会穿越他们的国家。

赛义德对于在他宣称具有最高统治权的土地上可能发生的灾祸感到不安,他向梅赞提供了一支全副武装的护卫队,出于"怀疑或者鲁莽"(与之后写到的他的前任吉兰上校一样),梅赞拒绝了。有一段时间,他似乎"不确定是否要继续他的计划,还是放弃它"。他本来可以与一支前往内陆的阿拉伯商队一起行进,但是他错过了这个机会。之后有消息称,一艘法

---

[1] 吉兰总体上来说是一位有洞察力的评论员,他的3卷本著作《有关东非历史、地理和商业的文献资料》(*Documents sur l'histoire, la géographie et le commerce de l'Afrique orientale*)是19世纪中期有关东非的最佳著作。梅赞的档案被保存在巴黎文森的海军档案馆。

国海军军舰正在桑给巴尔附近，梅赞突然担心他的延误可能反映出他的勇气和荣誉感不足，所以他匆忙乘坐小船前往大陆，并下令把他的行李紧随其后送过去。

梅赞带着他的马达加斯加仆人和几个斯瓦希里搬运工，向内陆进发。有几天，他和印度商人穆萨一起旅行，之后他们分开了，梅赞宣称他可以照顾好自己。他沿着一条蜿蜒的小路行进了20天，直到他到达一个村庄，这个村庄位于一片浓密的树林之中，这片树林平时被人们戏称为"灌木丛中的小鸟"，他就在那里停下来等待他的行李。按照直线距离，他距离海岸仍然还有3天的路程。梅赞"感到非常气馁"，他给领事布罗奎恩特写了一封信。当天晚上，在渐强的鼓声中，一个叫作亨布的副首领勒死了梅赞，并将他的尸体切成了碎片。[1]很久之后，亨布说谋杀梅赞不是他的主意，他只是遵照他的父亲——赛义德在海岸地带的一位官员——的命令行事。

关于梅赞命运的报告抵达桑给巴尔后，领事布罗奎恩特派航行前往留尼汪岛的第一艘船送出一封急件。法国人向赛义德施加沉重压力，让他抓捕并惩罚罪犯，而当他宣称少尉身死之地不在他的掌控范围时，他们威胁要派一支海军小分队登陆执行这个任务。在他的熟练掩饰之下，赛义德宣称如果他们那样做他会很高兴，但是之后，他开始想知道是否法国人真的会像他们说的那样去做。他知道他无法接受这样的羞辱，因而派了20多个人前往大陆。这支队伍消灭了一些村庄，杀死了他们能够杀死的每一个人，但是亨布逃进了森林。只有在那个致命的夜晚敲击战鼓的人被抓住了，并被带到了桑给巴尔。有两年的时间，他被露天锁在法国领事馆附近，之后他被投入苏丹的监狱，被罚铐在一尊老旧的大炮上8年，在快满8年时他死了。

梅赞的死挫伤了法国在东非的野心，而赛义德却没有因为在大陆暴露了自己权力的局限受到羞辱。事实上，海岸地带的直接统治者已准备好归

---

[1] 关于梅赞的死因以及杀他的凶手的叙述相互矛盾。理查德·伯顿在《桑给巴尔：城市、岛屿和海岸》（Richard Burton, *Zanzibar: City, Island and Coast*）一书中说他是被一位叫作穆祖格拉的酋长杀死的，而且令人困惑地指责桑给巴尔的基督徒商人，认为他们"或多或少"与此事相关。

顺赛义德（他们清楚地记得蒙巴萨马兹鲁伊家族的命运），但是在他们身后的内陆，传统势力仍占支配地位。桑给巴尔的统治者缺少创建有效的行政管理制度的意愿，这种制度能将整个大陆的任一部分纳入其统治之下。正因为这一点，他只能像1000年以来阿拉伯人在东非的行为一样：从来不试图获取领地，只对贸易感兴趣。正是这种态度，将使他的王朝最终付出高昂的代价。

梅赞的指挥官吉兰上校带着厌恶之情写到赛义德，描述他通过背信弃义赢得并保住了他的王位："每个人都知道东方的习气，在那里谋杀和欺骗是统治的必需部分；在那里宫廷阴谋一般以毒药和匕首解决；在那里一个人可以毫无尊严、低三下四，并且破坏自己的誓言。"

桑给巴尔还只是一个未被探索的大陆旁边一个边远小岛，所以关于梅赞之死只有一些零碎的信息抵达欧洲，而关于这件事的有限记忆也很快消逝。然而，这对孟买当局和伦敦政府是一个很大的刺激，进而促使他们在东非采取更加"积极的政策"。对法国的仇视和以往一样强烈，他们十分焦虑，密切关注他们的夙敌，因为法国以一些值得注意的方式展现其兴趣，甚至有迹象表明他们想将多余的人口向大陆移民。在欧洲1848年革命爆发后不久，法国学者菲尔让斯·弗雷内尔质问巴黎地理学会："为什么在英国人开拓全世界的时候，法国人只是围绕开拓法国的事情争论不休？他们不知道非洲能给每个无产者提供一个王国吗？"[1]

在相互交织的利益之中，还有其他原因促使英国人采取"积极政策"：他们承认有必要加速结束奴隶制，并且渴望在非洲广泛扩展英国的贸易。就像600万参观者在1851年世界博览会上意识到的那样，英国通过向被它控制的地区及世界其他地方销售商品而繁荣昌盛。在很多方面具有时代烙印的帕默斯顿也强调，非洲可以为英国作坊和工厂生产的产品提供新的市场。

当然，也有很多人怀疑这块大陆的价值。它的气候对欧洲人的健康危

---

[1] 来自吉达的弗雷内尔的告诫出现在巴黎地理学会的《公报》上（*Bulletin*, vol.10, 1948）。

害极大,尤其是西非,简直令他们无法忍受。就像流行的对句说的那样:

> 一定要当心贝宁湾,
> 四十人进去,只有一人还。

殖民地部的常务次官詹姆斯·斯蒂芬爵士的看法最透彻,他写道:"如果我们完全获得那片大陆的统治权,这也只是拥有一个毫无价值的财产。"他提出警告,"不与数量巨大的好战部落直接接触,不将我们自身卷进他们的争执、战争和彼此的关系中",就无法把非洲变成殖民地。[1]

但是,英国在印度的殖民当局对拓殖热带非洲还没有丝毫兴趣。他们只想看到英国更加牢固地掌握其商业。到19世纪中期,桑给巴尔每年的出口总值是100万银币,其中美国占据百分之二十五,英国略少于美国,法国占百分之十二,德意志占百分之十。由此而产生的利润尤其高,特别是象牙贸易。美国人用新英格兰制造出来的一种粗糙耐用的印花布(被称作梅里卡尼),将印度棉布几乎完全逐出东非市场。

对美国人而言,他们能够看到正在逼近的威胁。他们深切怀疑任职多年的英国领事阿特金斯·哈默顿正将赛义德·赛义德争取到他的一边。1850年7月,接任理查德·沃特斯领事之职的查尔斯·沃德,寄给美国国务卿丹尼尔·韦伯斯特一封冗长的信,信是关于印度商人在东非的地位的:

> 现在,这一大批几乎包揽桑给巴尔和沿海所有生意的人,事实上已被承认为英国的臣属,他们不是出于对英国的信任,而是受其约束……美国商人觉得他们了解英国领事主张的时候到了。英国领事宣称这些人是英国的臣属,这是正确且合法的,但他们对此表示怀疑。如果真是这样,他们有必要怀疑英国领事及其掌控之下的所有印度商人比苏丹本人更有权势。

---

[1] 罗纳德·鲁滨逊和约翰·加拉格尔在《非洲与维多利亚时代的人》(Ronald Robinson and John Gallagher, *Africa and the Victorians*)一书中引用了斯蒂芬于1840年7月给出的评价:"官方的观点直到80年代仍然适用。"

尽管在信中分析这些事情对他来讲并不容易，但是沃德坚持在信中向他们通报这些信息。1851年3月，在肯纳邦克波特度假时，他在寄往华盛顿的一封信里点出了问题的要害："英国领事很容易对苏丹施加威胁，因为苏丹知道英国的力量，而他们在印度对政策的掌控，也时常令苏丹感到焦虑，他担心英国对他在非洲大陆的财产有所图谋。苏丹并不喜欢英国领事，但是他担心如果他表现得不那么恭顺，会给他自己造成更大的伤害。"

沃德接着描述了桑给巴尔的阿拉伯人的焦虑，一旦体衰的苏丹过世，英国人将决定谁来接替他，之后桑给巴尔将成为一个保护国："从我听说的情况，以及我与英国领事的交谈来看，英国政府的政策似乎是在不久的将来接管非洲的东部海岸。"如果真的发生这种情况，英国将获得"有价值且有利可图的贸易"，以及"非洲内陆丰富的资源"。[1]

沃德的看法具有先见之明。关于赛义德·赛义德的说法也是真实的，他正在转变为英国的傀儡，用印度的说法叫作沦为"附属国"。以英国目前在印度显而易见的"控制政策"来看，桑给巴尔的阿拉伯人有理由担心赛义德死后将要发生的事情。印度总督达尔豪西勋爵是一名领土扩张论者，他放任"过失吞并"主义的发展，如果对于一个附属国的王位继承人存在争论，英国会以吞并的方式直接填补权力真空。[2]

正是达尔豪西在吞并旁遮普之后将锡克教的民族主义象征——"光之山"巨钻——放进了自己的口袋里，并将它送给了维多利亚女王，作为她王冠上的一个装饰。当时英国人所怀有的英国可以做成任何事的必胜信念达到了最高点，流行作家利奇·里奇在1847年总结道："英国站在西方国家的最前列，拥有世界上迄今为止最值得骄傲的王权，这柄至高无上的权杖掌握在一个女人柔软的手里，她似乎要比把持希腊人权柄的亚历山大更轻松。在这座岛上，女王的臣民数量占世界人口的七分之一，而她的领土面积也不断扩展，超过全球七分之一的土地。"

---

[1] 沃德寄给美国国务院的领事信函保存在华盛顿的国家档案馆里。
[2] 威廉·李-沃纳曾在《达尔豪西勋爵的一生》（William Lee-Warner, *Life of Lord Dalhousie*, London, 1904）一书中论述"过失吞并"主义。

英国人之所以产生这种骄傲感，源自英国在印度洋及印度洋之外取得的成就，例如殖民澳大利亚、1840年毛利人割让新西兰和新加坡的发展。与在东方收紧帝国的镣铐同样重要的是英国对季风的征服。就如同葡萄牙的火药在16世纪改变了印度洋世界，19世纪英国的蒸汽动力将横扫过去2000多年的旅行模式。风帆不会在一夜之间从海洋上消失，但是蒸汽机巨大的轰鸣声混合迎面吹来的季风的呼啸声，成为新时代的声音。

1829年，小型蒸汽轮船"休·林赛"号在苏伊士和孟买之间首航。10年之后，东印度公司引进了几艘更大的船只，英国财政部为此支付了一半的款项。船只由孟买的海军管理，它们在波斯湾也可以被用作战船。尽管大部分商业货运仍然是通过船只扬帆航行绕过好望角进行，一般需要花费6个月的时间，但在苏伊士和孟买之间的航线引入蒸汽轮船，意味着从伦敦到印度只需要花费40多天。曾经在亚历山大里亚和苏伊士之间缓慢又沙尘漫天的沙漠之旅，已经被英国企业用其他的旅行方式替代了：海峡渡轮、穿越法国的火车和去往埃及的快船，将按照严格的时刻表运行。

尽管好望角航线的支持者不会轻易让步，但是为回应在印度的英国商人的需求，这场转变很快就到来了。1839年，"梅尔维尔的螺旋桨专利"的崇拜者、工程师亨利·怀斯写了一本书，认为不能信任苏伊士航线，因为"埃及的统治者反复无常"。怀斯说，最好是坚持好望角航线，并使用装有蒸汽机的帆船，他还大力吹嘘螺旋桨专利。这个问题和"英国享有的由神圣天意赐予的丰富资源的使用问题是最值得我们努力解决的事情"。[1]

但是到19世纪40年代晚期，这场争论已经完全结束。前往印度的航线只需要一个月。由半岛东方轮船公司管理的从苏伊士到加尔各答的对外航线，时间精确控制在523个小时，返程为543个小时，而且公司还可能会因"不必要的延误"而罚款。唯一对季风做出的让步是5月、6月和7

---

[1] 亨利·怀斯在《对百次往返印度、中国等国和地区的航行分析》（*Analysis of One Hundred Voyages to and from India, China, etc.*）一书中认为，将蒸汽机作为辅助动力的帆船和660吨的铁轮船"复仇女神"号出现在同一年，后者从伯肯黑德取道好望角前往印度。

月的返程时长增加120个小时。将乘客和信件从苏伊士运往印度的服务每两周一次，之后船只继续前往香港，"鸦片战争"之后中国将香港岛割让给英国。

总之，英国的目的是保持它在当时最重要的交通动脉红海的权威。这份决心早在1839年英国轰炸亚丁以便迫使它接受东印度公司的统治时就有所显露。那时候，有人建议将亚丁正式置于赛义德·赛义德的控制之下，但是帕默斯顿否决了这个想法。他想让亚丁专属于英国，以确保没有其他力量能够夺取它，并威胁新的航线。这座海港位于苏伊士至孟买这条新航线的中间点，对于蒸汽轮船来讲是理想的加煤站。

与东方的这条新航线，体现了维多利亚时代人们的足智多谋。孟买总督罗伯特·格兰特爵士认为，蒸汽轮船将使英国对之前季风期间力量不及的地方，维持稳定的影响。通过地理上的征服，印度的生活对于英国的行政官员、军官和夫人来说变得"文明"了，好像他们的故乡突然之间变近了。似乎没有什么能够破坏这份安详，直到一个欧洲竞争对手的阴影毫无掩饰地投下。

1854年11月，当埃及帕夏赛义德授权费迪南·德·雷赛布，允许他穿过苏伊士地峡建造沟通地中海和红海的运河时，除了所有旧恨，英国对法国又添了新的敌意。英国人不禁在脑中想起不远的过去有一个恶魔曾漫不经心地打过这个主意，这个恶魔就是拿破仑。人们普遍认为法国人和其他人再次云集开罗，据说他们正在秘密调查红海港口。有谣言称法国正在计划占据亚丁对面的柏培拉港。还有一些人强烈反对运河计划，帕默斯顿就是其中之一，他认为这个计划过于"巧妙且富有智谋"，以致无法付诸实践。

出生于德意志的皇家地理学会成员恩斯特·拉文施泰因，感情夸张地总结了察觉到的危险：

> 法国公然宣布，要在东方海域建立一个与中心是马达加斯加的英属印度相匹敌的帝国。穿过苏伊士地峡，就可以打通从法国南部到达马达加斯加岛（和印度）的最短路线。法国想要在那片地区扩展它的统治力量，因而一旦拥有苏伊士地峡，法国就能充分利用它的优势，

这将产生最大的影响。这个地峡属于土耳其帝国或者埃及的事实,将无法阻止法国占领它:因为那个国家不会允许良心上的顾虑干扰政治"想法"。[1]

对于像拉文施泰因一样的阴谋理论家,运河计划、法国对马达加斯加的逐步控制,甚至是不幸的梅赞深入东非的尝试,都是巴黎构想的总体规划的组成部分。体现英国权威的新时代即将到来。

---

[1] 拉文施泰因的评论在他写给路德维希·克拉普夫的《东非的旅行、研究和传教活动》(Ludwig Krapf, *Travels, Researches and Missionary Labours in Eastern Africa*)一书的引言里。

47
一位传教士的足迹

> 对于克拉普夫博士的勇气、胆量和传教热情,我们要向他致意,这样一位绅士打开了几乎封闭的东非海岸……他必将保持开拓这条道路的荣誉。
> ——查尔斯·纽《东非的生活、漫游与劳力》,1874年
> (Charles New, *Life, Wanderings and Labours in Eastern Africa*)

路德维希·克拉普夫博士,完全不同于声名狼藉的印度青年军官理查德·伯顿通常选择的结交对象。但是,一听说这位德意志传教士兼探险家也在开罗,伯顿决定要找到他。尽管伯顿之前乔装成一名穆斯林朝圣者进入阿拉伯半岛,冒险前往麦加和麦地那,此时刚刚返回开罗,但是克拉普夫早就名声在外了。他上一次拜访伦敦还是1850年,3年后他遇到了伯顿,那时他已经见过阿尔伯特亲王、坎特伯雷大主教和帕默斯顿勋爵。英国人对克拉普夫的探险极有兴趣,因为尽管他出生在符腾堡,并且在巴塞尔受训,但是他关于非洲的著述是在英国圣公会差会的赞助下完成的。在他自己的国家,他也备受尊重,他受邀与德意志最伟大的科学家冯·洪堡讨论地理问题,并且与普鲁士国王威廉·腓特烈一起进餐。[1]

但是,克拉普夫从不追求世俗声望。他人生的真正驱动力是他坚信基督即将复临。作为一名基督徒,他的责任是在恰当的时机拯救灵魂和"浇灌异教国的不毛之地"。他之所以声名日隆,只是由于他有机会

---

[1] 罗伊·布里奇斯在为再版的《东非的旅行、研究和传教活动》一书写的引言中详细叙述了克拉普夫的生涯。

在东非完成这项使命,而东非正日益成为政治竞争的角斗场。与这种竞争紧密相联的是欧洲学者为解开这片地域的谜团所付出的努力,他们想要"填补地图上的这片空白区域"。由于克拉普夫大胆地冒险进入非洲内陆,去寻找未受伊斯兰教影响的潜在皈依者,他肯定会成为人们关注的焦点。

这些理论家们被称为"纸上谈兵的地理学家",而真正使他们兴奋,同时又引发他们中有些人嘲笑的是,克拉普夫宣称他在距离海岸300英里的内陆赤道线上看到一座山的山顶有雪,非洲人将它称为肯尼亚山。克拉普夫的下属约翰·雷布曼汇报,他在更南边看到了第二座雪山,它被称为乞力马扎罗山。即使是罗德里克·麦奇生爵士,也对这些关于赤道积雪的传说表示怀疑,他在伦敦皇家地理学会的主席演讲中,通常热衷于赞同一切可能引起公众想象的发现。但是,传教士们坚持相信他们自己的眼睛。雷布曼被乞力马扎罗山的景象所俘获,以至他坐在灌木丛中阅读圣经,他的视线立刻落在了第一百一十一首诗篇上:"他向百姓显出大能的作为,把外邦的地赐给他们为业。"

这种虔诚态度对伯顿没有吸引力,但是他很快看到了机会,甚至在与克拉普夫交谈之前。由于缺少新成员,传教士被迫离开东非,而伯顿正好可以在那里开始发展他的事业。克拉普夫曾经谈到要建立一系列定居点,穿越非洲大陆直达大西洋,就好像给非洲戴上了一条基督教项链,但是这时候他放弃了这个想法。当伯顿在开罗见到他时,他已经40多岁了,精疲力竭,正在去往欧洲进行治疗的路上。

克拉普夫也不再对他年轻的同僚抱有幻想,他们似乎已经丧失了到8年前他在蒙巴萨附近建立的传教总部之外的地方冒险的意愿。所有人都时常因为热疫卧床不起,热疫已经夺走了他们中不少人的性命,并迫使他们撤回欧洲。幸存者普遍满足于站在他们屋子的平顶上,向恰巧路过的任何一个非洲人传播上帝的福音。因此,穿越非洲,从东海岸到达西海岸的旅行仍然是一颗诱人的果实,它已发展成熟,等待人来采摘。

伯顿从开罗将一系列信件寄给他家乡的朋友——皇家地理学会的秘书诺顿·肖,告诉对方他将如何"追问"克拉普夫,看看他"已经做了什么,以及还要做什么"。他冒险说道:"如果（孟买军队）给我足够的时间，我将穿越非洲，到达大西洋一侧。"当克拉普夫谈到"白尼罗河的源头、乞力马扎罗山和月亮山"，让他想到月神传说（积雪覆盖的尼罗河源头在托勒密的地图上被称作月亮山）的时候，他总是随时准备嘲笑这些"混杂"的信息。虽然如此，他在给肖的一封信中说，东非地区拥有"大量未开发的资源"，而对阿拉伯半岛的进一步探索，除了"沙漠、山谷和部落"，不会有什么实际的成果。

与伯顿的冷静形成鲜明对比的是，克拉普夫总是不谙世故，但是他的发现可以被看作为帝国的干预开辟道路。他们燃起了一个希望：在桑给巴尔对岸，他们最终可以开辟出一条通往非洲大陆不为人知的中心地区的道路，通往使伯顿那样的浪漫探险家着迷的传说中的湖泊和山脉。的确，要不是他们的宗教情怀、阶级背景以及个人行为的差别如此巨大，克拉普夫和伯顿很可能在下一阶段的探险中成为搭档。这两个人都十分热衷于旅行，并且都能流畅地记述他们的经历。

和伯顿一样，克拉普夫也是一名卓越的语言学家：1844年，他第一次拜访桑给巴尔时，他就交给赛义德·赛义德一份用阿拉伯语写成的关于他之前在埃塞俄比亚6年生活的记录。苏丹很钦佩他，他告诉克拉普夫他可以在非洲大陆自由传教，这是自将近150年前葡萄牙人被剥夺这项权利之后，第一次有外国人享有这个权利。赛义德之所以允许他这样做，可能是因为克拉普夫说他打算开启一扇"后门"，从东非通往埃塞俄比亚的南部。但是，这个想法很快就被放弃了：尽管到达之后不久，他的妻子和女儿就过世了，但克拉普夫还是在蒙巴萨定居下来，开始创作首批书写词汇，以及斯瓦希里语和非洲大陆其他多种语言的教学手册，并且开始翻译圣经。

在对待陌生人的态度上，克拉普夫和伯顿之间有一道不可逾越的鸿沟。前者觉得在非洲内陆漫步穿梭是一件令人愉快的事，除了他的雨伞，他没有带任何用于自我防御的武器，而后者则相信暴力，他已经通过出版一本名为《完整的刺刀练习法》(*A Complete System of Bayonet Exercise*)的小册子，提高了他在军队中的地位。伯顿相信通过"恰当而审慎的冷酷无情"

可以逐渐灌输恐惧。[1]

尽管克拉普夫的旅行表明，他可以同情非洲人由于奴隶贸易、饥荒和战乱遭受的苦难，但是他认为他们沉浸在"道德的痛苦和堕落之中"。在伯顿看来，他对非洲人只有轻蔑。像大多数他在印度的同僚一样，他不分青红皂白，将阿拉伯人和印度人统统称作"黑鬼"，但是他认为非洲人与动物无异。克拉普夫从来不以争取到黑人皈依"基督教和文明世界"为巨大成功，而伯顿则将向黑人传教视为一种荒谬行为，根本不会想要去尝试。

十分偶然，正好在伯顿于开罗"追问"克拉普夫的那个星期，一个与克拉普夫的信念十分相近的旅行者开始了一场旅行，这场旅行将使他成为19世纪最著名的探险家。伯顿很可能完全没听说过大卫·利文斯通，但是克拉普夫显然知道他。在过去一年里，当巴黎地理学会授予克拉普夫和雷布曼银制奖章时，大卫·利文斯通和他的同伴威廉·科顿·奥斯韦尔因为在赞比西河南岸地区的发现获得了同样的荣誉。

这一次利文斯通从赞比西河中游一个叫作利尼安蒂的村庄出发，大胆地计划先向西行进到达大西洋，然后向东折返回印度洋。他完成了第一阶段的旅行，即从赞比西河到达大西洋，得到了英国皇家地理学会同是苏格兰人的罗德里克·麦奇生爵士的称颂，他称之为"我们时代最为成功的一次地理探索"。之后，更多的赞美接踵而至。

因此，预先阻止伯顿获得非洲探索殊荣的是另一种"混杂"情况，但是关于这一点，他无能为力。与克拉普夫分开后，他不得不从开罗返回孟买，以请求东印度公司支持他发起新的远征，并且游说他的步兵团批准他休更多的假期。在这两个方面，他都取得了成功，因为那时候东印度公司比较偏爱他：大胆去往麦加的旅行证明他足智多谋，而到那时为止他写得最成功的一本书——《信德省，以及居住在印度河流域的种族》(*Sindh, and the Races that Inhabit the Valley of the Indus*)，被他谄媚地献给了东印

---

[1] 对伯顿性格的最好评价请参见福恩·布罗迪的《魔鬼的驱使》(Fawn Brodie, *The Devil Drives*, London, 1967)。英国在印度的军官对于大部分小罪施以鞭刑，所以就这一点来说伯顿是一个遵纪守法者。

度公司的董事，这本书"试图勾画他们统治的广大帝国的一个行省轮廓"。

1854年年中，伯顿回到了亚丁，那里离非洲很近，对他来说具有十足的诱惑力。但是，他需要在亚丁停留几个月，等待伦敦董事的来信，以便对他的旅行计划授予许可。起初，伯顿不停地建议从亚丁航行去往索马里，接着向南行进到达桑给巴尔，然后向西继续前进，直到他抵达非洲的西海岸。支持他这项冒险计划的是另外三名来自印度的现役军官。迟至次年2月，就在他离开亚丁之前，他向他的朋友肖保证："只有你知道，不要告诉别人，我想要解决克拉普夫的问题，以及'永恒的雪'。"毫无疑问，有一条穿过非洲通往大西洋的公开线路。

事实上，他远征的距离很短，只到达非洲之角，而且即使这样，他们也出了差错。尽管伯顿乔装打扮，装作独自旅行，进入城墙环绕的城市哈勒尔，但是在他们正要返回亚丁时，他和同伴遭到了索马里人的伏击。印度海军上尉威廉·斯特罗扬被杀，陆军中尉约翰·斯皮克身负十一处伤，伯顿则被长矛伤了脸。

长矛在伯顿的脸上留下了永久的疤痕，而对于这起灾难的调查同样也给他的名誉留下了永久的伤痕。他是这场远征的负责人，而在这场远征中他们不仅折损了一个人，还将政府财物丢给了索马里袭击者，这公开损害了英国的尊严。关于这个事件的报告被送到达尔豪西勋爵的办公桌上，他严厉地批评了远征队的成员："在这样一个国家，面对这样一个民族，他们丧失了所有常见的审慎和一般的预防措施，这是不容原谅的。"

由于显然已经失去了东印度公司的支持，1855年在英国休养期间，伯顿谨慎地培养他与皇家地理学会的关系。此时，利文斯通顺利抵达罗安达。麦奇生及其同僚受到这个消息的鼓舞，焦急地期盼有关他在蛮荒之地再度漫游的时间和地点的消息。在这段时间里，伯顿没有在非洲探险，而利文斯通已被授予他梦寐以求的赞助人奖章。

早些年，皇家地理学会的经济实力比较脆弱，此时，由于在发现"非洲内陆"的竞赛中处于最前沿，它兴旺繁荣。1855年末，随着一张地图的出版，去非洲探险有了新的动力，这张地图显示非洲大陆中央存在一个巨大且怪异的湖泊。这张地图是由克拉普夫在非洲的传教士同伴之一雅各布·埃哈特根据他在蒙巴萨以南的一个沿海城镇听说的故事绘制的。尽管几个足不出户的地理学家仍然拒绝相信目击者对"永恒的雪"的记录,但是他们却对这幅地图(很快就被戏称为"蛞蝓地图")信以为真,因为它与他们的理论非常吻合。

皇家地理学会的上层人物詹姆斯·麦奎因宣称自己对这幅地图印象深刻,他曾在几年前询问过桑给巴尔的一位阿拉伯人——莱斯·本·赛义德,当时他正访问英国。[1]根据利夫·本·赛义德[2]的说法,非洲中部有一个大湖,他曾两次到访那里,用以物易物的方式换取象牙。要想从桑给巴尔到达那里,一个商队要"完全朝着日落的方向"行进四个半月。所有住在湖边的人都知道,它是"那条流经埃及全境的河流的源头"。所以,埃哈特的"蛞蝓地图"似乎最终证实了这样的消息:托勒密的猜想似乎能被证明属实,为此古典学者很满意。

1855年下半年,伯顿拜访了君士坦丁堡,但是他没能见证克里米亚战争最后几个月的行动。当他返回伦敦时,地理学家讨论的所有话题都是关于那个巨大的非洲湖泊的。他再次精明地判断时机。他不再谈论穿越非洲大陆,因为很显然,如果大卫·利文斯通还活着,他必定更有可能得到那份奖赏。此刻,重要的是找到尼罗河的源头。

因此,在1856年上半年,伯顿想要对一个大湖进行一次远征,这个湖在埃哈特的地图上被称作坦噶尼喀海,他将主要精力用于统筹安排他们所能获得的支持。一部分资金是由约翰·斯皮克提供的,他仍渴望返回非洲,尽管他在索马里侥幸逃脱了死亡的命运。虽然斯皮克的性格特点不讨人喜欢,但是他的身体非常健壮(就像伯顿评论的那样,他能够身受十一处创伤而活下来,这"充分说明要杀死一个身体如此健康的人有多困难"),而且他的财富也能确保他成为伯顿的搭档。

尽管麦奇生并不信任这个"坏家伙",但是皇家地理学会的高层有不少是他的崇拜者,他们十分欣赏他那三本描述他前往麦加朝圣的著作,最后他们这一方获得了胜利,皇家地理学会做出了支持伯顿的决定。关键

---

[1] 麦奎因告诉皇家地理学会,利夫·本·赛义德是尼亚姆韦奇人,但是这不太可能。

[2] 根据原文,疑与莱斯·本·赛义德是同一个人,有可能是作者的笔误。——译者

性的支持来自外交部，他们投入了1000英镑，表面上声称用于科学研究。东印度公司也对这次远征表现出进一步的兴趣，但是即便如此，因为伯顿盛气凌人地反驳人们对他在索马里探险的糟糕表现的批评，所以东印度公司取消了资金捐赠。董事会主席兼皇家地理学会探险委员会主席、陆军上校威廉·赛克斯，提出了一个解决方案，他号召学会"诚邀女王陛下的政府和东印度公司合作"展开这项探险活动。他说这场探险值得支持，"不仅是出于地理发现，还有潜在的商业利益，也许还有政治优势"。这场远征的目的包括"决定那些国家可输出的产品，以及那些部落的民族志"。

这些促使伯顿和斯皮克加速踏上行程的豪言壮语，在某种程度上可以说是一种愿望，那就是让每个人都知道谁才是印度洋的主人，特别是此时，雷赛布正计划建造一座跨越苏伊士地峡的运河。桑给巴尔的地缘政治地位正不断提高，正如克拉普夫在他的回忆录里写的那样，"拥有东非，意味着迈出了统治印度的第一步"。当时的英国首相是帕默斯顿，他领导的英国政府并没有说得这样露骨。英国政府想要告诉法国和其他国家，英国将桑给巴尔视作专属于它的通往非洲的大门。[1]

出于同样的原因，赛义德·赛义德定期向伦敦派遣使节，他们受到了隆重的接待，而伦敦也频繁地向他寄送表达友好意愿的信件。令人安心的是，体弱多病的苏丹将他最喜欢的一艘护卫舰命名为"维多利亚女王"号，而且还将此时是中校的哈默顿领事视为他的大维齐尔。每当赛义德离开桑给巴尔时，他都坚持让哈默顿留在岛上监督各项事宜，并且随时准备扼杀任何暴乱的迹象。之所以设置这些预防措施，是因为苏丹担心他的儿子可能会密谋对抗他，毕竟，这是他们家族的一个特征。他的长子希拉勒被放逐，并且已经去世，这意味着按照继承顺序，下一个继承者是哈立德。起初，哈默顿不喜欢他，因为他有亲法倾向，他甚至将他在桑给巴尔的地产命名为"马赛"，但是后来他表现得十分顺从。之后，哈默顿领事宣称，哈立德"具有杰出的品行……决不沉溺于亚洲王子通常具有的恶习"，而

---

[1] 约翰·格雷爵士在《从中世纪到1856年桑给巴尔的历史》（John Gray, *History of Zanzibar from the Middle Ages to 1856*）一书中详细讲述了欧洲国家如何部署势力以增强它们在桑给巴尔的影响。

且"对欧洲人彬彬有礼"。[1]

虽然如此,哈默顿仍然生活在不可避免的恐惧之中,那就是赛义德的死亡,而赛义德是他的主要权力来源。1856年10月,即在伯顿和斯皮克抵达桑给巴尔之前两个月,赛义德去世了。苏丹享年67岁,他死于痢疾,那个时候他正乘坐"维多利亚女王"号从马斯喀特返回桑给巴尔。在此之前,他花了两年多的时间试图熄灭马斯喀特的暴乱之火。

继承人哈立德早些时候在桑给巴尔死于肺结核,这使得问题变得更加复杂,而在他死后,有预兆显示丁香种植园的斯瓦希里人和奴隶可能会发生暴乱。[2]哈默顿强制实行宵禁,并且告诉岛上的俾路支商人,杀死天黑后活动的所有人。暴乱被压制下去。听说哈立德的死讯之后,老苏丹从马斯喀特发来消息:他的新继承人是他最小的儿子之一——病弱且死气沉沉的马吉德。哈默顿对这个消息感到满意,因为他认为马吉德易于掌控。

然而,赛义德的去世在岛上引发了更多混乱,所以在伯顿和斯皮克登岸之后,他们很快意识到远征的组织安排工作会有所延迟。此外,这还意味着在穿越大陆和开始远征之前,他们不需要请求许可。新任苏丹马吉德则有更紧要的事情要担心,尤其是他的几个哥哥,一个在桑给巴尔,其他几个在马斯喀特,他们正渴望杀死他取而代之。

所以,两个探险家只需要应付哈默顿关于东非的可怕警告。从沿东非海岸的初步探险中返回时,他们得了热疫,差点儿丧命,这似乎证实了哈默顿的那些警告。在他们休养期间,伯顿忙于收集桑给巴尔的历史材料。他很快意识到,斯瓦希里语是印度洋东西两端有联系的另一个证据,因为之前写关于信德省的书时,他在印度西北部的黑人奴隶中接触过这种语言。

---

[1] 通过非欧洲人的视角见证赛义德的庞大家族内部的阴谋,具体可参见赛义德的女儿埃米莉·赛义德-吕特所写的《一位阿拉伯公主的回忆录》(Emily Said-Ruete, *Memoirs of an Arabian Princess*, ed. G. S. P. Freeman-Grenville, London, 1980),1866年她和一个德国商人私奔了。根据埃米莉的说法,她的兄弟希拉勒因为酗酒而被流放,"先是被基督徒引诱,之后是法国领事"。

[2] 当阿曼人在桑给巴尔掌权时,他们称当地居民为哈迪姆人(斯瓦希里语,意指"奴隶"),强迫他们采摘丁香、伐木、交人头税。阿拉伯人被视为压迫者,当地居民希望通过这场暴乱推翻他们的统治,但是没有成功。

他们曾告诉他，他们还是孩子时就在非洲被卖了以换取粮食或者衣服。他对此非常着迷，以至于专门编译了一份很长的有关他们语言的单词表，而这些词语对印度的其他人来说十分难解。这个时候，他终于了解到他们的语言就是斯瓦希里语，在桑给巴尔和东非海岸的每一个人都能说这种语言。

尽管伯顿忙于为将来的写作做笔记，但是斯皮克则为被延误的远征发愁。关于大卫·利文斯通的消息就像一根刺针，因为他成功地完成了从大西洋返回印度洋的旅行，这位苏格兰博士返回伦敦时成了一位风云人物。他被授予名誉学位和荣誉市民奖，还与维多利亚女王一起喝茶，并为注定成为10年畅销书的《传教士在非洲南部的旅行和研究》(Missionary Travels and Researches in South Africa)做最后的润色。不管他出现在何处，欢呼的人群都将他团团围绕，而报纸和周刊更是刊登了他所说的每一个字。非洲的探险活动显然进入了全盛时期，而在桑给巴尔无所事事决不会得到人们的关注。

最后，在1857年年中天气状况好转后，伯顿和斯皮克乘坐一艘小船前往巴加莫约，与湖泊地区的人做交易的商队在那里开始和结束他们的旅程。在等待的6个月里，伯顿和斯皮克模仿这些商队，已聚集起一支队伍。他们有向导、搬运工，以及一支全副武装的护卫队。如果他们不得不杀出一条道路，他们也做好了充分准备，尽管利文斯通和克拉普夫都没有选择这种旅行方式。而在桑给巴尔的欧洲人很少能够给他们提建议：就像伯顿讽刺的那样，他们"对于岛外的所有事务几乎一无所知"。

哈默顿过海到巴加莫约为他们送行。一时之间，号角齐鸣，火枪齐发，他们出发了。当时的场面十分混乱，而且他们最终由于缺少搬运工而不得不放弃一些设备。即便如此，如果赛义德还活着，在那里人们会看到200名士兵（大部分全副武装）在白人的指挥下出发的情景，赛义德很可能对他界线不明的东非帝国的前景感到不安。就像伯顿意识到的那样，阿拉伯人对白人旅行者"怀有敌意，并且感到害怕"。

过海到巴加莫约向远征队告别是哈默顿最后的公务职责之一。3周后他就去世了，享年53岁。威士忌、奎宁和顽强的韧性使他在桑给巴尔坚持了15年。他对于英国的价值是无法估量的。但是，他的死讯并未引起应有的关注，因为这时爆发了印度民族大起义。[1]

长期以来，东印度公司作为英国统治力量在东方的象征，几乎在一夜之间就被印度民族大起义所推翻，而所有在印度盛气凌人的武装统治力量，都将无法逃脱被驱逐的结果。但是，就如同一种补偿，此时在长期被忽视的印度洋西海岸，人们展望到了一个新帝国的远景。

---

[1] 哈默顿的死讯刊登在1857年10月20日的《孟买公报》(*Bombay Gazette*)上。起义开始于5月10日，3个印度军团的士兵杀死了他们的长官，并向德里进军。

48
战士、猎人和商人

> 阿拉伯的制度延伸至很遥远的地方,它像章鱼一样能够控制住每一个不受保护的小村落社区,使得整个国家成为一个巨大的战场,而出了它的围栏,任何人都不安全。
> ——斯旺《在中部非洲与劫掠奴隶的人做斗争》,1910年
> (A. J. Swann, *Fighting the Slave Hunters in Central Africa*)

用"探索"这个词形容伯顿、斯皮克,以及紧随他们之后涌入非洲的欧洲人的旅行,是再恰当不过了,因为他们改变了非洲之外的人对这片大陆的神秘地域的认识。但是,这也表明非洲内陆的民族生活在一个地理边缘地带,那里几乎没有发生什么变化,也不受时间的影响。他们与他们住处附近的山脉、河流、湖泊,均不在任何一幅地图上。所以,人们理所当然地认为他们无自主能力,等待"被发现",而一旦发生这种情况,他们只会对此心存感激。

很自然,后来很多帝国建造者选择使人产生这样一种幻觉:他们艰难地穿越无人踏足的丛林和荒野才抵达目标。但是,斯皮克以他拙劣的方式,在探索一开始就暴露了实际情况。他和伯顿正从坦噶尼喀湖返回海岸,而在事前寄往海岸的一封信中,他写道:"这是一个令人震惊的运动型国家,这里除了大象几乎什么都没有,持续不断的捕猎活动将它们从大路驱赶过来。"信中的"大路"一词用得很荒谬,因为斯皮克设想,皇家地理学会需要知道在非洲的中心地带持枪打猎完全出乎他的意料。

即便如此,就算他与伯顿不在大路上,至少也是走在商队使用了至少40年且被踏得很平坦的小道上。这支远征队在队首打着桑给巴尔统治者

的深红色旗帜，任何地方都认识这面旗帜，并且畏惧它。因而，尽管他们经常回避这个事实，大多数去往非洲的新的白人旅行者沿着常有人走的道路穿过灌木丛，但是这些道路通常使人十分懊恼，因为它们非常迂回曲折。只要有机会，很多自封为探险家的人也会加入一支朝着正确方向行进的商队。

在19世纪中叶的东非，商队一般由阿拉伯人控制，他们是穆斯林，所以帮助白人基督徒很考验他们的善意。但是，作为桑给巴尔苏丹的臣民，他们小心翼翼，将自己的任何不满都隐藏起来，尤其是当英国人沿着这条道路寻求支持时，因为他们知道英国的力量有多强大。有些白人会和阿拉伯人一同旅行几个月，比如"达乌德先生"、传教士大卫·利文斯通，从他们那里接受食物，并且住在他们受保护的营地里。

伯顿充分把握旅途中与商人相遇的机会，向他们询问关于坦噶尼喀湖之外地域的事情。他能够确定，一些阿拉伯人已一路抵达过大西洋，所以，伯顿知道在他和斯皮克折返的地点之外"道路是开放的"，这使得他有机会在他自己的信中表达不满："我们深深地后悔没有以更大的规模安排这次探险。我觉得有5000英镑，我们就能毫不费力地从非洲的东海岸直达非洲的西海岸。"他说得轻松，但是在这两位探险家后来写的书中，他们重点描述了经历过的不可预料的恐惧，以及更加离奇的事件，如斯皮克用一把袖珍小刀从他的内耳里挖出一只甲虫。实际上，伯顿可能对他们到达坦噶尼喀湖就折返，而没有继续向未知地域推进感到庆幸。

这场有清晰地理目标的旅行相当不同于典型的传教士旅行，它也从未被视为一场为了征服而进行的侦察。但这完全没有阻止斯皮克思索，他后来写道：

> 当非洲周边的所有国家都快速发展时，相比较而言，黑人生活了这么多年却毫无进展，这是多么不可思议啊……可以为他们建立一个像我们在印度那样的政府吗？如果可以，他们会得到拯救；如果不行，我担心他们发展的机会将微乎其微，因为当前非洲人既不能自救，也不能指望其他人救助他们。他们的国家正处在接连不断的混乱状态中，

他们最紧要的问题是寻找食物，他们没有闲暇考虑其他问题。[1]

对于整个成年期都在印度度过的斯皮克而言，非洲就像印度一样，能够由一个政府统治，这种想法似乎相当可行。那个时候，人们还没有理由认为非洲将被完全人为地分割成一块块殖民地。对非洲大陆的历史缺乏了解的斯皮克，也无法理解过去的50年里他见证的"持续混乱状态"已发展成一个加速变化的进程。在19世纪上半叶，非洲内陆的生活发生的变化超过过去1500年里发生的变化。

过去，非洲人实际上处于一个被隔离的状态，他们与非洲大陆的自然地理环境和谐相处。他们的社群规模差异巨大：有些小村庄距离他们最近的邻居也很远，他们需要穿过一大片无人居住的丛林，才能到达邻近村落，而其他社群，特别是靠近大湖地区的社群，则是高度结构化的民族国家，一些弱小的社群向他们进贡象牙、牲畜和奴隶。整个内陆地区有数百种不同的语言和多种社会结构。这些社群的共同之处在于他们与其祖先有一种持续的精神纽带，在他们做决定时祖先会通过媒介给予他们引导。这意味着非洲人的生活比较保守，但并不是一成不变的。每个社群都逐步形成了他们各自的生存模式：如何灌溉庄稼或者如何保护牲畜免遭野兽的攻击，每个人也都知道从生到死要履行的责任和遵守的禁令。

此时，世界处于不稳定状态。原因之一是从美洲引进了像玉米和木薯之类的作物，相较粟等传统作物而言，同样面积的土地能够收获更多的产量，这导致人口激增（到1850年，赤道以南的非洲大约有3000万人口），加剧了人们对河流和湖泊附近肥沃土地的争夺。

另一个引起改变的刺激因素是从美洲和欧洲向非洲引入大量的人工制品：布料、盘子、杯子、餐具和工业革命时期生产的其他所有小商品，人们可以用头顶着这些东西进入内陆。[2] 在西非，一些曾经几乎完全依赖奴

---

[1] 这些感想被斯皮克写在《尼罗河源头何处》（*Journal of the Discovery of the Source of the Nile*）一书的引言里。

[2] 关于进口人工制成品对非洲人生活产生的影响，理查德·格雷和大卫·伯明翰编辑的《沦为殖民地前的非洲贸易》（*Pre-Colonial African Trade*, edited by Richard Gray and David Birmingham）一书有很多洞见深刻的看法。

隶出口的强大王国，正在接受新的必要事物，尽管欧洲人与非洲大陆其他部分的接触不那么直接，但是他们接受新事物的决心依然坚定。

引发这些改变的一个显著因素是廉价火枪的引入，结果是满足了外部世界对象牙贪得无厌的需求，19世纪从桑给巴尔出口的象牙数量增长了10倍。

从瓦斯科·达·伽马的时代开始，炮火声、欧洲的权力至高无上的呼声就在非洲海岸四处回响。所以，可以想见，早在16世纪，内陆的非洲人就获得了火器，他们用火器对付欧洲人，或者在对付只配备长矛的邻居时取得优势。但是，除了西非从事奴隶贸易的酋长，以及在安哥拉为葡萄牙人服务的雇佣兵掌握的火枪之外，几乎很少有非洲人拥有这些功能性枪支，直到拿破仑战争之后。

欧洲人将一些火枪赠送给一些非洲统治者，他们想要使对方留下深刻印象，这一直以来都是他们的一个习俗，并且这个习俗保留了下来。在19世纪40年代，东印度公司的一个代表团访问绍阿，送给埃塞俄比亚国王萨赫勒·塞拉西一门3磅加农炮和一些火枪，以及一只音乐钟和几个音乐盒。[1]但是，这样新颖的物品通常被当作宫廷玩物，而不会被实际应用。

改变了非洲的火器是欧洲使用了近200年的基础武器——前膛燧发枪。非洲人花费了一段时间才接受这种武器，一则因为它的价格比较昂贵，二则当它坏了时，当地的大部分铁匠缺乏修理它的技能。此外，这种火枪可能在关键时刻失灵，特别是在雨季，在这种情况下，拿长矛的人更有可能取得胜利。最后，还有一个原因，不容易获得火药。

只有在19世纪20年代，便宜的火枪才开始到达撒哈拉沙漠以南的非洲，其中，多支火枪是拿破仑战争的遗留物。1815年之后，工业城市伯明翰有100万支火枪的库存，而非洲是最为理想的市场之一。在这些库存被售完之后，伯明翰转而开始专门为非洲生产低品质的火枪。到19世纪

---

[1] 想看巴克关于去往绍阿的旅行记录（W. C. Barker, Narrative of a Journey to Shoa），请参见福里斯特编辑的《保存在孟买秘书处的旅行日记》（*Travels and Journals Preserved in the Bombay Secretariat*, ed. G. W. Forrest）。

中叶，伯明翰火枪的年产量是10万支，有一半被售往非洲大陆。还有大量的火药和它们一起被售往非洲。[1]

低品质火枪通常被称作"破枪""该死的假铁条"，它们的造价大概是5先令（一支可靠的火枪的造价是16先令），射击的时候容易爆炸。当时，列日的工厂在"贸易用枪"的产量上，大致和它的竞争对手伯明翰相当，它的质量甚至更差。然而，非洲仍然进口这两个地方生产的武器。

反过来，白人商人总是渴求象牙，所以猎象者成为新贵。安哥拉乔奎人的铁匠技艺高超，因而他们能在葡萄牙人的鼓励下，成为第一批采用火枪捕猎的社群之一。他们的模式在其他地方可以被重复采用，他们大力消灭了他们自己领地内的象群，之后到更加遥远的刚果河和赞比西河的上游地区狩猎。就是以这样的方式，彼此相距遥远的民族开始定期接触。

在东非，从索马里到莫桑比克，人们对象牙的需求也急速增加。尽管人们已经不能像在中世纪时那样看到象群在海边闲逛了，但是内陆牲畜的数量似乎还是无穷无尽。但是，伯顿和斯皮克深入的地区有一个独特的因素，那里的象牙贸易不是由非洲人控制的：桑给巴尔的印度商人资助阿拉伯人经营的商队，而以桑给巴尔岛为基地的欧洲商人购买和出口象牙。

商队支付给非洲人用以购买象牙的东西是布料和珠子，它们只占桑给巴尔象牙价格的很小一部分，但是就像路德维希·克拉普夫在19世纪40年代评论的那样，去一些地方取象牙可能是比较危险的工作。他曾见过由"600至1000个强壮的男人组成的商队，并且大多数人配有火枪"，他们冒险进入马塞族的领地，但是"几乎被全部杀死"。商队将优质象牙运回去，售给欧洲商人，从中获得巨额利润，因而人们认为遭受这样的损失是值得的，因为这里的人命廉价，枪也廉价。

但是，除了他们信任的自由民和奴隶之外，阿拉伯人尽可能使非洲人远离火枪。就像伯顿说的那样："在内陆，火枪仍然是极其稀有的。阿拉

---

[1] 如果火药成分的构成比例不对，尤其是含有过多硝石，火枪会爆炸。伯明翰制造的"非洲火枪"在任何情况下都有可能会爆炸，它们完全不适合应对大战。1865年，燧发枪在非洲的售价是6先令9便士。

伯人很聪明，他们不会让野蛮人武装起来对付自己。"[1]

尽管人们普遍渴求火枪，但是随着一群来自大陆遥远之地的战士的到来，长矛作为一种战斗武器在东非重新赢得了尊重。入侵者以前所未有的暴行与当地民众斗争，斯皮克评论他们的出现加剧了"混乱的状态"，因为他们激发了能够挑战传统结构的海盗帝国的成长。

率领黑人兵团进军东非的黑人军事首领没有固定的目标。他们带着劫掠的期望不断驱兵向前（字面意思是"碾压"），史称"姆菲卡尼"。"姆菲卡尼"的源头在非洲南部，毗邻现代的纳塔尔，但是远至维多利亚湖的湖岸带都可以感觉到它的影响。当这支配有武装的迁徙队伍向前移动，并且在每场战役后停下来重建时，被征服者会形成新的军团，通常也会出现新的领袖。然而，"姆菲卡尼"的某些特别的战斗方式从未改变：战士们以新月阵形进攻，用他们巨大的牛皮盾牌使敌人的长矛偏斜，之后用他们的短刺矛投入近身战斗。这些战术被广泛模仿。

"姆菲卡尼"被钳制在德拉肯斯山脉和印度洋之间的沿海地区。讲恩古尼语的民族就居住在这片地区，就像几百年来他们所过的生活那样，他们主要忙于种地、饲养牲畜。除了纳塔尔海岸边失事船只的少数幸存者和在德拉瓜湾去往北方的葡萄牙商人之外，他们与欧洲人没有接触。

人们对19世纪初突然改变了恩古尼各部落的田园生活，使他们相互敌对的原因，仍然存在争议。[2]有可能是为了争夺土地或者与葡萄牙人的贸易。这场暴力迁徙与非洲南部的布尔游牧民向北方迁徙几乎同时发生，无论是什么原因，都不可能是一种巧合。

1820年左右，残酷的权力争斗之后，在纳塔尔出现了祖鲁王国，它成为这一地区的至高统治力量，它的专制君主沙卡以一种在非洲任何其他地方都不曾见过的方式进行统治。沙卡完善了与众不同的刺矛的用法。他的军团到处掠夺和杀戮，使得纳塔尔的部分地区成为空旷的荒原。来

---

[1] 但是当时进入非洲的枪支有多个来源地，所以桑给巴尔的阿拉伯人无法控制非洲的火枪供应。

[2] J. D. 奥默-库珀在期刊《南部非洲研究》第十九卷（J. D. Omer-Cooper, *Journal of Southern African Studies*, vol.19, Johannesberg, 1993）中提出了，"'姆菲卡尼'有未来吗？"，这是近来这场争议的一个进展。

自好望角的白人商人的先驱对沙卡既仰慕又恐惧：有些人用他们的枪支帮助他在战争中取得胜利；其他人则返回好望角，谴责他是一个嗜杀的魔鬼。[1]

1828年，沙卡在祖鲁族内部掀起一场动乱，这迫使他的两个哥哥在他的一个侍从亲信的帮助下杀死了他。但是，此时"姆菲卡尼"的势头不可阻挡。黑人兵团狂暴地穿过非洲的南部，有些向北进入莫桑比克，攻克了索法拉和其他葡萄牙人的定居点，其他人向西跨过德拉肯斯山脉。姆济利卡齐带领一支恩德贝勒人来到布拉瓦约，并且停留下来。他们建立了一个王国，其范围向外延伸，越过了高原，即500年前大津巴布韦的统治者控制的区域，也是早期的葡萄牙传教士努力传播他们的天主教信仰，但是最终却没有留下痕迹的地方。

至少还有三支游牧军队向北朝赞比西迁徙。其中，最有力量的一支是由首领兹瓦嫩达巴领导的恩戈尼人。他的军队渡过赞比西河，靠近葡萄牙人在宗博的定居点，由于那天发生了日食，我们可以推算出它的精确日期，即1835年11月19日。兹瓦嫩达巴率领军队向北朝坦噶尼喀前进，在途中他征服了当地的群落，将对方幸存下来的战士吸收进他的军团。他在坦噶尼喀湖东边一处被他叫作"马普坡"（意为"梦想之地"）的地方定居下来，1848年他在那里过世。人们在他的墓地周围种植了一片小树林。

在围绕谁继任兹瓦嫩达巴之位的争吵之后，这支恩戈尼人分裂成了五个部分。这个时候，在到处劫掠的军团之中，只有"军官团"可以宣称，他们是在"姆菲卡尼"的最初阶段从故乡向南迁徙1500英里的移民后裔。但是，他们赖以生存和作战的规则没有改变。他们戴着不同的恩戈尼羽毛头饰，喊着相同的打杀声，并且绞死任何在战斗中表现出畏惧的人。

有一个群落又回到了故土，重新占领了马拉维湖附近的肥沃土地。这片地区的村落比较分散，它们很快就被拿着刺矛的班图族战士征服，当地居民被奴役，并且按照恩戈尼人的模式被聚集到新的村落里。在班图族战

---

[1] 想了解祖鲁的专制君主沙卡的一生和他与白人商人的交往，请参见斯蒂芬·泰勒的《沙卡的孩子》（Stephen Taylor, *Shaka's Children*, London, 1994）一书。

土攻击范围内的湖边社群,开始将他们的房屋建到远离岸边的湖中高地上,因为众所周知恩戈尼人不喜欢涉水。[1]

而兹瓦嫩达巴军队定居的地方是东非长距离贸易的一个要冲。这个地方向东通往基尔瓦,向西通往加丹加的铜矿,若朝西北方向进发则通往坦噶尼喀湖。在进入19世纪之前,非洲的尧人部落十分好战又经常从事贸易,他们为了象牙和奴隶曾经袭击过这片地区,并将它们卖到大陆城镇基尔瓦基温杰,这个城镇曾是东非最大的奴隶集散地。

之后,斯瓦希里的商队来到这里寻找相同的商品。到19世纪30年代,奴隶需求剧增,以至于传统上会被吸收进亲戚家庭的孤儿都被卖给了商队。因而,犯了轻微罪行的人此时也遭遇同样的命运,而在过去他们一般会作为家奴留在部落里。恩戈尼人不赞同这样的做法,因为他们的政策仍然是将被征服土地上的幸存者纳入自己的社会等级里。他们与来自海岸地带的奴隶买家之间的竞争,导致几十年的流血冲突。

"姆菲卡尼"向北方迁徙的热潮,最终冷却下来,止于坦噶尼喀湖东侧的高原。在那里,恩戈尼人分裂成很多小部族,他们以盗窃为生,或者作为雇佣军,为任何想要增加民族自身的战斗力量的首领服役。只有当来自南方、掠夺成性的新来者出现时,东非和中部非洲村落的战士才拿起长矛、盾牌和战斧应对危机。危险过去后,他们就将武器放置一边,重新回到日常生活中:捕猎、采集蜂蜜、饲养牲畜和制作工具。

与此形成对比的是恩戈尼人,他们是一个特殊的战士阶层。有时候,一些个别部族会合并以便突袭畜群,而且他们总是持续不断地从当地部落吸收年轻的战士进入他们的队伍。他们将散播恐惧作为他们的目标。对于那些他们要劫掠的人,他们被称作"鲁加-鲁加"(Ruga-ruga)[2],这个词来源于阴茎。这可能是因为他们将头发留得很长,并且编成很粗的下垂的辫

---

[1] 勒罗伊·韦尔在《北方:死亡之地的形成》(Leroy Vail, The Making of the Dead North)一文中分析了恩戈尼人的影响,具体请参见《在沙卡之前和之后》(Before and After Shaka, ed. J. B. Peires, Grahamstown, 1981)这本书。
[2] 这个词一般意指西方的殖民军队在东非部署的非正规军,他们主要是作为雇佣兵或者当地的辅助武装,成员大多是在部落冲突时被雇佣的,一般是部落战士。——编者

子，但更可能是因为他们切下了敌人的性器官，将它们晾干，并且作为装饰佩戴它们。

东非的"鲁加-鲁加"保留了恩戈尼人的发饰，这有助于他们在穿越高高的象草时相互跟随，但是在其他方面却改变了他们的习惯。他们有时候在肩上披挂亮红色的布条，当面对敌人并且嘲弄他们的时候，他们可以指着这些布条说："这是你们的鲜血！"他们的装饰品包括用人的头皮制成的帽子，用肠子制成的腰带，以及用牙齿制成的项链。为了使自己战无不胜，"鲁加-鲁加"饮用用受害者的尸体的某些部分制成的药水。有关这些可怕行径的故事在东非广泛传播，但是关于他们使用刺矛的方式的报告引发了更深的恐惧。甚至那些得到了火枪的"鲁加-鲁加"仍然保留他们的长矛。

当恩戈尼人抵达东非时，他们迅速与被美国传教士埃比尼泽·伯吉斯称作这片地区"最富有、最有进取心"的尼亚姆韦奇人取得了联系。他们因一张由部落酋长构成的网联合起来，这张网从维多利亚湖一直延伸至坦噶尼喀湖，穿过中部高原，距离海岸的旅程大概是3个月。尼亚姆韦奇人总是根据领导能力选拔出他们的领袖，而不是按照世袭制。

几百年来，这片地区的许多非洲王国起起落落而不为外部世界所知晓，遗留下来的痕迹只有灌溉系统和土方工程。19世纪伊始是尼亚姆韦奇人历史的转折点，他们认为他们自身与海岸地带的阿拉伯人和斯瓦希里人一样优秀。

与恩戈尼人一样，尼亚姆韦奇人也是伟大的旅行者，但不同的是，尼亚姆韦奇人以商业而非战争为生。他们向南方冒险，沿着坦噶尼喀湖向距离最远的湖岸前行。在到达最南边的湖岸之后，他们转而向西前往强有力的首领"卡曾贝"的首都，1798年命运不济的葡萄牙旅行者弗朗西斯科·德·拉塞尔达从赞比西抵达那里。（当他抵达时，尼亚姆韦奇的商人可能已经在那里了。大概60年之后，大卫·利文斯通被告知，拉塞尔达的人开始与某些来自坦噶尼喀湖的拜访者争斗，但是国王通过给双方送奴隶作为礼物恢复了和平。）因为在那里可以买到加丹加的"红"铜，"卡曾贝"的统治之地成为一个颇有声誉的市场。这些"红"铜被尼亚姆韦奇人以金属丝和手镯的形式带回北方。[1]

19世纪早期，尼亚姆韦奇人开始向南旅行到印度洋，他们带着象牙、蜂蜡和一些奴隶，以交换美国的布料和威尼斯的珠子。他们很少直接与桑给巴尔的欧洲和美国商船交易，因为穆斯林和印度商人已经牢固地占据了海岸。而且，尼亚姆韦奇人作为拥有很多大象的遥远内陆的定居者，已经吸引了一些大胆的阿拉伯人加入他们的返程队伍。尼亚姆韦奇人的口述史讲述了他们的第一批旅行者是如何在巴加莫约抵达印度洋，见到"长胡子的人"（阿拉伯人），并且向他们展示了象牙。"当阿拉伯人看到他们展示的物品时，他们想要去往获取这些象牙的国家。"

尼亚姆韦奇人骄傲且勇敢，他们因为能够远距离背重物而闻名。可能是他们的长途商队第一次将印度和欧洲的制成品从海岸地带运到大湖周边更为遥远的社群，例如很快将成为欧洲传教士和帝国建造者目标的繁荣的布干达王国。第一批阿拉伯商人在19世纪40年代以前并未到达距离印度洋800英里的布干达。

尼亚姆韦奇人与桑给巴尔之间的关系一度十分友好，因为1848年他们的部落酋长派出一支2000人的大商队去往海岸地带给苏丹送礼物。但是在19世纪中后期，阿拉伯人越来越多地控制了主要的贸易线路。尼亚姆韦奇人大多沦为受雇佣的搬运工或者向导，他们带着在内陆购买的象牙前往海岸地带，那里的象牙价格是内陆的4倍。在任何势力的较量中，阿拉伯人的胜算都更大，因为他们可以从桑给巴尔的欧洲商人处取得他们需要的所有枪炮，就像伯顿评论的那样：一座德国工厂每年销售1.3万支火枪。但是另一方面，阿拉伯人的数量非常少，而他们奴隶的忠诚度总是值得怀疑。在伯顿看来，这能使他们"十分强大，不至于不战就屈服"，但是又"不够强大到取得战斗的胜利"。

阿拉伯人从海岸地带逐渐深入非洲内陆，他们追求商业贸易，采取了

---

[1] 利文斯通将拉塞尔达的人和另一群拜访卡曾贝国王的人之间的争斗记录在他的《最后的日记》第一卷（*Last Journals*, vol. 1, London, 1874）中。这些拜访者被他称为"乌吉吉人"，意思是他们来自坦噶尼喀湖的东北岸。乌吉吉成为阿拉伯人的一个贸易中心，当然不会早于1798年，因为那时候拉塞尔达还和卡曾贝在一起。

一种微妙而缓慢的殖民主义方式。尽管没有桑给巴尔苏丹的领地地图，在哈默顿看来，也没有"任何人能够明确划清这里的边界"，但是阿拉伯人正不断在内陆永久定居。许多人新到东非，他们是在1840年跟随赛义德·赛义德从阿曼移居到桑给巴尔的商人。他们与传统的非洲酋长生活在一起，还恳切地娶他们的女儿为妻，但是他们保留了阿拉伯人的生活习惯，将自己视为主人。如果一个酋长惹他们不高兴，他们会推翻他的统治，并且在继承人的人选上施以影响。

1861年，约翰·斯皮克在第二次探险期间遇到了尼亚姆韦奇人的领袖马努阿·塞拉，他"带着30名配备火枪的下属"。马努阿·塞拉统治着乌尼亚尼扬贝，它是尼亚姆韦奇人最重要的省份，在他的领地中央就是阿拉伯人的定居点卡泽（后来的塔波拉），那里恰好是去往坦噶尼喀湖线路的中间点。当尼亚姆韦奇人想要对象牙贸易征税时，一场战争开始了。后来，阿拉伯人告诉斯皮克，他们有一支由400个奴隶组成的全副武装的队伍，准备追捕马努阿·塞拉，因为他"将他们的商队路线截成数段，并且根据最新报告，他刚刚抓获了他们护送弹药的小分队"。阿拉伯人花费了4年的时间才抓住马努阿·塞拉并且杀死了他。

49

被张贴在海关的一份声明

> 愿真主让我们有朝一日也能如你们一般繁荣,我们也能像你们一样自由。[1]
>
> ——苏丹巴尔加什,1875年7月12日

从来没有另外一个赛义德·赛义德,也不会再有。"他被指控贪腐和背叛,"理查德·伯顿写道,"但是哪个阿拉伯统治者不贪婪和背叛呢?"这句讽刺的话包含一些事实,因为赛义德·赛义德在消灭他的阿拉伯敌人方面的确有些不够牢靠。他拥有生存的天分,这使得他能够掌握权力长达半个世纪:虽然对马斯喀特失去了控制,但是他将第二故乡桑给巴尔变成了一个巨大的贸易帝国的中心,其触角深入非洲内陆。这个帝国纵然可能不够符合欧洲人理解的帝国概念,但是无可否认,到19世纪中期,桑给巴尔的苏丹赢得了国际各方的尊重。

对于他的逝世,维多利亚女王发来了慰问("我们对于他的逝世表示诚挚的遗憾");法国皇帝表示"我们深切怀念的苏丹赛义德一直是法国忠诚和真挚的朋友";美国总统说"他作为一位君主,备受人们尊崇"。没有人选择提起苏丹的臣属仍然每年奴役多达3万名非洲人,数百艘单桅帆船公然藐视皇家海军的巡逻,从桑给巴尔向阿拉伯半岛和波斯湾运输奴隶。甚至很少有人提起1.2万名奴隶正在苏丹私人所有的5000英亩的丁香种植园里劳动的事实。[2]

---

[1] 苏丹巴尔加什在接受伦敦的荣誉市民奖时的致辞。
[2] 苏丹的所有子女都拥有种植园,埃米莉·赛义德-吕特在《一位阿拉伯公主的回忆录》一书中描述了她与她的姐妹扎姆扎姆骑马"数小时"穿过种植园。

奴隶贸易在他逝世后仍然继续，但是其他很多事情发生了改变。赛义德一生子嗣众多，他有20多个儿子，其中好几个儿子都认为自己适合继承他的王位。每个儿子都是他与不同的女人所生，所以这些儿子彼此之间缺少感情。

公开的法定继承人马吉德患有癫痫病，而且是同性恋，他的优势是掌握桑给巴尔的陆军，并且得到英国人的支持。他的哥哥苏维恩统治马斯喀特，他拥有一支海军，但是他要想以武力统一阿拉伯半岛和东非苏丹国，需要跨越将近2000英里的海洋。第三个、也是最年轻的竞争者巴尔加什享有最初阶段的优势，因为他父亲在海上去世时和他在一起（赛义德不敢把他留在桑给巴尔，使他和他的异母哥哥马吉德在一起，因为正是在相同的年纪，他谋杀了他的叔叔从而赢得了王位）。巴尔加什偷偷地将他父亲的遗体运上岸，立刻以穆斯林的习俗将他埋葬，之后前往那座能够俯瞰桑给巴尔海港的堡垒。他期望通过发动一场快速政变夺取权力，但是没能成功，只是因为一个猜疑的俾路支军官拒绝交出钥匙。[1]

但是，巴尔加什仍得到了桑给巴尔几个阶层的支持，其中包括哈尔希——一个在东非生活了几个世纪的阿拉伯宗族，他们既憎恨赛义德王朝的统治，又不喜欢英国人过于强势的影响力。桑给巴尔几个富有的商人是哈尔希的领袖，他们有一支2000人的私人军队。岛上许多黑人原住民的后裔哈迪姆（意为"奴隶"），同样对新苏丹马吉德怀有敌意，因而他们支持任何反对他的人。

这场风暴的发展比较缓慢，离爆发还有一段时间。英国几乎没有察觉风暴之初的隆隆声，因为领事阿特金斯·哈默顿已去世，而此时英国的所有注意力都集中在印度的兵变上。代替哈默顿的人选很久之后才定下来，尽管这个人也是一位印度陆军上校，但他与哈默顿的性格截然不同。克里斯托弗·里格比是一个直率而武断的人，而哈默顿诡计多端，就像法国上校吉兰精明的评价那样，他的阴谋隐藏在"轻松的谈话和快活的饮酒"中。

---

[1] 库普兰德在《东非和它的入侵者》一书中描述了巴尔加什的密谋。如果严格按照伊斯兰教法，赛义德的尸体应该进行海葬，但是这可能会促使人们怀疑巴尔加什谋杀了他的父亲。

但是，里格比从不委婉地谈论任何事或任何人：在一封写给他的朋友詹姆斯·格兰特的信中，他称理查德·伯顿为"骗子"和"坏蛋"。[1]

哈默顿总是回避关于奴隶贸易的公开争吵，而里格比则随时准备为此而战。首先，他坚持认为既然他们是英国的臣属，因而所有生活在桑给巴尔的印度人必须立刻放弃他们的奴隶。不出所料，这引起了骚动，但是他成功地解放了8000名非洲奴隶。里格比将解放任何他遇到的奴隶作为自己的使命，在一封写给格兰特的信中，他自豪地讲述了他在印度如何解放一个非洲男孩——"一个机警的小家伙"，并且正安排将他带往英国。里格比补充道，他相当确信，一旦非洲人从小就接受教育，"他们的天资将不弱于任何其他种族"。[2]

而此时马吉德回避抑制奴隶贸易，这可能会激发里格比谴责他为一个"虚伪、卑鄙、邪恶"的人，但是起初里格比站在他的一边，帮助他对付他的兄弟苏维恩和巴尔加什。苏维恩最先开始反对马吉德，他在马斯喀特聚集起一支准备发动入侵的舰队。当迫在眉睫的进攻消息传到桑给巴尔时，里格比很感兴趣，他想看看马吉德在多大范围内能组织起一支防御部队。一支分遣队来自马达加斯加和莫桑比克之间的科摩罗群岛，其他人来自东非海岸的附属城镇，弓箭手则来自遥远的内陆："他们是从未到过海边的野蛮人。"

他们的决心没有受到考验。一艘来自孟买的皇家海军战舰正在阿拉伯海岸巡逻，因而苏维恩的舰队一驶离马斯喀特，就遭到拦截。如果船只不返回海港，皇家海军发出了他们将使用足以维持不列颠治下的和平的武力的警告。苏维恩被迫保持中立。

于是，挑战就落到了巴尔加什的身上，据说他与新任的法国领事拉迪斯拉斯·科歇结盟。马吉德恳切地灌输给里格比一个想法：他正处在被谋杀的危险之中。巴尔加什最亲近的几个支持者被戴上镣铐，之后被关在拉

---

[1] 1865年1月5日里格比写给格兰特的信存放在苏格兰国家图书馆里，ms.17910。
[2] 印度人担忧的是里格比是一个典型的怀有偏见的人。1864年11月16日，他写信给格兰特，抱怨"一个肥胖的印度商人"刚刚被任命为孟买最高法院的法官，他有权推翻英国法官和地方法官的决定。

穆的监狱里。由于担心轮到他自己被行刺，巴尔加什在他位于丁香种植园里的宫殿周围部署了防御力量。在五千人进攻他的宫殿无果之后，马吉德转而向英国人寻求帮助。两艘皇家海军的战舰停泊在海港中，所以一名海军上尉指挥一百名海员和海军士兵，以加农炮、榴弹炮和火箭弹，发起了一场为期两天的进攻。大概六十名抵抗者被杀死，巴尔加什逃跑。他成功地逃过了马吉德的复仇，被英国的进攻者保护了起来。

这两场帮助马吉德对抗其兄弟的武力入侵，开启了桑给巴尔苏丹国与其保护者之间关系的新阶段。接下来的行动则更加明确和审慎。里格比告诉巴尔加什，他将被流放到英属印度。在登上皇家海军的船只之前，巴尔加什被要求公开发誓他臣服于马吉德，并且承诺在未来他决不会听从法国人的意见。[1] 他的弟弟阿布德·阿齐兹和他一起前往印度，里格比将他也视为一个麻烦制造者。但是，这场流放并不痛苦：印度政府在孟买为他们提供了一所大房子，以及一笔津贴和一辆四轮马车。

像一位家庭主妇整理后院一样，英国之后邀请马吉德和苏维恩协调他们各自的领地在未来的关系。他们没有其他选择，只能同意，一位印度陆军准将对此草拟了报告。里格比认为这份报告预示了独立的桑给巴尔——奴隶贸易不复存在——将成为向非洲内陆传播文明的一个基地。

而对于刚刚将印度从兵变的困境中拯救出来的"仁慈的"印度总督坎宁来说，解开马斯喀特和桑给巴尔之间的纠结简直是小菜一碟。1861年4月，他宣布从此以后这两个地方各自成为一个独立的苏丹国。由于马斯喀特已经陷入贫困，它除了椰枣几乎提供不了什么东西；桑给巴尔则被要求每年向英国交付四万玛丽亚·特蕾西亚银币，这对于桑给巴尔而言不是无法承受的负担，因为这相当于奴隶贸易五分之一的税收，但结果这笔费用只是不定期地被交付。

尽管被迫分离，但是两位苏丹都没有享受到多少国内的和平。五年后，苏维恩在睡梦中被他的儿子杀死，他的一位堂亲继承了王位，但是这位堂亲之后又被苏维恩的一个兄弟杀死了，而苏维恩的这位兄弟又被其女

---

[1] 里格比的日记表露出英国人对于法国人在桑给巴尔和西印度洋地区意图的担忧。

婿谋杀。[1]

尽管马吉德躲过了致命的匕首，但是他的臣属攻击他的王宫，以表示他们对皇家海军在奴隶贸易方面实施的挑衅策略的愤怒。（不可否认，一些在外海上被追捕和沉没的单桅帆船完全是无辜的。）与几年前哈默顿和赛义德·赛义德之间温和友好的关系不同，苏丹与其难以和解的敌人领事里格比无话可说。当里格比在经受三年的挫折后离开时，他的告别是匆忙且冷淡的。他的上级夸奖他的"工作有价值"，他被升任为将军，但是接下来被选派到桑给巴尔的领事，都不是反奴运动的人员，这几乎不能说是一种偶然。

此刻马吉德唯一抱怨的是，他本来希望被终身流放的巴尔加什再次出现了。但是怀有长远眼光的英国人认为，巴尔加什在流放孟买两年后变得成熟起来，而且在病弱的马吉德死后他注定成为下一任苏丹。他们想在那个时刻到来时能够掌控他。巴尔加什也知道这一点：他远离公众视野，等待时机。即便如此，马吉德仍然怀有恐惧，考虑到他们的家族历史，这一点不难理解。

这一点也可以解释为什么他花费部分财富在大陆建立了一个新的城市达累斯萨拉姆（意为"平安之港"）。参观了这座城市之后，新任美国领事弗兰克·韦布向华盛顿报告，"殿下想要使那个地方最终成为他领土的首都"。[2]1870年，他的命运走向了终点，隐居在达累斯萨拉姆宫殿里的马吉德跌倒了，伤得很严重，可能在一阵痉挛后过世，享年36岁。他留下一个女儿，所以很显然，巴尔加什最终将戴上皇家长头巾，继任苏丹。

19世纪70年代中期，英国公众一度将巴尔加什当作"他们的"其中一位外国统治者，这些外国人物似乎是从世界各地源源不断地来到伦敦，

---

[1] 作为时代变迁的迹象，苏维恩的儿子萨利姆使用一把左轮手枪谋杀其父，而不是用传统的武器匕首。

[2] 关于吉尔曼所写的达累斯萨拉姆的历史，请参见《坦噶尼喀笔记和档案》（C. Gillman, *Tanganyika Notes and Records*, no.20, Dar es Salaam, 1945）。

对帝国的中心表示敬意,并且被引导参观伦敦的各种奇观。[1]实际上,桑给巴尔严格来说不在帝国内部,但是1874年3月,大英雄大卫·利文斯通的尸体在从非洲的荒野返回其祖国的途中经停桑给巴尔,所以桑给巴尔的名字被深深地植入到英国人的民族意识里。在接下来的几年里,许多有关利文斯通的生活和去世的记述相继出版,而穿着华丽服饰的巴尔加什的版画也频繁出现在其中。

1875年夏,巴尔加什对伦敦进行国事访问,陪同他的是19世纪60年代利文斯通组织的第二次去赞比西探险的成员之一——约翰·柯克爵士,他此时是令人生畏的英国驻桑给巴尔的领事("我拥有一个专制君主的所有权力,"他后来写道,"我手中就握有一个专制君主。")。[2]苏丹见到了维多利亚女王、威尔士亲王和政府的高级官员。为了欢迎他,英国人在水晶宫举行了烟火表演,烟花将他的阿拉伯名字点亮在夜空之中。他乘坐一辆皇家专列参观位于英国北方的大工厂,还被带去参加唐卡斯特和阿斯科特的赛马会。在欧洲期间,他还访问了巴黎、柏林和里斯本。

苏丹被他所见到的事物深深吸引,所以他下令用阿拉伯语印制一本纪念册。一幅版画显示他在阿斯科特,站在一辆敞篷马车中,手中拿着观看赛马用的望远镜,他身边站着一批随行人员。一群羡慕他的英国贵族聚集在马车周围。

他的主人们太客气,以至于他们没有提醒巴尔加什,这次旅行是对他两年前屈从于英国的要求,在武力的胁迫下对那个最敏感的问题——奴隶制——做出让步的奖励。50年前宽松地环绕在赛义德·赛义德脖子上的套索,正在巴尔加什的脖子上痛苦地收紧。对苏丹强加一份新条约的决定,很大程度上是对英国公众愤怒的回应,因为大卫·利文斯通曾经发回过关于非洲内陆奴隶贸易的恐怖报告。他在英国的最后一次访问期间发表的激情演讲,将矛头直指葡萄牙人,说他们是奴隶贸易的共谋者,这些话语仍

---

[1] 1875年六七月份,《泰晤士报》《蓓尔美尔街公报》和伦敦其他一些报纸报道了巴尔加什的到访。这些消息一再出现在报纸上,甚至远至君士坦丁堡也报道了相关内容。
[2] 1902年1月7日柯克和卢格德的通信保留在卢格德的文件里,具体请参见 mss. Brit. Emp. s.69, Rhodes House, Oxford。

然回荡在英国人的民族意识中。之后,1872年秋,在威尔士出生的美国记者亨利·莫顿·斯坦利从寻找利文斯通的远征中返回,他带回的英雄博士的信件,记录了利文斯通在坦噶尼喀湖以外的未知地域亲眼看见的阿拉伯奴隶贩子的暴行。

接受调遣与巴尔加什打交道的人是巴特尔·弗里尔爵士,他是印度政府的一名高级官员。[1]他服从命令带着一封维多利亚女王的信,于1873年1月前往桑给巴尔,这个消息预先传到了桑给巴尔,在当地激起了巨大警醒,以至于桑给巴尔岛上的清真寺举行了特殊的祈祷。但是,这些祈祷仍然未能阻止四艘英国战舰抵达桑给巴尔海港。一艘美国战舰也出现在那里。

弗里尔在所有海军军官的陪同下,穿着全套仪式礼服,带着柯克和领事馆工作人员,穿过桑给巴尔的街道,将这封信送往巴尔加什的宫殿。愠怒的人群看着队伍从他们身边走过。苏丹鸣响礼炮致意,而英国战舰轰响枪炮以示回应。后来,弗里尔告诉外交部,苏丹接过那封信,"并且按照东方的礼仪将它举过头顶,以示尊敬"。在充分了解信的内容后,巴尔加什可能更想将它扔在地上踩上几脚。

几个月过去了。巴尔加什拒绝屈从英国的要求:他必须命令他的臣属终止所有的海上奴隶贸易运输,并且关闭他领地内的所有奴隶市场。他提出反对理由:在过去一年里丁香种植园因为一场飓风受损严重,所以来自大陆的新鲜劳动力对于恢复种植园和复兴经济至关重要。可以引进新的条约,但要循序渐进,否则会引起叛乱。"我的双眼前各有一只长矛,"巴尔加什大喊,"我该选择穿过哪只眼睛呢?"

那些令人敬佩的顾问们敦促他继续抵抗,他还与德国和法国取得联系,希望得到他们的保护。弗里尔愤怒地离开了,他将谈判交给柯克处理,但是巴尔加什仍然拘泥于细节。5月24日,即维多利亚女王的生辰,巴尔加什下令鸣响二十一门礼炮致意,并且给柯克送去一整只烤羊。第二天晚上,他去英国领事馆参加招待会。可以想象,席间的谈话死气沉沉,

---

[1] 阿卜杜勒·谢里夫在《桑给巴尔的奴隶、香料和象牙》(Abdul Sheriff, *Slaves, Spices and Ivory in Zanzibar*)一书中生动地再现了弗里尔的到访情景。

但是在巴尔加什离开之前，他注意到一个桌子上放着一本圣经。他大胆地对旁边的几个传教士提出了反驳："这是一本好书，而且它也认可奴隶制是一种习俗。"

他不知道柯克正在选择出击的时机，10天前柯克从英国内阁接到了新的命令。苏丹将被告知，皇家海军的战舰正在来桑给巴尔的路上：如果他不签署条约，桑给巴尔岛将遭到封锁。一周之后，柯克带着最后通牒来到宫殿，"我不是来讨论问题的，"他说，"我是来下达指令的。"当巴尔加什说他希望前往伦敦提出他的见解时，他被告知他将被禁止离开该岛，这是对他统治权的彻底挑战，同时也预先阻止他实施另一个计划：他本来打算前往大陆，从那里发起一场抵抗运动。

德国和法国都没有回应巴尔加什请求支持的提议，他甚至绝望到想要退位。1873年6月5日，他放弃抵抗，签订了一份声明，它被张贴于桑给巴尔的海关。这份声明禁止海上奴隶贸易活动，并且关闭奴隶市场。此时，每个人都知道最终的权力掌握在谁的手中。

50

会见内陆的首领

似乎有理由相信世界上最好的地区之一正一片荒芜，它被四周环绕的瘴气所笼罩，并处于野蛮的无政府状态。我们中的一些人认为，这样一个拥有得天独厚的自然资源的地方，应该拥有更好的前景，而非洲的发展正是发展中的世界将要迎来的一步。

——伦敦《泰晤士报》的社论，1873 年 12 月 9 日

到 19 世纪 70 年代，在地图上划出来的白人旅行者的旅行线路，开始使非洲看起来像是被小人国居民抓住的格列佛。在伯顿和斯皮克对于大湖区的探索之后，斯皮克又组织了一场更加野心勃勃的探险，这次陪同他探险的仍是一名印度陆军军官——上尉詹姆斯·格兰特。他们开拓了一条从桑给巴尔抵达开罗的陆路，这条路经由维多利亚湖（斯皮克为了表达对女王的忠诚如此命名）和尼罗河。[1]

很多军人效仿他们。其中之一是陆军上校查尔斯·夏耶·朗，他是一个美国人，从苏丹抵达维多利亚湖，并且就自己的经历写了一本名为《赤裸民族的赤裸真相》(Naked Truths of Naked People)的书。[2] 另一位是阿尔伯特湖的"发现者"——闹腾的塞缪尔·贝克，他在别人用力拍打苍蝇的时候射杀大象。而苏格兰海军军官弗尼·洛维特·卡梅伦是第一个从东到西

---

[1] 关于这场旅途（最后斯皮克给皇家地理学会发电报称"尼罗河确定下来了"）的众多记录中最著名的是艾伦·穆尔黑德的《白尼罗河》（Alan Moorehead, The White Nile, London, 1960）。

[2] 夏耶·朗在他的引言中引用了法国地理学家维克托·马尔特-布兰的话,他对此很赞同,他也认为非洲是世界上最后一块"为欧洲人所控制正等待戴上有益于发展的法律和文化之轭"的土地。

穿越非洲大陆的欧洲人,他带着45名配备斯奈德后膛枪的黑人火枪手从桑给巴尔出发。特别好斗的则是亨利·莫顿·斯坦利,他在美国内战期间曾为南北双方都服过役,他认为将一个人称作"斗士"是对这个人的最大赞美。

这些随时准备好枪支的开拓者的风格,与那些更为学者化的旅行者截然不同,后者大部分是德意志人,例如海因里希·巴尔特,19世纪50年代早期巴尔特细致地研究了沿撒哈拉沙漠南部边界生活的多个民族的文化。然而,如果认为在早期挣扎地穿过非洲的最凶猛甚或最市侩的欧洲人像统治民族一样在非洲行动,那就错了。他们完全没有资格自大,因为非洲仍然属于非洲人,非洲人将这些红脸、穿着不适合的服装的不速之客当作非常奇异的人对待。让白人通过他们的领地是他们发善心而已。

每个酋长对他子民的责任是在他在位期间发现谁是入侵者,以及入侵者的目的是什么,一旦他确定了这些信息,他们必须等待,因为在非洲人们有很多时间。酋长还拥有强制征税的权力,这项权力由来已久,它一般被称作"hongo"。如果陌生人中有人变得不够耐心,并且选择以武力前行,在所有的非洲习俗中都算是一种挑衅,如果出现第二个人这样做,他们一定会实施报复。

每个小酋长的拖延策略,以及无止境地索要税收的行为,当然令人恼怒。但是不到万不得已旅行者一般不使用武力,因为一旦出错,在"黑暗大陆"的辽阔地域里,他们几乎不可能得到救援。甚至向外界递送消息都是一场赌博:即便送信者带着信抵达海岸地带,这场旅行可能也要花费几个月的时间。

早期旅行者的日记显示,他们发现适应非洲的节奏、顺从东道主的习惯才是明智的选择,特别是当他们和一位重要的统治者待在一起的时候。的确是这样,他们甚至会得到某些补偿。在与布干达年轻的"卡巴卡"(意为国王)穆特萨相处的6个月里,约翰·斯皮克和詹姆斯·格兰特发现,非洲的社会生活给予他们足够的机会将维多利亚时代的禁忌丢到一边。

1863年末,斯皮克的书《尼罗河源头何处》得以出版,这本书引发的轰动不是一星半点。英国政府和公众负担了这次探险的费用,而这本厚达600页的书所叙述的磨难和成功的故事充分证明他们的钱没有白花。但是，一些评论家对那些生动的描述感到震惊，它们的篇幅几乎占了这本书的一半，特别是关于斯皮克在布干达的活动，它位于维多利亚湖北岸，是一个富有和强大的王国（现代乌干达的核心部分）。

很显然，一开始两名白人军官完全在穆特萨的掌控之中，他们的生死只在他的一念之间。更令人震惊的是他们和穆特萨的女眷的关系。一名年轻的英国陆军军官告诉黑人太后找一个新丈夫是治疗失眠的良方，这是否恰当？根据斯皮克的记述，这位太后提供给他两名活泼的处女，她们住在他的房间里。一位评论家暗示，这一定使他处于一种"尴尬的境地"。斯皮克再三描述布干达的女性"卖弄风情"和"魅惑"的行为。这些记述使人们不禁担心，这位劲头十足的陆军上尉的行事可能不完全符合一位帝国代表的礼仪。

如果读者们能够在出版商删改这些内容之前看到斯皮克手稿的原始证据，他们就不可能减缓这方面的担忧。[1]一个完全被删除的事件讲述了他是如何被给予第三个女人并将她带回家，于是那两个已经住在他家的女人坚持一整晚和她聊天："她们没有像平时那样上床就寝，而是三个人都睡在地上。我失去了耐心，无法再当一个惧内的丈夫……"

斯皮克还讲到他如何背着穆特萨最喜欢的妻子渡过一条小溪。她的"表情恳切，袒胸露乳，并且伸出双手，十分性感撩人……我没办法抗拒，只能顺从"。他认为她"焦急地想要知道白人男人怎么样"。这本书的原始手稿以及詹姆斯·格兰特的个人日记揭示，斯皮克不仅给太后提供失眠的补救方法，还为她的月经不调提供建议。

这些还不够，"卡巴卡"决定询问他的阴茎尺寸："穆特萨不相信短小的阴茎和长的阴茎一样好，因为……短小的阴茎只能敲打门扉。"斯皮克向这位年轻的统治者一再保证，而且在那之后他认真地给出了英国人对于因太过年幼而过度纵欲所导致的危险的建议，"举个例子，由于母亲和看护的愚蠢和空虚，法国、土耳其和阿拉伯在年幼时就被给予性款待的男孩

---

[1] 有关斯皮克在布干达的经历的原始材料以及与其相关的信件存放在苏格兰国家图书馆里（Blackwood mss. 4872）。

早早就失去了他们的能力，他们就很可悲"。

甚至在爱丁堡的出版商已经谨慎地删除了这些小插曲之后，斯皮克在和非洲人的交往中仍然是和蔼可亲、思想开放，并且不受拘束。与伯顿不同，他和格兰特从来不认为非洲人天性低劣，而只是认为他们不幸地被隔绝在文明的主流之外。和印度军队中许多他的同时代人一样，斯皮克也觉得比起印度人他更了解非洲人。（他的《尼罗河源头何处》插图版的第一章有一幅讽刺画，画的是桑给巴尔的一个印度商人，这幅画被轻蔑地冠以"注视账簿的菩提树"的标题。）

他的书在查尔斯·达尔文详细阐述其进化论之后仅4年就出版了，而持"多元发生说"的人仍然认为非洲人与白人，特别是盎格鲁－撒克逊人，是完全不同的人种。[1]而斯皮克完全没有这些偏见。在《尼罗河源头何处》引言的开篇，他写道：

> 说非洲人没有接受指导的能力，这只是一个谬论，因为在我们的学校接受教育的几个非洲男孩比我们学习东西还要快。此外，他们中有些人的狡猾程度和机敏反应的能力相当令人惊讶，尤其是他们善于适当地说谎而非说实话，他们的即席说谎方式让人觉得非常逗趣。

斯皮克真诚地关心在他史无前例的旅程中所遇到的人们的福祉。在他的书出版之后，他敦促欧洲人向中部非洲"伸出援手"。英国的回应寥寥，所以他感到很沮丧，不得不转向其他地方。1864年8月25日，他觐见了法国皇帝。他兴高采烈地从巴黎的格兰德饭店给家乡写信："他对于我提出的建设一个新帝国的前景感到非常高兴，并且说当我在尼罗河流域逐步探索那片区域时，他会从加蓬向东开拓，'直到他使得两个大洋汇合'。"

---

[1] 罗伯特·E.范彻在《弗朗西斯·高尔顿的非洲人种志及它对其心理学发展的影响》（Robert E. Fancher, Francis Galton's African ethnography and its role in the development of his psychology, *British Journal for the History of Science*, No.16, 1983）一文中，讨论了持"多元发生说"和"人类同源论"的人之间的种族争论，以及《热带南部非洲》（Francis Galton, *Tropical South Africa*, 1853）的作者弗朗西斯·高尔顿的影响。

法国皇帝的夸张承诺根本没有实现。3周后，斯皮克开枪自杀，而在此之前的几个小时他还与理查德·伯顿公开争辩尼罗河的源头。因而，这个开枪事件被宣布为一场意外。[1]

十多年过后，才有另一支欧洲人带领的探险队成功地从东非海岸抵达布干达。新来者是亨利·斯坦利，他在1871年成功地找到利文斯通的壮举仍然令皇家地理学会的高级官员愤恨不已，因为此举被设法用于提振纽约的一份报纸。此时，斯坦利已开始凭借多项成就赢得名望，这些功绩大大超越了之前他在热带非洲的旅行成就，因此诋毁他的人最好保持沉默。他自愿接受的任务之一是环航维多利亚湖，他的环航成功了，并对它进行了第一次精确调查。

一到达布干达，他就对它的道路、建造优良的房屋以及生意盎然的农田十分吃惊。从一开始，布干达民众的举止和"还未达到应有水平的文明程度"都让他感到震惊。他描述他从维多利亚湖到达穆特萨的国家："还有半英里远时，我看到海岸边排成两列的密集队伍，在队尾站着几个衣着华丽的人，他们穿着深红色、黑色和雪白的衣服。当我们靠近海滩时，步枪突然齐鸣……数不尽的定音鼓和低音鼓发出震耳欲聋的响声欢迎我们，人们挥舞着大小旗帜，打着横幅，大声叫着。"从那之后，一个惊讶接着一个惊讶。

最没有想到的是穆特萨[2]留给他们的印象。之前斯皮克在布干达时，这位国王还只是一个冲动的年轻人，喜怒无常并且行事残忍。而这时他似乎显得十分自信："穆特萨令我印象深刻，他是一位富有智慧且杰出的君主，如果有正直、仁爱的人辅佐他，假以时日，他将为中部非洲做出更多贡献，相比单纯的50年福音教导，它的作用大得多。我认为，我在他身上看到了照亮这片愚昧地区的黑暗的光明。"这些话出自一个总是揭露美国新闻

---

[1] 斯皮克一生都在和枪炮打交道。如果他注定死于一场意外事故（他几乎直接射穿了自己的心脏），令人震惊的巧合是时间正好是他和伯顿辩论那天。

[2] 斯皮克对于穆特萨名字的拼写是"Mutesa"，而斯坦利的拼写则是"Mtesa"，但是他们指的应该是同一个人。——译者

业腐化的人之口，算得上是惊人的赞美。

斯坦利认为他具有一项道德使命，他必须保持冷静，不能像斯皮克那样落入调情嬉戏的陷阱，从而授予那些评论家口实。斯坦利对布干达女性魅力的记述为数不多，其中有一处是当他拜访穆特萨时，他发现穆特萨身边围绕不少妻妾，"我一出现，就被两百双光润的眼睛所注视"。斯坦利关于布干达的八章内容，大部分是讲述他如何帮助穆特萨进行一场战斗并且提高他的射击能力，以及劝说他放弃对伊斯兰教的信仰转投基督教。[1] 在斯皮克来访的十年里，阿拉伯商人已在布干达首都安置下来，并且不断传播他们的宗教。斯坦利觉得穆特萨的处事已取得很大进步，在这方面他们功不可没，但是他想当然地认为基督教传教士一定会做得更好。

斯坦利写的诗《穿过黑暗的大陆》(*Through the Dark Continent*)就像一根正在抽打的鞭子一样有力，但是每当他写到宗教时，他总是带有一种强烈的欺骗口吻。这一点在他从布干达发出的一封信中体现得更明显，这封信必定会在东非引发空前的传教热潮，并且会加速殖民主义的到来。

他被印在伦敦《每日电讯报》和1875年11月的《纽约先驱报》上的信是夸大其词的杰作：

> 但是，虔诚且讲求实际的传教士将来到这里！这是一片多么适宜用福音书征服的成熟土地啊！穆特萨将给予他所需的一切：房屋、土地、牲畜、象牙等。有朝一日，他将拥有自己的行省……讲求实际的基督教导师，能够教会人们如何成为基督徒，治疗他们的疾病，建造房屋，了解农业，能够从事一切职业，比如水手，这里需要这样的人。如果能够找到这样的人，他将成为非洲的救世主。

同样的话还有很多。斯坦利估计，穆特萨有两百万等待拯救的臣民："绅士们，这里有你们的机会，把握住它吧！"如果穆特萨知道他和他的

---

[1] 与基督教相比，伊斯兰教在布干达居主导地位长达25年。1844年，一位叫作艾哈迈德·本·易卜拉欣的桑给巴尔商人到达布干达。

臣民被如此之多的华丽辞藻描述，他可能会很高兴。他迫切希望欧洲人出现在布干达，因为他认为这可能有助于他抵御埃及人，他们威胁将从苏丹和尼罗河上游（这条路线之前曾被夏耶·朗占据）入侵大湖地区。如果说斯坦利有什么依凭，那就是欧洲人有很多枪炮，而枪炮和他的七百名妻妾是穆特萨生活的主要兴趣。宗教不是他最深的忧虑：他从未完全接受伊斯兰教，因为他无法忍受割包皮的想法，而公开宣称对基督教的渴望只是为了诱骗过于热忱的斯坦利。但是，外部世界不知道这一点。

在德意志，年迈的路德维希·克拉普夫读了这封信的译文，他写信给伦敦的圣公会差会，敦促他们立刻行动，加入在非洲大陆中心对抗伊斯兰教的战斗。这时恰逢疟疾导致接连不断的死亡，热带非洲的传教活动再次陷入低潮的时刻：1875年初去世的查尔斯·纽是新近的死亡人员，他是一名工人，也是一个有社会主义理想的卫理公会派教徒，他生活在乞力马扎罗山附近的聚居区，还由于是第一个攀登到乞力马扎罗山雪线的欧洲人而被称颂。[1]

各方对斯坦利的挑战的回应热情非常强烈，以至于利兹市的百万富翁隐士罗伯特·阿辛顿提议，如果克拉普夫任领队，他将资助一支基督徒探险队前往布干达。克拉普夫拒绝了他的提议，他知道他的旅行时代早已过去，但是其他人勇于尝试。在六个月之内，先锋队伍抵达桑给巴尔。但是，抵达布干达则是另一回事了，在斯坦利吹响号角过去整整三年，第一个到达那里的是一名新教徒，他是顽固的苏格兰人亚历山大·麦凯。他的几个同伴被杀或死于热疫，其他人因病返回英国，还有很多人会在十年里付出最后的代价。

英国圣公会差会还有另一个危机要应付。罗马天主教突然也想要赢得中部非洲的核心，所以1878年6月，一支由十个白人神父组成的队伍从桑给巴尔对岸出发，向布干达进发。他们足够显眼，因为他们穿着僧侣长袍，脖子上戴着的诵经用的念珠还坠着十字架。五百名搬运工和火枪手组成了

---

[1] 在1862年到达非洲之前，一位叫作纽的鞋匠拥有与像夏耶·朗那样的军官不同的看法，十分引人注目。他写道："非洲是非洲人的非洲，而非洲人属于非洲，这应该是所有希望这个国家和这里的人民幸福的人的座右铭。"

这支旅行队，它的规模展现了他们的决心。大部分白人神父是法国人，这也是为了震慑英国人。争夺非洲的宗教战打响了。

在欧洲有机会对他的信件做出回应之前很长时间，斯坦利从布干达继续向前推进。向西南方向朝坦噶尼喀湖行进时，他穿过了米兰博的领地，米兰博是他在穿越非洲的旅途中遇到的三位具有历史影响力的领袖中的第二位。[1] 五年前，他去坦噶尼喀湖寻找利文斯通时，他差点遇到这位伟大的尼亚姆韦奇人的战争领袖。之后，他在塔波拉的阿拉伯人的诱惑下，在战争中帮助他们对付米兰博。斯坦利只参与了一场小规模战斗，因为他的主要目标还是继续前行寻找利文斯通。但是，对于那个时候几乎不为人所知的米兰博，他仍收集了足够多的信息，他称米兰博为"非洲的拿破仑"，他还将米兰博描述为一位聪明的年轻首领，有偷盗行径和在丛林作战的天赋。

1871年，米兰博几乎占据这一地区主要的阿拉伯人据点塔波拉，他烧毁了大部分房屋，获得大量象牙。他还伏击并杀死了塔波拉最卓越的居民——阿曼商人哈米斯·本·阿卜杜拉。此前哈米斯曾发誓杀死米兰博，就像几年前他将尼亚姆韦奇人的首领"反叛者"马努阿·塞拉斩首那样。

斯坦利在《我如何找到利文斯通》一书中对米兰博的记述早就给出了暗示，这位有着非同一般才干的非洲领袖统治着坦噶尼喀湖东北方的广阔区域，并且像他不幸的前任马努阿·塞拉一样，试图打破阿拉伯人的商业垄断。他的部分军队有传统的恩戈尼战士（被斯坦利称作可怕的"鲁加－鲁加"）的后裔。

后来，更多关于米兰博的事实传到桑给巴尔，那里的外国领事馆仔细研究了这些信息：他的真实姓名是麦耶拉·卡桑达，他出生于一个显贵家族，20岁时，他开始用假名"米兰博"称呼自己，意为"尸体"，以作为对他敌人的一个冷酷警告。他身材高大，仪表堂堂。他很早就意识到无法只依

---

[1] 诺曼·本内特写的传记《坦桑尼亚的米兰博》（Norman Bennett, *Mirambo of Tanzania*）搜集了广泛的材料。杰尔姆·贝克尔的《非洲人民的生活》（Jerome Becker, *La Vie en Afrique*）中的版画，以及英国传教士 W. G. 威洛比拍摄的一张照片表明，这位"黑人拿破仑"深沉而高贵。

靠长矛就驱逐阿拉伯人，所以他用火枪武装他的战士，用象牙购买大量火枪或者靠劫掠阿拉伯人的商队来获取它们。

桑给巴尔的苏丹焦急地想要对抗这个精力充沛的异教徒敌人，以保护他在大陆的统治领地，他派出一支三千人的队伍前往塔波拉，这支队伍主要由来自俾路支的雇佣军构成。由于缺少食物并且领导不力，苏丹派出的作战队伍没有取得什么进展，但它耗费了十万银币，苏丹不得不提高桑给巴尔的象牙和丁香的税收，以偿付这笔开支。

米兰博明显的弱点是缺乏武器，所以苏丹在沿海对武器实行严格封锁。1874年初，给苏丹出这个主意的英国领事自满地向外交部报告，米兰博"完全没有弹药"，不再需要害怕"他或者他的追随者"。但是，米兰博生存了下来。他统治的松散帝国从维多利亚湖的湖岸一直延伸至坦噶尼喀湖的最南端。这个时候，他宣布与阿拉伯人休战，但是他希望趁此时机，能够从自己的族人和他的臣属中召集起一支七千人的队伍。

1876年，当斯坦利见到他时，米兰博已接近他攫取的权力巅峰。他的首都乌兰博是一个拥有几千居民的城镇。他从乌兰博向外进军的消息，吓坏了斯坦利当时旅行正经过的乡村的村民，但是"非洲的拿破仑"并不醉心于战争。他只是热衷于揣度经过他的领地的白人。米兰博派出三名使者打头阵，他们是他的侍卫，这几个人穿着蓝色和红色外套，戴着白色长头巾，询问斯坦利是否愿意与他会面。斯坦利回答，他将"满怀喜悦，和酋长结成亲密的友谊"。

在他们初次握手之后，斯坦利觉得他自己"已完全被这位非洲绅士迷住"，米兰博与那些阿拉伯人留给他的印象完全不同。他在日记中写道：

> 今天对我而言将是难以忘怀的，因为我拜访了著名的米兰博……他身高五英尺十一英寸，大概35岁，身材匀称，没有一丝赘肉，相貌英俊，五官端正，讲话温文尔雅……他外表温顺谦逊，目光平和，言语亲切，丝毫没有表现出五年来他在非洲中心展现出来的拿破仑般的天才。

那天晚上，他们歃血为盟。每个人都在右腿膝盖稍微往上的部位切开一个小口子，接了一些血，擦在另一个人的伤口上。他们一起宣誓：如果兄弟之情破裂，"那个人将被狮子吞噬，被毒蛇毒死，自食苦果，朋友也将离去，枪支将伤害他自己，一切厄运都将伴随他，直至死亡"。第二天，他们各自继续走自己的路，米兰博送给他的新兄弟五个护卫，以确保他不会因被索取税金而有所延误。而斯坦利的告别礼物是一把手枪和一些弹药，很有代表性。

他是第二个见到米兰博的白人，只是因为他的名声更响亮（以及最终的悲剧），使得人们更多地把注视的焦点放在他身上。第一个见到米兰博的白人是年轻的瑞士象牙商人菲利普·布鲁瓦永，他在几个月前冒险进入内陆。米兰博赠予他一所房子和一个妻子，并且邀请他在乌兰博定居。斯坦利在行进途中听说了布鲁瓦永，向他求助获取各种东西，包括蓖麻油和泻盐。布鲁瓦永给他寄回了蓖麻油，还有两块橄榄皂，以及几份六个月前的《费加罗报》。

六个月之后，斯坦利到达坦噶尼喀湖西边的曼耶玛国。他即将进入最糟糕的旅行阶段。他知道如果他能够抵达非洲最后一条地图上未标明的大河刚果河的主航道，并且沿着它抵达大海，他就将创造历史。但是他的尝试也可能带来死亡，与他一起探险的一百五十个幸存者中包括他的几个妻子和孩子，以及与他一起开始这场远征的三个白人助手中唯一还活着的弗兰克·波科克。这时候，探险队进入了一片密林，沿着一条阴暗泥泞的河流前行，他们可能最终到达刚果河。

斯坦利当时的恐惧不是面对这片完全未知的陆地，而是害怕他的人几乎都要逃跑。他们到达了几个猎获奴隶和收集象牙的内陆定居点，它们由阿拉伯人和斯瓦希里人经营。逃亡者可以在开始返回桑给巴尔的长途旅行之前，轻易地躲藏在这些定居点里。他唯一使得远征队一同前进的机会是在行进的过程中找到方法错过定居点，当定居点远到他们如果返回就很可能被树林中的敌对居民杀死时，他们就只能选择继续前行。

蒂普·蒂普能够将斯坦利从窘境中解救出来，前者的真实姓名是哈米德·本·穆罕默德。[1]这位象牙贸易的主导者是19世纪后半叶中部非洲内陆三位最有权力的人物之一。他年轻时是一个典型的奴隶猎人，他在回忆录中记述了多次猎捕活动，其中一次活动就清楚地表明了这一点："我深入到扎拉姆国的每一个地方，在五天的时间里捕获了八百人。他们称我为'金古格瓦'（Kingugwa，意为猎豹），因为猎豹到处任意攻击猎物。我给他们戴上镣铐，带着他们回到姆坎巴。"在他见到斯坦利时，他的名声和财富使他几乎可以行使苏丹的权力。他为前往海岸地带的商队招募了两千多名搬运工，每个搬运工都背着一颗象牙。

蒂普·蒂普的外号源自他的枪声，在某种程度上，他比穆特萨或者米兰博都更重要。他活了很长时间，在面临无法阻挡的欧洲人进军时仍然徒劳地想保住他的庞大领地。直到这件事没有任何希望，他宣称自己是遥远的桑给巴尔苏丹的真正臣属，并且坚称他的土地属于苏丹的帝国。

斯坦利曾在一个更为遥远的阿拉伯定居点遇到蒂普·蒂普："他个子很高，蓄着黑胡子，肤色很黑，正值盛年，身材挺拔，动作敏捷，一副精力充沛的样子。他的面相很聪慧，只是眼睛不时神经性地抽动一下。"会见欧洲人对蒂普·蒂普而言并不新奇。他几乎在桑给巴尔长大，在他旅行进入内陆期间，他遇到了利文斯通，给过后者食物，在返回海岸地带时，他还帮利文斯通带信给英国领事约翰·柯克爵士。近来，他还帮助海军军官弗尼·洛维特·卡梅伦寻找一条安全通往安哥拉的道路。

尽管蒂普·蒂普具备阿拉伯人的所有礼仪和想法，但是他的根仍在非洲。他的祖先数代居住在斯瓦希里海岸（他们与19世纪40年代抓住机会跟随赛义德·赛义德来到桑给巴尔的阿曼的阿拉伯人非常不同），他的祖母是一个奴隶。他父亲的第二任妻子是一位非洲酋长的女儿。他把米兰博当作自己的朋友，尽管阿拉伯人阴谋挑拨他们之间的关系。他们之间相互尊重，达成永不与对方作战的协定，因为他们两个人隔着坦噶尼喀湖遥遥相对，都是湖岸边大片领地的统治者。

---

[1] 蒂普·蒂普（这个名字耳熟能详，有各种不同形式的写法）是斯坦利写的3本书中的主要角色。他的自传和莱达·法兰特的传记有这个人的一些照片。内容最广泛的研究是雷诺的《蒂普·蒂普》（F. Renault, *Tippo Tip*, Paris, 1987）。

在1876年10月斯坦利见到他时，蒂普·蒂普已经9年没回桑给巴尔了，但是他定期派商队运载象牙和奴隶前往海岸地带。印度穆斯林商人领袖塔里亚·托潘，在桑给巴尔为他积聚财富。给蒂普·蒂普留下深刻印象不是一件容易的事，但是斯坦利和他第一次见面之后就成功做到了。在回忆录中，蒂普·蒂普这样写道：

>第二天早上我们去见他，他向我们展示了一杆枪，告诉我们："这杆枪可以射出15发子弹！"我们还没见过能发射15发子弹的枪支，也没有人知道有这种枪。我问他："从一个枪管里吗？"他说是从一个枪管里射出的，所以我让他现场试射以便我们可以见识一下。但是，他说他射击一次要花费20—30银币。我认为他在说谎……我对他说："在鲁马米有一张弓能射20支箭。当你开弓时，20支箭一起发射，每支箭杀死一个人。"他听说之后走到外面射击了12次。之后，他用一把手枪射击了6次。他回来坐在露台上，我们对此惊讶不已。

这个事件之后，斯坦利很快和蒂普·蒂普达成一份协议：如果蒂普·蒂普的人随同他的队伍一起远征两个月，他将向他们提供一笔价值5000玛丽亚·特蕾西亚银币的巨款。这笔钱以及对他勇气的挑战形成了双重诱惑，使得蒂普·蒂普难以抵抗。他的家庭成员努力劝阻他："什么，和一个欧洲人一起走，你是疯了吗？你有大量象牙，为什么还要跟随一个无信仰者？"蒂普·蒂普让他们管好自己的事，然后和斯坦利签订了协议。几天后，他们就出发了，他们中一部分人乘坐独木舟，岸边悬伸出来的树枝投下阴影，使得河面显得比较阴暗，还有一部分人沿着河岸进发。他们与敌对的村民进行了一系列交战，对方从茂密的树林里向他们发射毒箭，但是他们继续前进。

蒂普·蒂普的人与远征队离别的重要时刻来临。蒂普·蒂普警告斯坦利远征队的人，如果他们有人在他返途时试图跟着他到达坦噶尼喀湖，他"一定会杀死他们"。蒂普·蒂普在回忆录里曾提及这个事件，但是斯坦利没有记述这件事。他则绘制了一幅他们在离别前夜于丛林空地尽情欢庆的画，这场庆典以享用大米和烤羊肉等美食圆满结束。第二天一早，1876年12月28日，当远征队的成员划着独木舟进入"未知地域闪闪发光的入口"时，斯坦利透过树林，隐隐约约听到蒂普·蒂普的人唱诵的告别歌曲。

在这场长达10年的旅行中，整个非洲的历史轨道都将有所改变。

51
一个博爱的苏格兰人的失败

> 尼亚姆韦奇人无疑是一个精力充沛的民族。在酋长米兰博的英明领导下,他们成功地抵御了阿拉伯殖民者的暴政,他们的国家有望成为繁荣且和平之地,即便不是一个文明国家。在过去的两年里,一个传教站在米兰博所在城镇的邻近地区建立起来。酋长米兰博下定决心要使他的国家和人民屹立于文明民族之列,在他的带领下,他们已经取得了一些惊人成就。
>
> ——伦敦传道会的爱德华·霍尔,1883 年

随着越来越多的火枪落入拥护米兰博和相较而言势力弱一些的其他军事领袖的战士之手,非洲大陆的势力均衡局面发生了变化。可能是这些武器的性能经常不稳定,所以他们用一个古老的说法嘲弄这种现象:当一个人在桑给巴尔吹奏长笛时,远在大湖区的人会跟着他的曲调跳舞。桑给巴尔的商人数量不足,而且他们也没有兴趣投入到对持有枪炮的非洲丛林中的人的征服战争中。如果将大陆的奴隶投入战争,这将剥夺岛上种植园的劳动力。此外,在任何情况下,他们都有可能逃跑并且反过来对抗他们之前的主人。

所以,苏丹巴尔加什依赖像蒂普·蒂普那样将财产和家庭都安置在桑给巴尔的强盗的活动,他宣布对东非的大片区域拥有主权。他们每隔几年会从内陆的封地到达巴加莫约,从那里渡海抵达桑给巴尔岛,向巴尔加什鞠躬以表达对他的忠诚。由于没有其他人强调对大陆的统治权,当然,除了其固有的统治者之外,巴尔加什对于他们确保所有的大陆出口物,如象牙、野生橡胶和柯巴脂,通过大陆运抵桑给巴尔的情况感到满意。

他正在收取的关税足够偿付他从印度金融家处举借的债务，因为岛上出口物的价值已经从1843年的76.5万银币增长到1879年的400多万银币。在海岸地带，阿拉伯人经营的大种植园使用黑人奴隶劳动力；而荒芜了两个多世纪的马林迪城再度显得生机勃勃，它被玉米和芝麻农场所环绕。

东非贸易如此繁荣的一个主要原因是期待已久的苏伊士运河的开通。尽管英国在运河建立之前十分担心，它可能成为威胁英属印度的法国帝国主义的工具，但是结果并非如此。1875年，首相本杰明·迪斯雷利秘密向罗斯柴尔德家族借贷400万英镑，从破产的埃及总督伊斯梅尔手中购买了他的全部股票，从而得到运河公司43%的股份。皇家海军在直布罗陀、马耳他和亚丁的基地控制着地中海和红海。因而，苏伊士运河加强了英国与印度，以及整个印度洋的联系。[1]

所有这些都意味着桑给巴尔不再处于印度洋的安静一隅，不再隐没在非洲漫长的东侧海岸。从瓦斯科·达·伽马的时代起，将近4个世纪，从欧洲到桑给巴尔岛的唯一海路是通过好望角，但是此刻这条运河拉近了东非与北半球工业地区的距离。（一个意外的结果是美国与桑给巴尔的贸易量急速减少，地理因素严重阻碍了新英格兰商人。）

因此在19世纪70年代中期，对于苏丹和领事约翰·柯克爵士而言，前景似乎令人愉快。在暖人心房的欧洲之行后，巴尔加什撇开了因1873年反奴隶制条约而受到的羞辱，他拥有的财富可以为他的臣民带来一些进步，这是一位有自尊心的君主应做的事情。刻有他名字的硬币被铸造出来。清洁的泉水通过管道从内陆流到桑给巴尔城，以取代被严重污染的井水。欧洲人还将苏丹不愿意按照传统方式公开斩首囚犯视作另一项进步，那些罪大恶极之人被关在桑给巴尔的监狱里流汗。

每到日落时分，巴尔加什都会和他的侍臣站在宫殿的阳台上，眺望大海另一边的大陆，直到大炮轰鸣，国歌奏响，血红的旗帜被降下旗杆。另

---

[1] 潘尼克尔在《印度与印度洋》（K. M. Panikker, *India and the Indian Ocean*）一书中强有力地提出，苏伊士运河已成为"英国和印度的联系中最稳固的一个链条"。

外，尽管有1873年条约，但是他的臣属仍没有放弃奴隶贸易。与条约的要求完全相反，柯克估计，每年仍然有3.5万名黑人俘虏从内陆地区被带到东非海岸。[1]

巴尔加什从欧洲回到桑给巴尔之前还没有子嗣，之后他的妻子（他唯一的妻子）给他生了两个儿子。[2]当他的儿子还是婴儿时，巴尔加什温顺地询问英国人，如果他死了，而他的儿子还未成年，他们是否能够保证他们继位并且照顾他们。英国人隐晦地表示，这种行为可能会被解读为干预，违背英法之间关于桑给巴尔独立的条约，从而拒绝了巴尔加什的请求。实际上，英国人想要避免做出谁可能成为下一任苏丹的承诺，如果这两个孩子中确实有一个的话。比巴尔加什活得久的那个儿子继位的时刻终将到来，而到那个时候，英国的干预将以一种最具毁灭性的形式呈现。

领事柯克很乐意展示他对巴尔加什的尊重，以使得苏丹同意签署1873年反奴隶制条约。而私下里，他向他的朋友暗示，他独立管理桑给巴尔会更好，这样就无需与"无知的苏丹"浪费大量时间"讲废话"。[3]柯克表面上稍示虔诚，实则是一个相当自负的人，而且他一直利用曾与大英雄利文斯通一起探险的经历为自己谋利。亨利·斯坦利在第一次介绍柯克时写道："那一刻我想他明显抬高了他的眼皮，整个眼珠显露出来。如果我能定义这样一个动作，我会将它称为一种宽广的凝视。"柯克厚脸皮地奉承他认为重要的人，但是一位美国记者不在其列。当斯坦利的钢笔画出现在《我如何找到利文斯通》一书中时，柯克永远不会原谅他。

然而，被激怒的领事柯克无需担心新闻记者的漫骂会影响他在伦敦官

---

[1] 尽管阿拉伯人从东非出口的奴隶数量在19世纪70年代每年已达到3万人，但是这种情况可能被高估了。在那个时代，桑给巴尔的奴隶数量超过18万，而总人口只有20万左右，具体请参见埃斯蒙德·B.马丁和瑞安的论文《东非的阿拉伯奴隶贸易数量估测》（Esmond B. Martin and T. C. I. Ryan, A Quantitative Assessment of the Arab Slave Trade of East Africa, *Kenya Historical Review*, vol.5, Nairobi, 1977）。

[2] 作为一个年轻人，巴尔加什的阴囊很大。为了取得良好的效果，他可能在孟买或者伦敦做过相关手术。

[3] "柯克和巴尔加什的生活缠绕在一起的时间长达16年。柯克能够强化巴尔加什的权力，当然也能弱化他的权力"，参见约翰·S.加尔布雷思的《麦金农和东非，1878—1895年》（John S. Galbraith, *Mackinnon and East Africa, 1878-1895*）。

场中的地位。他的政府对柯克在那个"非正式帝国"的部分地区关注英国利益的做法十分满意。当埃及政府经由红海突然发动暴乱,企图在印度洋建立一个基地时,《我如何找到利文斯通》这本书适时强调了这一点:柯克把支持苏丹的权力作为他首要关心的事情。"中国人"戈登,即查尔斯将军,那个时候正在苏丹为埃及总督伊斯梅尔效力,他鼓励伊斯梅尔参与到这场冒险中。戈登的想法是开辟一条通往布干达的陆上线路,他想将布干达纳入埃及的上尼罗河帝国。军队的一位指挥官是前美利坚联盟国军官查尔斯·夏耶·朗,他之前从苏丹抵达过布干达。

埃及500人的分遣队在索马里海港布拉瓦和基斯马尤登陆,这是他们在巴尔加什统治区域北部的前哨站。他们降下桑给巴尔的旗帜,升起埃及的旗帜。有关这场公开羞辱的外交信件在伦敦、开罗和桑给巴尔之间频繁传递。巴尔加什的第一反应是向英国发出一笔步枪大订单。柯克乘船前往布拉瓦调查情况,但是甚至在他到达之前,即1876年初,埃及的军队就已经撤离。埃及总督不得不屈服于伦敦施加的压力。查尔斯·夏耶·朗愤怒地写道,这场探索是出于"科学和商业"目的,为的是将文明带往非洲内陆国家:"然而,这场探索在其合法目标完成之前就被取消了。"[1]

但是,埃及的短暂"入侵"是戈登为他开罗的主人继续吞并上尼罗河的前兆。事情很快发生了进一步变化(尽管没有立刻显现它的真正意义):1876年秋,比利时国王利奥波德二世召集了一场国际会议,表面上是探讨将文明带到非洲中心的方法。那个时候,斯坦利史诗般的旅程还未结束,正沿着刚果河而下努力抵达大西洋。商人、探险家和传教士齐聚布鲁塞尔,他们都对比利时国王的亲切态度感到惊讶。[2]一个提议使人们想起克拉普夫20多年前的计划:应该在整个非洲大陆建立一系列定居点。每个人都同

---

[1] 关于桑给巴尔的暗示,具体请参见特顿的《重新评估柯克以及1875年埃及对东非的入侵》(E. R. Turton, *JAH*, vol.XI, 1970)。

[2] 到20世纪初,人们可能会更能理解利奥波德的性格和动机,特别是通过埃德蒙·莫雷尔的成果。尼尔·阿舍森在《国王股份有限公司:托拉斯时代的利奥波德二世》(Neal Ascherson, *The King Incorporated: Leopold the Second in the Age of Trusts,* London, 1963)一书中收集了相关依据。

意定居点应从东非开始建设。

人们很快就发现，利奥波德的动机远不只是博爱那么简单。他非常嫉妒他的表亲维多利亚女王，因为后者拥有一个覆盖世界七分之一地表面积的帝国。在创立国际非洲协会之前很久，他写道："比利时人没有开拓世界，因而他们必须被教导对此有兴趣。"对非洲的争夺即将开始。

1879年初，利奥波德的第一支"科学"探险队将从桑给巴尔出发前往内陆，尽管探险队的成员非常害怕热疫，但是国王不允许他们撤退。在第二次探险时，他们不再雇佣非洲搬运工，而是使用经过训练的锡兰大象搬运补给品，因为非洲搬运工可能半路逃跑，这让他们感到很气愤。他们使用四头大象，两头公象和两头母象。他们在达累斯萨拉姆附近的海滩装上补给品，开始前往坦噶尼喀湖的旅程。每头大象要承受相当于15个搬运工的负重。两头公象在旅途开始不久死于中风，一头母象在旅途快要结束时死了，活下来的那头母象普尔马拉抵达了国际非洲协会位于坦噶尼喀湖南端附近卡雷马的基地。

这个时候，斯坦利已经完成了他伟大的穿越非洲之旅。利奥波德很快雇佣他立桩标示出始于非洲大西洋海岸的未来的刚果自由邦的领土范围。从大陆西侧上溯刚果河深入非洲的想法既新奇又大胆，但是这意味着利奥波德的竞争对手也更少。他也考虑过雇佣在苏丹辞去职位的戈登，但是这位将军正处在他人生最狂躁的时期之一，他还有宗教癔症，曾给他的姐姐奥古斯塔写既冗长又疯狂的信。如果要派他占据非洲的中心，他势必会对一些令人尴尬的问题刨根问底。所以，利奥波德选择斯坦利，他将按时向刚果河的源头推进，蒂普·蒂普仍然统治着那里，并且宣称那是苏丹巴尔加什不太明确的帝国的一部分。

到19世纪70年代末，越来越多的传教士扎根东非，每个人都寄希望于发现最有希望传播福音的地方。令人畏惧的热疫死亡率没有吓倒他们，而对一支向布干达苍翠草甸行进的队伍的屠杀也没有使他们退缩。一些传教士在坦噶尼喀湖附近定居下来，另一些则和乞力马扎罗山附近的非洲酋长们住在一起。尼亚姆韦奇人的领袖米兰博因为欢迎他们到他的领地，并且敦促他们住在他的首都乌兰博,而特别受到传教士的赞赏。这里似乎有一位准备好接受上帝福音的非洲国王。[1]

这些发展开始使内陆的阿拉伯定居者担心。他们发现,这些白人新来者对在像他们一样的穆斯林中传教不感兴趣,而是只想与不文明的异教徒交朋友。他们试图劝说米兰博,这些传教士只是从"欧洲的苏丹"那里逃跑的白人奴隶。他不相信他们的说法,并且很快在他与白人的新兴友谊中看到了一个政治机会。既然桑给巴尔的苏丹能够拥有一名常驻的英国官员,他也想向维多利亚女王要求一个。

柯克清楚米兰博的力量,并且支持他需要一个领事的诉求,但是他清楚英国不可能满足米兰博的要求。幸运的是,伦敦传道会决定为"非洲的拿破仑"派去一个离他最近的人。与柯克一样,埃比尼泽·索森是一位医生,即使他的资质来源不清。尽管他是一个英国人,但是他在得克萨斯度过了相当一段长时光。他很高兴定居在乌兰博,为当地人治病,他还尝试建立一所学校和种植庄稼。比利时旅行者热罗姆·贝克尔称他的家为"一个小小伊甸园"。索森按照欧洲的方式布置他的花园,一条由漂亮的芭蕉类植物形成的林荫路将果园一分为二。贝克尔赞美这位医生具有得克萨斯式的行事作风:"雷厉风行是新世界开拓者的典型特征。"

索森成为米兰博的文书,他定期给柯克写信,如果柯克的回信延误太久,他会抱怨。米兰博开始感觉他自己足够强大,可以要求撤免巴尔加什派驻到塔波拉的阿拉伯总督。他警告苏丹:"我会率领我的族人战斗,我不会对被袭击的商队负责,我会关闭通道,如果白人或者阿拉伯人被杀,不要怪我。"他向欧洲访客解释,他憎恨阿拉伯人,因为他们瞧不起他,把他看作野蛮人。即便如此,如果他能够实现一种受尊重的和平,他也会接受。有一段时间,看起来柯克和巴尔加什似乎会屈服于米兰博的要求,承认他是广阔内陆地区的统治者,反过来,他们要求米兰博保证商队可以在他的统治区域内自由活动。如果事情能够顺利发展下去,这可能会在相当大的程度上影响正在逼近的殖民主义的本质。米兰博继续扩张他的势力,

---

[1] 1878年,米兰博欢迎传教士 J. B. 汤姆森带领的远征队。亨利·斯坦利敦促伦敦传道会在乌兰博设立定居点。

与此同时，他耐心等待维多利亚女王派给他一名领事。

非洲大陆上发生的事件的节奏明显加快了，所以柯克向巴尔加什暗示，他保护桑给巴尔利益的可靠方法是进一步将他自己置于英国的羽翼之下。而且，岛上的军队需要一位能够实行严格纪律并且总能使军队保持警醒的指挥官，简言之，需要一位英国军官。苏丹同意了，柯克选择曾参与征服黄金海岸（加纳）战争的皇家海军上尉劳埃德·马修斯，为了这个新的岸上任务，他被允许无限期地离开印度洋舰队。马修斯一开始招募了300名非洲人，在3年里这个数字翻了4倍。[1] 这虽然是巴尔加什的军队，但是听从英国的指挥。

这个时候出现的另一个新发展可能改变桑给巴尔的命运，影响东非的未来。这个新动力来自苏格兰百万富翁威廉·麦金农爵士，他早年在金泰尔角的一个杂货铺当店员，后来移民印度，靠经商发了财，建立了一个印度洋航运公司。麦金农第一次与东非接触是在19世纪70年代早期，那时候他刚开通亚丁到桑给巴尔的定期轮渡。[2] 由于他与柯克都是苏格兰人，他们很快建立起友谊：柯克领事总是受到麦金农的热情款待，而柯克也对麦金农主动传播基督教和文明的精神大加赞赏。能够得到利文斯通同伴的赞美，威廉爵士感到很愉悦。此时他50多岁了，他觉得是时候好好干一番事业了。

之前利奥波德召开布鲁塞尔会议时，麦金农就是英国代表团的一位成员。能够参与一位欧洲国王的博爱任务当然令一个白手起家的人感到高兴。但是，在与利奥波德的国际非洲协会短暂的接触之后，麦金农开始按照他自己的方式行事。他觉得他想要从苏丹巴尔加什那里获得一个巨大的让步，即拥有桑给巴尔的大陆帝国。实现这个目标花费了70年的时间。

柯克给予他一切支持，甚至在海港达累斯萨拉姆和基尔瓦之间建立了一支侦察队，以考察麦金农最好以哪里作为起点建立通往马拉维湖的车道。选择马拉维湖是因为他们认为其位置对于贸易和传教最为有利。1877年4

---

[1] 没过多久，马修斯被英国授予骑士和将军头衔。具体请参见罗伯特·莱恩写的传记《帝国最初的传道者》（Robert Lyne, *An Apostle of Empire*, London, 1936）。
[2] 1868年，麦金农的蒸汽船被用于为远征埃塞俄比亚皇帝西奥多二世的英国军队运输补给到红海，这是有利可图的。这有可能使他看到了非洲的可能性。

月，柯克领事满怀激情地给外交大臣德比勋爵写信，预言他们的整个计划将结束奴隶贸易，传扬秩序和正义，给巴尔加什带去财富，并且从苏丹的肩上卸下试图控制大陆的重担。后来的不列颠东非公司实现了麦金农的所有想法。

起初，巴尔加什似乎支持这个计划，可能因为他认为这个计划将终止他最畏惧的埃及人向南挺进。据说，他的顾问柯克认为，苏丹并不真正理解这个让步的"巨大实质"。德比勋爵持有相同的看法："我认为苏丹不知道他正在做什么。他正在考虑签字移交的几乎是他的全部权力。"

不久，巴尔加什更好地理解了这个计划。他表示反对，他的对策令柯克恼怒。巴尔加什收到了让步的改进草案，但是没有敲定什么。与此同时，对让步方案满怀信心的麦金农派出一支来自英国的劳工队伍，他们开始修建通往马拉维湖的道路。他们不顾柯克的建议，选在达累斯萨拉姆附近动工。没有展开更多的切实工作，因为每个人都在等待英国政府批准的信号。

几个月过去了，英国政府的回应来得很慢。1877年初，麦金农的勇气似乎很高涨，而到了第二年年末却已经衰退。外交大臣的换任可能是对这项计划的致命打击，德比勋爵被索尔兹伯里勋爵取代，对后者而言，非洲能给英国带来极大的利益。他怀疑，公开支持这个怪异的冒险，可能会使英国陷入代价巨大的与"野蛮种族"的纠葛。

1878年末，这个可能将所有的东非地区置于英国保护之下的计划破产了。那条通往非洲内陆的道路，才修了70多英里，就被遗弃了。灌木丛很快就将它遮掩住了。柯克确信，除了他，其他所有人都对此负有责任。他在写给朋友霍勒斯·沃勒（他在伦敦很有影响力）的信中写道："我极其厌烦那些认为麦金农无私的伪善之言。胡说八道！首先我不相信这个计划，即便我相信，我也不认为他会做出对非洲有益的事情。"他在1878年11月说的话甚至更加充满偏见："我们失去了机会，而麦金农对这个计划从来就不够热情，难怪它不成功。"[1]

---

[1] 1878年10月17日柯克与沃勒之间的通信，请参见 Waller Papers, Rhodes House, Oxford。

52

帝国主义厌恶真空

> 哈米德，别生气了，我不想再对这片大陆做些什么。欧洲人想从我这里取得桑给巴尔，而我怎样才能够保住这片大陆？只有那些已经过世、不能亲眼见到这个场景的人才可以安息。
>
> ——苏丹巴尔加什对蒂普·蒂普说的话，1886年11月

麦金农道路被遗弃之后，尽管利奥波德获得整个刚果盆地的希望很快被法国海军军官皮埃尔·萨沃尔尼安·德·布拉扎制定的条约阻止，但是所有人都看到了这位国王的殖民野心。其他地方发生了很大的变化。在西非，英国人占据了黄金海岸，控制了尼日尔河上的贸易。在马达加斯加，法国的逐步推进使得17世纪路易十三的吞并计划正变成现实。而意大利开始在非洲之角立界标，以表明其所有权。[1]

甚至葡萄牙在莫桑比克和安哥拉衰败的前哨站也在刺激之下恢复了生机。前任外交大臣若昂·德·安德雷德·科尔沃告诉葡萄牙议会："在我看来，国家利益急需我们发展殖民地。只有拥有殖民地，葡萄牙才能在各国之中获得应有的地位，它的未来也有赖于保持并发展这些殖民地。"

奇怪的是，欧洲强国德国在非洲还没有立足之地，对在非洲获取利益也明显缺乏兴趣。但是，表面现象往往具有欺骗性：1878年，一个旨在研究商业地理以及提升德国海外利益的协会得以创建。第二年，领头的传教士弗里德里希·法布里出版了一本题为《德国需要殖民地吗？》的小册子，它引起了公众的兴趣。法布里满怀激情地指出他在非洲发现的机会。拓殖

---

[1] 早在1870年，意大利人就控制了红海的阿萨布海港。

非洲的动力有所增长。历史学家海因里希·冯·特赖奇克说，"每个强国"都应发展殖民地。到1882年末，德意志殖民协会已经成形。

与此同时，由于经济不断衰退，全欧洲的工厂都需要新的市场。所有人都认为，非洲似乎是销售过剩产品的最佳地点。正如伦敦商会的一份杂志所说，殖民主义可能是问题的答案："在中部非洲复制我们建立印度帝国的做法。"

英国驻桑给巴尔的柯克领事仍然沉着地相信，英国可以保住领先地位。他告诉索尔兹伯里勋爵，他认为利奥波德在刚果"矫揉造作"的计划很可能会失败，到时比利时国力太弱以致无法挽救。"我们的同胞在非洲东海岸有一个更好的立足点，我们不会丢掉它。"柯克在1881年向伦敦建议，确定巴尔加什在非洲大陆的领地边界是有价值的事。麦金农的让步计划失败了，其"巨大实质"面临的一个窘境，在于没有人能够说出它有多巨大，就像领事哈默顿在很久之前评论的，没有关于苏丹领地的地图。

英国没有听取柯克的建议，因为如果英国确定了边界，有一天英国可能会被要求防守边界。格莱斯顿指派的新任印度总督里彭勋爵与格莱斯顿都持有反帝国主义者的观点，他简扼地阐述了自己的想法：英国可能会被卷入一些事件，它们会使英国冒"如果不花费巨资，不为它想要得到的好处付出一切力量"，就无法产生实质性影响的风险。里彭的观点很有分量，因为他多次思考在荒野之地进行的帝国冒险。他正努力使英国从阿富汗的无意义战争中解脱出来。

在英国人依靠现状的同时，随着白人旅行者数量的增加，东非内陆的生活变得更加不稳定。不同类别的基督教传教士与自然学家、地理学家和难以归类的机会主义者一道前往大湖区。这些传教士通常是逃离贫困老家的工匠，他们倾向于抛弃上帝的任务转而从事象牙贸易。一些入侵者的动机更难被识别。1880年，一支德国远征队似乎要研究坦噶尼喀湖定居点卡雷马附近的商业潜力，它迎接了他们最后一头锡兰大象。人们很少注意这样的远征队所从事的事情，因为没有人被要求去负责发现这些问题。对此厌烦不已的巴尔加什只能敦促诸如蒂普·蒂普那样的商人冒险家返回内陆,尽可能多地将贸易控制在阿拉伯人的手中。蒂普·蒂普很少拜访桑给巴尔,不过1882年他去过一次桑给巴尔。

所有的当权者都处于不稳定状态。当过度装备的白人经过时,非洲的村民和劫掠的强盗嫉妒地看着他们。有时候,这种诱惑太过强烈。1878年,英国技术专家威廉·彭罗斯的旅行队带着一台发动机前往维多利亚湖,他们要把它送到那里的圣公会差会,这支队伍遭受400名"鲁加－鲁加"的劫掠。彭罗斯被杀死,他的货物被抢劫一空。劫掠者披着红色斗篷,戴着高高的羽毛头饰,他们听从一个叫作尼昂古·雅马韦("无法打破的石罐")的独眼军事首领的指挥,他的领地与伟大的米兰博的领地接壤。[1]

之后,1880年发生了一个灾难性事件。在一场激烈的战斗之后,米兰博自己的"鲁加－鲁加"杀死了两个不列颠人——印度陆军上尉弗雷德里克·卡特和年轻的苏格兰人托马斯·卡登黑德,他们所在的这支队伍试图将运载行李的大象引入东非。他们的死讯令柯克愤怒。尽管米兰博已经请求英方的原谅,并且声称他已拒用"鲁加－鲁加",而只把他们当作"大道上的劫匪",但是这起事件到达了柯克容忍的极限。柯克拒绝接见他的大使,也不听取将米兰博当作黑人政治家的白人传教士带来的和解信息。当要前往沿海地区的蒂普·蒂普顺路拜访尼亚姆韦奇人的这位领袖时,米兰博请求他帮助修复他与领事的关系。柯克派人送来了一封礼貌的信件,但是他没有改变看法,仍将米兰博视为一个蛮横的军事首领。[2]

尽管米兰博吃得少,不饮酒,并且只有40岁出头,但他的健康还是每况愈下。他的医生朋友埃比尼泽·索森的建议可能有助于他,但是索森已经去世了。两年前,索森意外地射伤了自己的手臂,尽管两位传教士同僚为他做了简略的截肢手术,但他还是死于坏疽。1884年12月,米兰博

---

[1] 请参见肖特的论文《尼昂古·雅马韦和"鲁加－鲁加"帝国》(A. Shorter, Nyunga-ya-Mawe and the "Empire of the Rugu-Rugas", *JAH*, vol.IX, 1968)。
[2] 米兰博帝国的核心此时因为昏睡病而人口减少,但是在20世纪60年代仍然可以在灌木丛里辨识出其首都的遗迹,具体请参见萨顿的《东非一千年》。

也濒临死亡，他的喉部疾病无法被确诊。最后，按照传统，他的追随者扼死了他。

而布干达统治者穆特萨具备激发斯坦利向欧洲的传教士吹响号角的潜能，他在米兰博去世前两个月过世了。在某种意义上，这两个人比蒂普·蒂普幸运。他们躲过了即将爆发的帝国主义飓风的羞辱。

这一系列始于1885年初的事件迅速席卷了东非的居民，以至于他们几乎没有时间去理解发生了什么。2月27日，在宣称旨在维持热带非洲的自由贸易的柏林会议之后，宰相俾斯麦公布了德皇威廉一世签署的声明，声明宣称德国是桑给巴尔对岸的大陆部分地区的保护国。他提出这项声明的依据是十二个条约，这些条约是年轻的德国民族主义者卡尔·彼得斯在一场对乌塞古拉、乌古拉、乌萨加拉和乌卡米的小社群匆匆忙忙的远征后秘密带回国的，这片区域距离东非海岸大约150英里。

在白兰地和贿赂的作用下，彼得斯说服当地统治者和首领在文件上签字，这些文件规定他们将土地置于德意志帝国的保护下。其中的典型是与"姆索弗罗的苏丹曼古恩戈"签署的"永久友好条约"，在这份条约里，这位目不识丁的小头领将"他所有的领土及附属民众和公共设施都献给了德意志殖民协会代表卡尔·彼得斯博士，以成为德国专属的殖民地，供它全面开发"。

当时只有20来岁的彼得斯主要是受爱国之心所驱使，多年来他一直嫉妒英国。在选择非洲之前，他考虑过为他的国家占领巴西的部分地区。透过夹鼻近视眼镜，他的眼神变得狂野而无畏。在两个和他一样之前没有到过非洲的队友的陪同下，彼得斯开始了他的最后一段行程，乘坐一艘英国船从亚丁到桑给巴尔。他们使用假名，假装成工匠，并且乘坐甲板以下的船舱。条约的制定很折磨人，经历来来回回绝望的折腾，这三个人中的一个在此过程中去世。在带着可疑的几张纸飞速返回柏林之前，彼得斯在半清醒的状态下，步履蹒跚地走进了一个位于海岸地带的德国传教站。

在英国领事馆沉着地管理事务的约翰·柯克爵士根本没有听到彼得斯

远征的任何风声，对于这场骗局，他十分震惊。[1]几个月之前，新任德国领事格哈德·罗尔夫斯抵达桑给巴尔，柯克本可以对此提高警惕。格哈德·罗尔夫斯是著名的非洲旅行家，他因为从的黎波里穿越撒哈拉沙漠抵达拉各斯而闻名。为什么委派这样杰出的人到东非？事实证明，俾斯麦对彼得斯所做的事完全知情：1884年11月，他给德国驻桑给巴尔的领事馆发过一份电报，下令彼得斯一到，就将这份电报交给他，还要求他们告诉彼得斯，德国政府对他的所作所为不负任何责任。在同一个月，俾斯麦向英国驻柏林大使保证，德国对桑给巴尔没有图谋。

英国对俾斯麦投下的爆炸性事件的关注比预期的要少，因为3周前传来了有关戈登将军被喀土穆的马赫迪派砍死的消息。救援远征队到得太晚。"太晚啦！"这个可怕的词盘桓在英国上空。同样太晚的还有对于大英帝国长久以来的盟友苏丹巴尔加什的帮助。

巴尔加什的抗议很正常。"这些领土是我们的，"他写信给德皇，"从我们祖辈的时代起它们就属于我们。"迷惑的柯克尽力给伦敦发电报。但是，格莱斯顿和他的大臣们没有心情和俾斯麦进行有关"小殖民地的论战"，因为他们正试图获得他的支持，与他一起对抗法国，此时法国刚在埃及建立统治。相反，他们平和地鼓励俾斯麦，并且命令柯克采取合作态度。在彼得斯上交他可疑的条约之前，俾斯麦想要的无非是和巴尔加什签订一份广泛的贸易协定，但是这个时候他决定回应他的选民的情绪。1885年3月5日，他发布一份公告，将相当于巴伐利亚大小的条约包括的地区纳入德国法律的管辖之下。而且，他下令海军准将卡尔·帕申带领五艘战舰前往桑给巴尔。[2]

---

[1] 柯克对彼得斯先发制人负有直接责任。1884年7月，英国旅行家H. H. 约翰斯顿在考察乞力马扎罗附近地域之后写道："这片土地十分适合欧洲殖民……"他提出警告，如果英国人不占领它，法国人或者德国人就会占领它。外交大臣格兰维尔想让苏丹向内陆扩展其领土边界，以便保护那片地域。约翰斯顿刚离开，彼得斯就抵达该地。具体请参见缪里尔·张伯伦的论文《克莱姆·希尔的备忘录和英国在东非的利益》（Muriel Chamberlain, Clement Hill's Memorandum and the British interest in East Africa, *English Historical Review*, vol.87, 1972）。

[2] 有关德国在东非的拓殖先锋的简明记述，请参见赫尔穆特·施特克尔的《德国帝国主义在非洲》（Helmuth Stoecker, *German Imperialism in Africa*），更加广阔的视角请参见托马斯·帕克南的名作《瓜分非洲》（Thomas Pakenham, *The Scramble for Africa*, London, 1991）。

俾斯麦要求巴尔加什允许他们穿过他的沿海领地，前往新近宣称的内陆保护国。苏丹拒绝了。柯克给伦敦发信息："如果我们不管苏丹，他必定屈服或者寻找其他的保护国。"当然，没有其他的保护者。领事知道这一点。俾斯麦也知道，因为英国外交大臣格兰维尔爵士在5月25日写信给他："女王政府不反对德国在桑给巴尔的邻近地区建立殖民地的计划，这样的假设完全正确。女王政府反而乐于看到这些计划，因为它们的实现将有助于将文明传播到这片迄今为止还没有受到欧洲影响的广阔地带。"

8月7日，德国舰队抵达桑给巴尔，并且将枪炮瞄准桑给巴尔城。11日，苏丹被给予24小时考虑是投降还是被轰炸。具有挑衅意味的是，德国海军准将卡尔·帕申带来了一位桑给巴尔公主，即苏丹的姐姐。12年前，她和一位使她怀孕的德国商人私奔了。此刻她是埃米莉·吕特夫人，在几位德国军官的陪同下，这位公主在苏丹的宫殿外面漫步闲逛。如果这引发一场暴力事件，这就可以作为吞并的借口，吕特夫人具有一半德国血统的儿子就可以被推上王位。[1]苏丹拒绝掉入陷阱，柯克为他多争取了一天的考虑时间。13日，巴尔加什投降了。长久以来使印度洋成为"英国内湖"的皇家海军在这里没有出现。

从那以后，苏丹的权力日益减损。他被说服将海港达累斯萨拉姆给予德国人，作为通向彼得斯远征期间被"割让"的领土的入口，德国人对这个海港垂涎已久。1885年末，由德国、法国和英国组成的三国委员会成立，以决定他们在东非的势力范围。英国首相索尔兹伯里爵士温和地说，他希望委员会依据"法律和公正的合理原则"，做出深思熟虑的决定。1886年10月，最终决议达成。苏丹被允许保有桑给巴尔和相邻岛屿，以及沿海10英里纵深的狭长地带。他对更靠近内陆的地区的所有权则全部被剥夺。

德国和英国势力范围的分界线始于蒙巴萨以南大概50英里处，之后向西北方向到达维多利亚湖沿岸。像很多"争夺"时期划下的界线一样，这条界线直接穿过地图，根本不在意生活在这条线上的人们的愿望。但是，

---

[1] 对于这次访问，埃米莉·吕特自己的解释是她想宣称对巴尔加什拒绝交出的钱的继承权。她不喜欢巴尔加什，并且警告她的读者们对抗他，她声称在他心中"对欧洲人的仇恨超过一切"（《一位阿拉伯公主的回忆录》）。

在这条边界线上有一个奇怪的纽结，它向北弯曲绕过了乞力马扎罗山。德国皇帝非常热衷于拥有非洲最高的山峰。

巴尔加什抵制这个条约，直至1886年12月才同意。在此之前的几个星期，蒂普·蒂普拜访了他的王宫，他听巴尔加什说："哈米德，不要对我生气，我不想再对这片大陆做些什么。"蒂普·蒂普之后说："当我听到赛义德这样说时，我就知道没有希望了。"[1]

远在伦敦的英国新任首相索尔兹伯里爵士甚至发表了一段简短的表示愧疚的话："桑给巴尔的苏丹正遭受残酷的对待。"

这些事件的参与者之一看得更远，意识到它们与英国的安全有关，特别是在未来战争中英国的防御与印度和澳大利亚的关联。这个人是赫伯特·基奇纳，他不久成为陆军上校，之后是陆军元帅，在三国委员会中他是英方代表。在一份题为"关于英国与印度洋的通信线路说明"的机密备忘录中，他敦促英国加强对红海入口及以东地区的控制，因为战略平衡正在改变。

至于东非，他提议英国应该说服苏丹给予它在蒙巴萨和德国在达累斯萨拉姆获得的相同权力。追溯60年前海军上校欧文短暂的保护国历史，基奇纳写道："英国旗帜在蒙巴萨上空升起的历史还未被遗忘。如果在苏丹的安排下英国再次在蒙巴萨出现，它将受到热烈的欢迎。蒙巴萨是最有可能作为通向内陆的铁路系统起点的港口，拥有它，英国就有了一个商业基地，而没有它，则不可能发展中部非洲贸易。"

---

[1] 在前一年，蒂普·蒂普在内陆见过很多欧洲人，他一定已经感到事情正在超出巴尔加什的掌控。但是，甚至在他回到大陆之后，巴尔加什还给他写信再三呼吁他保住自己的领地。

53

俾斯麦与德国东非公司[1]

欢愉吧,我的灵魂,不要担忧任何事,
很快就要抵达你所渴望的棕榈之城,巴加莫约。
当我想起你,远离你珍珠般的欢愉之地,巴加莫约,
我的心就痛苦不堪。

在那里,女人们将她们的头发梳分开,
你可以整年饮用棕榈酒,
那里是爱的花园,巴加莫约。

——旅行队的搬运工返回海岸时吟唱的传统歌曲,1900年

当欧洲国家忙着瓜分非洲时,他们显然对各自获得的部分一无所知。他们当然可以在地图上测量由俾斯麦的红线划分的领地,但是他们对于有多少人居住在这片新领土上,是否有矿物资源等待开发,以及这片土地是否足够富饶和适宜白人定居等问题,只有模糊的概念。这是混乱的帝国主义:统治权不是征服的结果,相反,先交出统治权,然后才开始征服。

大国沙文主义和欧洲国家之间的竞争为占领非洲提供了大部分动力,但是很难证明征服开支的合理性。这场殖民主义热潮如何负担自身的费用? 19世纪六七十年代在南部非洲发现黄金和钻石的事实,鼓舞人们期盼大陆更北部的地区也存在相似的财富,但这只是猜想,因而重点还是将

---

[1] 原文"the Gesellschaft"有"社会"和"公司"的含义,参照本章内容,应该指的是"Deutsch-Ostafrika Gesellschaft",即"德国东非公司",所以此处采用意译。——译者

非洲作为工业制成品的一个未开发市场。在19世纪晚期的图书和杂志里，像兵蚁一样密密麻麻的数据显示，热带非洲如何大批量进口欧洲的工业制成品。这样的表格大部分徒有其表，只是被欧洲国家用于"宣扬"非洲潜力的部分举措，为的是缓和欧洲的财政部长和纳税人的疑虑。

毕竟市场需要买家和卖家，而非洲人很显然没有购买能力。他们的直接资产是象牙，但是一个显见的事实是后膛枪正快速消灭象群。希望看到大量非洲人转变为北半球上班族那样兜中有钱的工薪阶层也是不现实的。利文斯通有一次说这片大陆的"广大地区"适宜种植棉花和糖料作物，之后他又以一种古怪的方式提出警告："你不要认为可以不付钱给非洲人，他们还会替你工作。"

利文斯通认为黑人工人做好每天的工作，白人种植园主应该付给他们公平的工资，但是这与大多数来自英国和德国的年轻帝国建造者的想法相去甚远。就像他们要使非洲人"文明化"，并且根除奴隶制的残余一样，这些新来者对于创建市场的诡辩同样口惠而实不至，但是他们清楚他们要优先考虑的是在陆地上立桩标记，在没有清晰定义的边界上插上他们的旗帜。

对于阻碍这项紧急任务的非洲当地民众来说，他们是令人讨厌的。在欧洲人瓜分非洲的过程中，他们从未严肃考虑过这个问题，而在他们还不知道什么对自己有利的情况下，寻求本地人的意见就更不在他们的考虑范围了。他们想当然地认为，非洲人将乐于开始遵从欧洲人的法律，向欧洲的旗帜致敬，并及时向欧洲人缴纳税收。[1]所以，在外国力量的保护下，反抗活动注定会扩展，这令第一批殖民当局震惊不已。他们很快放弃了无痛接管和快速赢利的想法。但是，因为历史由胜利者书写，对于非洲抵抗的真实评价，以及征服它所引起的苦难，都被政府的光鲜记录所掩盖。

---

[1] 为了减轻占领非洲大陆的道德疑虑，非洲人必须被暂时地"非人格化"。这个过程的一些表现是他们否认非洲人建造了大津巴布韦或者英国人抢夺了西非贝宁的珍宝。具体请参见安妮·库姆斯的《重塑非洲》（Annie E. Coombes, *Reinventing Africa,* New Haven, 1994）。

可以说在东非的殖民时代第一个显著的受害者是桑给巴尔的苏丹巴尔加什,正如柯克领事之后承认的,巴尔加什被"牺牲了"。早在1877年,苏丹就宣称授予柯克的朋友威廉·麦金农爵士70年的大陆特许权,尽管这项计划逐渐衰亡,但它却是另一个表明苏丹与英国具有特殊关系的证据。但是就像巴尔加什看到的,不到10年,英国就背叛了他,他们与德国合谋分割非洲大陆的海岸地带。而在几个月之前,柯克已经离开,不用面对桑给巴尔的指责,而且他再也没有回来。

1887年3月,当亨利·斯坦利抵达桑给巴尔准备发起他的最后一次非洲探险时,他见到了巴尔加什,那时巴尔加什54岁,斯坦利看出他活不了很久了:"他的政治焦虑正在快速消耗他的健康。"在斯坦利的敦促下,苏丹签署了一份新的麦金农特许状,覆盖英国"势力范围内"的海岸线。[1] 这项特许状授予一个尚未被命名的英国公司50年的权限,它可以在蒙巴萨和其他港口收取海关收入,作为回报,他们向苏丹支付的收入增加了50%。巴尔加什还承诺鼓励英国势力范围内的非洲酋长与公司签订条约。这个协议是苏丹想要抢救海岸地带的绝望之举。他们同意他的旗帜仍可以悬挂在耶稣堡上空。

在抑郁症、结核病和象皮肿的折磨下,巴尔加什又坚持活了一年。在他去世前几个月,因为不满他的一位高级顾问穆罕默德·本·萨利姆对德国人太过友好,他下毒毒死了他。德国人开始表现得如同桑给巴尔是属于他们的:他们的战舰一直停泊在海港里,他们的士兵登岸之后傲慢无礼,而且他们的东非公司在达累斯萨拉姆和其他的大陆海港积极建立贸易站。

1888年3月,桑给巴尔最后仅存的独立也随着巴尔加什的死一起被埋葬。他的接班人是得到新殖民君主支持的哈利法。哈利法是巴尔加什的弟弟,巴尔加什曾担心他精神错乱而将他关在一个地下室里长达6年,以防止他试图夺权。哈利法刚登基一个月,他就仿效英国的条款,授予德国公司对其"势力范围"内的海岸地带50年的租约,但是他仍拥有足够的骄傲,

---

[1] 斯坦利描述他与生病的苏丹的见面情形,请参见《在最黑暗的非洲》(*In Darkest Africa*, vol. 1)。

要求所有的税收都要以他的名义、并且在他的旗帜下收取。

一位威严庄重、刚强有力的统治者可能会抓住机会，在迫使德国人行事谨慎的同时，重新获得海岸地带当地统治者的忠诚。但是对于这两点，哈利法都做不到。9月，他见证了东非第一场抵抗运动的开端。这场麻烦始于德国东非公司在8月提出的一项决议：要在从内陆地区通往印度洋的商队主要线路的终点站巴加莫约升起德国的旗帜。由于从桑给巴尔来的数百艘独桅帆船陆续到达巴加莫约，在那里卸载它们的贸易货物，并且装上内陆的出口商品，德国做出的这个决议是一个挑衅。苏丹的阿拉伯使者抗议这个举措违背条约，但是他们受到海岸附近德国战舰的恐吓。

在更北边的一个小海港潘加尼，年轻军官埃米尔·冯·泽勒斯基威胁当地的阿拉伯总督，侮辱伊斯兰教，而且嘲笑苏丹的名字。很快，他就有了一个不友善的绰号"恩尤恩多"（Nyundo，意为铁锤）。泽勒斯基告诉城里的居民，如果他们违抗他的命令，他将召集海军舰船发起一次轰炸，为了使他们领会他的意图，他让100名德国海军士兵登岸。他们摧毁财物，还拉下了苏丹的旗帜。

1888年9月4日，第一场抵抗运动的领袖诞生了：谢赫阿布什里·本·萨利姆，他是潘加尼附近一个富有的糖料种植园主。他的父亲是阿拉伯人，他的母亲则是一位来自埃塞俄比亚南部的侍妾。他身材矮小，眼光犀利，留着灰白色的胡子。[1]阿布什里穿着昂贵的阿拉伯服饰，他总是认为自己丝毫不比苏丹差，他属于一个历史悠久的哈尔希社群，他们将阿曼人视作东非的暴发户。阿布什里上次访问桑给巴尔还是在20年前，他宣称如果他此时去桑给巴尔，会有被绞死的危险。在他看来，哈利法无权将海岸地带交给任何人。因而，在未寻求苏丹同意的情况下，他对潘加尼发起了一次军事袭击，并且封锁了泽勒斯基所在的司令部。德国人被要求在两天内

---

[1] 关于阿布什里的画像和他组织的抵抗运动的摘要，请参见联合国教科文组织编写的《非洲通史》第七卷（UNESCO, *General History of Africa*, vol.7）。关于抵抗德国占领的最详尽内容，请参见约翰·艾利夫的《坦噶尼喀现代史》（John Iliffe, *A Modern History of Tanganyika*, Cambridge, 1979）。

离开海岸，他们的一艘战舰在靠近海岸时被点燃。

阿布什里的副指挥官是他的内兄弟谢赫贾哈兹。贾哈兹出生在科摩罗群岛，那里的民众因为勇气而闻名，他曾经作为一名炮手随亨利·斯坦利一起穿越非洲。尽管贾哈兹和阿布什里都属于阿拉伯社群，但是他们从来不缺乏非洲追随者。从内陆南下而来的战士，还有从海岸各地赶来的其他小分队纷纷投奔他们。很快，谢赫阿布什里就组织起一支军队，虽然这支军队不守军纪，但是人数有八千人之多。当德国人试图登陆潘加尼时，这支队伍赶走了他们。当他们占领基尔瓦的前哨站时，他们杀死了两名德国军官。最后，桑给巴尔苏丹的陆军指挥官英国将军劳埃德·马修斯拯救了泽勒斯基和他的德国同伴。马修斯并未在海岸做过多停留，他意识到他自己的人站在阿布什里一边。

到年底时，除了在达累斯萨拉姆和巴加莫约还有两个小贸易站之外，德国人已经完全被逐出了大陆。这些据点只有在位于海岸附近的战舰的帮助下才能坚持下来：巡洋舰"莱比锡"号炮轰并且部分摧毁了巴加莫约，以便驱逐阿布什里的军队。在巴加莫约和潘加尼之间的港口萨达尼，非洲当地的统治者赫利也集合了一支抵抗队伍。

阿布什里与被俘虏的旅行家奥地利人奥斯卡·鲍曼交谈，后来他毫发无损地被释放了，而阿布什里重申他不承认桑给巴尔苏丹签订的任何条约。海岸地带独立了。但是，他完全不顾及俾斯麦的尊严，俾斯麦认为他们在东非对德国统治的成功抵抗，将使整个殖民主义者的权力场陷于危险境地。白人战无不胜的光环必须被维持下去。

作为军事行动的引子，俾斯麦命令德国的政府报刊开始写关于在海岸"恢复秩序"，以作为对抗奴隶贸易的先锋的文章。这显然是引领公众支持政府直接干预的最好办法。在达累斯萨拉姆附近的一场突袭中，当一群"暴动者"杀死了三名天主教传教士时，其中两人是妇女，俾斯麦的机会来了。在赞成殖民主义者的群体，以及投钱给德国东非公司（已经接近破产）的银行的帮助下，德国的民众情绪达到了高潮。

这位"铁血宰相"采取的第一个举措是进行一场海上封锁，以阻止阿布什里的军队得到武器和弹药。重要的一点是英国同意参与这次行动，两国海军巡逻了550英里的东非海岸，其中三分之二的海岸地带是德国的势力范围。在德意志帝国议会上，唯一批评俾斯麦干预行动的人是社会民主党党员，其发言人奥古斯特·倍倍尔谴责德国东非公司是"一小群富有的资本家、银行家、商人和实业家"的代表，其利益与德国民众的利益毫不相干："他们的驱动力是财富，只有财富，别无其他。为了有可能开发非洲民众完整而未被扰乱的资源，他们要花费数百万马克，而这些钱出自纳税人的腰包和国家的金库。"

然而，这些钱款很快就会到来。1月底，在封锁显然无效后，议会投票决定提供400万马克，"以便压制奴隶贸易和保护德国利益"。曾两次穿越中非的著名旅行家赫尔曼·冯·维斯曼，受命组织一支军队。他在开罗招募了600名苏丹雇佣兵，在莫桑比克招募了350名尚加纳人（他们被描述成祖鲁人，以便使他们听起来更加吓人）。当地军队很少被雇佣，因为他们的忠诚度总是令人怀疑。80名德国军官和其他职级人员被选出来领导这支"维斯曼军团"，在他们的长官假装与阿布什里进行和平谈判时，他们经受高强度的军事训练。

当维斯曼判断自己准备就绪时，他的部队分两路在巴加莫约和达累斯萨拉姆登陆。他们拥有现代武器，包括26门野战炮，还有7艘战舰支援他们。用刚刚到达东非的贝克尔医生的话说，他们的职责是"恢复德国的优越性"，并且从"暴乱者"手中"解放"这个国家。很快，事实就证明阿布什里注定要失败，因为很多来自内陆的战士已经漂流回家，而在雨季的漫长等待已使他的斯瓦希里追随者精力衰竭。此外，德国人疾风暴雨般地席卷了他们用栅栏围起来的营地，使他遭受巨大伤亡，之后德国人又沿海岸成扇形展开攻击。村庄被焚毁，而被怀疑对阿布什里不忠的酋长被绞死，战败的首领逃往内陆。之后，维斯曼出1万卢比（1.5万马克）悬赏阿布什里的项上人头。

数月以来，阿布什里都避开了追捕，甚至还大胆返回海岸地带，但是没能成功袭击达累斯萨拉姆。随着前景越来越令他绝望，他开始变得和德国人一样残暴。他对有可能背叛他的当地人施以严酷的惩罚。1889年11月底，有报告称这位目中无人的谢赫要在距离他的家乡潘加尼仅4天行程的姆文达建造一座用栅栏围护的堡垒。

受到维斯曼悬赏诱惑的非洲酋长穆罕默德·索阿将这个消息捎给了德国人。维斯曼的向导带领一支由苏丹雇佣军和白人军官组成的部队到达一个供应阿布什里食物的村庄。在一场小规模战斗之后,这个村庄被焚毁。之后,向导给他们指引前往姆文达的路线,德国人决定在午夜发起进攻。在警报响起前,德国士兵匍匐爬行到敌方士兵睡觉的营地中央。阿布什里手下有30多人被杀死。他在黑暗中成功逃跑,但是丢下了他的一切财物,包括他的枪炮、旗帜,还有一箱文件。

一周后,酋长马加亚背叛了阿布什里。精疲力尽的逃亡者正好来到他的村庄卡姆科罗寻找食物,于是马加亚将阿布什里关起来。听到这个消息高兴不迭的德国人被领进一间小房子,看到阿布什里躺在地上,上着镣铐,脖子上还戴着叉形奴隶枷锁。他被带回他的家乡潘加尼的海岸地带。阿布什里十分怨恨,他告诉审问者,潘加尼人以《古兰经》的名义发誓奋战到最后一刻,将德国人驱逐出去:"其他所有人都违背了他们的誓言。我是唯一一个直到今日仍然忠于这个誓言的人。"

谢赫及其两名陆军中尉接受了简易的审判,1889年12月15日被处以绞刑。[1]在阿布什里被处死之前不久,他宣称他没有完全断绝与桑给巴尔苏丹的联系,在他发起抵抗运动后不久,桑给巴尔的苏丹写信给他,鼓励他战斗。之后,英国和德国一致认为这个陈述应该被"严格保密",以避免对苏丹的良好信誉产生怀疑。

通过镇压"阿拉伯人的暴乱"并绞死其领导者,德国人强化了他们对之后被命名为坦噶尼喀的地区的控制,这片地域的面积是德国的3倍。尽管这场战争的结局早已为人所知晓,但是他们还要经历数年的战斗。当地统治者被授予德国旗帜,那些拒绝接受的人会受到惩罚,他们的村庄将被付之一炬。很多不顺从的人遭到鞭打。毫不奇怪,征伐经常会遇到埋伏:

---

[1] 关于阿布什里的最后日子,以及一幅有关他在临刑前情景的画像,请参见贝克尔的论文《抵抗运动领袖阿布什里的被俘与死亡》(A. Becker, trans. Iris Davies, The Capture and Death of the Rebel Leader Abushiri, *Tanganyika Notes and Records,* no.60, 1964)。

在对抗阿布什里战争中表现出彩的冯·泽勒斯基上校在攻击紧密团结的赫赫人统治者姆夸瓦时被杀，与他一起阵亡的还有9名德国军官和300名非洲士兵。

最后，谁的火力强谁就获胜。一个接一个酋长被迫顺服。姆夸瓦选择自杀，而不允许自己成为俘虏，然后被绞死。他的头颅被砍下送往柏林。相较之下，尧人首领马琴巴则幸运得多，他违抗来自坦噶尼喀湖最南端马孔代国德国人的命令。他的一位副官曾向传教士学过英文，这位副官将马琴巴的话记录下来，写信寄给维斯曼，他曾命令马琴巴到达累斯萨拉姆："我收到你的命令了，但是我觉得没有任何理由应该遵从你的命令。我宁愿死……如果出于友谊，无论何时我都不会拒绝，我不会成为你的臣属……我不会前往。如果你足够强大，你可以到这里来抓我。"维斯曼派出去的远征军毁坏村庄和庄稼。马琴巴抵抗了9年，之后穿过边界，逃到了葡属莫桑比克。

在尼亚姆韦奇人中，之前米兰博展现的独立与战斗精神在首领埃塞克手中得到复兴。埃塞克位于塔波拉贸易中心附近的堡垒，控制海岸地带与坦噶尼喀湖之间的主要贸易路线。埃塞克拒绝与德国人进行任何商谈。尽管德国人用大炮轰炸他们，但是他们两次击败德国人试图占领堡垒的袭击。由陆军中尉冯·普林斯率领的第三次进攻突破了堡垒的防御。埃塞克及其家人撤退到一间存放弹药的房间，他引爆了自己，而没有选择沦为俘虏。冯·普林斯担心埃塞克通过他最后的反抗举动逃避他应得的惩罚。但是，一听说这位至高无上的首领还活着只不过奄奄一息的消息时，冯·普林斯立刻把他找出来吊死了。[1]

---

[1] 尼亚姆韦奇人的抵抗终结于1894年，那是埃塞克去世后一年，请参见施特克尔的《德国帝国主义在非洲》。但是，在罗兰·奥利弗的《非洲的经历》一书中，黑人的抵抗程度是受到怀疑的："事实上，征服只是缓慢渗透过程的一个方面，大部分的过程是完全不流血的。"

54

非洲听见信仰与战争的箴言

> 你对我施行火刑,但这就如同你向我身上泼水一般。我为对上帝的信仰而死。但你要当心,你所侮辱的上帝迟早有一天会将你投入真正的火焰之中。
>
> ——查尔斯·卢万加,乌干达基督教殉道者的领袖,1886年

当德国强行使坦噶尼喀进入阴郁的和平状态时,英国人正在加紧开发国际边界北侧他们自己的"势力范围"。1888年9月,尽管不列颠东非公司最终仍被授予一纸特许状,但在那之前他们早就开展了相关活动。这家公司毫不费力就筹到了24万英镑的初始资金,并且组建了一个包括桑给巴尔前领事约翰·柯克爵士在内的卓越的董事会,即使政府在限制公司的同时不承担任何财政风险,但是董事会成员依旧十分兴奋和乐观。

高尚的帝国建造者威廉·麦金农爵士返回竞技场,重提昔日的论调:非洲的市场正期盼英国的工业产品。他还忍不住补充了一句,公司也会在"此项善举中获得股息"。申请特许状说明,公司的董事认为欧洲企业的直接影响是在"栖居于上述领地的当地居民"中引发文明的进步。

虽然满怀热情,但是麦金农及其同伴仍然对他们获得的部分东非海岸线后面的地区(从蒙巴萨到拉穆)一无所知。尽管30多年前传教士路德维希·克拉普夫勘探了远至肯尼亚山的地方,但是马赛族可怕的名声打消了大部分人深入内陆的勇气,只有少数几个欧洲人冒险继续前进。当不列颠东非公司开始向内陆推进时,除了苏格兰地理学家约瑟夫·汤姆森的日记之外,几乎没有可以参考的资料。此时距离汤姆森勇敢面对马赛族,取道蒙巴萨直抵维多利亚湖只过去5年。

之前柯克在桑给巴尔领事馆的副手弗雷德里克·霍姆伍德，也是这样为公司调查"英国"内陆的。1887年下半年，他带领100名随从，从蒙巴萨冒险行进150英里前往乞力马扎罗山。这不是一次突破之旅，路德维希·克拉普夫及其同伴在19世纪中叶行进得更远，但是霍姆伍德是一位熟练的拥护者。[1]

1888年5月底，在一封送给英国首相索尔兹伯里勋爵的长便函中，霍姆伍德进行了人们熟悉的展望：这片"崭新而广阔的地区适合移居，是我们的政治家、资本家、实业家和有技艺的工匠急切寻找的重要市场"。欧洲企业需要铁路来开发这片"有益健康的"区域。在这里，霍姆伍德用属于他的时代的语言表述：杰尔姆·贝克尔近来出版的回忆录《非洲人民的生活》开头的一幅版画，展现了一列蒸汽机车轰鸣着打破黎明，正驶向一群受惊而又骄傲的狮子，这幅版画的标题是"非洲的未来需要引进蒸汽机"。

这封便函的开头部分讲了，在肥沃程度上"世界上其他地方可能都无法与东非内陆相提并论"，但它为何没有被开发。"穆罕默德的移民及其当地皈依者"长期以来占据海岸地带，他们切断了"更出色、聪明的种族"与外部世界的联系，而且他们对于"欧洲人影响的扩张完全抱有敌意"。"半开化、奸诈且不择手段的闪米特冒险家的恶名早就被四处传播"，这在几个世纪的时间里阻止非洲人前往印度洋。而且，阿拉伯的奴隶贸易减少了内陆部分地区的人口，使得更有独立意识的人可能对任何冒险进入他们领地的人发起进攻。

霍姆伍德很快从这个分析的高度下降到市场问题。出生于"有益健康的高地"上的非洲人此时必须穿上兽皮以保护他们自身免受寒冷气候的侵袭，但他们真正需要的是工业生产的服装，而且他们的数量有数百万之多。所有这些人购买英国的衬衫、裤子、夹克和裙子的前景，甚至足以使傲慢的索尔兹伯里爵士变得热心。

---

[1] 霍姆伍德不知疲倦地支持英国在东非殖民：1879年，他敦促曼彻斯特的商会充分利用那里的机会；1884年，他支持约翰斯顿号召对乞力马扎罗山地区的占领。1886年，他取代柯克成为桑给巴尔的领事，但在次年因为反对德国人而触怒俾斯麦被罢免。之后，他收到关于"英国领地的潜力"的报告。请参见 FO84/122 in PRO, London。

* * *

维多利亚湖更偏远一侧的布干达及其邻近王国是高地之外的"真正奖品",这是柯克之后对它的称呼。被选中去攫取这片诱人之地的人是弗雷德里克·卢格德。和许多早期在东非的英国旅行家一样,尤其是像伯顿、斯皮克和格兰特,卢格德也是一名陆军军官,他在阿富汗和缅甸服过役。但是,守口如瓶的卢格德不是一个"探险家"。他的气质和他们完全不同,他是一名征服者。[1]

这些"探险家"只是大陆的过客,他们并不占有领土,这个特点控制他们的行为。19世纪60年代,当斯皮克在布干达遇到一位"非常漂亮的小女人"时,他伸出他的手臂邀请她,"然后我们一同散步,一路调情,就好像我们漫步在海德公园而非中部非洲一样,这让每个人都很惊奇"。斯皮克书中的一幅插图描绘的是他的同伴格兰特与一位袒胸露乳的太后跳舞。

25年后,卢格德从未想过与黑人妇女跳舞或者手挽手散步。相反,他在东非最喜欢的"伙伴"是一台马克沁机枪。1884年,出生于美国的海勒姆·马克沁发明了这种武器,这项发明及时减轻了在整个大陆开拓殖民主义道路的难度。尽管有数百万支火枪被卖给了非洲人(甚至在19世纪最后几十年还有数千支步枪),但是与拥有一英里射程,并且在一分钟之内发射330颗子弹的武器相比,它们不算什么。马克沁机枪成为一个巨大的话题,甚至成为俏皮话的描述对象。著名的非洲旅行家塞缪尔·贝克爵士在1890年他还年轻时曾收到詹姆斯·格兰特的求助信,希望他能为维多利亚湖地区捐助一艘用于传教的轮船。贝克回信表示遗憾,他说他没有多余的钱,但是他以一个小笑话缓和了他的拒绝:"我希望它除了装载基督教的箴言之外还装有一台马克沁机枪。"[2]

---

[1] 关于卢格德的生涯最详尽的记录,请参见马格丽·佩勒姆的《卢格德的冒险经历,1858—1898年》(Margery Perham, *Lugard: the Years of Adventure, 1858-1898*)。如果想了解非洲人的视角,请参见卡鲁吉雷的《乌干达的政治史》(S. R. Karugire, *A Political History of Uganda*, Nairobi, 1980)。

[2] 1890年6月22日贝克的信存于苏格兰国家图书馆,ms17931。

海勒姆·马克沁非常渴望让他的机枪经受实践的检验，所以他送给亨利·斯坦利一台机枪，让他在1887—1889年穿越非洲的远征中使用。斯坦利认为它是一个"了不起的武器"。单个白人躲在马克沁机枪的防护屏后面，可以收割一整群黑人战士。斯坦利带在身边穿越大陆的机枪被传给了卢格德。1890年秋，他率领66名苏丹和索马里的雇佣兵，后面紧紧跟着头顶60磅重的货物的非洲搬运工，他们从蒙巴萨出发前往布干达，这台机枪成为他最珍贵的武器。年轻军官芬威克·德·温顿是他的助手。

卢格德清楚地知道他们正朝着一个大漩涡行进，因为来自布干达的报告显示，布干达的社会已受宗教影响而陷入分裂。它的年轻统治者姆旺加是一个阴谋家，他使穆斯林和基督徒相互竞争。基督徒本身也分裂成多个派系：跟随英国导师的新教徒，他们被称作"英格利萨（Inglesa）；天主教徒则被称作"法兰萨"（Fransa），因为他们大部分是由非洲传道协会的传教士转化而来，而这些传教士多数是法国人。这些异国信仰新近被拥有21位神的布干达传统宗教所掩盖。

作为"卡巴卡"和精神领袖，尽管姆旺加身边环绕了一些接受新宗教的廷臣，但是他需要向他大量不信仰新宗教的臣民表示，他仍然尊重他们的信仰，并且尊重死者的灵魂。前任"卡巴卡"穆特萨曾回转到布干达的传统宗教，尊崇一位古老的湖神，希望它能帮助他对抗在1884年置他于死地的那种疾病。

姆旺加对新宗教带来的压力回以暴力，这种压力还与他手下酋长之间的政治竞争混杂在一起。他的行为具有恐惧和困惑的典型特征，而这也是外部世界的突然闯入带给非洲的主要感受。像穆特萨做过的那样，他倾向于首先倒向穆斯林派系，因为他们的要求似乎较少（穆特萨和姆旺加都拒绝割礼）。姆旺加还从一些穆斯林商人那里体会到同性恋的乐趣，令他极为愤怒的是，他喜欢的一些年轻男侍从是基督徒，他们拒绝满足他的欲望。所以，在1886年耶稣升天节，姆旺加下令处决31名卓越的基督徒。他们被带到距离首都门戈几英里远的纳姆贡戈，通过不同的刑罚被杀死。有些被慢慢烧死，其他人则被剁成碎片或者活活被狗吃掉。所有人都大声哭喊着上帝而死去。

一年前，姆旺加还下令杀死了一个有些自大的英国牧师詹姆斯·汉宁顿。汉宁顿从海岸地带到达布干达边境，自封为第一任"赤道非洲主教"。他被杀死不仅因为他的基督教信仰，还因为他被怀疑是白人统治的开路人。

关于汉宁顿的死亡以及"黑人殉道者"遭受苦难的消息在欧洲引发喧哗：由于责备的对象是伊斯兰教，解决问题的办法是使布干达完全成为信奉基督教的国家。传教协会知道他们无法只依靠自己的力量，所以他们无需劝说就毫无疑义地接受了帝国主义。这个时候，弗雷德里克·卢格德带着他的马克沁机枪从沿海地带向前推进的消息受到新教徒和天主教徒同等的欢迎，因为他们都意识到他们处于险境。

尽管卢格德是印度一位随军牧师的儿子，但是他对宗教从来不关心。他只是渴望迫使姆旺加在一份条约上签字，将布干达置于不列颠东非公司的"保护"下。严格来说，这并不会使维多利亚湖与利奥波德国王的刚果自由邦之间的所有领地都落到公司手里，但是卢格德意识到一旦赢得布干达，其他地方将随之而来。他已经在肯尼亚山附近的吉库尤兰德到处搜寻签订条约的机会，并且他知道，甚至鼓励最小的酋长承认他的权威，也会扩展他所需的特许条约。卢格德此时持有的条约草案已不只限于涵盖布干达，还包括"附属的所有国家"。

姆旺加的问题除了嗜杀之外，还有无定见和傲慢。他不想将他的王国移交给欧洲人。就像他在1890年4月给英国驻桑给巴尔的领事查尔斯·尤安-史密斯的信中所写，他欢迎外国人来布干达"建立居所并且贸易"，但是他不想"把他的土地交给他们"。在他写这封信之前的几个星期，德国探险家卡尔·彼得斯拜访了他，1884年他通过与乞力马扎罗山附近的酋长签订可疑条约，将"争夺"引入东非。这一次，彼得斯从位于蒙巴萨北部海岸短命的德国"保护国"维图出发，对布干达进行了一次快速袭击。

彼得斯希望他能够哄骗姆旺加接受德国的"保护"，但是神经紧张、咯咯发笑的"卡巴卡"溜出了他的掌心，只签署了一份友好条约和授予他贸易权。德国人依然坚信他们可以通过维多利亚湖南岸再次抵达布干达，从侧翼包围英国人。当早先被斯坦利所救的埃明帕夏（爱德华·卡尔·施尼策尔）从海岸地带出发开始穿越非洲之旅时，他将与姆旺加签订一份决定性条约作为他的一个主要目标。

处于这种充满竞争的状况，卢格德突然得到一个比他的马克沁机枪更有力的武器。索尔兹伯里勋爵向德国提议，以承认英国为桑给巴尔的保护国为条件，交换砂岩小岛黑尔戈兰，它位于德国的近海湾，从拿破仑战争起被英国占领。柏林无法拒绝这个提议：德国的海军上将认为由外国力量占据黑尔戈兰岛，在战时将对德国构成恐怖的威胁。所以在1890年7月，这次交易成为解决非洲多个地区领土争议的关键因素。（法国也得到了安抚，它对马达加斯加岛以及撒哈拉沙漠大片土地的统治后来获得了承认。）

对于不列颠东非公司及其代理人卢格德，这份条约含有一个关于英德在东非内陆边界的重要条款。这条边界终结于维多利亚湖东岸、赤道以南1度。在地图上扩展开来，这条边界线水平穿过维多利亚湖，直达刚果自由邦的边界。所以，不管姆旺加喜欢与否，或者是否知道，他都被置于英国的管辖范围内。要不是北海那几英亩多石的土地，他将成为德皇威廉二世而非维多利亚女王的封臣。

当埃明帕夏收到从海岸地带寄来的关于7月决议的信件时，他悲伤地在日记中写道："很显然，英国已经得到了最大份额。"继续前往布干达已经没有意义，所以他向非洲更深处费力前行，直到他遇到土匪被杀死。

至于卢格德，他带着公司的授权向布干达行进。1890年12月18日，当他带领50名幸存下来的雇佣兵抵达姆旺加的首都时，他决心只下命令，不进行商谈。[1]他拒绝前往受邀建立营地的那个地方，而是选择坎帕拉山作为最有利的露营地。第二天早上，他带着12名苏丹雇佣兵，穿过将他的营地与陡峭小山上漂亮的茅草顶宫殿隔开的香蕉种植园，行进了一英里。在与姆旺加握手之后，他坐在一把他事先精明地随队带来的椅子上，通过一名译者他对姆旺加做出解释，他受命来"签订条约并且解决争议"。姆旺加紧张地大笑，并且轻抚围绕在他身边穿着白衣的一些年轻侍从。

---

[1] 肯尼思·伊格姆在《现代乌干达的形成》（Kenneth Igham, *The Making of Modern Uganda*, London, 1958）中对于卢格德的行为描述具有殖民时代的气息，这与帕克南在1991年出版的《瓜分非洲》中更加尖锐的评论形成对比。

卢格德快速离开，返回他自己的山间营地，制定抑制姆旺加的策略。他有他的马克沁机枪，并且准备使用它，但是他也对自身的个人魅力有信心。在圣诞节前一天，在芬威克·德·温顿的陪同下他再次前往王宫，要求国王和他的酋长应该签署条约，"如果他想要和平"。姆旺加仍然回避问题，于是卢格德轻敲桌子："我怒目而视，尽可能看起来凶猛。"国王开始颤抖。突然，一群全副武装的人开始往他们的枪里装子弹，后来卢格德轻蔑地称呼他们为"暴徒"，这群人高喊他们会射杀任何签字的人，他们对两个白人也不例外。一个"暴徒"将他上了子弹的枪直指卢格德，卢格德谨慎地后退。在圣诞节那天晚上，卢格德再次尝试，希望能够有机会私下劝诱姆旺加，但是拿枪的人再次包围了他们，卢格德不得不在一片嘘声和嘲笑声中逃跑。

在这个险恶时刻，非洲传道协会的法国传教士对卢格德起到了至关重要的作用。由于担心发生血腥的内战，他们让姆旺加身边已成为"法兰萨"的酋长劝说国王签订条约。非洲传道协会的传教士知道殖民主义无法避免，于是承认英国人最后将取得胜利，并且认为选择卢格德总比一片混乱的结果要好，即便最后他一定会支持新教徒"英格利萨"。第二天，一群"法兰萨"酋长前往坎帕拉山，宣称他们准备签订条约。卢格德尚未意识到传教士们的"安静外交"，自大地认为布干达屈服于他的威胁和怒容之下。他抓住这个机会，大步前往王宫，拿出将"宗主权"割让给英国公司的文件，并且递给姆旺加一支钢笔让他签字。"他签字的行为并不优雅，把钢笔拍在文件上留下一团墨水，我让他继续签字，在第二份副本上他表现良好，在恰当位置签下了名字。"传教士教导几位高阶大臣也要签字，当他们费力且潦草地写下他们的名字时，卢格德极力抑制自己的急躁情绪。

姆旺加和他的大臣大胆地增加了一项条款，"如果之后有更强大的白人出现"，这份条约将被取消。姆旺加似乎恢复了他的智慧，他将抓住任何机会抗争不列颠东非公司的"保护"。对于卢格德而言，幸运的是，几周之后出现的另一个白人是公司的另一位代理人威廉斯上尉。而且，他也有一台马克沁机枪。英国人最终还是达成了心愿。

"英格利萨"派的传教士沃克承认，姆旺加憎恨英国人"侵吞他的领土"，并且丝毫不给他回报。非洲传道协会的传教士佩尔·奥古斯特·阿赫特甚至更加直率："把他成千上万的臣民和藩属置于一个商业公司的保护之下，是对骄傲的姆旺加最大的羞辱！"阿赫特带着巨大的反感说，国王已将自己降到了一个封臣的地位。卢格德几乎无法否定这样的说法。几年后，卢格德厚颜无耻地承认，他迫使姆旺加签署了条约："条约当然有违他的意愿，我从未说过不是那样。"

不知疲倦的卢格德上尉接下来花了两年的时间作战、签订条约，经常强行将他的意愿施加给那个很快就会被称作乌干达的地方（斯瓦希里译者发不出"B"的音）。在此期间，他经历了一个扰乱人心的时刻：一封来信让他撤回海岸地带，因为不列颠东非公司正处于破产的边缘。这是伦敦最著名的银行之一巴林银行的第一次崩溃引发的结果。尽管英格兰银行已经开始挽救巴林银行，但此事还是让伦敦大为震惊：这意味着在热带非洲的投机冒险活动不可能再筹到更多钱了。

1892年1月，当另一封信到来时，卢格德在坎帕拉山上一座用砖砌成的堡垒里，他仍然处在绝望中。因为英国圣公会差会筹集的资金使公司得以缓解困境，所以几天后，"英格利萨"和"法兰萨"之间爆发的战争完全恰逢其时，马克沁机枪派上了用场，用以保护新教徒，卢格德还发给新教徒500支枪。在第一场战役中，两台马克沁机枪从坎帕拉山上的堡垒向围在鲁巴加山上教堂周围的天主教徒开火。这个射程十分适合使用高弹道，而结果证明它们诱发的恐惧是决定性的。

最后，姆旺加和天主教徒逃到了维多利亚湖中的一个小岛上，但是卢格德不准备容忍这样的反抗。他将他们的行为视作为逃向维多利亚湖南端的德国领地做准备。姆旺加做了这个十分错误的决定，因为这个小岛距离岸边不到半英里，而马克沁机枪的射程是一英里。卢格德估计有100人被杀死，还有几个试图乘坐独木舟逃走的人则可能溺死。其他目击者认为死亡人数远远超过他的估计。布干达的天主教主教让-约瑟夫·伊尔特蒙席将他的记录送回欧洲："一场可怕的事件刚刚发生……这是黑暗大陆文明史上最羞耻的一页……可怕的尖叫声！恐怖的枪炮声！溺水之人的呼救声!"

卢格德得到了他想要的。姆旺加投降,很快卢格德完全掌握了权力。1892年6月,这位上尉前往英国,踏上成为英帝国最伟大的殖民地总督之一的道路,他带着一封令人震惊的写给维多利亚女王的信。据称这封信是"卡巴卡"所写,信里说卢格德:"他是一位极其有能力的人,所有的乌干达人都非常喜欢他;他很绅士;他的判断公正且准确,所以我想让陛下将他派回乌干达。"姆旺加忠诚地屈服于维多利亚女王:"我与我的酋长在英国的旗帜之下,就像印度人民在陛下的旗帜之下一样,我们非常渴望英国管理这个国家。"(然而,姆旺加与这块殖民地主人的关系结局不太好。1899年,他与另一位不合作的统治者布尼奥罗的卡巴雷加被抓,被流放到塞舌尔群岛。)

德国与英国用了不到10年的时间,就将两国的旗帜在超过60万平方英里的东非土地上升起。热带非洲最后剩下的所有权不明的领地位于坦噶尼喀湖北部,即遥远的卢旺达和布隆迪王国。它们也是利奥波德国王垂涎的地方,他想将它们纳入他已经臭名昭著的自由邦,而塞西尔·罗兹也垂涎它们,因为他希望它们可以成为他梦想的海角—开罗线路的连接点。这两个非洲王国放弃独立的过程进展缓慢,但是德国适时利用在这两国占据统治地位的图西贵族内部的分歧,1897年卢旺达被吞并,1903年布隆迪最终被征服。[1]

甚至在这些最后的殖民地边界被划定之前,大陆的发展就十分迅速,这主要是因为英国政府做出了从蒙巴萨建立一条通往内陆的铁路的决定,正如陆军上校基奇纳几年前敦促的那样。这条线路将通往西北方向到达接近赤道的位置,抵达维多利亚湖和乌干达边界。英国着手修建一条铁路的计划,不单纯是为英国定居者"开拓"内陆的愿望所激发的冒险,也不单纯是为了超过德国,1893年5月德国曾为它在东非的领地设想过一个铁路

---

[1] W. R. 路易斯在《卢旺达-乌隆迪》(W. R. Louis, *Ruanda-Urundi*)一书中,检视了这两个不幸的殖民地的起源,后来它们独立成为卢旺达和布隆迪。

方案。对于这个耗资巨大的计划，战略性因素有助于平息反对意见：这条铁路可以将军队快速运到内陆，以保护乌干达，并且可以对抗任何向上尼罗河移动的法国或者比利时军队。苏丹的大部分地区还在马赫迪派的统治之下，但是英国人决心返回那里，为死在喀土穆的戈登报仇，并且为埃及夺回被控制的领土。（1898年，在乌姆杜尔曼打败马赫迪军队的任务落到了基奇纳的身上。）

从印度被带到蒙巴萨的白人铁路工程师对他们遇到的地理障碍十分惊讶：这条起始于海平面高度的线路不得不在丛林中开路，之后上升到7000英尺的高原，接着下降1500英尺进入东非大裂谷，然后再次攀升3000英尺到达吉库尤断崖，最后在90英里的距离内下降4600英尺到达维多利亚湖。然而，1896年5月的《泰晤士报》报道，"乌干达铁路"（不设卧铺）的建造成本大概是300万英镑："来自印度的1100名苦力和工匠已经就位。还有1000多人将要到来，而且已经发现使用当地的劳动力可行。"使用非洲劳动力的决定令在伦敦看到这个事件进展的柯克感到满意。之后，他写信给卢格德："我很高兴一半的工程由当地人完成，因为哈丁和寇松认为黑人不会工作，而我说如果明智审慎并且公平地对待他们，他们会工作的。"

这条铁路完成不到200英里时，300万英镑就已经用完。疾病、精力耗尽以及野兽袭击，使得人力一直在耗损。[1]（修建这条铁路需要3.2万名"苦力"，还需要非洲的搬运工大军以及劳力支援，他们中有数千人死亡。）但是，他们没有动摇：一旦新的轨道铺完，火车就鸣响着前进，穿过20年前白人从未见过的地带。最终，这条"疯狂线路"建造成功，耗资500多万英镑，它牢固地确立了英国在东非的殖民主义。

---

[1] 尽管在建造乌干达铁路的过程中死于热疫、事故和狮子之口的人数众多，但是这与通往大西洋的刚果—海洋线路还是无法相提并论。1890—1892年，在铺设那条只有9000米的铁路过程中有900人死亡，这意味着每10米就要死一个人。具体请参见约瑟夫·基-泽尔博在《非洲现状》上发表的文章（Joseph Ki-Zerbo, *Présence Africaine*, no.11, 1957）。

55

从苏丹的岛屿到定居者的高地

意识到我们在东非的责任是为了我们的利益是一件好事,而且不只我们这样做。有人说我们在非洲完全没有权力,它"属于当地人"。为了我们一直增长的人口,我认为我们有必要拥有权力,或为移民开拓新领地,或为海外领土的发展提供工作和就业,而且由于我们知道家乡的贸易萧条所带来的不幸,我们要寻找新的市场以刺激贸易。

——弗雷德里克·卢格德《我们东非帝国的崛起》,1893 年
(Frederick Lugard, *The Rise of Our East African Empire*)

在远离大陆的桑给巴尔,人们似乎可以暂时认为,桑给巴尔可以在又一个时代的巧妙掩盖手段下毫发无损地幸存下去:苏丹仍然是高高在上的殿下,在接见英国领事时仍需经过一套复杂的礼仪。毕竟,苏丹巴尔加什穿着他的华服对英国进行国事访问才过了 20 年。在女王生日那天,礼炮仍然会鸣响,颂歌照旧被唱诵,方方面面的假象显示,这座岛屿的统治者还是像他的祖先一样独立自主。

事实将证明,这个假象可能被维持得太好了。1893 年登上王位的苏丹哈米德在英国的注意力被蒙巴萨以北海岸的骚乱分散时(骚乱非常严重,以至于需要从印度运过来几船士兵),悄悄开始组建一支私人军队。[1]新苏

---

[1] 因为德国在拉穆南部的短命保护国维图的存在,对"英国地带"海岸地区的控制变得复杂。1890 年他们放弃了那里,但是 1893 年桑给巴尔的领事伦内尔·罗德带领一支由 250 名士兵组成的问罪之师要求收回那里,理由是苏丹选一个变节的酋长。后来,英国人发现他们陷入了游击战,对方的头领是过去蒙巴萨的统治者马兹鲁伊家族的后代。请参见弗雷德·莫顿的《含的后代》(Fred Morton, *Children of Ham*, Boulder, Colorado, 1990)。

丹完全有理由不满，因为英国政府挪用了德国拨给桑给巴尔的20万英镑，用以负担购买海岸地区的费用。英国用这笔钱帮助不列颠东非公司解决债务，作为它占领肯尼亚和乌干达，使之成为英国附属国的前奏。尽管桑给巴尔将因为这笔它不再拥有的财富得到每年1.7万英镑的补偿，但是甚至英国官员都为这种安排感到羞耻。

哈米德很机灵，他在英国产生警觉之前建立起一支超过1000人的军队，并且用现代武器武装他们。新任领事阿瑟·哈丁爵士认为哈米德不过是一个"受保护的傀儡王子"，因而对于事件的反转他感到十分焦急。他责备苏丹的主要顾问希拉勒·本·阿马里，决定将他驱逐出境。

到1896年6月，桑给巴尔通过一条海底电缆与外部世界取得联系。岛上还有一名《泰晤士报》的记者。6月22日，据报道，"昨晚，希拉勒·本·阿马里已遭驱逐"。这篇报道接着描述了全副武装的阿拉伯人如何试图干预，但是将军劳埃德·马修斯爵士用他的手枪打死了几个人。"局势又渐趋平稳。"

近距离见证这些事件的人是苏丹巴尔加什唯一还活着的儿子哈立德。他20岁出头，聪明且精力充沛，得到大部分桑给巴尔阿拉伯精英的支持。在哈米德继任时，哈立德的呼声更高，但是哈丁领事确保他退出竞争，因为他意识到哈立德太任性，难以驾驭。而且，他表现出亲德的迹象。

希拉勒·本·阿马里被放逐两个月之后，哈米德出人意料地死了。在匆忙按照穆斯林习俗掩埋了统治者的遗体之后，哈立德以旋风般的速度进入王宫，宣称自己为新任苏丹。当哈米德之前创建的军队占据决定性的位置时，哈立德下令鸣响枪炮以致意，并且升起他的旗帜。这令英国人措手不及，桑给巴尔被一种严酷的气氛所笼罩。

英国领事馆快速派出一支代表团前往宫殿，警告哈立德他的反抗是不被认可的，这是"公开叛乱"，他必须屈服，否则后果自负。哈立德说，他宁愿死也不投降。他最大的枪炮已经沿着宫殿屋顶一字排开。

8月27日，《泰晤士报》一篇题为"桑给巴尔：英国的最后通牒"的报道显示，英国的炮舰已经占据宫殿对面的海港。之后的一篇报道称："晚上9点，英国向赛义德·哈立德宣布了最后通牒，通知他在次日上午9点之前降下旗帜，并且彻底投降，否则他们将轰炸他的宫殿。2000名军人和哈立德在一起。"

第二天早上，海港里5艘皇家海军的船准时开始轰炸。轰炸持续了40分钟。那位特约记者写的关于8月28日情况的报道非常生动。战舰用重型枪炮和马克沁机枪开火："在这么近的射程之内造成了巨大破坏，但是反叛者作战勇敢、意志坚定，并回以激烈的炮火。"宫殿变成"一大片燃烧的废墟"，死亡总数有500人。"许多阿拉伯领袖按照昨日的约定站在苏丹一边战斗。据估计，他们的财产将全都被充公。"[1] 苏丹的旧轮船"格拉斯哥"号向皇家海军开火，但很快被击沉。除了一位受伤的海员，英国一方没有伤亡。[2]

这位记者在他的长篇报道中有一处提到了桑给巴尔的白人女性居民。"女士们登上'圣乔治'号旗舰。她们自始至终都表现得极其了不起。"英国社群普遍认为是时候升起英国旗帜，摆脱"阿拉伯人的统治"了。

至于哈立德，他在轰炸中幸存下来，从废墟里溜出去前往德国领事馆。在确保他将受到政治犯的待遇之前，德国人拒绝交出他。（之后，德国人鼓励他过海前往坦噶尼喀。）一个月之后，《泰晤士报》登载了一篇有关新任苏丹哈穆德·本·穆罕默德的报道，他得到了英国人的认可。据说，他"完全符合英国顾问的要求"。他对英国很有好感，以至于他坚持将他的儿子赛义德·阿里送到英国的公立学校。

这场轰炸湮没了所有的旧伪装。几年后，桑给巴尔领事陆军少校皮尔斯简洁地表述："1896年8月27日早上9点，桑给巴尔的阿拉伯人和斯瓦希里人得到了一个教训，他们将永远不会忘记它。"

到20世纪初，桑给巴尔只是一个闭塞的地方，一个对过去力量的记忆之所。年轻的英国陆军中尉理查德·迈纳茨哈根在征服大陆的非洲人时坠马受伤，于1903年去岛上休养。一位朋友领他去见"一位非常年迈的

---

[1] 这个记者的消息很灵通。9月，12名富有的阿拉伯人的财产被没收。
[2] 在殖民地的冲突中，这样不成比例的伤亡很平常。1893年，在占领罗得西亚的一场战役中，被杀死的恩德贝勒人超过1000，而白人只有5人死亡。

人"——蒂普·蒂普。迈纳茨哈根在他的日记中写道:"他不被允许离开桑给巴尔,他自己也不想离开。我试图让他谈论劫掠奴隶的时代,但很显然他不喜欢……这位老人很少讲话,而且明显为他过去的行为感到尴尬。"在拜访期间,迈纳茨哈根对一个精美的银制咖啡壶赞美有加。当他们离开时,蒂普·蒂普坚持将那个咖啡壶作为礼物送给他。此时,轮到迈纳茨哈根尴尬了,因为他担心拒绝收下这件礼物会冒犯主人。

迈纳茨哈根回到他在英属东非的职位。那个最先花费巨资迈出开发这片土地的第一步的特许公司已经消亡,因为它的财务陷入困境,它被英国财政部以可笑的低价5万英镑买断,代之以直接统治。

几乎毫无疑问的是,近来"真正的地理空白"将成为殖民地中的一块瑰宝。卢格德提出警告,这片新近才被占有的土地"不是理想中的黄金国",但是它拥有"肥沃的土壤、健壮的高地民众、丰沛的雨水,以及总体来说怡人的气候"。被年轻的温斯顿·丘吉尔称为"非洲珍珠"的乌干达,以及内罗毕(后来肯尼亚首都的雏形)周围的高地,吸引了人们的注意。尽管那条铁路耗费了大量的生命和资金,但是到1899年,去往内罗毕的300多英里旅程在一天之内就可以完成,而不是在泥泞中费劲地步行几个星期。

在20世纪第一个十年,陆军中尉理查德·迈纳茨哈根在日记里记录了那段时期的肯尼亚。这份记录生动、令人震惊,而且十分坦然,是对非洲当地人遭受的高压政治最为可信的目击者的叙述,据此人们认为非洲可以按照欧洲人的方式被"重塑"。迈纳茨哈根不是一名典型的军官:他出身于一个犹太家庭,是英国哈罗公学的老校友,他还是有巨大影响力的社会主义学者比阿特丽斯·韦布的外甥。他对待非洲人很凶残,还热衷于射杀任何在步枪射程之内的动物。

暴力在"平定"肯尼亚的时期不可避免,部分是因为白人的到来恰好与19世纪90年代非洲社群遭受的一系列苦难在时间上巧合。干旱、饥荒、天花和蝗灾相继发生。最糟糕的是踩踏畜群的牛瘟,非洲的动物没有对抗这种传染病的内在免疫力。有一种理论认为,牛瘟来自修建铁路用的印度耕牛,但更可能的是意大利人在建立索马里和厄立特里亚的殖民地时,将牛瘟从欧洲带入非洲。之后是从巴西来的船只带来的白蛉（跳蚤）灾害：这些虫子啃啮非洲人的脚，引发坏疽。[1]（殖民主义带来的这些不利的生态后果还向南传播到坦噶尼喀，加上那里不情愿臣服的居民与德国人进行的断断续续的战斗，共同造成了人口的减少。）[2]

迈纳茨哈根首先在吉库尤人中开展工作，因为他们死于饥荒和其他问题的人数极多。对于殖民者的恐惧和憎恨促使村民们谋杀了一个白人，他们用棍棒击倒他，向他嘴里小便直到他呛死。惩罚很快就到来：

> 尽管整夜响着战鼓，但是我们到达村庄时没有发生什么事情，我们包围了村庄……我下令，除了儿童，每个人都应被无情杀死。我憎恨这项工作，并且焦虑地希望这件事情快些结束。一旦我们发现可以射杀的对象，我们就迫近他们。几个人试图突围，但是我们立刻射杀了他们。之后，我在对方能够构筑起任何防御之前，攻击了这个村庄。每个人不是被射杀就是被砍死。

迈纳茨哈根对一把刺刀可以轻易地捅进一具身躯又拔出来感到惊奇。

在第二个任期，他与南迪人有所接触，南迪人被限制在45万英亩的保护区内。尽管这片地域广大，但南迪人是游牧民族，不习惯边界概念或者土地所有者概念，所以征服他们需要一支庞大的军队。对付他们的远征军由80名白人军官领导，他们带领几千名黑人士兵、征召到的士兵以及搬运工。这支军队拥有10台机枪。除了镇压所有的反抗者之外，他们的另一个目的是通过没收畜群惩罚南迪人社群。迈纳茨哈根很快就可以在他的日记里写下（1905年11月7日）："在过去的3周里，他们对南迪人进行了相当有效的清扫。他们失去了大概1万头牛，500名战士被杀死，还有7万头山羊和绵羊。"在"清扫"（一个流行的措辞）结束时，南迪人失去了

---

[1] 对早年殖民统治的评价，请参见约翰·朗斯代尔和提亚姆贝·泽勒扎的《肯尼亚现代史》（John Lonsdale and Tiyambe Zeleza, *A Modern History of Kenya,* ed. W. R. Ochieng, London, 1989）。

[2] 据估计，在1905—1907年的马吉-马吉叛乱中，有7.5万人死于坦噶尼喀。

1000多名战士和1.6万头牲畜。[1]

多年来，他们有效贯彻白人的规矩，到1910年，只有6个英国军官死亡。他们的非洲火枪手的死亡人数总计几百人，但是被他们征服的人的死亡人数要多出数倍。到1911年，在被标明"白人高地"的区域已经有3000名定居者，他们买下了被没收的牲畜。1.6万平方英里的富饶高地占据了殖民地可耕地面积的四分之一，在这些地方，非白人不得享有所有权。周围的大部分地区土地荒芜，但是白人的高地雨水丰富，足以支持作物一年两熟。他们也身体健康、精神抖擞。

从一开始，这里就有引入"军官阶层"的倾向，其中很多军官曾在印度服役，他们每个人被给予1000英亩土地。[2] 另一个受欢迎的定居团体是喜好运动的上等阶层，期待上等阶层乘客的乌干达铁路在英国用广告吸引他们："作为贵族冬日之家的英属东非的高地已成为一种时尚。追寻大型猎物已成为运动员的一种爱好。"出身名门的定居者的一个缩影是第三代德拉米尔勋爵休·乔姆利。为了参加一场狩猎，他于1898年来到高地，并在高地度过了接下来的30年，推进了白人至上主义的发展。在一个非正式的移居者俱乐部里，等级就是一切：爱尔兰人和犹太人，不能加入俱乐部，除非极其富有和受过良好教育；印度人适合经营商店；而非洲人则充当劳力。

尽管迈纳茨哈根的政治主张和比阿特丽斯·韦布不同，但是他发现，比阿特丽斯·韦布外甥的身份，使得上级对他产生了兴趣。肯尼亚的高级行政长官查尔斯·埃利奥特爵士邀请他共进晚餐："埃利奥特希望吸引数千欧洲人来到东非，但似乎不能接受当地人有任何'权利'。我认为东非属于非洲人，我们无权占有任何属于部落的土地。我们应该为了非洲人发展东非，而不是为了陌生人。"

---

[1] 迈纳茨哈根的《肯尼亚日记》以埃尔斯佩思·赫胥黎写的前言开篇："假装这是一本令人喜爱的书，或者作者怀着一种同情的品质将是无用的。"
[2] 自1905年起，布尔人也在白人的高地上定居。在1963年独立之前，只有少数人返回南部非洲。

在之前偶然相遇时，他们就已经争论过这个话题："我说有一天非洲人会接受教育并且武装起来，这会导致一场冲突。埃利奥特认为那一天太过遥远不足为虑，而且到那时欧洲人将强大到足以照顾好他们自身，但是我确信最后非洲人会取得胜利。"

在20世纪初期做出的这个预言足够让人惊奇。但更让人震惊的是，它很快就成为现实，速度快得以至令这个预言变成一个后见之明。

后　记

　　这个大帝国未来的问题是与英国在种族、宗教、语言、行为方式和习俗等方面都不同的3.5亿臣民将在何种程度上进行自我管理或者受我们管理。罗马从未面对过这样的问题。

　　　　　　　　——伊夫林·巴林《古代与现代帝国主义》，1910年
　　　　　　　　（Evelyn Baring, *Ancient and Modern Imperialism*）

　　在世界上的大部分地区摆脱欧洲的帝国主义很久之后，例如美洲，非洲才被占领，而此时在其他地区帝国主义面临威胁，尤其是印度。所以，那些新近获取的殖民地的统治者觉得有必要为自身的行为辩护，他们通过审查自身的行为和目标有别于之前的帝国。最近的例子是葡属印度，它的管理显然不善，无法成为他们的模范。而且，它建立的原则与20世纪初时人赞同的原则大相径庭：当"教皇子午线"划分世界时，西班牙和葡萄牙将为基督教世界征服各自那一半当作他们的责任。而帝国主义是世俗的，公开宣布的目的是使落后地区"文明化"，基督教传教士只有在不引发政治麻烦的前提下才被欢迎加入。

　　当白人行政长官考虑他们对非洲的占领，他们自身与臣服于他们的民众之间的分歧时，他们完全没有时间思考到哪里寻找真正的模范。在每个受教育的欧洲人都熟悉经典的时代，他们只需回顾学过的课本。15世纪末，伊比利亚的权力阶层从罗马的历史中寻求灵感，新的帝国建造者也是这样，只不过他们是在早期的罗马历史中寻求，在恺撒、普林尼和塔西佗的作品中寻求。英国人在他们的时代统治最大的帝国，他们对于历史的相似性毫不怀疑，所以他们用自己的祖先被罗马人征服的历史为他们对待非洲人的方式辩护。英属肯尼亚地区的第一任专员阿瑟·哈丁爵士简洁有力地说："必

须用子弹让这些人学会顺从，也只有子弹才能让他们变老实，在那之后，你们可以开始使用更多现代和仁慈的教育方式。"

英国官员控制非洲的"最大份额"，他们从不质疑传播他们的文化使得高压政策正当化的做法。他们的想法与18世纪历史学家威廉·罗伯森的看法一致，维多利亚时代的中产阶级普遍阅读了他的著作。他曾经这样讲述罗马人："作为失去自由的安慰，他们向新的归顺者传递艺术、科学、语言和礼仪。"此外，"地球上最遥远角落之间的交流稳当且惬意"。

与古代罗马的相似性在一本有影响力的书中已被详细说明，这本书的作者是大英帝国的贵族克罗默勋爵，书里含有希腊语和拉丁语引文。他最感兴趣的是印度的命运，这是可以理解的，他认为谈论印度自治就"如同我们拥护一个统一的欧洲自治政府一样荒谬"。尽管可能需要改革，但是它们必须被置于英国人享有最高权力的长久框架之内。毕竟，罗马帝国统治下的和平持续了几个世纪。另一位殖民地总督寇松勋爵将大英帝国描述为"在天意授权之下，为了美好目的，由全世界见证的一个最伟大的工具"。这样意气风发的宣言很少被弱一些的殖民势力冒险尝试，包括法国人。但是，毫无疑问，所有殖民者都觉得他们会引导非洲进行对未来有深远影响的发展。

然而，当看到殖民地的主人争吵不休时，非洲民众几乎没有受到"控制"，也没有接受新的税收分配、土地业权和中央集权等理念。不仅这样，在白人为争夺热带非洲而发动的战争中，许多非洲人还被招募进相互敌对的队伍，即使他们没被发放枪支要求直接参与作战，他们也被迫背着弹药和征用来的食物穿越灌木丛。

1914年之前，殖民者对殖民地民众的要求只有顺从一条。当他们开始被要求忠诚的时候，白人与黑人之间的关系突然就发生了变化。当再度恢复和平时，非洲人逐渐产生了一些疑问。基于何种原因，统治者要求忠诚？统治者完全不理会传统的领土界限，通常划直线将它们切开，将殖民地各民族局限在一块块区域内。所以，难道非洲人不应该忠诚于自己并且联合起来恢复他们自身的尊严吗？他们对于欧洲人旧有的敬畏很快被消磨殆尽。

早在20世纪20年代初，黑人的民族主义就初露端倪，其表现是主要由受过教会教育的教师和传教士领导的"福利社会"和"年轻人社团"。

战争也影响了印度的政治发展速度,其影响很快波及大洋另一侧的肯尼亚。而另一部分人被贴上"亚洲人"的标签,到1918年东非十分之九的零售贸易掌握在他们手中,而且他们敢于要求和白人定居者一样的政治权利。尽管他们没有被认为是非洲人,而是尽可能使自己远离他们,但是一场政治争论已经展开。其反响在更加遥远的坦噶尼喀也可以感受得到,而坦噶尼喀在德国战败之后成为英国的托管地,乌干达甚至南至罗得西亚和尼亚萨兰也受到影响。

印度在东非的要求导致英国的殖民地部在1923年7月提出一份白皮书。白皮书制定了历史性的指导方针:"首先,肯尼亚属于非洲,女王政府认为有必要明确记录下这一点,他们认为非洲本土居民的利益一定是首要的。"这是对90年前英国议会对印度的声明的明显附和:"无论何时,当英国殖民地本土居民的利益与当地欧洲人的利益发生冲突时,本土居民的利益会被优先考虑,这个原则不容置疑。"这两份声明的背后有一个不可回避的逻辑,但是在肯尼亚英国的统治还不到30年,这个进程的时钟就已经开始滴答作响了。

从某种意义上来说,统治者的好日子可能一去不复返了;从另一种意义上而言,被统治的人也回不到以前了。旧时的与世隔绝结束了,"密封条"已经被撕开,内陆开始向沿海地区发号施令。(尽管桑给巴尔的旗帜还在耶稣堡上空飘荡,但这只是一个空洞的姿态,距离最后一位苏丹被推翻,由一位奴隶的后代取而代之的日子不远了,那位苏丹在英国南部沿海一座被赠予的别墅度过余生。)

极少数非洲人接触到了欧洲的教育,但是它的影响快速且惊人。在一张1934年拍摄的照片中,美国演员保罗·罗伯逊几乎浑身赤裸,除了腰间围着一张豹皮,这张照片是在电影《桑德斯河》(*Sanders of the River*)拍摄期间拍的。在他旁边是一位穿着时髦欧洲服饰的肯尼亚黑人,他是这部电影的临时演员。[1]这位临时演员既不知道自己的出生日期,也不知道自

---

[1] 马丁·鲍姆尔·杜伯曼在《保罗·罗伯逊》(Martin Bauml Duberman, *Paul Robeson*, New York, 1989)一书中描述了在《桑德斯河》拍摄期间罗伯逊与肯雅塔的会面(在英国谢珀顿录影棚再现的一个刚果村庄里)。肯雅塔从未讲过他在影片中的角色。

己的真实姓名,因为他是一个孤儿,他自称乔莫·肯雅塔。后来,他因为政治活动被英国人投入了监狱,之后被释放,成为肯尼亚的第一任总统。

在《桑德斯河》全球公映期间(罗伯逊深感懊悔,因为他太晚意识到这部电影美化了非洲的白人形象),帝国主义正在采取它最后的主要行动。在贝尼托·墨索里尼的命令之下,意大利人入侵了埃塞俄比亚,在40年前的阿杜瓦战役中他们曾遭受可耻的失败。尽管意大利人对他们的报复行为立刻感到了满意,但这场入侵是一个分水岭,它增强了黑人的怨恨情绪:埃塞俄比亚曾经在瓜分非洲的狂潮中保住了自身的自由,它成为一个象征,但是在意大利人以残忍的暴行征服它的时候,世界却袖手旁观。[1]

1955年,约翰·甘瑟的巨著《非洲内幕》(Inside Africa)问世。甘瑟是一位不知疲倦的研究者,他的书是一部时代之作,如同一颗小号铅弹向世人释放出那个时代的事实和观点。这本书里满是曾与甘瑟在旅途中一起吃过饭的殖民地总督的名字,但是总体来说,它传递出的信息十分简明:"如果不提及殖民体系中的各种不道德和不正义,关于非洲的殖民主义,有两个要点应该被提及,其一,它有很多好处;其二,它正在走向灭亡。"针对白人统治在建立了不到半个世纪之后就注定衰败,甘瑟列举了一些原因。"道德因素,即人们普遍认为一个国家统治另一个国家是不道德的。毕竟,非洲是非洲人自己的大陆。而且事实显示回报逐渐缩小,继续镇压(或者甚至不镇压)的统治花费超过了回报。军队消耗金钱。此外,基督教传教士教导非洲人,在上帝面前所有人都是平等的。伍德罗·威尔逊还传播了弱小民族自决的观念。"甘瑟在目录中增加了印度独立和欧洲对中东的控制动摇的多米诺影响。但是,无论殖民主义发生什么变化,他都确信非洲与欧洲之间的纽带牢不可破,并且作为一个美国人,他将非洲视为美国"全球边界"的一部分:"可以说欧洲离不开非洲,非洲也离不开欧洲,而美国离不开它们两个。"

---

[1] 在试图暗杀意大利总督马歇尔·格拉齐亚尼之后,1937年2月3.7万名埃塞俄比亚人在亚的斯亚贝巴被屠杀。

甘瑟的书问世一年之后，在1956年10月苏伊士运河危机期间，美国与非洲和欧洲关系密切的程度变得明显。英国此时仍然是世界上最重要的帝国主义国家，它在埃及军事领袖贾迈勒·阿卜杜勒·纳赛尔将苏伊士运河公司国有化时决定予以回击。在一次空袭后，英国入侵埃及，法国和以色列从旁协助。在华盛顿，这场现代炮舰外交被视为一次意识形态的灾难，因为这会给苏联在亚洲和非洲发展反殖民主义运动以可乘之机。美国声称它反对苏伊士的冒险行动，之后向英国施加金融压力，迫使它及其同伙撤军，这起到了很大效果。副总统理查德·尼克松称之为美国的胜利："这是历史上第一次我们在亚洲和非洲的问题上独立于益格鲁－法兰西的政策，在我们看来这些政策反映的是殖民主义的传统。这份声明已经使全世界为之振奋。"

纳赛尔在苏伊士运河危机中也取得了胜利。通过扭伤英国这头"雄狮"的尾巴，纳赛尔成为所有仍处在殖民统治之下的国家的英雄，特别是那些穆斯林占人口多数的国家对他有一种宗教上的认同。殖民主义的终结已经隐约可见，但是纳赛尔的胜利确实加快了它的步伐。哈罗德·麦克米兰在苏伊士运河危机之后上任，1960年他在开普敦说一阵"变革之风"正吹过非洲，他或许可以再补充一句，这阵风正是从开罗吹过来的。

在20世纪60年代早期，殖民主义在非洲终结，如同它的突然降临一样充满偶然性。很多年长的非洲人讲述，他们曾经见到白人抵达非洲十分惊讶和恐慌，而看到他们突然离开也一样令人惊讶。

而葡萄牙的两块属地安哥拉和莫桑比克是15世纪教皇划分世界的遗迹，它们与葡属印度一道在反殖民主义的浪潮中又坚持了15年。作为一个直接影响，这些国家将在一代人的时间里被内战彻底破坏。反过来，杀戮和经济压力结束了白人在罗得西亚（后成为津巴布韦）、之后在南非的最后抵抗。

苏伊士运河危机之后40年，全球的边界发生了醒目的变化。全球的财富平衡势态也是一样。欧洲的文化仍然在非洲传播，此外美国的金融意识形态通过国际货币基金组织和世界银行强加给非洲，但是非洲大陆的东侧,从红海到好望角,则越来越多地回复到它们与亚洲的历史关系。非洲人仍旧清晰地记得在受到欧洲的政治统治之前与亚洲的联系。当中国人从达累斯萨拉姆到赞比亚建造了第一条长达1000英里的非洲独立大铁路时,他们没忘记提及5个世纪以前郑和舰队对东非的访问。[1]

当船只在印度洋上航行时,季风不再起到决定性的作用,但是它们的活动规律仍然影响整个印度次大陆以及从东非到马来西亚2亿人的生活。印度洋正恢复它作为"冲突与接触地区"和"文化十字路口"的地位。1995年初,纳尔逊·曼德拉总统希望环"印度洋边缘地带"加强合作,并且强调了这种结构的统一。他回顾了圣雄甘地的政治生涯是如何始于南非,结束于印度独立。1996年9月,环印度洋地区合作联盟成立,它的章程开篇是:"我们意识到过去1000年来创建的历史联系……"该联盟的秘书处设在毛里求斯,其发起国包括印度、印度尼西亚、马来西亚、澳大利亚和所有的东非沿海国家(从肯尼亚到南非)。

非洲在未来与亚洲的融合将面临一个艰巨的任务,因为它经历了一段漫长的不发达时期。这片大陆在过去是一个谜,它的内陆一直是未知地域,今天它仍然是一个未解之谜,因而它的发展难以预测。数个世纪以来,热带非洲用未加工的出口物交换进口工业品,所以它从未有过资本积累。[2]它现在仍然面临这个困境,这片大陆主要被视为东方繁荣的工业急需的原料供给者。非洲人在本世纪的挑战将是摆脱与印度洋邻居的从属关系,在一个长期以来他们的贡献被局限在象牙、金沙、豹皮和奴隶的竞技场中,他们需要找到一个平等的位置。

---

[1] 请参见理查德·霍尔和休·佩曼的《自由大铁路》(Richard Hall and Hugh Peyman, *The Great Uhuru Railway*, London, 1976)。
[2] 非洲在与世界其他地方的关系上面临困境,请参见科林·利斯的《发展理论的兴起和衰落》(Colin Leys, *The Rise and Fall of Development Theory*, London, 1996)。

致　谢

　　这本书的写作受到美国退休石油商哈里·洛根的启发，他的兴趣十分广泛。在他来伦敦购买油画和进行各种慈善活动期间，我们讨论了这本书。起初，我想为在19世纪"发现"非洲最大的湖泊，并以维多利亚女王的名字为它命名的旅行家约翰·斯皮克写一本传记。在洛根最后一次拜访伦敦时，我们在一个寒冷的冬日步行穿过肯辛顿宫花园去看那里的斯皮克纪念碑。在那之后不久，也就是在我研究的第一阶段，我在乌干达，出于对我研究对象的尊重，我待在坎帕拉的斯皮克饭店。在那里我接到一通电话：洛根在他宾夕法尼亚沃伦的家中突发心脏病去世。

　　自那之后，这本书的规模开始无限制地扩大。这部分是因为我意识到"寻找尼罗河"的传说已经被彻底耗尽，它的主要角色现在已变得相当无聊，但是就像那位被费力研究的理查德·伯顿一样，斯皮克在故事中仍占有一席之地。除了这些因素之外，我感到对洛根的怀念促使我做出更富雄心的写作。我接下了这项任务，并且因此经历了更多的旅行和远超过我希望的更加漫长的绕行，但是每个人都有超凡的忍耐力。其中，最重要的是凯·洛根，她将她的已故丈夫对这个项目的兴趣延续了下去。我的家庭成员在旅途中保持坚忍，包括乘坐独桅帆船沿东非海岸航行，以及在斯里兰卡搭乘摩托车的后座。

　　我在内罗毕度过的多个星期则很平静，在那里我前往东非的英国研究院藏书丰富的图书馆，那里的主任约翰·萨顿和副主任贾斯廷·威利斯以及图书管理员伊娃·恩达尤一直为我提供帮助。在斯里兰卡的帕拉代尼亚大学，我得到莫伊拉·坦波和她的学术同僚的慷慨帮助。而在马尔代夫，马累研究所的主任穆罕默德·卢特菲给我讲了他对这些岛屿历史的深刻洞见。

其他鼓励我研究的人有蒙巴萨耶稣堡之友的成员、桑给巴尔的安德鲁·霍尔（已故）、以及基尔瓦的3名英国志愿教师，他们让我睡在地板上并且将珍贵的饮用水分享给我。另外，还有一位经验丰富的政治家阿里·穆赫辛·巴尔瓦尼，他使我在迪拜投入到一场关于斯瓦希里种族划分的热烈讨论。

没有《欧洲的东方神话》(*Europe's Myths of the Orient*)的作者拉纳·卡巴尼的慷慨帮助，我对于伊斯兰世界的理解将仍然是吃力并且不充分的。在英国学者，对我产生最大影响的是阿伯丁大学的历史学教授罗伊·C.布里奇斯。他对于我文本的细微处和更广泛存在的问题都提出了富有洞察力的评价。伦敦大学的东方与非洲研究学院的教授安德鲁·罗伯茨在前殖民时代的贸易方面的见解对我大有助益。杰出的剑桥考古学家大卫·菲利普森博士纠正了我关于非洲铁器加工的错误。如果还存在这类错误，那完全是我自己的缘故。大英博物馆的奥利弗·穆尔提供了他对于中国历史和语言的专业知识。而迈克尔·戴维则慷慨地赠给了我一本珍贵的《卢济塔尼亚人之歌》的18世纪译本，顺便提一句，地图上绘制的瓦斯科·达·伽马穿过大西洋向外行驶的路线完全是一种猜想，实际情况完全偏离了地图的标识。令人惊叹的学者G. S. P.弗里曼-格伦维尔不知疲倦地追求印度洋历史的知识，他耐心地回答了我的问题，允许我使用他的译本。

马尔加·霍尔尼斯在葡萄牙语的翻译方面提供了帮助；马克·福格尔在华盛顿特区政府档案馆挖掘到的材料价值巨大。对于早期手稿的严格审查，我要感谢托尼·劳伦斯、海斯特·卡特利、珍妮特和托尼·洛克夫妇、迪克·霍布森、艾丽卡·舒马赫。哈珀·科林斯出版集团的斯图尔特·普罗菲特和阿拉贝拉·奎因既怀有热忱，又提出了建设性的批评意见，为最后的文本增色不少，他们具有惊人的耐心。

我查阅资料的英国图书馆包括牛津大学图书馆、罗德楼，以及牛津的印度研究所、伦敦的公共档案馆和皇家地理学会、爱丁堡的苏格兰国家图书馆。在所有这些图书馆里，我都受到友善的接待。

理查德·霍尔
牛津郡阿普顿

延伸阅读 *

尽管法国历史学家费尔南·布罗代尔在他被多方引用的著作《菲利普二世时代的地中海和地中海世界》中研究了地中海各国的关系,为这方面的历史研究树立了典范,但是以此方法研究印度洋的著作却屈指可数。其中,最值得关注的是基尔提·N.乔杜里的著作《印度洋的贸易与文明:从伊斯兰教的兴起至1750年的经济史》(Kirti N. Chaudhuri, *Trade and Civilisation in the Indian Ocean: An Economic History from the Rise of Islam to 1750*, Cambridge, 1985),他承认自己受到了布罗代尔的影响。比它早一些的另一部著作是奥古斯特·图桑写的《印度洋的历史》(Auguste Toussaint, *History of the Indian Ocean*, London, 1966)。由 A.达斯古普塔与 M. N.皮尔逊合编的《印度与印度洋,1500—1800年》(A. das Gupta and M. N. Pearson, edited, *India and the Indian Ocean, 1500—1800*, Calcutta, 1987)采用了广泛的研究方法。而萨蒂什·钱德拉编的《印度洋探秘:历史、商业与政治》(Satish Chandra, edited, *The Indian Ocean Explorations in History, Commerce and Politics*, Delhi, 1987)一书所收集的篇章质量参差不齐。研究印度洋史的最佳入门书籍仍然非《印度洋》一书莫属,该书汇集了印度洋的旅行见闻和历史,作者是艾伦·维利尔斯(Alan Villiers, *The Indian Ocean*, London, 1952)。

以上著述将印度洋世界作为一个整体来看待,但专门研究特定主题的著作包括:C. R.博克瑟的《葡萄牙人的海上帝国,1415—1825年》(C. R. Boxer, *The Portuguese Seaborne Empire 1415—1825*, London, 1969),

---

* 本书所涉及的引用资料多数没有中译本,为了不造成误会和阅读障碍,本书对注释部分文字采用原文原貌,未做翻译和变动。

由N.奇蒂克与R.罗特伯格合编的著作《东非与东方》(N. Chittick and R. Rotberg, edited, *East Africa and the Orient*, New York, 1975),G. A.巴拉德的《印度洋的统治者》(G. A. Ballard, *The Rulers of the Indian Ocean*, London, 1927),G. S.格雷厄姆的《印度洋上的大不列颠》(G. S. Graham, *Great Britain in the Indian Ocean*, Oxford, 1967),以及一部生动的简史《印度与印度洋》(K. M. Panikker, *India and the Indian Ocean*, London, 1945),该书作者是K. M.潘尼克尔。此外,G. F.胡拉尼的《印度洋上的阿拉伯航海业》(G. F. Hourani, *Arab Seafaring in the Indian Ocean*, Princeton, 1951)涵盖的内容远超过该书书名所暗示的研究范围,这本书另有一个扩充版,约翰·卡斯韦尔为它加注了较新的考古发现,该版本于1995年出版。

《伊斯兰教百科全书》是研究印度洋的历史与宗教背景必不可少的一本参考书(*Encyclopaedia of Islam*, new edition, Leiden, 1960 onwards, eight volumes to date)。此外,除了最新的更新信息之外,《宗教与道德百科全书》(*Encyclopaedia of Religion and Ethics*, twelve volumes, Edinburgh, 1908—1926)囊括了一切内容。约翰·M.罗伯茨的《世界史》(John M. Roberts, *A History of the World*, London, 1976),摆脱了"欧洲中心论",令人耳目一新。唐纳德·F.拉赫的《欧洲形成中的亚洲》(Donald F. Lach, *Asia in the Making of Europe*, Chicago, 1964)是一部令人印象深刻的综合性著作。而K. N.乔杜里的《欧洲之前的亚洲》(K. N. Chaudhuri, *Asia before Europe*, Cambridge, 1990)提供了一种新的视角。D. P.辛格尔的两卷本《印度与世界文明》(D. P. Singhal, *India and World Civilisation*, London, 1972)虽然风格散漫,但是充满神秘的细节描写。菲利普·D.柯廷的《世界史中的跨文化贸易》(Philip D. Curtin, *Cross-Cultural Trade in World History*, Cambridge, 1984)采取了经济视角。诺曼·丹尼尔斯在《阿拉伯人与中世纪欧洲》(Norman Daniels, *The Arabs and Mediaeval Europe*, London, 1975)一书中提出了一些新的见解。

要在一个广泛的环境中了解非洲的背景,我们可以参考两部主要著作:《剑桥非洲史》(*Cambridge History of Africa*, 1975—1986)和联合国教科文组织编辑出版的《非洲通史》(*General History of Africa*, 1981—1992),

这两部著作都是8卷本，后一部的书目更详尽。关于整个非洲大陆更为简短的著作包括：罗兰·奥利弗与 J. D. 费奇合著的《非洲简史》（Roland Oliver and J. D. Fage, *Short History of Africa*, London, 1975）和 R. 奥利弗与 A. 阿特莫尔合著的《非洲中世纪史，1400—1800年》（R. Oliver and A. Atmore, *The African Middle Ages, 1400—1800*, Cambridge, 1981）。有用的手册有科林·麦克伊韦迪的《非洲史企鹅地图集》（Colin McEvedy, *Penguin Atlas of African History*, London, 1980）和费奇的《非洲史地图集》（*Atlas of African History*, London, 1978）。此外，由大卫·伯明翰与菲利斯·M. 马丁合编的两卷本《中部非洲史》（David Birmingham and Phyllis M. Martin, *History of Central Africa*, London, 1983）清晰易懂，还配了出色的地图。

巴兹尔·戴维森关于非洲沦为殖民地前的文化的著作对于消除偏见极为有益，例如《历史上的非洲》（Basil Davidson, *Africa in History*, London, 1975）。伊丽莎白·艾斯切的《非洲的基督教史》（Elizabeth Isichei, *A History of Christianity in Africa*, London, 1995）提供了充足的信息，不只限于宗教主题；在形式上更加学术的著作有阿德里安·黑斯廷斯的《非洲的教堂》（Adrian Hastings, *The Church in Africa*, Oxford, 1995）。

印度洋周边非洲区域的长时段史著作包括：约翰·萨顿的《东非一千年》（John Sutton, *A Thousand Years of East Africa*, Nairobi/London, 1990），这本书内容简洁、配图精美；G. S. P. 弗里曼-格伦维尔的《东非海岸：资料选编》（G. S. P. Freeman-Grenville, *The East African Coast: Select Documents*, Oxford, 1975）；格雷厄姆·康纳的《非洲诸文明》（Graham Connah, *African Civilisations*, London, 1987）。《有关葡萄牙人在莫桑比克与中部非洲的活动的档案》（*Documents on the Portuguese in Mozambique and Central Africa*, Lisbon, 1962 to date, ten volumes so far）则包含了丰富的信息。另外一部里程碑式的著作是 G. M. 西尔编的《东南非洲档案》（G. M. Theal, edited, *Records of South-Eastern Africa*, Cape Town, 1898-1903）。

关于相关探险和旅行，伦敦的哈克卢特学会从19世纪中叶开始就出版了很多学术著作。这些著作使本书作者受益良多。在这个领域中极受大众追捧的著作是埃里克·纽比的《世界探险地图集》（Eric Newby, *World*

Atlas of Exploration, London, 1975），这本书的插图极其精美。

下面还列出了专注于对亚洲、印度洋和非洲进行历史研究的学术期刊中的重要文章。其中，最重要的期刊包括《非洲历史杂志》（引用缩写为 *JAH*）、《地理杂志》（*GJ*）、《皇家亚洲学会杂志》（*JRAS*）、《阿扎尼亚》（*Azania*），以及《东方经济与社会史杂志》（*JESHO*）。

第一部分 隔离的世界

Adams, W. Y., *Nubia*（London, 1984）.

Ahmad, N. 'Arabs' Knowledge of Ceylon', *Islamic Culture*, vol.19, no.3（1945）.

Allibert, C., Argant, A. and Argant, J. 'Le Site de Dembeni', *Etudes Océan Indien*, no.11（Paris, 1990）.

Ardika, I. W. and Bellwood, P. 'Sembiran: the Beginnings of Indian Contact with Bali', *Antiquity*, 65（247），（1991）.

Ashtiany, J., Johnstone, T. M. et al.（eds）. *Abbasid Belles-Lettres*（Cambridge, 1990）.

Bancroft, J. A. *Mining in Northern Rhodesia*（London, 1961）.

Burnstein, F. M. *On the Erythraean Sea*（Cambridge, 1989）.

Buzurg ibn Shahriyar. *Le Livre des Merveilles de l'Inde*, ed. P. A. van der Lith, trans. L. M. Devic（Leiden, 1883—86）.

——, *The Book of the Wonders of India*, trans. G. S. P. Freeman-Grenville（London, 1981）.

Carpenter, A. J. 'The History of Rice in Africa' in Buddenhagen, I.W. and Persley, G. J.（eds），*Rice in Africa*（London, 1979）.

Casson, L. *Ships and Seamanship in the Ancient World*（Princeton, 1971）.

——, trans. *The Periplus Maris Erythraei*（Princeton, 1989）.

Chaudhuri, K. N. 'A Note on Chinese Ships in Aden and Jeddah', *JRAS*, no.1（1989）.

Chittick, N. *Kilwa, an Islamic Trading City on the East African Coast*, 2 vols

(Nairobi, 1974).

——, *Manda* (Nairobi, 1984).

Choksy, J. K. 'Muslims and Zoroastrians in Iran in the Mediaeval Period', in *Muslim World*, vol.80, no.3/4 (1990).

Clot, A. *Harun al-Rashid*, trans. J. Howe (London, 1989).

Collins, R. O. (ed.) *Problems in African History* (New York, 1968).

Crawford, O. G. S. 'Some Medieval Theories about the Nile', *GJ*, vol. 114 (London, 1949).

Cribb, R. *Historical Dictionary of Indonesia* (London, 1992).

Das, P. K. *The Monsoons* (London, 1968).

Davison, C. and Clark, J. D. 'Trade Wind Beads', *Azania*, vol.9 (1974).

Dawood, N. J. (ed.) *Tales from the Thousand and One Nights* (London, 1973).

Deraniyagala, P. E. P. *Some Extinct Elephants, their Relatives, and Two Living Species* (Colombo, 1955).

Deschamps, H. *Histoire de Madagascar* (Paris, 1960).

Destombes, M. *Mappemondes AD1200—1500* (Amsterdam, 1964).

Dunn, R. E. *The Adventures of Ibn Battuta* (Berkeley, 1986).

During Caspers, E. C. L. 'Further Evidence for Central Asian Materials from the Persian Gulf', *JESHO*, vol.37, no. 1 (1994).

Duyvendak, J. J. L. 'The True Dates of the Chinese Maritime Expeditions in the Early Fifteenth Century', T'oung *Pao*, no.34 (Leiden, 1938).

——, China's *Discovery of Africa* (London, 1949).

Edis, R. *A History of Diego Garcia*, unpublished typescript (1990).

Fagan, B. M. *Southern Africa during the Iron Age* (London, 1965).

Fage, J. D. *A History of Africa* (London, 1978).

Fei Xin. *Triumphant Tour of the Star Raft* (Beijing, 1954).

Filesi, T. *China and Africa in the Middle Ages*, trans. D. Morison (London, 1972).

Fuller, E. *Extinct Birds* (London, 1987).

Garlake, P. *Early Islamic Architecture of the East African* Coast (Oxford, 1966).

——. *The Kingdoms of Africa* (London, 1978).

——. Great Zimbabwe (London, 1973; Harare, 1982).

Golding, A., trans. *The Excellent and Pleasant Worke of Caius Julius Solinus*, facsimile (Gainesville, Florida, 1955).

Gray, R. and Birmingham, D. eds. *Pre-Colonial African Trade* (Oxford, 1970).

Grosset-Grange, H. 'La Côte africaine dans la routiers nautique arabes au moment des grandes découvertes', *Azania*, vol.13 (1978).

Gunawardana, R. A. L. H. 'Seaways to Sielediba', paper for Delhi seminar on the Indian Ocean (Peradeniya, Sri Lanka, 1985).

Hall, M. *The Changing Past: Farmers, Kings and Traders in Southern Africa, 200—1860* (Cape Town, 1987).

Hall, R. *Zambia* (London, 1965).

Hamada, S. and King, N. *Ibn Battuta in Black Africa* (London, 1971).

Harrison Church, R. J. *Africa and the Islands* (London, 1971).

Hart, H. H. *Venetian Adventurer* (Stanford, 1942).

Herodotus. *Histories*, trans. A. de Selincourt (London, 1984).

Hirth, F. and Rockhill, W. W., trans. *Chau Ju-kua: His Work on the Chinese and Arab Trade in the 12th and 13th Centuries* (St Petersburg, 1911).

Hitti, P. K. *A History of the Arabs* (London, 1961).

Hodges, R. and Whitehouse, D. *Mohammed, Charlemagne and the origins of Europe* (London, 1983).

Horton, M. C. and Blurton, T. R. 'Indian Metalwork in East Africa: The Bronze Lion Statuette from Shanga', *Antiquity*, 62 (234), (1988).

Horton, M. C., Brown, H. M. and Oddy, W. A. 'The Mtambwe Hoard', *Azania*, vol.21 (1986).

Hourani, A. *A History of the Arab Peoples* (London, 1991).

Hsiang Ta. 'A Great Chinese Navigator', *China Reconstructs*, vol.5, no.7 (1956).

Huntingford, G. W. B. *The Periplus of the Erythraean Sea* (London, 1980).

Ibn Battuta, *The Travels of Ibn Battuta*, ed. H. A. R. Gibb and C. F. Beckingham, 4 vols (London, 1958—94).

Ibn Hauqal. *Configuration de la Terre*, trans. J. H. Kramers and G. Wiet (Beirut, 1964).

Ibn Jubayr. *Travels of Ibn Jubayr*, trans. R. J. C. Broadhurst (London, 1952).

Ibn Khurradadhbih. *Book of Itineraries and Kingdoms*, trans. Muhammed Hadj-Sadok (Algiers, 1949).

Irwin, G. *Africans Abroad* (Columbia, 1971).

July, R. W. *PreColonial Africa* (Blandford, England, 1976).

Kimble, G. T. H. *Geography in the Middle Ages* (London, 1938).

Kirk, W. 'The North-east Monsoon and Some Aspects of African History', *JAH*, vol.3, no.2 (1962).

Kirkman, J. *Men and Monuments on the East African Coast* (London, 1964).

——. 'The Early History of Oman in East Africa', *Journal of Oman Studies*, vol.2 (1983).

Kuei-sheng Chang. 'Africa and the Indian Ocean in Chinese Maps of the Fourteenth and Fifteenth Centuries', *Imago Mundi*, vol.24 (1970).

Laufer, B. *The Giraffe in History and Art* (Chicago, 1925).

Levy, R. *The Social Structure of Islam* (Cambridge, 1957).

Lewicki, T. *Arabic External Sources for the History of Africa South of the Sahara* (London, 1974).

Lo Jung-Pang. 'The Emergence of China as a Sea Power in the Late Sung and early Yuan Periods', *Far Eastern Quarterly*, vol.14, no.4 (1955).

Lombard, M. *The Golden Age of Islam* (Amsterdam, 1975).

Loutfi, M. I. *Male Hukuru Miskiiy* (Male, Maldives, 1986).

McCrindle, J. W. *Ancient India as Described in Classical Literature* (London, 1901) .

Ma Huan, *The Overall Survey of the Ocean's Shores*, trans. J. V. G. Mills (Cambridge, 1970) .

Maggs, J. and Whitelaw, G. 'A Review of Recent Archaeological Research in Food-Producing Communities in Southern Africa' , *JAH*, vol.32, no.1 (1991) .

Major, R. H. *India in the Fifteenth Century* (London. 1857) .

Martin, E. B. and C. P. *Cargoes of the East* (London, 1978) .

al-Mas'udi. *Les Prairies d'Or*, ed. and trans. C. B. de Meynard and P. de Courteille, 9 vols (Paris, 1861—77) .

Matveyev, V. V. *Records of Early Arab Authors on Bantu Peoples* (Moscow, 1964) .

Mei-ling Hsu. 'Chinese Maritime Cartography: Sea Charts of Pre-Modern China' . *Imago Mundi*, vol.40 (1988) .

Minorsky, V., trans. *The Regions of the World: A Persian Geography* (London, 1937) .

Montgomery, J. A., trans. *The History of Yaballaha III, Nestorian Patriarch, and his Vicar Bar Sauma* (New York, 1929) .

Mudenge, S. I. L. *A Political History of the Munhumutapa, c 1400—1902* (London, 1988) .

Needham, J. *Science and Civilisation in China*, vol.4, part 3 (Cambridge, 1971) .

Oliver, R. A. *The African Experience* (London, 1991) .

Oliver, R. A. and Mathew, G. *A History of East Africa*, vol.1 (Oxford, 1963) .

Penzer, N. M. *The Most Noble and Famous Travels of Marco Polo and Nicolo Conti* (London, 1937) .

Phillipson, D. W. *African Archaeology* (London, 1985) .

Polo, Marco. *The Travels of Marco Polo*, trans. L. F. Benedetto and A. Ricci

(London, 1931).

———. *The Travels of Marco Polo*, trans. R. E. Latham (London, 1958).

Popovic, A. *La revolte des esclaves en Iraq au III/IX siècle* (Paris, 1976).

Ptak, R. 'China and Calicut in the Early Ming Period', *JRAS*, no.1 (1989).

Ricks, T. C. 'Persian Gulf Seafaring and East Africa', *African Historical Studies*, vol.3, no.2 (Boston, 1970).

Rogers, F. M. *The Vivaldi Expedition* (Cambridge, Mass., 1955).

Sastri, K. A. N. *A History of South India* (Madras, 1976).

Schafer, E. *The Golden Peaches of Samarkand* (Berkeley, 1963).

Seale, M. S. *The Desert Bible* (London, 1974).

Sealy, J. and Yates, R. 'Pastoralism in the Cape, South Africa', *Antiquity*, vol.68 (258) (1994).

Serjeant, R. B. *Studies in Arabian History and Civilisation* (London, 1971).

Shaw, T., Sinclair, P., Andah, B. and Okpoko, A. *Archaeology in Africa* (London, 1993).

Shboul, A. *Al-Mas'udi and his World* (London, 1979).

Shepherd, G. 'The Making of the Swahili', *Paideuma*, 28 (1982).

Snow, P. *The Star Raft: China's Encounter with Africa* (London, 1988).

Spear, T. *Kenya's Past* (London, 1981).

Steel, R. W. and Prothero, R. M. (eds.) *Geographers and the Tropics* (London, 1964).

Strong, S. A. (ed.) 'The History of Kilwa', *JRAS*, vol.20 (1895).

Summers, R. 'Was Zimbabwe Civilised?' *Conference of the History of the Central African Peoples* (Lusaka, 1963).

Sun Guangqi. 'Zheng He's expeditions to the Western Ocean and his Navigation Technology', *Journal of Navigation*, vol.45 (1992).

Suret-Canale, J. *Essays on African History*, trans. C. Hurst (London, 1988).

al-Tabari. *The Revolt of the Zanj*, ed. David Waines (New York, 1992).

Tampoe, M. *Maritime Trade between China and the West: An Archaeological*

Study of the Ceramics from Siraf (Oxford, 1989) .

Tha'alibi, *The Book of Curious and Entertaining Information*, trans. C. E. Bosworth (Edinburgh, 1968) .

Thorbahn, P. F. *The Pre-Colonial Ivory Trade of East Africa*, unpublished Ph.D thesis (Cambridge, Mass., 1979) .

Tolmacheva, M. 'Towards a definition of the term Zanj' , *Azania*, vol.21 (1986) .

Van Grunderbeek, M. -C. 'Chronologie de l'Age du Fer Ancien au Burundi, au Rwanda et dans la région des Grands Lacs' , *Azania*, vol.27 (1992) .

Verin, P. 'The African Element in Madagascar' , *Azania*, vol.11 (1976) .

Verlinden, C. *The Beginnings of Modern Colonialism*, trans. Y. Freccero (New York, 1970) .

Waley, A. *Ballads and Stories from Tun-Huang* (London, 1960) .

Wheatley, P. 'The Land of Zanj: Exegetical Notes on Chinese Knowledge of East Africa Prior to AD1500' , in Steel and Prothero (eds) , op. cit.

Whitehouse, D. and Williamson, A. 'Sasanian Maritime Trade' , *Iran*, vol.11 (1973) .

Wilkinson, J. C. 'Oman and East Africa: New Light on Early Kilwan History from Omani Sources' , *Journal of African Historical Studies*, vol.14, no.2 (1981) .

Wolters, O. W. *Early Indonesian Commerce* (Cornell, 1967) .

Wright, H. T. et al. 'Early Seafarers in the Comoro Islands: the Dembeni Phase of the IX - X Centuries' , *Azania*, vol.19 (1984) .

Wright, T. (ed.) *Early Travels in Palestine* (London, 1848) .

Yajima, H. 'Maritime Activities of the Arab Gulf Peoples' , *Journal of Asian and African Studies*, no.14 (Tokyo, 1977) .

———. 'Islamic History of the Maldive Islands' , paper for Institute for the Study of Languages and Cultures of Asia and Africa (Tokyo, n.d.) .

Yamamoto, T. 'Chinese Activities in the Indian Ocean before the Coming of the Portuguese', *Diogenes*, vol.3 (1980) .

Yule, H. *Mirabilia Descripta* (London, 1863) .

——, trans. *The Book of Ser Marco Polo* (London, 1903) .

Zhang Jun-Yan. 'Relations between China and the Arabs from Early Times', *Journal of Oman Studies*, vol.2, part Ⅰ (1983) .

第二部分 基督教世界的大炮

Albuquerque, A. *Commentaries of Afonso de Albuquerque*, trans. W. de G. Birch, 4 vols (London, 1875—84) .

Allen, J. de V. 'Habash, Habshi, Sidi, Sayyid', in J. C. Stone (ed.) , *Africa and the Sea* (Aberdeen, 1985) .

Alpers, E. A. 'Gujarat and the Trade of East Africa', *African Historical Studies*, vol.9 (Boston, 1976) .

Alvares, F. *The Prester John of the Indies*, trans. C. F. Beckingham and G. W. B. Huntingford, 2 vols (Cambridge, 1961) .

Andrade, R. F. *Commentaries*, ed. C. R. Boxer (London, 1930) .

Axelson, E. *Portuguese in South-East Africa, 1488—1600* (Cape Town, 1963) .

——, *Portuguese in South-East Africa, 1600—1700* (Johannesburg, 1960) .

Ayalon, D. *Gunpowder and Firearms in the Mamluk Kingdom* (London, 1956) .

Ayyar, K. V. K. *A Short History of Kerala* (Ernakulam, 1966) .

Bagrow, L. 'Ibn Majid', *Studi Columbiani*, vol.3 (Genoa, 1950) .

Bannerman, D. A. *The Canary Islands* (London, 1922) .

Beckingham, C. F. 'The Travels of Pero da Covilham and their Significance', *Congresso International de Historia dos Descobrimentos* (Lisbon, 1961) .

Bell, A. F. G. *Gaspar Correa* (Oxford, 1924) .

Bhattacharya, D. K. 'Indians of African Origin', *Cahiers d'etudes Africaines*, vol.40 (1970) .

Boxer, C. R. *Macau na Epoca da Restauracao* (Macau, 1942) .

——. 'An African Eldorado: Monomotapa and Mozambique' , *Journal of Historical Association of Rhodesia and Nayasaland* (1960) .

——. *From Lisbon to Goa, 1500—1750* (London, 1984) .

Boxer, C. R. and De Azevedo, C. *The Portuguese in Mombasa* (London, 1960) .

Budge, W. *A History of Ethiopia* (London, 1928) .

Burwash, D. *English Merchant Shipping, 1450—1540* (Toronto, 1947) .

Camoëns, Luis de. *The Lusiads*, trans. W. J. Mickle (Oxford, 1778) .

Caraman, P. *The Lost Empire* (London, 1985) .

Careri, J. F. G. *The Indian Travels of Thevenot and Careri*, trans. S. N. Sen (Delhi, 1949) .

Castanheda, H. L. de. *History*, Bk.I. trans. into English, 1582 (facsimile, Amsterdam, 1973) .

Cipolla, C. M. *Guns and Sails in the Early Phase of European Expansion 1400—1700* (London, 1965) .

Commissariat, M. S. *History of Gujarat* (Bombay, 1938) .

Correa, G. *The Three Voyages of Vasco da Gama*, trans. H. E. J. Stanley from 'Lendas da India' (London, 1869) .

Cortesano, A. *The Mystery of Vasco da Gama* (Lisbon, 1973) .

Cowburn, P. *The Warship in World History* (London, 1965) .

Crawford, O. G. S. *Ethiopian Itineraries, ca. 1400—1524* (Cambridge, 1958) .

Crone, G. R. *The Voyages of Cadamosto* (London, 1937) .

Curzon, Lord. *Persia and the Persian Question* (London, 1892) .

Dames, M. L. 'The Portuguese and Turks in the Indian Ocean in the Sixteenth Century' , *JRAS* (1923) .

Danvers, F. C. *The Portuguese in India* (London, 1894) .

Deschamps, H. *Les Pirates à Madagascar* (Paris, 1949) .

Diffie, B. W. and Winius, G. D. *Foundations of the Portuguese Empire, 1415—1580* (Minneapolis, 1977) .

Al-Din, Z. *Historia dos Portuguese no Malabar*, trans. D. Lopes (Lisbon, 1898) .

Doresse, J. *Ethiopia*, trans. E. Coult (London, 1959) .

Duffy, J. *Portugal in Africa* (London, 1962) .

Earle, T. F. and Villiers, J. *Albuquerque, Caesar of the East* (Warminster, England, 1990) .

Freeman-Grenville, G. S. P. (ed.) *The Mombasa Rising against the Portuguese, 1631* (Oxford, 1980) .

Fritz, J. and Michell, G. 'The Perfect City' , *Geographical Magazine*, vol.71/2 (1994) .

Goodrich, T. D. *The Ottoman Turks and the New World* (Wiesbaden, 1990) .

Grandidier, A. et al. *Collection des Ouvrages anciens concernant Madagascar* (Paris, 1905) .

Gray, J. 'Visit of a French ship to Kilwa in 1527' , *Tanganyika Notes and Records*, no.63 (1964) .

Gray, R. 'Portuguese Musketeers on the Zambezi' , *JAH*, vol.12 (1971) .

Greenblatt, S. *Marvellous Possessions* (Oxford, 1991) .

Greenlee, W. B., trans. *The Voyage of Pedro Alvares Cabral to Brazil and India* (London, 1938) .

Grey, C. *Pirates of the Eastern Seas* (London, 1934) .

Hakluyt, R. (ed.) *The Principal Navigations, Voyages, Traffiques and Discoveries of the English Nation* (facsimile, Glasgow, 1906) .

Hamond, W. *A Paradox, prooving that the inhabitants of Madagascar...are the happiest people in the world...* (London, 1640) .

Harley, J. B. *Maps and the Columbian Encounter* (Wisconsin, 1990) .

Huffman, T. N. 'The Rise and Fall of Zimbabwe' , *JAH*, vol.13 (1972) .

Israel, J. I. *Dutch Primacy in World Trade, 1585—1740* (Oxford, 1989) .

——. *The Dutch Republic* (Oxford, 1995) .

Jahangir. *Memoirs of the Emperor Jahangir*, trans. D. Price (Calcutta, 1972) .

Jayne, K. G. *Vasco da Gama and his Successors* (London, 1910) .

Kimble, G. H. T. 'Portuguese Policy and its Influence on Fifteenth-century Cartography' , *Geographical Review*, vol.23 (New York, 1933) .

——. 'The Ne Plus Ultra of the West African Coast' , *Mariners' Mirror*, vol.20 (1934) .

Kindersley, J. *Letters from the Island of Teneriffe, Brazil, the Cape of Good Hope and the East Indies* (London, 1777) .

Kirkman, J. *Fort Jesus* (Oxford, 1974) .

Letts, M., trans. *Pero Tafur: Travels and Adventurers* (London, 1926) .

Lewis, A. 'Maritime Skills in the Indian Ocean' , *JESHO*, vol.16 (1973) .

Lewis, J. P. 'Slave Traffic under the Dutch East India Company' , *Ceylon Antiquary and Literary Register*, vol.9 (1923) .

Linschoten, J. van. *Voyage to the East Indies*, ed. A. C. Burnell and P. A. Tiele (London, 1885) .

Livermore, H. V. *A History of Portugal* (London, 1947) .

Livi-Bacci, M. *Population and Nutrition* (Cambridge, 1991) .

Lobo, J. *Itinerario*, trans. D. Lockhart (Cambridge, 1983) .

Lombard, D. and Aubin, J. (eds) . *Marchands et hommes d'affaires asiatiques dans l'Océan Indian et la Mer de Chine, 13e—20e siècles* (Paris, 1988) .

McKenna, J. B. *A Spaniard in the Portuguese Indies* (Cambridge, Mass., 1967) .

McNeill, W. H. *The Rise of the West* (Chicago, 1967) .

Major, R. H. *Select Letters of Christopher Columbus* (London, 1847) .

Manrique, S. *Travels, 1629—1643*, trans. C. E. Luard (London, 1927) .

Menon, A. S. *Social and Cultural History of Kerala* (New Delhi, 1979) .

Mentzel, O. F. *Life at the Cape in the Mid-Eighteenth Century*, trans. M. Greenlees (Cape Town, 1919) .

Mocquet, J. *Travels and Voyages*, trans. N. Pullen (London, 1696) .

Nambier, O. K. *The Kunjalis, Admirals of Calicut* (London, 1963) .

Newitt, M. D. D. *Portuguese Settlement on the Zambesi* (London, 1973) .

——. 'Prince Henry and Portuguese Imperialism' , *Journal of the Historical Association of Rhodesia and Nyasaland* (1963) .

Nothnagle, J. 'Two Early French Voyages to Sumatra' , *Sixteenth Century Journal*, vol.19 (1988) .

Nowell, C. E. *A History of Portugal* (New York, 1952) .

Osbaran, S. 'The Ottoman Turks and the Portuguese in the Indian Ocean, 1534—1581' , *Journal of Asian History*, vol.6 (Wiesbaden, 1972) .

Pacheco, D. *Esmeraldo in Situ Orbis*, trans. G. H. T. Kimble (London, 1937) .

Pacifici, S. J. (ed.) *Copy of a Letter of the King of Portugal, sent to the King of Castile, Concerning the Voyage and Success of India* (Minneapolis, 1955) .

Pack, S. W. C. (ed.) *Anson's Voyage Round the World* (London, 1947) .

Padfield, P. *Guns at Sea* (London, 1973) .

Panikker, K. M. *Malabar and the Portuguese* (Bombay, 1929) .

——. *Asia and Western Dominance* (London, 1953) .

Parry, J. H. *The Discovery of the Sea* (London, 1975) .

Pearson, N. M. 'The Portuguese in India' , *New Cambridge History of India*, vol. I (Cambridge, 1987) .

——. *Merchants and Rulers in Gujarat* (Berkeley, 1976) .

Pennington, L. E. *Hakluytus Posthumus: Samuel Purchas and the Promotion of English Oversea Expansion* (Emporia, Kansas, 1966) .

Penrose, B. *Travel and Discovery in the Renaissance* (Cambridge, Mass., 1955) .

Pescatello, A. M. 'The African Presence in Portuguese India', *Journal of Asian History*, vol.11 (1977).

Pieris, P. E. *Some Documents Relating to the Rise of the Dutch Power in Ceylon* (Colombo, 1929).

Pitcher, D. *The Ottoman Empire* (Leiden, 1972).

Prasad, R. C. *Early English Travellers in India* (Delhi, 1980).

Prestage, E. *The Portuguese Pioneers* (London, 1933).

Purchas, S. *Hakluytus Posthumus or Purchas his Pilgrimes* (facsimile, Glasgow, 1905).

Qaisar, A. J. *The Indian Response to European Technology and Culture, 1498—1707* (Delhi, 1982).

Ramanathan, P. 'The Ethnology of the "Moors" of Ceylon', *JRAS*, vol.10 (Sri Lanka, 1988).

Randles, W. G. L. *The Empire of Monomotapa*, trans. R. S. Roberts (Gwelo, 1981).

Ranger, T. O. (ed.) *Aspects of Central African History* (London, 1968).

Raven Hart, R. *Before Van Riebeeck* (Cape Town, 1967).

Ravenstein, E. G. (ed.) *A Journal of the First Voyage of Vasco da Gama* (London, 1899).

Read, J. *The Moors in Spain and Portugal* (London, 1974).

Rey, C. F. *The Romance of the Portuguese in Abyssinia* (London, 1929).

Reynolds, C. G. *Command of the Sea* (New York, 1974).

Roberts, A. *A History of Zambia* (London, 1976).

——. 'Pre-Colonial Trade in Zambia', *African Social Research*, vol.10 (1970).

Robertson, W. *An Historical Disquisition Concerning the Knowledge the Ancients Had of India* (Edinburgh, 1791).

——. *Complete Works* (London, 1826).

Rogers, F. M. *The Travels of the Infante Dom Pedro of Portugal* (Minneapolis,

1961).

———. *The Quest for Eastern Christians* (Minneapolis, 1962).

Rosenthal, F. 'A Fourteenth Century Report on Ethiopia', *Ethiopian Studies* (Wiesbaden, 1983).

Rossed, R. 'The Dutch on the Swahili Coast, 1776—1778', *International Journal of African Historical Studies*, nos.2/3 (1986).

Runciman, S. *The Fall of Constantinople 1453* (Cambridge, 1965).

Russell, P. E. *Prince Henry* (London, 1960).

———. *Prince Henry the Navigator: The Rise and Fall of a Cult Hero* (Oxford, 1984).

Sanceau, E. *Portugal in Quest of Prester John* (London, 1943).

———. *The Perfect Prince* (Lisbon, 1959).

Santos, J. dos. *A History of Eastern Ethiopia*, trans. in Pinkerton's Voyages (London, 1814).

Sassoon, C. *Chinese Porcelain in Fort Jesus* (Mombasa, 1975).

Saunders, A. C. de C. M. *A Social History of Black Slaves and Freedmen in Portugal, 1441—1555* (Cambridge, 1982).

Schoffeleers, M. 'The Zimba and the Lunda State in the late Sixteenth and Early Seventeenth Century'. *JAH*, vol.28 (1987).

Schurhammer, G. *Francis Xavier* (Rome, 1973—82).

Serjeant, R. J. *The Portuguese off the South Arabian Coast* (Oxford, 1963).

Sewell, R. *A Forgotten Empire* (London, 1924).

Silva, C. R. de, *Portuguese in Ceylon* (Colombo, 1972).

Silva Rego, A. da. *Portuguese Colonisation in the Sixteenth Century* (Johannesburg, 1959).

Slessarev, V. *Prester John, the Letter and the Legend* (Minneapolis, 1959).

Stavorinus, J. S. *Voyages to the East Indies*, trans. S. H. Wilcocke (London, 1798).

Steensgard, N. *Carracks, Caravans and Companies* (Copenhagen, 1973).

Strandes, J. *The Portuguese Period in East Africa*, trans. J. F. Wallwork (Nairobi, 1961).

Taylor, E. G. R. 'The Early Navigators', *GJ* vol.113 (1949).

Tibbetts, G. R. *Arab Navigation in the Indian Ocean before the Coming of the Portuguese* (London, 1971).

Trend, J. B. *Portugal* (London, 1957).

Ullendorf, E. and Beckingham, C. F. *Hebrew Letters of Prester John* (Oxford, 1982).

Ure, J. *Prince Henry the Navigator* (London, 1977).

Valentijn, F. *Description of Ceylon*, trans. Sinnappah Arasaratnam (London, 1978).

Van Duyn, J. *The Age of Sail* (New York, 1968).

Vansina, J. 'Long-distance trade routes in Central Africa', *JAH*, vol.3 (1962).

Varthema, L. *Travels*, trans. J. W. Jones (London, 1863).

Weinstein, D. *Ambassador from Venice* (Minneapolis, 1960).

Whiteway, R. S. *The Rise of Portuguese Power in India* (London, 1899).

Wijisekera, N. D. *The People of Ceylon* (Colombo, 1949).

第三部分 强制监管

Alder, G. J. 'Britain and the Defence of India-the Origins of the Problem, 1798—1815', *Journal of Asian History*, vol.6 (1972).

Anon. *A Narrative of Events which have recently occurred in the Island of Ceylon, by a Gentleman on the Spot* (London, 1815).

Anstey, R. T. 'A Critique of "Capitalism and Slavery" by Robert Williams', *Economic History Review*, vol.21 (1968).

Banaji, D. R. *Slavery in British India* (Bombay, 1933).

Beachey, R. W. *The Slave Trade of Eastern Africa* (London, 1976).

——. *Documents on the Slave Trade of Eastern Africa* (London, 1976).

Becker, J. *La Vie en Afrique*, 3 vols (Brussels, 1887).

Bennett, N. R. (ed.) *Stanley's Despatches to the New York Herald* (Boston, 1970) .

——. *Mirambo of Tanzania* (New York, 1971) .

——. 'Phillippe Bryon' , *African Affairs*, no.62 (1963) .

Bridges, R. C. 'The Historical Role of British Explorers in East Africa' , *Terrae Incognitae*, no.14 (1982) .

——. 'Nineteenth-century East African Travel Records' , *Paideuma*, no.33 (1977) .

——. 'James Augustus Grant's Visual Record of East Africa' , Annual lecture to the Hakluyt Society (1993) .

Brode, H. *Tippoo Tib* (London, 1907) .

Burton, R. F. *Sindh, and the Races that Inhabit the Valley of the Indus* (London, 1851) .

——. *The Lake Regions of Central Africa*, 2 vols (London, 1860) .

——. *Zanzibar, City, Island and Coast* (London, 1872) .

——. *The Lands of Cazembe* (London, 1873) .

Clarence-Smith, W. G. *The Economics of the Indian Ocean Slave Trade in the Nineteenth Century* (London, 1989) .

Cleghorn, H. *Gleghorn Papers-a Footnote to History*, ed. W. Neil (London, 1927) .

Colley, L. *Britons* (London, 1992) .

Coupland, R. *The Exploration of East Africa 1856—1890* (London, 1939) .

——. *East Africa and its Invaders* (Oxford, 1938) .

Cunnison, I. G. 'Kazembe and the Arabs to 1870' , *Conference of the History of the Central African Peoples* (Lusaka, 1963) .

Davis, D. B. *Slavery and Human Progress* (Oxford, 1984) .

Denham, E. B. *Ceylon Census Returns of 1911* (Colombo, 1912) .

Duder, C. J. '"Men of the Officer Class" : The Participants in the 1919 Soldier Settlement Scheme in Kenya' , *African Affairs*, vol.92/366 (1993) .

Edwards, S. M. *The Rise of Bombay* (Bombay, 1902) .

Farrant, L. *Tippu Tip* (London, 1975) .

Forrest, G. W. ed. *Travels and Journals Preserved in the Bombay Secretariat* (Bombay, 1906) .

Freeman-Grenville, G. S. P. *The French at Kilwa Island* (Oxford, 1965) .

Freund, B. *The Making of Contemporary Africa* (London, 1984) .

Galbraith, J. S. *Mackinnon and East Africa 1878—1895* (Cambridge, 1972) .

Gangulee, N. *Indians in the Empire Overseas* (London, 1947) .

Gifford, P. and Louis, W. R. (eds.) *Britain and France in Africa* (New Haven, 1971) .

Gillman, C. 'Dar es Salaam, 1860 to 1940' , *Tanganyika Notes and Records*, no.20 (1945) .

Grant, J. A. *A Walk across Africa* (London, 1864) .

Gray, J. A. *The British in Mombasa* (London, 1957) .

——. *History of Zanzibar from the Middle Ages to 1856* (London, 1962) .

Gregory, R. C. *India and East Africa, 1890—1939* (Oxford, 1971) .

Guillain, C. *Documents sur l'histoire, la géographie et le commerce de l'Afrique orientale*, 3 vols (Paris, 1856) .

Haight, M. V. J. *European Powers and South East Africa* (London, 1967) .

Hall, R. *Stanley, an Adventurer Explored* (London, 1974) .

Harman, N. *Bwana Stokesi and his African Conquests* (London, 1986) .

Hazaresingh, K. *A History of Indians in Mauritius* (Port Louis, 1950) .

Hore, E. C. *Eleven Years in Central Africa* (London, 1892) .

Johnston, H. H. *The Nile Quest* (London, 1903) .

Jones, M. K. *The Slave Trade at Mauritius, 1810—1829*, unpublished thesis (Oxford, 1936) .

Krapf, J. L. *Travels, Researches and Missionary Labours in East Africa* (London, 1866) .

Langworthy, H. W. *Zambia Before 1890* (London, 1972) .

Livingstone, D. *Missionary Travels and Researches in South Africa* (London, 1857) .

Louis, W. R. *Ruanda-Urundi* (Oxford, 1963) .

——. 'The Stokes Affairs and the Origins of the Anti-Congo Campaign, 1895—1896' , *Revue belge du philologie et d'histoire* (Bruxelles, 1965) .

Low, C. R. *History of the Indian Navy* (London, 1877) .

Lugard, F. D. *The Rise of our East African Empire*, 2 vols (Edinburgh, 1893) .

——. *Diaries*, ed. M. Perham and M. Bull, 3 vols (London, 1959) .

Macmillan, W. M. *Africa Emergent* (London, 1949) .

Maitland, A. *Speke* (London, 1971) .

Martin, E. B. and Ryan, T. C. I. 'A Quantative Assessment of the Arab Slave Trade of East Africa' , *Kenya Historical Review*, vol.5, no. I (1977) .

Mills, L. *Ceylon under British Rule, 1795—1932* (Oxford, 1933) .

Nicholls, C. S. *The Swahili Coast* (London, 1971) .

Oliver, R. *The Missionary Factor in East Africa* (London, 1965) .

Owen, W. F. *Narrative of Voyages to Explore the Shores of Africa, Arabia and Madagascar*, 2 vols (London, 1833) .

Palmerston, Lord. 'Letters to Laurence Sulivan, 1804—1863' , *Royal Historical Society* (London, 1979) .

Pearce, F. B. *Zanzibar, the Island Metropolis of East Africa* (London, 1920) .

Perham, M. *Lugard: the Years of Adventure, 1858—1898* (London, 1956) .

——. *The Colonial Reckoning* (London, 1961) .

—— and Simmons, J. *African Discovery* (London, 1961) .

Pieris, P. E. *Sinhalé and the Patriots* (Colombo, 1950) .

Pouwels, R. L. *Horn and Crescent* (Cambridge, 1987) .

Prior, J. *Voyage along the Eastern Coast of Africa in the Nisus Frigate* (London, 1819) .

Ritchie, L. *The British World in the East* (London, 1847) .

Robinson, R., Gallagher, J. with Denny, A. *Africa and the Victorians* (London, 1961) .

Sheriff, A. *Slaves, Spices and Ivory in Zanzibar* (London, 1987) .

Smith, I. R. *The Emin Pasha Relief Expedition* (Oxford, 1972) .

Speke, J. H. *Journal of the Discovery of the Source of the Nile* (Edinburgh, 1863) .

Stanley, H. M. *Through the Dark Continent*, 2 vols (London, 1879) .

——. *The Congo and the Founding of its Free State*, 2 vols (London, 1885) .

——. *In Darkest Africa*, 2 vols (London, 1890) .

Stengers, J. 'Leopold II et la fixation des frontières du Congo' , *Le Flambeau*, nos.3—4 (Bruxelles, 1963) .

——. 'La première de reprise du Congo par la Belgique' , *Bulletin de la Société Royal Belge de Géographie* (Bruxelles, 1949) .

Stoecker, H. *German Imperialism in Africa* (London, 1986) .

Swann, A. J. *Fighting the Slave Hunters in Central Africa* (London, 1910) .

Thomson, J. *Through Masailand* (London, 1885) .

Tippu Tip. *Maisha ya Hamed bin Muhammed el Murjebi yaani Tippu Tip*, trans. W. H. Whitely (Nairobi, 1971) .

Tylden, G. 'The Gun Trade in Central and Southern Africa' , *Northern Rhodesia Journal*, vol.2 no. I (1953) .

Wilkinson, T. *Two Monsoons* (London, 1987) .

出版后记

本书作者理查德·霍尔在英国是一位广受读者爱戴的通俗历史作家，也是一位优秀的记者，这本书是他的第六本著作。作为一名记者，他曾在印度洋地区游历多年。他在非洲生活了13年，在那里他是《赞比亚时报》的编辑，并且积累了有关非洲、印度次大陆和阿拉伯半岛的丰富史料。他还是金融和政治公报《非洲分析》的创建人。通过本书，结合历史分析和令人信服的叙述，作者向我们展示了杰出的写作能力。

本书的章节是按照时间顺序编排的，作为一位负责任的历史学家，作者从与章节所叙事件同时代的史料中收集和阐释找到的有用证据，但仍然不可避免地将重点放在了自欧洲人发现绕过好望角的航线之后的时段，着重描述在这些时段欧洲人遭遇的不同民族和文化。之前，西方对于印度洋地区及其民众的异域文化和财富几乎一无所知，直到1497—1499年瓦斯科·达·伽马发现了去往东方的航路。正是在西方入侵者的掌控下，印度洋地区的文明逐渐衰亡。从16世纪开始，欧洲人的出现无可挽回地改变了印度洋地区的生活。本书作者客观公正，从一个细微而无阻碍的视角重现了自己对于异域文化的理解。这部史诗般的作品想必能够激发人们的阅读兴趣，并且具有启发意味。

我们在此要感谢译者陈乔一的辛勤付出，她精彩的译笔为本书增色不少。由于编辑水平有限，错漏之处在所难免，敬请广大读者批评指正。

图书在版编目（CIP）数据

季风帝国：印度洋及其入侵者的历史 /（英）理查德·霍尔著；陈乔一译. -- 天津：天津人民出版社，2019.3（2022.12重印）

书名原文: EMPIRES OF THE MONSOON
ISBN 978-7-201-14341-5

Ⅰ.①季… Ⅱ.①理… ②陈… Ⅲ.①世界史 Ⅳ.①K107

中国版本图书馆CIP数据核字(2018)第295512号

EMPIRES OF THE MONSOON
Copyright © Richard Hall 1996
Richard Hall asserts the moral right to be identified as the author of this work
All rights reserved.
Translation copyright © 2019, by GINKGO (BEIJING) BOOK CO., LTD

简体中文版权归属于银杏树下（北京）图书有限责任公司
著作权合同登记号：图字02-2018-432
地图审图号：GS（2018）5229号

季风帝国：印度洋及其入侵者的历史
JIFENG DIGUO: YINDUYANG JIQI RUQINZHE DE LISHI

[英] 理查德·霍尔 著；陈乔一 译

出　　版	天津人民出版社	出版人	刘　庆
地　　址	天津市和平区西康路35号康岳大厦	邮政编码	300051
邮购电话	（022）23332469	电子信箱	reader@tjrmcbs.com
出版统筹	吴兴元	编辑统筹	张　鹏
责任编辑	金晓芸	特约编辑	韩贵骐　沙芳洲
营销推广	ONEBOOK	装帧制造	墨白空间
封面设计	徐睿绅　xuxgraphic@gmail.com		
印　　刷	北京盛通印刷股份有限公司	经　销	新华书店经销
开　　本	655毫米×1000毫米　1/16	印　张	36印张　插页32
字　　数	491千字		
版次印次	2019年3月第1版　2022年12月第5次印刷		
定　　价	128.00元		

后浪出版咨询（北京）有限责任公司　版权所有，侵权必究
投诉信箱：copyright@hinabook.com　fawu@hinabook.com
未经许可，不得以任何方式复制或抄袭本书部分或全部内容
本书若有印、装质量问题，请与本公司联系调换，电话：010-64072833